ŒUVRES

DE

DANTE ALIGHIERI

Les notes qui accompagnent la traduction de *la Divine comédie* sont presque toutes extraites de Grangier, Clairfons, Landino, Velletulo, Volpi, Venturi, Lombardi, etc., c'est-à-dire des plus anciens et des plus doctes commentateurs : en dehors de leur science, il n'y a trop souvent que système, interprétations individuelles et péril.

Sous une forme brève qui, ainsi, ne détourne pas longtemps l'attention, ces notes ont été, il semble, assez multipliées pour dispenser d'introduire le commentaire dans le texte et de rien dénaturer. Cependant telles sont les obscurités continues, non-seulement de la pensée, mais de la forme dantesque, obscurités où le poëte, selon son aveu, s'est complu) que le lecteur devra s'efforcer d'en pénétrer par lui-même une très-grande partie.

La Divine Comédie ne peut être d'une lecture courante comme *l'Iliade* ou *l'Énéide ;* il faut suivre le théologien et même le scholastique dans toutes sortes d'arguties ; le politique passionné dans mille allusions aux affaires de sa petite république, l'artiste du moyen âge dans les étrangetés et les raffinements d'une poésie toute complexe ; enfin, c'est une étude et même un travail ; mais qu'on pénètre dans cette grande œuvre, et, peu à peu, un grand charme se fera sentir.

OEUVRES
DE
DANTE ALIGHIERI

LA DIVINE COMÉDIE
Traduction de A. BRIZEUX

LA VIE NOUVELLE
Traduction de E.-J. DELÉCLUZE

NOUVELLES ÉDITIONS REVUES, CORRIGÉES ET ANNOTÉES

PAR LES TRADUCTEURS

ACCOMPAGNÉES DE NOTES ET COMMENTAIRES

ET D'UNE ÉTUDE SUR LA DIVINE COMÉDIE

PAR C. LABITTE, DU COLLÉGE DE FRANCE

PARIS
G. CHARPENTIER, ÉDITEUR
13, RUE DE GRENELLE-SAINT-GERMAIN, 13

1883

LA VIE NOUVELLE.

PRÉFACE.

Le petit livre de *la Vie nouvelle* est un ouvrage curieux, instructif, et parfois très-intéressant. Il passe pour la première production littéraire de Dante Alighieri; au moins est-ce le recueil coordonné de trente et une pièces de vers qu'il avait composées jusqu'à l'âge de vingt-six ans, époque à laquelle, si l'on doit en croire Boccace, le jeune poëte florentin, tout plein encore des regrets que lui inspirait la mort assez récente de Béatrice (en 1290), réunit les morceaux de poésie qu'il avait composés pour exprimer la chaste passion que lui inspira cette jeune personne, en les accompagnant du récit des divers événements qui donnèrent lieu à ces vers, et d'un commentaire où il fait assez souvent l'exposition psychologique de la cause, du conflit et du résultat de ses sentiments.

Ces mémoires, ce roman, car *la Vie nouvelle* tient par quelque chose à ces deux sortes d'ouvrages, *la Vie nouvelle* de Dante, enfin, est écrite sous trois formes qui se développent simultanément : le récit détaillé en prose, le même récit condensé en vers, puis enfin expliqué dans un commentaire.

J'ai cru devoir prévenir le lecteur de cette singularité, autant pour préparer son esprit d'avance, que dans l'intention de lui épargner la peine de débrouiller l'espèce de confusion d'images et d'idées que ce système de narration fait naître à une première lecture. Ce livre est donc tout à la fois narratif, poétique et philosophique, et l'on y rencontre habituellement, et souvent dans la même page, l'expression des sentiments les plus passionnés, et les raisonnements scolastiques les plus quintessenciés et les plus secs. Tel est cet ouvrage, qui se sent à la fois du génie vigoureux, mais jeune encore, de l'auteur de la *Divine Comédie*, et du siècle où il a été composé.

Maintenant que le lecteur est averti de ce qu'il pourrait trouver d'étrange dans la forme du livre de la *Vie nouvelle*, je dirai quelques mots indispensables sur la personne de Béatrice, qui est l'âme de cette première composition de Dante, comme elle vivifia plus tard les grands poëmes de son illustre amant.

Béatrice, nommée aussi par abréviation Bice, est née à Florence en 1266, et elle mourut dans la même ville, en 1290, à l'âge de vingt-quatre ans. Dante n'avait que neuf ou dix mois de plus qu'elle. Béatrice était fille de Folco di Ricovero Portinari, citoyen riche et très-distingué de Florence, qui, entre autres bonnes œuvres qu'il a faites, fonda l'hôpital de Sainte-Marie-Nouvelle. Les familles Alighieri et Portinari étaient liées d'amitié, et ce fut dans une réunion pour la fête de mai de l'année 1276, chez le père de Béatrice, que Dante, conduit là par le sien, y vit cette jeune enfant pour la première fois, conçut pour elle une passion mystique, si l'on peut s'exprimer ainsi, et ne cessa pendant toute la vie de Béatrice, et même après sa mort, d'être préoccupé d'elle et de son souvenir. Jusqu'à quel point la passion de Dante a-t-elle été réelle ou imaginaire? c'est ce que je veux laisser juger à ceux qui liront la *Vie nouvelle*. On trouvera là tous les faits dont la comparaison pourra aider les curieux à résoudre cette question. Quant à moi, qui me réserve d'en dire plus tard mon avis, je me ferais scrupule de prévenir l'esprit du lecteur d'une manière ou d'une autre à ce sujet; car, pour lire avec fruit, il faut toujours aborder les livres sans prévention, sans opinion communiquée d'avance. Si la lecture en devient un peu plus laborieuse, le profit que l'on en tire est infiniment plus grand, car on a senti, comparé et jugé par soi-même.

Mais, pour fournir les moyens de faire apprécier au juste le degré de réalité de la passion de Dante pour Béatrice, je dois d'abord fixer les idées sur le caractère de l'*amour platonique* qui fut, au résultat, le sentiment que fit naître, la pensée qu'entretint Béatrice dans l'âme de Dante, et dont on trouve constamment la peinture et l'expression dans la *Vie nouvelle*.

Or c'est dans les écrits du philosophe même qui a donné son nom à cette doctrine singulière que je puiserai l'exposition la plus claire qui en ait jamais été faite, et je vais rapporter ce que Platon fait dire à Socrate sur cette matière, dans son *Banquet*:

« Celui qui veut s'y prendre comme il convient, doit, dès son jeune âge, commencer par rechercher les beaux corps. Il doit d'abord n'en aimer qu'un seul; ensuite reconnaître que la Beauté qui réside en un corps est sœur de la Beauté qui réside dans les autres. Et s'il est juste de rechercher ce qui est beau en général, notre homme serait bien peu sensé de ne point envisager la Beauté de tous les corps comme une seule et même chose... Après cela, il doit considérer la beauté de l'âme comme bien plus relevée que celle du corps, de sorte qu'une belle âme, d'ailleurs accompagnée de peu d'agréments visibles, suffise pour attirer son amour et ses soins... Par là il sera amené à considérer la Beauté dans les actions des hommes et dans les lois, et à voir que la Beauté morale est partout de même nature; alors il apprendra à regarder la Beauté physique comme peu de chose. De la sphère de l'action il devra passer à celle de l'esprit et contempler la Beauté des sciences. C'est ainsi qu'il arrivera à considérer la Beauté sous un aspect plus large... Beauté éternelle, non engendrée et non périssable, exempte de décadence comme d'accroissement; Beauté de laquelle toutes les autres beautés participent.

» Mais quand de ces beautés inférieures on s'est élevé enfin jusqu'à la Beauté parfaite, et qu'on commence à l'entrevoir, on n'est pas loin du but de l'amour. En effet, la vraie voie de l'amour, c'est de commencer par les beautés d'ici-bas, mais en portant toujours les yeux sur la Beauté suprême, et de s'élever sans cesse vers elle, en passant par tous les degrés de l'échelle, d'un seul beau corps à deux, de deux à tous les autres, des beaux corps aux beaux sentiments, des beaux sentiments aux belles connaissances, jusqu'à ce qu'on arrive à la connaissance suprême, qui n'a d'autre objet que le Beau même, de manière à ce qu'on arrive à le connaître tel qu'il est en soi.

» Car la seule chose qui puisse donner du prix à la vie, c'est le spectacle de la Beauté éternelle. »

Comment cette doctrine a-t-elle été connue en Italie par Dante et ses contemporains? C'est un point de l'histoire littéraire qu'il ne convient pas de chercher à éclaircir ici; mais enfin il est évident que ces poëtes en ont eu connaissance, et la lecture de *la Vie nouvelle* et de *la Divine Comédie* fera facilement reconnaître jusqu'à quel point Dante a suivi les idées de Platon et s'en est écarté.

Il ne me reste plus qu'à toucher quelques mots sur la traduction de *la Vie nouvelle* que j'offre au public. C'est la première fois que ce livre a été traduit en français. Je n'ai pu m'aider d'aucun travail analogue qui ait précédé le mien. Or, les littérateurs italiens, ainsi que les Français qui ont étudié sérieusement la langue italienne, savent que le texte de la *Vie nouvelle*, et en particulier les poésies, présentent des difficultés que les plus doctes philologues ne résolvent pas sans hésitation et sans peine. Ce n'est donc pas une modestie de faiseur de préfaces que celle que j'exprimerai en disant : qu'il doit y avoir beaucoup de fautes dans ma traduction, et que je réclame l'indulgence des lecteurs, et surtout des lecteurs italiens. La vénération, je dirai presque le fanatisme que font naître les expressions de Dante en Italie, m'a forcé de m'écarter le moins que j'ai pu de la lettre; et cependant, engagé comme je l'étais dans le dédale d'une mythologie psychologique, serré de tous côtés par des phrases pleines d'ellipses, par des expressions hardies jusqu'à en devenir obscures, il m'a fallu aborder ces difficultés à l'aide de la langue française, qui, impatiente de tout joug comme ceux qui la parlent, s'exprime avec grâce, élégance et clarté, tant qu'elle procède selon son goût et à sa fantaisie, mais qui devient dédaigneuse, maussade et rebelle, sitôt qu'on veut lui faire changer d'allure. Bref, j'ai fait de mon mieux, et, dût-on ne me savoir gré que d'avoir osé donner le premier une traduction de *la Vie nouvelle* en français, je pense que l'on me tiendra compte d'un effort qui rendra ceux que l'on tentera par la suite moins pénibles.

Parmi les nombreuses difficultés que présente le texte de *la Vie nouvelle*, il en est une qui se reproduit presque à chaque page; c'est la traduction des mots *Donna, mia Donna, Madonna*. En italien, et, en particulier, dans la langue de Dante, *Donna* signifie une femme distinguée non-seulement par ses manières, mais par ses qualités morales et ses vertus. Pour éviter les périphrases, j'ai pris le parti de donner l'explication qu'on vient de lire, et j'ai eu soin, comme on le verra dans ma traduction, de faire mettre la première lettre du mot Dame en majuscule, et de séparer ainsi « ma Dame, » pour relever par ces signes une expression devenue insignifiante en français. L'adjectif *gentile*, qui veut dire noble, généreux, bien élevé, pur et vertueux tout à la fois, se trouve également employé fort souvent dans *la Vie nouvelle*. Pour abréger, j'ai toujours traduit « *gentile Donna* ou *Donna gentile*, etc., » par *noble Dame* ou *Dame noble*, expression italienne qui, par l'étendue de sa significtion, rappelle toutes les qualités que l'on regardait anciennement comme devant être le partage d'un vrai *gentilhomme* et d'une dame de qualité. *Courtoisie* et *courtois* doivent aussi se rapporter non-seulement à la politesse des manières, mais à celle de l'esprit et du cœur.

Je pense que ces avertissements suffiront aux simples curieux pour qu'ils ne prennent pas le change sur ces titres et ces épithètes, auxquels il ne faut pas attacher trop d'importance, mais dont il est bon cependant de connaître le véritable sens et la portée.

Quant à ceux des lecteurs français cultivant les muses italiennes qui, désireux de s'assurer de la fidélité de ma traduction, la jugeraient digne de passer à la coupelle de leur critique, je ne crois pas pouvoir mieux favoriser leurs intentions à ce sujet, qu'en indiquant les principales éditions italiennes de *la Vita nuova* données depuis 1576, que ce livre a été imprimé pour la première fois, jusqu'à nos jours. Ces éditions sont celles :

De Bartolomeo Sermatelli. Florence, 1576, petit in-8°. Elle contient, en outre, la *Vie de Dante*, composée par J. Boccace;

De Tartini et Franchi, in-8°, donnée par le chanoine Biscioni, à Florence, en 1723;

D'Antonio Zatta, qui se trouve dans le quatrième volume des œuvres complètes de Dante Alighieri, donnée en cinq volumes in-4° par cet éditeur, à Venise, en 1758;

De Pogliani, in-8°, Milan, 1827, adoptée par l'Académie de la Crusca;

De la « Tipographia Nobili, in-8°, Pesaro, 1829, » dont le titre est : « Vita nova di Dante Alighieri, secondo la lezione di un codice inedito del secol. XV; colle variante dell' edizioni più accreditate. »

Et enfin, pour le texte des poésies qui font partie de *la Vie nouvelle*, on peut consulter l'édition dite *Giuntina*, 1527, in-8°, où elles se trouvent comprises parmi les *Rime antiche*.

Il y a douze ou treize ans que j'ébauchais cette traduction de *la Vie nouvelle*, destinée à devenir l'un des chapitres importants d'une histoire de la poésie dantesque que j'ai achevée. Depuis cette époque, j'ai souvent revu ma traduction, et, pendant les deux dernières années qui viennent de s'écouler, j'ai eu l'occasion de la soumettre à la critique de plusieurs lettrés italiens connaissant parfaitement notre langue. Je ne saurais même remercier trop vivement ici MM. Borghi et G. Campi de la complaisance et du soin qu'ils ont mis à épurer mon travail. Mais, malgré tous les soins que j'ai pris, malgré les précieux conseils qui m'ont été prodigués par les savants avec tant de zèle et de complaisance, il est impossible que mon travail ne laisse pas encore beaucoup à désirer. Je prie donc ceux des lecteurs des deux nations française et italienne, qui aiment et ont étudié les ouvrages de Dante, de lire attentivement ma traduction de *la Vie nouvelle*, de consulter les variantes du texte pour savoir celles que j'ai préférées et suivies, et, après cette lecture laborieuse, d'avoir la bonté de me faire part de leurs observations et de leurs critiques; elles seront reçues avec empressement et reconnaissance, puisque je pourrai en profiter pour améliorer mon ouvrage.

E. J. Delécluze.

Fontenay aux Roses, juillet 1841.

LA VIE NOUVELLE.

Dans cette partie du livre de ma mémoire, avant laquelle il y aurait peu de chose à lire, se trouve une rubrique qui dit : *Ici commence la vie nouvelle.* Sous cette rubrique, je trouve beaucoup de choses écrites, et des paroles que j'ai l'intention de rassembler dans ce livre, sinon textuellement, au moins quant au sens.

Neuf fois déjà, après ma naissance, le ciel de la lumière était retourné au même point, quand parut à mes yeux, pour la première fois, la glorieuse Dame de ma pensée, à laquelle beaucoup de personnes, ne sachant comment la désigner, ont donné le nom de Béatrice. Elle avait déjà assez vécu en ce monde pour que, dans cet espace de temps, le ciel étoilé se fût porté vers l'orient de la douzième partie d'un degré; en sorte qu'elle m'apparut dans le commencement de sa neuvième année et lorsque j'accomplissais la mienne. Elle m'apparut vêtue d'une couleur rougeâtre, imposante et modeste; et la manière dont sa ceinture retenait son vêtement était appropriée à son extrême jeunesse. Je dis avec vérité qu'en ce moment *l'esprit de la vie*, qui réside dans la voûte la plus secrète du cœur, commença à trembler avec tant de force, que le mouvement s'en fit ressentir dans mes plus petites veines; et, tremblant, il dit ces paroles : *Ecce Deus fortior me, qui veniens dominabitur mihi:*

Voilà un Dieu plus fort que moi; il va me dominer! *Alors l'esprit animal,* qui se tient dans la haute voûte où tous les esprits sensitifs vont porter leurs perceptions, commença à s'étonner beaucoup, et, s'adressant particulièrement aux *esprits de la vue,* dit ces paroles : *Apparuit jam beatitudo nostra :* Notre béatitude est apparue ! En ce moment *l'esprit naturel,* qui demeure dans la partie où la nourriture s'élabore et se dispense, commença à pleurer et à dire en pleurant : *Heu miser, quia frequenter impeditus ero!* Ah! malheur à moi, car je serai souvent tourmenté par la suite ! Je dis qu'à partir de ce moment, l'amour se rendit maître de mon âme, qui tout aussitôt lui fut fiancée. Et il prit sur moi un ascendant si fort, par la force que mon imagination lui accordait, que je me sentis dès lors contraint de lui obéir complétement. Il m'ordonnait souvent de chercher à voir cet ange de jeunesse, ce qui fut cause que, dans mon enfance, bien des fois j'allai courant après elle; et je la voyais s'avançant avec tant de noblesse et de dignité, que l'on pouvait certainement lui appliquer ces paroles du poëte Homère : « Elle ne semblait pas être la fille d'un mortel, mais d'un dieu ! » Et bien que son image, qui me suivait sans cesse, fût un moyen que l'amour employait pour me subjuguer, cependant elle avait une vertu si généreuse et si puissante, qu'elle ne souffrit jamais qu'Amour me gouvernât, bien que je fusse privé des conseils de la raison, si utiles en pareilles circonstances. Mais comme on pourrait estimer fabuleux les efforts faits pour résister aux passions et aux mouvements d'une si grande jeunesse, passant sous silence beaucoup de choses que l'on pourrait déduire de ces exemples, j'en viendrai aux paroles qui sont gravées dans ma mémoire en paragraphes (caractères) plus importants.

Quand il y eut tant de jours écoulés, qu'après l'apparition déjà indiquée de cette très-noble personne, neuf années étaient accomplies, il arriva que, dans le dernier de ces jours, cette merveilleuse Dame m'apparut vêtue d'un habit d'une blancheur éclatante, et placée entre deux nobles

Dames un peu plus âgées qu'elle [1]. Comme elle passait dans une rue, elle tourna les yeux vers l'endroit où j'étais. Je me tenais plein d'une crainte respectueuse; et par l'effet de son ineffable courtoisie, qui reçoit maintenant sa récompense dans le ciel, elle me fit un salut qui produisit sur moi tant d'effet, que je crus toucher aux derniers termes de la béatitude. L'heure à laquelle je reçus ce salut si doux était précisément la neuvième du jour; et comme c'était la première fois que ses paroles vinrent frapper mes oreilles, j'en ressentis une si grande douceur, qu'enivré en quelque sorte, je quittai la foule.

Rentré dans la partie la plus solitaire de mon logement, je me mis à penser à cette personne qui s'était montrée si courtoise envers moi; et, tout occupé d'elle, je fus pris par un doux sommeil pendant lequel j'eus une vision merveilleuse. Il me sembla voir une nuée couleur de feu, et au milieu un Seigneur d'un aspect effrayant pour ceux qui le regardaient. Quant à lui, chose admirable! il me parut gai. Il dit beaucoup de choses que je n'entendais pas, si ce n'est quelques-unes, et entre autres ces paroles : *Ego Dominus tuus:* C'est moi qui suis ton maître. Je crus le voir tenant dans ses bras une personne endormie, nue et enveloppée seulement d'un drap couleur de sang. Je la reconnus tout aussitôt pour la Dame inspirant la vertu qui avait daigné me saluer le jour précédent. Celui qui la portait tenait dans l'une de ses mains quelque chose qui était tout en feu, et il me dit ces mots : *Vide cor tuum:* Vois ton cœur. Et après quelques instants, je crus voir qu'il éveillait celle qui dormait, et qu'à l'aide de toutes sortes d'inventions, il lui faisait manger cette chose ardente qu'il tenait dans sa main, ce qu'elle ne faisait qu'avec crainte et répugnance. Mais il ne se passa pas beaucoup de temps sans que la gaieté du Seigneur se changeât en plaintes; et, toujours pleurant, il serrait cette Dame dans ses bras, et se dirigea avec elle vers le ciel.

J'en ressentis une si vive angoisse de cœur, que mon som-

---

[1] Dante avait dix-huit ans, Béatrice dix-sept.

meil, qui n'était que léger, fut interrompu, et je m'éveillai. Aussitôt je repassai dans mon esprit ce qui m'était apparu, et je reconnus que l'heure à laquelle cette vision s'était offerte à moi était la quatrième de la nuit ; de sorte qu'il en résulte qu'elle fut la première des neuf dernières heures de la nuit. Je pris donc la résolution de faire connaître ce que j'avais vu à plusieurs personnes qui alors étaient des troubadours fameux ; et comme déjà j'avais fait expérience de l'art de dire des paroles en rimes, je décidai de composer un sonnet dans lequel je saluerais tous les fidèles d'Amour. Les priant donc de juger ma vision, je leur écrivis ce qui m'était apparu pendant mon sommeil, et commençai ce sonnet :

« A chaque âme éprise, à tout noble cœur à qui ce présent sonnet parviendra, afin qu'ils en disent leur avis, salut ! au nom de leur Seigneur, c'est-à-dire Amour.

» Le tiers des heures pendant lesquelles les étoiles sont le plus brillantes était passé, quand Amour m'apparut tout à coup ; Amour dont l'essence me remplit de crainte quand j'y repense.

» Amour me semblait gai, tenant mon cœur dans sa main, et soutenant dans ses bras une Dame endormie et enveloppée dans un voile.

» Puis il la réveillait, et faisait repaître humblement la Dame épouvantée de ce cœur ardent. Après je le voyais fuir en pleurant [1]. »

A ce sonnet il fut fait réponse par beaucoup de personnes dont les avis étaient fort différents. Parmi ceux qui me répondirent est celui (Guido Cavalcanti) que j'appelle le pre-

---

[1] Toutes les notes ajoutées aux poésies sont la glose de Dante.
Ce sonnet se divise en deux parties. Dans la première, je salue et demande réponse ; dans la seconde, qui commence à ces mots : « *Le tiers des heures*, etc., » je dis à quoi on doit répondre.

mier de mes amis; son sonnet commence ainsi : « A mon avis vous avez vu, etc. » Cette correspondance fut en quelque sorte l'origine de l'amitié qui règne entre nous deux, et elle naquit lorsqu'il sut que j'étais celui qui avait fait la demande. La justesse de la réponse contenue dans son sonnet ne fut sentie alors par personne; mais maintenant elle est devenue manifeste aux plus simples.

A la suite de cette vision, mon *esprit naturel* commença à être gêné dans ses opérations, parce que mon âme était entièrement adonnée à l'idée de cette très-noble Dame. Aussi devins-je si faible et si fluet en peu de temps, que mon aspect faisait de la peine à mes amis; et il y eut beaucoup de gens qui, par mauvaise intention, se tourmentaient pour savoir de moi ce que je ne voulais révéler à personne. M'étant aperçu de leur indiscrète curiosité, je suivis la volonté d'Amour, qui m'inspirait selon le conseil de la raison, et je leur répondais qu'Amour était celui qui m'avait amené à cet état : rejetant tout sur Amour, parce que je portais sur mon visage tant de marques de ses coups, qu'il était impossible de le cacher. Et quand ils me demandaient : « Pour qui cet Amour t'a-t-il fait souffrir ainsi? » je les regardais en souriant et ne leur disais rien.

Un jour il arriva que cette très-noble Dame assistait en un lieu où l'on entendait les louanges de la Reine de la gloire, et où j'étais placé de manière à voir ma béatitude. Entre elle et moi il y avait, en suivant la ligne droite, une Dame dont la figure était fort agréable, et qui dirigea plusieurs fois ses yeux sur les miens, s'étonnant que je la regardasse aussi attentivement; car il semblait, par l'effet de ma position, que mes yeux fussent fixés sur elle, d'où il arriva que plusieurs s'aperçurent qu'elle me regardait. Aussi, lorsque je sortis de ce lieu, entendis-je dire auprès de moi : « Vois donc comme telle Dame tourmente ce pauvre homme; » et en la nommant, je m'aperçus qu'ils parlaient de la Dame qui se trouvait sur la ligne, entre la très-noble Béatrice et moi. Alors je me tranquillisai, ayant acquis la certitude qu'en ce jour mes yeux n'avaient point trahi mon secret. J'eus même l'idée de faire de cette Dame une espèce de bouclier pour cacher la vérité, et je fis si bien en peu de temps, que les personnes qui s'occupaient de moi crurent avoir découvert mon secret. Grâce à cette Dame, je me mis à l'abri de la curiosité pendant des mois et des années, et, pour mieux donner le change aux indiscrets, je rimai pour cette Dame quelques bagatelles, que je passerai sous silence, à moins qu'il ne s'y trouve quelque chose à la louange de ma Dame.

Je dis donc que dans le temps où cette Dame servait de voile à mon véritable amour, il me vint le désir de célébrer le nom de Béatrice, en le mettant avec ceux de beaucoup d'autres Dames, et particulièrement celui de la Dame qui me servait d'égide. Je choisis les noms des soixante plus belles personnes de la cité où le Très-Haut a fait prendre naissance à ma Dame, et je composai une lettre sous forme de sirvente, mais que je ne transcrirai pas. Je n'en aurais même pas fait mention, si je ne désirais avertir de ce qui arriva de merveilleux en la composant, qui est que le nom de ma Dame ne put entrer dans le vers, à cause du mètre, que le neuvième parmi les autres.

La Dame qui m'avait servi pendant si longtemps à cacher mes véritables sentiments fut obligée de partir de ladite ville, et elle s'en alla dans un pays très-éloigné. Ce qui fut cause que, privé tout à coup de cette défense, j'en fus déconforté beaucoup plus que je ne le craignais avant. Et pensant que si je ne parlais pas en termes quelque peu tristes de son départ, on s'apercevrait plus tôt de ce que je voulais cacher, je pris la résolution d'exprimer quelques plaintes dans un sonnet, que je transcris, parce que ma Dame m'inspira certaines paroles que comprendront ceux qui sauront les entendre. Ce sonnet dit :

« O vous qui parcourez le chemin d'Amour ! faites attention, et dites s'il peut y avoir une douleur plus grande que la mienne ? Veuillez seulement m'écouter, puis vous direz si je ne suis pas les clefs et la maison de toutes douleurs.

» Amour, non pas à cause de mon faible mérite, mais par l'effet de sa générosité, m'avait placé dans une vie si agréable et si douce, que souvent j'entendais dire derrière moi : « Dieu ! en faveur de quel mérite le cœur de cet homme est-il si heureux ? »

» Maintenant j'ai perdu toute la hardiesse joyeuse qui jaillissait de mon trésor d'amour ; mon cœur est devenu pauvre, et j'ai peur de parler.

» Je fais comme ceux qui par honte cachent leur indigence. Devant tout le monde, je me montre gai ; en dedans de moi-même, je me consume, je pleure[1]. »

Après le départ de cette Dame, il plut au maître des Anges d'appeler au milieu de sa gloire une autre jeune Dame de cette ville, dont la grâce et la beauté charmaient les habitants. Je vis son corps inanimé au milieu de beaucoup de Dames qui pleuraient. Me rappelant de l'avoir vue faisant compagnie à cette noble personne (Béatrice), je ne pus me tenir de verser quelques larmes ; et même en pleurant, je me proposai de dire quelques paroles de sa mort, en bon souvenir de ce que je l'avais vue plusieurs fois avec ma Dame. A la fin de ce que je composai, j'en touchai quelques mots, comme pourra s'en apercevoir facilement celui qui comprend. Je fis donc ces deux sonnets, l'un commençant par : *Pleurez, amants*, et le second par : *Mort cruelle !*

« Pleurez, amants, puisque Amour pleure ; pleurez en apprenant la cause de ses larmes. Amour entend les Dames qui, fondant en larmes, excitent les autres à pleurer.

» De ce que l'impitoyable Mort s'est emparée d'un noble cœur, en détruisant, hors l'honneur qui est impérissable,

---

[1] Ce sonnet a deux parties principales. Dans la première, je fais un appel aux fidèles d'Amour, au moyen de ces paroles de Jérémie : « O vos qui transitis per viam, attendite, et videte si est dolor sicut dolor meus. » Dans la seconde partie, qui commence par ces mots : « *Amour, non pas à cause de mon faible mérite*, etc., » je dis ce qu'Amour a fait pour moi, et ce qu'ensuite j'ai perdu.

tout ce qui, en ce monde, est digne de louange dans une Dame.

» Apprenez combien l'Amour lui rendit honneur. Je le vis sous sa véritable figure exprimer son chagrin près de la belle image défunte;

» Il regardait souvent vers le ciel, où était déjà placée la belle âme qui avait été une femme si gracieuse[1]. »

« Mort cruelle, ennemie de toute pitié, antique mère de la douleur, jugement invincible et dur, puisque tu as forcé mon cœur affligé de penser à ses douleurs, ma langue fait tous ses efforts pour te maudire.

» Et puisque tu es si dénuée de pitié, il faut bien que je publie ta faute, la plus grossière que l'on pût commettre; non que personne l'ignore, mais pour entretenir la colère dans l'âme de ceux qui, par la suite, se nourriront d'Amour.

» Tu as arraché de dessus la terre la courtoisie, ce que l'on doit apprécier surtout dans une femme, la vertu accompagnée du charme de la jeunesse. Tu as détruit la grâce amoureuse.

» Je ne veux pas désigner davantage une Dame que ses vertus font reconnaître. Qui ne mérite pas le salut éternel ne doit pas espérer d'aller jamais en sa compagnie[2]. »

---

[1] Ce premier sonnet se divise en trois parties. Dans la première, j'appelle et je sollicite tous les fidèles d'Amour à pleurer; et je dis qu'en apprenant la cause des pleurs de l'Amour ils seront plus disposés à m'écouter; dans la seconde, je dis quelle est la cause de ses pleurs; dans la troisième, je parle des honneurs qu'Amour rendit à cette dame. La seconde partie commence à : « *Amour entend les dames qui*, etc.; » la troisième à : « *Apprenez combien*, etc. »

[2] Ce sonnet, qui commence par : « *Mort cruelle*, » se divise en quatre parties. Dans la première, je donne à la mort certains noms qui lui sont propres; dans la seconde, m'adressant à elle, je donne la raison qui me porte à la blâmer; dans la troisième, je la couvre de honte; dans la quatrième, je parle à une personne indéterminée, quoique intérieurement je sache bien de qui je parle. La seconde partie commence à : « *Puisque tu as forcé*, etc.; » la troisième à : « *Et puisque tu es*, etc.; » la quatrième à : « *Qui ne mérite pas le*, etc. »

Quelques jours après les funérailles de cette Dame, il se présenta des circonstances qui me forcèrent de sortir de la ville et d'aller vers les lieux où demeurait la personne qui m'avait servi de rempart contre les curieux. Quoique je n'allasse pas précisément jusqu'à l'endroit qu'elle habitait, et que j'eusse des compagnons dans la route, ce voyage me déplaisait, ne sachant comment me soustraire aux regards pour décharger mon cœur de l'angoisse que j'éprouvais en m'éloignant de ma félicité. Cependant le très-doux seigneur (Amour), qui me tyrannisait sous l'empire de ma noble Dame (Béatrice), m'apparut dans mon imagination comme un pèlerin mal et légèrement vêtu. Il me paraissait tout interdit, et tenait ses yeux fixés vers la terre, qu'il portait toutefois de temps en temps vers une rivière dont l'eau limpide et pure coulait le long du chemin où je me trouvais. Il me parut qu'Amour m'appelait et me disait ces paroles : « Je viens de chez cette Dame qui t'a protégé si longtemps, et je sais qu'elle ne pourra revenir. Et cependant ce cœur que je te faisais avoir par elle, je l'ai avec moi, et je le porte à une autre Dame, qui te servira d'égide comme la première. » Il me la nomma, et je la reconnus bien. « Du reste, ajouta l'Amour, si tu répètes quelques-unes des paroles que je t'ai dites, fais-le de manière à ne pas découvrir l'amour simulé que tu as montré à ces deux Dames, et qu'il te conviendra de montrer à une autre (ou à d'autres, *variante*). » Ayant ainsi parlé, ma vision disparut. Le visage changé, je chevauchai pensif tout le jour, poussant de fréquents soupirs. Vers la nuit, je commençai ce sonnet :

« Chevauchant avant-hier par un chemin, et tout préoccupé de marcher contre mon gré, je trouvai au milieu de la route Amour, vêtu en habit léger de pèlerin.

» A le voir, il me parut misérable, comme s'il eût perdu son pouvoir, allant en soupirant, pensif et tête basse pour ne regarder personne.

» Lorsqu'il m'aperçut, il m'appela par mon nom, et

dit : « Je viens de loin et d'un endroit où ton cœur était par ma volonté.

» Je l'ai retiré, afin qu'il pût encore éprouver un nouveau plaisir. » Alors je pris une si grande pitié de lui, qu'il disparut sans que je m'en aperçusse[1]. »

Sitôt que je fus de retour de ce voyage, je me mis à la recherche de cette Dame qui m'avait été désignée par mon seigneur, dans le chemin des soupirs; et afin d'éviter les longueurs, je dirai qu'en peu de temps je trouvai si bien moyen d'en faire ma sauvegarde, que beaucoup de gens en parlaient d'une manière offensante; ce qui me blessa beaucoup plusieurs fois. Ces bavardages, qui tendaient à me noircir, furent cause que cette noble créature (Béatrice), qui détruisit tous les vices et fut reine des vertus, passant par un lieu où je me trouvais, me refusa sa douce salutation, dans laquelle résidait toute ma félicité.

Je veux même m'écarter un instant de mon sujet principal, pour faire comprendre tout le bien que son salut opérait en moi. Quand je la voyais paraître quelque part, dans l'espérance où j'étais de recevoir sa merveilleuse salutation, je n'avais plus d'ennemi; je sentais au contraire une ardeur charitable qui me portait à pardonner à tous ceux dont j'avais reçu des offenses; et si en pareille occasion on m'eût demandé quoi que ce soit, ma seule réponse eût été : *Amour*, que j'aurais prononcé avec un visage modeste. Et quand elle était sur le point de saluer, un *esprit d'amour*, anéantissant tous les autres *esprits sensitifs*, faisait paraître au dehors les faibles *esprits de la vue*, et leur disait : « Allez honorer votre Dame, » et lui seul (l'esprit d'Amour) demeurait à leur place. Qui aurait voulu connaître Amour l'aurait pu facilement en observant le tremblement de mes

---

[1] Ce sonnet a trois parties. Dans la première, je dis comment je rencontrai l'Amour, et quel il me parut; dans la seconde, je rapporte ce qu'il m'a dit, non pas entièrement, dans la crainte de découvrir mon secret; dans la troisième, je dis comment il disparut. La seconde commence à : « *Lorsqu'il m'aperçut*, etc.; » la troisième à : « *Alors je pris une*, etc. »

yeux ; et quand cette très-noble Dame faisait son salut, non-seulement Amour n'avait pas le pouvoir de cacher l'excessive félicité que j'éprouvais, mais lui-même devenait tel par l'effet de la douceur de cette salutation, que mon corps soumis entièrement à sa puissance se remuait souvent comme un corps grave inanimé ; ce qui me démontre évidemment que dans cette salutation résidait mon bonheur, lequel fort souvent était trop grand pour que j'eusse la force de le supporter et d'en jouir.

Revenant à mon sujet, je dis donc que mon bonheur (le salut) m'ayant été refusé, je ressentis une telle douleur, que je me séparai des assistants, et me retirai dans un lieu solitaire, où je baignai la terre de larmes amères ; qu'après m'être quelque peu soulagé en pleurant, j'entrai dans ma chambre, où je pus me livrer à mon chagrin sans être entendu de personne. Là, après avoir imploré la miséricorde de la Dame de la courtoisie (Béatrice), et m'être écrié : « Amour, viens au secours de ton fidèle, » je m'endormis comme un petit enfant qui pleure après avoir été corrigé.

Mais, vers le milieu de mon sommeil, je crus voir dans ma chambre, près de moi, un jeune homme dont les vêtements resplendissaient de blancheur. Il était pensif, dirigeant ses regards là où j'étais gisant, et il me sembla que, tout en soupirant, il me disait : « *Fili mi, tempus est ut prætermittantur simulacra nostra :* Mon fils, il est temps de mettre de côté tous nos vains fantômes. » Alors je le reconnus, parce qu'il m'appela comme il m'avait appelé déjà bien des fois. Et, le regardant, je crus m'apercevoir qu'il pleurait de pitié, attendant quelques paroles de moi. M'étant rassuré, dans mon sommeil, je commençai à parler avec lui : « Seigneur de la noblesse, pourquoi pleures-tu ? » Et il me disait ces paroles : « *Ego tanquam centrum circuli, cui simili modo se habent circumferentiæ partes : tu autem non sic :* Je suis comme le centre du cercle auquel tous les points de la circonférence se rapportent ; il n'en est pas ainsi de toi. — Pourquoi parles-tu avec tant d'obscurité ? » lui demandai-je. Et il me répondit en langue vulgaire :

« Ne me demande plus que ce qui pourrait t'être utile. »
Alors je commençai à parler avec lui de la salutation qui m'avait été refusée, et lui en demandai la raison. Il me répondit de la sorte : « Notre Béatrice, en conversant avec quelques personnes, a entendu dire que la Dame dont je t'ai dit le nom dans le chemin des soupirs avait éprouvé des désagréments de ta part; et comme cette noble personne ne peut supporter l'idée du plus léger tort fait à qui que ce soit, elle n'a pas daigné te saluer, craignant que tu ne fusses un homme méchant. Cependant, comme elle connaît véritablement ton secret, à cause de la longue habitude qu'elle a de toi, je veux que tu composes des vers dans lesquels tu exprimeras l'empire que j'ai sur toi par l'effet de son mérite, et comment tu as été son amant fidèle depuis ton enfance. Prends-en à témoin celui qui le sait; dis comment tu le pries de lui affirmer la vérité à ce sujet, et tu peux être certain que je lui en parlerai volontiers. Par ce moyen, elle connaîtra ta véritable intention, ce qui lui fera rejeter les paroles de ceux qui ont été mis dans l'erreur sur ton compte. Fais en sorte de tenir un milieu discret dans ces vers; ne lui parle pas directement, ce serait manquer aux convenances, et aie soin de ne pas envoyer ce que tu écriras dans un lieu où elle pourrait l'entendre sans que je fusse près d'elle; mais orne tes vers d'une suave harmonie à laquelle je me mêlerai toutes les fois qu'il en sera besoin. »

Ayant ainsi parlé, il disparut, et mon sommeil s'interrompit. En rappelant mes souvenirs, je m'aperçus que cette vision m'était apparue pendant la neuvième heure du jour. Je sortis de ma chambre avec l'intention de faire une ballade dans laquelle j'exprimerais tout ce que mon Seigneur m'avait ordonné d'y mettre, et je fis celle qui suit :

« Ballade, va trouver Amour, et avec lui va te présenter devant ma Dame, afin que mon excuse, que tu contiens, plaide en ma faveur auprès d'elle avec le secours de mon Seigneur. Ballade, tu t'avances si modeste et si courtoise, que tu devrais ne rien craindre et voyager seule. Mais, pour plus de sûreté, va d'abord trouver l'Amour; car il ne serait peut-être pas prudent de marcher sans lui, puisque celle qui doit t'entendre est tellement irritée contre moi, à ce que je crois, qu'elle pourrait te mal recevoir si tu n'étais pas accompagnée par l'Amour.

» Quand tu seras avec lui devant ma Dame, et après avoir demandé merci, commence à dire ces paroles d'une voix bien douce : Ma Dame, celui qui m'envoie vers vous désire, dans le cas où cela vous agréerait, que vous écoutiez ses excuses, s'il en trouve de bonnes. L'Amour est là qui peut vous dire que par l'empire de votre beauté il fait changer de visage comme il veut à celui qui m'envoie, et que son cœur n'ayant pas varié, c'est à vous à deviner le motif pour lequel Amour lui a fait regarder une autre femme.

» Ballade, dis-lui encore : Ma Dame, son cœur s'est maintenu dans une si ferme constance, que toutes ses pensées ne tendent qu'à obéir à votre volonté. Tout jeune il s'est voué à vous, et jamais il ne s'en est éloigné. Si par hasard ma Dame ne te croit pas, dis-lui qu'elle interroge l'Amour à ce sujet. Fais-lui une humble prière, si elle ne veut pas me pardonner; et enfin qu'elle m'envoie l'ordre de mourir, et elle pourra s'assurer que je suis son fidèle serviteur.

» Quant à celui (Amour) qui est la source de toute piété et qui saura bien plaider ma cause auprès de ma Dame, dis-lui, avant qu'il cesse de causer avec elle : Seigneur, en faveur de ma douce harmonie, demeure près de cette Dame, et dis à ton serviteur (Dante) tout ce qui sera à propos. Que si, grâce à tes prières, elle (Béatrice) lui pardonne (à Dante), annonce-lui la paix avec un visage riant. Pars, gentille Ballade, choisissant à ton gré le moment favorable, afin que tout l'honneur du succès te revienne [1]. »

---

[1] Cette ballade se divise en trois parties. Dans la première, je dis à la ballade où elle va, et je la rassure pour qu'elle agisse plus efficacement. Je dis dans la

Après la vision que j'ai rapportée, et lorsque j'eus dit les paroles que l'Amour m'avait imposées, mon esprit fut assailli par une multitude de pensées qui me combattaient sans que je pusse me défendre. Il y en avait quatre surtout qui ne me laissaient plus aucun repos. L'une était : La domination d'Amour est bonne, puisqu'elle dégage l'intelligence de celui qui lui est fidèle de toutes les choses basses. L'autre était : La domination d'Amour n'est pas bonne, puisque plus son fidèle lui est attaché, plus il doit éprouver de peines et de chagrin. La troisième était : Le nom d'Amour est chose si douce à entendre, qu'il est impossible que par la vertu de cette parole on n'opère pas tout le bien imaginable ; car les noms sont la conséquence des choses. *Nomina sunt consequentia rerum.* Enfin la dernière difficulté qui se présentait était celle-ci : La Dame dont tu es si fortement occupé n'est pas comme les autres femmes, elle ne se laisse pas facilement vaincre.

Chacune de ces réflexions m'assaillait tour à tour avec tant de force, qu'elles me contraignaient de m'arrêter comme celui qui ne sait quel chemin il doit prendre ni où il veut aller. Et lorsque je faisais des efforts pour trouver un terme moyen pour accorder ces opinions différentes, alors cette dernière idée me tourmentait beaucoup plus encore que les autres, et je me mettais à appeler la pitié et à me jeter dans ses bras. Étant arrivé à cet état, l'envie me vint de faire des vers, et je composai ce sonnet :

« Je ne pense qu'à l'Amour ; mes pensées à ce sujet sont tellement diverses, que l'une me fait respecter sa

---

compagnie de qui elle doit se mettre, pour éviter tout danger. Dans la seconde, je dis ce qu'elle a à faire comprendre ; dans la troisième, je lui donne la permission d'aller quand elle voudra, lui recommandant de se mouvoir doucement dans les bras de la fortune. La seconde partie commence à : « *Quand tu seras avec lui*, etc.; » la troisième, à : « *Pars, gentille ballade*, etc. » On pourra m'objecter que l'on ne sait pas à qui je m'adresse en parlant à la seconde personne, car la ballade n'est rien autre chose que ce que je dis. Cependant, je prétends résoudre ce doute dans ce petit livre, à l'occasion d'une autre partie qui présentera une difficulté semblable ; et alors celui qui doute, ou qui prétend faire une critique, comprendra.

puissance, tandis qu'une autre met son pouvoir au rang de la folie.

» Avec l'espérance une troisième m'apporte le repos, et la dernière ne me fournit bientôt qu'un sujet de larmes. Toutes s'accordent seulement en ce point, qu'elles m'invitent à demander merci au milieu des craintes que j'éprouve.

» D'où il arrive que je ne sais plus quelle matière prendre ni que dire. Je me trouve dans une incertitude amoureuse, et quand je cherche à accorder toutes mes pensées contraires, en désespoir de cause, j'en suis réduit à implorer le secours de mon ennemie, madame la Pitié, pour qu'elle me défende. »

A la suite de ce conflit de pensées contraires, il arriva que cette très-noble Dame vint dans une assemblée de Dames de distinction, où je fus conduit moi-même par une personne amie, qui crut me procurer un grand plaisir en me menant dans un lieu où tant de Dames montraient leur beauté. Ne sachant où j'allais, et me confiant en la personne qu'un de ses amis avait conduite à l'extrémité de la vie, je dis : « Pourquoi sommes-nous venus vers ces Dames ? » Alors il me répondit : « Afin qu'elles aient des serviteurs dignes d'elles. » La vérité est qu'elles formaient la compagnie d'une Dame noble qui ce jour même avait été fiancée, et que, selon l'usage de notre ville, elles devaient assister au premier repas qu'elle ferait à la table et dans la maison de son fiancé. Je crus donc faire plaisir à mon ami en me proposant pour servir ces Dames avec lui. Lorsque je fus dans l'assemblée, je sentis dans la partie gauche de ma poitrine un tremblement extraordinaire qui se communiqua dans tout mon corps. Alors je m'appuyai le long d'une peinture qui entourait cette maison, et, appréhendant que quelqu'un ne se fût aperçu de mon tremblement, je levai les yeux, et, regardant les Dames, j'aperçus la très-noble Béatrice parmi elles. Mes *esprits* furent tellement abattus en ce moment, par la force que reçut l'Amour en se sentant si près de la noble Dame, qu'il n'y eut plus que les *esprits de la vue* qui conservèrent de la vie, et encore restèrent-ils hors de leur usage ordinaire, parce qu'Amour voulait les y maintenir pour voir la très-admirable Dame. Et quoique je me fusse un peu remis, je me chagrinais beaucoup de ce que ces *petits esprits* (les yeux) se plaignaient si fort, en disant : « Si l'Amour ne nous avait pas ainsi troublés, nous pourrions être en état de voir la merveilleuse Dame, comme font nos pareils. »

Je dis que plusieurs de ces Dames s'étant aperçues du changement qui s'était opéré en moi, commencèrent à en témoigner leur étonnement ; puis, dans la conversation, elles se moquèrent de moi avec la très-noble Dame. Mon introducteur, ami de bonne foi, qui, dans cette circonstance, se trouva pris pour dupe, me tira par la main, et m'ayant entraîné hors de la vue de ces Dames, me demanda ce que j'avais. Je lui répondis quelques paroles, et mes esprits morts s'étant relevés, ainsi que ceux qui avaient été chassés ayant repris possession de leur faculté, je dis à cet ami : « J'ai posé les pieds dans cette partie de la vie au delà de laquelle on ne peut plus aller avec l'intention de retourner sur ses pas. » Et, l'ayant quitté, je rentrai dans la chambre des larmes, où pleurant et rougissant en moi-même, je dis : « Si cette Dame connaissait l'état où je suis, je ne crois pas qu'elle se moquât de moi ; au contraire, j'exciterais en elle une vive pitié. » Et tout en laissant échapper cette plainte, je résolus de dire des paroles qui feraient connaître la cause de mon changement subit, lesquelles diraient : Que je sais que cette cause n'est pas connue, et que si elle l'était, certainement tout le monde aurait pitié de moi. Ayant le désir que cette explication parvînt jusqu'aux oreilles de ma Dame, alors je composai ce sonnet :

« Ma Dame, vous plaisantez avec les autres Dames sur ma figure, sans réfléchir d'où il arrive que mon visage change complètement lorsque je contemple votre beauté.

» Si vous le saviez, votre pitié ne pourrait résister à une preuve si manifeste, puisque l'Amour, lorsqu'il me trouve si près de vous, prend tant d'empire sur moi, qu'il frappe sur tous mes esprits épouvantés, tuant les uns, chassant les autres, de telle sorte qu'il (l'Amour) reste seul à vous regarder.

» D'où il résulte que ma figure change entièrement, mais non pas à ce point, toutefois, que je ne sente les douleurs poignantes des esprits chassés [1]. »

Après mon étonnante transfiguration, il me vint une pensée fatigante qui ne me quittait pas. Sans cesse elle me reprenait, et voici quels étaient ses raisonnements : Puisque tu fais une si ridicule figure quand tu es près de cette Dame, pourquoi cherches-tu à la voir ? Et si elle te faisait appeler près d'elle, qu'aurais-tu à répondre dans le cas où tu aurais le libre exercice de toute ta raison ? Alors une autre pensée humble me dictait cette réponse, et je disais : Si je ne perdais pas mes facultés, et qu'au contraire je les conservasse libres, je lui dirais : Qu'aussitôt que je pense à son admirable beauté, il me vient un désir si vif et si fort de la voir, que ce désir tue et détruit dans ma mémoire tout ce qui pourrait s'y opposer. Et c'est ce qui est cause que les tourments passés ne me retiennent plus, et que je cherche toujours à la voir. Ces pensées diverses m'engagèrent à dire à ma Dame ce qui m'arrive quand je suis près d'elle, et je fis ce sonnet :

« Tout ce qui se présente à mon esprit s'éteint et meurt

---

[1] Je ne divise pas ce sonnet en parties, parce que la division ne s'en fait que pour exposer les significations de la chose divine. Or, comme la cause survenue est très-manifeste, il n'y a pas lieu à faire des divisions. La vérité est que dans les paroles où la cause de ce sonnet est présentée, il s'en trouve de douteuses. Par exemple, lorsque je dis qu'*Amour tue tous mes esprits*, et que les *esprits de la vue demeurent vivants, si ce n'est qu'ils sortent de leurs* (*instruments*) *organes*, ceci est un doute (une difficulté) impossible à résoudre pour toute personne qui n'est pas fidèle d'Amour au même degré, tandis que pour ceux qui le sont (fidèles d'Amour), rien n'est si facile à comprendre que ces paroles douteuses. Aussi ne serait-il pas bien à moi d'expliquer de tels doutes, puisque mes explications seraient vaines et superflues.

du moment que je vous vois, ô mon précieux trésor ! Et quand je suis près de vous, j'entends l'Amour qui me dit : « Fuis, si tu ne veux périr. »

» Le visage fait connaître la couleur du cœur ; le visage qui semble annoncer la mort quand il cherche un appui. Et lorsque, pendant la fougue de mes frissons, les murs semblent crier : Meurs ! meurs !

» C'est un crime que commet la personne qui, me voyant en cet état, n'a pas cherché à raffermir mon âme éperdue en lui montrant un peu de pitié ; pitié que fait naître cet aspect des yeux qui désirent la mort, et que votre moquerie a détruite jusque dans l'âme des autres [1]. »

Bientôt ce sonnet me fit naître l'idée d'exprimer quatre pensées sur mon état, que je n'avais pas encore fait connaître. La première, que très-souvent je me chagrinais quand ma mémoire poussait mon imagination à rechercher ce qu'Amour me faisait éprouver ; la seconde, qu'Amour m'assaillait si fort et si brusquement, qu'il ne me restait de la vie rien autre chose qu'une pensée qui me parlait de cette Dame ; la troisième, que quand Amour me livrait ainsi combat, tout pâle, décoloré, je me débattais pour voir cette Dame, croyant que sa vue me soutiendrait dans cette attaque, oubliant tout ce qui m'arrivait de fâcheux, pour me

---

[1] Ce sonnet se divise en deux parties. Dans la première, je dis pourquoi je ne puis me retenir d'aller près de cette dame ; dans la seconde, je fais savoir ce qui m'arrive quand je vais près d'elle ; et cette partie commence à : « *Et quand je suis près de vous*, etc. » Mais cette seconde partie se subdivise en cinq autres : dans la première, je dis qu'Amour, conseillé par la raison, me parle quand je suis près d'elle ; dans la seconde, je fais connaître l'état de mon cœur par ce qui se passe sur mon visage ; dans la troisième, je dis comment tout courage m'a abandonné ; dans la quatrième, je dis que celui-là commet un crime, qui n'a pas pitié de moi ; et enfin, dans la dernière, je fais savoir pourquoi un autre devrait avoir pitié de l'apparence malheureuse qui se manifeste dans mes yeux ; laquelle apparence malheureuse est détruite, c'est-à-dire ne paraît plus telle aux autres, à cause de la moquerie de cette dame, dont l'exemple entraîne ceux mêmes qui seraient naturellement disposés à me plaindre. La seconde partie commence à : « *Le visage fait connaître la couleur*, etc.; » la troisième, à : « *Pendant la fougue de*, etc.; » la quatrième, à : « *C'est un crime*, etc.; » la cinquième, à : « *Pitié que fait naître*, etc. »

rapprocher de sa noble personne; la quatrième, que non-seulement cette vue ne me défendait pas, mais au contraire détruisait le peu de vie que j'avais encore. Je fis donc ce sonnet :

« Souvent je pense à la triste expression qu'Amour donne à ma figure, et je m'en émeus tellement, que je dis : Hélas ! pareille chose arrive-t-elle à d'autres qu'à moi ?

» Car l'Amour m'assaille si brusquement, que je suis toujours sur le point d'en perdre la vie. Un seul esprit reste et vit encore en moi, Béatrice, parce qu'il s'occupe de vous.

» Alors je m'excite, je m'efforce, j'épuise mon âme; alors je veux vous voir, croyant trouver la guérison;

» Et si je lève les yeux pour vous regarder, un tremblement s'élève dans mon cœur, qui me fait tomber sans pouls et sans haleine [1]. »

Après avoir composé ces trois derniers sonnets adressés à cette Dame, et où se trouve la peinture de tout ce que j'ai éprouvé, je crus m'être assez clairement expliqué, et je résolus de me taire. Cependant, quoique je me sois toujours abstenu depuis de rien dire à cette Dame, il me convint de prendre une matière nouvelle et plus élevée que celle que j'avais traitée précédemment; et comme le sujet en est agréable à entendre, je le ferai connaître aussi brièvement que je pourrai.

Comme par le changement subit de mon visage beaucoup de personnes avaient pénétré le secret de mon cœur, certaines Dames qui avaient coutume de se réunir savaient

---

[1] Ce sonnet se divise en quatre parties, selon les quatre points qui y sont traités. Comme j'en ai parlé plus haut, je n'y reviendrai pas, si ce n'est pour désigner les parties par leur commencement. Je dis donc que la seconde partie commence à : « *Car l'Amour m'assaille*, etc.; » la troisième, à : « *Alors je m'excite*, etc.; » et la quatrième, à : « *Et si je lève*, etc. »

très-bien ce que j'éprouvais intérieurement, parce qu'elles avaient été témoins de plusieurs de mes mésaventures. Me trouvant, par hasard, un jour près d'elles, il y en eut une qui m'appela. Elle parlait avec beaucoup de grâce. Quand je fus près de la compagnie, et que je me fus aperçu que ma très-noble Dame n'était pas présente, m'étant rassuré, je saluai ces Dames, et leur demandai ce qui pouvait leur être agréable. Elles étaient en assez grand nombre, et riaient entre elles. Les unes me regardaient, en attendant ce que j'allais leur dire; d'autres chuchotaient ensemble, lorsque l'une de celles-ci, tournant ses yeux vers moi et m'appelant par mon nom, me dit : « A quelle fin aimes-tu cette Dame, puisque tu ne peux la regarder et supporter sa présence? il faut que le but d'un tel amour soit des plus étranges! » Et sitôt qu'elle m'eut ainsi parlé, non-seulement elle mais toutes les autres fixèrent leurs yeux sur mon visage, en attendant ma réponse. Alors je leur parlai ainsi : « Mes Dames, la fin de mon Amour a été la salutation de cette Dame de qui vous voulez peut-être parler, et dans la salutation de laquelle était ma béatitude, but de tous mes honnêtes désirs. Mais, comme il lui a plu de me la refuser, mon Seigneur Amour a mis désormais tout mon bonheur dans sa merci, qui ne peut me manquer. »

Alors ces Dames commencèrent à parler entre elles, et comme parfois nous voyons l'eau tomber avec la neige, ainsi leurs paroles me semblaient-elles mêlées de soupirs. Et lorsqu'elles eurent conversé quelque temps, la Dame qui m'avait parlé la première me dit encore : « Nous te prions de nous expliquer en quoi consiste cette félicité, cette béatitude dont tu parles. » Je lui répondis : « Dans les paroles qui contiennent les louanges de ma Dame. » Elle reprit : « Ne pourrait-on pas conclure de là que les paroles dont tu t'es servi pour peindre ta situation amoureuse n'allaient pas à ce but? » A ces paroles, je me sentis presque honteux, et m'éloignai de ces Dames, me disant en moi-même : Puisqu'il y a tant de félicité dans les louanges de ma Dame, pourquoi ai-je parlé autrement? Et de ce moment je pris la résolution de ne traiter que des sujets qui fussent des louanges de cette noble Dame. En y pensant toutefois, je craignis d'avoir choisi une matière trop haute pour moi, en sorte que je n'osai commencer. Aussi demeurai-je plusieurs jours sans entreprendre aucune composition. Il arriva ensuite que, passant près d'un ruisseau limpide, il me prit un désir si fort de parler, que je m'occupai du mode que je devais prendre. Je pensai qu'en parlant d'elle il ne convenait pas que je le fisse, à moins de m'adresser aux Dames, en employant la seconde personne, ne prétendant pas toutefois parler à toutes les femmes, mais seulement aux Dames nobles et distinguées. Ma langue alors sembla se délier, et je m'écriai : *Dames, qui savez ce que c'est qu'Amour!*

Je conservai joyeusement ces paroles dans mon esprit, me proposant d'en faire le début de ce que je voulais composer. Alors je retournai dans la ville ci-dessus désignée, et, après avoir mûri mes idées pendant quelques jours, je commençai une chanson avec le début que j'avais choisi, et selon les divisions que je donnerai plus bas. Voici la chanson :

« Dames, qui savez vraiment ce que c'est qu'Amour, je veux m'entretenir avec vous de ma Dame, non que j'espère la louer dignement, mais dans l'intention de soulager mon esprit en parlant d'elle. Je dis que, lorsque je réfléchis à son mérite, l'Amour se fait si doucement entendre à moi, que si je ne perdais pas toute hardiésse en ces moments, ce que je dirais rendrait tout le monde amoureux. Mais je ne veux pas m'élever si haut, dans la crainte que ma timidité ne me fasse tomber trop bas. Je traiterai donc avec vous, Dames et Demoiselles, mais bien légèrement, eu égard à son mérite, des éminentes qualités de ma Dame, car c'est un sujet dont on ne peut parler à tout le monde.

» Un ange invoqua Dieu, en disant : « Sire, on voit au monde une merveille dont les manières nobles et gracieuses procèdent d'une âme dont la splendeur s'élève et parvient jusqu'ici-haut. » Le ciel, à qui il ne manquait rien que de la posséder, la demanda à son Seigneur, et chaque saint la réclame par ses prières. La seule pitié plaide ma cause dans le ciel; en sorte que Dieu, sachant qu'il s'agit de ma Dame, dit : « O mes bien-aimés! souffrez tranquillement que celle que vous désirez de voir reste autant qu'il me plaira là où il y a quelqu'un (Dante) qui s'attend à la perdre, et qui dira aux damnés dans l'enfer : J'ai vu l'espérance des bienheureux! »

» Ma Dame est désirée dans le plus haut des cieux. Maintenant je veux vous faire connaître quelque chose de son mérite, et je dis : Toute Dame qui veut prendre des manières nobles doit aller avec elle, parce que quand elle s'avance quelque part, Amour jette aussitôt une glace sur les cœurs corrompus, qui frappe et détruit toutes leurs pensées. Celui qui serait exposé à la voir, ou s'ennoblirait, ou mourrait; et quand elle rencontre quelqu'un digne de la regarder, celui-là éprouve toute la puissance de ses vertus; et s'il lui arrive qu'elle l'honore de son salut, elle le rend si modeste, si honnête et si bon, qu'il va jusqu'à perdre le souvenir de toutes les offenses qu'il a reçues. Cette Dame a encore reçu une grâce particulière de Dieu; car la personne qui lui a adressé la parole ne peut pas mal finir.

» Amour dit d'elle : « Comment une chose mortelle peut-elle être si pure et si belle? » Puis il la regarde, et juge en lui-même que Dieu se propose d'en faire une chose merveilleuse : couleur de perle à peine sensible, comme il convient précisément à une Dame de l'avoir. Elle possède autant de bonté que la nature en peut produire; et en la regardant on apprendra à apprécier la beauté. De quelque manière qu'elle meuve ses yeux, il en sort des esprits enflammés d'amour qui frappent les yeux de ceux qui la regardent; et ils pénètrent tellement, que chacun va droit au cœur. Vous voyez l'Amour peint sur son visage, qu'aucun regard ne peut fixer sans être ébloui.

» Chanson, je sais que tu iras de tous les côtés, parlant à plusieurs Dames, quand je t'aurai envoyée par le monde. Maintenant il faut que je t'avertisse, puisque je t'ai élevée pour être une fille jeune et simple d'Amour, de consulter là où tu arriveras, en disant : Enseignez-moi le chemin pour aller droit à la Dame vers laquelle je suis envoyée et dont la louange fait mon ornement. Et si tu ne veux pas faire une démarche inutile, ne t'arrête pas là où il y a des personnes corrompues. Fais en sorte, si tu le peux, de te découvrir seulement aux Dames et aux hommes honnêtes qui te conduiront par la voie la plus courte. Tu trouveras Amour avec elle (Béatrice); aie soin de me recommander à tous deux, comme tu dois le faire[1]. »

---

[1] Afin que cette chanson soit mieux comprise, j'en parlerai avec plus d'art que des morceaux qui précèdent. Je la diviserai en trois parties. La première est l'exorde des paroles qui suivent ; la seconde, l'exposé de la matière traitée ; et la troisième, on pourrait, en quelque sorte, l'appeler la servante des paroles qui précèdent. La seconde commence à : *Un ange invoqua Dieu*, etc.; » la troisième, à : « *Chanson, je sais*, etc. »

La première partie se subdivise en quatre : 1° je dis à qui je veux parler de ma Dame et pourquoi je veux en parler ; 2° j'exprime ce que je crois sentir moi-même, quand je pense à son mérite, et comment je pourrais parler, si je ne perdais pas toute assurance et toute hardiesse ; 3° je dis comment je pense devoir m'exprimer pour que je ne sois pas décontenancé par l'abaissement ; 4° je reviens encore aux personnes à qui je dois m'adresser, et je donne la raison pour laquelle je m'adresse à elles. La seconde commence à : « *Je dis*, etc.; » la troisième, à : « *Mais je ne veux pas m'élever*, etc.; » la quatrième, à : « *Dames et demoiselles*, etc. » Puis, quand je dis : « *Un ange invoqua*, etc., » je commence à parler de cette Dame ; et cette autre partie se subdivise encore en deux. Dans la première, je dis qu'on s'occupe d'elle au ciel ; dans la seconde, qu'on s'occupe d'elle sur la terre ; et cette seconde, qui commence à : « *Ma Dame est désirée*, etc., » se subdivise de nouveau en deux. Dans la première, je traite de la noblesse de son âme, exposant quelques vertus effectives qui procèdent de son âme noble ; et dans la seconde, je rappelle la noblesse de son corps, et j'énumère quelques-unes de ses beautés à : « *L'Amour dit d'elle*, etc. »

Mais cette dernière seconde partie se redivise encore en deux. Je parle, dans l'une, de quelques beautés selon la gloire (morales), et, dans l'autre, de beautés spéciales et déterminées de la personne, à cet endroit où il est question *de ses yeux*, qui sont la source et le principe de l'Amour ; et afin de détourner toute pensée grossière de ce que je dis, le lecteur ne doit pas oublier qu'il est écrit plus haut que le salut de cette dame, qui fut exprimé par sa bouche, fut la fin, le but de mes désirs pendant qu'elle voulait bien encore me le faire. Puis, quand je dis : « *Chanson, je sais que tu*, etc., » j'ajoute une stance qui est comme la servante

Après que cette chanson fut un peu connue dans le monde, un ami, l'ayant entendue, prit une opinion peut-être trop avantageuse de moi, et témoigna le désir que je lui disse ce que c'est qu'Amour. Réfléchissant qu'après la chanson c'était un beau sujet à traiter, et que d'ailleurs je devais me rendre agréable à cet ami, je fis ce sonnet :

« Comme dit le sage, l'Amour et un noble cœur ne font qu'un ; et quand l'un ose aller sans l'autre, c'est comme quand l'âme abandonne la raison.

» La nature, quand elle est amoureuse (généreuse, bonne), rend l'Amour le maître, et fait du cœur la maison dans laquelle on se repose en dormant, tantôt peu, tantôt longtemps.

» Cependant la beauté se manifeste aux yeux par les traits d'une Dame sage, et cet objet agréable fait naître un désir de la posséder ;

» Et quelquefois ce désir persiste de telle sorte qu'il éveille l'esprit d'Amour. Un homme de mérite produit le même effet sur une Dame[1]. »

Ayant traité d'Amour dans les vers précédents, je voulus

---

des autres, où j'exprime ce que je désire et attends de ma chanson. Mais comme cette dernière partie est facile à comprendre, je ne me donnerai plus la peine d'en indiquer les divisions. Je sens bien que, pour en faire saisir tout le sens, il conviendrait de les multiplier encore ; mais je ne suis pas fâché de ne pas être compris par celui dont l'intelligence ne serait pas satisfaite des explications que j'ai données, et qui laissera là ma chanson ; car je crains d'en avoir donné le sens trop ouvertement par les divisions déjà indiquées, s'il arrivait que beaucoup de personnes vinssent à en avoir connaissance en l'entendant réciter.

[1] Ce sonnet se divise en deux parties. Dans la première, je parle de lui (Amour) comme puissance ; et dans la seconde, je dis comment sa puissance se réduit en action. La seconde commence à : « *La beauté se manifeste*, etc. » La première se divise en deux parties : 1° (comme puissance) je dis dans quel sujet est cette puissance ; 2° comment ce sujet et cette puissance sont produits en être, et comment l'un garde l'autre, ainsi que la forme garde la matière. La seconde commence à : « *La nature, quand elle*, etc. » Puis, quand je dis : « *La beauté se manifeste*, etc., » je dis comment cette puissance se réduit en acte, et d'abord comment il se réduit en homme, puis en femme : « *Un homme de mérite*, etc. »

encore dire quelques louanges de cette noble Dame (Béatrice), pour démontrer comment cet Amour s'éveille par elle, et de quelle manière non-seulement il s'éveille là où il dormait, mais comme elle le fait venir d'une manière merveilleuse là où il n'est pas en puissance ; et alors je fis ce sonnet :

« Ma Dame porte Amour dans ses yeux; aussi ennoblit-elle tout ce qu'elle regarde. Partout où elle passe, chaque homme tourne les yeux vers elle, et elle fait battre le cœur de celui qu'elle salue.

» Aussi baisse-t-il la tête, et devient-il pâle en se plaignant du peu de mérite qu'il a. L'orgueil et la colère fuient devant elle. Unissez-vous donc à moi, mes Dames, pour lui faire honneur.

» Non, il n'est pas de pensée douce et modeste qui ne naisse dans le cœur de celui qui l'entend parler ; aussi celui qui la voit le premier est-il bienheureux.

» L'air qu'elle a quand elle sourit ne se peut exprimer ni retenir dans la mémoire, tant ce miracle est nouveau et éclatant[1]. »

[1] Ce sonnet a trois parties. Dans la première, je dis comment cette Dame réduit cette puissance en acte par la très-noble partie d'elle-même, ses yeux ; et dans la seconde, je rappelle le même effet produit par la très-noble partie d'elle-même, sa bouche ; et outre ces deux parties, il y en a une petite (particella) qui demande aide en quelque sorte aux précédentes. Elle commence ainsi : « *Unissez-vous donc à moi,* etc. » La troisième commence à : « *Non, il n'est pas de pensée douce,* etc. » La première se divise en trois : 1° je dis de quelle manière elle ennoblit vertueusement ce qu'elle regarde ; et cette proposition équivaut à dire qu'elle introduit la puissance de l'Amour là où elle n'était pas encore ; 2° je dis comment elle réduit l'Amour en acte dans le cœur de tous ceux qu'elle regarde ; 3° je dis ce qu'elle opère vertueusement dans leurs cœurs. La seconde commence à : « *Partout où elle passe,* etc.; » la troisième, à : « *Elle fait battre le cœur,* etc. » Et quand je dis : « *Unissez-vous donc à moi,* etc., » je donne à entendre à qui j'ai l'intention de parler, en appelant les Dames à mon aide pour honorer ma Dame. Puis quand je dis : « *Non, il n'est pas de pensée,* etc., » je reviens sur ce que j'ai exprimé dans la première partie, au sujet des deux actes de sa bouche, dont l'un est son doux parler, l'autre son admirable sourire. Quant à ce dernier acte, je ne dis pas comment il opère sur les cœurs, parce que la mémoire ne peut conserver le souvenir de cette opération.

Mais bientôt après, par la volonté de notre glorieux Sauveur, qui lui-même n'a pas évité la mort, celui qui avait été le père d'une si merveilleuse personne, la très-noble Béatrice, sortant de cette vie, s'en alla à la gloire éternelle. Et comme cette séparation est toujours douloureuse pour ceux qui restent et qui ont été amis du défunt; qu'en outre il n'y a pas d'amitié plus intime que celle qui s'établit de bon père à bon fils, et de bon fils à bon père; et qu'enfin cette Dame était éminemment bonne et son père fort bon (comme tout le monde le dit avec toute vérité), il est certain que cette noble Dame ressentit la plus amère douleur.

Selon l'usage de la ville en ces occasions, les hommes et les femmes se rassemblèrent chacun de leur côté, là où Béatrice fondait en larmes. Comme je vis plusieurs Dames qui revenaient d'auprès d'elle, je prêtai l'oreille à leurs discours, qui roulaient sur la douleur de cette noble personne. « Comme elle pleure ! disaient-elles ; ceux qui la voient en cet état devraient mourir de pitié ! » Puis ces Dames passèrent leur chemin, et j'éprouvai une si profonde tristesse, les larmes inondèrent tellement mon visage, que je fus obligé de le couvrir de mes mains. Cependant mon attention fut attirée de nouveau par des discours de la même nature que les premiers, car j'étais placé dans un lieu près duquel passaient toutes les Dames qui sortaient d'auprès de Béatrice : « Qui de nous pourra jamais se livrer à la joie, maintenant que nous avons entendu parler cette Dame si tristement ? » disaient-elles. Après celles-ci en venaient d'autres qui faisaient des réflexions sur moi. « Celui qui pleure là, ne dirait-on pas qu'il l'a vue comme nous ? — Voyez, ajoutaient celles qui suivaient, il est si changé, qu'il ne paraît plus être lui-même ! »

Après avoir entendu ces paroles en passant, je conçus l'idée de composer des vers, car le sujet en était digne, surtout ce que je venais d'entendre de la bouche de ces Dames. Et comme je les aurais volontiers interrogées, si je n'avais pas été retenu par la discrétion, j'ai pris occasion de parler comme si je leur avais adressé la parole et qu'elles m'eussent répondu. Je fis donc deux sonnets. Dans l'un j'interroge selon la forme qui me convient, et dans l'autre je donne la réponse des Dames, prenant ce qu'elles ont dit d'elles-mêmes comme si elles l'eussent répondu. Voici le premier sonnet :

« Vous qui avez un aspect humble et dont les regards baissés indiquent la douleur, d'où venez-vous, que la couleur de votre visage trahit votre émotion?

» Avez-vous vu notre noble Dame la figure inondée de douleur d'amour? Avouez-le-moi, mes Dames, car le cœur me dit qu'il en est ainsi, puisque votre aspect et vos manières se sont ennoblis.

» Que si vous venez de voir un spectacle si douloureux, faites-moi la grâce de rester quelques instants près de moi, et de me dire tout ce que vous savez d'elle.

» Vos yeux ont tant pleuré et vos traits sont tellement altérés, que je tremble à l'idée de voir ce que vous avez vu [1]. »

Voici le second :

« Serais-tu celui qui a si souvent parlé de notre Dame, en nous adressant la parole? Nous reconnaissons ta voix, mais ta figure est bien changée.

» Pourquoi pleures-tu si abondamment, que tu excites la pitié de tout le monde? Est-ce que tu l'as vue pleurer, que tu ne saurais modérer ni cacher ta douleur?

» Laisse-nous pleurer, nous qui l'avons entendue mêler ses paroles à ses larmes. Ce serait chose répréhensible que de nous consoler.

---

[1] Ce sonnet se divise en trois parties. Dans la première, je demande à ces Dames si elles viennent d'auprès d'Elle, ajoutant que je crois qu'il en est ainsi, puisqu'elles reviennent ainsi ennoblies. Dans la seconde, je les prie de me parler d'Elle, et cela commence ainsi : « *Que si vous venez*, etc. »

» Ah! la douleur est si fortement empreinte sur les traits de cette Dame, que celle de nous qui aurait voulu la regarder serait tombée morte devant elle en pleurant [1]. »

Peu de jours après la composition de ces vers, je tombai malade, et souffris tellement pendant neuf jours, que j'éprouvai une faiblesse qui ne me permettait plus de faire aucun mouvement. Au neuvième jour, sentant une douleur intolérable, je me mis à penser à ma Dame. Et après m'être occupé d'elle, mes pensées retombèrent sur ma frêle existence, et, réfléchissant au peu de durée de la vie humaine, même dans l'état de santé, je commençai à pleurer en moi-même sur l'excès de ce malheur. Je me disais en soupirant : « Il faudra donc que la très-noble Béatrice meure un jour! » A ce moment, mon esprit s'égara tellement que je fus forcé de fermer les yeux, et que je me sentis tourmenté comme une personne frénétique.

Au milieu de mon délire, je vis apparaître des femmes qui couraient les cheveux épars, et me disaient : *Tu mourras!* Puis après, il s'en montra d'autres avec des visages horribles, qui me criaient : *Tu es mort!* Alors, dans le trouble de mon esprit, je ne sentis plus où j'étais. Il me sembla que des femmes échevelées marchaient en pleurant; je crus voir le soleil s'obscurcir, à ce point que l'on voyait les étoiles si pâles que l'on eût dit qu'elles pleuraient les morts; les oiseaux frappés dans l'air tombaient, et, au milieu du bruit causé par des tremblements de terre, tout épouvanté, je crus voir venir à moi un ami qui me dit : « Ton admirable Dame est sortie de ce siècle! Alors je commençai à pleurer non-seulement dans mon imagination, mais avec mes yeux, les baignant de véritables larmes. Puis

---

[1] Ce sonnet a quatre parties, selon que les Dames à qui je réponds employèrent quatre modes de parler. Mais je m'abstiendrai de revenir sur l'analyse que j'ai déjà faite de ces parties, me contentant de les indiquer seulement. La seconde commence à : « *Pourquoi pleures-tu?* etc.; » la troisième, à : « *Laisse-nous pleurer*, etc.; » la quatrième, à : « *Ah! la douleur*, etc. »

je regardai vers le ciel, et il me sembla voir une multitude d'anges qui se dirigeaient en chœur vers la voûte céleste, conduits par une légère vapeur d'une blancheur éclatante. Je crus entendre ces anges qui chantaient glorieusement, et les paroles qu'ils chantaient me parurent être celles-ci : *Hosanna in excelsis!* et je n'entendais rien autre chose. Alors il me parut que (mon) le cœur où il y avait tant d'amour me dit : « Il est certain que notre Dame est morte; » et je crus marcher pour aller voir le corps de cette âme noble et bienheureuse. Mon imagination était tellement frappée, que je crus la voir morte en effet, et que des dames couvraient sa tête d'un voile blanc. Sa figure était si calme et si modeste, qu'elle semblait dire : « Maintenant j'en suis venue à voir le principe de la paix. » En l'apercevant, je me sentis pénétré d'une telle humilité, que j'appelais la Mort, lui disant : « Viens à moi, car je te désire ardemment, et tu vois que je porte déjà ta couleur ! »

Après avoir assisté à toutes les cérémonies douloureuses qui se pratiquent auprès des morts, il me sembla que je retournais chez moi. Là, ayant porté mes yeux vers le ciel, je m'écriai en pleurant : « O belle âme! combien celui qui te voit est heureux ! » Au milieu des sanglots et des larmes, et comme j'appelais la mort, une jeune Dame qui se trouvait près de mon lit, croyant que mes paroles et mes plaintes m'étaient arrachées par la douleur de mon mal, pleine de terreur, se prit à pleurer.

D'autres Dames, qui étaient dans la chambre, s'étant aperçues, par les pleurs de leur compagne, que moi-même je versais des larmes, firent retirer la première Dame, laquelle était ma très-proche parente. Les deux autres s'approchèrent de moi pour m'éveiller, croyant que je songeais. « Ne dormez plus, et ne vous découragez pas, » me disaient-elles; et m'ayant ainsi interpellé, mon délire me quitta au moment même que je voulais dire : « O Béatrice! que tu sois bénie ! » J'avais déjà prononcé : O Béatrice..... lorsque me réveillant tout à coup, j'ouvris les yeux et m'aperçus que j'avais été trompé par un songe. Mais l'effort que j'avais fait pour prononcer ces deux mots en sanglotant, empêcha ces Dames de les entendre; et quoique je me sentisse honteux d'avoir laissé échapper ce nom, toutefois, par un avertissement d'Amour, je me retournai vers elles. Quand elles me virent, elles dirent d'abord : « On le croirait mort! » Puis elles me demandèrent ce qui m'avait causé une si grande terreur. Après ces questions, mes sens étant quelque peu remis, et ayant reconnu la fausseté des imaginations que j'avais eues, je leur répondis : « Je vous dirai ce que j'ai éprouvé. » Je leur dis en effet depuis le commencement jusqu'à la fin ce que j'avais vu, ayant bien soin toutefois de taire le nom de la noble Dame. Quand j'eus obtenu ma guérison, je me proposai de faire des vers sur tout ce qui m'était arrivé, parce que ce sujet me parut digne d'être entendu, comme se rapportant à l'Amour. Je fis donc cette chanson :

« Une Dame miséricordieuse, ornée de jeunesse et de toutes les distinctions humaines, était là dans le lieu où j'appelais souvent la Mort. A la vue de mes yeux pleins de tristesse, et en entendant les paroles vides de sens que je laissais échapper, épouvantée, elle se mit à pleurer abondamment. D'autres Dames, averties par elle de mon état, la firent sortir, puis s'approchèrent de moi pour s'assurer si je pourrais les entendre. L'une me dit : « Ne dormez plus; » l'autre : « Pourquoi vous laissez-vous aller ainsi au découragement? » Alors je quittai mes imaginations, et me mis à prononcer le nom de ma Dame.

» J'éprouvais une douleur si vive en parlant, tant ma voix était altérée par les angoisses et les pleurs, que moi seul pus entendre au fond de mon cœur le nom que je prononçais. Alors Amour fit tourner mon visage, qui exprimait la honte, vers ces Dames. Et mon aspect leur parut tel, qu'il donna l'idée de la mort. « Ah! disaient-elles, ranimons son courage. » Toutes ensemble priaient humblement et me répétaient souvent : « Qu'as-tu vu? Tu manques donc de courage? » Et dès que j'eus repris un peu de force, je leur répondis : « Mes Dames, je vous le dirai. »

» Tandis que je réfléchissais sur ma frêle existence et sur l'incertitude de sa durée, Amour pleura au fond de mon cœur, son habitation ordinaire, et mon âme en fut si troublée, que je me dis ces mots en soupirant : « Il faudra donc que ma Dame meure? » Le chagrin s'empara si fortement de moi alors, que je laissai lâchement mes yeux se fermer. Bientôt mes esprits se sentirent tellement troublés et affaiblis, que chacun d'eux alla à l'aventure. Enfin, privé de ma connaissance et hors de la réalité, j'eus une apparition de femmes dont l'expression indiquait la colère, et qui me criaient : « Il faut que tu meures ! il faut que tu meures ! »

» Ensuite j'aperçus une foule de choses épouvantables au commencement de mon rêve. J'ignorais en quel lieu je pouvais être; je croyais voir des Dames marchant avec les cheveux épars, les unes pleurant, les autres poussant des cris de douleur et qui lançaient le feu de la tristesse. Bientôt il me sembla apercevoir le soleil qui se troublait, et l'étoile du soir apparaître. Tous deux pleuraient. Les oiseaux, arrêtés dans l'air, tombaient, et la terre tremblait. Alors un homme faible et pâle, s'étant présenté à moi, me dit : « Que fais-tu? ne sais-tu pas la grande nouvelle! Ta Dame, cette personne si belle, elle est morte! »

» Je levai au ciel mes yeux baignés de larmes, et je vis les anges qui, semblables à une pluie de manne, retournaient au ciel, guidés par une nuée derrière laquelle ils chantaient ensemble : « Hosanna! » S'ils en avaient dit davantage, je vous le dirais. Alors Amour me dit : « Je ne te cache plus rien; viens voir notre Dame qui est gisante morte. » Mon imagination trompeuse me conduisit en effet vers ma Dame, qui était sans vie. Et quand je fus près d'elle, je m'aperçus que des Dames la couvraient d'un voile. Son visage exprimait quelque chose de si pur et de si modeste, qu'elle semblait dire : « Je suis en paix. »

» En observant son air si humble, la douleur me rendit si humble moi-même, que je m'écriai : « O Mort ! je te tiens maintenant pour une très-douce chose, puisque tu as pénétré jusque dans ma Dame; et, loin d'être irritée, tu dois ressentir de la compassion, ô Mort ! puisque, te ressemblant déjà (par la pâleur), je m'avance désireux d'être mis au nombre des tiens ! Viens donc ! car mon cœur t'appelle ! » Après avoir épuisé ma douleur, je me retirai; et quand je fus seul, je m'écriai en regardant le royaume d'en haut : « Belle âme ! heureux qui te voit !... » Alors les Dames m'éveillèrent, et je les remerciai [1]. »

Après cette vision, il arriva qu'un jour, étant livré à mes réflexions dans un lieu, je sentis venir un battement dans mon cœur, comme si j'eusse été en présence de ma Dame. Alors il me vint une imagination d'Amour; je crus le voir venir dans cette partie où ma Dame se tenait, et, d'un ton gai, il parut me dire au fond de mon cœur : Pense à bénir le jour où je me suis emparé de toi, parce que c'est un devoir sacré pour toi. Et en vérité mon cœur était si content de ma nouvelle condition, que je ne le reconnaissais pas pour le mien. Et peu après que mon cœur m'eut ainsi parlé par

---

[1] Cette chanson a deux parties. Dans la première, je dis à une personne indéfinie comment je fus tiré d'une vision par certaines Dames, et comment je promis de leur raconter ce que j'avais vu ; dans la seconde, je rapporte la narration que je leur ai faite; et cette partie commence à : « *Tandis que je pensais à ma frêle existence*, etc. » Quant à la première partie, elle se subdivise en deux : 1° je dis ce qu'une Dame et d'autres ont dit et fait au sujet de mon délire, avant que j'eusse repris mes sens; 2° je rapporte ce que m'ont dit ces Dames quand j'ai cessé d'être frénétique, ce qui commence à : « *J'éprouvais une si vive douleur en parlant*, etc. » Puis, quand je dis : « *Tandis que je pensais à ma frêle existence*, etc., » je leur développe ma vision en deux parties. Dans la première, je raconte ; dans la seconde, je rappelle les personnes qui m'ont assisté, et je termine en les remerciant. **Cette** dernière partie commence à : « *Alors les dames*, etc. »

la bouche d'Amour, je vis s'avancer vers moi une très-noble Dame dont la beauté était célèbre, et qui était depuis longtemps déjà la Dame de ce premier ami dont j'ai déjà parlé (Guido Cavalcanti). Son nom était Giovanna, si ce n'est qu'en raison de sa beauté, et selon l'opinion de quelques-uns, on lui avait imposé le surnom de *Primavera*, par lequel on la désignait ordinairement. Derrière elle, je vis venir l'admirable Béatrice. Toutes deux, marchant en cet ordre, s'approchèrent de moi, et il me sembla qu'Amour, m'adressant la parole, me dit : « Cette première Dame est appelée *Primavera* (Printemps), seulement à cause de cette venue qu'elle fait aujourd'hui. Car j'ai poussé l'inventeur du nom à lui donner celui de *Primavera*, ce qui signifie *elle viendra la première* (*prima verrà*), le jour que Béatrice se montrera après la vision qu'a eue son fidèle. J'ajouterai que si tu veux faire attention à son premier nom, tu t'assureras qu'il signifie *Primavera*, puisque son nom de Giovanna vient de celui de Giovanni (Jeanne de Jean), lequel a précédé la véritable lumière, en disant : « *Ego vox clamantis in deserto : Parate viam Domini.* » L'Amour me dit encore : « Et qui voudrait considérer les choses plus subtilement appellerait Béatrice Amour, à cause de la ressemblance qu'elle a avec moi. » En repensant à tout cela, j'eus l'idée, tout en retranchant ce qui ne devait pas être dit, d'en faire le sujet de vers que j'adresserais à mon premier ami, croyant que son cœur était encore occupé de la beauté de cette noble Primavera. Je fis donc ce sonnet :

« Je sentis s'éveiller dans mon cœur un esprit amoureux qui dormait, et je vis venir de loin Amour, mais si gai, qu'à peine si je pus le reconnaître.

» Il me dit : « Pense maintenant à me faire honneur, » et chacune de ses paroles riait. Après être demeuré quelques instants avec mon Seigneur, regardant du côté où l'Amour s'avançait,

» Je vis madame Vanna et madame Bice se dirigeant

vers le lieu où j'étais, deux merveilles, l'une marchant après l'autre.

» Et comme ma mémoire l'a bien retenu, Amour me dit : Celle-ci est Primavera ; quant à l'autre, elle a nom Amour, tant elle me ressemble [1]. »

Une personne à qui son savoir donnerait le droit d'être éclairée sur ses doutes pourrait s'étonner de ce que je parle d'Amour comme s'il était une chose en soi, non-seulement en tant qu'intelligence, mais comme substance corporelle. Car, eu égard à la vérité, cette proposition est fausse, parce qu'Amour n'est pas par lui-même une substance, mais un accident dans la substance. Or, que je parle de lui comme s'il était corps et même homme, c'est ce qui résulte de trois choses que j'exprime à propos de lui. Car je dis que je le vis venir de loin. Or, le mot *venir* indiquant un mouvement local (on sait que, selon le philosophe [Aristote], se mouvoir localement est le propre des corps), il en résulte que j'établis qu'Amour est un corps. J'ajoute qu'il riait, qu'il parlait, actes propres à l'homme, particulièrement le rire, d'où il suit que j'établis qu'Amour est homme.

Pour faire comprendre ceci (ce qui est à propos en ce moment), il convient d'abord de dire qu'anciennement il n'y avait pas de *diseurs* d'Amour (poëtes érotiques) en langue vulgaire [2], tandis qu'au contraire on comptait quelques poëtes latins. Les choses étaient ainsi chez nous (Italiens), quoique

---

[1] Ce sonnet a beaucoup de parties, desquelles la première dit comment je sentis s'élever le battement ordinaire du cœur, et dans quelle apparence gaie je vis venir l'Amour de loin ; dans la seconde, je rapporte ce que l'Amour me dit dans le cœur, et l'effet que ses paroles produisirent sur moi ; la troisième apprend comment, après qu'Amour fut resté quelque temps auprès de moi, je vis telles personnes et j'entendis telles choses. La seconde partie commence à : « *Il me dit : Pense à*, etc.; » la troisième, à : « *Après être demeuré*, etc. » La troisième se divise en deux : 1° je dis ce que j'ai vu ; 2° ce que j'ai entendu ; elle commence à : « *Amour me dit*, etc. »

[2] Les mots, diseur, dire d'amour en rime, rimer en langue vulgaire, sont opposés à ceux de poëte, de faire des vers, qui s'appliquent aux hommes qui composaient des vers latins. Langue d'*oc*, provençal ; langue de *si*, italien.

(*Note du traducteur.*)

peut-être le même fait n'eût pas lieu chez d'autres nations, comme en Grèce par exemple, où des poëtes lettrés et non vulgaires traitaient ces sujets d'Amour. Et il ne s'est pas écoulé un grand nombre d'années depuis que ces poëtes vulgaires ont apparu. Or *dire en rime*, en langue *vulgaire*, équivaut à *dire en vers, en latin*, selon une certaine proportion. Et la preuve que l'usage de rimer en langue vulgaire n'est pas ancien, c'est que si l'on cherche quelque chose d'écrit en langue d'*oc* ou de *si*, nous ne trouverons rien en remontant jusqu'à cent cinquante ans, à partir de nos jours. Et ce qui donna la réputation de diseurs à quelques gens grossiers encore, c'est qu'ils *furent les premiers qui dirent en langue de si* (italien). Ce qui poussa le premier à *dire* comme poëte vulgaire, fut le désir qu'il eut de se faire comprendre par une Dame qui ne pouvait entendre les vers latins. Cela sert de condamnation à tous ceux qui riment sur d'autre matière que celle qui se rapporte à l'Amour, parce que ce mode de parler a été originairement inventé pour *dire* d'amour. Il suit de là que comme on a toujours accordé aux *poëtes* une plus grande liberté qu'aux prosateurs, de même il est juste que ces *diseurs* en rime, qui ne sont autres que des poëtes en langue vulgaire, obtiennent le même privilége. L'usage de toute figure, de toute couleur poétique, accordé aux *poëtes*, doit donc l'être également aux *rimeurs*.

De tout ce qui précède, je conclus que si nous convenons que les *poëtes* ont parlé des choses inanimées comme si elles avaient sens et raison; que s'ils les ont fait s'entretenir ensemble non-seulement de choses vraies, mais de choses non réelles; que si, par exemple, ils ont prêté même la parole à des choses qui n'existent pas; s'ils ont dit enfin que beaucoup d'accidents parlent comme s'ils étaient substances ou hommes, il est de toute justice de laisser faire la même chose à celui qui *dit en rime* : pourvu toutefois qu'il ne le fasse pas de caprice et par boutade, mais avec quelque bonne raison que l'on puisse expliquer en prose.

Quant au fait que les *poëtes* ont parlé comme je viens de le dire, on en trouve la preuve dans Virgile, qui dit que

Junon, c'est-à-dire une divinité ennemie des Troyens, parla à Éole, le maître des vents, au premier livre de l'*Énéide :*

> Eole, namque tibi, etc.

Puis le maître des vents répond :

> Tuus, ô regina, quid optes
> Explorare labor : mihi jussa capessere fas est.

Ce même poëte fait parler la chose inanimée aux choses animées, au second livre de l'*Énéide :*

> Dardanidæ duri, etc.

Dans Lucain, la chose animée parle à la chose inanimée :

> Multum, Roma, tamen debes civilibus armis.

Dans Horace, l'homme parle à sa propre science comme à une autre personne. Ce sont non-seulement les paroles de ce poëte, mais il ne répète en quelque sorte que celles du bon Homère. Dans sa *Poétique* on trouve :

> Dic mihi, Musa, virum, etc.

Ovide prête à l'Amour le même langage qu'à un homme, dans son livre du *Remède d'Amour :*

> Bella mihi video, bella parantur, ait.

Ces exemples pourront détruire les doutes de ceux que quelques passages de ce livre ont pu choquer. Et afin qu'aucune personne illettrée et grossière ne s'autorise de ce que j'avance pour mal faire, j'ajouterai que les *poëtes* ne s'exprimaient point ainsi sans raison, et que ceux des *rimeurs* qui parlent de la même manière ne doivent pas le faire sans que leurs paroles renferment un sens bien motivé. Car ce serait une grande honte pour celui qui, après avoir *rimé* certains sujets sous le vêtement de figures et de couleurs de rhétorique, interrogé et pressé, ne pourrait déshabiller ses paroles de manière à faire voir et comprendre le sens qui est dessous. Mon premier ami et moi, nous en connaissons quelques-uns de ceux qui riment ainsi comme des sots.

Cette noble Dame, dont il a été parlé précédemment, avait tellement excité la vénération de tout le monde, que, quand elle passait dans la rue, chacun courait pour la voir ; ce qui me causait une joie ineffable. Et quand elle s'approchait de quelqu'un, celui-là se sentait le cœur rempli d'une telle modestie, qu'il n'osait ni lever les yeux ni répondre à son salut. Beaucoup de ceux qui ont fait cette expérience pourraient rendre témoignage de ce fait à ceux qui ne le croient pas. Quant à elle, couronnée et vêtue de modestie, elle marchait, ne montrant aucun orgueil de ce qu'elle voyait et entendait. Quand elle était passée, les uns disaient : « Ce n'est point une femme, mais l'un des plus beaux anges du ciel ; » d'autres : « Cette femme est une merveille ; que le Seigneur, qui a fait une si belle œuvre, soit béni ! »

Elle se montrait si pleine de noblesse et d'agréments, que ceux qui la regardaient concevaient en eux-mêmes un sentiment si honnête et si suave, qu'il leur était impossible de l'exprimer par des paroles ; et personne ne pouvait la regarder sans être obligé d'abord de soupirer. Ces effets, et d'autres plus admirables encore, étaient sans cesse produits par elle. En y pensant, et désirant reprendre le cours de ses louanges, je me proposai de dire des paroles par lesquelles je ferais comprendre les excellents et merveilleux effets de sa présence, afin que non-seulement les personnes qui pouvaient réellement savoir, mais ceux mêmes qui ne feraient qu'entendre parler, pussent prendre une idée de l'effet qu'elle produit. Alors je composai ce sonnet :

« Ma Dame salue avec tant de dignité et de modestie, que la langue de ceux à qui elle adresse une salutation devient muette, et que leurs yeux n'osent se lever vers elle.

» Vêtue d'une modestie, d'une douceur ravissante, elle marche au milieu des louanges qu'on lui prodigue, et l'on dirait qu'elle est descendue du ciel pour donner aux hommes l'occasion de voir un prodige.

» Elle se montre si agréable à ceux qui la voient, qu'elle leur communique par ses yeux une douceur qui pénètre leur cœur. Cette douceur, on ne peut en avoir une idée quand on ne l'a pas sentie ;

» Et l'on dirait que sur le visage de cette personne il voltige un esprit d'amour qui dit à l'âme : « Soupire [1]. »

Ma Dame non-seulement devint l'objet des hommages et des louanges de tous, mais, de plus, beaucoup de Dames furent louées et honorées à cause d'elle. M'étant aperçu de cette circonstance, et voulant la faire connaître à ceux qui ne pouvaient en être témoins, je me proposai de l'exprimer en vers, et fis ce sonnet, qui dit comment le mérite de Béatrice opérait sur les autres Dames :

« Qui aperçoit Béatrice au milieu des Dames voit complétement tout moyen de perfection (tout salut, le paradis) ; et celles qui vont en sa compagnie doivent remercier Dieu de la faveur qui leur a été accordée.

» Sa beauté produit un si salutaire effet, que, loin de faire naître la jalousie chez les autres Dames, au contraire elle les fait marcher avec elle, vêtues de noblesse, d'amour et de foi.

» Tout devient humble et modeste en sa présence ; et non-seulement sa beauté la rend agréable elle-même, mais cette beauté réfléchit encore sa vertu sur les autres personnes.

» Enfin chacune de ses actions est empreinte d'une telle noblesse, que nul ne peut même rappeler cette Dame dans son souvenir, sans qu'il soupire doucement d'amour [2]. »

---

[1] Ce sonnet est si simple et si facile à comprendre après ce qui a été raconté avant, qu'il est inutile de le diviser.
[2] Ce sonnet a trois parties. Dans la première, je dis parmi quelles personnes cette Dame se montrait admirable ; dans la seconde, combien sa compagnie était

Un jour que je réfléchissais à ce que j'avais dit de ma Dame dans les deux sonnets précédents, comme il me vint en pensée que je n'avais pas exprimé ce qu'elle opérait en moi dans ce moment, je jugeai que je n'avais dit qu'imparfaitement, et me décidai à exprimer comment j'étais disposé à recevoir l'opération de sa vertu, et de quelle manière sa vertu opérait en moi. Craignant donc qu'un sonnet ne fût trop court pour renfermer tout ce que je voulais dire, je commençai une chanson, dont voici le commencement :

« Amour me tient depuis si longtemps, et m'a tellement accoutumé à sa puissance, que, quelque dur qu'il m'ait paru d'abord, maintenant il est doux à mon cœur. Aussi, quand il m'enlève le courage au point que mes esprits m'abandonnent et prennent la fuite, en ce moment mon âme, frêle et débile, éprouve quelque chose de si doux, que mon visage pâlit. Alors Amour prend un tel ascendant sur moi, qu'il fait que mes soupirs s'échappent en parlant ; et en sortant ils appellent ma Dame pour qu'elle me donne plus de béatitude. Cela m'arrive partout où elle me regarde :

Quomodo sedet sola civitas plena populo ? Facta est quasi vidua domina gentium [1]. »

Comme je composais cette chanson, et lorsque je terminais la stance que l'on vient de lire, le Seigneur de cette très-noble Dame, c'est-à-dire le Seigneur de la justice (Dieu), l'appela à jouir de la gloire sous l'enseigne de la

---

gracieuse; dans la troisième, je parle des effets merveilleux qu'elle opérait sur les autres. La seconde commence à : « *Et celles qui vont en sa compagnie*, etc.; » la troisième, à : « *Sa beauté produit*, etc. » Cette dernière partie se subdivise en trois. Je dis : 1° ce qu'elle opérait dans les Dames, c'est-à-dire pour elles-mêmes ; 2° ce qu'elle opérait en elles pour les autres ; 3° comment elle opérait non-seulement dans les Dames, mais dans toute espèce de personnes, et non-seulement par sa présence, mais même lorsqu'on pensait à elle. La seconde subdivision commence à : « *Tout devient humble*, etc.; » la troisième, à : « *Enfin chacune de ses actions*, etc. »

[1] « Comment cette ville si pleine de peuple est-elle maintenant si solitaire ? La maîtresse des nations est devenue comme veuve. » Jérémie, *Lamentations*, ch. I.

reine bénie Vierge Marie, dont le nom fut toujours prononcé avec tant de respect par cette bienheureuse Béatrice.

Bien qu'il serait peut-être à propos de parler ici de son trépas, j'ai trois raisons pour ne pas le faire maintenant : la première, que cet événement n'est pas de mon sujet, comme on en peut juger par l'exorde de ce petit livre ; la seconde, qu'en supposant même qu'il s'y rattachât, ma plume ne suffirait pas pour traiter convenablement une telle matière ; la troisième, enfin, qu'en admettant l'un et l'autre cas, il ne convient pas que je traite ce sujet, puisque alors je me trouverais forcé de me louer moi-même, chose inconvenante et blâmable ; aussi en laisserai-je le soin à un autre glossateur.

Toutefois, comme le nombre neuf s'est présenté souvent dans ce que j'ai dit précédemment, et que l'on pourrait croire que cela est arrivé sans bonne raison ; qu'en outre ce nombre joue un rôle important dans la séparation (la mort) de cette personne, il est à propos d'en dire quelque chose ici, puisque cela semble se rattacher au sujet. C'est pourquoi je dirai d'abord comment le nombre neuf intervint dans l'accident de sa mort ; puis je signalerai la raison pour laquelle ce nombre fut si favorable à cette Dame.

Je dis donc que, selon l'usage d'Arabie [1], l'âme si noble de cette Dame s'est séparée de son corps pendant la première heure du neuvième jour du mois, et, selon l'usage de Syrie, pendant le neuvième mois de l'année. Car en ce pays, *sirim* [2], le premier mois, correspond à octobre chez nous ; et, selon notre usage, elle a quitté ce monde dans cette année de notre indiction, c'est-à-dire des années du Seigneur, dans laquelle le nombre parfait était compris neuf fois dans ce siècle. Elle fut donc du nombre des chrétiens du treizième siècle.

Si l'on cherche pourquoi ce nombre (neuf) l'accompagne toujours si amicalement, en voici une raison probable : puisque, selon Ptolémée et les vérités chrétiennes, il y a

---

[1] D'Italie, selon une variante.
[2] Tismin, variante.

neuf *ciels* qui se meuvent, et que, selon l'opinion commune des astrologues, ces neuf *ciels* transmettent ici-bas les combinaisons harmoniques auxquelles ils sont soumis là-haut, ce nombre a été ami de Béatrice, pour faire comprendre que, quand elle fut engendrée, les neuf *ciels* mobiles se comportaient dans une parfaite harmonie. Voilà déjà une raison. Mais, en considérant la chose plus subtilement et selon l'infaillible vérité, ce nombre fut elle-même. En établissant une comparaison, voici comme j'entends la chose : le nombre trois est la racine de celui de neuf, puisque sans l'aide d'un autre nombre et par lui-même il produit neuf; car il est évident que trois fois trois font neuf. Si donc le trois est par lui-même créateur de neuf, et que le grand opérateur des miracles est par lui-même TROIS, c'est-à-dire, Père, Fils et Saint-Esprit, lesquels sont TROIS et UN tout à la fois, cette Dame fut toujours accompagnée du nombre neuf, pour donner à entendre qu'elle était un NEUF, c'està-dire un miracle dont la racine est l'admirable Trinité. On pourrait sans doute établir cette vérité par des raisons plus subtiles encore; mais celle que je viens de donner me plaît plus que toutes celles que j'entrevois encore [1].

Cependant, à peine cette Dame eut-elle été séparée de ce siècle, que la ville, dépouillée de tout ce qui faisait sa gloire, demeura comme veuve; et moi, pleurant dans cette ville désolée, j'écrivis et adressai aux princes de la terre quelque chose sur cette Dame, en commençant par ces mots du prophète Jérémie : « *Quomodo sedet sola civitas?* » Et je répète cette citation, afin que l'on ne s'étonne pas de ce que, l'ayant donnée comme le commencement de la matière nouvelle qui vient après, je n'ai pas poursuivi mon sujet. Je m'en excuserai en disant que mon intention en composant ce petit livre ayant été de n'écrire qu'en langue vulgaire (italien), je n'ai pas dû donner ici ce que j'ai adressé aux princes de la terre, qui est écrit en latin. Et je

---

[1] Béatrice, fille de Folco Portinari, est morte le 9 juin 1290. Elle avait huit ans et quelques mois en 1274, lorsque Dante en devint amoureux; d'où il suit qu'elle est morte à l'âge de vingt-quatre ans environ. (*Note du traducteur.*)

sais que mon premier ami, à qui j'écris, partage mon intention, qui est de composer seulement en langue vulgaire.

Mais comme, après avoir longtemps pleuré, mes yeux ne pouvaient se soulager de leur tristesse, j'eus l'idée de faire passer une partie de leur douleur dans mes plaintes parlées, et de composer une chanson dans laquelle, tout en pleurant, je pusse raisonner de celle par qui ma grande douleur était devenue destructrice de mon âme, et je commençai ainsi [1] :

« Les chagrins du cœur ont fait éprouver une telle douleur aux yeux en pleurant, que désormais ils sont vaincus; et si je veux soulager maintenant le chagrin qui me mène peu à peu vers la mort, je ne puis plus le faire qu'en exhalant des paroles pleines de plainte. Et comme je me souviens, ô nobles Dames! que je parlais volontiers de Béatrice avec vous lorsqu'elle vivait, je ne veux m'adresser à qui que ce soit, excepté aux Dames qui ont le cœur noble et tendre, et je dirai en pleurant qu'elle s'en est allée subitement au ciel, et a laissé Amour triste avec moi.

» Béatrice est allée au haut du ciel, dans le royaume

---

[1] Afin que cette chanson reste plus complétement veuve, quand on aura achevé de la lire, j'en désignerai les divisions avant de l'écrire; et dorénavant j'en userai ainsi. Je dis donc que cette plaintive chanson a trois parties. La première forme l'exorde; dans la seconde, je parle d'Elle; dans la troisième, je parle tendrement à la chanson. La seconde commence à : « *Je dirai en pleurant*, etc.; » la troisième, à : « *O ma triste chanson*, etc. » La première se subdivise en trois : 1° je dis pourquoi je commence à parler; 2° à qui je veux parler; 3° de qui je veux parler. La seconde commence à : « *Et comme je me souviens*, etc.; » la troisième, à : « *Elle a traversé*, etc.; » puis, quand je m'écrie : *Béatrice s'en est allée*, je parle d'Elle; et à ce sujet je fais deux parties. D'abord je dis la raison pour laquelle Elle a été enlevée, puis je dis comment les autres pleurent sa perte, et là commence cette partie : « *Pleine de grâce*, etc. »

Cette dernière partie se subdivise encore en trois, disant dans la première ceux qui ne la pleurent pas; dans la seconde, ceux qui la pleurent; et enfin, dans la troisième, je parle de la condition où je me trouve. La seconde commence à : « *Tandis qu'au contraire*, etc.; » la troisième, à : « *Les soupirs me font*, etc. » Puis, quand je dis : *O ma triste chanson*, je m'adresse à ma chanson, lui désignant les Dames vers lesquelles elle doit aller et s'arrêter.

où les anges jouissent de la paix ; elle est avec eux, et elle est séparée de vous, ô Dames ! Ce n'est l'excès ni du froid ni du chaud (maladies) qui nous l'a enlevée, comme il arrive de toutes les autres ; ce sont sa bonté et sa modestie insignes qui nous l'ont fait perdre. Elle a traversé les cieux en laissant éclater tant de mérite, que le Maître éternel, émerveillé, a éprouvé un doux désir d'appeler une si belle âme, et il l'a fait monter d'ici-bas jusqu'à lui, reconnaissant que cette triste vie n'était pas digne d'une chose si belle.

» Pleine de grâce, cette âme noble s'est séparée de sa belle personne, et, glorieuse, a été habiter un lieu digne d'elle. Celui qui en en parlant ne pleure pas a un cœur de pierre, si méchant et si bas, qu'aucun esprit bienveillant n'y peut pénétrer. Quelque élevée que soit l'intelligence de ceux qui ont un cœur bas, jamais ceux-là ne peuvent imaginer quelque chose à propos d'elle ; aussi ne se sentent-ils jamais disposés à pleurer ; tandis qu'au contraire, la tristesse, l'envie de pleurer et de mourir de chagrin, s'emparent de tous ceux qui, ne fût-ce que par la pensée, se sont rendu raison de ce qu'elle a été sur la terre, et comment elle en a été enlevée.

» Les soupirs me font éprouver des angoisses quand la réflexion reproduit dans ma pensée grave le souvenir de celle qui a déchiré mon cœur. Très-souvent, en portant mes idées sur la mort, j'éprouve un désir si doux de l'obtenir, que mon visage change entièrement de couleur ; et quand ces imaginations se sont emparées de moi, j'éprouve tant de douleurs de tous côtés, qu'elles me font revenir à moi, que la honte me fait fuir la foule, et qu'ensuite seul, pleurant, j'appelle Béatrice, et dis : « Tu es donc morte ! » et pendant que je l'appelle, je me sens mieux.

» Pleurer et soupirer me serre tellement le cœur partout où je me trouve seul, que celui qui pourrait m'entendre en serait touché ; et telle a été ma vie depuis que ma Dame est allée dans le siècle nouveau, que personne ne pourrait en donner une idée ; moi-même, ô Dames ! quand je le voudrais, je ne pourrais vous dire quel je suis, tant la vie amère me fait souffrir ; cette vie si découragée, qu'il me semble que tout homme, à l'aspect de mon visage pâle, me dit : « Je t'abandonne. » Mais, quel que je puisse être, ma Dame le voit, et j'espère encore quelque récompense de sa part.

» O ma triste chanson ! va maintenant tout en pleurs retrouver les Dames et les Demoiselles à qui tes sœurs avaient coutume de porter la joie ; et toi, fille de la douleur inconsolable, va les retrouver et reste avec elles ! »

Lorsque j'eus composé cette chanson, il vint vers moi une personne qui, selon les degrés de l'amitié, était mon ami immédiatement après le premier. C'était le plus proche parent de cette glorieuse Dame ; et, après quelque peu de conversation, il me pria de lui composer quelque chose pour une Dame qui était morte, parlant avec ambiguïté, dans l'intention de faire croire qu'il s'agissait d'une autre Dame qui était morte aussi depuis peu de temps. Mais, m'étant aperçu qu'il s'agissait de cette bienheureuse Béatrice, je promis de faire ce qu'il me demandait. Je résolus donc d'écrire un sonnet dans lequel j'exprimerais des plaintes, et de le donner à cet ami, afin qu'il semblât avoir été composé pour lui. J'achevai celui qui commence ainsi [1] :

O nobles cœurs ! venez entendre mes soupirs, la piété le demande ; mes soupirs inconsolables qui s'échappent heureusement de mon sein, sans quoi je mourrais de douleur.

» Car mes yeux fatigués refusent plus souvent que je

---

[1] Ce sonnet a deux parties. Dans la première, j'appelle les fidèles d'Amour pour qu'ils entendent le récit de ma triste condition. La seconde commence a : « Que s'échappent, etc. »

ne voudrais de pleurer, lorsque j'ai besoin de soulager mon cœur

» Vous entendrez la voix de mes soupirs appeler souvent ma noble Dame qui est allée dans un siècle digne de ses vertus,

» Et mépriser la vie par celui dont l'âme triste est abandonnée de celle qui faisait son bonheur. »

Après avoir achevé ce sonnet, et en repensant à ce qu'était la personne au nom de qui je l'avais composé, je m'aperçus que le service que je rendais était bien pauvre et bien mesquin, eu égard à un ami qui touchait de si près à cette glorieuse Dame; c'est pourquoi, avant de le lui donner, je fis deux stances d'une chanson, l'une en effet pour l'ami, et l'autre pour moi, quoique, aux yeux de celui qui n'y regarde pas de près, toutes deux semblent faites pour une seule personne. Mais pour celui qui les lira avec pénétration, il verra bien que ce sont deux personnes différentes qui parlent ; car l'une ne l'appelle pas sa Dame, tandis que l'autre le fait ainsi. Je lui donnai cette chanson avec le sonnet, en lui disant que c'était pour lui seul que je les avais composés [1].

« Toutes les fois que, malheureux, je me rappelle que je ne dois plus jamais revoir la Dame que je regrette tant, cette pensée affreuse rassemble tant de douleurs dans mon sein, que je dis : « O mon âme ! que ne t'en vas-tu ! car les peines que tu auras à supporter dans ce monde qui te pèse déjà tant me rendent tout pensif de frayeur. » Aussi j'appelle la Mort comme mon plus doux repos, lui disant avec l'accent de l'envie que fait naître en moi le sort de ceux qui meurent : « O Mort ! viens à moi ! »

---

[1] La chanson commence à : « *Toutes les fois que*, etc., » et a deux parties. Dans la première, mon ami, parent de Béatrice, se lamente; dans la seconde, je me lamente, c'est-à-dire à l'autre stance qui commence à : « *Et il se forme de tous*, etc.; »

» Et il se forme de tous mes soupirs un son douloureux qui va sans cesse demandant la mort. C'est vers elle que se tournèrent tous mes désirs, quand ma Dame devint la proie de sa cruauté, parce que l'agrément de la beauté de ma Dame, en se retirant d'entre nous, est devenu une beauté grande, spirituelle, qui se répand dans le ciel comme une lumière d'Amour qui salue les anges, et ravit en admiration leur haute intelligence, tant elle est noble. »

Le jour où s'accomplissait l'année depuis laquelle cette Dame avait été mise au nombre des citoyens de la vie éternelle, j'étais assis dans un lieu où, tout en pensant à elle, je dessinais un ange sur certaines tablettes. Et pendant que je dessinais, je tournai les yeux et aperçus près de moi des hommes auxquels il était convenable de faire honneur. Et ils regardaient ce que je faisais. D'après ce qui m'a été dit ensuite, ils étaient là depuis quelque temps, avant que je m'en fusse aperçu. En les voyant, je me levai, et, les saluant, je leur dis : « Une autre était tout à l'heure avec moi. » Ces hommes s'étant retirés, je repris mon travail, le dessin des anges, et, tout en m'y livrant, l'idée me vint de dire des paroles en rimes pour l'anniversaire de la mort de ma Dame, et d'écrire à ceux qui étaient venus auprès de moi. Alors je fis ce sonnet, dont les premiers mots sont : *La noble Dame*, et qui a deux commencements [1].

en sorte que dans cette chanson il semble que deux personnes se lamentent, l'une comme frère, l'autre comme serviteur.

[1] Je diviserai ce sonnet selon l'un et l'autre commencement. Selon le premier, il a trois parties. Dans la première, je dis que cette Dame était déjà dans ma mémoire ; dans la seconde, ce qu'Amour me faisait à cause de cela ; dans la troisième, je parle des effets d'Amour. La seconde commence à : « *Amour qui la sentait*, etc.; » la troisième, à : « *Pleurant, ces soupirs*, etc. » Cette dernière se subdivise en deux. Dans l'une, je dis que tous mes soupirs sortaient en parlant ; dans l'autre, je dis, comme quelques-uns disent, des paroles différentes de celles des autres. La seconde commence à : « *Mais ceux qui*, etc. » La division pour le second commencement se fait de la même manière, si ce n'est que dans la première partie je désigne le moment où cette dame était ainsi venue à ma pensée, ce que je ne dis pas dans l'autre.

PREMIER COMMENCEMENT.

« La noble Dame qui, à cause de ses mérites, a été placée par le très-haut Seigneur dans le ciel de la modestie où est Marie, était venue dans ma pensée. »

SECOND COMMENCEMENT.

« Cette noble Dame qu'Amour pleure, était venue dans ma pensée au moment où la puissance de sa vertu vous poussa à regarder ce que je faisais.

» Amour, qui la sentait dans ma mémoire, s'était réveillé dans mon cœur fatigué, et disait aux soupirs : « Sortez ; » c'est pourquoi, tristes, ils se pressaient pour s'échapper.

» Pleurant, ces soupirs sortaient de mon sein avec un son qui conduit ordinairement les larmes aux yeux tristes.

» Mais ceux qui s'échappaient avec le plus de peine arrivaient en disant : « O noble intelligence ! ce jour complète l'année dans laquelle tu es montée au ciel. »

Quelque temps après, comme j'étais en un lieu où je réfléchissais au temps passé, je me sentais accablé par de si douloureux souvenirs, que mon visage trahissait les sentiments terribles dont j'étais agité. M'étant aperçu de ce trouble, je levai les yeux pour voir si quelqu'un ne me regardait pas, et j'aperçus une noble et jeune Dame fort belle, qui du haut d'une fenêtre observait mes traits avec tant de compassion, qu'il semblait que la pitié tout entière fût en elle. Comme il arrive aux malheureux d'être prompts à pleurer quand les autres semblent s'intéresser à leur sort, alors je sentis que mes yeux voulaient se mouiller de larmes ; mais, honteux de laisser voir mon triste état, je me dérobai aux regards de la noble Dame, et je disais en moi-même : « Il n'est pas possible qu'avec cette Dame compatissante il ne se trouve pas le plus noble amour. » C'est pourquoi je résolus de faire un sonnet pour le lui adresser, et où je raconterais tout ce que je viens de dire. Le voici [1] :

« Mes yeux ont vu quelle compassion s'est manifestée sur votre figure, quand vous observiez l'air et les habitudes que la douleur me fait prendre si souvent.

» Alors je me suis aperçu que vous étiez occupée du triste état de ma vie ténébreuse, et la peur me vint de laisser voir l'abaissement où je suis tombé.

» Je me suis dérobé à vos regards, sentant que les larmes allaient surgir de mon cœur troublé par votre présence.

» Puis je disais : « Cet amour qui me fait aller ainsi pleurant est certainement avec cette Dame. ».

Il arriva que partout où cette Dame me voyait, son expression devenait compatissante, et sa figure d'une couleur pâle, presque comme celle d'Amour ; ce qui fut cause que plusieurs fois cela me fit souvenir de ma très-noble Dame, qui se montrait à moi avec une couleur semblable. Et souvent, ne pouvant pleurer ni me débarrasser de mon chagrin, j'allais pour voir cette Dame compatissante dont la vue semblait tirer les larmes de mes yeux. A ce sujet il me vint encore la volonté de dire des paroles en m'adressant à elle, et je fis ce sonnet [2] :

« Couleur d'amour et expression de pitié ne se sont jamais peintes plus admirablement sur le visage d'une Dame attentive à des plaintes douloureuses,

» Que sur le vôtre, lorsque vous voyez mon visage empreint de douleur. L'effet en est si pénétrant, que, par

---

[1] Ce sonnet est si clair, que je n'en donnerai pas les divisions.
[2] Ainsi que le précédent, si simple, celui-ci n'a pas besoin d'être divisé.

votre présence, il me vient à l'esprit une chose qui me fait craindre que mon cœur ne se déchire.

» Je ne puis empêcher mes yeux presque éteints de vous regarder souvent, à cause du besoin qu'ils éprouvent de pleurer ;

» Et vous, vous avez tellement augmenté ce désir, qu'ils se sont consumés tout à fait en désirant ; mais ils ne savent pas pleurer devant vous. »

Par la vue de cette Dame, j'en arrivai à ce point que mes yeux commencèrent à prendre trop de plaisir à la voir. J'en éprouvai du chagrin ; je condamnai ma faiblesse, et plusieurs fois même je blasphémai (je maudis) la vanité de mes yeux. Je leur disais au fond de ma pensée : « Vous aviez coutume de faire pleurer ceux qui voyaient votre triste état ; et maintenant il semble que vous vouliez l'oublier à cause de cette Dame qui vous regarde, mais qui vous regarde seulement parce que la glorieuse Dame que vous avez l'habitude de pleurer lui pèse. Tenez bon autant que vous pouvez, parce que je vous rappellerai souvent ma Dame, yeux maudits dont les larmes ne devraient jamais avoir cessé de couler, si ce n'est après votre mort. » Et après avoir ainsi parlé à mes yeux en dedans de moi-même, des soupirs longs et douloureux vinrent m'assaillir. Et afin que chacun, outre le malheureux qui avait éprouvé cette bataille intérieure, en eût connaissance, je pris la résolution de faire un sonnet qui comprît tout cet horrible conflit. Je dis donc ce qui suit [1] :

« O mes yeux ! les pleurs amers que vous avez versés

---

[1] Ce sonnet a deux parties. Dans la première, je m'adresse à mes yeux, comme si c'était mon cœur qui parlât. Dans la seconde, j'exprime quelques doutes, demandant qui ou quelle chose parle. Cette partie commence à : « *Ainsi dit mon cœur*, etc. »
Ce sonnet pourrait admettre encore plusieurs divisions ; mais elles sont inutiles, à cause de l'explication qui précède.

pendant si longtemps, faisaient pleurer les personnes compatissantes, comme vous l'avez vu.

» Maintenant, il me paraît que vous l'oublieriez, si, de mon côté, j'étais assez lâche pour ne pas vous distraire de cet oubli par tous les moyens, en rappelant à votre mémoire celle que vous pleuriez.

» Je ne puis m'empêcher de réfléchir sur votre vanité; et je m'en étonne au point de craindre beaucoup une Dame qui vous regarde.

» A moins que vous ne soyez morts, vous ne devriez jamais oublier votre Dame qui est morte. Ainsi dit mon cœur, et il soupire. »

La vue de cette Dame produisit un tel changement en moi, que souvent je pensais à elle comme à une personne qui me plaisait trop; et je pensais d'elle ainsi : Cette Dame est noble, belle, jeune et sage, et elle est apparue, peut-être par la volonté d'Amour, pour donner quelque repos à ma vie. Et souvent je pensais plus amoureusement, tellement que le cœur consentait avec le raisonnement que je faisais; mais quand nous étions d'accord, comme si j'eusse été mû par la raison, je pensais et disais en moi-même : « Ah ! quel penser est celui qui prétend me consoler d'une manière si basse, et ne me laisse presque pas d'autre idée dans l'esprit ? » Et puis une autre réflexion se présentait tout à coup, qui disait : « Maintenant que tu es plongé dans un si grand chagrin d'Amour, pourquoi ne chercherais-tu pas à échapper à tant d'amertumes ? Tu vois bien que c'est un souffle d'Amour qui te vient d'une part agréable, des yeux de la Dame qui s'est montrée si compatissante envers toi. » Après avoir longtemps combattu ainsi en dedans de moi-même, je voulus encore écrire quelques paroles; et comme dans la bataille des pensées, celles qui militaient pour la Dame étaient victorieuses, il me parut convenable de m'adresser à elle, et je fis ce sonnet :

« Noble pensée [1] qui parle de vous vient souvent demeurer avec moi, et elle raisonne si doucement d'amour, qu'elle fait consentir le cœur avec elle.

» Alors l'Ame dit au Cœur : « Qui est celui qui vient pour consoler notre esprit ? Sa vertu est si puissante, qu'elle ne laisse aucune autre idée s'arrêter en nous. »

» Le Cœur répond : « O Ame pensive ! c'est un nouveau petit esprit d'Amour qui apporte devant moi ses désirs.

» Et sa vie ainsi que sa puissance viennent des yeux de cette personne compatissante qui se troublait à la vue de nos douleurs. »

Un jour, vers l'heure de None, il s'éleva en moi, contre cet adversaire de la Raison, une imagination puissante. Je crus voir cette glorieuse Béatrice, vêtue de rouge comme anciennement, jeune et à l'âge où je la vis la première fois. Alors mes pensées se reportèrent sur elle, et, en rappelant son souvenir d'après l'ordre des temps, mon cœur commença à se repentir douloureusement du désir auquel il s'était lâchement laissé aller pendant quelques jours, au mépris de la constance que lui conseillait la raison. Dès que le coupable désir fut chassé, toutes mes pensées se reportèrent vers leur très-noble Béatrice; et à compter de

---

[1] J'ai dit *noble* pensée, parce que je m'adresse à une Dame *noble*, car d'ailleurs cette pensée était *basse*. Dans ce sonnet, je fais deux parties de moi-même, selon que la nature de mes pensées était différente. J'appelle l'une, *Cœur*; c'est le désir, l'appétit; j'appelle l'autre, *Ame*, c'est la raison; et je dis comment l'un parle avec l'autre. Et quant à la convenance d'appeler l'appétit, cœur, et la raison, âme, elle est manifeste à ceux à qui il me plaît que cela soit manifeste et clair. Il est vrai que, dans le sonnet qui précède, j'oppose la partie du cœur à celle des yeux, ce qui paraît contrarier ce que je dis à présent; c'est pourquoi je dis que par l'appétit j'entends le cœur, parce que j'avais un désir encore plus vif de me souvenir de ma très-noble Dame, que de voir l'autre Dame, quoique j'en eusse quelque appétit, bien que léger. D'où il suit qu'une proposition n'est pas contraire à l'autre. Ce sonnet a trois parties. Dans la première, je commence par dire à cette Dame comment mon désir se tourne tout entier vers elle ; dans la seconde, je dis comment l'âme, c'est-à-dire la raison, parle au cœur, c'est-à-dire l'appétit; dans la troisième, je dis comment celui-ci répond. La seconde commence à : « *L'Ame dit*, etc.; » la troisième, à : « *Le Cœur répond*, etc. »

ce moment, lorsque je m'occupais d'elle, mon cœur était tellement pénétré de honte, que je manifestais fort souvent cette disposition par mes soupirs, qui, en sortant, semblaient dire ce qui s'agitait en dedans de moi-même, c'est-à-dire le nom de cette noble personne, et comment elle s'est séparée de nous. Et bien souvent il arrivait que chaque pensée contenait tant de douleur que j'oubliais ma pensée même et ne savais plus où j'étais. Cette recrudescence de soupirs augmenta tellement mes solennelles lamentations, que mes yeux semblaient être deux choses qui ne désirassent faire que pleurer; d'où il résultait très-souvent qu'en continuant ainsi de verser des larmes, ils étaient entourés d'une couleur de pourpre, comme on le voit à ceux qui éprouvent de vives souffrances. En recevant cette juste récompense de leur vanité, mes yeux, depuis ce moment, ne purent plus se fixer sur une personne qui les regardait, et n'y puisèrent plus d'idée semblable à celle que j'avais eue. Désirant donc que ce coupable désir, cette orgueilleuse tentation, parussent détruits au point que les vers que j'avais composés précédemment ne pussent faire naître aucun doute, je résolus d'écrire un sonnet qui exprimât cette disposition de mon esprit, et je dis :

« Hélas[1] ! par la force des nombreux soupirs qui naissent des pensées contenues dans mon cœur, les yeux sont vaincus et n'osent plus s'exposer au regard de personne.

» Ils paraissent être devenus deux désirs de pleurer et de témoigner de la douleur. Et souvent ils versent tant de larmes, qu'Amour les entoure de la couronne des martyrs,

» Ces pensées, ces soupirs que j'exhale, deviennent si douloureux dans le cœur, qu'Amour s'y évanouit en se plaignant;

---

[1] Je dis *hélas!* parce que j'étais honteux de ce que mes yeux m'avaient fait commettre une erreur. Je ne divise point ce sonnet, dont le sujet est très-clair.

» Parce que ces douloureux (les pensées et les soupirs) ont écrit en eux le nom de ma Dame et beaucoup de paroles relatives à sa mort. »

Après ce chagrin (c'était au moment où la foule va pour voir l'image sainte que Jésus-Christ nous a laissée de sa belle figure, que regarde glorieusement ma Dame), il arriva que quelques pèlerins passaient par la rue située presque au milieu de la ville où naquit, vécut et mourut la très-noble Dame. Et à ce qu'il me parut, ces pèlerins marchaient tout pensifs. En les observant, je dis en moi-même : « Ces pèlerins, selon toute apparence, viennent de bien loin d'ici ; ils n'ont sans doute jamais entendu parler de cette Dame ; ils ne savent rien de ce qui la touche, et leurs pensées, au contraire, sont portées sur tout autre chose que ce qui se passe ici. Peut-être pensent-ils à leurs amis que nous nous ne connaissons pas. S'ils étaient voisins de ce pays, ajoutais-je, le trouble et l'émotion se peindraient sur leur figure en passant au milieu de cette ville affligée. Oh ! si je pouvais les entretenir un instant, je les ferais pleurer avant qu'ils sortissent de cette ville, car je dirais des paroles qui arracheraient des larmes à quiconque les entendrait. Après ces réflexions, et quand les pèlerins furent déjà loin de ma vue, je résolus de faire un sonnet où j'exprimerais ce que j'avais dit en moi-même ; et, afin qu'il parût plus touchant, je supposai que j'avais adressé la parole aux pèlerins. Je dis donc :

« Ah ! pèlerins[1], qui marchez pensifs en vous occu-

---

[1] J'ai dit *pèlerins* dans la plus large acception de ce mot, car *pèlerins* peut s'entendre dans un sens général ou restreint. Dans le sens général, en ce que est pèlerin quiconque est hors de sa patrie ; dans le sens particulier, on n'entend par pèlerin que celui qui va à l'église de Saint-Jacques de Compostelle, ou qui en revient. Car il faut que l'on sache que l'on désigne de trois manières différentes les gens qui vont au service de Dieu. On les appelle *Palmiers* quand ils vont outre mer, d'où ils rapportent souvent des palmes. On les appelle *Pèlerins* quand ils vont en Galice, parce que saint Jacques est celui de tous les apôtres qui a été le plus loin de son pays. Enfin, on appelle *Roméens* ceux qui vont à Rome. Ce sonnet n'a pas besoin d'être divisé, parce que le sujet en est parfaitement clair.

pant peut-être de choses étrangères à ce qui vous entoure, venez-vous de si lointain pays, comme votre apparence l'indique,

» Que vous ne sentiez pas vos larmes couler en traversant au milieu de cette triste cité, comme des personnes qui ne comprennent rien à ce qu'elle a éprouvé de douloureux ?

» Si vous vous arrêtez ici de vous-mêmes ou pour m'écouter, le cœur, asile des soupirs, me dit que certainement vous ne sortirez pas de cette ville sans avoir pleuré.

» Cette cité a perdu sa Béatrice, et les paroles que l'on peut dire de cette Dame ont la vertu de faire pleurer ceux qui les entendent. »

Deux Dames nobles envoyèrent ensuite vers moi pour me prier de leur faire tenir de ces paroles rimées; et, en réfléchissant à leur noblesse, je me proposai de les leur adresser et de faire une chose nouvelle, afin de répondre de la manière la plus honorable à leur demande. Je fis donc un sonnet qui fait connaître mon état, et je le leur envoyai accompagné d'un autre qui commence par : *O cœurs élevés, venez entendre mes soupirs*, etc. Quant au dernier que je fis, le voici [1] :

---

[1] Ce sonnet a en lui cinq parties. Dans la première, je dis où va ma pensée, la désignant par le nom de l'un de ses effets; dans la seconde, je dis pourquoi elle va en haut, et qui l'y fait aller; dans la troisième, je dis ce qu'elle vit, c'est-à-dire une Dame honorée là-haut. Et alors je l'appelle *pensée-pèlerine*, parce que spirituellement elle va là-haut comme pèlerin, et hors de la portée de la vue humaine; dans la quatrième, comme ma pensée voit cette Dame, c'est-à-dire dans de telles conditions, que mon intelligence ne le peut comprendre, car notre intelligence est, à l'égard de ces âmes bienheureuses, comme notre faible vue est à l'égard du soleil : c'est ce que dit le philosophe (Aristote) dans le second livre de la Métaphysique; dans la cinquième, je dis que, bien que je ne puisse voir là jusqu'où la pensée m'attire (je veux dire l'admirable mérite de ma Dame), j'entends au moins cela, que telle est la pensée de ma Dame, puisque j'entends souvent son nom dans ma pensée. Et, à la fin de cette cinquième partie, je dis : *Mes chères Dames*, pour faire comprendre que ce sont des Dames à qui je m'adresse. La seconde partie commence à :

« Au delà de la sphère qui tourne plus largement, s'élance le soupir sortant de mon cœur ; c'est la nouvelle intelligence qu'Amour en pleurs met en lui et qui le fait monter si haut.

» Arrivé là où Amour le désire, il (le soupir) voit une Dame entourée d'honneurs, et dont l'éclat est si resplendissant, qu'à l'aide de tant de lumières l'esprit pèlerin la contemple et l'admire.

» Il la voit telle que, quand il m'en rapporte des nouvelles, je ne le comprends pas ; car il parle à mon cœur désireux de l'entendre un langage que ne saisit pas mon intelligence.

» Je sais cependant qu'il parle de cette noble personne, puisqu'il rappelle souvent le nom de Béatrice, de telle façon, mes Dames, que ceci, je l'entends très-bien. »

Après avoir terminé ce sonnet, j'eus une vision extraordinaire pendant laquelle je fus témoin de choses qui me firent prendre la ferme résolution de ne plus rien dire de cette Bienheureuse jusqu'à ce que je pusse parler tout à fait dignement d'elle. Et, pour en venir là, j'étudie autant que je peux, comme elle le sait très-bien. Aussi, dans le cas où il plairait à Celui par qui toutes choses existent que ma vie se prolongeât, j'espère dire d'elle ce qui n'a jamais encore été dit d'aucune autre ; et ensuite qu'il plaise à Celui qui est le seigneur de la courtoisie que mon âme puisse aller voir la gloire de la Dame, c'est-à-dire la bienheureuse Béatrice, qui regarde glorieusement en face Celui qui est *per omnia sæcula benedictus*. LAUS DEO.

« *C'est la nouvelle intelligence*, etc.; » la troisième, à : « *Arrivé là*, etc. ; « la quatrième, à : « *Je sais cependant*, etc. » On pourrait faire encore d'autres divisions, mais cela serait superflu.

OBSERVATIONS

SUR LA VIE NOUVELLE.

Malgré de nombreuses répétitions que le plus mince écrivain de nos jours éviterait au lecteur, et bien que certaines digressions pédantesques et une glose courante donnent aujourd'hui un caractère étrange à *la Vie nouvelle*, je serais fort étonné si cette composition brillante de beautés poétiques, et qui présente de l'intérêt dans ce sens même que le drame en est touchant, n'avait pas vivement sollicité l'attention de ceux qui viennent d'en terminer la lecture.

A bien considérer ce livre, c'est un roman sous la forme de mémoires, de confessions même, dans lequel l'auteur, après avoir exprimé ses sensations avec énergie, prend un soin particulier pour en rechercher la cause et en analyser les effets. En un mot, *la Vie nouvelle* est le type du roman moderne, le modèle de ce genre de composition où, le sentiment de l'amour étant donné comme sujet principal, l'auteur s'observe et se décrit lui-même aussi minutieusement que s'il parlait d'un autre, ou qu'il fût question d'un sentiment qui lui est étranger.

Cette forme n'a point été trouvée par Dante, puisqu'elle fut mise assez fréquemment en usage par les prophètes hébreux, et que Boëce, dans sa *Consolation de la philosophie*, ainsi que saint Augustin dans ses *Confessions*, l'avaient déjà employée. Mais il est évident que le poëte florentin l'a singulièrement modifiée, qu'il lui a même donné un caractère tout nouveau, en l'appliquant à un sujet d'amour. La littérature italienne, à laquelle on a reproché parfois de n'avoir pas produit de romans, possède cependant deux modes de compositions qu'il serait injuste de ne pas classer dans cette catégorie. Ce sont les *Nouvelles*, narrations vives, passionnées, mais privées, il est vrai, de développements, et où l'on n'introduit jamais l'analyse des sentiments ; puis *la Vie nouvelle*, et tous les ouvrages auxquels elle a servi de point de départ et de modèle.

Personne n'ignore que les *Nouvelles*, et les bonnes même, sont assez nombreuses ; mais un fait littéraire peu connu, si ce n'est pas la première fois qu'il est signalé ici, c'est l'influence qu'a exercée *la Vie nouvelle* de Dante sur les écrivains et les poëtes qui lui ont succédé, ainsi que le nombre et l'importance des imitations plus ou moins heureuses et plus ou moins fidèles qui ont été faites de ce livre singulier. Les curieux qui voudront, par exemple, se donner le plaisir d'entremêler la lecture des poésies italiennes de Pétrarque à celle du livre qu'il a composé en latin (*De contemptu vitæ*) et qu'il a appelé *son secret*, reconnaîtront qu'à l'imitation de Dante, Pétrarque a fait aussi le commentaire de ses poésies et l'analyse des sentiments les plus profonds et les plus délicats de son cœur. Toutefois Pétrarque est un esprit si élevé, il est si puissant par lui-même, que cette imitation, bien que réelle, pourrait échapper au lecteur, si on ne retrouvait pas dans un bon nombre des écrits en prose de cet auteur l'analyse des sentiments d'amour, ce qui est proprement l'invention dantesque que je signale en ce moment.

Mais où l'imitation est flagrante, c'est dans le recueil des poésies de Laurent des Médicis, dit le Magnifique [1], suite de sonnets amoureux précédés et suivis de narrations et de commentaires en prose, dans lesquels, comme Dante dans *la Vie nouvelle*, Laurent indique l'occasion qui lui a fait composer ses vers et le sens dans lequel on doit les interpréter. Dans cet autre petit roman, non-seulement le premier magistrat de Florence suit le développement de sa chaste passion avec la même minutie et les mêmes raffinements que le grand poëte ; mais il va jusqu'à se conformer à l'allure de la phrase et au choix des expressions familières à Alighieri. Les centons tirés de *la Vie nouvelle* ne sont pas rares dans la prose de Médicis, qui du reste se fait pardonner ces petits larcins par l'élégance de son style, et même par le tour original qu'il a su donner à cette imitation spirituelle, monument curieux d'archaïsme.

La Vie nouvelle, les sonnets avec commentaires de Pétrarque et de Laurent des Médicis, ayant eu une grande vogue pendant deux siècles, les esprits s'accoutumèrent à ce genre de lecture ; et,

---

[1] *Poesie volgari nuovamente stampate, di Lorenzo de' Medici, che fù padre di papa Leone.* Aldus. Vinegia, 1554.

comme il arrive ordinairement aux productions littéraires dont les gens de goût se sont d'abord nourris, il fallut les transformer, les débiter en monnaie courante pour l'usage des lecteurs vulgaires. En effet, il ne se passa pas beaucoup d'années après la publication des poésies commentées de Laurent des Médicis sans qu'un long roman composé par le moine Colonna de Trévise parût. Le *Songe de Poliphile* est une imitation tout à la fois servile et exagérée de *la Vie nouvelle* et des trois cantiques de Dante. Dans cet ouvrage, ainsi que dans les compositions érotiques des trois écrivains précédents, on trouve, à la différence près de l'invention et du style, qui dans Colonna sont très-vulgaires, la même attention minutieuse à rendre un compte exact des soins, des peines et de toutes les vicissitudes de la passion amoureuse à laquelle l'auteur est en proie. Ce livre, qui, au milieu d'un fatras souvent inintelligible, paraît cependant renfermer l'histoire véritable du moine Colonna, ravisseur d'une jeune religieuse, fut imprimé par Alde [1], et orné de compositions gravées sur bois qui sont encore aujourd'hui fort recherchées des amateurs et des curieux. Alde en donna deux éditions à quelques années de distance; et il est impossible de se figurer le succès prodigieux qu'obtint ce livre bizarre, non-seulement en Italie, mais chez toutes les nations de l'Europe, où il fut traduit, réimprimé maintes fois, et toujours somptueusement orné de gravures. Cette vogue excessive, qui dura deux siècles, prouve à quel point le goût des aventures amoureuses très-développées, et de l'analyse des sentiments intimes et quintessenciés, exposés par le patient lui-même, était devenu général en Europe, depuis 1499 jusqu'à la fin du dix-septième siècle.

La lecture comparative de *la Vie nouvelle*, des *Poésies* de Pétrarque et de Laurent des Médicis, commentées par ces auteurs mêmes, celle du *Songe de Poliphile* et de quelques ouvrages analogues composés en France pendant le seizième siècle [2], portera, je crois, dans l'esprit de ceux qui la feront, la certitude qu'entre les écrits que je viens de citer et les romans d'analyse, tels qu'on en fait en Europe depuis Richardson jusqu'à nos jours, il règne non-seulement un air de famille, mais un rapport fondamental et caractéristique, qui est l'exposé d'une fable et d'une passion d'amour environnées d'un immense commentaire.

---

[1] La Hypnerotomachia di Poliphilo, cioè pugna d'amore in sogno, etc. — Alde en donna la première édition en 1499; la seconde, a Venise, en 1515.

[2] L'un des plus remarquables est intitulé : *les Épîtres familières et invectives de madame Hélisène de Crène*, à la suite desquelles se trouvent *les Angoisses douloureuses qui procèdent d'Amour*, 1538.

Si, comme je le crois, cette observation est fondée et juste, le roman d'analyse, le roman *intime*, comme l'a désigné un écrivain spirituel de nos jours, remonte en ligne directe et sans interruption jusqu'à la Vie nouvelle, et il faudra bien joindre ce nouveau titre de gloire, à tant d'autres donnés déjà à Dante Alighieri. Quant à moi, je dois dire qu'il y a longtemps que je regarde ce poëte comme le père de ce que l'on appelle le roman moderne.

Pour justifier cette opinion, qu'on me permette de rappeler en quelques mots les traits principaux de la gracieuse composition de Dante, et l'on jugera si je me suis fait illusion.

Dans la ville de Florence, à l'ouverture du printemps, pendant les fêtes de mai célébrées dans toutes les familles de cette ville, le jeune Alighieri, achevant sa neuvième année, est conduit par son père chez un ami, son voisin Folco di Ricovero Portinari. Le jeune Dante trouve là, parmi d'autres enfants de son âge, la fille du maître du logis, Béatrice ou Bice, âgée elle-même de huit ans et quelques mois. Au milieu de leurs jeux, ces deux petits êtres, doués sans doute d'une réflexion et d'une gravité précoces, font impression l'un sur l'autre. Le garçon, surtout, frappé de la beauté majestueuse de la jeune enfant, emporte et conserve d'elle un souvenir profond.

Cependant les années se succèdent, et l'attachement respectueux du jeune Dante croît avec la beauté de celle qui l'a fait naître. Bientôt sa passion devient plus vive. Il voit l'Amour, et, dans cette vision, il lui semble que celle qui le préoccupe est forcée de se nourrir de son cœur. Incertain sur le sens qu'il doit attacher à cette espèce de songe, Dante, poëte déjà lui-même, écrit en vers et adresse une circulaire poétique à tous les *fidèles d'Amour*, à tous les *diseurs en rime*, afin qu'ils l'aident à interpréter le véritable sens de sa vision. De tous ceux qui lui répondent, Guido Cavalcanti est le seul qui lui paraisse avoir saisi la question sous son véritable jour, et à compter de ce moment Dante le nomme son premier, son principal ami.

Encouragé par la réponse de Guido Cavalcanti, Dante se laisse aller à l'admiration passionnée, mais toujours respectueuse, que lui inspire Béatrice. Cependant, malgré toute sa discrétion et ses scrupules, il transpire quelque bruit de ses amours par la ville; et, dans l'intention de tromper la curieuse malignité des indiscrets, il profite des coups d'œil que lui donne une Dame placée dans la même direction que Béatrice à l'église, pour faire croire qu'il s'occupe effectivement de cette autre personne, et se livrer dans le secret de son âme à tout ce que Béatrice lui fait éprouver d'admiration tendre et respectueuse.

Ici la chaste jalousie de Béatrice, que l'on devine à peine, tant son amant parle toujours respectueusement de sa Dame, jette un incident plein de grâce et de vivacité dans le récit. Piquée d'entendre dire que Dante adresse ses vœux à une autre, Béatrice, pour lui faire sentir qu'elle désapprouve l'expression même passagère de la galanterie la moins sérieuse, refuse le salut à son amant. Cette punition produit son effet. Dante consulte son cœur, reconnaît sa faute, et se propose de n'y plus retomber. Peu de jours après cet événement, Dante, conduit par un ami pour assister aux fiançailles d'une personne de la ville, y rencontre Béatrice, dont la vue lui cause tant d'émotion, qu'il se trouve mal et change de visage. Les Dames témoins de cette scène questionnent le jeune amant, le plaisantent même sur la nature singulière de sa passion, au point de le forcer de se retirer chez lui, où il se livre au chagrin que lui causent les moqueries non-seulement de ces Dames, mais de Béatrice elle-même, à qui il fait mentalement le reproche, de ne point s'apercevoir qu'elle est la seule cause du trouble qui règne dans son âme et qui s'est manifesté sur ses traits.

Mais une circonstance grave va donner plus de force et d'importance encore à l'attachement de Dante pour Béatrice. Le père de sa Dame, Folco di Ricovero Portinari, meurt, et la douleur que Béatrice éprouve de cette perte se communique tout entière à son amant. Par un enchaînement d'idées, naturel en pareille circonstance, Dante, méditant sur l'incertitude de la vie humaine, réfléchissant que, tout jeune et bien portant qu'il soit, il faudra cesser de vivre, arrive à cette terrible pensée : « que de toute nécessité Béatrice elle-même doit mourir un jour! » La fièvre le prend, sa tête s'égare, et, dans un accès de délire somnolent, il lui semble apprendre la nouvelle de la mort de Béatrice, et croit la voir enlevée au ciel par les anges. Dans son sommeil pénible, il fait un effort pour prononcer le nom de Béatrice, et, à peine l'a-t-il laissé échapper, que, réveillé tout à coup, il reconnaît que ce qu'il a vu et entendu n'est qu'un songe. Mais le coup est porté, le songe prend toute l'importance d'une prophétie; et Béatrice, appelée par Dieu, semble déjà prendre sur la terre où elle demeure encore toute la majesté d'une sainte. L'amant poète ne parle plus d'elle que pour vanter l'effet bienfaisant de sa présence sur ceux qui la voyant et qui recevant son salut, deviennent bons, justes, compatissants, et se sentent inondés d'une telle charité, qu'ils oublient jusqu'aux plus mortelles injures.

Enfin Béatrice meurt, et rien n'égale la violence du chagrin que Dante ressent de cette perte. L'excès de la douleur et les éloges que lui fait exprimer cette personne après sa mort ne sauraient guère être surpassés; cependant, vrai dans ses aveux, le poëte raconte bientôt après comment une jeune et belle dame, qui se montra sensible à ses chagrins, lui fit naître l'idée d'accepter une consolation qui semblait lui être offerte par le ciel. En cette occasion, Dante sentit plus d'un combat intérieur que se livraient son honneur et ses désirs; mais le souvenir de Béatrice l'emporta au moins cette fois, et sa Dame resta reine dans son cœur.

Là se termine le drame qu'il a désigné sous le titre de son *premier amour*, et commence pour lui *la Vie nouvelle*, celle dont il a été animé par le souvenir de la beauté et des vertus de Béatrice, lorsque, laissant la terre, cette femme alla se présenter à la face de Dieu. A partir de ce moment, Dante, comme il le dit lui-même, se proposa de ne plus rien dire qui n'eût pour objet les louanges de Béatrice, et c'est dans cette intention formelle qu'il répète, en terminant *la Vie nouvelle* : « J'eus alors une vision extraordinaire,
» pendant laquelle je fus témoin de choses qui me firent prendre
» la ferme résolution de ne plus rien dire de cette Bienheureuse
» jusqu'à ce que je pusse parler tout à fait dignement d'Elle; et,
» pour en venir là, j'étudie autant que je peux, comme Elle sait
» très-bien. Aussi, dans le cas où il plairait à Celui par qui toutes
» choses existent que ma vie se prolongeât, j'espère dire d'Elle ce
» qui jamais encore n'a été dit d'aucune autre. »

Le poëte, comme on voit, termine par annoncer la composition de ses trois cantiques : l'Enfer, le Purgatoire et le Paradis, dans lesquels, en effet, Béatrice, presque divinisée, joue un rôle si noble et si éclatant.

Tout lecteur intelligent est à même maintenant de distinguer ce qu'il y a de réel et d'imaginaire dans les amours de Dante pour Béatrice. Il est arrivé au jeune poëte florentin ce que beaucoup d'hommes, même très-inférieurs à lui, éprouvent encore de nos jours. Tout enfant, il a été frappé de la beauté d'une personne de son âge, dont les traits et les hautes qualités morales, se développant peu à peu, lui ont imprimé dans l'âme un sentiment tendre, mais respectueux, qui l'a porté à faire de Béatrice *sa Dame*, son guide, son ange tutélaire, un être abstrait sur lequel il s'est plu à rassembler toutes les beautés, toutes les vertus, toutes les perfections. Ce phénomène intellectuel est assez commun, je le répète, et je suis presque certain qu'il n'y a pas un des lecteurs parcourant cette page, si peu platonicien qu'il soit habituellement dans ses amours, qui n'ait eu sa Béatrice, qui n'en retrouve même le souvenir en ce moment. Cette fiction, cette imagination dont tout le monde se moque hautement, mais que chacun nourrit et caresse avec amour au plus profond de son cœur, est inhérente à la nature de l'homme. Elle est le résultat d'un besoin toujours renaissant, et de l'amour instinctif que nous avons tous du beau, du bon et du juste. A défaut de leur réalité, nous nous en créons le simulacre, et c'est ce qui fait que l'amour platonique est aussi vrai et tout aussi durable que l'amour naturel.

On peut donc voir dans *la Vie nouvelle*, quel a été ce que Dante a nommé son *premier amour*, celui qui lui a été inspiré par Béatrice tant qu'elle a vécu, et que sa belle enveloppe terrestre a modifié la pure admiration que faisaient naître en lui les qualités et les vertus éminentes de sa Dame.

Quant à son *second amour*, sentiment, ou, pour parler plus juste, idée qui se forma dans son esprit après la mort de Béatrice, c'est Dante lui-même qui va nous apprendre quelle est au juste sa nature : « J'affirme, dit-il en terminant le second traité de son *Banquet*[1], que la Dame dont je suis devenu amoureux, après *mon premier amour*, fut la très-belle et très-honnête fille de l'empereur de l'univers, à laquelle Pythagore a donné nom *Philosophie*. » Dans le traité suivant, il reproduit la même proposition en d'autres termes : « Par *ma Dame*, dit-il encore, j'entends toujours parler de celle dont il a été question dans la chanson précédente, c'est-à-dire de cette lumière puissante, *Philosophie*, dont les rayons font reverdir les fleurs et fructifier la véritable noblesse de l'homme[2]. »

Mais puisque j'ai choisi des citations dans *le Banquet*, ouvrage de la vieillesse de Dante, dans l'intention d'éclaircir ce qu'il a dit dans *la Vie nouvelle*, composition de sa jeunesse, je rapporterai encore un passage tiré de ce même *Banquet*, où il parle comparativement de ces deux productions : « La nourriture que l'on trouvera à ce banquet, dit-il au commencement de ce traité de philosophie morale, sera présentée en quatorze services, c'est-à-dire quatorze chansons sur l'amour et la morale, sujets qui auraient pu n'être pas bien saisis, faute d'une forme qui les rendît sensibles, de telle sorte que les chansons auraient pu être lues plutôt à cause de leur agrément qu'en raison de leur utilité. Mais ce pain que j'offre, ainsi que la disposition de ce *Banquet*, ce sera la lumière qui rendra clair le sens qu'elles (les chansons) renferment. Et si dans ce présent livre,

---

[1] *Convito*, édition de Zatta, 4ᵉ vol., pag. 115.
[2] *Id.*, pag. 160.

que j'intitule *Banquet*, ces sujets sont traités d'une manière plus virile que dans *la Vie nouvelle*, cependant je ne prétends contredire à rien de ce que contient mon premier ouvrage, mais seulement confirmer ce qui est exprimé dans l'un par ce que je dis dans l'autre, reconnaissant comme chose naturelle et raisonnable que l'un soit brûlant et passionné, et l'autre, au contraire, tempéré et viril; car il convient de parler tout autrement à un âge qu'à un autre[1]. »

De la lecture de *la Vie nouvelle*, et des citations que je viens de rapporter, on peut, je crois, en conclure que l'amour mystique que Dante entretint dans son cœur pendant toute sa vie pour Béatrice eut pour principe et pour cause première un sentiment très-réel, mais qui ne tarda pas à se combiner dans son imagination avec ses inventions poétiques et ses études de théologie et de philosophie morale. Dante procéda instinctivement de l'amour naturel à l'amour platonique, à peu près de la même manière qu'un peintre habile se sert d'un modèle qui favorise le développement de son idée, pour s'élever par ce moyen aux hauteurs de l'art où il veut atteindre. Le modèle ne ressemble plus au chef-d'œuvre; mais le chef-d'œuvre n'aurait pu être réalisé sans le modèle.

Puisque ces réflexions nous ont conduit à parler de la beauté idéale et des attributs presque divins que Dante a prêtés à la fille de Folco Portinari, à Béatrice, je n'irai pas plus avant sans ramener l'attention du lecteur sur un passage de *la Vie nouvelle* dans lequel le jeune auteur a usé avec un étrange laisser-aller du droit que l'on a toujours accordé aux amants poëtes d'exalter les mérites et la nature de la personne qui les préoccupe. On n'a sans doute pas lu sans étonnement les réflexions que fait Dante sur le nombre *neuf*, et sur sa racine *trois*, ainsi que les raisonnements à l'aide desquels il prétend démontrer et établir comme une vérité mathématique : « que cette Dame (Béatrice) était un NEUF, c'est-à-dire un miracle dont la racine est l'admirable Trinité. » Je n'ai point qualité pour prononcer sur la convenance plus ou moins contestable de cette proposition, considérée sous le point de vue religieux et théologique, et je dois croire ou qu'elle a paru admissible, ou qu'on l'a laissée passer comme une fantaisie de poëte, puisque je ne sache pas qu'aucun lecteur de *la Vie nouvelle* ait encore eu l'idée de considérer ce passage comme renfermant une impiété ou exprimant une idolâtrie.

Quoi qu'il en soit, outre le mauvais goût de cette exaltation

---

[1] *Convito*, édition de Zatta, 4ᵉ vol., pag. 55.

poético-mathématique, cet abus des choses saintes et sacrées dans un sujet mondain, après tout, blesse singulièrement les habitudes et le bon sens des simples enfants de l'Église. Et, à ce sujet, je crois devoir dire que depuis une quinzaine d'années que l'on s'est plus particulièrement occupé en France des ouvrages de Dante, on a fort exagéré le mérite de cet écrivain comme théologien. De tous côtés on répète et l'on écrit que dans ses trois cantiques le poëte florentin est resté et s'est montré rigoureusement catholique. Qu'il ait ce mérite quant à ce qui touche aux dogmes, c'est ce que je crois, et c'est bien en effet le point principal; mais cependant, lorsqu'un personnage mythologique tel que Béatrice est installé au-dessus des saints et repose près de Dieu, faisant en quelque sorte partie de la Trinité, je trouve cette licence d'un fort mauvais goût, si elle n'est que poétique, et très-choquante, si on a eu la prétention de la rendre pieuse. Il faut y prendre garde, nous sommes portés à tout exagérer en France : il y a trente ans que nous admettions à peine les plus sublimes beautés que renferment les poëmes de Dante, et aujourd'hui nous y admirons tout sans choix et sans réflexion. Soyons plus circonspects; Dante n'y perdra rien, et nous pourrions y gagner quelque chose.

Je crois avoir passé en revue, dans *la Vie nouvelle*, tout ce qui se rattache à l'invention de la fable, à la nature des sentiments, à la réalité du principal personnage introduit par le poëte, ainsi qu'à la convenance religieuse de certaines idées, au moins fort bizarres, qui se trouvent dans ce livre; il ne me reste plus qu'à fixer l'attention sur quelques passages relatifs aux préjugés et aux études littéraires de Dante, et de quelques poëtes ses prédécesseurs immédiats ou ses contemporains.

Le premier qui se présente est la pièce de vers, le sonnet servant en quelque sorte d'exposition au petit drame de *la Vie nouvelle* qui va commencer. Je le reproduirai ici en entier, afin de mettre les lecteurs plus à portée de le comparer avec les réponses auxquelles il donna lieu :

SONNET DE DANTE.

« A chaque âme éprise, à tout noble cœur à qui ce présent sonnet parviendra, afin qu'ils en disent leur avis, salut! au nom de leur Seigneur, c'est-à-dire Amour.

» Le tiers des heures pendant lesquelles les étoiles sont le plus brillantes était passé, quand Amour m'apparut tout à coup; Amour dont l'essence me remplit de crainte quand j'y repense.

» Amour me semblait gai, tenant mon cœur dans sa main, et soutenant dans ses bras une Dame endormie et enveloppée dans un voile.

» Puis il la réveillait, et faisait repaître humblement la Dame épouvantée de ce cœur ardent. Après, je le voyais fuir en pleurant[1]. »

SONNET DE CINO DA PISTOIA.

« Ton amant désire naturellement de faire savoir au cœur de sa Dame ce qu'il éprouve, et c'est ce que l'Amour a voulu te démontrer par la présente vision,

» Lorsqu'il t'a fait voir ta Dame se repaissant de ton cœur avec une tendre modestie, restant longtemps endormie, enveloppée d'un voile et libre de tout chagrin.

» Amour se montra gai, venant à toi pour te donner ce que le cœur demandait, de comprendre deux cœurs en un seul ;

» Et, connaissant la peine amoureuse qu'il avait fait naître dans le cœur de la Dame, il pleura de compassion en la quittant. »

SONNET DE GUIDO CAVALCANTI

« Vous avez vu, à mon avis (dans votre songe), tout ce qu'un homme peut sentir et connaître de fort, d'agréable et de bon, si en effet vous avez été mis à pareille épreuve par le puissant Seigneur (Amour) qui gouverne le monde de l'honneur,

» Qui vit dans une paix tranquille, qui tient dans son esprit compatissant la raison toujours reine, et se montre si agréable

---

[1] Cette circulaire poétique, amoureuse, fut adressée aux *fidèles d'Amour*, aux *diseurs en rimes*, à tous ceux enfin qui s'occupaient de poésie. Dans ce sonnet, Dante leur expose la vision qu'il a eue, en les engageant à lui en donner l'interprétation ; mais il le fait de manière cependant à laisser douter s'il met la pénétration de ses confrères à l'essai, ou si effectivement, n'osant s'en fier à ses propres lumières, il leur propose un problème à résoudre.

De tous les *fidèles d'Amour* dont il a pu recevoir réponse, il n'y en a que trois dont les sonnets nous aient été conservés ; ce sont ceux de Cino da Pistoia, de Guido Cavalcanti, et enfin de Dante da Maiano, qui, malgré son nom, était étranger à la famille des Alighieri. Quoique les difficultés que présente la traduction de ces trois sonnets soient grandes, j'essayerai de les mettre en français, afin que l'on puisse juger du caractère étrange que portaient ces correspondances littéraires et amoureuses, et que leur teneur puisse servir d'explication et de commentaire au sonnet même de Dante. (*Note du traducteur.*)

dans les songes des hommes, qu'il enlève leurs cœurs sans les faire souffrir. »

» Il (Amour) emporta votre cœur, voyant que votre Dame désirait votre mort ; et, dans l'effroi qu'il éprouva de cela, il s'avisa de la nourrir de votre cœur.

» Quand il vous apparut s'en allant tout en pleurs, votre sommeil dut vous paraître doux, car il s'achevait lorsque son contraire (un sommeil pénible) arrivait pour le vaincre. »

SONNET DE DANTE DA MAIANO.

« Considérant la chose sur laquelle tu m'as interrogé, je te réponds en te faisant connaître la véritable signification de ton songe, toi, mon ami, qui te montres si peu intelligent en cette occasion.

» Pour satisfaire complétement à ta demande, je te dirai : « Que si ton esprit est ferme et sain, tu n'as rien de mieux à faire que de te baigner largement..... afin de dissiper les vapeurs

» Qui te font débiter des contes en l'air ; mais, que si tu es affligé d'un mal incurable, il faut que tu saches que j'entends que tu n'as fait autre chose qu'extravaguer. »

» Telle est mon opinion, que je te fais connaître en répondant, et dont je ne changerai pas, jusqu'au moment où je pourrai faire voir tes urines aux médecins. »

Ces trois réponses ont un caractère tout aussi tranché que celui de chacun des poëtes qui les ont écrites. Dante da Maiano, le moins savant et le plus inculte des anciens poëtes de l'Italie, ne cherche point à s'alambiquer l'esprit en se livrant à des spéculations qui lui paraissent chimériques, et répond à Dante, en se moquant de lui, que le songe qu'il a fait, vide de sens, ne peut être que le fruit d'un cerveau malade.

Cino da Pistoia, esprit plus délicat, plus distingué, bien que n'élevant jamais son vol trop haut, donne au songe de Dante, son ami, une interprétation simple, gracieuse et naturelle. Il y voit le besoin qu'a toujours un amant de faire connaître ce qu'il éprouve à son amante, et le bonheur de deux cœurs qui sont sur le point de n'en plus faire qu'un. En un mot, Cino découvre dans la vision de son ami le présage d'un amour naturel dont le développement doit être heureux. C'est le jugement d'un homme raisonnable.

Cino da Pistoia, du parti gibelin, était un jurisconsulte aussi savant que célèbre, qui fut plutôt élégant versificateur que poëte. Guido Cavalcanti, au contraire, attaché au parti guelfe, avait rejeté les opinions philosophiques de son père, qui passait pour un épicurien et même un incrédule des plus hardis, puisque Boccace prétend que le peuple disait de lui : « Que ses méditations n'avaient pour objet que de chercher si l'on pouvait trouver que Dieu n'existait pas. » Quant à son fils, celui qui nous occupe, il avait adopté les opinions platoniciennes telles qu'elles avaient été transmises en Italie par les auteurs arabes ; et sur ce fond, auquel il avait ajouté la galanterie des troubadours catalans et provençaux, il était devenu *fidèle d'Amour, diseur en rime*, et professant la doctrine poétique et morale de l'amour platonique. Quoique Dante puisse passer pour un adepte des plus chauds et des plus avancés de cette école, il paraît que, de son temps, Guido Cavalcanti était réputé plus fort et plus subtil encore que lui.

Guido et Dante ne se connaissaient point, lorsque celui-ci provoqua, par son premier sonnet, une explication du songe qu'il avait eu au sujet de Béatrice. A travers les nuages qui environnent la réponse que Guido Cavalcanti envoya, il est facile de s'apercevoir cependant qu'il reconnaît dans les vers de Dante le langage d'un poëte qui, loin de s'occuper de l'amour *naturel*, comme l'y invite Cino da Pistoia, élève son cœur et son âme jusqu'à l'amour *platonique*. Ce que Dante n'avait fait que dire à demi-mot, Guido l'exprima ouvertement, et c'est cette sagacité inattendue et inespérée sans doute par l'amant de Béatrice, qui lui fait dire dans *la Vie nouvelle* : « A ce sonnet il fut fait réponse par beaucoup de personnes dont les avis étaient fort différents ; parmi les hommes qui m'en adressèrent est celui que j'appelle le premier de mes amis ; son sonnet commence ainsi : « *Vous avez vu, à mon avis*, etc. »

Qu'était-ce que cet amour platonique dont les fidèles affectaient d'employer un langage voilé pour dérober leur système et leurs pensées aux profanes ? N'était-ce qu'un jeu d'esprit au moyen duquel les hommes les plus intelligents et les plus doctes s'entretenaient volontairement dans une illusion perpétuelle ? ou bien, comme quelques esprits subtils et prévenus l'ont imaginé, cette langue éroticophilosophique n'était-elle qu'un jargon, un *argot* convenus, au moyen desquels on pouvait s'entendre sur certaines questions, sans être compris par le vulgaire ? On a fait sur cette étrange conjecture un gros livre fort savant, mais plus spécieux que solide ; et, après mûre réflexion, je pense qu'en voulant donner l'origine, la raison et l'explication de tout ce que les nations de l'Europe on fait pendant la transition du moyen âge à la renaissance, c'est fournir la preuve que l'on connaît mal cette époque, ou qu'on l'a étudiée avec des préventions et dans un système arrêté d'avance. On ne donnera pas plus la raison des détails singuliers qui se trouvent prodigués dans les trois cantiques de Dante, que l'on n'expliquera le véritable sens du roman de *la Rose*, que l'on ne découvrira d'où viennent et ce que signifient les étranges ornements sculptés qui couvrent les cathédrales gothiques. Il y a eu deux siècles pendant lesquels les hommes de talent ont entassé avec un instinct merveilleux tous les débris provenant d'âges et de pays différents, pour en former des édifices ou des monuments littéraires qui, malgré eur bizarrerie, commandent encore notre admiration, mais sur lesquels les prétendus savants s'épuiseront toujours en explications et en commentaires stériles.

Ceux de ces commentaires qui ont été écrits au moment même où les grandes compositions de cette époque venaient d'être achevées sont fort peu satisfaisants, et tout homme de bonne foi qui les a lus et les a comparés avec ceux que l'on façonne encore de nos jours, avouera qu'il y a appris bien peu de chose.

Quant à ce que Dante a écrit touchant la doctrine amoureuse dite platonique, le plus court et le plus sûr moyen d'en saisir le sens est de le rapporter à l'idée fondamentale de Platon que j'ai fait connaître dans la préface de ce livre. Avec le secours de cette comparaison, qui permet au lecteur d'aller du simple au composé, il n'y a pas de labyrinthe si tortueux où s'engage parfois le poëte florentin, dont on ne puisse parvenir à reconnaître les détours, si l'on n'abandonne pas le fil donné par Platon.

Personne n'admire Dante plus sincèrement que moi; mais pour que je le lise avec plaisir, c'est sous la condition que je ne serai point forcé de suivre dans leurs subtils détails tous les artifices allégoriques sous lesquels il déguise parfois les vérités les plus simples. Je l'aime comme il est si souvent, grand avec naïveté, gracieux et énergique, sublime et clair tout à la fois. En général, il me plaît moins quand il raisonne que quand il peint, parce que, dans ce dernier cas, il est beau, grand et facile à comprendre comme Homère.

Les défauts des ouvrages de Dante, l'obscurité des pensées et la subtilité de langage, appartiennent bien plus à son temps qu'à lui-même. Cet homme a fait un usage merveilleux des matériaux qu'il a trouvés; mais ces matériaux étaient si disparates, si incohérents entre eux, qu'il était inévitable que l'édifice dans la composition duquel on les ferait entrer ne se ressentît pas de ce désordre originel. Voici quels étaient les éléments dont Dante pouvait disposer ; qu'on y réfléchisse bien : la religion catholique qu'il professait, la Bible, puis Homère, Platon et Aristote entrevus à travers la version latine des traductions défigurées des Arabes ; ajoutez à cela les écrits de Boëce et de saint Augustin, le poëme de Virgile, les sermons de saint Bonaventure, la Somme de saint Thomas d'Aquin, les poésies des Siciliens, la galanterie des Catalans et des Provençaux, une philosophie dite platonique, conçue et énoncée comme celle de son ami Guido Cavalcanti, et enfin deux factions terribles, la guelfe et la gibeline, pour l'une desquelles il fallait absolument prendre parti.

Aujourd'hui que tout a été exploré, étudié et classé, on peut, avec quelques années d'études, mettre tous ces éléments contraires à leur place, ne fût-ce qu'en les soumettant à l'ordre chronologique. Mais, à la fin du treizième siècle, la critique était peu avancée, et la théologie de saint Thomas d'Aquin demandait aussi impérieusement à être comptée pour quelque chose et mise en jeu, que la galanterie raffinée des troubadours et les subtilités de l'amour platonique. En un mot, il fallait, pour débrouiller ce chaos, inventer une poétique et constituer une langue, et c'est ce que fit Dante Alighieri.

Il nous reste de ce grand homme un ouvrage composé vers la fin de ses jours, mais qu'il a laissé inachevé. C'est un traité *Du langage vulgaire*. La traduction de ce livre intéressant manque encore en français, et c'est le seul cependant où il soit possible de puiser des renseignements précis sur les efforts que Dante fut obligé de faire pour créer des modes différents de composition, et réduire les dialectes variés de l'Italie à l'unité d'une langue régulière et polie. Ce livre nous aidera, je pense, à compléter les observations que nous avons déjà émises au sujet de *la Vie nouvelle*.

La Vie nouvelle, ce renouvellement intérieur que produisirent dans l'âme de Dante la jeunesse et les grâces virginales de Béatrice, ne fait pas seulement connaître quelques détails des vingt premières années de la vie de ce grand poète ; elle a cela de particulier encore, qu'elle peut être considérée comme une image réduite du grand renouvellement qui s'opéra dans le siècle où Dante vécut. Ce que tout le monde éprouvait, ce que chacun demandait au treizième siècle, en Italie, Dante l'a exprimé, l'a demandé dans sa *Vie nouvelle*.

Parmi les laïques alors, l'usage de parler et d'écrire en latin se perdait. Au contraire, les langues provençale et française, répandues dans toute l'Europe et dans la Péninsule, l'italien déjà dégrossi, rendaient l'emploi des idiomes vulgaires tous les jours plus imminent. De toutes les causes qui ont concouru à maintenir dans les pays catholiques l'usage de la langue latine, il en est une capitale : c'est l'autorité exclusive attribuée au texte de la traduction latine des saintes Écritures, à la Vulgate. De nos jours encore, il n'est pas permis, dans les États romains, de vendre une traduction du Nouveau Testament en italien, sans le texte de la Vulgate en regard, afin de prévenir la divergence des interprétations de la Bible, et les erreurs et les schismes qui pourraient en résulter.

Cependant, vers les douzième et treizième siècles, la masse du peuple italien n'entendait plus le latin, et vraisemblablement le clergé, à cette époque, se trouva, à l'égard des populations qu'il était chargé de captiver et d'instruire par la parole, dans un cas analogue à celui du poëte dont parle Dante dans *la Vie nouvelle*, « qui le premier, dit-il, commença à s'exprimer en langue vulgaire, pour se faire comprendre par une dame qui n'entendait pas les vers latins. » La moindre concession du clergé à cet égard, et elle était forcée, dut déterminer à l'instant même la prédominance de la langue vulgaire. Aussi fut-on obligé de prêcher en patois italien. Vers le même temps, les chansons, les sonnets des poëtes siciliens devinrent à la mode; on les imita dans le dialecte toscan, et bientôt les poésies de Guitone d'Arezzo, de Giacomo da Lentino et de Guido Guinizzelli, celui qui partage avec Brunetto Latini l'honneur d'avoir été maître de Dante, contribuèrent à donner de la souplesse et quelque régularité à la nouvelle langue.

Ce fut alors que Dante, averti par son instinct de linguiste et de poëte, s'empara de cette disposition populaire, forma le hardi projet de la régler, et adopta l'usage de la langue vulgaire, l'italien que l'on parlait, pour la débrouiller, la réduire à des lois et la fixer. En outre, il combina toutes les idées théologiques, savantes, poétiques et populaires, qui couraient de son temps, les fondit avec les traditions du paganisme grec et latin que l'on conservait encore, et plaça tous ces matériaux incohérents dans un ordre absolument nouveau, en les alignant, si l'on peut dire ainsi, sur le plan général du catholicisme qui maintenait alors toute l'Europe.

C'est dans cette disposition d'esprit, et lorsqu'il tenta ses premiers essais en langue italienne, qu'il écrivit *la Vie nouvelle* : et dans cet ouvrage de sa jeunesse, où l'on aperçoit déjà le germe de toutes les idées qu'il développa plus tard, on trouve en particulier cette ferme résolution de substituer l'usage de l'italien à celui de la langue latine, et l'origine du culte qu'il voua à Béatrice, galanterie pieuse et mystique qui devint un des accidents importants de sa vie, et le centre auquel toutes ses compositions poétiques furent subordonnées.

Ce qui étonne dans *la Vie nouvelle* et ce qui frappe également dans la Divine Comédie, c'est la fusion continuelle et complète des opinions platoniciennes avec les arguties galantes des Provençaux et celles de la théologie scolastique. De la combinaison de ces éléments contraires, il est résulté un amour religieux, ou, si on l'aime mieux, une religion amoureuse, qui, une fois adoptée par le poëte-pontife, l'a entraîné à se créer un médiateur de contrebande entre la Divinité et lui, je veux dire Béatrice. Sanctifiée par la pureté d'un amour dont les reflets, en retombant sur le chaste amant qui les avait produits, le purifiaient à son tour, Béatrice prit alors place parmi les *démons* de Platon, entre les *génies* des gnostiques ou les *anges* des chrétiens, et devint, comme Diotime, sainte Monique, ou la Philosophie de Boëce, un de ces êtres intermédiaires qui portent tour à tour la volonté de Dieu sur la terre et les prières des hommes vers Dieu. Tel est à peu près le pivot sur lequel se meut le mécanisme poétique que Dante a inventé, et dont il a fait usage.

Maintenant venons-en à la partie matérielle et littéraire de l'art poétique, dont Dante a tracé les lois à sa manière dans son *Traité du langage vulgaire*.

Déjà dans *la Vie nouvelle* il avait réclamé pour les poëtes modernes, on doit s'en souvenir, tous les priviléges accordés aux poëtes latins. Non-seulement il revendique pour les premiers l'usage des figures et de toutes les fleurs de rhétorique, mais il demande encore pourquoi lui et ses contemporains n'auraient pas le droit de personnifier l'Amour, et de le faire parler comme Éole, Junon, Rome ou Vénus. Dante, à cette occasion, tombe dans une erreur qui était celle de son siècle, en confondant des divinités qui président, des divinités qui protégent et gouvernent soit un élément, soit une ville ou une passion, avec des personnifications qui représentent allégoriquement un sentiment, une vertu, ou une cité, par exemple. Les dieux du paganisme n'ont rien qui les oblige à parler continuellement, comme pourraient le faire les objets soumis à leur empire; ils ont une existence indépendante du pouvoir qui leur est dévolu; et les déesses de la Pauvreté ou de la Peur elles-mêmes peuvent tenir un langage superbe dans l'occasion, parce qu'elles ne sont ni pauvres ni peureuses, mais gouvernent les gens qui sont pauvres et qui ont peur. Au contraire, la personnification, invention sinon propre au moyen âge, du moins exclusivement adoptée à cette époque, donnait grossièrement un corps et la parole à un objet qui ne s'occupait et ne parlait plus alors que de ce qui se rapporte exclusivement à lui. Ainsi voit-on dans le roman de *la Rose* figurer et parler d'une manière monotone et souvent niaise, Bel-accueil, dames *Félonie* et *Luxure*; de même que l'on aperçoit sur les sculptures de ce temps la Mort figurée par un squelette qui marche, parle, et est armé d'une faux. Le temps a fait justice de toutes ces machines prétendues poétiques, dont l'idée fondamentale aussi bien que les apparences visibles sont aussi repoussantes pour l'esprit que pour les yeux, et l'allégorie gothique, la personnification en un mot, a été rejetée par tous les bons esprits.

Dante fut des premiers à donner ce bon exemple; et ce qui démontre la supériorité de son génie et de son goût, c'est qu'après avoir employé la personnification grossière dans sa *Vie nouvelle* et en avoir vivement réclamé l'usage pour l'avenir, à peine si on en retrouve des traces dans ses grands poëmes; car Béatrice, Mathilde et Lucie elles-mêmes ressemblent bien plus à des génies, à des anges qui président à la théologie, à la philosophie et à la science, qu'elles ne sont des personnifications de ces trois puissances intellectuelles; et, en effet, on n'est pas encore parfaitement d'accord aujourd'hui sur la signification allégorique de ces trois personnages[1].

Le mécanisme poétique demandé et exposé dans *la Vie nouvelle* n'est donc pas précisément celui qu'adopta plus tard le grand poëte de Florence; mais il est utile de le connaître, afin de juger des progrès que fit l'esprit de Dante, depuis son premier essai littéraire jusqu'à l'époque où il mit la main aux grandes compositions qui l'ont immortalisé.

Je conseillerai donc à ceux qui veulent faire une étude sérieuse des écrits et des progrès de l'intelligence de cet homme, de lire d'abord *la Vie nouvelle*, puis son traité *Du langage vulgaire*, dans lequel il a exposé plus profondément, et plus en détail tout à la fois, l'art du poëte. Dans ce livre curieux, Alighieri, après avoir établi que de tous les dialectes parlés en Italie il ressort une langue épurée qu'il qualifie de *cardinale*, d'*aulique*, de *courtisanesque*, et d'*illustre*, conclut qu'elle doit être employée par tous les écrivains, mais en particulier par les *trouveurs*, par les poëtes qui se proposent de traiter les sujets les plus élevés. De toutes les formes de poésie et de versification que les Italiens ont reçues des Provençaux, la *chanson* est mise au premier rang par Dante; la *ballade* a le second, puis vient le *sonnet*. On verra bientôt que la chanson à triple rime, mode lyrique qu'il a adopté pour la Divine Comédie, remplaçait

---

[1] La personnification a été très-rarement mise en usage par les poëtes de l'antiquité. Cependant on voit figurer la *Puissance* et la *Force* dans le *Prométhée enchaîné* d'Eschyle.

dans son esprit l'importance du vers hexamètre héroïque des anciens, et qu'en substituant une langue moderne à la latine, il sentait le besoin de modifier toutes les formes de la poésie comme celles du langage. Écoutons-le parler maintenant sur ce sujet : « Nous avons fait connaître, dit-il, les qualités que doivent réunir les hommes dignes de faire usage de la langue vulgaire *illustre*, et nous avons indiqué les matières qu'il leur convient de traiter. Maintenant, avant de passer outre, il faut faire connaître ce qui constitue la *chanson*, genre de poésie qui, selon quelques-uns, serait plutôt le résultat de la fantaisie et du sort que de l'étude et de l'art. On refuse le titre de poëtes aux faiseurs de chansons, et, selon nous, c'est à tort; car, de quelque idiome qu'ils fassent usage, on doit les considérer comme poëtes, du moment qu'ils ne s'écartent pas de la marche des grands poëtes (latins), c'est-à-dire de ceux qui sont réguliers. Car, en effet, ces derniers ont fait de la poésie selon les règles de l'art, et tous ceux qui n'en agissent pas ainsi travaillent à l'aventure. D'où il suit que plus nous imitons la marche de ces poëtes réguliers, plus notre poésie est correcte. Ce qu'il y a de mieux à faire, est donc de se servir de leur doctrine. Mais avant tout il faudra, comme dit notre maître Horace, « choisir un fardeau proportionné à nos forces. »

» Il est surtout nécessaire d'établir certaines distinctions, et de savoir si l'on veut chanter dans le mode tragique, comique ou élégiaque : car, pour la tragédie, on se sert du style élevé (*superiore*); pour la comédie, du style tempéré (*inferiore*); et pour l'élégie, du style des malheureux. Si les sujets que l'on veut traiter doivent être chantés dans le mode tragique, alors on doit employer la langue vulgaire illustre, et conséquemment faire une succession de chansons en les liant l'une à l'autre. Pour les compositions comiques, on aura recours à la langue vulgaire, tantôt tempérée, tantôt humble. L'humble servira exclusivement dar les sujets élégiaques.

» Le style tragique est celui où l'on réunit la profondeur des pensées, la hardiesse des vers, la noblesse des tours de phrase à l'heureux choix des mots. Mais, pour atteindre à cette perfection, il faut encore joindre à ces qualités, l'avantage de sujets dignes d'être chantés avec toute cette pompe. Ces sujets sont, comme je l'ai déjà dit, le *Salut éternel*, l'*Amour* et la *Vertu*. On pourra bien y joindre quelques combinaisons accessoires, pourvu toutefois qu'elles ne fassent naître aucune idée basse. Que celui donc qui voudra traiter les trois sujets qui viennent d'être désignés ne perde pas de vue ce que nous avons prescrit. Alors, après s'être désaltéré à la fontaine d'Hélicon, qu'il approche avec confiance le plectron de sa lyre bien accordée, et qu'il commence à chanter.

» Mais il faut bien composer la chanson, et c'est là une œuvre difficile. Car on n'y parviendra jamais sans le concours de la vivacité naturelle du génie, de l'étude et de l'art. Ce sont les hommes doués de ces facultés que désigne le poëte dans le sixième livre de l'Énéide, lorsqu'il les appelle « chéris de Dieu, élevés au ciel par la vertu, et enfin fils des Dieux, » bien qu'il parle d'une manière figurée. Reconnaissons donc la sottise de ceux qui, ignorants et sans art, ne se confient qu'en leur propre génie et s'ingèrent de chanter des choses sublimes et d'employer le style élevé. Qu'ils renoncent à cette présomptueuse entreprise; et si, naturellement faibles, ils ne sont en effet que des oies, qu'on ne les voie pas cherchant à imiter le vol audacieux de l'aigle[1]! »

Par cet échantillon de l'art poétique de Dante, on peut s'apercevoir que, dans le fond comme dans la forme de la poésie, le Florentin combine toujours trois éléments bien contraires, l'Énéide, l'Apocalypse et les chansons provençales.

Où Dante a-t-il emprunté cette division des modes et des styles en tragique, comique et élégiaque, si elle n'est pas de son invention? C'est ce que l'on ignore, à moins qu'on ne la rapporte à une tradition confuse des trois genres de *scènes*, décorations dont on ornait le *proscenium* des théâtres antiques[2]. Quoi qu'il en soit, le choix de cette division peut servir à rendre raison du titre assez étrange de « *Comédie*, » que Dante a donné à ses trois grands poëmes. Comme l'excessive variété des sujets qu'il y a traités, loin de lui permettre l'emploi d'un style également élevé, l'a forcé au contraire de prendre des tons très-différents, peut-être, en raison des principes littéraires qu'il s'était imposés, a-t-il cru devoir ranger son ouvrage dans le genre comique, pour se laisser la latitude d'y introduire, comme il l'a fait parfois, des pensées communes et même des expressions fort basses, bien que l'objet principal de son œuvre fût de donner une idée de ce qu'il y a de plus sublime, « le séjour des bienheureux et le trône de l'Éternel. » Au surplus, le poëte a pris soin lui-même, dans la lettre qu'il a adressée à Can le Grand, de faire connaître le motif du choix de ce titre, en disant: que le commencement d'une comédie est toujours âpre et difficile, tandis que son dénoûment est heureux, dispositions contraires à celles d

---

[1] Édition de Zatta, *Della volgare eloquenza*, lib. II, cap. IV, vol. 4, pag. 288 et seq.

[2] « Genera autem sunt scenarum tria: unum quod dicitur *tragicum*, alterum *comicum*, tertium *satyricum*. » (Vitruve, lib. V, cap. VIII.)

la tragédie, qui s'ouvre au milieu du calme et se termine malheureusement ; d'où il conclut que son poëme ayant pour commencement l'Enfer et pour fin le Paradis, il doit porter le titre de COMÉDIE. Mais ce ne fut que deux siècles après la mort de Dante que l'admiration générale fit ajouter l'épithète de DIVINE.

Quant au traité « *Du langage vulgaire,* » composé vers 1318-1321, dans les dernières années de la vie de Dante, il fait voir clairement l'idée que le poëte florentin se formait de la poésie, idée qui devint le point de départ de tous les écrivains toscans qui se distinguèrent après lui dans le genre sérieux. La dévotion, l'amour, la science et la théologie, furent les sujets habituels sur lesquels ils s'exercèrent jusqu'à Vittoria Colonna et Michel-Ange ; et encore de nos jours, la philosophie et la poésie, chez les Italiens, ont-elles conservé une certaine teinte de piété et de platonisme que les révolutions de toute espèce n'ont pu entièrement effacer.

C'est que la philosophie et la poésie ont été instituées en ce pays par Dante, et que quelques grands esprits qui vinrent après lui ont encore consolidé les principes qu'il avait établis. Il suffit de se rappeler le nom de Pétrarque pour savoir que la philosophie amoureuse et platonicienne est devenue une manière d'être intellectuelle pour les enfants de l'Italie ; et Boccace, tout mondain qu'il ait été parfois dans sa conduite, comme lorsqu'il composait, était non-seulement admirateur passionné de Dante, dont il a écrit la vie, mais a pris soin, dans ce curieux petit livre[1], de nous dire aussi comment on comprenait la poésie de son temps. Son opinion en cette matière, jointe aux préceptes du grand maître déjà cité, achèvera de faire saisir l'esprit dans lequel on comprenait et on traitait la poésie, aux treizième et quatorzième siècles, en Italie.

« Les gens qui manquent d'intelligence, dit le spirituel auteur du Décaméron, croient généralement que la poésie n'a pour objet que de raconter des choses fabuleuses et incroyables. Mais je veux démontrer que la poésie est théologie.

» En faisant taire nos sens, et si nous n'écoutons que la raison, nous ne tarderons pas à reconnaître que les poëtes de l'antiquité ont suivi, autant que la portée de leur intelligence le leur a permis, les traces de l'Esprit-Saint. Ces traces de la science éternelle sont voilées dans l'Écriture sainte comme dans les écrits des poëtes ; et c'est sous ce voile que se conservent les vérités qui doivent être complétement démontrées à la fin des siècles. L'usage des figures

---

[1] *Origine, Vita, Studi e costumi del chiarissimo Dante Alighieri poeta fiorentino, fatta e compilata dall' inclito M. Giovanni Boccaccio da Certaldo.* — In Firenze, B. Sermartelli, 1576, pag. 48 et seq.

pour couvrir les vérités, a ces avantages : de présenter à la fois le texte du livre et le mystère qui y est renfermé; d'exercer simultanément la réflexion des sages et l'instinct des simples; qu'en public on nourrit l'âme des faibles d'esprit, et que, dans le silence de la retraite, on élève encore la pensée des intelligences les plus sublimes. C'est comme un large fleuve sur les pentes duquel l'agneau peut se désaltérer, tandis que l'éléphant nage au-dessus de la profondeur du courant.

» Mais revenons à notre objet particulier : par ce que nous appelons *Théologie*, il faut entendre ce que produit l'Écriture sainte, soit lorsqu'au moyen de récits historiques et par l'effet de certaines visions, ou soit par l'expression de plaintes et de lamentations, elle se propose de montrer le profond mystère de l'incarnation du Verbe divin, de sa vie humaine, de ce qui lui est arrivé à sa mort, de sa victorieuse résurrection, de sa miraculeuse ascension, et enfin de tous les actes divins par lesquels il nous a frayé un chemin vers la gloire éternelle et nous a rachetés du péché originel.

» De même les poëtes, par leur œuvre que nous nommons *Poésie*, et à l'aide de l'histoire des dieux, de leurs métamorphoses et des discours séduisants qu'ils prêtent à ces personnages, cherchent à nous donner la raison des choses, à nous faire fuir le vice, aimer la vertu, et à nous amener à connaître le vrai Dieu dans la pensée de faire notre salut.

» Par le buisson verdoyant où Moïse vit comme une flamme ardente, l'Esprit-Saint a désigné la Vierge, dont la pureté ne peut être souillée par rien. Par la statue composée de plusieurs métaux qui apparut à Nabuchodonosor, il figure toutes les phases précédentes de la doctrine du Christ, qui fut et est une pierre sur laquelle tout vient s'affermir et former un monument stable comme les montagnes. Par les lamentations de Jérémie, il annonce la ruine de Jérusalem, etc., etc.

» De même nos poëtes, dans leurs fables, en disant que Saturne avait beaucoup d'enfants et qu'il les dévora tous, à l'exception de quatre, nous indiquent que le temps produit et détruit tout, excepté ses quatre enfants : Jupiter, qui n'est autre que le feu; Junon, l'air; Neptune, l'eau; et Pluton, la terre, etc., etc.

» De ce qui précède on doit conclure que la théologie et la poésie s'accordent en ce qu'elles emploient les mêmes formes pour opérer. Mais, quant au sujet qu'elles se proposent, non-seulement elles diffèrent, mais elles sont opposées; car le sujet de la théologie est la voie de la vérité, tandis que celui de la poésie antique est l'idolâtrie, les dieux et les hommes. Elles sont contraires encore en ce que la théologie ne propose que des choses vraies, tandis que la poésie en propose quelques-unes comme vraies, qui sont essentiellement fausses et erronées à l'égard de la religion chrétienne. Mais comme certains ignorants s'élèvent contre les poëtes, disant que toutes leurs inventions ne sont que des fables qui ne se rapportent à aucune vérité, et qu'ils devraient présenter leurs récits sous d'autres formes, afin d'éclairer véritablement les gens du monde, je leur dirai : Qu'ils fassent donc attention aux visions de Daniel, d'Isaïe et d'Ézéchiel, et à toutes celles qui sont rapportées dans l'Ancien Testament, écrit avec une plume divine par celui qui n'a jamais eu de commencement et n'aura point de fin! Qu'ils relisent dans le Nouveau Testament les visions de l'Évangéliste (l'Apocalypse), remplies de vérités si utiles ; et si quelques-unes des fables poétiques sont aussi loin de la vérité ou de la vraisemblance que ces visions paraissent s'en écarter dans la forme, que l'on accorde au moins que si les poëtes ont inventé des fables qui ne peuvent donner ni plaisir ni enseignement, ce n'est pas une raison pour condamner l'essai qu'ils ont fait de répandre leur doctrine à l'aide de ce moyen.

» ..... Mais revenons au point où nous nous sommes arrêtés. Je dis que la théologie et la poésie sont presque la même chose, quand elles se proposent le même objet. J'irai même jusqu'à avancer que la théologie n'est rien qu'une *poésie de Dieu* et une fiction poétique. Dans l'Écriture du Christ (Évangile), c'est tantôt le lion et tantôt l'agneau ; ici le vermisseau, là le serpent ; puis la pierre, la paille, et mille autres choses qu'il serait trop long d'énumérer. Que sont ces paroles du Sauveur, si ce n'est un langage figuré que nous nommons plus habituellement allégorie ? Il semble donc résulter de là que non-seulement la poésie est théologie, mais encore que la théologie est poésie. Mais si mes paroles ne paraissent point assez graves dans une si importante question, je ne m'en offenserai pas, et on en pourra croire Aristote, dont le témoignage est si vénérable ; or il affirme avoir reconnu que les poëtes ont été les premiers théologiens. »

La poétique de Dante, et ce commentaire qu'en donne Boccace, forment, à ce que je crois, l'exposition la plus précise du système en vertu duquel les poëtes et les écrivains italiens, dits platoniciens, ont composé leurs ouvrages depuis Dante jusqu'à Vittoria Colonna. J'ai préféré donner les opinions mêmes des deux grands écrivains que j'ai cités, plutôt que d'en disséminer les traits principaux dans le cours d'une dissertation où l'on aurait eu d'autant plus de peine à les saisir que je ne les aurais certainement pas présentes dans toute leur crudité et leur bizarrerie originale. Mais je tenais encore à les faire connaître, afin que les jeunes gens qui lisent et étudient les ouvrages de Dante se tiennent en garde contre les idées poético-théologiques de ce grand poëte, de Boccace et de tous les platoniciens de l'époque de la renaissance. En effet, si ardente et si sincère qu'ait été la foi de ces hommes, rien n'est moins orthodoxe, fort souvent, que leurs opinions littéraires et leurs inventions poétiques, admirables fantaisies d'écrivains, beaucoup plus propres en général à charmer l'imagination qu'à soutenir la foi.

Au résultat, la préoccupation qui domina toutes les autres dans l'esprit de Dante a été de substituer l'usage de la langue italienne à celui de la latine, et de constituer le nouvel idiome qu'il voulait mettre en honneur. Pour entreprendre et achever ce grand œuvre, il a employé pendant toute sa vie une volonté de fer. On a vu avec quelle chaleur il plaidait cette cause dans sa *Vie nouvelle;* ses grands poëmes ont prouvé au monde le droit qu'il avait de dire que les langues modernes pouvaient rivaliser avec celles de l'antiquité; et lorsqu'il avait achevé ce grand monument, lorsque les vers de *la Divine Comédie* faisaient déjà l'admiration et la gloire de l'Italie, Dante, exilé, vieux, affaibli par les malheurs, écrivait encore avec une espèce de rage, et comme s'il n'avait pas gagné sa noble cause : « A la honte et l'éternelle infamie des mauvais Italiens qui vantent les langues vulgaires des autres pays et déprécient la leur, je dis que cette disposition résulte chez eux de cinq causes abominables, etc. » « *A perpetuale infamia e depressione delli malvagi uomini d'Italia, che comendano lo volgare altrui, e lo propio dispregiano : dico, che la loro mossa viene da cinque abbominevoli cagioni,* etc. » (Convito, ediz. di Zatta, vol. 4, pag. 77.)

Depuis que j'étudie les écrits de Dante, j'ai toujours pensé que la meilleure manière de se préparer à la lecture de *la Divine Comédie* était de commencer par celle de *la Vie nouvelle;* et ce fut dans l'intention de faciliter l'emploi de ce mode d'étude, que j'entrepris la traduction qui précède. J'espère que mon travail, tout imparfait qu'il puisse être, remplira du moins l'objet que je me suis proposé, qui est de faire naître le désir de connaître le livre original de Dante Alighieri, et d'en rendre la lecture un peu moins difficile aux Français.

E. J. Delécluze.

LA DIVINE COMÉDIE
AVANT DANTE.

On ne dispute plus à Dante le rôle inattendu de conquérant intellectuel que son génie a su se créer tout à coup au milieu de la barbarie des temps. L'auteur de *la Divine Comédie* n'est pas pour rien le représentant poétique du moyen âge. Placé comme au carrefour de cette ère étrange, toutes les routes mènent à lui, et sans cesse on le retrouve à l'horizon. Société, intelligence, religion, tout se reflète en lui. En philosophie, il complète saint Thomas; en histoire, il est le commentaire vivant de Villani : le secret des sentiments et des tristesses d'alors se lit dans son poëme. C'est un homme complet, à la manière des écrivains de l'antiquité : il tient l'épée d'une main, la plume de l'autre; il est savant, il est diplomate, il est grand poëte. Son œuvre est un des plus vastes monuments de l'esprit humain ; sa vie est un combat : rien n'y manque, les larmes, la faim, l'exil, l'amour, les gloires, les faiblesses. Et remarquez que les intervalles de son inspiration, que la sauvage dureté de son caractère, que l'aristocratie hautaine de son génie, sont des traits de plus qui le rattachent à son époque, et qui en même temps l'en séparent et l'isolent. Où que vous portiez vos pas dans les landes ingrates du moyen âge, cette figure, à la fois sombre et lumineuse, apparaît à vos côtés comme un guide inévitable.

On est donc amené naturellement à se demander ce qu'est Dante, ce qu'est cette intelligence égarée et solitaire, sans lien presque, sans cohésion avec l'art grossier de son âge? d'où vient cette intervention subite du génie, cette dictature inattendue? Comment l'œuvre d'Alighieri surgit-elle tout à coup dans les ténèbres de l'histoire, *prolem sine matre creatam*? Est-ce une exception unique à travers les siècles? C'est mieux que cela, c'est l'alliance puissante de l'esprit créateur et de l'esprit traditionnel; c'est la rencontre féconde de la poésie des temps accomplis et de la poésie des âges nouveaux. Ayant devant les yeux les idoles du paganisme et les chastes statues des saints, l'image de l'ascétisme et de la volupté, Dante garda le sentiment de l'antiquité sans perdre le sentiment chrétien; il resta fidèle au passé, il comprit le présent, il demanda aux plus terribles dogmes de la religion le secret de l'avenir. Jamais le mot d'Aristote : « la poésie est plus vraie que l'histoire, » ne s'est mieux vérifié que chez Dante; mais ce ne fut pas du monde extérieur du moyen âge que se saisit le génie inventif d'Alighieri; ce fut au contraire du monde interne, du monde des idées. De là viennent la grandeur, les défauts aussi, de là la valeur immense, à quelque point de vue qu'on l'envisage, de ce livre où est semée à profusion une poésie éternellement jeune et brillante. L'intérêt philosophique vient encore ici s'ajouter à l'intérêt littéraire et historique. C'est la Bible, en effet, qui inspire Milton; c'est l'Évangile qui inspire Klopstock : dans *la Divine Comédie*, au contraire, c'est l'inconnu, ce sont les mystères de l'autre vie auxquels l'homme est initié. La question de l'immortalité est en jeu, et Dante a atteint la souveraine poésie.

La préoccupation, l'insistance de la critique sont donc légitimes : ce perpétuel retour vers le premier maître de la culture italienne s'explique et se justifie. Jusqu'ici les apologistes n'ont pas manqué à l'écrivain : investigations biographiques, jugements littéraires, interprétations de toute sorte, hypothèses même pédantes ou futiles, tout semble véritablement épuisé. Peut-être n'y a-t-il pas grand mal : il s'agit d'un poëte, et si le vrai poëte gagne toujours à être lu, il perd souvent à être commenté. Un point curieux et moins exploré reste cependant, qui, si je ne m'abuse, demande à être particulièrement mis en lumière : je veux parler des antécédents de *la Divine Comédie*. Ce poëme, en effet, si original et si bizarre même qu'il semble, n'est pas une création subite, le sublime caprice d'un artiste divinement doué. Il se rattache au contraire à tout un cycle antérieur, à une pensée permanente qu'on voit se reproduire périodiquement dans les âges précédents; pensée informe d'abord, qui se dégage peu à peu, qui s'essaye diversement à travers les siècles, jusqu'à ce qu'un grand homme s'en empare et la fixe définitivement dans un chef-d'œuvre.

Voyez la puissance du génie! Le monde oublie pour lui ses habitudes : d'ordinaire la noblesse se reçoit des pères; ici, au contraire, elle est ascendante. L'histoire recueille avec empressement le nom de je ne sais quel croisé obscur, parce qu'à lui remonte la famille de Dante; la critique analyse des légendes oubliées, parce que ces légendes sont la source première de *la Divine Comédie*. La foule ne connaîtra, n'acceptera que le nom du poëte, et la foule aura raison. C'est la destinée des hommes supérieurs de jeter ainsi l'ombre sur ce qui est derrière eux, et de ne briller que par eux-mêmes. Mais pourquoi ne remonterions-nous point aux origines, pourquoi ne rétablirions-nous pas la généalogie intellectuelle des éminents écrivains? Aristocratie peu dangereuse, et qui n'a chance de choquer personne dans ce temps d'égalité.

Ce serait une folie de soutenir que Dante lut tous les visionnaires qui l'avaient précédé Chez lui, heureusement, le poëte effaçait l'érudit. Cependant, comme l'a dit un écrivain digne de sentir mieux que personne le génie synthétique de Dante, « il n'y a que la rhétorique qui puisse jamais supposer que le plan d'un grand ouvrage appartient à qui l'exécute[1]. » Ce mot explique précisément ce qui est arrivé à l'auteur de *la Divine Comédie*. Dante a résumé avec puissance une donnée philosophique et littéraire qui avait cours de son temps; il a donné sa formule définitive à une poésie flottante et dispersée autour de lui, avant lui. Il en est de ces sortes de legs poétiques comme d'un patrimoine dont on hérite : sait-on seulement d'où il vient, comment il s'est formé, à qui il appartenait avant d'être au possesseur d'hier?

Que le poëte s'élance par-dessus les générations, et qu'il ap-

---

[1] Victor Cousin, *Introduct. à l'hist. de la Philosophie*, XIe leçon.

pelle Virgile « mon père, » *il mio autore,* rien de mieux : ce sont de ces familiarités, de ces soudaines reconnaissances comme on s'en permet entre génies. Mais la lointaine parenté de Dante avec l'antiquité n'est pas le but de ce travail. Il y a surtout là des rapports de forme et d'exécution; l'inspiration générale, au contraire, de *la Divine Comédie* est profondément catholique. Il nous suffira donc de traverser très-rapidement l'époque païenne, et ce court préliminaire nous conduira vite aux âges chrétiens, que nous avons hâte d'aborder, et où se rencontreront les vrais ancêtres, les ancêtres immédiats d'Alighieri.

I.

L'ANTIQUITÉ. — ER L'ARMÉNIEN. — THESPÉSIUS. — LA BIBLE.

Entouré de mystères, assistant comme un acteur égaré et sans souvenir au spectacle du monde, l'homme, dès qu'il s'inquiète du problème de sa destinée, a volontiers foi dans l'inconnu, dans l'invisible. La logique le mène à la notion d'une autre vie, les religions la lui enseignent, et dès lors il se préoccupe de l'existence future : son imagination peuple à son gré ces contrées mystérieuses du châtiment et de la récompense. De là, à l'origine même des sociétés, et, sans parler de l'Orient, dans l'antiquité grecque et latine, une mythologie qui prend l'homme au cercueil, le suit à travers les ténèbres de l'autre monde, et vient raconter ce qu'elle sait des morts à ceux qui vivent et qui sont inquiets. A côté de la philosophie qui explique, à côté du dogme qui affirme, la poésie se saisit aussitôt de ce théâtre surnaturel, plein de curiosité et de terreur, d'où elle peut juger le passé et initier à l'avenir.

Il importe, à propos des antécédents de *la Divine Comédie,* de distinguer entre ce que j'appellerai le côté éternel et le côté particulier du poëme de Dante. En transportant la poésie fantastique là où elle est surtout légitime, c'est-à-dire dans l'autre monde, Alighieri a en effet touché au grand problème de la destinée à venir, qui n'est que la conséquence de la destinée présente. On pourrait donc retrouver des analogies frappantes entre ce qu'il a dit et ce qu'ont enseigné sur ce point les philosophies et les religions ; mais ce serait s'égarer dans l'infini. Le sujet que je veux traiter est parfaitement vague et indéterminé, ou parfaitement limité ou distinct, selon qu'on se perd à rechercher l'inspiration générale, ou qu'on s'applique seulement à suivre l'inspiration directe et immédiate du poëte. C'est dans ce dernier cadre que je m'enfermerai obstinément. Un mot rendra ma pensée : il s'agit tout simplement de ne pas traiter du règne à propos de l'espèce.

Dante a connu l'antiquité comme on la pouvait connaître au treizième siècle. Non-seulement il ignorait ces traditions de l'Égypte sur les formes de la vie future, qu'a expliquées et embellies peut-être l'imagination savante de Champollion; non-seulement ces grandes légendes de l'Inde, que la science moderne aborde à peine, lui étaient inconnues, mais il n'avait abordé la Grèce et Rome que par les poëtes et les philosophes dont la gloire restait populaire dans les écoles, Platon, Aristote, Virgile. De tout le reste, il ne savait guère que des noms propres. Avait-il même lu Homère ? Question insoluble, puisque les érudits discutent encore pour savoir s'il comprenait le grec. Ce qu'il y a de sûr, c'est qu'Homère est le plus vieil ancêtre d'Alighieri ; son enfer est le plus ancien des enfers connus ; c'est l'enfance de l'art. L'autre monde, en effet, n'est pas pour lui très-distinct du monde où nous sommes. Sans doute il est dit dans un vers de *l'Iliade*[1] : « Bien loin, là où est sous terre le plus profond abîme ; » mais, au XIe livre de *l'Odyssée*, la situation des enfers est plus indéterminée encore, s'il est possible. Ulysse y entre on ne sait comment, en poursuivant l'ombre d'Ajax, et il en sort pour monter aussitôt sur son navire. Presque aucune trace de cet épisode de *l'Odyssée* ne se retrouve dans *la Divine Comédie*. C'est à peine si le géant Titye, qui couvrait neuf arpents de son corps, est dédaigneusement nommé par Alighieri[2]. Le seul écho qui retentisse également dans les deux poëmes est ce clapotement des morts, κλαγγὴ νεκύων, qu'Homère compare en si admirables

---

[1] VIII, 14.
[2] *Inferno*, XXXI, 124.

termes à celui des oiseaux épouvantés qui fuient de toutes parts.

C'est par Virgile, qu'une longue et amoureuse pratique lui avait rendu familier, que Dante a surtout connu l'antiquité. Aussi s'est-il donné ce maître pour guide dans son terrible pèlerinage ; aussi a-t-il emprunté à *l'Énéide* beaucoup de souvenirs mythologiques, plus même qu'il n'eût été convenable en un sujet chrétien. Qu'on ne s'imagine pas cependant trouver chez Dante un plagiaire ; *la Divine Comédie* n'a avec *l'Énéide* que quelques rapports de détails, et il y a entre ces deux poëtes et leurs deux poëmes la distance qui sépare le monde païen du monde chrétien. Aussi n'est-il pas sans intérêt de voir ce que deviennent quelques-uns des personnages de l'enfer virgilien dans l'enfer dantesque. Caron, l'horrible vieillard, est presque le seul qui n'ait pas changé ; tous les autres sont déchus. Minos, par exemple, n'est plus le juge austère qui pèse les destinées, *quæsitor Minos urnam movet ;* c'est un démon hideux, grinçant des dents, et indiquant aux damnés par le nombre des plis de sa queue le chiffre du cercle infernal qui leur est assigné. Enfin il n'est pas jusqu'au pauvre Cerbère qui ne soit traité avec rigueur : Énée l'apaisait par un gâteau de miel, Dante lui jette une poignée de terre. Chez Virgile, les âmes qui se pressent sur la rive « tendent les mains vers l'autre bord ; » chez Dante, au contraire, les damnés, avant d'entrer en enfer, sont déjà punis ; ils désirent leurs supplices ; « ils sont tourmentés du besoin de traverser le fleuve. » Alighieri croit à son sujet, Virgile en rit et le met sous ses pieds, *subjecit pedibus* [1]. C'est qu'il n'y a rien sur le front calme du poëte latin de ce *sourcil visionnaire* que Wordsworth prête à Dante ; c'est qu'il n'y a rien de ces mystiques aspirations qui révélèrent au vieux gibelin les extases du paradis. L'Élysée de *l'Énéide* ne vaut même pas le paradis terrestre de la Bible ; c'est une mesquine parodie de ce qui se passe dans cette vie. Admirons cependant combien les idées ont marché depuis Homère. Virgile a déjà à un bien plus haut degré le sentiment de la justice : il gradue les châtiments et les ré-

---

[1] *Georg.*, II, 490.

compenses ; chez lui l'idée de purification fait même présager le purgatoire. C'est qu'entre *l'Odyssée* et *l'Énéide* il y avait eu Platon.

J'ai nommé Platon : ce fut assurément un des maîtres favoris de Dante. Sans parler de la théorie de l'amour, qui est comme la trame même de son poëme, Alighieri a souvent suivi les traces du philosophe idéaliste. La forme concentrique qu'il a donnée à l'enfer est une idée toute platonicienne. Mais Dante a dû particulièrement connaître deux passages importants du *Phédon* et de *la République*[1].

Dans le premier, Platon parle des traditions qui couraient de son temps sur le *séjour des morts*. La triple division que le christianisme a faite de l'autre monde s'y trouve déjà marquée : le lac Achérusiade, où les coupables sont temporairement purifiés, c'est le purgatoire; le Tartare, d'où ils ne sortent jamais, c'est l'enfer ; enfin ces pures demeures au-dessus de la terre, qui ont elles-mêmes leur degré de beauté selon le degré de vertu de ceux qui les habitent, c'est le paradis. Seulement Platon ajoute prudemment : « Il n'est pas facile de les décrire. » Peut-être est-ce le mot qui a piqué l'émulation de Dante.

Platon n'a pas toujours montré autant de réserve. S'appuyant sur quelque tradition orientale recueillie dans ses voyages, et la modifiant sans doute selon ses croyances, il a, en effet, raconté ailleurs la vision d'un soldat originaire de Pamphylie, et qu'il appelle Er l'Arménien. Er avait été tué dans une bataille. Dix jours plus tard, comme on enlevait les morts à demi putréfiés, il fut retrouvé dans un état parfait de conservation. Bientôt après, pendant qu'il était sur le bûcher des funérailles, on le vit revivre, et il narra ce qui lui était arrivé. Son âme, s'étant séparée du corps, avait été transportée en grande compagnie dans un lieu merveilleux, où le ciel et la terre étaient percés de deux ouvertures correspondantes. Entre ces deux régions siégeaient des juges ; après l'arrêt, les bons allaient à droite avec un écriteau sur la poitrine, et les méchants à gauche avec un écriteau sur le dos. Le tour d'Er

---

[1] Trad. de M. Cousin, in-8°, t. I, p. 399, et t. X, p. 280.

vint enfin ; mais, au lieu de prononcer sur son sort, les juges lui ordonnèrent de retourner dans le monde, et de dire aux hommes ce qu'il avait vu. Le soldat, avant d'obéir, examina le spectacle qui était sous ses yeux. Par les ouvertures qu'il avait d'abord remarquées, des âmes montaient et descendaient sans cesse, les premières sans tache, les autres souillées de fange. Plus loin, dans une vaste prairie, arrivaient deux bandes d'âmes diverses qui semblaient venir d'un long voyage. Les unes, sortant de l'abîme, racontaient les tristes aventures d'un exil souterrain qui s'était prolongé pendant mille ans ; les autres, descendant du ciel, disaient les délices qu'elles avaient goûtées. Le mal ou le bien était payé au décuple à chaque âme vertueuse ou coupable. Nous sommes encore loin de l'infini bonheur des élus comme l'entend le christianisme. Aucun supplice n'est montré à Er, aucun nom ne lui est révélé, excepté celui d'Ardiée, tyran de Pamphylie, qui était traîné à travers les ronces, et que tourmentaient « des personnages hideux au corps enflammé. » Ce sont les aïeux des diables d'Alighieri.

Ce qui frappe dans cet épisode, c'est que ce n'était là pour Platon qu'une forme populaire donnée à la vérité ; c'est que le penseur sentait toute la portée de ces symboliques récits. Comme Dante, il prend la chose du côté sérieux. Aussi aimé-je à me figurer que le poëte avait sous les yeux ces propres paroles du *Phédon*, qui eussent si bien servi d'épigraphe à son livre : « Soutenir que ces choses sont précisément comme je les décris ne convient pas à un homme de sens ; mais que tout ce que j'ai raconté des âmes et de leurs demeures, soit comme je l'ai dit ou d'une manière approchante, s'il est certain que l'âme est immortelle, il me paraît qu'on peut l'assurer convenablement, et que la chose vaut la peine qu'on hasarde d'y croire. » Décidément Platon, ce génie précurseur, est le véritable, le seul ancêtre du poëte dans l'antiquité.

Je me trompe, la vision infernale d'Er l'Arménien, la première des visions isolées, spéciales, non mêlées à un poëme, a eu un pendant, cinq siècles après, chez Plutarque[1]. On y

---

[1] Dans son traité *Des délais de la justice divine*. Voir la trad. de Joseph de

entrevoit la fusion première des vieilles légendes païennes et des légendes nouvelles apportées par le christianisme. Quoique ce soit un prêtre d'Apollon qui écrive, il y a déjà là quelque chose de la foi du moyen âge; Plutarque dit : « ce conte, » mais il a soin de se reprendre et d'ajouter : « si c'est un conte. »

L'histoire de Thespésius se passe au temps de l'empereur Vespasien. Ce Thespésius, originaire de Cilicie, s'était ruiné dans la débauche, et il avait ensuite essayé de relever sa fortune par toutes sortes de dols. Le scandale devenait chaque jour plus flagrant, quand Thespésius se tua dans une chute. Durant la cérémonie des funérailles, il revint à la vie, et raconta qu'aussitôt après sa mort, son âme avait été transportée à travers les astres jusqu'à un endroit où se découvraient deux régions atmosphériques, l'une basse, l'autre élevée, dans lesquelles tourbillonnaient les âmes des morts. Chacune de ces âmes arrivait jusque-là au milieu d'une bulle lumineuse qui se déchirait, et l'âme, paraissant alors sous une forme humaine, allait prendre son rang. Dans la région supérieure erraient doucement les âmes des justes; elles étaient transparentes, lumineuses, et gardaient leur couleur naturelle. Dans la région inférieure, au contraire, se heurtaient en courant les âmes perverses; elles étaient opaques; les unes paraissaient tachetées de gris, les autres d'un noir luisant comme des écailles de vipère. A leur couleur, on distinguait le vice qui les souillait : le rouge marquait la cruauté; une sorte de violet ulcéreux indiquait l'envie; au bleu, on reconnaissait l'impureté; au noir, l'avarice. Celles qui se purifiaient reprenaient peu à peu leur premier aspect.

Au clignotement de ses yeux, à l'ombre que projetait son corps, Thespésius fut reconnu pour un vivant, ainsi qu'il arriva à Dante. Puis, entraîné sur un rayon de lumière, il continua sa route jusqu'en un lieu où des âmes criminelles étaient punies, et, selon qu'elles étaient curables ou incurables, livrées à trois divinités vengeresses. La dernière, Érichnis, pré-

---

Maistre, § 42, et ce que le violent ecrivain dit en note de cette *judicieuse histoire*, par opposition à Hume qui la trouvait *extravagante*.

cipitait les grands coupables dans un abîme que l'œil ne pouvait sonder.

Après avoir traversé un espace infini, après avoir vu un gouffre mystérieux d'où sortait un vent qui enivrait comme du vin, après avoir visité un cratère où venaient se déverser les eaux de six fleuves diversement colorés, que trois génies, assis en triangle, mêlaient suivant différentes proportions, Thespésius reconnut parmi les coupables le cadavre de son père couvert de piqûres. Il s'enfuit terrifié, et s'aperçut qu'abandonné par son guide, il était maintenant conduit par d'affreux démons. Des supplices divers s'offrirent alors à ses regards : ici c'étaient des hommes écorchés et exposés aux variations de l'atmosphère ; là, des groupes de deux, de trois personnes, s'entrelaçant comme des serpents et se déchirant à coups de dents. Venaient ensuite trois vastes étangs, l'un d'or fondu, l'autre de plomb liquide et froid, le troisième de *fer aigre*. Des diables prenant, comme des forgerons, les âmes des avares avec des crocs, les plongeaient dans l'étang d'or bouillant jusqu'à ce qu'elles devinssent transparentes, et, les retirant alors, ils les éteignaient au sein des autres étangs. Ces âmes, durcies et comme trempées, pouvaient être rompues en divers fragments. Sous cette nouvelle forme, elles étaient forgées et refondues. Puis on recommençait durant l'éternité.

Thespésius demeura atterré quand il découvrit plusieurs petits groupes qui déchiraient chacun une victime ; c'étaient des fils irrités, toute une descendance furieuse qui, damnée par la faute des aïeux, se vengeait sur les auteurs de ses souffrances. Voilà bien la transmission de la faute originelle, voilà la responsabilité héréditaire, telle que l'enseigne le christianisme. Mais tout se mêle dans le légendaire païen. Nous touchions aux mystères de l'Évangile, nous retombons presque aussitôt dans les folies pythagoriciennes et orientales. Thespésius, en effet, parvint au lieu où s'opérait la métempsycose de quelques âmes ; des ouvriers, s'emparant de ces âmes, taillaient ou supprimaient leurs membres, et, à coups de ciseaux, leur donnaient la forme de différents êtres. Ils saisirent entre autres Néron, et, après lui avoir ôté les clous de feu qui le perçaient, ils se mirent à le découper pour en faire une vipère ; mais une voix secrète cria qu'il fallait seulement le changer en oiseau aquatique, parce qu'il avait été favorable à la liberté de la Grèce. — Bientôt Thespésius dut quitter l'enfer, poussé par un courant d'air impétueux, comme s'il avait été chassé d'une sarbacane ; il rentra dans son corps, se réveilla, et revint à la vertu.

Telle est la vision rapportée par Plutarque au premier siècle de l'ère chrétienne ; elle me semble du plus haut intérêt, et montre comment l'éternelle préoccupation de la vie à venir a pu, dans tous les âges, recevoir de l'esprit inquiet de l'homme une solution symbolique, la forme que lui a définitivement donnée Dante.

C'est là ce que l'Alighieri, dans son érudition bornée, dut à l'antiquité grecque et latine. Il connut les poëtes par Virgile, et aussi par Stace, son second guide, qui lui montra les lacs aux eaux paresseuses et les étangs de feu de son enfer, *pigrique lacus ustœque paludes*[1] ; il connut les philosophes par Platon et par ces échos atténués de Sunium qui retentissent encore dans le songe que Cicéron a prêté à Scipion. Remarquons cependant que Dante, tout en empruntant au paganisme quelques-uns de ses modèles pour les transporter au sein de la poésie chrétienne, ne s'attache qu'au côté grave, austère, qu'à ce que la mythologie pouvait encore offrir de grands tableaux à une imagination habituée aux pompes du catholicisme.

Dès les origines presque de la poésie grecque, les descentes aux enfers étaient devenues un lieu commun des épopées[2] : la vengeance y conduisait Thésée ; Pollux y allait par amitié, Orphée par amour. Plus tard on y pénétra par l'antre de Trophonius. Aussi, à Athènes comme à Rome, chaque poëte se croyait-il obligé de versifier sa descente chez Pluton[3]. On dra-

[1] *Thebaid.*, l. VIII.
[2] V. Welker, *Der Epische Cyclus*, p. 255 ; Bode, *Geschichte der Hellen. Dicht kunst*, t. I, p. 125, 403 ; Lobeck, *Aglaophamus*, p. 360, 373 ; etc.
[3] On peut consulter avec profit la thèse latine de M. Ozanam : *De frequenti apud veteres poetas heroum ad inferos descensu*, 1839, in-8°. Dans les notes de son livre sur Dante, le même écrivain a aussi donné de sommaires et savantes indications sur le cycle chrétien des visions antérieures à l'Alighieri. C'est, avec un

matisait l'enfer tous les jours dans les mystères sacrés, dans les évocations, dans les cérémonies religieuses. Virgile nous l'a dit : *Facilis descensus Averno ;* et il en savait quelque chose, puisque dans le *Culex* (si le *Culex* est de lui) il trouve moyen de faire accomplir ce voyage à un moucheron. Mais, qu'on veuille bien le remarquer, l'autre monde, chez les anciens, est une affaire d'art, une sorte de conte mythologique qu'on permet aux poëtes de chanter, et dont chacun rit dans la vie pratique. La dégradation sur ce point s'achève avec la venue de l'empire romain, et à cette date c'est tout à fait une exception que la bonne foi de Thespésius et de son biographe. Personne dès lors ne se cache ; on fait montre, au contraire, d'incrédulité sur la vie future. Les amers sarcasmes de Lucrèce sont de mode ; pour le poëte Sénèque, il n'y a dans tout cela que de *vains mots*[1] ; pour Juvénal, des contes *dignes des enfants qui ne payent encore rien aux bains*[2]. C'est surtout dans les dialogues de Lucien qu'il faut voir avec quelle légèreté le scepticisme païen en était arrivé à parler de l'immortalité. Pour ce précurseur de Voltaire, l'autre monde n'est qu'un prétexte de satire contre ce monde-ci. Qu'on se rappelle seulement cette *Nécyomantie* dans laquelle Ménippe, déguisé en Hercule, est conduit aux sinistres bords par un magicien ; qu'on se rappelle la singulière description de ce Tartare, qui n'est autre chose que le monde renversé, et où Philippe de Macédoine, par exemple, raccommode de vieux souliers. Dante, ce poëte éminemment religieux, n'a rien de commun, on le devine, avec ces cyniques inspirations qui reparaîtront chez les trouvères, et dont héritera Rabelais.

On vient de voir ce qu'Alighieri tira de l'antiquité païenne. Que dut-il à l'antiquité hébraïque ? Fort peu de chose. Ce qui est dit, en effet, de l'enfer dans la Bible, ne prête pas beaucoup à l'image et à la description. Ce feu qui doit *brûler jus-*

---

court article de Foscolo (*Edinburgh Review*, sept. 1818, t. XXX, p. 317), le seul travail que je connaisse sur ce point d'histoire littéraire.

[1] Rumores vacui verbaque inania...
(*Troad.*, act. II, chœur.)

[2] Nec pueri credunt, nisi qui nondum ære lavantur...
(*Sat.*, II, 152.)

qu'aux fondements des montagnes[1], ce *grand abîme*[2], cette *géhenne*[3], cette *terre de ténèbres où règne un ennemi éternel*[4], ce lieu *où le lit sera la pourriture, et les vers la couverture*[5], ces *eaux sous lesquelles gémissent des géants*[6], ce *lac profond où l'on est plongé*[7] ; tout cela, toutes ces indications vagues et mystérieuses ne présentaient aucun thème brillant au poëte. Le petit nombre de textes, bien moins explicites encore, sur le purgatoire et sur le paradis, ne lui fournissaient point d'indication matérielle qui lui fût une autorité. De plus, il n'y avait pas de vision dans les livres saints, ou du moins il n'était pas donné de détails sur les ravissements d'Élie, d'Hénoc, d'Ézéchiel, ni même sur le voyage aux enfers entrepris par le Sauveur, et auquel Dante a fait allusion dans le douzième chant de son premier poëme. Ce divin antécédent, il est vrai, était fait pour animer la pieuse émulation d'Alighieri.

Avec l'Évangile pourtant on entre dans une voie nouvelle. Ainsi le riche, quand il est en enfer, veut envoyer à ses frères encore vivants un messager pour les avertir du châtiment qui les attend s'ils persévèrent dans la fausse route; mais il lui est répondu : « S'ils n'ont pas voulu écouter la loi et les prophètes, ils n'écouteront pas davantage un homme qui reviendrait de l'autre monde. » Voilà ce que raconte saint Luc[8]. C'est la vision en projet; elle se réalise chez saint Paul : « J'ai connu quelqu'un, dit-il, qui a été ravi en esprit jusque dans le paradis, où il a entendu des paroles qu'il n'est pas permis à l'homme de publier[9]. » Pour ma part, je soupçonne qu'Alighieri lut le verset de saint Paul : il lut surtout l'*Apocalypse*, et cet esprit visionnaire, ce tour prophétique, lui laissèrent une forte empreinte.

C'est ainsi qu'il apparaît plein de lumière dans ce ciel téné-

---

[1] *Deut.*, XXXVIII, 22.
[2] Luc, XVI, 26.
[3] V. *Dict. théol.* de Bergier, v° *Enfer*
[4] Job, X, 21, 22.
[5] Isaïe, XIV, 9.
[6] Job, XXVI, 5.
[7] Ps. LXXXVII, 6.
[8] XVI, 24.
[9] II *Corinth*, XII, 4.

breux du moyen âge ; c'est ainsi qu'il vient à nous, guidé d'une main par le génie charmant de Virgile, de l'autre par la sombre figure de saint Jean.

II.

PREMIÈRES VISIONS CHRÉTIENNES. — CARPE. — SATURE. — PERPÉTUE. — CHRISTINE.

Avec le christianisme commence une ère distincte, une ère tout à fait tranchée. On sait quelle place tient l'autre monde dans les dogmes de la religion catholique, on devine celle qu'il a dû tenir dans son histoire. Succédant au matérialisme des antiques théogonies, la poésie des temps nouveaux, la poésie des légendes, put bientôt, à la suite du dogme, s'emparer de ces domaines inoccupés de la mort, et les montrer comme la future patrie à ceux qui s'oubliaient dans la vie présente. L'enfer était irréfragablement annoncé dans les livres saints ; mais ce n'est pas en prêchant la damnation, c'est en prêchant le salut que le christianisme put conquérir le monde. On montre le ciel aux néophytes, on montre les profondeurs de l'abîme aux croyants infidèles. Eh ! qui songeait aux peines éternelles, parmi ces sublimes martyrs du premier âge ? Lisez leur histoire, ils n'ont que des bénédictions pour les bourreaux, et plusieurs leur désignent même du doigt ces célestes parvis où ils voudraient les entraîner avec eux. C'est la poésie en action. Il ne faut donc pas s'attendre à rencontrer alors des poëtes qui chantent les terribles merveilles de l'autre monde. Seulement quelques rares assertions viennent çà et là prêter une forme déterminée à ces mystères de l'avenir. Ainsi, au second siècle, saint Justin nomme certains esprits qui cherchent à s'emparer de l'âme des justes aussitôt après la mort[1] ; et Tertullien, qui parle quelque part des monts ensoufrés qui sont les cheminées de l'enfer, *inferni fumariola*, croit qu'il y a dans l'autre vie une prison d'où l'on ne sort point que l'on n'ait payé jusqu'à la dernière obole[2]. C'est aussi un spectacle

---

[1] *Dial. cum Tryph.*, n° 105.
[2] *L. De anim.*, c. XXXVI et XXXVIII.

assez fréquent dans cette histoire primitive, que de voir les martyrs, des évêques surtout, entourés de leurs diacres, échapper tout à coup aux mains des persécuteurs, aux flammes des bûchers, et s'élever radieux jusqu'au ciel, devant la foule étonnée [1].

Ainsi, dans le petit nombre de très-courtes et très-simples visions qui nous sont venues des siècles apostoliques, c'est surtout l'idée d'indulgence qui me paraît dominer. Une des premières et des plus curieuses que je rencontre a rapport à saint Carpe.

Un jour ce pieux personnage [2] fut transporté en esprit dans un vaste édifice dont le sommet entr'ouvert laissait voir au ciel le Christ entouré de ses anges. Au milieu de la maison, on découvrait, à la lueur d'un bûcher, un gouffre sur la marge duquel se retenaient quelques païens qui avaient résisté aux prédications de saint Carpe; des serpents et des hommes armés de fouets les poussaient dans l'abîme. Carpe alors se prit à les maudire; mais, en reportant les yeux vers le ciel, il vit Jésus tout attendri qui tendait à ces pauvres pécheurs une main compatissante, disant : « Frappe-moi, Carpe, je suis encore prêt à souffrir, et de tout cœur, pour le salut des hommes. » Et l'apôtre se réveilla. — Dieu, plus indulgent que les hommes sur les châtiments dus à l'humanité coupable, le juge moins sévère que l'accusé! voilà bien les merveilles des premiers temps du christianisme.

Ce caractère de naïveté charmante se retrouve également en deux autres visions qu'a enregistrées saint Augustin [3].

La première est celle de saint Sature, mort en 202. Quatre anges l'enlevèrent tout à coup, sans le toucher, jusqu'aux lumineux jardins du ciel. Là s'élevait le trône du Tout-Puissant, autour duquel les légions sacrées faisaient incessamment retentir ces mots : « Saint, saint, saint! » Le Seigneur baisa le nouveau venu au front, et lui passa la main sur la face, après quoi Sature sortit du ciel. — Dieu a déjà, dans les simples extases

---

[1] V. Dom Calmet, *Traité sur les apparitions*, 1751, in-12, t. II, p. 273.
[2] Dyon. Areopag., epist. VIII.
[3] *De origin. anim.*, l. 1.

des martyrs, ces familiarités étranges que lui prêteront plus tard les auteurs de *mystères*. Ici ce n'est que simplicité gracieuse et native; plus tard ce sera la grossièreté de l'art, ou plutôt l'absence de tout art.

L'autre vision se rapporte à sainte Perpétue, qui avait accompagné Sature au ciel, comme elle le suivit depuis au supplice. Elle eut en effet dans sa prison un autre rêve où il ne s'agit plus du ciel, mais où semble se manifester vaguement l'idée de purgatoire. La sainte vit, dans un grand éloignement qu'elle ne pouvait franchir, un enfant dévoré de soif, et dont les lèvres s'efforçaient en vain d'atteindre les bords trop élevés d'un bassin rempli d'eau. C'était son frère Dinocrate, mort naguère, à l'âge de sept ans, d'un cancer à la joue. A ce spectacle, Perpétue répandit des larmes et pria. Quelques jours après, elle revit l'enfant, toujours dans le lointain. Cette fois, il était guéri, revêtu d'habits brillants, et, une coupe à la main, il puisait dans la piscine, dont l'eau ne diminuait pas. — Dinocrate était-il un enfant mort sans baptême? Je ne sais. Ce qu'il y a de sûr, c'est que la miséricorde fait presque exclusivement le fond de toutes ces légendes, c'est que l'efficacité des prières pour les morts éclate déjà avec quelque poésie.

Il en est de même de la singulière hallucination de sainte Christine, dans le courant du troisième siècle[1]. Cette vierge, étant morte, fut exposée en pleine église aux regards des fidèles. Pendant qu'on célébrait pour elle l'office accoutumé, elle se leva subitement de son cercueil et s'élança sur les poutres du temple, ainsi qu'aurait fait un oiseau; puis elle reprit le chemin de sa maison, et alla vivre avec ses sœurs, auxquelles elle raconta ses ravissements successifs en purgatoire, de là en enfer, et enfin en paradis. Arrivée dans ce dernier lieu, Dieu lui avait donné à choisir de rester au ciel ou de retourner sur terre, afin d'y racheter par la pénitence les âmes qu'elle avait vues en purgatoire. Christine n'hésita pas à prendre ce dernier parti, et les saints anges la ramenèrent dans son corps[2]. —

---

[1] Bolland., *Act. sanct.* 21 août, p. 259 et suiv.

[2] Dans un récit (écrit seulement au treizième siècle) Dieu fait la même proposition à saint Ambroise de Sienne à qui il apparaît : « Elige ex his' quod vis. » Ambroise répond qu'il est soumis au Seigneur en tout; mais il emet le vœu de

Telle est la charité en sa plénitude, et l'agiographe qui recueillait au moyen âge cette antique tradition n'en a certainement pas altéré l'esprit : on se sent là dans les premiers siècles du christianisme.

Ainsi, quoique toujours présent par le dogme, l'enfer tient peu de place en ces récits des vieux légendaires. Entraîné par ce souffle d'indulgence, Origène soutint que toutes les peines de l'autre vie sont expiatoires, et que le bien gagnera enfin le dessus. Cette doctrine, bientôt réprouvée par le sixième concile, sembla amener une réaction des idées de damnation éternelle, à laquelle il est peut-être convenable de rattacher en partie le traité vengeur de Lactance, *De la Mort des Persécuteurs*. Mais bientôt les théories indulgentes reparaissent. Au quatrième siècle (cela ressort d'un passage de l'*Hymne au Sommeil* de Prudence), on croyait volontiers que le nombre des hommes assez pervers pour être damnés serait très-restreint. L'idée d'un milieu entre l'enfer et le paradis, je veux dire le purgatoire, plaît singulièrement à ce poëte chrétien. C'est donc le principe du pardon qui semble dominer alors, et qui charme particulièrement les esprits. Leibniz[1] paraît même assez disposé à croire que saint Jérôme penche vers cette opinion : que tous les chrétiens seront à la fin reçus en grâce. Mais prenons garde ; c'est entrer dans la théologie, et nous n'avons à parler que de poésie : peu importe ici l'opinion prêtée, un peu légèrement peut-être, à saint Jérôme; peu importe même le mot mystérieux de saint Paul, que « tout Israël sera sauvé; » constatons seulement que, dans ces origines, la légende s'attache bien plus à l'idée de salut qu'à l'idée de damnation. C'était là une tendance générale, tout à fait en rapport avec la pureté et la douceur des mœurs d'alors. Je n'en veux plus indiquer qu'une preuve : qu'on se rappelle les très-rares endroits des homélies de Césaire d'Arles où il est question de l'enfer; qu'on se rappelle les précautions oratoires dont s'entoure à ce propos

---

quitter la terre, et alors les légions du paradis viennent au-devant de lui. (V. Bolland., mars, t. III, p. 215.) La différence des temps se trouve marquée par ce détail.

[1] *Théod.*, part. 1, § 17.

l'apôtre, et les regrets qu'il exprime à son auditoire d'être forcé malgré lui à ces menaces.

III.

LE SOLDAT DE SAINT GRÉGOIRE LE GRAND. — TRAJAN DANS LE CIEL. — LES PÈLERINS DE SAINT MACAIRE. — SAINT FURSI. — SAINT SAUVE.

C'est seulement vers le sixième siècle que la vision, dans le sens particulier où je l'entends, apparaît et se constitue comme un genre persistant et distinct. La foi n'a déjà plus sa vivacité première, et on peut prévoir l'époque où l'on aura besoin de la terreur. Les curieux *Dialogues* de saint Grégoire le Grand offrent l'un des premiers exemples de ces révélations nouvelles sur l'autre monde[1]. C'est un soldat qui meurt, revient à la vie, et raconte ce qu'il a vu pendant sa disparition. Une vaste plaine où sont d'un côté les méchants entassés dans des cabanes fétides, et de l'autre les bons, vêtus de blanc, dans des palais lumineux; au milieu, un fleuve bouillant, traversé par un pont de plus en plus étroit, d'où tombent ceux qui le veulent franchir sans être purifiés : voilà tout ce que sait trouver l'aride imagination du visionnaire. Encore le *pont de l'épreuve* est-il emprunté à la théogonie persane, d'où il a passé depuis dans le Koran. C'est une des premières traces de l'invasion des légendes orientales au sein des traditions chrétiennes du moyen âge.

Si fréquentes que soient, dans les *Dialogues* de Grégoire le Grand, les histoires de cadavres et de damnation, la charité, le pardon, y ont aussi leur place. C'est en effet à une anecdote de la vie de ce pape, racontée par Paul Diacre, qu'il faut peut-être rapporter l'origine de cette croyance assez répandue au moyen âge, à savoir qu'un damné, même païen, peut quelquefois être délivré par les prières des fidèles. Grégoire avait conçu, par la lecture des historiens latins, une vive admiration pour les vertus de Trajan. Il se mit donc à prier, et sa prière ne tarda pas à sauver des supplices éternels l'âme païenne de

[1] Liv. IV, ch XXXVI.

l'empereur; mais Dieu, en déférant au vœu du saint pape, lui ordonna expressément de n'y plus revenir[1]. Cette tradition s'est perpétuée jusqu'à Dante, qui en a recueilli le dernier héritage. Lorsque, dans *le Paradis*, les légions ailées se groupent pour représenter un aigle immense, symbole de la politique gibeline du poëte, Trajan se trouve être une des cinq âmes lumineuses qui forment le sourcil du gigantesque oiseau. Seulement Alighieri, qui, dans *le Purgatoire*[2], regarde ce fait comme le grand triomphe de saint Grégoire, « *sua gran vittoria*, » semble, dans *le Paradis*[3], laisser à Trajan lui-même l'honneur de son salut. Le poëte est ici d'accord avec son maître, saint Thomas[4], qui admet cette étrange légende sur Trajan, et soutient que ce prince et ses pareils ne pouvaient être à jamais damnés; c'est la seule fois peut-être où le poëte, égaré par le théologien, se soit départi de sa rigueur orthodoxe.

Nous sommes au sixième siècle. De très-anciens biographes[5] de saint Macaire-Romain, qui vivait alors, racontent que trois moines orientaux, Théophile, Serge et Hygin, voulurent découvrir le point où le ciel et la terre se touchent, c'est-à-dire le paradis terrestre. Après avoir visité les saints lieux, ils traversent la Perse et entrent dans les Indes. Des Éthiopiens (telle est la géographie des agiographes) s'emparent d'eux, et les jettent en une prison d'où les pèlerins ont enfin le bonheur de s'échapper. Ils parcourent alors la terre de Chanaan (c'est toujours la même exactitude), et arrivent en une contrée fleurie et printanière où se trouvent des pygmées hauts d'une coudée, puis des dragons, des vipères, mille animaux épars sur des rochers. Alors un cerf, une colombe, leur viennent servir de guides et les mènent, à travers des solitudes téné-

[1] At pater omnipotens aliquem indignatus ab umbris
Mortalem infernis ad lumina surgere vitæ...

C'est presque la même histoire que dans Virgile, comme le remarque Leibniz (*Théod.*, part. III, § 272).

[2] X, 75.

[3] XX, 106.

[4] *Summ.*, Suppl., quæst. 71, art. 5, ad. 5 : « ..... Non in inferno finaliter deputati... »

[5] V. au 23 oct. les *Vitæ sanctorum* de Surius.

breuses, jusqu'à une haute colonne placée par Alexandre à l'extrémité de la terre. Après quarante jours de marche, ils traversent l'enfer. On y découvrait, ici un grand lac de soufre plein de serpents, là des figuiers sur lesquels une foule d'oiseaux criaient avec une voix humaine : « Pitié, pitié ! » et par-dessus ces clameurs dominait ce cri imposant : « C'est ici le lieu des châtiments. » Enfin les moines voyageurs parviennent à l'extrémité de l'enfer, où veillent quatre gardiens couronnés de pierreries et armés de palmes d'or. Après quarante jours encore de fatigue, sans autre aliment que l'eau, ils commencent à sentir une odeur parfumée, pleine de douceurs inconnues aux sens. Une contrée merveilleuse se révèle à leurs yeux, avec des teintes de neige et de pourpre, des ruisseaux de lait, des contours lumineux, des églises aux colonnes de cristal. Un jeûne de cent journées étant subi, ils peuvent se nourrir d'herbes blanches. Enfin la route les mène à l'entrée d'une caverne où ils trouvent Macaire, qui, comme eux, était arrivé miraculeusement aux portes du paradis, gardées par le glaive du chérubin. Depuis cent années, le saint était là abîmé en prières. Instruits par cet exemple, les pèlerins abandonnèrent leur projet, et reprirent, en louant Dieu, le chemin de leur couvent.

Voilà la vision dans toute sa plénitude, dans toute son exaltation ; aucune notion de temps ni de lieu, les contes de l'âge d'or et les splendeurs des *Mille et une Nuits* mêlés aux aspirations de l'ascétisme, une sorte d'enivrement enfin. Quant à saint Macaire lui-même, il est longtemps resté célèbre, et c'est précisément ce voyage à travers les mystérieuses contrées de la mort qui le rendit populaire. Dans les danses macabres, il se montre habillé en docteur, et, après avoir reçu les trois morts et les trois vifs, il vient prononcer la *moralité;* on le retrouve jusqu'au Campo-Santo, dans les peintures d'Orcagna. Je suis, de plus, porté à croire, malgré les commentateurs, que c'est ce même Macaire-Romain, *Maccario,* que saint Benoît montre à Dante parmi « les contemplatifs, » dans son poëme du *Paradis*[1].

---

[1] XXII, 49.

On ne contestera pas, je suppose, le caractère bien plus céleste qu'infernal des visions sur l'autre monde durant les premiers âges du christianisme. Le doute serait encore possible, qu'il suffirait de rappeler ce qui arriva à saint Sauve, alors qu'il n'était encore qu'un humble abbé voué aux plus austères pénitences. Ici rien d'apocryphe; Grégoire de Tours[1] atteste devant Dieu qu'il a recueilli les faits de la propre bouche du saint : la bonne foi est patente.

Sauve mourut après une fièvre violente, et, pendant la cérémonie des obsèques, il ressuscita. Au bout de trois jours, cédant enfin à l'importunité de ses frères, il leur raconta comment il avait été emporté au delà des sphères jusqu'à des plaines pavées d'or où s'agitait une multitude immense ; comment enfin il était parvenu en un lieu où l'on était nourri de parfums, et où planait une nuée plus lumineuse que toute lumière, et de laquelle sortait une voix *pareille à la voix des grandes eaux.* Mais tout à coup ces mots retentirent avec éclat : « Qu'il retourne sur la terre, car il est utile à nos églises ! » Sauve s'étant jeté à genoux : « Hélas ! hélas ! Seigneur, pourquoi m'avez-vous révélé ces splendeurs, si je devais bientôt les perdre ? » Il lui fut aussitôt répondu : « Va en paix, je serai avec toi jusqu'à ton retour. » Et Sauve, pleurant, sortit par la porte éblouissante qu'il avait naguère franchie. A ce récit, les moines demeurèrent frappés, et l'abbé s'écria en gémissant : « Malheur à moi, qui ai osé trahir un pareil secret ! Le parfum qui me nourrissait s'est retiré de moi ; ma langue est comme déchirée et semble remplir toute ma bouche. » Bien des années après, le saint abbé quitta le cloître pour devenir évêque d'Albi.

On le voit, Sauve n'accepte pas son retour sur terre avec la même résignation que sainte Christine ; il y a déjà décadence. Cependant il est bon de remarquer qu'il n'est ici question encore que des félicités célestes, et que la terreur s'efface devant l'espérance. Ces ravissements, où domine l'idée de salut et de béatitude, se prolongeront jusqu'au septième siècle. Quand saint Fursi[2] sera enlevé à son corps afin de visiter les divins

---

[1] *Hist. Franc.*, l. VII, § 1.
[2] Bolland., 10 janvier, p. 37. Cf. Bède, *Hist. eccles. angl.*, l. III, ch. ?

parvis, il assistera sans doute à bien des luttes ; les anges seront obligés de parer avec leurs boucliers les flèches de feu que lui lanceront les démons ; mais il ne sera pas dit un mot de l'enfer.

Les hétérodoxes iront même plus loin ; au neuvième siècle encore, Jean Scot osera enseigner que les corps des damnes, quoique livrés au feu éternel, conservent toute leur beauté, en un mot, qu'ils jouissent d'une béatitude naturelle, que seulement ils sont privés des félicités du ciel, et que c'est là tout leur malheur[1]. Les hérésies aussi ont leur signification historique.

Toutefois, en avançant dans les âges, on voit la préoccupation de la vie à venir devenir de plus en plus sérieuse et générale ; les vivants ne cessent de prier pour les morts. La foi au purgatoire était même si vive, que, dans une assemblée tenue à Attigny, en 765, vingt-sept évêques et dix-sept abbés signèrent un compromis par lequel il était convenu que, chaque fois que l'un d'entre eux décéderait, tous les prêtres attachés aux prélats et abbés survivants réciteraient pour lui cent psautiers et diraient cent messes[2]. S'il transpire dans ce détail un peu d'égoïsme, il y éclate, en revanche, une foi profonde. L'égoïsme et la foi ! deux choses pourtant qui sembleraient s'exclure, si l'une n'était de tous les temps, si l'autre ne semblait un privilége des peuples qui n'ont pas vieilli.

IV.

RÊVE DE GONTRAM. — L'ANGLAIS DRITHELME. — LE RESSUSCITÉ DE SAINT BONIFACE. — DAGOBERT. — CHARLEMAGNE. — WETTIN.

L'invasion barbare devait laisser partout son empreinte ; nous allons la retrouver dans les légendes sur la vie future. Ce ne sera plus, en effet, l'extase puérile et naïve ; après le ravissement sincère du saint, viendra le rêve calculé du poli-

---

Remy Cellier, *Écriv. ecclés.*, t. XIX, p. 20.
Labbe, *Concil.*, t. VI, p. 1702.

tique. L'Église approche des siècles où elle devra présider aux destinées, non plus seulement religieuses, mais temporelles du monde. Or c'était se faire gouvernement, et un gouvernement politique a bien plutôt à punir qu'à récompenser. Nous touchons donc à une ère nouvelle : la vision va devenir une arme entre les mains des évêques contre les princes, puis entre les mains des moines contre les évêques. C'est même dès l'abord un instrument utile pour un roi franc. Tout le monde se rappelle le caractère historique de Chilpéric, tel qu'il ressort des *Récits* d'Augustin Thierry. Quand ce barbare eut été assassiné, son frère Gontram supposa une vision[1] dans laquelle il avait vu Chilpéric enchaîné que lui présentaient trois évêques. Deux d'entre eux disaient : « Nous vous supplions de le laisser : qu'il soit libre après avoir subi son châtiment. » Mais le troisième répondait avec emportement : « Non ; qu'il soit dévoré par le feu pour les crimes qu'il a commis! » Cette discussion ayant continué longtemps entre les prélats, Gontram vit de loin un vase d'airain placé sur le feu; puis, tandis qu'il pleurait de douleur, son frère Chilpéric fut violemment saisi ; on jeta ses membres brisés dans le vase, où ils disparurent bientôt sans qu'il en restât la moindre trace.

Ainsi peu à peu cette espèce de légende pénètre partout : elle n'est pas seulement chez les théologiens, chez les agiographes, elle envahit le domaine des faits et trouve crédit auprès des graves écrivains. Je n'en voudrais pour preuve que l'épisode intercalé par le vénérable Bède dans son *Histoire ecclésiastique des Anglais*[2], qu'il écrivait au huitième siècle. Il s'agit d'un homme pieux nommé Drithelme, qui mourut, ressuscita, et, laissant sa famille, se voua à Dieu. Drithelme racontait souvent ce qu'il avait vu au sein de la mort, son voyage dans les vallons, tantôt glacés, tantôt brûlants, de l'enfer, les ricanements et les menaces des démons lorsque son guide lumineux l'abandonna, et enfin son miraculeux ravissement sur un mur énorme, sans portes, sans ouvertures, sans terme, et du haut duquel se découvraient les colonies pieuses qui attendaient

---

[1] Greg. Tur., *Hist. Franc.*, VIII, 5. (Ap. Duchesne, t. I, p. 398.)
[2] L. V, c. XIII.

le jugement dans des champs fleuris. En avançant, Drithelme rencontra tant d'éclats et de parfums, les choses d'alentour prirent un caractère si différent des choses humaines, qu'il fut obligé de rebrousser chemin, et que, sans savoir comment, il se sentit avec amertume redevenir homme. Entré aussitôt au cloître, il s'imposa toutes sortes d'austérités. On le voyait, au plus fort de l'hiver, se plonger dans les fleuves glacés, et quand ses frères l'interrogeaient sur cet excès de pénitence, il répondait naïvement : « J'ai vu bien d'autres froidures, *frigidiora ego vidi.* »

Bède, pour le huitième siècle, a des idées sur la vie future plus nettes, plus arrêtées qu'aucun de ses contemporains. Les écrivains de l'Église d'Orient n'en étaient pas là ; ainsi saint Jean Damascène place en un même lieu, dans les profondeurs de la création[1] et au milieu des ténèbres, les châtiments temporaires qu'infligent des anges, et les châtiments éternels qu'infligent des démons. C'est à peine s'il spécifie ces punitions : il parle seulement d'un lac de feu inextinguible où personne n'a encore été jeté, et qui est là en réserve pour l'époque du jugement dernier. Quant au paradis, saint Jean Damascène ne se le représente que comme un séjour enchanteur où il n'y aura pas de saisons ; pour lui, c'est tout simplement *le sein d'Abraham.* L'historien anglais, on le voit, est plus affirmatif que le père grec : le génie audacieux de l'Occident devance les lenteurs du génie oriental.

Avec Drithelme, on était encore dans la vision pure, sans mélange d'intérêts contemporains ; mais ce caractère va devenir de plus en plus exceptionnel. L'un des derniers exemples qu'on en trouve est emprunté aux *Lettres* de saint Boniface[2].

Le bruit s'étant répandu qu'un mort venait de ressusciter dans le monastère de Milbourg, Boniface voulut s'en assurer par lui-même, et interrogea, en présence de trois vénérables religieux, ce visionnaire, qui se mit à raconter comment, du-

---

[1] Locus in rebus creatis inconditus, etc. (Joann. Damasceni *Opera*, édit. du P. Lequien, 1748, in-fol., *passim*.)

[2] *Epist* XXI. Voir aussi la *Lettre* LXXI, où se trouve une autre vision, mais mutilée et qui n'a rien de curieux, sinon qu'une femme, contre l'ordinaire, en est l'héroïne.

rant une maladie, son âme s'était séparée de son corps, et comment un autre monde lui avait été révélé aussi brusquement que l'est la lumière à des yeux voilés qu'on découvre tout d'un coup. De ce nouvel horizon, la terre lui apparaissait bien loin comme entourée de flammes, et, dans l'intervalle, l'espace était tout rempli d'âmes voyageuses qui venaient de mourir. Dès que ces âmes arrivaient, elles devenaient un sujet de querelles entre les anges et les démons, querelles violentes parfois, lorsque les malins esprits s'avisaient de tricher dans la pesée des vices et des vertus de chaque âme. Les Vices et les Vertus, quand ces sortes de conflits devenaient trop violents, comparaissaient en personne et intervenaient dans le débat. C'est ce qu'ils firent pour le visionnaire de saint Boniface. L'Orgueil, la Paresse, la Luxure, vinrent tour à tour charger son passé ; puis ses Vertus, ses petites Vertus, *parvæ virtutes* (il faut bien paraître modeste) eurent aussi leur tour ; l'Obéissance et le Jeûne firent son apologie, et il n'y eut pas jusqu'à son Psaume familier qui ne vînt en chair et en os prononcer sa louange. Aussi les anges, prenant le parti du moine, l'enlevèrent à l'infernale légion, et lui montrèrent en détail les contrées de la damnation ; puis ils le conduisirent vers un lieu charmant, où il découvrit une foule glorieuse d'hommes admirablement beaux, qui de loin lui faisaient signe de venir, mais il ne put pénétrer plus avant. C'était le paradis. Les anges alors ordonnèrent au moine de retourner sur la terre. Ils lui enjoignirent aussi de raconter aux hommes pieux tout ce qu'il venait de voir, et de n'en rien dire à ceux qui s'en moqueraient, *insultantibus narrare denegaret*. La précaution était sage, mais qui se fût avisé de ce scepticisme au huitième siècle ? Le ressuscité de saint Boniface eut tous ces rêves merveilleux dans un couvent. Il est en effet à remarquer que, durant les siècles qui vont suivre, le clergé aura le monopole de ces sortes de visions.

C'est à cette origine sacerdotale que je rapporterais volontiers les récits de deux écrivains anonymes[1] où reviennent

[1] Ces deux récits ont été imprimés par Lenglet Dufresnoy dans ses *Dissertations sur les apparitions*, 1751, in-12, t. I, p. 178 et 182. Une autre vision qu'on trou-

ces combats des malins esprits et des saints à l'occasion de quelque âme en litige, dont on retrouvera chez Dante le souvenir modifié. Dans le premier, il s'agit du roi Dagobert, que des démons poussent à coups redoublés en enfer, et que saint Maurice et saint Martin (dont ce roi avait doté les couvents) viennent délivrer pour l'emmener au ciel [1]. Dans le second, il est question de l'âme de Charlemagne, que les diables en troupe veulent pareillement saisir après sa mort, lorsqu'un couple sans têtes, Jacques de Galice et Denis de France, se présente et exige qu'on procède à une nouvelle pesée ; alors les deux décapités se mettent à jeter dans la balance toutes les bonnes œuvres du prince, bois et pierres des abbayes construites, ornements donnés aux églises, et ce poids énorme n'a pas de peine à l'emporter sur les péchés et les vices.

Le nom de Charlemagne, en nous ramenant à Dante, nous conduit à Wettin. Ce religieux du cloître d'Augie-la-Riche eut en 824, la veille de sa mort, une vision qu'il redit à tout le couvent, et que son abbé, Hetto, rédigea aussitôt après. Baluze, qui retrouva cette rédaction primitive et la communiqua à Mabillon, assure que, de toutes les histoires analogues, celle de Wettin fut la plus célèbre au moyen âge, et qu'elle devint immédiatement populaire dans toute l'étendue du royaume des Francs [2].

Comme Wettin malade était couché les yeux fermés, *oculis clausis* (je n'invente pas le détail, qui n'a rien de piquant d'ailleurs depuis les beaux miracles du magnétisme), il vit entrer un démon sous la forme d'un *clerc noir et sans yeux*, portant des instruments de supplice ; une légion de diables l'accompagnait avec des lances et des boucliers. Mais plusieurs

---

vera dans le même volume, p. 189, et qui est relative au chancelier Gervais, archevêque de Reims au onzième siècle, me paraît simplement copiée sur celle de Dagobert.

[1] Le texte est bon à citer : « ... Quæ non tam verisimilia quam verissima, ut arbitror, videri possunt, quoniam idem rex cum et alias longe lateque ecclesias ditasset tum præcipue horum copiosissime locupletavit. »

[2] ... Fuit illa visio omnium quæ seculo illo evenerunt et celeberrima et acceptissima. Statim credita, statim per universas francici imperii nationes sparsa ac vulgata est... (*Act. SS. s. Benedicti*, Venise, 1733, in-fol, t. V, p. 238. Cf. D. Calmet, *Traité des apparitions*, t. II, p. 378.)

personnages vénérables, habillés en moines, vinrent bientôt les chasser. Alors apparut, au pied du lit de Wettin, un ange environné de lumière et vêtu de pourpre, qui l'appelait d'une voix douce. Wettin obéit, et fut emporté, à travers « le chemin charmant de l'immensité, » jusque dans de très-hautes montagnes de marbre. Le long de cette vaste chaîne coulait un fleuve de feu où étaient plongés une infinité de damnés, parmi lesquels un grand nombre de prêtres de tout rang que Wettin avait connus. On voyait plusieurs de ces prêtres liés par le dos, au milieu des flammes, à des souches brûlantes, et vis-à-vis de chacun d'eux étaient enchaînées de la même manière les femmes qu'ils avaient séduites. Tous les deux jours des bourreaux armés de verges les fustigeaient sans pitié en leur disant : « Soyez punis par où vous avez péché. »

Les voluptueux, chez Dante, sont moins sévèrement traités peut-être : dans *l'Enfer*, il n'y a point de flammes pour eux; c'est une rafale seulement,

La bufera infernal che mai non resta [1],

une rafale qui les emporte dans son tourbillon *comme une bande de grues*, et les entrechoque sans relâche.

Chez Wettin, l'idée d'expiation temporaire, de rachat, est évidemment distincte de l'idée de damnation. Le visionnaire observe cependant l'unité de lieu dans ce vaste drame de l'éternité; le purgatoire et l'enfer se confondent pour lui sur la même scène. Ce système pénitentiaire de l'autre monde est très-peu avancé, même pour le moyen âge. Nous ferons des progrès avec le temps. Le moine rêve toutes ces belles choses dans un cloître dont son imagination ose à peine franchir le seuil. Parmi les suppliciés, il ne distingue guère que des religieux; mais il est de bonne composition pour eux, et il se garde de les laisser éternellement en lieu si triste. Voulant se montrer bon confrère, il ne les met là que pour leur apprendre à vivre, *ad purgationem, non ad damnationem*. Les excès du pouvoir civil trouvent cependant leur punition chez

---

[1] *Infern.*, v, 31.

Wettin à côté des excès du pouvoir clérical. Ainsi un grand nombre de comtes apparaissent tour à tour dans son récit, et on les voit expier d'une façon singulière leurs rapines et leurs vols. Tous les objets pillés par eux sont successivement déposés à leurs pieds, et les malheureux ont pour tâche de les mâcher et de les avaler, quels qu'ils soient. Ils ont beaucoup à faire, comme on l'imagine.

Ce n'est pas là le trait le plus bizarre du ravissement raconté par Wettin avec un accent de vérité qui montre l'hallucination et qui exclut la mauvaise foi. Le conquérant catholique des Saxons, le soutien de l'Église d'Occident, Charlemagne, est, le croirait-on, rangé parmi les victimes : son tourment honteux ne peut même se redire [1]. Michel-Ange (c'est bien la lignée de Dante), un de ces génies qui osent tout, semblerait s'être inspiré de l'audace cynique de Wettin dans les tortures qu'il fait subir à je ne sais quel cardinal de son *Jugement dernier*. Il y a de ces traits bizarres qui reparaissent à travers les siècles : celui-là est assez commun au moyen âge. Wettin étant tombé dans un grand étonnement à la vue de Charlemagne, l'ange lui expliqua que ce prince était, il est vrai, destiné aux joies du salut, mais qu'il expiait momentanément la liberté de ses mœurs. Peut-être ne faut-il voir là qu'une dernière protestation contre la polygamie germanique. Au surplus, c'est un moment d'humeur qui passera vite. Cet empereur, en effet, mort à peine depuis dix ans, et que Wettin ose poursuivre de ses vengeances, bientôt l'Église le canonisera à demi ; et l'apothéose religieuse de Charlemagne, se continuant à travers le moyen âge, ne cessera pas jusqu'à Dante, qui, dans son *Paradis* [2], fait du grand empereur l'une des

---

[1] Voici comment Walafrid Strabo raconte, dans sa rédaction en vers de cette légende, l'étrange punition que subit Charlemagne, *Carolus imperator*, car il le nomme en acrostiche, tandis qu'Hetto disait seulement *quemdam principem* :

..... Fixo consistere gressu
Oppositumque animal lacerare virilia stantis,
Lætaque per reliquum corpus lue membra carebant...

Cela nous gâte un peu le Charlemagne officiel et classique.
[2] XVIII, 43.

lumières de la croix éblouissante formée par les défenseurs du Christ.

Quant à Wettin, après avoir contemplé le paradis, il s'éveilla de son assoupissement, raconta ce qu'il venait de voir, et mourut.

V.

LE PRÊTRE DES ANNALES DE SAINT BERTIN. — BERNOLD. — CHARLES LE GROS. — LA FIN DU MONDE.

Jamais les visions n'ont été plus fréquentes qu'au neuvième siècle[1]. L'un des premiers exemples qui me vienne au souvenir est ce que rapporte Prudence, évêque de Troyes, dans la partie des *Annales de saint Bertin* qui lui est généralement attribuée[2].

Un prêtre anglais, dont le nom est inconnu, fut, durant une nuit, tiré de son sommeil par un personnage qui lui ordonnait de le suivre. Le prêtre (on avait encore le sentiment de l'obéissance dans ce temps-là) se hâta d'obtempérer à l'injonction, et fut conduit en une contrée où s'élevaient un grand nombre d'édifices. Les deux voyageurs entrèrent dans l'un de ces monuments, qui n'était autre chose qu'une magnifique cathédrale. Là était une troupe innombrable d'enfants. Ayant remarqué que chacun d'eux lisait assidûment dans un volume où se croisaient des lignes noires et des lignes sanglantes, l'Anglais interrogea son guide : « Les lettres de sang, répondit l'inconnu, sont les crimes des hommes; ces enfants sont les âmes des saints qui invoquent la clémence de Dieu. » Il ajouta que la corruption des générations nouvelles était pire que jamais, et qu'il fallait s'attendre à une prochaine invasion de barbares maritimes (sans doute les Normands) et à des ténèbres qui envelopperaient la terre pendant trois jours. Quand le prêtre eut subi ce sermon, il lui fut permis de regagner le chemin de son lit. On se demandera peut-être s'il

---

[1] On en trouvera de très-curieuses preuves dans M. Ampère, *Hist. littéraire de la France avant le douzième siècle*, t. III, p. 116 et suiv.
[2] Année 839, ap. Duchesne, t. III, p. 195.

l'avait quitté; ce qu'il y a d'incontestable, c'est que cette étrange vision n'annonce guère *la Divine Comédie* : seulement ce livre que tiennent les saints, ce livre où sont inscrits les crimes des hommes, ne peut-on pas dire que Dante aussi l'a lu jusqu'à la dernière page, et que son œuvre en est la poétique copie ?

Remarquons que c'est un évêque des Gaules, saint Prudence, qui raconte cette histoire. Ainsi l'épiscopat, qui essayait alors de se faire une position indépendante, ne manqua pas de s'emparer des visions comme d'un instrument utile. Le fait se trouve encore confirmé par le ravissement qu'Hincmar attribue à un certain Bernold [1], son paroissien, lequel lui était particulièrement connu; et notez que ce morceau a un caractère tout à fait officiel, puisqu'il fait partie d'une lettre écrite par l'archevêque à ses suffragants et aux fidèles de son diocèse.

Bernold, durant un évanouissement, se trouva transporté en un lieu obscur et fétide, où le roi Charles le Chauve pourrissait dans la fange de sa propre putréfaction; les vers avaient dévoré sa chair, et il ne restait plus que les nerfs et les os. Après avoir demandé au pèlerin de lui mettre une pierre sous la tête : « Va annoncer à l'évêque Hincmar, lui dit-il, que je suis ici pour n'avoir pas suivi ses conseils. Qu'il prie, et je serai délivré. » Aussitôt Bernold vit une magnifique église où était Hincmar en habits pontificaux, avec son clergé, et il lui rapporta les paroles du roi Charles; puis il revint vers le prince, qui le remercia. Charles, en effet, n'était plus ce cadavre rongé de tout à l'heure, mais un homme vigoureux et sain de corps, un monarque splendide dans toute la magnificence de son costume royal.

Voilà comment Hincmar osait traiter son maître mort hier, et des attaques pareilles se renouvellent de sa part contre Eb-

---

[1] Hincmar, *Oper.*, 1645, in-fol., t. II, p. 805. La vision de Bernold se retrouve textuellement, avec quelques omissions toutefois, dans Flodoard, *Hist. Eccles. remensis*, l. III, c. 3 et 18. Seulement Flodoard ajoute : « Le seigneur Hincmar exposa cette vision *là où il était nécessaire*, et la fit parvenir à la connaissance d'un grand nombre de personnes. » On touche ici du doigt le secret des visionnaires politiques.

bon, son compétiteur au siége de Reims, et contre d'autres ennemis. Sous le couvert de son paroissien Bernold, il joue tout à fait le rôle de Dante au début du *Purgatoire*[1] : ce sont des âmes qui viennent tour à tour le prier, afin qu'il prie pour elles, *ombre che pregar pur ch'altri pregi*. La politique fait chez Hincmar ce que la poésie fera chez Dante. C'est à la crédulité des populations barbares que s'adresse l'archevêque de Reims ; aussi ne raffine-t-il pas sur les moyens. Son héros n'est guère plus vraisemblable que le héros de Rabelais. Pantagruel apparaît tantôt avec une taille de géant, tantôt avec une taille ordinaire, sans qu'on aperçoive et qu'on saisisse la transition. Bernold fait quelque chose de tout à fait analogue ; on le voit causer avec des morts, puis prier pour eux auprès des vivants, et tout cela dans le même quart d'heure. La grossièreté des procédés littéraires est frappante : nous entrons au sein des âges barbares. Heureusement l'étoile de Dante, comme dans son poëme, luit et nous appelle à l'horizon.

Hincmar, dans ses sombres tableaux, ne maltraitait que les morts : pour satisfaire ses inimitiés, pour plonger ceux qu'il haïssait dans les abîmes maudits, il attendait au moins que le cercueil eût recueilli leur dépouille. Dante, plus implacable, plus farouche, n'aura pas ces ménagements : il ne se fera point scrupule de mettre des vivants en enfer, de les montrer en proie aux plus horribles supplices de la damnation ; il assurera même que le démon seul occupe sur terre leur enveloppe charnelle, et les malheureux alors consumeront dans la peur les restes d'une vie agitée. Étrange conquête du génie que de pouvoir mettre ainsi à jour les ténèbres des consciences ; que d'accomplir au sérieux ce rôle d'Asmodée rendu depuis plaisant par Le Sage ! Singulier et redoutable priviIége que cette royauté de la mort dont Alighieri pouvait faire chacun vassal !

Tout se touche et se mêle en ce monde heurté du moyen âge. Je parlais tout à l'heure de l'abbaye d'Augie-la-Riche ou de Richenaw, laquelle était située dans une île du lac de Constance. C'est là que vécut, c'est là que fut enterré Wettin.

[1] C. v et vɪ.

Eh bien! la tombe de ce religieux confine peut-être à celle du roi visionnaire Charles le Gros, qui y fut également inhumé soixante-quatre ans plus tard, en 888. Ainsi deux visionnaires à côté l'un de l'autre, un prince et un moine qui se rapprochent dans la mort!

La légende de Charles le Gros eut une grande célébrité au moyen âge[1]. Comme ce roi revenait des matines et qu'il allait se coucher, un inconnu vêtu de blanc vint l'enlever, qui tenait à la main un peloton rayonnant comme une comète; il en déroula un bout, et dit à ce prince de se l'attacher au pouce droit, afin que ce fil lumineux le guidât dans les labyrinthes infernaux. A peine Charles était-il arrivé en un lieu où étaient punis les mauvais évêques qui avaient servi son père, que deux démons fondirent sur lui, et, à l'aide de crocs de fer ardent, s'efforcèrent de s'emparer du peloton lumineux. L'éclat les ayant éblouis, ils voulurent attaquer le prince par derrière; mais son guide lui jeta aussitôt le fil merveilleux sur les épaules, et en ceignit deux fois ses reins. Les malins esprits furent aussitôt forcés de s'enfuir et de laisser les deux voyageurs continuer leur route. Charles alors gravit de hautes montagnes (les montagnes tiennent une grande place dans cette géographie de l'autre monde) d'où sortaient des torrents de métaux liquéfiés, au sein desquels étaient baignées une immense foule d'âmes. Charles reconnut entre autres celles de plusieurs seigneurs, ses compagnons à la cour de son père. Les unes disparaissaient sous le flot brûlant jusqu'aux cheveux, les autres jusqu'au menton, et une voix criait : « Le châtiment des grands sera grand. » Cette gradation se repro-

---

[1] Voir le continuateur de Bède (Guill. de Malmesbury?), *De gest. Anglor.*, liv. II, chap. 2, année 884. Après lui, Albéric des Trois-Fontaines (dans sa *Chronique*, ann. 889), Vincent de Beauvais [*Spect. hist.* chap. 49), et l'Abréviateur des Gestes des rois de France (ap. D. Bouquet., t. VII, p. 147), ont reproduit des extraits de cette vision. On la retrouve également en langue vulgaire dans les *Chroniques de Saint-Denis* (édit. de M. Paulin Pàris, t. III, p. 58). Deux des nombreuses rédactions manuscrites ont aussi été imprimées, l'une avec traduction par Lenglet Dufresnoy (*Dissert. sur les apparit.*, t. I, p. 184), l'autre avec une savante dissertation par Zur Lauben. (*Acad. Inscript.*, t. XXXVI, p. 207, hist.). Ce dernier texte est de beaucoup le meilleur. Il a été enfin donné plus récemment une traduction piquante de cette légende par M. Génin. (*National*, 21 août 1839.)

duit souvent chez Alighieri. Enfin Charles arriva en un vallon dont un côté avait la rougeur blafarde d'un four allumé, dont l'autre était radieux et fleuri. Tremblant dans tous ses membres, le prince vit, du côté sombre, plusieurs rois de sa race en proie à la damnation. Bientôt l'un des coins obscurs de cette vallée s'éclaira d'une sorte de reflet blanchâtre. Charles aperçut alors deux sources, l'une très-chaude, l'autre tiède, et tout à côté deux tonneaux qui étaient remplis de ces eaux. Dans la tonne bouillante, un homme se tenait debout, plongé à mi-corps. C'était Louis le Germanique, le père même de Charles le Gros. « Biau fils, n'aie paour, » lui dit-il, pour parler comme les *Chroniques de Saint-Denis;* et il lui expliqua comment, grâce à l'intercession de saint Pierre et de saint Denis, il ne passait plus qu'un jour sur deux dans l'eau brûlante. Puis il ajouta : « Si vous m'aidez de messes et d'offrandes, toi et mon fidèle clergé, je sortirai tout à fait du tonneau fatal... Pour toi, fais pénitence de tes crimes, ou ces deux vastes tonneaux que tu vois à gauche te sont réservés. » Transporté au paradis, le roi des Francs reconnut son oncle Lothaire, assis sur une énorme topaze, et qui lui dit avec douceur : « Ton père sera bientôt délivré, mais notre race est perdue, et tu cesseras prochainement de régner. » En effet, le fantôme du jeune prince successeur de Charles apparut, et Charles, dénouant le fil lié au pouce de sa main droite, le lui présenta comme l'emblème du gouvernement, et le peloton lumineux alla aussitôt s'amonceler entre les mains de l'enfant. Charles en même temps revint sur terre, et trouva son corps plein de fatigue.

La couleur dantesque est frappante dans cette inexacte prophétie de l'abdication de Charles le Gros; néanmoins c'est toujours la politique qui se montre au premier plan de ces tableaux fantastiques du neuvième siècle. Quand l'archevêque de Hambourg, saint Anschaire, raconte [1] tout simplement ce qu'il a vu dans l'autre monde, sans y mêler d'allusions contemporaines, c'est là un rôle tout à fait exceptionnel. Il y a

---

[1] Voir au t. VI des *Bollandistes*, la vie de saint Anschaire par saint Rembert, son disciple et son successeur.

d'ailleurs, dans le récit de l'archevêque, quelques beaux détails. Sa transfiguration dans les feux du purgatoire, sa course vers le paradis entre les deux apôtres ses guides, qui marchent d'un pas immobile, *gressu immobili ambulantes*, à travers une lumière croissante, ce tableau des saints tournés tous avec adoration vers l'orient, et plus loin ces vingt-quatre vieillards assis sur des trônes et les yeux levés aussi vers l'orient ; à l'orient enfin, cette immense clarté en qui résident toute couleur précieuse et tout bonheur ineffable, c'est-à-dire le Dieu éternel ; tout cela n'est pas sans une certaine poésie, rare au neuvième siècle, et qui ne serait pas indigne d'Alighieri. Mais encore une fois, c'est là l'exception.

Ce qu'il y a de plus remarquable dans les visions d'alors, c'est qu'elles ont pour héros des contemporains. Évidemment la foi à ces sortes de fictions était facile et générale, et jamais le mot rapporté par saint Chrysostome[1] ne semble avoir été plus applicable : « Si quelqu'un sortait de chez les morts, tous ses récits seraient crus. » Autrement on n'eût pas manqué d'attribuer à de saints personnages du passé de glisser sous la grave autorité de leur nom toutes ces inventions sur le monde futur. La précaution était facile à prendre : personne ne sentit le besoin d'y avoir recours, et de transporter ces merveilles dans les lointains commodes de l'histoire. Les imaginations, on le comprend, étaient bien autrement ébranlées encore quand on leur désignait, non plus seulement dans les livres, mais dans leur temps, tout à côté, dans le pays, dans la ville même, ces visionnaires authentiques desquels on disait sans doute, comme les femmes de Ravenne à la vue de Dante : « Voilà l'homme qui revient de l'enfer. »

Ainsi la crédulité atteint son apogée dans les années de ténèbres qui succèdent à la grande ère de Charlemagne. La fécondité des légendaires disparaît même au dixième siècle. L'ange de la mort semble étendre un instant ses ailes sur la société européenne. Des générations tout entières, prenant au sérieux les fantasmagories infernales qui ont successivement passé sous nos regards, croient à la fin prochaine du monde,

---

[1] *Serm.* 66.

et attendent avec terreur le moment suprême. *Termino mundi appropinquante*, des chartres, des lettres sont ainsi datées. La croyance des millenaires est devenue un lieu commun de chronologie. Il semble qu'alors l'humanité elle-même ayant le pied dans la tombe, personne, sous cette impression générale et profonde, n'ose plus se risquer, du sein de la vie présente, au dangereux pèlerinage de la vie à venir. C'est une halte des légendaires.

VI.

SAINT BRENDAN. — SERMON DE GRÉGOIRE VII. — ALBÉRIC. — ODILON DE CLUNY. — LA CAVERNE DE SAINT PATRICE. — TIMARION.

Au onzième siècle, les visions commencent à reparaître. La première qui se présente a précisément le caractère dont nous avons noté l'absence dans l'époque antérieure. La foi populaire devenant quelque peu rebelle avec l'âge, on se hâta de mettre sur le compte de morts respectés ce qu'on n'osait plus dire en son propre nom ; on s'empara des traditions analogues, des traditions des vieux temps, pour les développer dans des rédactions nouvelles. C'est ainsi que deux saints irlandais du sixième siècle se trouvent tour à tour, Brendan au onzième, et Patrice au douzième, évoqués dans les légendes.

Les fabuleuses merveilles du *Voyage de Brendan*[1] nous touchent par quelques points seulement. Laissons le saint abandonner la verte Erin, et chercher à travers les mers la contrée idéale, l'île fortunée, ce jardin regretté d'Adam, au seuil duquel il voudrait au moins mourir comme Moïse : laissons-le courir les aventures et entasser des miracles auprès desquels les merveilles de Robinson et de Gulliver semblent de chétives inventions, et notons seulement trois traits distincts qui rentrent dans notre sujet.

C'est d'abord une île remplie d'innombrables oiseaux blancs, lesquels chantent avec des voix humaines les psaumes de Da-

---

[1] Voir la *Légende latine de saint Brandaines*, publiée par M. Achille Jubinal, 1836, in-8°.

vid. Ces oiseaux sont des anges déchus, qui, sans partager la révolte de Satan, demeurèrent neutres et la laissèrent éclater. Ces anges ne souffrent point, ils sont même libres toute la semaine et errent à leur gré dans les espaces; mais le dimanche est pour eux un jour d'esclavage, durant lequel ils sont forcés de revêtir ce blanc plumage et de psalmodier les offices. Dante a été bien autrement sévère envers ces esprits égoïstes qui n'osèrent se montrer ni rebelles ni fidèles à Dieu [1]. Pareils au sable quand le vent tourbillonne, ces malheureux roulent en gémissant dans un air éternellement orageux, et c'est au seuil extérieur de l'enfer qu'ils souffrent leur vie obscure et jalouse; car, si le ciel les a chassés pour ne pas perdre sa pureté, l'enfer aussi les a repoussés, de peur que les damnés n'en tirent quelque gloire. On voit ici quels souffles différents et presque contraires animent le légendaire et le poète : ce ne sont presque jamais les inspirations d'indulgence que l'implacable génie de Dante emprunte à ses devanciers.

Brendan ne voit guère que les abords de l'enfer; à un certain moment, pourtant, on croirait qu'il va pénétrer plus avant : *Sumus modo in confinio infernorum.* Il s'agit d'une île sauvage, entourée de fumée et de lueurs lugubres. On n'y entend que le bruit des noirs forgerons (singulière réminiscence des Cyclopes !) qui frappent à coups redoublés sur de vastes enclumes. Ce sont sans doute les damnés qui servent de fer malléable. Un de ces monstrueux ouvriers, à la fois *plein de ténèbres et de feu*, vint pour frapper Brendan avec son marteau enflammé; mais le saint, armé de sa croix, le fit fuir aussitôt. Dans sa fureur, la bande infernale se mit alors à incendier l'île; et comme chacun de ces affreux forgerons jeta sa massue de feu à la mer, l'eau bouillonna comme en une chaudière échauffée [2].

[1] ..... Angeli che non furon ribelli
Nè fur fedeli a Dio, ma per se foro...
(*Infern.*, III, 38.)
comme dit le poète dans ses admirables vers.

[2] Li mers com caudiere bouloit
Quant ele a fort fu desous li,

pour emprunter les paroles du trouvère qui a mis cette légende en rimes.

Plus loin, Brendan trouve assis sur une pierre un homme velu et difforme, contre les yeux duquel frappait incessamment un pan de voile agité par le vent. C'était Judas, qui, par la clémence de Jésus, venait là, les jours de fête, se reposer des tortures que les démons lui faisaient endurer le reste du temps. Le malheureux raconta au pèlerin comment la montagne qu'il voyait était la demeure de Léviathan et de ses satellites, et comment, à chaque âme impie qui tombait dans le cratère, l'enfer, en signe de joie, lançait des flammes au dehors. A la prière de Judas, et au grand mécontentement des démons ses bourreaux, Brendan lui accorda une nuit de répit.

Il est tout à fait remarquable que Judas, dans cette légende, soit précisément le seul qui jouisse du repos dominical. C'est un généreux privilége que le Christ, en son infinie charité, accorde à celui qui l'avait trahi. On pourrait bien trouver quelque chose d'analogue chez ceux qui ont enseigné que le jour du sabbat interrompt les supplices du purgatoire. Cependant observez la différence. Qu'est-ce, en effet, que le purgatoire entre l'enfer et le paradis, sinon une chose éphémère entre deux choses éternelles? Ce n'est pas le bien, mais ce n'est plus le mal. Transition mystérieuse où les douleurs sont tempérées par l'espérance; asile provisoire où, comme sur la terre, on sait aussi ce que c'est que le temps, et combien durent les heures! Il n'est donc nullement étrange de voir introduire des tempéraments, des délais, dans ce qui n'est pas destiné à durer toujours. Mais la pitié en enfer, mais le Christ pardonnant autant qu'il est en lui (puisque l'éternité des peines est proclamée) à l'homme qui l'a conspué et vendu, c'est assurément le plus poétique et le plus touchant, sinon le plus orthodoxe effort des imaginations chrétiennes du moyen âge. Dante, qui se complaît à la tradition catholique en ce qu'elle a de plus rigoureux, s'est bien gardé de suivre cet exemple. Loin d'imiter ces excès d'indulgence, il a montré au dernier degré de l'enfer Judas, la tête dans la gueule de Lucifer, agitant en dehors ses jambes dénudées par les coups de griffes[1].

[1] *Infern*, XXXIV, 62.

Le poëte, qui savait tout ce qu'on savait de son temps, a dû connaître *le Voyage de saint Brendan*. Aucune tradition du moyen âge ne fut plus répandue que celle-là; le tour, l'imagination brillante et presque orientale qu'elle décèle, ont un peu effrayé la facile critique des Bollandistes, qui n'ont vu dans tout cela que des rêves indignes d'attention, *deliramenta apocrypha*. Le malheur est que précisément cette antique légende est une de celles qui ont exercé la plus longue, la plus réelle influence. Soupçonnerait-on qu'il n'y a guère plus d'un siècle, en 1721, un vaisseau, et cela dans un but non de piété, mais d'ambition, partait encore des ports de l'Espagne pour chercher à l'ouest des Canaries l'île fortunée, l'île fabuleuse de saint Brendan? Voyez le triste sort de ces idées du moyen âge : celles qui tentent la cupidité et l'intérêt sont presque les seules qui persistent. Dans l'Espagne du dix-huitième siècle, on n'eût point rencontré peut-être un seul soldat qui voulût, comme aux grandes époques chrétiennes, tenter la croisade et délivrer le tombeau du Sauveur. Eh bien, il se trouvait en revanche des aventuriers qui couraient au delà des mers vers je ne sais quelle terre inconnue, vers je ne sais quel souvenir égaré de l'Atlantide. Il est vrai que cette superstition avait si profondément pénétré dans les croyances populaires, qu'au seizième siècle, au temps de Luther, on avait vu des spéculateurs se ruiner et des expéditions considérables mettre à la voile pour atteindre cette chimère. La terre apocryphe de saint Brendan avait même eu la consécration diplomatique, car elle figure sous le nom d'*île non trouvée* dans le traité par lequel le Portugal cède à la Castille ses droits de conquête sur les Canaries.

Quoi qu'il en soit de cette tradition étrange et obstinée, il est légitime de penser qu'elle n'a pas été sans quelque lointaine et sourde influence sur les deux plus grands génies des temps nouveaux, Dante et Colomb, deux noms qui s'appellent, deux fugitifs qui rêvent la contrée idéale, car ils ont un tel vide en eux-mêmes, qu'il leur faut l'infini pour le combler. Repoussés de leur patrie, ils vont en chercher une autre, l'un dans l'inconnu des mers, l'autre dans les mystères de la vie future, et chacun revient avec sa conquête, Colomb avec des empires,

Dante avec son poëme, tous les deux avec un monde nouveau. Ce ne serait pas assurément une petite gloire pour le premier et ignoré rédacteur du *Voyage de saint Brendan* que d'avoir ainsi, après des siècles, donné une impulsion à l'homme qui a trouvé l'Amérique, à l'homme qui a fait *la Divine Comédie*.

Revenons au onzième siècle. Rien ne s'accomplit dans cette ère d'envahissement pontifical sans que le génie d'Hildebrand intervienne. Grégoire VII, archidiacre alors, et prêchant un jour devant Nicolas II, n'hésita pas à se servir à son tour de ces prosopopées de l'enfer, et se mit à raconter comment, dix années auparavant, il était mort en Allemagne un comte riche et en même temps honnête, *ce qui semble un prodige dans cette classe d'hommes* (c'est déjà une haine de guelfe, comme on voit). Depuis lors, un saint personnage, étant allé en esprit dans le séjour de la damnation, vit ce même comte sur le degré le plus élevé d'une vaste échelle. Mais je ne veux pas altérer plus longtemps la pensée de Grégoire VII, je le laisse parler lui-même : « Cette échelle, dit-il, semblait s'élever intacte entre
» les flammes bruyantes et tourbillonnantes de l'incendie ven-
» geur, et être là placée pour recevoir tous ceux qui descen-
» daient d'une même lignée de comtes. Cependant un noir
» chaos, un affreux abîme, s'étendait à l'infini, et plongeait
» dans les profondeurs infernales d'où montait cette échelle
» immense. Tel était l'ordre établi entre ceux qui s'y succé-
» daient : le nouveau venu prenait le degré supérieur de
» l'échelle, et celui qui s'y trouvait auparavant, et tous les
» autres, descendaient chacun d'un échelon vers l'abîme. Les
» hommes de cette famille venant après la mort se réunir suc-
» cessivement sur cette échelle, à la longue, par une loi inévita-
» ble, ils allaient tous l'un après l'autre au fond de l'abîme.
» Le saint homme qui regardait ces choses demandant la cause
» de cette terrible damnation, et surtout pourquoi était puni
» ce comte, son contemporain, qui avait vécu avec tant de
» justice, de décence, de probité, une voix répondit : « A cause
» d'un domaine de l'église de Metz qu'un de leurs ancêtres,
» dont celui-ci est l'héritier au dixième degré, avait enlevé au
» bienheureux Étienne, tous ceux-là ont été dévoués au même

» supplice, et comme le même péché d'avarice les avait réunis
» dans la même faute, ainsi le même supplice les a rassem-
» blés pour les feux de l'enfer. » Que dire de cette malédiction
implacable étendue pour une faute pareille sur tant de générations? que dire de l'incertitude et de l'attente ainsi intro-
duites comme un raffinement au milieu des supplices éternels?
On reconnaît un ancêtre de Dante dans le terrible génie qui a
inventé ce *noviciat progressif de l'enfer,* selon la vive expression de M. Villemain, à qui j'emprunte ces lignes qu'il lui appartenait de citer le premier [1].

Propagée de la sorte par l'homme qui, quelques années plus
tard, sut faire des monarchies de l'Europe une sorte de féoda-
lité pontificale, cette apostrophe, diversement reproduite et
commentée, ne tarda pas à devenir un lieu commun de la
prédication usuelle, un texte vulgaire, un canevas commode
pour les vengeances. Le pardon d'ailleurs (on est sûr d'en toujours trouver quelques traces, même aux plus sombres époques
du christianisme) continuait d'avoir sa part en ces légendes
sur la vie future. Ainsi on racontait, dans la première moitié
du onzième siècle [2], qu'un chevalier, au retour de la Terre-
Sainte, avait été jeté par les tempêtes en une île déserte, et
que là un ermite, venu à sa rencontre, lui avait expliqué
comment les gouffres où on tourmentait les morts n'étaient
pas éloignés. L'ermite lui assura même avoir entendu les diables tout récemment se plaindre du grand nombre d'âmes que
l'abbé Odilon et ses moines de Cluny délivraient par leurs
prières : pas un jour ne se passait sans que quelque patient
fût par là racheté. Et alors chacun se mit à conjurer le
pieux abbé de toujours continuer, et d'augmenter de cette façon la joie des saints dans le ciel, la fureur des démons dans
l'enfer.

C'est ainsi que les promesses toujours se retrouvaient, en
cette série de visions, à côté des menaces. Espérer et craindre,
n'est-ce pas là tout l'homme? Aussi on conçoit l'avidité avec

---

[1] *Tableau de la littérature au moyen âge,* leçon 1.

[2] V. *La Fleur des Saints,* du P. Girard, t. II, p. 445. Voltaire s'est amèrement égayé sur cette innocente légende, au mot *Purgatoire* de son *Dictionnaire philo-sophique.*

laquelle la foule s'emparait de récits qui excitaient à ce degré sa peur comme sa confiance dans le monde à venir. Au surplus, ce n'est pas la publicité, ce n'est pas la popularité qui jamais, durant le moyen âge, manquèrent à ces légendes ; et si celle d'Albéric demeura ignorée jusqu'à ce que l'abbé Cancellieri en publiât le texte latin[1], il y a une trentaine d'années, ce fut là seulement un de ces hasards qui se rencontrent quelquefois dans l'histoire des lettres. Cette vision était advenue, vers le commencement du douzième siècle, à un jeune moine du Mont-Cassin, et on en conservait avec soin la relation dans ce monastère même, où l'Alighieri en prit peut-être connaissance, au temps de son ambassade à Rome[2].

Il y avait en Campanie un certain château, dit le château des Sept Frères. Un noble chevalier l'habitait, qui avait un fils nommé Albéric. A l'âge de dix ans, Albéric, attaqué d'une maladie de langueur, demeura neuf jours immobile et sans connaissance. C'est durant cet évanouissement qu'il eut sa vision. Une colombe blanche l'emporta par les cheveux, tandis que saint Pierre et deux anges lui servaient d'ailes. Ravi en un autre monde, il trouva à son tour cet enfer déjà connu, cette foule de supplices vulgaires que nous avons déjà rencontrés tant de fois. A la fin, le jeune pèlerin de la mort se trouva vis-à-vis d'un reptile gigantesque, devant la gueule duquel les âmes voltigeaient comme des insectes. Quand le monstre respirait, ces malheureuses disparaissaient ainsi qu'une nuée dans sa poitrine, et rejaillissaient ensuite en étincelles : Judas était du nombre. Au sortir d'une mer de flammes, tout à fait comme Alighieri dans *le Purgatoire*[3], Albéric arriva à des champs immenses, couverts de chardons, et à travers lesquels un démon, monté sur un dragon, poursuivait avec une

---

[1] Rome, 1814, in-12. La vision d'Albéric a été insérée par Lombardi dans sa célèbre édition de Dante, avec une confrontation des passages analogues de *la Divine Comédie*. Ces passages sont nombreux sans doute ; toutefois la plupart des détails cités n'appartiennent ni à Dante ni à Albéric, mais bien aux visions antérieures. C'est ce qu'il eût fallu dire.

[2] *Parad.*, XXII, 37. M. Arrivabene a péremptoirement réfuté l'opinion de Ginguené, qui prétend que Dante n'avait pu aller au Mont-Cassin. (Voir *la Div. Commed.* giust. la lez. del cod. Bartoliniano. Udine, 1827, in-8°, t. III, p. 698.)

[3] XXVII, 10.

fourche entourée de vipères les pauvres repentants. Après avoir assisté au jugement d'un pécheur par le Tout-Puissant, après avoir vu une page de crimes effacée du livre de la justice par une seule larme de repentir qu'avait recueillie l'ange de la miséricorde, le jeune moine parvint aux abords du ciel, où, comme toujours, il ne rencontra que des parfums, des lis et des roses. Aussitôt il revint sur terre, et saint Pierre, lui faisant parcourir un grand nombre de royaumes, lui montra les lieux sacrés auxquels il fallait croire. Roulant ensuite une immense carte sur laquelle était tracée l'image de ces contrées, l'apôtre la broya et la lui fit avaler. Albéric ne sentit rien, mais bientôt il se réveilla de son assoupissement, étourdi et frappé au point que, pendant plusieurs jours, sa mère ne put se faire reconnaître de lui. Plus tard il se fit moine et prit l'habit au Mont-Cassin.

Un des traits caractéristiques du texte d'Albéric, c'est que l'idée de purgatoire y domine celle d'enfer, ou plutôt que les deux choses sont entièrement confondues. Guidé par la doctrine de saint Thomas, qui annonçait que les âmes, dans le purgatoire, ne sont pas tourmentées par les démons[1], Dante, le premier parmi les poëtes, comprendra qu'au point de vue chrétien, le purgatoire n'est pas un appendice de l'enfer, mais une sorte de vestibule du paradis; le premier parmi les visionnaires, il séparera, il éloignera les *réprouvés* des *éprouvés*. Toutefois, il faut rendre justice à chacun, cette idée commençait déjà à poindre dans le voyage de l'autre monde que nous avons vu accomplir au roi Charles le Gros.

Si la vision d'Albéric est restée inconnue et n'a guère franchi les murs de l'abbaye du Mont-Cassin, on peut affirmer que celle dite du *purgatoire de saint Patrice*[2] devint, en revanche, familière à toute l'Europe. Mathieu Pâris[3] ainsi que Vincent de Beauvais[4] lui firent les honneurs de leur prose; Marie de France enfin, et d'autres jongleurs avec elle, la rendirent po-

---

[1] *Summ.*, tert. part., suppl., quæst. 72, art. 3.
[2] V. Bolland., 17 mars, p. 587.
[3] Éd. de 1644, in-fol., p. 61 et suiv.
[4] Ann. 1153.

pulaire par leurs rimes[1] : c'est une de celles qui probablement furent connues d'Alighieri.

Une très-ancienne tradition voulait qu'au sixième siècle l'apôtre Patrice eût, pour convaincre les Irlandais, ouvert près de Dungal une caverne miraculeuse qui menait à l'autre monde. C'est dans cette caverne que s'avisa de vouloir descendre, six siècles plus tard, et par pur esprit de pénitence, un soldat converti nommé le chevalier Owein. Après être demeuré quinze jours en prières (il y a là évidemment quelque souvenir de l'antre antique de Trophonius, tel que l'a dépeint Pausanias[2]), Owein s'aspergea d'eau bénite ; puis, se recommandant à Dieu et à la procession qui l'accompagnait, il entra seul et pieds nus. Après qu'il eut longtemps marché dans les ténèbres, le chevalier arriva à une vaste cour entourée de colonnes. Là, quinze religieux vinrent le trouver, et le prieur, qui marchait en tête, l'engagea vivement à ne se point laisser tenter ni effrayer par les démons. Une légion de diables difformes ne tarda pas en effet à arriver, et, après avoir vainement offert à Owein de le reconduire par où il était venu, elle essaya de le jeter tantôt sur un énorme bûcher, tantôt sur une roue aux dents de feu ; mais toujours le nom du Christ, prononcé à propos par Owein, faisait évanouir ces simulacres de supplice. Le chevalier, resté seul avec quelques démons, se sentit entraîner rapidement dans des solitudes ténébreuses, lointaines, sans fin, et où soufflait un vent violent. Enfin apparut une plaine dont l'horizon était infini, et d'où partaient des gémissements : une multitude d'hommes couchés à terre et traversés par des pieux rougis mordaient le sol avec rage. Dans un autre champ, ils étaient couchés sur le dos : des dragons, assis sur leur poitrine, les déchiraient avec des dents de feu, et des serpents *ignés*, les serrant à les étouffer, lançaient leurs dards dans le cœur de chacun d'eux. De hideux démons et des vautours gigantesques volaient sur cette foule, et lacéraient ceux

---

[1] Roquefort, *Poésies de Marie de France*, t. II, p. 411 et suiv. Cf. De Larue, *Bardes et Jongleurs*, t. III, p. 245.
[2] *Descript. Græc*, l. IX, *Bœotica*, c. 39. Cf. Le Grand d'Aussy, *Fabliaux*, éd. Renouard, 1829, in-8°, t. V, p. 93.

qui ne souffraient pas assez. Plus loin, c'étaient d'autres tourments : ici, des squelettes grelottant sous une glace éternelle; là, des patients attachés au sol par des clous si nombreux qu'on n'eût pas trouvé à poser le doigt sur leur chair[1]; puis venaient des damnés suspendus dans le soufre par les ongles, une roue de feu qui tournait si vite qu'on eût dit un cercle rouge, et enfin des broches colossales que des démons arrosaient avec des métaux fondus. Voilà ce qu'Owein vit dans les vallées de la damnation; quant aux ineffables délices des jardins célestes, il ne les contempla qu'à distance, à travers une lumière fatigante et du haut d'une grande montagne, où une procession l'était venue conduire. Il lui fut défendu d'aller plus loin : on le reconduisit à la porte, qui se ferma, et le chevalier revint humblement sur terre, purifié de ses péchés.

Je ne mets pas en doute que l'auteur de *la Divine Comédie* n'ait directement connu cette légende; le souvenir s'en retrouve à bien des endroits du poëme, et les rapprochements sont trop faciles pour qu'il soit besoin de les indiquer. On a même été plus loin; on a voulu que Dante ait puisé directement son sujet et tout son plan dans le vieux roman de *Guerino il Meschino*[2], dont la date et l'origine, soit provençale, soit française, sont incertaines, et où se retrouvent tout simplement les principaux détails de la vision d'Owein. L'enfer a, dans ce roman, la forme concentrique qu'il a reçue de Dante, et Satan y occupe également le fond de l'abîme; mais il serait aisé d'établir, malgré l'autorité de Pelli et de Fontanini, que le roman de *Guerino*, si populaire au quinzième siècle, et qui a eu les honneurs de la *Bibliothèque bleue*, est, au moins dans sa rédaction actuelle, postérieur à *la Divine Comédie*.

Peu importe; avec le temps, avec chaque siècle, le cycle légendaire auquel appartient *la Divine Comédie* s'étend et se diversifie. On le voit ainsi grandir jusqu'à Dante, qui absorbe tous ces ruisseaux, comme fait un grand fleuve, sans que ses eaux mêmes paraissent grossir et s'augmenter.

[1]   Si espès que nul ni mettreit
    Sun dei k'a clou ni tuchereit...
dit Marie de France.
[2] Padoue, 1473, in-fol., ch. 160 et suiv.

Il n'est donc pas possible de douter que le pèlerinage de l'autre monde ne fût à la fin devenu comme une forme générale et courante, commode aux écrivains. Ce genre littéraire, répandu dans toute l'Europe, pénétra jusqu'à Constantinople, sans doute à l'aide des croisades. Un contemporain inconnu d'Anne Comnène chercha en effet à rajeunir, par une composition de cette espèce, la littérature dégénérée de la Grèce. Rien de plus plat que cette *Vision de Timarion* [1]. Un gourmand entouré de rats qui lèchent sa barbe, un rhéteur qui mord l'épaule de Diogène pour entrer en paradis, voilà tout ce que sait trouver l'imagination abâtardie du Byzantin. Le tribunal de l'éternité n'est plus chez lui qu'une méchante échoppe où plaident des avocats bavards; ce ne sont que rivalités de pédants ou ergoteries de théologiens, en un mot l'empire grec au douzième siècle.

Ne rions pas trop de ce manque d'art, de cette grossièreté du moyen âge; il en reste des traces dans l'œuvre même du maître, et le lecteur de Dante s'aperçoit trop souvent qu'il n'assiste qu'au rêve d'un homme. Çà et là les petites haines du gibelin, les intérêts de faction ou de caste font irruption tout à coup au milieu des intérêts éternels. Il y a, par exemple, un endroit du *Paradis* qui m'a toujours choqué : on est au milieu des sphères, tout semble s'abîmer dans l'infini, et le poëte montre à peine visible à l'horizon des espaces la planète obscure où végète l'homme; mais voilà que subitement la terre se rapproche comme par un coup de théâtre, au point qu'on la touche pour ainsi dire, et qu'on reconnaît les rues de Florence. L'illusion, qui a des ailes, disparaît aussitôt, et il me semble que j'ai entrevu les ficelles du machiniste. Toutefois le génie de l'Alighieri a en soi quelque chose de si despotique, qu'on retombe vite sous le joug; il ne vous lâche que pour vous ressaisir.

On le sait, il est douteux que Dante eût lu directement Ho-

---

[1] Elle a été publiée par M. Hase, *Notices des Mss.*, t. IX, 1813, in-4°, p. 141. Il y a encore deux autres rapsodies byzantines du même genre, mais postérieures à Dante. M. Hase a donné l'analyse de la première à la suite de celle de Timarion (*ibid.*, p. 129 et suiv.). M. Boissonade a inséré le texte de la seconde ἐπιδημία Μάζαρι ἐν ᾅδου) dans ses *Anecdota græca*.

mere; en revanche, les platitudes byzantines de Timarion parvinrent-elles jusqu'à lui? Ce serait un grand hasard, et il est presque permis d'affirmer le contraire. Je tenais néanmoins, en poursuivant ainsi jusque dans la Grèce mourante cette inspiration commune et générale des visions sur l'autre monde, je tenais à montrer, par un exemple d'autant plus frappant qu'il est plus détourné, quel est au fond le caractère en quelque sorte humain de l'œuvre du poëte. Dante avait pour lui l'initiative des peuples qui, par tant d'ébauches successives, préparèrent cette épopée à laquelle il devait donner son nom.

Si on voulait même sortir de ce vieux monde païen, devenu, au moyen âge, le centre et comme le domaine immédiat du catholicisme, on pourrait demander à la poésie scandinave et à la littérature orientale quels sont les monuments analogues qu'elles présentent à la critique. On a rapproché quelques traits de *l'Edda* de certains passages de *la Divine Comédie;* je pourrais en faire autant pour le voyage de Tadjkita vers le roi de la mort dans *le Mahabarata*, enfin pour tous ces codes des religions de l'Inde, pour toutes ces épopées sanscrites dont les poëtes semblaient faire de gigantesques sépultures à leur pensée. Sans même s'égarer si loin, il y aurait à rechercher si l'influence arabe, manifeste à la cour lettrée de Sicile, et qui par là avait dû remonter en Toscane, n'a pas fait pénétrer chez Alighieri quelques-unes des images du Koran; il y aurait à rechercher aussi si les sept compartiments [1] progressifs introduits dans le séjour de la damnation par les rabbins, ne lui donnèrent pas l'idée première de ses cercles infernaux. Mais, je le demande, ne serait-ce pas élargir inutilement, indiscrètement le cercle de l'inspiration dantesque? ne serait-ce pas se montrer infidèle au caractère même de ce grand génie poétique? Assurément, si on considère le sol, pour ainsi dire, de la culture littéraire du moyen âge, on voit peu à peu s'établir comme un double

---

* « Hæc vocantur : gehenna, portæ mortis, portæ umbræ mortis, puteus corruptionis, lutum cœni, perditio ; infimum est infernus... » (Joh. Buxtorfii, *Lexicon chaldaicum, talmudicum et rabbinicum*. Bâle, 1639, in-fol., p. 231 a.]

courant qui vient féconder ces plages arides et jonchées des débris de la civilisation romaine. L'un sort du monde germanique et de la Scandinavie pour apporter à la vieille Europe cette poésie originale et barbare qu'on retrouve dans les *Eddas* et dans les *Niebelungen;* l'autre nous arrive de Bagdad avec les féeries, avec les splendeurs inattendues de la littérature arabe. Dante, sans nul doute, a profité de l'influence générale que cette nouvelle et double révélation poétique avait déjà exercée de son temps; mais il n'en a rien tiré individuellement, directement. Le propre de son talent, ou, si l'on veut, de sa méthode, c'est de s'enfermer dans l'ancien monde, dans la Rome impériale devenue la Rome pontificale. Son livre ressemble à ces temples des anciens dieux changés en églises; le poëte s'agenouille au pied de la croix, mais il est aussi en contemplation devant l'adorable beauté de l'art païen. C'est Virgile qui le guide dans son pèlerinage catholique : les véritables tendances de Dante éclatent ici manifestement; par son culte pour l'antiquité, il fait présager la Renaissance; par la donnée pieuse de son poëme, il résume les croyances du moyen âge. Ces statues de Janus, qu'il pouvait contempler dans les ruines italiennes et qu'allaient bientôt recueillir les musées des Médicis, semblent lui avoir fait envie; comme elles, il a les regards tournés en même temps vers le passé et vers l'avenir.

VII.

ENVAHISSEMENT DU GROTESQUE PAR LES TROUVÈRES. — ADAM DE ROS. — RUTEBEUF. — RAOUL DE HOUDAN. — FABLIAUX.

Dante a commencé son poëme à la fin du treizième siècle; or, au treizième siècle, s'ouvre précisément une ère nouvelle. Il y a comme un temps d'arrêt dans les visions, comme un moment de silence solennel avant la venue d'Alighieri. Les moines sont dépossédés par les trouvères. Dorénavant, au lieu d'être le résultat d'hallucinations sincères, ou de servir d'instruments aux ruses politiques, les pèlerinages dans l'autre monde deviennent de simples thèmes littéraires.

L'esprit narquois et trivial des trouvères venait de faire la satire de la vie dans *le Roman de Renart*. Pour continuer cette œuvre, il lui suffit de s'emparer des visions, car rien n'est si facile que de railler ce monde-ci en parlant de l'autre. Comme l'imagination, d'ailleurs, n'était pas le propre de ces poëtes de la langue d'oïl, ils durent naturellement se saisir dès l'abord d'un cadre aussi facile et aussi anciennement populaire. On devine quelles transformations va subir la vision en passant ainsi du cloître dans la rue, de la langue officielle de l'Église dans les patois vulgaires : le familier se substituera au sérieux, la satire à la menace, la plaisanterie burlesque à la terreur. Il n'y a pas à s'y tromper, c'est l'esprit des temps nouveaux, c'est le scepticisme futur qui commence à apparaître, sans qu'on le devine, sous cette livrée et avec ces grelots de baladin. Quand Voltaire, plus tard, se moquera des contes bouffons que les jongleurs faisaient de la vie à venir, il méconnaîtra sa propre généalogie; il ne se doutera pas que ces paradoxes impies qu'il ose émettre sur l'autre monde, il n'a la liberté de les écrire et le privilége de les faire croire que parce que ces pauvres rimeurs du moyen âge ont les premiers risqué le sarcasme contre la foi dès époques antérieures. L'éclat de rire amer qui semble se correspondre, à travers les âges, de Lucien à l'auteur de *Candide*, a certainement son écho chez les trouvères. De là le caractère étrange et inattendu des visions versifiées d'alors.

L'histoire littéraire n'échappe pas à la loi des transitions; entre les visions latines, qui étaient écrites d'un ton grave, et les visions en langue vulgaire, qui furent rédigées dans une intention plaisante, il dut se produire des œuvres intermédiaires. C'est précisément le caractère d'un petit poëme rimé, au commencement du treizième siècle, par un pauvre moine anglo-normand. Ce qu'il y a de curieux dans *la Descente de saint Paul aux enfers*[1] d'Adam de Ros, c'est que Dante semble avoir connu ce poëme, tandis qu'il a ignoré, ou fait comme s'il ignorait les autres productions des jongleurs. Il dit en effet

---

[1] L'Écriture a seulement raconté le ravissement de saint Paul au ciel (*Act.*, IX). Quant au poëme d'Adam de Ros (V. De Larue, *Jongleurs*, t. III, p. 139), il a été inséré dans les pièces justificatives du livre de M. Ozanam sur *Dante et la philosophie catholique au treizième siècle*, 1839, in-8°, p. 243 et suiv.

à Virgile, au deuxième chant de *l'Enfer* : « Pourquoi venir ici? Je ne suis pas Énée, je ne suis pas saint Paul. » Le texte est irrécusable.

Après avoir trouvé aux enfers les divers supplices qui sont devenus pour nous des banalités, saint Paul arriva à une citerne scellée de sept sceaux. L'archange Michel, son guide, l'ouvrit, et une odeur infecte s'exhala. C'était la prison des incrédules, et à l'entour se trouvait une fosse où d'autres coupables, nus et rongés tout entiers par la vermine, se roulaient les uns sur les autres. On reconnaît ici le cloaque des faussaires pestiférés[1] que Dante va bientôt nous montrer, tantôt rampant, tantôt s'arrachant à coups d'ongles les scares d'une peau gangrenée. Au surplus, ce n'est pas la seule ressemblance : la scène du démon qui vole et se démène plein de joie, emportant sur son dos une âme que les diables harponnent, se retrouve presque littéralement chez l'Alighieri[2].

Quand il eût parcouru le paradis, saint Paul, touché du contraste, se mit à prier le Christ, et obtint que les supplices cesseraient dorénavant du samedi soir au lundi matin. Puis, avant de s'en retourner sur terre, il demanda à Michel combien dureraient les tourments de l'enfer ; et l'archange répondit naïvement : « Quarante-quatre mille ans. » Ainsi le trouvère, comme l'enfant qui ne soupçonne point de nombres au delà du chiffre qu'il sait, accumule au hasard quelques milliers d'années, afin de représenter l'idée d'infini; c'est l'immensité réduite aux proportions de son intelligence. Voilà bien la poésie du moyen âge, et en même temps la gloire de Dante.

Rutebeuf[3], ce cynique précurseur de Villon, a, un des premiers parmi les trouvères, essayé de descendre le chemin de l'autre monde; mais il s'est, pour ainsi dire, arrêté au milieu. Sa *Voye de Paradis* n'est qu'un fabliau plein de ces personnifications oiseuses qui, appliquées aux expéditions vers

---

[1] *Infern.*, XXIX, 52.
[2] *Infern.*, XXI, 30.
[3] *OEuvres* publ. par M. Jubinal, 1839, in-8°, t. II, p. 24. Cf. Le Grand d'Aussy, *Fabliaux*, éd. Renouard, t. II, p. 226.

l'autre monde, n'étaient pas même une nouveauté; car, dès le quatrième siècle, Marcianus Capella avait raconté le voyage de Philologie au ciel. Il ne fallait pas grand effort d'imagination pour montrer, sur la route de la vie future, la Paresse vêtue en chanoine et l'Orgueil habillé en évêque. En nous approchant de *la Divine Comédie*, nous nous en éloignons. L'inspiration dantesque ne s'annonce pas davantage dans un autre *Voyage de Paradis*[1], mauvais rêve où le trouvère Raoul de Houdan se fait montrer, par Dieu lui-même, la couronne qui l'attend dans l'éternité. Alighieri s'imposera bien d'autres épreuves avant d'obtenir la purification.

Jusqu'ici nous avons vu les trouvères ne jouer, pour ainsi dire, que sur les limites du sujet; mais ce même Raoul de Houdan y entra plus pleinement par son *Songe d'enfer*, où il a transporté les burlesques allures des rimeurs de fabliaux : on se croirait déjà dans le Tartare de Virgile parodié par Scarron. L'enfer n'est qu'un immense réfectoire[2]. A peine le voyageur est-il aperçu des convives, qu'on l'entoure avec empressement; des clercs, des évêques, lui serrent la main. Belzébuth fait mettre un couvert et lui dit : « Raoul, bien sois-tu venu. » Je le demande, ne se croirait-on pas chez ces cuisinières de Proserpine qu'Aristophane nous montre dans *les Grenouilles?* Ne croirait-on pas assister déjà à cette scène étrange de Rabelais[3] où Épistemon, après avoir eu la tête coupée, raconte à Pantagruel comment « il avoit parlé à Lucifer familièrement, et fait grand' chière en enfer et par les Champs Élysées, asseurant devant tous que les diables estoient bons compaignons? » Quand Raoul de Houdan s'est mis à table, il s'aperçoit que la nappe est faite de peaux de publi-

---

[1] Dans les notes des *OEuvres de Rutebeuf*, t. II, p. 127.

[2] L'histoire, le croirait-on ? vient ici servir d'appui au jongleur : « ... Prêtres et moines disent que les âmes sont tourmentées les unes jusques au col, les autres jusqu'à la ceinture, autres le doigt, et disent que quelquefois elles sont assises et mangent à table et font des banquets, et spécialement à la fête des morts quand les peuples offrent aux prêtres largement sur leurs sépultures et disent que quelquefois elles cueillent les miettes sous les tables des riches... Et le peuple est fortement déçu et trompé touchant les âmes en purgatoire... » (Jean Leger, *Hist. des églises vaudoises*, p. 85.)

[3] L. II, c. 30.

cains; la serviette qu'on lui sert est un *cuir* de vieille courtisane. Les plats se succèdent rapidement; ce sont des langues de plaideurs, des libertins à la broche, des larrons à l'ail, des nonnes en pâte; le reste du service se devine, et je n'en détaillerai pas le menu [1]. On est effrayé de ces hardiesses des jongleurs, quand on songe qu'elles ont précédé Voltaire de plus de cinq cents ans : tout a été osé de très-bonne heure.

Ne nous récrions pas trop contre ces grossièretés du rimeur, qu'on rejetterait volontiers sur le compte d'un Saint-Amant ou d'un d'Assoucy. Pour être plus indulgents, rappelons-nous les monuments de la sagesse indienne, ces *Lois de Manou*, par exemple, qui datent de treize siècles avant notre ère, et où il est sérieusement question de damnés qu'on expose dans des poêles à frire [2].

Voilà ce que les trouvères firent de ces idées sur la vie future pour lesquelles le moyen âge, dans sa poésie, avait épuisé toutes les ressources de la terreur et de l'espérance : il était impossible de descendre plus bas dans la parodie. C'est l'esprit du temps; un grand nombre de fabliaux sont pleins, ici de brocards railleurs, là de trivialités ridicules sur les châtiments et les récompenses que la religion montre au delà de la tombe. On en jugera par quelques exemples. Tantôt, comme dans *la Cour de Paradis*, c'est une sorte de fête grotesque que Dieu improvise pour les élus [3]. Saint Simon, muni d'une crécelle, va éveiller les bienheureux dans les dortoirs; les chœurs de vierges et de martyrs accourent aussitôt, et, tandis que les quatre évangélistes jouent du cor, ce sont des danses et des refrains érotiques qu'on n'attendrait pas en pareil lieu. Tantôt c'est le célèbre conte du *jongleur qui va en enfer* [4], et

---

[1] Cette pièce a été insérée à la suite des *Mystères inédits*, publiés par M. Jubinal, t. II, p. 384. Cf. Le Grand d'Aussy, t. II, p. 222. Dans les *Jongleurs et Trouvères*, édités aussi par M. Jubinal, 1835, in-8°, p. 43, on trouve une petite satire intitulée *Salut d'enfer*, dans laquelle le poète anonyme raconte également les festins qu'on lui a donnés chez Satan, et le bon feu qu'on lui a fait avec des moines. Les usuriers au pot et les entremets d'avocats lui avaient paru délicieux.

[2] IV, 30 ; éd. de Loiseleur-Deslongchamps, 1833, in-8°, p. 136.

[3] *Fabliaux* de Barbazan, éd. Méon, t. III, p. 128. Cf. Le Grand d'Aussy, t. V, p. 66.

[4] Barbazan, t. III, p. 282.

qu'on charge, durant l'absence du diable, de faire bouillir la cuve des damnés. Saint Pierre vient avec des dés et lui gagne toutes les âmes en peine. Ou bien enfin c'est l'histoire du *vilain qui gagna le paradis* [1] en faisant vacarme à la porte gardée par saint Pierre, et en attirant l'attention de Dieu lui-même, qui, riant de son insistance plaisante, finit par le laisser entrer.

Mais c'est assez, c'est trop de ces citations que je pourrais multiplier ; on est à même maintenant de juger les trouvères par rapport à Dante. Telle est la poétique qui avait cours autour de lui et qu'il eut à détrôner, car l'aimable lyre des troubadours s'était brisée comme d'elle-même. Une remarque surtout me frappe à propos de l'éclatante apparition de la muse d'Alighieri au milieu de ces trivialités satiriques, au milieu des fadeurs de la première poésie italienne : c'est combien elle est en même temps tardive et précoce : tardive par rapport aux idées, au sujet, à l'inspiration ; précoce par rapport au talent du poëte, à ce génie assurément inattendu en ces solitudes de la pensée du moyen âge. Chose singulière! dans l'ordre philosophique, Dante n'ouvre pas une ère nouvelle, il clôt le moyen âge, il le résume, il est l'homme du passé ; dans l'ordre littéraire, au contraire, Alighieri est un génie précurseur qu'on ne saurait comparer qu'à Homère. Au milieu de la barbarie de son temps, quand les langues ne sont que d'informes patois, trois cents ans avant Cervantes et Shakespeare, quatre siècles avant Corneille, six siècles avant Goethe, il donne à l'Italie une grande littérature, il lui fait devancer toutes les nations modernes. Et observez, en passant, ces singulières compensations, ces contradictions intelligentes que sait ménager l'histoire : à l'aide du latin, cet idiome des pontifes, cette langue officielle de l'unité catholique, qui était sa vieille langue nationale, adoptée par l'Europe intellectuelle, l'Italie avait régné sur le monde au moyen âge. Longtemps on crut qu'il n'y avait pas de culture littéraire sérieusement possible hors de là. Eh bien ! ce fut précisément Dante, le premier chantre du catholicisme, qui, le premier aussi, vint

---

[1] *Fabliaux* de Le Grand d'Aussy, éd. Renouard, t. II, p. 238.

rompre le charme et arracher décidément le sceptre du langage à cette antique madone qu'il adorait, et sur le front de laquelle il déposait sa couronne poétique comme un hommage.

VIII.

PEINTURES ET SCULPTURES. — MYSTÈRE JOUÉ A FLORENCE. — TESORETTO DE LATINI. — DANTE. — CONCLUSION.

Quand je disais tout à l'heure que Dante vînt tard, il ne faudrait pas entendre qu'il vint trop tard; l'heure de pareils hommes est désignée; seulement il arriva le dernier, il ferma la marche, pour ainsi dire. D'ailleurs, quoique la société religieuse d'alors commençât à être ébranlée dans ses fondements par le sourd et lent effort du doute, elle avait encore gardé intact l'héritage de la foi. La forme rigoureuse de la vieille constitution ecclésiastique demeurait sans échecs apparents, et l'on était encore à deux siècles de la Réforme; la papauté, en abusant des indulgences, n'apaisait pas les scrupules des consciences chrétiennes sur les châtiments de l'enfer.

Mais quel fut le résultat immédiat du relâchement qui commençait à se manifester çà et là dans les croyances? C'est que les prédicateurs, pour parer à ce danger, évoquèrent plus qu'auparavant les idées de vengeance, et redemandèrent à la mort ces enseignements que leur permanence même rend plus terribles. De là, ces terreurs profondes de la fin de l'homme, ces inquiétudes, ces ébranlements en quelque sorte qu'on retrouve dans beaucoup d'imaginations d'alors, et qui furent si favorables à l'excitation du génie de Dante. Les anciens figuraient volontiers la mort sous des formes aimables; dans les temps qui avoisinent l'Alighieri, on en fait, au contraire, des images repoussantes. Ce n'est plus cette maigre jeune femme des premiers temps du christianisme; c'est plus que jamais un hideux squelette, le squelette prochain des danses macabres. Le symptôme est significatif.

De quelque côté qu'il jetât les yeux autour de lui, Dante voyait cette figure de la Mort qui lui montrait de son doigt décharné les mystérieux pays qu'il lui était enjoint de visiter. Je ne crois pas exagérer en affirmant que Dante a beaucoup emprunté aussi aux divers monuments des arts plastiques. Les légendes infernales, les visions célestes, avaient été traduites sur la pierre et avaient trouvé chez les artistes du moyen âge d'ardents commentateurs. Les peintures sur mur ont disparu presque toutes; il n'en reste que des lambeaux. Ainsi, dans la crypte de la cathédrale d'Auxerre, on voit un fragment où est figuré le triomphe du Christ, tel précisément qu'Alighieri l'a représenté dans *le Purgatoire*. Les peintures sur verre où se retrouvent l'enfer et le paradis abondent dans nos cathédrales, et la plupart datent de la fin du douzième siècle et du courant du treizième. Dante avait dû encore en voir exécuter plus d'une dans sa jeunesse. Entre les plus curieuses, on peut citer la rose occidentale de l'église de Chartres. Quant aux sculptures, elles sont également très-multipliées : le tympan du portail occidental d'Autun, celui du grand portail de Conques, le portail de Moissac, offrent, par exemple, des détails très-bizarres et très-divers. Toutes les formes du châtiment s'y trouvent pour ainsi dire épuisées, de même que dans *l'Enfer* du poëte; les récompenses aussi, comme dans *le Paradis*, sont très-nombreuses, mais beaucoup moins variées. Est-ce parce que notre incomplète nature est plus faite pour sentir le mal que le bien? Lorsque Dante fit son voyage de France, tout cela existait, même le portail occidental de Notre-Dame de Paris, où sont figurés plusieurs degrés de peines et de rémunérations. Sans sortir de nos frontières, notre infatigable archéologue M. Didron a pu compter plus de cinquante *illustrations de la Divine Comédie,* toutes antérieures au poëme. Évidemment Alighieri s'est inspiré de ce vivant spectacle. Les artistes ont donc leur part, à côté des légendaires, dans ces antécédents de l'épopée chrétienne, tandis que Dante lui-même, par un glorieux retour, semble avoir été présent à la pensée de celui qui peignit *le Jugement dernier.* Noble et touchante solidarité des arts! Qui n'aimerait à lire une page de *la Divine Comédie* devant les fresques de la chapelle Sixtine? Qui n'aimerait à reconnaître dans Michel-Ange le seul commentateur légitime de Dante? A une certaine hauteur, tout ce qui est beau et vrai se rejoint et se confond.

Ainsi tout concourait à pousser dans ses voies le génie de Dante. Ajoutez-y le goût de son temps pour ces scènes de la *contrée inconnue*, le hasard de son éducation, qui lui donna Latini pour maître, et enfin sa vie agitée, ardente, qui l'initia à toutes les douleurs, à toutes les joies, et qui le prépara à les peindre [1]. Ce n'était pas pour rien qu'il avait monté « l'escalier d'autrui, si dur à gravir; » ce n'était pas pour rien que ses yeux, selon son énergique expression, étaient devenus des *désirs de pleurer;* ce n'était pas pour rien enfin que son esprit, éveillé jeune aux grandes ambitions, avait cherché l'activité dans les affaires et dans les passions du temps. Dante, qu'on en soit sûr, ne perdit pas, comme poëte, à cette dure école de la politique, à ce déchirant contact des hommes et des choses, à cet enseignement laborieux des révolutions et de l'exil. Il avait en lui l'idéal, l'expérience lui révéla le réel; il put de la sorte toucher aux deux pôles de la poésie.

Il est une circonstance singulière, qu'on dirait inventée à plaisir, et dans laquelle éclate la bizarre prédilection des contemporains de Dante pour ces tableaux de la vie à venir; c'était un besoin du temps, partout et de toute manière manifeste. En 1304 (alors qu'Alighieri n'avait pas encore publié son poëme, mais que le plan en était conçu depuis plusieurs années), les habitants du bourg de San-Priano envoyèrent un héraut publier dans les rues des villes avoisinantes que quiconque tenait à savoir des nouvelles de l'autre monde n'avait qu'à se rendre le 1er mai sur le pont de la Carraïa ou sur les quais de l'Arno. Au jour indiqué, des barques surmontées d'échafauds étaient préparées sur le fleuve; la représentation commença, et l'on vit bientôt l'enfer avec ses feux et ses supplices : il y avait, entre autres choses, des démons et des patients qui poussaient des cris horribles. Tout à coup le pont de bois s'écroule avec fracas sous le poids des spectateurs et s'abîme dans le fleuve. On ne sut jamais le nombre des vic-

---

[1] Dès qu'il s'agit de la vie de Dante, il faut renvoyer à la belle et définitive biographie donnée par M. Fauriel dans la *Revue des Deux Mondes*, 1ᵉʳ oct. 1834.

times. Villani ajoute : « Ce qui avait été annoncé par plaisanterie se changea en vérité ; plusieurs allèrent savoir des nouvelles de l'autre monde. » On aimerait à supposer que Dante était là parmi les spectateurs atterrés. De toute manière, cette subite confusion de l'hypothèse et de la réalité, ce passage inattendu de la représentation fictive à l'événement même, durent produire une vive impression sur le poëte. On dirait que son rêve a été conçu au milieu de ces lugubres souvenirs.

J'ai nommé plus haut Brunetto Latini, le précepteur de Dante, celui qui a fourni un épisode si touchant au poëme de son disciple[1], celui-là même qui lui avait appris comment on s'immortalise, *come l'uom s'eterna;* et on sait si l'Alighieri a profité de la leçon. L'ancienne critique, qui n'aimait pas remonter aux origines, a longtemps attribué à Brunetto l'idée première, le plan de *la Divine Comédie.* C'est une supposition gratuite dont Ginguené a fait justice. Latini est l'auteur d'un petit ouvrage fantastique et bizarre, le *Tesoretto,* dont voici en deux mots le sujet :

Brunetto s'égare dans une forêt ; bientôt des animaux de toute sorte l'environnent, qui naissent et meurent selon que l'ordonne une femme à laquelle le ciel sert de voile, et dont les bras semblent entourer le monde. Cette femme est la Nature. Brunetto l'interroge, et la déesse lui explique la création et la chute de l'homme ; puis elle le quitte, mais après lui avoir annoncé qu'il verra sur sa route trois voies distinctes : la philosophie le conduira dans la première, le vice dans la seconde, l'amour dans la troisième. Le voyageur trouve en effet le triple carrefour, et, dans le sentier de l'amour, Ovide avec lequel il cause, et qui lui fait trouver son chemin.

Tel est le *Tesoretto;* c'est là qu'on avait encore, il y a trente ans, la manie de chercher presque exclusivement la source de *la Divine Comédie.* Assurément il fallait de la bonne volonté. Il est vrai qu'il y a là[2], comme chez Dante, un égarement dans une forêt, et qu'Ovide joue un rôle analogue à celui de Virgile dans le poëme d'Alighieri ; mais le grand écrivain n'a

---
[1] *Infern.,* xv.
[2] V. Ginguené, *Hist. litt. d'Italie,* t. II, p. 8.

pu emprunter que des détails tout à fait secondaires et matériels, pour ainsi dire, à une œuvre aussi informe. Chez Brunetto, Dieu disparaît ou au moins s'efface derrière cette incarnation de la Nature, qui s'enveloppe du ciel comme d'un vêtement; Dante, au contraire, relègue la Nature bien en deçà de Dieu[1] dans les profondeurs de la création. Selon lui, l'idée souveraine, source de tout amour, répand ses rayons de sphère en sphère jusqu'aux dernières puissances; et la Nature, reflet lointain de Dieu, faculté affaiblie, est pareille en ses œuvres, en ses empreintes imparfaites, à l'artiste consommé dans la pratique de l'atelier, mais dont la main tremble. Un abîme, on le voit, sépare Brunetto d'Alighieri, le maître obscur de l'élève illustre : il suffit d'ouvrir les deux livres pour s'en convaincre. Cependant il importait de savoir que l'homme qui forma Dante aux lettres était lui-même préoccupé de l'idée, si répandue alors, de ravissements au delà de ce monde, de voyages en dehors de la vie réelle. Qui sait? les empreintes qu'on reçoit dans la jeunesse ne s'effacent guère. Quand Latini s'entretenait de ces expéditions surnaturelles avec l'écolier curieux qui l'interrogeait, il ne se doutait pas qu'il lui déchiffrait l'énigme de sa destinée, et que cet enfant, accomplissant plus tard un pèlerinage pareil, le montrerait, le reconnaîtrait lui-même avec larmes parmi les suppliciés de l'enfer.

Enfin nous voilà au seuil du grand monument d'Alighieri. Déjà, arrivé à Brunetto, nous pouvions nous écrier avec Montesquieu : *Italiam! Italiam!* mais ce n'étaient là encore que les désertes maremmes, ces maremmes, il est vrai, qui touchent à Rome, qui mènent aux splendeurs de la ville éternelle On avait cru dans l'antiquité[2], avec Pythagore et Empédotime, que la voie lactée est la route des âmes qui quittent ce monde; dans les légendes du moyen âge, ce *chemin de Saint-Jacques*, ainsi qu'on l'appelait, fut aussi regardé comme la voie de l'éternité. Dante est le dernier à qui il fut donné de la gravir. C'est ainsi qu'il nous apparaît à l'horizon de la poé-

---

[1] *Parad.*, XIII.
[2] Philoponus, *in Metaph.*, p. 1046; Porphyre, *De Antr. Nymph.*, cap. 28.

sie moderne; c'est ainsi, entouré d'une auréole et dans un sentier parsemé d'étoiles, que les maîtres de la première école italienne, Cimabuë et Giotto (qu'il connut tous les deux), auraient dû le peindre pour nos regards désireux. Mais le poëte en vain semble appeler à lui ceux qui le contemplent et nous faire signe de l'accompagner dans son pieux et redoutable pèlerinage : il n'est pas donné à tous de l'y suivre. Aujourd'hui, nous ne voulions que répéter avec Stace : *Longe sequere et vestigia semper adora*. Il nous aura suffi de traverser le pays inconnu, le désert curieux et trop inexploré jusqu'ici, qui mène à cette terre promise : nous n'essaierons pas d'y pénétrer.

Le mouvement d'ailleurs auquel nous avons assisté, cet essai en quelque sorte périodique, ce tâtonnement non interrompu d'une pensée qui se produit laborieusement sous tant de formes grossières et provisoires, avant de rencontrer sa forme définitive, un si long effort des intelligences au profit d'un seul homme, tout cela offre une suite, un ensemble qui méritaient, je crois, d'être considérés à part, et dont la critique et l'histoire ont à tirer quelques enseignements. Outre qu'il n'est pas sans intérêt en soi, sans un intérêt j'oserai dire philosophique, de savoir ce qu'ont pensé tant de générations, à travers tant de siècles, sur la fin dernière du problème de notre destinée, c'est-à-dire sur la constitution même, sur l'organisation matérielle de la vie future ; outre qu'il y aurait à rechercher sous ces récits étranges, sous cet appareil souvent symbolique, les plus graves, les plus légitimes préoccupations de l'esprit humain dans les âges qui nous séparent de l'antiquité, on peut, en s'en tenant à la poésie seulement, déduire de là, par rapport aux origines des grandes œuvres épiques, par rapport à *la Divine Comédie* surtout, des conséquences auxquelles l'histoire littéraire doit accorder leur place, une place notable.

La question des épopées, si vivement et si fréquemment débattue par la critique moderne, ne peut-elle pas recevoir quelque profit du tableau que nous avons vu se dérouler sous nos yeux? On sait maintenant, par un exemple considérable (quel est le nom à côté duquel ne pourrait être cité celui de Dante?), on sait comment derrière chaque grand poëte primitif il y a des générations oubliées, pour ainsi dire, qui ont préludé aux mêmes harmonies, qui ont préparé le concert. Ces œuvres capitales, qui apparaissent çà et là aux heures solennelles et chez les nations privilégiées, sont comme ces moissons des champs de bataille qui croissent fécondées par les morts. Dante explique Homère. Au lieu de l'inspiration religieuse mettez l'inspiration nationale, et vous saurez comment s'est faite *l'Iliade;* seulement la trace des rapsodes a disparu, tandis que celle des légendaires est encore accessible à l'érudition. Ces deux poëtes ont eu en quelque sorte pour soutiens les temps qui les ont précédés et leur siècle même; l'un a redit ce que les Grecs pensaient de la vie publique, l'autre ce que les hommes du moyen âge pensaient de la vie future. Sont-ils moins grands pour cela ? Cette collaboration de la foule, au contraire, est un privilége qui ne s'accorde qu'à de bien rares intervalles et à des génies tout à fait exceptionnels. Pour s'emparer à leur profit de l'inspiration générale, pour être les interprètes des sentiments et des passions d'une grande époque, pour faire ainsi de la littérature qui devienne de l'histoire, les poëtes doivent être marqués au front. Les pensées des temps antérieurs éclatent tout à coup en eux et s'y résolvent avec une fécondité et une puissance inconnues. A eux de dire sous une forme meilleure, souveraine, à eux de fixer sous l'éternelle poésie ce qui se répète à l'entour !

Ce spectacle a sa moralité : n'y a-t-il pas là, en effet, en dehors des noms propres, quelque chose de vraiment grandiose par la simplicité même ? Dans l'ordre esthétique, la poésie est la première de toutes les puissances données à l'homme. Elle est à l'éternel beau ce qu'est la vertu à l'éternel bien, ce qu'est la sagesse à l'éternel vrai, c'est-à-dire un rayon échappé d'en haut; elle nous rapproche de Dieu. Eh bien ! Dieu, qui partout est le dispensateur du génie, et qui l'aime, n'a pas voulu que les faibles, que les petits fussent tout à fait déshérités de ce don sublime. Aussi, dans ces grandes œuvres poétiques qui ouvrent les ères littéraires, toute une foule anonyme semble avoir sa part. C'est pour ces inconnus, éclaireurs prédestinés à l'oubli, qu'est la plus rude tâche; ils tracent instinctivement les voies à une sorte de conquérant au profit de qui ils n'auront qu'à abdiquer un jour; ils préparent à grand-peine le métal qui sera marqué plus tard à une autre et définitive empreinte; car, une fois les tentatives épuisées, arrive l'homme de génie. Aussitôt il s'empare de tous ces éléments dispersés et leur imprime cette unité imposante qui équivaut à la création. Et alors, qu'on me passe l'expression, on ne distingue plus rien dans ce faisceau, naguère épars, maintenant relié avec tant de puissance, dans cet imposant faisceau du dictateur poétique, qu'il s'appelle Homère ou Dante. Il y a donc là une loi de l'histoire littéraire qui rend un peu à tous, qui prête quelque chose à l'humanité, qui donne leur part aux humbles, et cela sans rien ôter au poëte; car, je le répète, les plus grands hommes évidemment sont seuls appelés ainsi à formuler une pensée collective, à concentrer, à absorber, à ranger sous la discipline de leur génie tout ce qui s'est produit d'idées autour d'eux, avant eux. C'est le miroir d'Archimède.

Voilà quelques-unes des vues générales que vient confirmer, par des témoignages continus et essentiels, le cycle poétique que nous avons parcouru dans ses détails. La mystérieuse formation des épopées primitives, le secret de naissance de la pensée littéraire, chez les souverains génies, s'en trouvent, en quelques points, éclairés. Mais je m'arrête; l'analogie est un instrument perfide dont il ne faut user qu'avec d'extrêmes réserves. Ce sont surtout les profondeurs de l'œuvre d'Alighieri, ce sont surtout les procédés poétiques, la grandeur native de cette forte intelligence, qui semblent par là mis dans toute leur lumière. Il n'était pas sans quelque intérêt peut-être de rechercher ce que le travail de tant de siècles devint entre les mains de Dante. Tous les éléments, même les moindres, de son œuvre étaient préparés : nous les avons successivement reconnus. Ils jonchaient au hasard le sol où les trouva le poëte, et le sublime architecte sut mettre la main aussitôt sur ce qui était propre au merveilleux monument qu'il voulait élever.

Il y a donc deux parts à faire dans *la Divine Comédie*, sinon pour le lecteur, au moins pour le critique : la part de l'imitation, la part de la création. Dante est un génie double, à la fois éclectique et original.. Il ne veut pas imposer au monde sa fantaisie et son rêve par le seul despotisme du génie. Loin de là, il va au-devant de son temps, tout en attirant son temps à lui. C'est ainsi que font les grands hommes : ils s'emparent sans dédain des forces d'alentour et y ajoutent la leur.

Dirai-je ce que Dante a imité, ou plutôt ce qu'il a conquis sur les autres, ce qu'il a incorporé à son œuvre? Il faudrait en rechercher les traces partout, dans la forme, dans le fond, dans la langue même de son admirable livre. L'antiquité s'y trahirait vite : Platon par ses idéales théories, Virgile par la mélopée de ses vers. Le moyen âge, à son tour, s'y rencontrerait en entier : mystiques élans de la foi, rêveries chevaleresques, violences théologiques, féodales, municipales, tout jusqu'aux bouffonneries ; c'est un tableau complet de l'époque : le génie disputeur de la scolastique y donne la main à la muse étrange des légendaires. Si la chevalerie introduit dans les mœurs le dévouement à la femme, si les troubadours abdiquent leur cynisme pour chanter une héroïne imaginaire, si Gauthier de Coinsy et les pieux trouvères redoublent le lis virginal sur le front de Marie, si les sculpteurs enfin taillent ces chastes et sveltes statues dont les yeux sont baissés, dont les mains sont jointes, dont les traits respirent je ne sais quelle angélique candeur, ce sont autant de modèles pour Dante, qui concentre ces traits épars, les idéalise, et les réunit dans l'adorable création de Béatrice. Cet habile et souverain éclectisme, Alighieri le poursuit dans les plus petits détails. Ainsi, par un admirable procédé d'élimination et de choix, son rhythme il l'emprunte aux cantilènes des Provençaux ; sa langue splendide, cette langue *aulique* et *cardinalesque,* comme il l'appelle, il la prend à tous les patois italiens, qu'il émonde et qu'il transforme. On dirait même qu'il sut mettre à profit jusqu'à ses liaisons, jusqu'aux amitiés de sa jeunesse. Au musicien Casella ne put-il pas demander ces harmonieuses douceurs de la langue toscane dont hérita plus tard Pétrarque ; au peintre Giotto, le modèle de ces figures pensives dont le pinceau toucha à peine les lignes suaves, et qui, dans les vieilles œuvres italiennes, se détachent au milieu d'une lumière d'or ; à l'architecte Arnolfo enfin, la hardiesse de ses belles constructions, pour bâtir aussi son édifice, sa sombre tour féodale maintenant noircie par les années, mais qui domine tout l'art du moyen âge.

Ainsi Dante ne dédaigne rien : philosophe, poëte; philologue, il prend de toutes mains, il imite humblement l'abeille. Vous voyez bien qu'il n'a rien créé, ou plutôt il a tout créé. C'est de la sorte que procèdent les inventeurs : chacun sait les éléments dont ils se servent, personne ne sait le secret de leur mise en œuvre. Ce qui d'ailleurs appartient en propre à Dante, ce qui suffirait à sa gloire, c'est le génie; l'imposante grandeur de l'ensemble et en même temps la suprême beauté du détail et du style, ce je ne sais quoi qui est propre à sa phrase, cette allure souveraine et inexprimable de sa poésie, tant d'énergie à la fois et tant de grâce, tant de sobriété sévère dans la forme, et cependant tout un écrin éblouissant, des couleurs diaprées et fuyantes, et comme un rayonnement divin dans chaque vers.

Ce n'est pas qu'il faille porter le culte jusqu'à la superstition. Les *ultras*, il est vrai, sont moins dangereux en littérature qu'en politique : en politique, ils perdent les gouvernements qu'ils flattent; en littérature, ils ne font que compromettre un instant les écrivains qu'ils exaltent, et qui, après tout, sont toujours sûrs de retrouver leur vrai niveau. Mais pourquoi ces exagérations? Comment la vogue a-t-elle osé toucher à l'austère génie de Dante? L'œuvre d'Alighieri, j'en veux convenir, ressemble à ces immenses cathédrales du moyen âge que j'admire beaucoup, autant que personne, mais qui, en définitive, sont le produit d'un temps à demi barbare, et où toutes les hardiesses élancées de l'architecture, où les merveilles ciselées et les délicatesses sculpturales s'entremêlent souvent, à travers les époques, à de lourds massifs, à des statues difformes, à des parties inachevées. Apprécions Dante en critiques, et sachons où vont nos adhésions. Sans doute il y a sympathie permanente en nous pour ce passé que chante le poëte; mais nous sentons bien que c'est du passé. Soyons francs : la fibre érudite est ici en jeu aussi bien que la fibre poétique; la curiosité est éveillée en même temps que l'admiration. Si l'on est frappé de ces catacombes gigantesques, on sait qu'elles sont l'asile de la mort. En un mot, nous comprenons, nous expliquons, nous ne croyons plus. La foi de Dante nous paraît touchante, aux heures de tristesse, elle nous fait même envie quelquefois ; mais personne ne prend plus au sérieux, dans l'ordre moral, le cadre d'Alighieri. N'est-ce pas pour nous un rêve bizarre qui a sa grandeur, sa grandeur en philosophie et en histoire? Et à qui, je le demande, cette lecture laisse-t-elle une terreur sincère et mêlée de joie, comme au moyen âge? Hélas ! ce qui nous frappe surtout dans *la Divine Comédie*, ce sont les beaux vers.

Heureusement la forme seule a vieilli ; le problème au fond est demeuré le même, et la poétique solution tentée par l'Alighieri reste immortelle. Les sentiments qu'il a touchés avec tant d'art, les vérités qu'il a revêtues de parures si splendides, sont de tous les temps. Convenons seulement que dans cette forêt où s'égare le poëte, on rencontre bien des aspects sauvages, bien des rochers inabordables. Dante, génie capricieux et subtil, est, ne l'oublions pas, un homme du moyen âge ; incomparablement supérieur à son temps, il en a cependant çà et là les inégalités, le tour bizarre, la barbarie, le pédantisme : légitime satisfaction qu'il faut donner à la critique. Qu'importe après tout? S'il y a çà et là des broussailles pédantesques qui obstruent la voie et qui fatiguent, tout à côté, et comme au détour du buisson, on est sûr de retrouver les idées grandioses, les images éclatantes, et aussi cette simplicité naïve, ces grâces discrètes, qui n'interdisent pas la science amère de la vie. Laissons donc l'ombre descendre et couvrir les parties de l'œuvre de Dante d'où la poésie s'est de bonne heure retirée, et contemplons plutôt celles que l'éternelle aurore de la beauté semble rajeunir encore avec les siècles.

Cette forme, si longtemps populaire, si universellement répandue, de la vision, semble disparaître avec Alighieri, qui sort radieux du fatras des commentaires et des imitateurs. Après lui, qu'on me passe le mot, il n'y a plus de pèlerinage de Childe-Harold dans l'autre monde [1]. Le poëte avait fait de

---

[1] Au quinzième siècle, sainte Françoise-Romaine (voir *Boll.*, mars, II, 162)

la vision son inaliénable domaine ; c'était une forme désormais arrêtée en lui, et qui ne devait pas avoir à subir d'épreuves nouvelles. Quelles avaient été pendant treize cents ans les craintes, les espérances de l'humanité sur la vie à venir : voilà le programme que s'était tracé Dante, et qu'il avait pour jamais rempli dans son poëme.

Sur la pente rapide qu'elles descendaient, comment les générations qui succédèrent à l'Alighieri auraient-elles pris désormais un intérêt autre que l'intérêt poétique à ces questions du monde futur ainsi résolues par des visionnaires ? Dante, il est bon de le rappeler encore, n'est pas un génie précurseur par les idées ; il ne devance pas l'avenir, il résume le passé : son poëme est comme le dernier mot de la théologie du moyen âge. Cela est triste à dire peut-être, mais le cynique Boccace est bien plutôt l'homme de l'avenir que Dante. Dante parle à ceux qui croient, Boccace à ceux qui doutent. La Réforme est en germe dans *le Décaméron*, tandis que *la Divine Comédie* est le livre des générations qui avaient la foi. C'est qu'on marche vite dans ces siècles agités de la Renaissance. Prenez plutôt l'Italie, cette vieille reine du catholicisme ; la France, cette fille aînée de l'Église ; l'Espagne même, cette terre privilégiée de la foi, et interrogez-les. Qu'elles vous disent ce que font leurs écrivains des souvenirs de Dante et des révélations sur l'autre vie ; qu'elles vous disent s'ils n'ont pas bien plutôt dans la mémoire le scepticisme goguenard des trouvères. Voici en effet que Folengo, un moine italien, donne brusquement un enfer burlesque pour dénoûment à sa célèbre macaronée de *Baldus*, et qu'il y laisse sans façon son héros, sous prétexte que les poëtes, ces menteurs par excellence, ont leur place marquée chez Satan, et qu'il n'a, lui, qu'à y rester. Voilà que Rabelais, à son tour, verse au hasard les grossières enluminures de sa palette sur ce tableau où le vieux gibelin avait à l'avance mis les couleurs de Rembrandt. Le prosaïque enfer de Rabelais, c'est le monde renversé. Je me garderai

---

sera une exception, et ne fera que copier fastidieusement les visionnaires antérieurs et Dante lui-même.

Le reste ne vaut pas l'honneur d'être nommé.

de citer des exemples : qu'on se rappelle seulement qu'il ne sait que faire raccommoder des chausses à Alexandre le Grand, à ce conquérant qu'Alighieri avait plongé dans un fleuve de sang bouillant. C'est à ces trivialités que l'Italie et la France retombent avec Folengo et Rabelais. L'Espagne aussi, un peu plus tard, aura son tour; prenez patience. Laissez sainte Thérèse, ce grand génie mystique égaré au seizième siècle, laissez-la évoquer l'enfer dans ses songes, et rêver que deux murailles enflammées viennent à elle, qui finissent par l'étreindre dans un embrassement de feu; laissez la foi et la mode des *autos sacramentales* conserver encore quelque importance aux compositions religieuses. Déjà, quand Calderon met sur la scène la légende du *Purgatoire de saint Patrice*, il n'a plus, à beaucoup près, ces mâles accents de la chanson du *Romancero*, où étaient si énergiquement dépeints les châtiments que Dieu inflige en enfer aux mauvais rois. La transformation s'annonce : on touche aux railleries de Quevedo, à cette bouffonne composition des *Étables de Pluton*, par laquelle l'Espagne vint la dernière rejoindre les cyniques tableaux du *Baldus* et du *Pantagruel*.

Tels sont les successeurs de Dante, qui l'ont un instant fait descendre de ce trône de l'art chrétien, où notre équitable admiration l'a si légitimement et à jamais replacé. Comment, en demeurant au degré où nous l'avons vu, l'homme de son époque, l'Alighieri a-t-il empreint à un si haut point son œuvre d'un sceau personnel et original? comment la création et l'imitation se sont-elles si bien fondues dans la spontanéité de l'art? Inexplicables mystères du talent! C'est dans ce développement simultané du génie individuel, d'une part, et du génie contemporain, de l'autre, qu'est la marque des esprits souverains. Voilà l'idéal que Dante a atteint; il ne faut lui disputer aucune des portions, même les moindres, de son œuvre : tout lui appartient par la double légitimité de la naissance et de la conquête. Il était créateur, et il s'est fait en même temps l'homme de la tradition, parce que la poésie ressemble à ces lumières qu'on se passait de main en main dans les jeux du stade, à ces torches des coureurs auxquelles

Lucrèce compare si admirablement la vie. Le flambeau antique ne s'éteint jamais : Dante l'a pris des mains de Virgile pour en éclairer le monde moderne.

Chaque époque a sa poésie qui lui est propre, et qui ne saurait être pourtant qu'une manière diverse d'envisager, sous ses formes variées, le problème de la destinée humaine; car nous sommes de ceux qui croient, avec Théodore Jouffroy, que toute poésie véritable, que toute grande poésie est là, que ce qui ne s'y rapporte point n'en est que la vague apparence et le reflet. Cette blessure au flanc que l'humanité porte après elle, ce besoin toujours inassouvi qui est en nous et que la lyre doit célébrer; en un mot, tout ce qu'Eschyle pressentait dans le *Prométhée*, tout ce que Shakespeare a peint dans *Hamlet*, ce pourquoi dont Manfred demande la solution à l'univers, ce doute que Faust cherche à combler par la science, Werther par l'amour, don Juan par le mal, ce contraste de notre néant et de notre immortalité, toutes ces sources de l'éternelle poésie étaient ouvertes dans le cœur d'Alighieri. Lassé de la vie, dégoûté des hommes, Dante s'est mis au delà du tombeau pour les juger, pour châtier le vice, pour chanter l'hymne du bien, du vrai et du beau. C'est un de ces maîtres aimés qui sont sûrs de ne jamais mourir, car l'humanité, qui a coopéré à leur œuvre, reconnaîtra toujours en eux sa grandeur et sa misère.

CHARLES LABITTE.

NOTICE SUR DANTE.

Celui qui devait être le chantre du catholicisme, Dante, naquit à Florence, en l'année 1265, d'Alighiero degli Elisei, jurisconsulte célèbre d'une très-ancienne famille, et de donna Bella. Dès l'âge de trois ans il perdit son père, et bientôt sa mère, qui, en mourant, le confia au secrétaire de la république. Durante (car Dante n'est que le diminutif de son nom) étudia tour à tour à Florence, à Bologne et à Padoue, et acquit dans les lettres, dans les sciences, et même dans les arts, les connaissances les plus variées. Cette force encyclopédique se retrouve chez tous les grands Italiens. Les passions les plus opposées agitèrent aussi cette âme *mobile*, comme il le dit lui-même. La *Vita Nuova* nous raconte cet amour conçu dès l'enfance pour la fille de Folco Portinari, cette Béatrice qui, après sa mort prématurée, devint, par une transfiguration platonicienne, le symbole de la théologie. En 1291, l'année qui suivit la perte de Béatrice, il épousa Gemma Donati. Six enfants (cinq garçons et une fille) lui naquirent de ce mariage; mais il n'y trouva point la paix désirée, et Gemma fut, dit-on, rendue à sa famille.

L'homme inquiet aborda alors la politique. Dès 1289 et 1290, il avait vaillamment combattu contre les Gibelins, et la fameuse bataille de Campaldino le vit exposé aux plus grands dangers.

Il fut nommé, en 1300, un des prieurs de Florence. Ici commencent ses infortunes. Les factions si connues des Gibelins et des Guelfes désolaient alors la république : ce fut l'avis de Dante d'exiler les chefs des deux factions. Les Noirs ou Guelfes, attachés au parti du pape, furent envoyés à Castello della Pieve; les Blancs ou Gibelins, qui tenaient pour l'empereur, furent relégués à Serazzana. Le prieur, selon qu'il l'affirme dans ses lettres, n'aida-t-il point au retour des Blancs? Toujours est-il que les Noirs, rentrés à Florence, en 1302, par le secours de Charles de Valois, massacrèrent ou chassèrent à leur tour leurs ennemis, et instruisirent contre les prieurs. Dante était alors en ambassade près du pape. Il reçoit l'ordre de venir se justifier. Sur son refus, ses biens sont confisqués, sa maison est rasée, et lui condamné à être brûlé vif, s'il reparaît sur le sol de la république.

Les supplices des exilés du ciel, décrits par le poëte, surpassent à peine ceux qu'il endura dans son exil de Florence. « C'est le sort » des esprits de mon ordre, fait dire Byron à Dante (amer retour » du barde anglais sur lui-même !)[1], d'être torturés pendant la vie, » d'user leurs cœurs, de consumer leurs jours en des luttes sans » fin, et de mourir seuls. » En vain, vers la fin de 1304, essaya-t-il de rentrer par un coup de main hardi : vaincu, il se retira à Vérone, d'où il adressa au peuple la lettre fameuse : « *Popule mi, quid feci tibi?* » Ensuite commença cette vie errante qui semble dans la destinée de tous les épiques. Il parcourut l'Italie, la France, l'Angleterre, soutenant à Paris et à Oxford des thèses de théologie[2].

La Divine Comédie, commencée en 1298, dut être la compagne fidèle de ses voyages.

C'est la poésie d'un théologien, d'un philosophe et d'un politique.

La théologie, c'est-à-dire la science de Dieu et de l'homme en Dieu, voilà le côté mystique et le côté moral de cette triple épopée. Le poëte reconnaît que la terre est dangereuse, qu'on s'y souille, qu'on s'y égare; il en sort, sauvé par la poésie; il entre dans le monde mystique, s'effraye en Enfer aux supplices de ceux qui dévièrent de la route divine; il se purifie aux feux du Purgatoire : puis il quitte Virgile pour Béatrice : il quitte la poésie, langue humaine, pour la théologie, langue divine; il voit en Paradis briller cette croix formée des âmes de ceux qui donnèrent leur vie pour Jésus; il voit la rose mystique s'ouvrant et se refermant en louant le Très-Haut; arrivé enfin devant le profil même de Dieu, Dante, qui déjà ne trouve plus de voix pour rendre son amour, est ébloui et ne peut lever les yeux.

Le sens politique ou gibelin se trouve sous cette vision. L'Enfer, c'est l'anarchie; le Purgatoire, c'est le passage à l'ordre; le Paradis, c'est la monarchie divine, type de la monarchie impériale.

On a dit de Dante qu'il était le théologien des poëtes et le poëte des théologiens. A ne le considérer que comme poëte, Dante, en dehors de son temps, n'a point de terme de comparaison. L'épopée grecque ne lui peut servir de mesure. Mais si, dans un même siècle, toutes les tendances de l'art sont d'ordinaire parallèles, les lignes gothiques de l'architecte Arnolfo Lapo et d'Orgagna, entourées des fioritures du campanile de Giotto, feraient deviner la forme dantesque.

---

[1] Byron, *Prophétie de Dante.*
[2] Pour l'étude curieuse de ces pérégrinations, lire le *Voyage Dantesque*, de M. Ampère.

On le reconnaîtra : presque toutes les idées fondamentales de *la Divine Comédie*, qui devait être le code impérieux de toute vérité, sont aujourd'hui ébranlées ou détruites : la physique, la philosophie, et la scolastique du moyen âge, n'existent plus; la politique a changé; le dogme, stable en lui-même, a perdu nombre de ses sujets; les formes même de l'art et de la langue se sont tellement modifiées, que chaque mot, en plusieurs endroits de ce poëme obscur où les détails historiques et la théologie absorbent la poésie, demanderait un commentaire.

Il n'y a donc pas à s'étonner si, durant notre période classique, Dante est resté dans une éclipse si complète. Boileau n'en fait pas mention, et Voltaire n'en parle guère que pour en rire. Pour le remettre en lumière, et il l'est déjà depuis plusieurs années (par exemple dans sa couleur, grâce à M. Antoni Deschamps), il fallait en partie cette faculté compréhensive des autres époques que notre siècle allie si bien à l'audace d'innover. De là ces traductions du Faust, de la Jérusalem, des Lusiades [1], ou des épopées orientales; ces reproductions des poëmes du moyen âge et des chants populaires; de là, en France (comme déjà à Weimar le firent Goethe et Schiller), les travaux de poëtes tels que M. de Vigny et ses amis sur les drames de Shakespeare [2]; et récemment encore l'exemple donné par M. de Châteaubriand.

Quant à l'auteur de *la Divine Comédie*, quels que soient les changements nouveaux de l'avenir, il remontera toujours à son rang par la force de l'idée chrétienne sur laquelle il s'appuya, et s'y maintiendra par ce fond général et humain où tous les poëtes marchent sûrement depuis le grand Homère. Le soleil de celui-ci n'a jamais pâli.

Fidèle, nous l'espérons, au génie de notre langue, cette traduction s'est efforcée aussi d'être fidèle au génie de l'auteur florentin. Les plis ondoyants de l'ancienne toge s'ajusteraient mal, il semble, à une figure semi-gothique. En effet, que demande-t-on, si ce n'est de connaître l'homme de tel siècle et de tel pays; avec le fond, de voir, autant que possible, les particularités de chaque forme? C'est par le même désir de vérité, que la coupe rhythmique de la *terzina* (le tercet) a été, pour la première fois, conservée dans cette version : méthode utile à qui voudra suivre le texte italien.

Dante, tout le fait croire, attendait de sa renommée poétique la

---

[1] Voyez les excellentes traductions de ces trois poëmes dans la *Bibliothèque Charpentier*.

[2] *Roméo et Juliette* et *Macbeth*, par M. Émile Deschamps. *Jules-César*, par M. Auguste Barbier. *Hamlet*, par M. Léon de Wailly.

fin de son exil; mais les implacables vengeances de ses vers, dans lesquels il se fait de lui-même juge des vivants et des morts, devaient mal servir de telles espérances. Aussi, Henri de Luxembourg nommé empereur, Dante n'hésita point à l'appeler contre Florence; puis, adouci dans sa haine, il ne voulut pas voir le siége de sa patrie.

La retraite forcée de Henri et bientôt sa mort subite rejetèrent pour jamais le poëte dans l'exil. Comme déjà les seigneurs de la Scala, le prince de Ravenne, Guido Novello, lui offrit une amicale hospitalité.

Outre *la Divine Comédie* et *la Vita Nuova*, Dante a composé des *sonnets*, des *vers héroïques*, des *canzone*, le *Convivio* ou commentaire sur ses *canzone*, une *Allégorie sur Virgile*, des *églogues*, des *lettres*, des paraphrases du *Pater*, du *Symbole*, et des *Psaumes de la Pénitence*, enfin deux traités en latin, l'un *de Monarchiâ*, l'autre *de Vulgari eloquio*.

Dante mourut à Ravenne en 1321, à l'âge de cinquante-six ans. Il fut enseveli avec pompe et en habit de poëte. Lui-même s'était préparé cette épitaphe :

> Jura monarchiæ, superos, Phlegetonta, lacusque,
> Lustrando cecini, voluerunt fata quousque :
> Sed quia pars cessit melioribus hospita castris,
> Auctoremque ducem petiit, felicior astris,
> Hic claudor Dantes patriis extorris ab oris,
> Quem genuit parvi Florentia mater amoris.

Sommairement, telle est la vie du grand poëte toscan. Nul n'a mieux prouvé la force du génie italien; nul, si ce n'est Machiavel par ses institutions, n'a fait de son pays une satire plus amère. Avec raison, les Italiens ne se sont souvenus que du génie de leur grand poëte, du *padre Alighieri*, celui qui créait leur langue et leur donnait encore une couronne épique.

Ils ont ajouté à son œuvre le titre de *Divine*, que lui nommait simplement *Comédie*, croyant écrire dans le style mixte et moyen propre au genre comique.

La première édition publiée à Fuligno, en 1472, était intitulée : *la Commedia di Dante Alighieri di Fiorenza*; la vingt-neuvième édition, qui parut en 1516, portait le titre de *Divina*. Aujourd'hui l'admiration pour l'*altissimo poeta* s'en va toujours croissant, et ce n'est pas seulement sur la terre d'Italie.

A. B

Janvier 1841.

LA DIVINE COMÉDIE.

L'ENFER.

CHANT PREMIER.

Au milieu du voyage de la vie, Dante, arrêté par trois grandes passions qu'il symbolise, la Luxure, l'Orgueil et l'Avarice, sort de la bonne route. — Béatrice (ou la Théologie), aimée de lui dans sa jeunesse, envoie à son secours le Génie de la Poésie (Virgile), qui, par l'étude du grand et du beau, le ramènera graduellement à la contemplation des choses célestes. — C'est la méthode platonicienne. — Ce poëme, très-obscur dans ses détails, est donc très-clair dans son idée première et dans la disposition des parties. — Virgile, ou la Poésie, guidera Dante à travers l'Enfer et dans le Purgatoire ; Béatrice, ou la Théologie, sera son guide dans le Paradis. — Après cet exposé, on comprend le poëte catholique, et l'on peut faire avec lui le grand voyage. — Dante suit Virgile. Ils partent vers la nuit.

Au milieu du voyage de notre vie[1], je me trouvai dans une forêt obscure[2], car j'étais sorti du droit chemin.

Ah! cela serait chose pénible à dire combien était sauvage, âpre et épaisse, cette forêt dont le souvenir renouvelle ma crainte.

Elle est si amère, que la mort ne l'est guère davantage. Mais, pour parler du bien que j'y trouvai, je révélerai les autres choses que j'y ai vues.

Je ne saurais bien redire comment j'entrai dans cette forêt, tant j'étais plein de sommeil quand j'abandonnai le vrai sentier.

Mais lorsque je fus arrivé au pied d'une colline où se terminait la vallée qui m'avait saisi le cœur de crainte,

Je regardai en haut, et je vis son sommet déjà revêtu des

---

[1] Dante est descendu dans l'Enfer à l'âge de trente-trois ans, le jour du vendredi saint, l'an 1300 ; il parcourut tous les cercles en vingt-quatre heures. « Ego dixi : In dimidio dierum meorum vadam ad portas inferi. » (Isaïe, XXVIII, 10.)

[2] Symbole des passions.

rayons de la planète[1] qui nous guide sûrement dans tous les sentiers.

Alors se calma un peu cette peur qui était restée dans le lac de mon cœur, toute cette nuit que je passai dans une si grande angoisse.

Et comme celui qui, sorti tout haletant de la mer sur le rivage, se retourne vers l'onde périlleuse et la regarde,

De même mon esprit, qui fuyait encore, se retournait pour contempler le passage d'où jamais homme ne sortit vivant[2].

Puis, ayant reposé mon corps fatigué, je repris mon chemin par la plage déserte[3]; gravissant de manière que mon pied le plus ferme était toujours le plus bas.

Et voici, presque au commencement de la montée, une panthère[4], agile et très-vive, et couverte d'une peau tachetée !

Elle ne se retirait pas de devant mes yeux, mais elle me barrait si résolûment le chemin, que, plusieurs fois, je me retournai pour revenir en arrière.

C'était le temps où commence le matin ; le soleil montait dans le ciel au milieu des mêmes étoiles qui l'entouraient quand l'amour divin

Imprima le premier mouvement à toutes ces belles choses. L'heure matinale et la douce saison me donnaient bonne espérance de conquérir la peau tachetée de cette bête sauvage ;

Mais non tellement que je ne fusse saisi de peur à la vue d'un lion qui m'apparut[5].

Il semblait venir contre moi, la tête haute et avec une faim si furieuse, que l'air même semblait s'en épouvanter.

Puis ce fut une louve[6] qui, dans sa maigreur, paraissait

---

[1] Le soleil.
[2] Ce passage, c'est le péché mortel.
[3] Le chemin qui mène à la vertu.
[4] Symbole de la luxure.
[5] Symbole de l'orgueil et de l'ambition.
[6] Symbole de l'avarice.

chargée de désirs, et qui déjà a forcé bien des gens de vivre misérables.

Celle-ci me communiqua tant d'engourdissement par la peur qui sortait de ses yeux, que je perdis l'espérance de gravir la colline.

Comme celui qui se plaît à acquérir, et qui, le jour venu d'une perte, pleure et s'attriste dans toutes ses pensées,

Tel me rendit cette bête sans repos qui, venant à ma rencontre, peu à peu me repoussait là où le soleil se tait[1].

Tandis que je reculais vers la vallée, devant mes yeux s'offrit quelqu'un qui, par son long silence, semblait devenu muet.

Dès que je le vis dans le grand désert : « Aie pitié de moi ! lui criai-je, qui que tu sois, ombre ou homme véritable. »

Il me répondit : « Non plus homme, mais homme j'ai été ; mes parents furent Lombards et tous deux Mantouans.

» Je naquis sous Jules, mais tard et dans ses dernières années ; j'ai vécu à Rome sous le bon Auguste, au temps des dieux faux et menteurs.

» Je fus poëte, et je chantai ce pieux fils d'Anchise, qui vint de Troie après que le superbe Ilion fut brûlé.

» Mais toi, pourquoi retournes-tu à tes afflictions ? pourquoi ne pas gravir le mont délicieux qui est le principe et la cause de toute joie ?

— Oh ! lui répondis-je, le front rougissant, es-tu donc ce Virgile et cette source qui répand un si large fleuve de poésie ?

» O des autres poëtes honneur et lumière, que ta longue étude et le grand amour qui m'ont fait rechercher ton livre me servent près de toi !

» Tu es mon maître et mon auteur, tu es le seul dont j'ai pris le beau style qui m'a fait tant d'honneur.

» Vois cette bête devant laquelle je retourne en arrière ; aide-moi contre elle, fameux sage, car elle fait trembler mes veines et battre mon pouls.

---

[1] Là dove il sol tace.

— Il faut suivre une autre route, répondit-il en me voyant pleurer, si tu veux échapper de ce lieu sauvage ;

» Car cette bête qui te fait tant crier ne laisse aucun homme passer par son chemin, et s'y oppose si fort, qu'elle le tue.

» Elle est de sa nature si méchante et si cruelle, que jamais elle n'assouvit ses avides désirs, et après son repas elle a plus faim qu'auparavant.

» Il est beaucoup d'animaux auxquels elle s'accouple, et il y en aura encore davantage jusqu'au temps où viendra le Lévrier[1], qui la fera mourir dans les douleurs.

» Celui-ci ne se nourrira ni de terre ni d'étain raffiné, mais de sagesse, d'amour et de courage, et son pays sera entre Feltro et Feltre.

» Il sera le salut de cette humble Italie pour qui moururent de blessures la vierge Camille, Turnus, Euryale et Nisus.

» Il chassera la louve de ville en ville, jusqu'à ce qu'il l'ait rejetée dans l'enfer d'où autrefois l'Envie la fit partir.

» A présent, pour son bien, je pense et je vois clairement qu'il est mieux que tu me suives ; je serai ton guide et je t'entraînerai hors d'ici à travers le royaume éternel,

» Où tu entendras les hurlements du désespoir ; tu verras les âmes plaintives des antiques damnés, qui appellent avec des cris une seconde mort[2].

» Tu verras aussi ceux qui sont contents dans les flammes, parce qu'ils espèrent (le temps venu) avoir place entre les ombres bienheureuses ;

» Si tu veux ensuite monter jusqu'à elles, une âme viendra, plus digne que moi de ce voyage ; à mon départ je te laisserai avec elle.

» Car cet empereur qui règne là-haut ne veut point, parce que je fus rebelle à sa loi, qu'on vienne par moi dans sa cité.

---

[1] Can Grande della Scala, seigneur de Vérone et bienfaiteur de Dante: — Selon quelques commentateurs, Uguccione della Faggiola.

[2] Desiderabunt mori, et mors fugiet ab eis. (Apoc., cap. IX, v. 6.)

» Il commande en tout lieu, mais c'est là-haut qu'il règne ; là est sa grande cité et son siége élevé ! O heureux celui qu'il daigne élire pour ce royaume ! »

Et moi : « Poëte, je te requiers par ce Dieu que tu n'as point connu, s'il te plaît que j'évite ce mal et pire encore,

» Mène-moi là où tu as dit, afin que je voie la porte de saint Pierre et ceux que tu m'annonces si désolés. »

Alors il se mit en marche, et je le suivis.

CHANT II.

<small>Invocation aux Muses. — Dante est saisi de terreur à la pensée du voyage infernal. — Rassuré par Virgile, qui lui dit avoir été envoyé par Béatrice, il se décide à suivre son Duc et son Maître.</small>

Le jour s'en allait, et l'air rembruni enlevait à leurs fatigues les êtres animés qui sont sur la terre ; et moi seul

Je me préparais à soutenir les combats du chemin, et des choses dignes de pitié que ma mémoire retracera sans aucune erreur.

O Muses, ô génie élevé, maintenant aidez-moi ! ô mémoire qui écrivis ce que j'ai vu, ici apparaîtra ta noblesse.

Je m'écriai : « Poëte qui me guides, juge si mon courage est assez fort, avant que tu me hasardes dans ce profond passage.

» Tu racontes que le père de Sylvius[1], avec son corps sensible et corruptible, descendit dans le royaume immortel ;

» Or, si l'ennemi de tout mal lui fut favorable, pensant aux grands effets qui devaient en sortir : quelles gens et quelle qualité de gens !

» Cela ne paraît indigne à nul homme d'intelligence, puisque, dans le ciel empyrée, il avait été élu pour être le père de la féconde Rome et de son empire.

---

[1] Énée.

» L'un et l'autre, à dire vrai, ne furent établis qu'en faveur du saint lieu où siége le successeur du premier Pierre.

» Pendant ce voyage, pour lequel tu le vantes, il entendit des choses qui présagèrent sa victoire et le manteau papal.

» Ensuite le vase d'élection [1] fut ravi jusqu'au ciel pour réconforter la foi, qui est le principe de la voie du salut.

» Mais moi, pourquoi venir ici? qui me le permet? Je ne suis pas Énée, je ne suis pas saint Paul; devant nul autre, ni devant moi-même, je ne suis digne de cet honneur.

» Donc, si je me livre à cette entreprise, je crains pour ma folle venue : tu es sage et tu m'entends mieux que je ne parle. »

Et pareil à celui qui ne veut plus ce qu'il voulait, et qui, pour une nouvelle pensée, change soudain d'avis, de sorte qu'il abandonne tout ce qu'il avait commencé;

De même je faisais sur cette montée obscure, de sorte qu'à force de penser je réduisis à rien l'entreprise qui fut commencée avec tant de chaleur :

« Si j'ai bien compris tes paroles, répondit cette ombre magnanime, ton âme est entachée de frayeur.

» Souvent elle s'empare de l'homme et le détourne d'une entreprise honorable; ainsi une fausse image fait reculer la bête quand elle prend ombrage.

» Pour te délivrer de cette crainte, je te dirai pourquoi je suis venu et ce que j'ai appris au premier moment où j'ai eu compassion de toi.

» J'étais parmi ceux qui ne sont ni sauvés ni damnés [2], quand je fus appelé par une Dame si sainte et si belle, que je la priai de me donner ses ordres [3].

» Ses yeux brillaient plus que les étoiles, et elle commença d'une manière suave et calme à me dire avec sa voix angélique et son doux parler :

---

[1] Saint Paul qui fut ravi en paradis : « Quoniam vas electionis est mihi iste. » (Act., IX.)

[2] « Che son sospesi, » qui sont en suspens, c'est-à-dire dans les Limbes.

[3] Béatrice, symbole de la théologie.

« Ame courtoise de Mantoue, dont la renommée dure encore dans le monde et durera autant que le mouvement doit se prolonger,

» Mon ami, et non celui de la fortune, est si embarrassé sur la plage déserte, qu'au milieu du chemin la peur l'a fait retourner en arrière.

» Je crains (sur ce qu'on m'a dit de lui dans le ciel) qu'il ne soit déjà si égaré, que moi je ne vienne trop tard à son secours.

» Va donc, et avec tes paroles ornées, avec tout ce qui est capable de le sauver, aide-le si bien que je sois consolée.

» Je suis Béatrice, moi, celle qui te dit d'aller. Je viens d'un lieu où je désire retourner; c'est Amour qui m'amène et me fait parler.

» Quand je serai auprès de mon seigneur, je me louerai souvent de toi auprès de lui. » Alors elle se tut, et moi je repris :

« O Dame de vertu, par qui seule l'espèce humaine surpasse en dignité tous les êtres contenus sous le ciel, dont les cercles sont les plus petits,

» Ton commandement m'agrée si fort, que si je t'avais déjà obéi, je croirais avoir obéi trop tard. Il n'est plus besoin de m'ouvrir davantage ton désir.

» Mais dis-moi comment tu ne crains pas de venir au fond de ce centre, du haut de ces lieux immenses où tu brûles de retourner?

— Puisque tu veux en savoir tant, je t'apprendrai en peu de mots, me répondit-elle, tout ce que tu veux savoir et pourquoi je ne crains pas de venir dans ce gouffre.

» Il faut craindre les choses seules qui peuvent faire mal à autrui; les autres, non; elles ne sont pas à redouter.

» Par la grâce de Dieu, je suis faite telle, que votre misère ne peut m'atteindre, ni les flammes de cet incendie m'assaillir.

» Il est au ciel une Dame gentille [1] qui gémit si fort des

---

[1] La Clémence divine.

obstacles contre lesquels je t'envoie, que, par sa charité, elle casse le dur jugement de la divine Justice.

» Elle s'est adressée à Lucie[1] dans ses prières, et lui a dit : « Ton fidèle a besoin de toi et je te le recommande. »

» Lucie, ennemie de tout cœur cruel, s'est attendrie et est venue dans le lieu où j'étais assise, près de l'antique Rachel[2].

» Elle m'a dit : « Béatrice, vraie louange de Dieu, ne vas-tu pas secourir celui qui t'aima tant, qu'il est sorti pour toi du vulgaire troupeau?

» N'entends-tu pas sa plainte touchante? ne vois-tu pas la mort contre laquelle il combat sur ce fleuve plus orageux et plus fort que la mer?

» Jamais au monde il n'y eut une personne plus prompte à courir vers son gain ou à fuir sa perte que moi, dès que ces paroles furent dites.

» Descendant de mon siége de bonheur, je vins ici-bas, pleine de confiance en ta sage parole qui t'honore et qui honore tous ceux qui l'ont entendue.

» Lorsqu'elle m'eut parlé de la sorte, elle tourna en pleurant ses yeux brillants, ce qui me rendit plus prompt à partir.

» Je suis venu à toi selon qu'elle l'a voulu, et je t'ai préservé de la bête féroce qui te fermait le plus court chemin de la belle montagne.

» Donc, qu'est-ce? pourquoi t'arrêtes-tu? pourquoi nourris-tu tant de lâcheté dans ton cœur; pourquoi n'as-tu ni hardiesse ni courage,

» Puisque trois femmes bénies s'occupent de toi dans la cour du ciel, et que mes paroles te promettent tant de bien? »

Telles les petites fleurs inclinées et fermées par le froid de la nuit se dressent tout ouvertes sitôt que le soleil les blanchit,

Tel je fis de mon courage abattu, et une si bonne har-

---

[1] Lucie, la Grâce divine ou plutôt la Grâce illuminante. Lucie, lux, lumière.
[2] Rachel, fille de Laban et épouse de Jacob, symbole de la vie contemplative.

diesse m'entra dans le cœur, que je m'écriai comme un homme décidé :

« Oh! charitable, celle-là qui m'a secouru! oh! bienfaisant, toi qui as si vite obéi aux paroles de vérité qu'elle t'a adressées!

» Ta voix a disposé de mon cœur et l'a tellement rempli du désir d'entreprendre le grand voyage, que me voilà revenu à mon premier projet.

» Va donc! nous n'avons qu'une seule volonté à nous deux; tu es mon guide, tu es mon seigneur, tu es mon maître. » Ainsi je lui parlai, et dès qu'il eut marché,

J'entrai dans le chemin profond et sauvage.

CHANT III.

Les deux poëtes arrivent à la porte de l'Enfer. — Inscription. — L'Enfer, selon Dante, a la forme d'un entonnoir ou d'un cône renversé. — Outre un vestibule, il est composé de neuf cercles où les supplices augmentent d'intensité, à mesure que les cercles se rétrécissent. — Dans le vestibule, les poëtes rencontrent les âmes qui vécurent sans vertus et sans vices, et qui sont sans cesse aiguillonnées par des insectes. — L'Achéron. — Le nautonier Caron, qui refusait de recevoir un vivant dans sa barque, cède à l'ordre de Dieu. — Dante est surpris par un profond sommeil.

« Par moi l'on va dans la cité des pleurs, par moi l'on va dans l'éternelle douleur, par moi l'on va chez la race damnée;

» La justice anima mon sublime architecte; je fus faite par la divine puissance, la suprême sagesse et le premier amour [1].

» Avant moi il n'y eut point de choses créées, sinon les éternelles, et moi je dure éternellement. Vous qui entrez, laissez toute espérance. »

Ces paroles, je les vis écrites en caractères noirs sur le haut d'une porte; aussi je m'écriai : « Maître, le sens de ces paroles me semble dur. »

[1] C'est-à-dire, par la Trinité, qui est Puissance, Sagesse et Amour.

Et lui comme un homme plein d'assurance : « Il faut ici laisser toute crainte ; il faut qu'en soi toute lâcheté soit morte.

» Nous sommes arrivés au lieu où je t'ai dit que tu verrais les races plaintives qui ont perdu le bien de l'intelligence. »

Alors il mit sa main dans ma main d'un air riant qui raffermit mon courage, et il m'introduisit au milieu des choses secrètes.

Là, des soupirs, des plaintes, de profonds gémissements résonnaient sous l'air sans étoiles, de sorte que je me mis à pleurer.

Idiomes divers, discours horribles, paroles, douleurs, accents de colère, voix hautes et enrouées, et bruits de mains,

Faisaient un tumulte qui roule toujours dans cet air éternellement obscur, comme le sable quand souffle un tourbillon.

Et moi qui avais la tête ceinte d'erreur, je dis : « Maître, qu'est-ce que j'entends ? quel est ce peuple qui semble si vaincu par la douleur ? »

Et lui à moi : « Ce sort misérable est réservé aux tristes âmes de ceux qui vécurent sans mériter le mépris et sans mériter la louange.

» Elles sont mêlées au chœur pervers des anges qui ne furent ni rebelles ni fidèles à Dieu, mais ne furent que pour eux seuls.

» Le ciel les a chassés pour n'être pas moins beau, et le profond enfer ne les reçoit pas, parce que les coupables en auraient quelque gloire. »

Et moi : « Maître, quelle pesante douleur les fait se lamenter si fort ? » Il répondit : « Je te le dirai en très-peu de mots.

» Ils n'ont pas l'espérance d'une seconde mort, et leur vue aveugle est si basse, qu'ils sont jaloux de tout autre sort.

» Le monde n'en a gardé aucun souvenir, la miséricorde

et la justice les dédaignent ; ne parlons plus d'eux, mais regarde et passe. »

Et, comme je regardais, je vis un étendard courir en tournoyant et avec tant de vitesse, qu'il me semblait indigné du moindre repos.

Et derrière venait une si longue file de gens, que jamais je n'aurais cru que la mort en eût tant détruit.

Après que j'en eus reconnu quelques-uns, je regardai et je vis l'ombre de celui qui, par lâcheté, fit le grand refus[1].

Soudain je compris et j'eus la certitude que cette troupe était celle de ces misérables aussi déplaisants à Dieu qu'à ses ennemis.

Ces malheureux, qui ne furent jamais vivants, étaient nus et sans cesse aiguillonnés par des mouches et des guêpes;

Elles faisaient ruisseler leur visage de sang, qui, mêlé de larmes, était recueilli à leurs pieds par des vers dégoûtants.

Or, cherchant à voir plus loin, je vis d'autres âmes au bord d'un grand fleuve ; c'est pourquoi je dis : « Maître,

» Daigne m'apprendre quelles sont ces âmes, et quelle loi les fait paraître si empressées de traverser le fleuve, autant que je puis voir par cette faible lumière. »

Et lui à moi : « La chose te sera exposée quand nos pieds presseront les tristes rivages de l'Achéron[2]. »

Alors, les yeux honteux et baissés, et craignant que mes

---

[1] Selon quelques commentateurs, Ésaü, qui renonça à son droit d'aînesse ; selon d'autres, Dioclétien, qui abdiqua l'empire ; selon Venturini, le pape Célestin V ; selon Lombardini, un chef des Blancs ou Gibelins, Torregiano de' Cerchi, etc..... Voici la note de Grangier : « Il met entre les hommes de néant et d'un lasche courage le pape Célestin V, qui néanmoins fut un sainct personnage et enrollé au nombre des ames sainctes et bienheureuses. Ce bonhomme fut dom Pierre de Merone de Sulmerre, ville au royaume de Naples, et avoit été longtemps hermite ; mais, élu par les cardinaux, il succéda au pontificat à Nicolas IV. Alors le cardinal Benoist d'Anania, créé pape Boniface VIII par la démission dudit Célestin V, persuada si bien à ce bonhomme de se retirer en son hermitage et quitter la dignité papale, qu'il le creust. » Nous pensons que celui qui fit le grand refus est Pilate.

[2] Le fleuve qu'on rencontre au vestibule des enfers est l'Achéron. On passe après le Styx, ensuite le Phlégéton, et enfin le Cocyte : car le Léthé coule au Purgatoire, où les fautes sont oubliées. C'est ainsi que Dante accommode les idées du paganisme à son Enfer chrétien. (Rivarol.)

questions ne lui fussent importunes, je m'abstins de parler jusqu'au fleuve.

Et voici sur un esquif venir à nous un vieillard blanc criant : « Malheur à vous, âmes perverses !

» N'espérez jamais de revoir le ciel ; je viens pour vous mener à l'autre rive, dans les ténèbres éternelles, dans le chaud et dans le froid.

» Et toi, vivant, qui te montres ici, éloigne-toi de ceux qui sont morts. » Mais, voyant que je ne m'éloignais pas,

Il dit : « C'est par une autre route, c'est par un autre port que tu atteindras la plage, non en passant par ici. Il faut pour te porter une barque plus légère. »

Et mon guide à lui : « Caron, ne t'irrite pas ; on le veut ainsi là où l'on peut ce que l'on veut ; ne demande rien de plus. »

Par ces mots furent rassérénées les joues laineuses du nocher des marais livides, lequel avait autour des yeux des cercles de flammes[1].

Mais, dès qu'elles entendirent ces paroles cruelles, les âmes nues et fatiguées changèrent de couleur et grincèrent des dents.

Elles blasphémaient Dieu, leurs parents, l'espèce humaine, le lieu, le temps de leur naissance, et la semence de leur semence et de leur enfantement ;

Ensuite elles se retirèrent toutes ensemble et en pleurant bien fort sur la rive maudite où est attendu quiconque ne craint pas Dieu.

Le démon Caron, aux yeux de braise, les réunit toutes par un signal, et frappe de sa rame celles qui sont trop lentes.

Comme en automne les feuilles tombent l'une après l'autre, jusqu'à ce que les branches aient rendu à la terre toutes leurs dépouilles,

De même la race méchante d'Adam s'élance une à une de la rive au signal du nocher, comme fait l'oiseau à l'appel de l'oiseleur.

---

[1] Michel-Ange s'est souvenu de ces vers dans sa sublime fresque.

Ainsi les âmes s'en vont sur l'onde brune, et, avant qu'elles soient descendues sur l'autre bord, une autre troupe s'est déjà rassemblée sur le bord qu'elles ont quitté.

« Mon fils, me dit le bon maître, tous ceux qui meurent dans la colère de Dieu accourent ici de tous les pays.

» Ils sont pressés de traverser le fleuve, car la divine justice les éperonne si fort, que leur crainte se change en désir.

» Jamais une âme pure n'a passé ici; or, si Caron s'irritait contre toi, tu peux bien savoir à présent le motif de ses plaintes. »

Quand il eut achevé, la sombre campagne trembla si fortement, que le souvenir de mon épouvante me baigne encore de sueur.

De la terre de larmes s'éleva un autre vent mêlé d'éclairs vermeils qui m'enleva tout sentiment,

Et je tombai tel qu'un homme pris de sommeil.

CHANT IV.

Le fleuve des Morts traverse, Dante se réveille et descend dans le premier cercle de l'Enfer, qui contient les Limbes. — Là, sont les âmes vertueuses et innocentes, qui n'ont pas reçu le baptême. — Vertes prairies et bocages qu'habitent des guerriers illustres, des poëtes, des savants et des sages.

Un tonnerre si fort chassa de ma tête le profond sommeil, que je m'agitai comme un homme qu'on réveille en sursaut.

Je me levai, et, portant autour de moi un œil reposé, je regardai fixement pour reconnaître le lieu où j'étais.

Je me trouvai sur le bord de l'abîme de douleur, triste vallée, d'où mille gémissements confondus s'élèvent comme un bruit de tonnerre.

L'abîme était si profond, si nébuleux et si obscur, qu'en vain je fixai mes yeux sur le fond; je n'y distinguai aucune chose.

« Maintenant descendons là-bas, dans le monde ténébreux, me dit le poëte tout pâle ; je serai le premier et tu seras le second. »

Et moi, qui m'étais aperçu de sa pâleur, je lui répondis : « Comment irais-je si tu t'épouvantes, toi qui as coutume de me réconforter dans mes incertitudes ? »

Et lui à moi : « L'angoisse des malheureux qui sont là-bas répand sur mon visage une pitié que tu prends pour de la frayeur.

» Allons, car la longueur du chemin nous presse. » Ainsi il pénétra, et ainsi il me fit entrer dans le premier cercle qui environne l'abîme.

Là, autant que je pus entendre, il n'y avait pas de plaintes ; seulement des soupirs qui faisaient trembler l'air éternel.

Et cela provenait du chagrin sans souffrance d'une très-grande foule d'enfants, d'hommes et de femmes.

Le bon maître me dit : « Tu ne me demandes pas quels sont les esprits que tu vois ? Or je veux que tu saches, avant de plus avancer,

» Qu'ils n'ont pas péché ; et s'ils ont eu des mérites, ce n'est pas assez, puisqu'ils n'eurent pas le baptême, cette porte de la foi, dans laquelle tu mets ta croyance ;

» Et s'ils vécurent avant le christianisme, ils n'ont pas adoré Dieu comme il faut ; et je suis moi-même un de ceux-là.

» Pour cela, et non pour aucun crime, nous sommes condamnés, et notre seule peine est de vivre dans le désir sans espérance. »

Une grande douleur me saisit le cœur quand je l'entendis ; car je reconnus nombre de gens de beaucoup de valeur qui étaient dans ces limbes comme en suspens.

« Dis-moi, mon maître, dis-moi, seigneur, m'écriai-je alors pour me confirmer dans cette foi qui triomphe de toute erreur,

» Aucune d ces ombres n'a-t-elle pu, ou par son mérite ou par celui d'autrui, sortir de ces limbes pour arriver à la béatitude ? » Et lui, qui comprit ces paroles couvertes et obscures,

Répondit : « J'étais nouveau dans ce lieu quand j'y vis venir un être puissant, couronné du signe de la victoire [1].

» Il en tira l'ombre du premier père, d'Abel son fils, et celle de Noé, de Moïse, législateur et obéissant ;

» Abraham, patriarche, et David, roi ; Israël [2] avec son père et ses enfants ; Rachel, pour qui Israël a tant fait,

» Et beaucoup d'autres aussi qu'il a faits heureux. Tu sauras aussi qu'avant eux les esprits humains n'étaient pas sauvés. »

Nous ne laissions pas d'aller tandis qu'il parlait ainsi ; mais nous traversions toujours la forêt ; la forêt, dis-je, des esprits.

Nous n'étions pas encore éloignés de la porte de l'abîme, quand je vis un feu qui vainquait l'hémisphère de ténèbres ;

Nous en étions encore à quelque distance, mais non telle que je ne m'aperçusse déjà que des gens honorables occupaient ce lieu.

« O toi, qui honores toute science et tout art, quels sont ceux-ci dont la gloire est si grande, qu'elle leur donne une place toute séparée des autres ? »

Et lui à moi : « La noble renommée qui parle d'eux là-haut, où tu vis, leur acquiert cette grâce du ciel qui les distingue ainsi. »

Alors j'entendis une voix : « Honorez le sublime poëte [3], voici revenir son ombre qui nous avait quittés ! »

Lorsque la voix s'apaisa, je vis quatre grandes ombres venir à nous ; leur visage n'était ni triste ni joyeux.

Le bon maître se mit à me dire : « Regarde celui-ci, avec son épée dans la main, qui vient en avant des trois autres, comme leur seigneur.

» C'est Homère, poëte souverain ; après lui, vient Horace le satirique ; Ovide est le troisième, et le dernier est Lucain ;

---

[1] La descente de Jésus dans les Limbes.
[2] Jacob.
[3] Virgile.

» Chacun d eux mérite, comme moi, le nom que la voix unanime a fait résonner; ils me rendent honneur, et ils font bien. »

Ainsi je vis se réunir la belle école de ce prince du chant sublime, qui, au-dessus de tous les autres, vole comme l'aigle.

Lorsqu'ils eurent discouru ensemble quelque peu, ils se tournèrent vers moi, avec un geste de salut dont mon maître se prit à sourire;

Et ils me firent encore plus d'honneur, car ils m'admirent dans leur compagnie, de sorte que je fus le sixième parmi ces grands génies.

Ainsi nous nous avançâmes jusqu'à la lumière, parlant de choses qu'il est beau de taire, comme il était beau d'en parler là où nous étions.

Nous vîmes au pied d'un noble château, sept fois environné de hautes murailles, et défendu tout autour par un gentil petit fleuve [1];

Ce fleuve, nous le passâmes comme une terre ferme; j'entrai, avec les sept sages, par sept portes, et nous nous trouvâmes sur un pré d'une fraîche verdure.

Là étaient d'autres personnages, aux regards calmes et graves; leur extérieur était tout plein d'autorité; ils parlaient rarement et avec une voix douce.

Bientôt nous nous retirâmes vers un des coins de cette prairie, dans un endroit ouvert, élevé et lumineux, d'où je pouvais distinguer toutes les belles âmes.

Là, debout sur le vert émail, me furent montrés les grands esprits, et, du bonheur de les avoir vus, je tressaille en moi-même.

Je vis Électre [2] avec beaucoup de compagnons, parmi lesquels je reconnus Hector et Énée, puis César, armé, avec ses yeux d'épervier.

[1] Le château est pris pour la réputation immortelle que les poëtes acquièrent par leurs ouvrages. Les sept murailles signifient les sept vertus, la Justice, la Force, la Tempérance, la Prudence, l'Intelligence, la Sagesse et la Science. Le ruisseau signifierait l'éloquence. (Moutonnet de Clairfons.)

[2] Électre, mère de Dardanus, d'où est sorti Énée, fondateur de l'empire romain.

D'un autre côté, je vis Camille et Penthésilée ; je vis le roi Latinus, assis auprès de Lavinie, sa fille ;

Je vis ce Brutus qui chassa Tarquin, et encore Lucrèce ; Julie, Marcia, Cornélie ; je vis Saladin, seul à l'écart.

Ensuite, élevant un peu plus les yeux, je vis le maître de ceux qui savent [1], assis au milieu de sa famille de philosophes.

Tous l'admiraient, tous lui rendaient hommage : là, je vis Socrate et Platon, qui se tenaient plus près de lui que tous les autres.

Puis Démocrite, qui fait sortir le monde du hasard, Anaxagore et Thalès, Empédocle, Héraclite et Zénon ;

Je vis le bon observateur de la qualité, je veux dire Dioscoride [2]. Je vis Orphée, Tullius, Linus et Sénèque le moraliste ;

Le géomètre Euclide, Ptolémée, Hippocrate, Avicenne, Gallien, Averrhoès, qui fit le grand commentaire [3].

Je ne puis les rappeler tous ; le long thème que je dois suivre m'entraîne, et bien des fois les paroles sont trop brèves pour le sujet.

Bientôt la compagnie des six se diminue de deux : le sage guide me mène, par une autre voie, hors de cet air immobile sous un air qui tremble ;

Et je viens dans des lieux où rien ne luit.

CHANT V.

Deuxième cercle où sont les Luxurieux. — Ils errent sans cesse, agités par le vent. — Minos juge les Ames. — Dante rencontre Françoise de Rimini et Paul, son amant. — Au touchant récit de leur malheur, le poëte s'évanouit.

Ainsi je descendis du premier cercle dans le second, qui renferme moins d'espace, mais d'autant plus de douleur : douleur poignante jusqu'aux cris.

[1] Aristote.
[2] Dioscoride a fait un traité des végétaux.
[3] Le commentaire sur Aristote.

Là siége l'horrible Minos en grinçant des dents; il examine les fautes de ceux qui entrent; il les juge, et, par le mouvement de sa queue, indique leur condamnation.

Je dis que lorsqu'une âme criminelle vient devant lui, elle se confesse tout entière; alors ce grand inquisiteur des péchés

Voit quel lieu de l'enfer lui est réservé; et il se ceint de sa queue autant de fois qu'il veut indiquer de cercles inférieurs où elle doit être envoyée [1].

Beaucoup d'âmes sont toujours devant lui; elles vont l'une après l'autre à leur jugement, elles parlent, elles entendent, et puis elles sont jetées dans le gouffre.

« O toi qui viens dans le séjour des douleurs ! me dit Minos dès qu'il me vit et en suspendant ses graves fonctions,

» Considère comment tu entres ici et à qui tu te fies : que la largeur de l'entrée ne te trompe pas [2]. »

Alors mon guide lui dit : « Pourquoi donc cries-tu ?

» Ne t'oppose pas à son voyage ordonné par le destin; on le veut ainsi là où l'on peut tout ce qu'on veut; n'en demande pas davantage. »

Déjà commencent les voix plaintives à se faire entendre; je suis arrivé là où beaucoup de gémissements frappent mon âme.

Je vins dans un lieu muet [3] de toute lumière, qui mugit comme fait la mer par la tempête, si elle est battue par des vents contraires.

La trombe infernale, qui jamais ne s'arrête, emporte les

---

[1] Nec vero hæ sine sorte datæ, sine judice sedes.
Quæsitor Minos urnam movet : ille silentûm
Conciliumque vocat, vitasque et crimina discit.
(*Æneid.*, l. VI.)

[2] Facilis descensus Averni :
Noctes atque dies patet atri janua Ditis :
Sed revocare gradum, superasque evadere ad auras,
Hoc opus, hic labor est.
(*Æneid.*, l. VI.)
Lata porta et spatiosa via est quæ ducit ad perditionem.
(Saint Matthieu, VII.)

[3] Io veni in luogo d'ogni luce muto.

esprits dans son tourbillon, les fait tourner sans cesse, les frappe et les tourmente;

Quand ils se trouvent devant ce souffle, leur supplice, ils grincent des dents, se plaignent, se lamentent; ils blasphèment la vertu divine.

J'appris qu'à ce tourment sont condamnés les pécheurs charnels qui soumettent la raison aux appétits des sens.

De même que leurs ailes emportent les étourneaux arrivant au temps froid en troupe large et serrée, ainsi ce tourbillon emporte les mauvais esprits;

Deçà, delà, en bas, en haut, il les promène; nulle espérance ne les soulage d'obtenir un moment de repos, ni même un moindre châtiment.

Et ainsi que les grues passent en chantant leur lai, et en formant une longue file dans l'air, ainsi je vis venir, traînant leurs plaintes,

Les ombres portées sur le tourbillon; c'est pourquoi je m'écriai : « Maître, quelles sont ces âmes que ce vent noir châtie si fortement ?

— La première de celles que tu veux connaître, me dit-il alors, régna sur une foule de peuples différents de langage;

» Elle fut si abandonnée au vice de luxure, que tout ce qui plaisait fut permis par elle dans ses lois, afin d'effacer le blâme où elle était tombée;

» C'est Sémiramis, qui, selon ce qu'on lit, succéda à Ninus et fut son épouse; elle régna sur la terre où commande le soudan.

» L'autre est celle qui se tua par amour et rompit la foi promise aux cendres de Sichée. Puis vient la luxurieuse Cléopâtre. »

Je vis Hélène, qui amena un temps si funeste; je vis le grand Achille, qui eut lui-même à combattre enfin contre l'amour;

Je vis Pâris, Tristan, et plus de mille ombres qu'il me montra en les désignant du doigt, et qu'Amour a fait sortir de notre vie.

Après que mon sage m'eut nommé les dames anciennes

et les cavaliers, la pitié m'accabla et j'étais comme éperdu.

Je me pris à dire : « Poëte, je parlerais volontiers à ces deux qui volent ensemble et paraissent si légers au vent. »

Et lui à moi : « Attends qu'elles soient plus près de nous; alors prie-les par cet amour qui les mène, et ils viendront à toi. »

Sitôt que le vent les inclina vers nous, j'élevai la voix. « O âmes tourmentées! venez nous parler, si nul ne s'y oppose. »

Comme des colombes, appelées par leurs désirs, volent vers le doux nid d'une aile ouverte et ferme, et portées dans l'air par même vouloir ;

De même les deux âmes sortirent de la foule où était Didon, venant à nous à travers l'air malfaisant, tant mon appel affectueux eut de force.

« Être gracieux et compatissant, qui viens nous visiter dans cet air obscur, nous qui teignîmes le monde de sang,

» Si nous étions aimés du roi de l'univers, nous le prierions pour ton repos, puisque tu as pitié de notre mal amer.

» Tout ce qu'il te plaira entendre et dire, nous-mêmes l'entendrons et le dirons de bon cœur, tant que le vent, comme il le fait à présent, se taira.

» La terre où je suis née [1] est située sur le golfe où le Pô descend avec tous les fleuves qui le suivent pour se reposer dans la mer.

» Amour, qui se prend vite au cœur gentil, attacha celui-ci à ce beau corps qui me fut ravi (et ce coup inattendu me poigne encore).

» Amour, qui ne dispense nul aimé d'aimer, m'attacha si fortement au plaisir dont s'enivrait celui-ci, que, comme tu vois, jamais il ne m'abandonne.

---

[1] La ville de Ravenne, maintenant à trois milles de la mer. Françoise était fille de Guido da Polenta, seigneur de Ravenne. Aimée du jeune Paul de Rimini qu'elle aimait, ce fut le frère aîné, Lanciotto, prince boiteux et difforme, qu'elle epousa. Les deux amants ne purent oublier leur première inclination. Un jour qu'ils lisaient ensemble les aventures de Lancelot du Lac, le mari, qui les épiait, les perça d'un même coup d'épée.

» Amour nous a conduits à la même mort. Là, Caïn [1] attend celui qui nous arracha la vie. » Telles furent les paroles de ces deux ombres.

Dès que j'eus entendu ces âmes blessées, je penchai le visage, et je le tins si longtemps baissé, que le poëte me dit : « A quoi penses-tu ? »

Quand je lui répondis, je m'écriai : « Hélas ! combien de doux pensers, combien de désirs les ont menés à ce pas douloureux ! »

Puis je me tournai vers eux et je leur parlai ainsi : « Francesca, tes malheurs me remplissent de tristesse et de pitié; ils me font pleurer.

» Mais, dis-moi, au temps des doux soupirs, à quel signe et comment Amour vous a-t-il permis de connaître vos incertains désirs? »

Et elle à moi : « Il n'est pas de plus grande douleur que de se rappeler un temps heureux dans la misère, et ton maître le sait bien [2].

» Mais, si tu as un si grand désir de savoir quelle fut la première racine de notre amour, je ferai comme celui qui pleure et parle tout à la fois.

» Nous lisions un jour par passe-temps les aventures de Lancelot, et comment il fut épris d'amour; nous étions seuls et sans aucune défiance.

» Plusieurs fois cette lecture fit nos yeux se chercher et notre visage changer de couleur; mais ce fut un seul passage qui décida de nous.

» Quand nous vîmes le doux sourire de l'amante couvert par le baiser de l'amant, celui-ci, qui jamais ne sera séparé de moi,

» Me baisa la bouche, tout tremblant; le livre et celui

---

[1] Caïn, c'est-à-dire le cercle de Caïn.

[2] Sed si tantus amor casus cognoscere nostros...
Quanquam animus meminisse horret, luctuque refugit,
Incipiam.
(*Æneid.*, l. VI.)

Boëce a dit : « In omni adversitate fortunæ, infelicissimum genus est infortunii fuisse felicem. »

qui l'écrivit furent pour nous un autre Galléhaut[1]; ce jour-là nous ne lûmes pas davantage. »

Tandis que l'un des esprits parlait ainsi, l'autre pleurait si fort, que, par compassion, je défaillis comme si j'allais mourir ;

Et je tombai comme un corps mort tombe.

CHANT VI.

Troisième cercle, ou des Gourmands. — Sous une pluie qui ne s'arrête jamais, ils sont attaqués et mordus par Cerbère. — Dante rencontre Ciacco, qui lui parle des discordes de Florence.

Au retour de mes esprits égarés par la pitié et la tristesse dont m'avait pénétré le sort de mes deux parents,

De nouveaux tourments et de nouveaux tourmentés se présentèrent autour de moi, partout où j'allais, partout où je me tournais, partout où je regardais.

Je suis au troisième cercle de la pluie éternelle, maudite, froide et lourde ; elle tombe toujours la même et de même.

Une grêle épaisse mêlée d'une eau noirâtre et de neige tombent à verse sous ce ciel obscur ; la terre qui les reçoit infecte.

Cerbère, bête cruelle et monstrueuse, aboie de ses trois gueules de chien contre les damnés qui sont là submergés[2] ;

Il a les yeux rouges, les poils noirs et gras, le ventre

---

[1] Galléhaut, qui servit les amours de Lancelot et de la reine Ginèvre.

[2] Hic ferus umbras territat stygius canis, etc.
(SÉNÈQUE.)

Cerberus hæc ingens latratu regna trifauci
Personat, adverso recubans immanis in antro.
Cui vates horrere videns jam colla colubris,
Melle soporatam et medicatis frugibus offam
Objicit : ille fame rabidâ tria guttura pandens,
Corripit objectam, atque immania terga resolvit
Fusus humi, totoque ingens extenditur antro.
(*Æneid.*, l. VI.)

large et les pattes garnies de griffes; il écorche les esprits, les déchire et les écartelle.

La pluie les fait hurler comme des chiens; les misérables damnés se font les uns aux autres un rempart de leurs flancs et se retournent sans cesse.

Dès qu'il nous aperçut, Cerbère [1], ce grand ver, ouvrit ses gueules et nous montra ses défenses; il n'avait pas un membre qui ne fût agité.

Alors mon guide ouvrit les mains, prit de la terre, et à pleines poignées la jeta dans les gorges avides de la bête.

Tel un chien se débat en aboyant et s'apaise dès qu'il mord sa pâture, tout occupé de la dévorer à l'écart;

Tel le démon Cerbère ferma ses mâchoires impures qui étourdissent si fort les âmes, qu'elles voudraient être sourdes.

Nous passions à travers les ombres que la lourde pluie accable, et nous posions nos pieds sur leurs fantômes qui paraissent des corps.

Toutes gisaient à terre, hors une seule qui se leva promptement pour s'asseoir, dès qu'elle nous vit passer devant elle.

« O toi, que l'on promène dans ces enfers, reconnais-moi, dit-elle, si tu le peux. Avant que je fusse défait, tu as été fait [2]. »

Et moi à lui : « L'angoisse qui te tourmente t'efface peut-être de mon souvenir; il ne me semble pas que je t'aie vu jamais;

» Mais dis-moi qui tu es, toi qui as été jeté dans un lieu si triste et condamné à un supplice tel, que, s'il en est un plus grand, il n'en est pas de plus déplaisant. »

Et lui à moi : « Ta cité qui est si pleine d'envie [3], que le sac, comme on dit, déborde, m'a tenu dans ses murs, où je menais une vie sereine :

» Vous, habitants de cette cité, m'appelâtes Ciacco [4]. Pour

---

[1] Cerbero il gran vermo.
[2] Tu fosti, prima ch' io disfatto, fatto.
[3] Florence.
[4] Ciacco, pourceau. — Ce Florentin fut un bouffon ou un plaisant qui disait tou-

le péché damnable de la gourmandise, me voici, comme tu vois, étendu sous la pluie.

» Je ne suis pas la seule âme triste ; toutes ces autres sont condamnées à la même peine pour la même faute. » Et il n'ajouta plus une parole.

Je lui répondis : « Ciacco, ta souffrance me touche si fort, qu'elle attire mes larmes ; mais dis-moi, si tu le sais, à quoi en viendront

» Les citoyens de cette cité divisée en factions ! S'y trouve-t-il un juste ? Dis-moi par quelle cause la discorde est entrée dans ses murs ? »

Et lui à moi : « Après un long débat, ils en viendront au sang ; le parti sauvage [1] chassera l'autre parti [2], dont les pertes seront grandes.

» Puis il faudra que le parti sauvage succombe après trois révolutions du soleil, et que le parti d'abord vaincu se relève à l'aide de ce prince qui, à présent, est encore en repos [3] ;

» Longtemps cette faction portera haut le front, tenant la faction rivale sous un joug pesant ; aussi j'en pleure et j'en ai honte.

» Il y a encore deux justes [4] dans la ville, mais ils n'y sont pas écoutés ; l'orgueil, l'envie et l'avarice sont les trois brandons qui ont enflammé les cœurs. »

Ici Ciacco mit fin à son discours lamentable, et moi à lui : « Je veux encore que tu me renseignes et que tu me fasses le don de quelques paroles.

» Farinata [5] et Tegghiajo, qui furent si vertueux, Jacobo

jours le mot pour rire et de gentille conversation, mais merveilleusement adonné à la gloutonnerie. (G.)

[1] C'est-à-dire le parti commandé par les Cerchi, famille de noblesse nouvelle et sortie récemment des bois de Val di Nievoli. C'est le parti des Blancs, auquel appartenait Dante.

[2] C'est-à-dire le parti des Noirs, qui avait pour chef Corso Donati.

[3] Charles de Valois, frère de Philippe le Bel, lequel vint au secours des Noirs et les rétablit à Florence en 1301.

[4] Ces deux justes sont Dante et Guido Cavalcanti, son ami ; selon d'autres commentateurs, Barduccio et Jean de Vespignano.

[5] Farinata degli Uberti, illustre chef des Gibelins.

Rusticucci, Arigo et Mosca, et les autres qui appliquèrent leur génie à faire le bien,

» Dis-moi où ils sont, et fais que je les connaisse. Un grand désir me presse de savoir si le ciel leur verse son baume, ou l'enfer son poison. »

Et lui : « Ils sont parmi des âmes plus noires ; d'autres péchés les ont plongés dans un cercle plus profond ; si tu oses descendre jusque-là, tu pourras les voir.

» Mais, quand tu seras dans le doux monde, rappelle-moi, je t'en prie, au souvenir de mes concitoyens ; je ne te dis plus rien, je ne te réponds plus. »

Alors, ses yeux, qui étaient fixes, il les rendit obliques ; il me regarda un peu, puis baissa la tête, et il retomba parmi les autres aveuglés.

Et mon guide me dit : « Il ne se relèvera plus qu'au son de la trompette de l'ange, quand viendra la puissance ennemie du péché.

» Alors chacun retrouvera son triste tombeau, reprendra sa chair et sa figure, et entendra le jugement qui doit retentir dans l'éternité. »

Ainsi nous traversâmes ce sale mélange d'ombres et de pluie, à pas lents, en nous entretenant un peu de la vie future.

D'où je me pris à dire : « Maître, ces tourments croîtront-ils après la grande sentence ? Seront-ils moindres ou seront-ils aussi cuisants ? »

Et lui à moi : « Souviens-toi de ta science, elle t'enseigne que plus une chose est parfaite, plus elle sent le bien et aussi la douleur.

» Quoique cette race maudite ne doive jamais arriver à la vraie perfection, elle espère en être plus proche après le jugement qu'elle ne l'est à présent. »

Nous fîmes le tour de ce cercle en parlant de plus de choses que je n'en rapporte ici ; et nous arrivâmes au point où la route descend.

Là nous trouvâmes Plutus, le grand ennemi.

CHANT VII.

Quatrième cercle, celui des Prodigues et des Avares. — Ils sont condamnés à s'entre-choquer éternellement. — Portrait de la Fortune. — Virgile et Dante descendent dans le cinquième cercle.

« *Pape Satan, pape Satan, aleppe,* » cria Plutus d'une voix enrouée [1]; et ce sage gentil, qui sut toute chose,

Dit pour me réconforter : « Que ta peur ne te nuise pas! quel que soit son pouvoir, il ne t'empêchera pas de descendre dans ce cercle. »

Puis, se retournant vers ce monstre aux lèvres enflées, il lui dit : « Tais-toi, loup maudit [2]! Consume-toi intérieurement avec ta propre rage.

» Ce voyage aux lieux souterrains n'est pas sans raison. On le veut ainsi là-haut où Michel a tiré vengeance du viol orgueilleux [3]. »

Comme les voiles, gonflées par le vent, tombent renversées quand le mât se brise, de même tomba à terre la bête cruelle.

Ainsi nous descendîmes dans la quatrième cavité, nous approchant davantage de la rive des douleurs qui engouffre tout le mal de l'univers.

Ah! justice de Dieu! qui donc entasse tant de tourments et tant de peines que j'en ai vu? Pourquoi nos fautes nous rongent-elles ainsi?

Comme fait la vague sur l'écueil de Charybde, laquelle se brise contre la vague qu'elle rencontre, de même ici les damnés s'entre-choquent.

Là je vis des damnés plus qu'en aucun autre lieu; ils

M. Lanci, orientaliste romain, traduit ainsi ces mots hébraïques : « Splendi, aspetto di Satana, splendi, aspetto di Satana primaio. »

[2] Dans le premier chant, la louve est l'emblème de l'avarice, Plutus est le dieu des avares ; voilà pourquoi le poëte dit : « Maladetto lupo. » (M.)

[3] Et factum est prælium in cœlo, Michael et Angeli ejus præliabantur cum Dracone. (Apocal.)

formaient deux troupes, et, de part et d'autre, roulaient des fardeaux de tout l'effort de leur poitrine.

Ils se frappaient en se rencontrant, et puis brusquement ils retournaient chacun en arrière, et en criant : « Pourquoi retiens-tu et pourquoi jettes-tu ? »

Ainsi, dans ce cercle noir, ils revenaient de chaque côté au point opposé, se criant sans cesse leur honteux refrain.

Puis, quand chacun était arrivé à la moitié de son cercle, ils se retournaient tous ensemble pour recommencer une autre joute ; et moi, qui en avais le cœur quasi poigné par la douleur,

Je dis : « Mon maître, indique-moi quelles gens sont ceux-ci. Ont-ils été clercs, tous ces gens tonsurés qui vont là à notre gauche ? »

Et lui à moi : « Tous furent si louches d'esprit dans la vie première, qu'ils ne surent faire aucune dépense avec mesure.

» Leur voix l'aboie assez clairement quand ils viennent aux deux points du cercle où leur vie contraire les sépare.

» Ceux qui n'ont pas de cheveux pour couvrir leur tête ont été des clercs, des papes et des cardinaux sur lesquels l'avarice posa son joug. »

Et moi : « Maître, parmi tous ces gens-là, j'en devrais bien reconnaître quelques-uns, de ceux qui sont devenus immondes par ces vices. »

Et lui à moi : « Tu te perds dans une vaine pensée ; la vie sordide qui les a rendus difformes les masque et les rend entièrement méconnaissables.

» Ils reviendront éternellement se choquer ; ceux-ci ressusciteront du sépulcre le poing fermé, ceux-là les cheveux rasés.

» Pour avoir mal donné et mal gardé, ils ont perdu le monde céleste, et sont condamnés à ce combat. Pour te peindre ce combat, il n'est pas nécessaire de l'embellir par mes paroles.

» Or donc, mon fils, tu peux voir combien passe vite la

bouffée des biens commis à la fortune, et pour lesquels la race humaine s'enorgueillit et se dispute.

» Tout l'or qui est sous la lune, ou qui y fut autrefois, ne pourrait donner un instant de repos à une seule de ces âmes fatiguées.

— Maître, lui dis-je, apprends-moi maintenant quelle est cette fortune dont tu me parles. Qu'est-elle donc pour tenir ainsi dans ses serres tous les biens du monde ? »

Et lui à moi : « O folles créatures ! combien grande est l'ignorance qui vous égare ! Or je veux te nourrir de ma doctrine.

» Celui dont le savoir est supérieur à tout fit les cieux et leur donna un conducteur ; de sorte que chaque partie brille pour chaque partie,

» Par une distribution égale de la lumière ; de même pour les splendeurs humaines : il leur imposa une conductrice qui, administrant toutes choses,

» Ferait passer de temps en temps les vaines richesses d'une famille à une autre famille, d'une nation à une autre nation, malgré tous les obstacles des prudences humaines.

» Voilà pourquoi une nation commande et l'autre s'affaiblit, suivant le jugement de celle qui est cachée comme le serpent sous l'herbe [1].

» Votre savoir n'a point à débattre avec elle [2], car elle pourvoit, juge et poursuit son règne, comme le sien chacune des autres déités.

» Ses permutations n'ont pas de trêve ; la nécessité la force d'être rapide ; de la sorte, il advient souvent que le tour change.

» Telle est celle qui est tant mise en croix par ceux qui lui devraient donner des louanges, et qui lui donnent à tort leur blâme et leurs malédictions.

» Mais elle est heureuse et n'entend pas ces injures ; calme parmi les autres créatures premières, elle fait tourner sa sphère et jouit dans sa béatitude.

---

[1] Latet anguis in herbâ. (Virg.)
[2] La Fortune. — Magnifique personnification. — Voir l'ode d'Horace : *O diva gratum quœ regis Antium.*

» Descendons maintenant vers des maux plus grands et plus lamentables; déjà s'abaisse chaque étoile[1] qui montait quand je me mis en marche, et un trop long retard nous est défendu. »

Nous coupâmes le cercle à l'autre bord, non loin d'une source bouillante qui verse ses eaux dans un ruisseau grossi par elle.

Cette eau était beaucoup plus obscure qu'azurée; alors nous entrâmes dans un autre chemin plus bas que l'ancien, et toujours suivis par l'onde ténébreuse;

Un marais appelé Styx est formé par ce triste ruisseau lorsqu'il est descendu au pied des plages grises et infectes.

Et moi, qui à regarder me tenais attentif, je vis des âmes fangeuses, dans ce bourbier, toutes nues et les traits irrités;

Elles se frappaient non pas seulement avec les mains, mais avec la tête, et avec la poitrine, et avec les pieds, et elles se déchiraient des dents morceau par morceau.

Le bon maître me dit : « Mon fils, tu vois les âmes de ceux que la colère a dominés; je veux encore que tu tiennes pour certain

» Que sous cette eau se trouve une race damnée qui soupire; elle fait bouillonner l'eau à la surface, comme te l'indique ton œil à toutes les places où il s'arrête. »

Fichés dans le limon, ils disaient : « Nous fûmes toujours tristes sous cet air doux qui s'égaye au soleil, en portant au dedans de nous-mêmes une lourde fumée;

» À cette heure nous sommes tristes dans ce noir bourbier[2]. » Cet hymne, ils le gargouillaient au fond de leur gorge, ne pouvant prononcer une parole entière.

Ainsi nous décrivîmes un grand arc autour du marais fétide, entre la rive desséchée et l'étang, les yeux tournés vers ceux qui avalaient la fange.

Enfin nous arrivâmes au pied d'une tour.

---

[1] Il est minuit.

[2] « Requiescens accidiosus in faucibus suis. » (Jérémie.) David dit en parlant du paresseux : « Infixus sum in limo profundi. »

CHANT VIII.

Cinquième cercle, celui des Colères. — Les deux poëtes traversent le Styx dans la barque de Phlégyas. — Ils rencontrent Philippe Argenti. — La ville de Dite. — Les Démons, au grand étonnement de Virgile, leur ferment la porte de la ville.

Je dis, en poursuivant[1], que bien avant d'arriver au pied de la haute tour, nos yeux se portèrent vers son sommet,

A cause des deux petites flammes que nous vîmes placées dessus. Une autre tour lui rendait le signal, mais de si loin, que l'œil pouvait à peine les distinguer.

Or, me retournant vers la mer de toute science[2], je m'écriai : « Que veut dire ce feu, et que répond cet autre? Quels sont ceux qui font ces signaux? »

Et lui à moi : « Sur ces eaux fangeuses, déjà tu peux voir ce qu'on attend, si les vapeurs du marais ne te le cachent pas. »

Jamais corde ne lança loin d'elle une flèche qui courût dans l'air aussi agile qu'une petite nacelle que je vis

Venir vers nous sur les eaux. Un seul rameur la gouvernait en criant : « Tu es donc arrivée, âme félonne?

— Phlégyas! Phlégyas[3]! tu cries en vain cette fois, lui répondit mon seigneur; tu ne nous auras avec toi que le temps de passer le marais. »

Tel un homme qui apprend une tromperie qu'on lui a faite, et ensuite s'en tourmente, tel fit Phlégyas dans sa colère contenue.

---

[1] Soit son chemin, soit son récit.

[2] Virgile.

[3] Phlégyas est l'emblème de la colère et des orgueilleux. Il était fils de Mars et roi des Lapithes. Il eut pour enfants Ixion et Coronis. Indigné de l'affront qu'Apollon avait fait à sa fille, il mit le feu au temple de ce dieu, qui le tua à coups de flèches. (M.)

Phlegyasque miserrimus omnes
Admonet, et magna testatur voce per umbras :
Discite justitiam moniti, et non temnere divos. (Virgile, lib. VI.)

Mon guide descendit dans la barque et me fit entrer après lui; mais elle ne parut chargée que lorsque je fus dedans.

Dès que mon guide et moi nous fûmes dans cet esquif, l'antique proue s'en alla, sillonnant l'eau plus profondément qu'elle n'avait coutume sous d'autres passagers.

Tandis que nous parcourions ce canal d'eau morte, devant moi se présenta une ombre pleine de fange, et elle me dit : « Qui es-tu, toi qui viens ici avant l'heure ? »

Et moi : « Si je viens, je ne demeure; mais qui es-tu, toi-même, toi qui t'es rendu si dégoûtant ? » L'ombre répondit : « Tu vois bien que je suis un de ceux qui pleurent. »

Et moi à lui : « Dans les pleurs et les gémissements demeure, esprit maudit ! tout fangeux que tu sois, je te reconnais. »

Alors il étendit ses deux mains vers la barque, mais mon prudent maître le repoussa en disant : « Va-t'en d'ici avec les autres chiens ! »

Ensuite il entoura mon cou de ses bras, me baisa le visage et me dit : « Ame saintement dédaigneuse, bénie soit la femme qui ceignit ses nobles flancs où elle te portait !

» Celui-ci fut dans le monde un être gonflé d'orgueil; aucune vertu n'a honoré sa mémoire; de là vient qu'ici son ombre est toujours furieuse.

» Combien se tiennent là-haut pour de grands rois, qui seront couchés comme des porcs dans ce bourbier, ne laissant d'eux-mêmes que d'horribles mépris ! »

Et moi : « Maître, avant de quitter ce lac, j'aurais un grand désir de voir ce pécheur plongé dans cette fange. »

Et lui à moi : « Avant de voir la rive, tu seras satisfait; il faut que tu jouisses de ce désir. »

Peu après, je le vis tellement assailli par les ombres fangeuses, que j'en loue encore Dieu et je l'en remercie.

Toutes criaient : « A Philippe Argenti ! » Ce Florentin, esprit orgueilleux, se tournant contre lui-même, se déchirait avec ses dents.

Nous le laissâmes là, et je n'en parle pas davantage.

Mais une plainte douloureuse vint frapper mon oreille, de sorte que, tout attentif, j'ouvris les yeux devant moi;

Et le bon maître me dit : « Déjà, mon fils, s'approche la cité qui a nom Dité[1]; ses habitants sont malheureux, et leur foule est grande. »

Et moi : « Maître, déjà au fond de la vallée je distingue certainement ses mosquées, vermeilles comme si elles étaient sorties de la flamme. »

Il me répondit : « Le feu éternel qui les brûle en dedans leur donne cette couleur rouge que tu vois dans ce bas enfer. »

Nous entrâmes enfin dans les fossés profonds creusés autour de cette terre désolée; les murailles m'en paraissaient de fer.

Nous vînmes, non sans avoir fait d'abord un grand tour, dans un endroit où le nocher[2] nous cria bien fort : « Sortez! voici l'entrée. »

J'en vis sur les portes plus de mille tombés du ciel comme une pluie, qui disaient avec colère : « Quel est celui qui, sans la mort,

» S'en va par le royaume des morts? » Et mon sage maître fit signe de vouloir leur parler en secret;

Alors ils renfermèrent un peu cette grande colère, et ils dirent : « Viens, toi seul, et qu'il s'en aille celui qui est entré si hardiment dans ce royaume!

» Qu'il s'en retourne seul par sa route folle! qu'il essaye, s'il le peut; car tu resteras ici, toi qui l'as guidé dans cette contrée obscure. »

Juge, lecteur, si j'étais rassuré au bruit de leurs paroles maudites; je crus ne retourner jamais sur la terre.

« O mon guide chéri, qui plus de sept fois m'as rendu la sécurité et retiré des grands périls qui se dressèrent devant moi,

---

[1] Dité vient de *Dis*, qui est le nom de Pluton.
  Noctes atque dies patet atri janua Ditis. (Virg.)
[2] Phlegyas.

» Ne me laisse pas, lui dis-je, ainsi abattu; et s'il m'est refusé d'aller plus avant, retrouvons promptement les traces de nos pas ! »

Et le maître, qui m'avait mené jusque-là, me dit : « Ne crains pas : nul ne peut nous fermer le passage ; un plus puissant que tous nous l'a ouvert.

» Mais attends-moi ici ; réconforte ton esprit fatigué et nourris-le de bonne espérance, puisque je ne t'abandonnerai pas dans le monde infernal. »

Là-dessus le bon père s'en va et me laisse seul. Je demeure dans l'incertitude ; le oui et le non se combattent dans ma tête.

Je ne pus entendre ce qu'il leur proposa, mais il ne resta guère avec eux, car tous et à l'envi coururent vers la ville.

Là, nos ennemis fermèrent les portes sur la poitrine de mon maître, qui demeura dehors et s'en revint vers moi à pas lents.

Il avait les yeux à terre, et les sourcils dépouillés de toute hardiesse, et il disait à travers ses soupirs : « Qui m'a refusé l'entrée des maisons de douleurs? »

Et il me dit à moi : « Si je suis irrité, ne t'inquiète pas; je surmonterai cette épreuve, quels que soient ceux qui là dedans s'assemblent pour se défendre.

» Leur insolence n'est pas nouvelle ; ils l'ont déjà montrée devant une porte moins secrète et qui se trouve encore sans serrure [1].

» Tu as vu au-dessus l'inscription de mort. Mais déjà, en deçà de cette porte, descendant seul la montagne, et passant par les cercles, vient celui

» Par qui la ville nous sera ouverte [2]. »

---

[1] Parce que, malgré la résistance des Démons, la porte fut brisée par le Christ, à sa descente dans les Limbes. « Hodie portas mortis et seras pariter Salvator noster dirupit. » (*Office du samedi saint.*)
[2] L'ange envoyé par Dieu

CHANT IX.

Trois Furies apparaissent aux poëtes et les menacent. — Un ange vient à leur secours et ouvre les portes de la ville de Dité.

Cette couleur blême dont ma lâcheté me peignit au dehors, quand je vis mon guide retourner en arrière, fit rentrer en lui sa récente pâleur.

Attentif, il se posa comme un homme qui écoute, car l'œil ne pouvait pénétrer bien avant sous l'air noir et la nue épaisse :

« Cependant nous devrons vaincre dans ce combat, se prit-il à dire, sinon un tel allié s'est offert [1]... Oh! combien il me tarde que cet autre nous arrive !... »

Je vis bien qu'il couvrait ce qu'il avait commencé à dire par une autre idée qui lui vint ensuite, et que ces derniers mots étaient différents des premiers;

Néanmoins son discours me saisit de crainte, parce que je prêtais à ses paroles entrecoupées un sens pire que peut-être elles ne renfermaient.

Je lui fis cette question : « Jamais au fond de la triste conque est-il descendu un esprit de ce premier degré, où l'on a pour seule peine de perdre l'espérance ? »

A quoi il me répondit : « Rarement il arrive qu'un de nous fasse le chemin où je marche.

» Il est vrai qu'une autre fois il me fallut descendre ici-bas par les conjurations de cette cruelle Érycto, qui rappelait les ombres dans leurs corps [2].

» Depuis peu de temps ma chair était dépouillée de son âme, lorsqu'elle me fit entrer dans ces murailles pour en tirer un esprit du cercle de Judas.

» Ce cercle est le plus bas, le plus obscur et le plus loin

---

[1] Virgile, dans ce soliloque obscur et suspendu, veut parler de l'ange qui vient à leur secours.
[2] Érycto, magicienne de Thessalie. — Voir la *Phars.*, livre VI.

du ciel qui tout environne. Je sais bien le chemin, sois donc tranquille.

» Ce marais, qui exhale la grande puanteur, entoure la cité de douleur où nous ne pouvons désormais entrer sans colère. »

Il dit encore d'autres choses; mais je ne les ai plus dans ma mémoire, car mes yeux m'avaient entraîné tout entier vers la haute tour à la cime couronnée de feu.

Là, je vis tout à coup paraître trois Furies infernales teintes de sang, lesquelles avaient des membres et des gestes de femmes.

Elles étaient ceintes d'hydres verdâtres; pour cheveux elles avaient de petits serpents et des cérastes qui s'entortillaient autour de leurs tempes hideuses.

Et lui, qui reconnut bien les suivantes de la reine de l'éternelle douleur : « Regarde, me dit-il, les féroces Érinnyes.

» Celle-ci, à gauche, c'est Mégère; celle qui pleure à droite, c'est Alecto; Tisiphone est au milieu. » A ces mots il se tut.

De leurs ongles elles se déchiraient la poitrine; elles se battaient avec les mains, et criaient si haut, que, par défiance de leur rage, je me serrai contre le poëte.

« Que Méduse vienne, et nous la changerons en pierre, criaient-elles toutes en regardant en bas; nous nous sommes mal vengées de l'entrée audacieuse de Thésée. »

— « Détourne-toi et tiens les yeux fermés, car si Gorgone se montrait, et si tu venais à la voir, il n'y aurait plus d'espoir de remonter là-haut. »

Ainsi parla le maître; et lui-même me fit tourner en arrière; et, ne se fiant pas assez à mes mains, il me ferma encore les yeux avec les siennes.

O vous, qui avez l'entendement sain, découvrez la doctrine qui se cache sous le voile de ces vers étranges !

Et déjà venait sur les ondes troubles un grand bruit plein d'épouvantement, sous lequel tremblaient les deux rives.

Il n'en arrive pas autrement, lorsqu'un vent, irrité par

des chaleurs ennemies, s'attaque à une forêt, et sans relâche

Rompt les branches, abat et emporte les fleurs, s'en va devant lui, poudreux et superbe, et fait fuir les bêtes et les pâtres.

Il me découvrit les yeux, et il me dit : « A présent dirige le nerf de tes yeux sur cette écume antique, là où la vapeur est plus maligne. »

Comme les grenouilles, devant la couleuvre ennemie, s'éparpillent à travers l'eau jusqu'à ce que toutes se soient amoncelées dans la bourbe,

De même plus de mille âmes damnées fuyaient devant quelqu'un qui traversait le Styx à pied sec.

Il écartait de son visage l'air épais, en portant de temps à autre sa main en avant, et il ne semblait las que de ce travail.

Je vis bien qu'il était un messager du ciel, et je me retournai vers mon maître; et lui me fit signe de me tenir tranquille et de m'incliner.

Ah! combien il me paraissait rempli de dédains! Il arriva près de la porte, et, avec une baguette, l'ouvrit sans aucun obstacle.

« O démons chassés du ciel, race méprisée, s'écria-t-il sur l'horrible seuil, comment cette outrecuidance s'est-elle mûrie en vous?

» Pourquoi regimber ainsi contre cette volonté qui jamais ne peut manquer son but, et qui a tant de fois augmenté vos douleurs?

» Que sert de heurter le destin? Votre Cerbère, s'il vous en souvient bien, en a encore le cou et le museau pelés. »

Alors il se retourna vers la route fangeuse sans nous dire mot, mais semblable à un homme pressé et mordu d'un tout autre soin

Que celui des gens qui sont là devant lui. Et nous, rassurés par les paroles saintes, nous dirigeâmes nos pieds vers la terre de Dité.

Nous entrâmes sans aucune résistance. Or, comme j'avais

le désir de connaître le sort de ceux que renferme cette forteresse,

Dès que j'y fus entré, je promenai tout autour mes regards curieux, et je vis à chaque main une grande campagne pleine de douleurs et de tourments cruels.

Comme aux environs d'Arles, là où le Rhône est stagnant, comme à Pola près de Quarnaro, qui ferme l'Italie et baigne ses frontières [1],

Des sépulcres rendent le terrain tout montueux, de même ici des sépulcres s'élevaient de toutes parts, sauf qu'ici c'était plus effrayant.

Car les tombeaux étaient séparés par des flammes dans lesquelles ils devenaient si brûlants, que le fer n'est pas plus rouge pour le besoin d'aucun métier.

Tous leurs couvercles étaient soulevés, et il en venait au dehors de durs gémissements qui paraissaient bien ceux de pauvres suppliciés.

Et moi : « Maître, quelles sont ces gens qui, ensevelis dans ces arches, se font deviner à leurs soupirs douloureux ? »

Et lui à moi : « Ce sont les hérésiarques et leurs partisans de toutes les sectes : ces tombes sont beaucoup plus remplies que tu ne peux croire.

» Ici le semblable est enseveli avec son semblable, et les tombes sont plus ou moins brûlantes. » Alors il tourna à droite,

Et nous passâmes entre les martyrs et les hautes murailles.

CHANT X.

Sixième cercle, celui des Hérétiques. — Ils sont plongés dans des tombes de feu. — Dante y trouve Farinata degli Uberti et Cavalcante de' Cavalcanti. — Farinata prédit au poëte florentin son exil et toutes ses infortunes.

Maintenant, par un étroit sentier, entre les murs de la

[1] Pola, ville d'Istrie, sur l'Adriatique.

ville et les tombes des martyrs, mon maître s'avance et je suis ses pas.

« O vertu souveraine, m'écriai-je, qui m'entraînes à ton gré par les cercles impies, parle-moi et satisfais mes désirs !

» Pourrait-on voir ceux qui gisent dans les sépulcres ? Tous les couvercles sont levés, et personne ne fait la garde à l'entour. »

Et lui à moi : « Tous seront fermés quand les âmes reviendront ici de Josaphat avec les corps qu'elles ont laissés là-haut.

» Épicure et tous ses sectateurs, qui font mourir l'âme avec le corps, ont leur cimetière de ce côté.

» Donc, on va là dedans satisfaire promptement à la demande que tu me fais et au désir que tu me caches encore. »

Et moi : « Bon guide, je ne tiens caché mon cœur qu'afin de peu parler, et ce n'est pas à cette heure seulement que tu m'as disposé à cette réserve.

— « O Toscan, toi qui, vivant, t'en vas ainsi par la cité de feu, parlant avec modestie, qu'il te plaise de t'arrêter en ce lieu !

» Ton langage te dit clairement de ce noble pays auquel je fus peut-être trop funeste. »

Telles furent les paroles qui, subitement, sortirent d'un tombeau. Tremblant, je m'approchai un peu plus de mon guide.

Et lui me dit : « Tourne-toi, que fais-tu ? Regarde Farinata qui s'est dressé dans sa tombe ; tu le verras de la ceinture à la tête [1]. »

J'avais déjà mon regard fixé sur le sien, et il se dressait de la poitrine et du front, comme s'il avait l'enfer en grand mépris.

Alors les mains courageuses et promptes de mon guide me poussèrent vers lui à travers les sépultures, en disant : Que tes paroles soient claires !

---

[1] Farinata, de la famille des Uberti à Florence. Ce fut lui qui, commandant les Gibelins, partisans des empereurs, gagna la fameuse bataille de Monte-Aperto. Il est dans les tombes de feu comme partisan d'Épicure.

Aussitôt que je fus au pied de sa tombe, il me regarda un peu, et puis, d'un air de dédain, il me demanda : « Quels furent tes ancêtres ? »

Moi qui étais désireux de lui obéir, je ne lui celai rien, mais je lui découvris tout. Alors il releva un peu les sourcils,

Et dit : « Ils ont été cruellement opposés à moi et aux miens, et à mon parti; aussi deux fois je les ai bannis. »

— S'ils furent chassés, lui répondis-je, ils revinrent de toutes parts, et l'une et l'autre fois; mais c'est un art que les vôtres n'ont pas bien appris. »

Lors, du côté où la tombe était découverte, surgit une ombre; celle-ci jusqu'au menton seulement; je crois qu'elle s'était levée sur ses genoux [1].

Elle regarda autour de moi, comme ayant le désir de voir si un autre était avec moi; mais quand ses soupçons furent entièrement éteints,

Elle me dit en pleurant : « Si c'est la force du génie qui t'a ouvert cette obscure prison, où est mon fils, et pourquoi n'est-il pas avec toi ? »

Et moi à lui : « Je ne viens pas de moi-même; celui qui attend là me mène en ces lieux; peut-être votre Guido *eut* pour lui trop de dédain ? »

Ses paroles et son genre de supplice m'avaient appris déjà le nom de cette ombre; aussi ma réponse fut-elle précise.

Se dressant soudain, il cria : « Comment as-tu dit ? *il eut;* ne vit-il pas encore ? La douce lumière ne frappe-t-elle plus ses yeux ? »

Lorsqu'il s'aperçut que je mettais quelque délai à lui répondre, il tomba à la renverse dans son tombeau, et ne parut plus dehors.

Mais cet autre magnanime [2], pour qui j'étais resté, ne changea pas de visage, ne tourna pas le cou, ne courba point la poitrine.

---

[1] C'est Cavalcante de' Cavalcanti, père de Guido, ami de Dante et poëte, mais qui sacrifia la poésie pour l'étude des philosophes.
[2] Farinata.

« S'ils ont mal appris cet art, dit-il en continuant son premier propos, cela me tourmente plus que ce lit.

» Mais la Dame qui règne ici[1] ne rallumera pas cinquante fois sa figure, que tu sauras combien cet art est difficile.

» Et, afin que tu retournes dans le doux monde, dis-moi pourquoi ce peuple est si impitoyable envers les miens dans chacune de ses lois? »

Sur quoi je lui dis : « Le grand carnage qui a rendu l'Arbia d'une couleur rouge excite de tels discours dans notre temple. »

Après qu'il eut secoué la tête en soupirant : « Je n'étais pas seul, dit-il, à l'Arbia, et certes ce n'était pas sans raison que j'agis avec les autres[2].

» Mais j'étais seul là où il fut proposé par chacun de détruire Florence, et c'est moi qui la défendis à visage découvert[3].

— Ah! lui répondis-je, puisse votre race se rétablir un jour! mais, je vous en prie, défaites le nœud qui a enveloppé ma pensée.

» Il me paraît, si j'ai bien compris, que vous prévoyez ce que le temps amène avec lui, bien qu'il en soit autrement pour vous dans le présent.

— Nous, reprit-il, nous sommes comme celui qui a la vue mauvaise; nous voyons les choses éloignées, c'est une lumière que nous accorde le guide souverain.

» Quand les choses approchent ou existent, toute notre intelligence est vaine, et si un autre ne vient nous l'apprendre, nous ne savons rien de vos affaires humaines[4].

» Tu peux donc comprendre que toute notre intelligence sera morte du jour où sera fermée la porte de l'avenir. »

---

[1] La lune, nommée en enfer Proserpine.

[2] L'Arbia, rivière près de Monte-Aperto, où les Gibelins furent victorieux.

[3] Florence vient d'élever à son sauveur une statue sous la galerie des Office En face est celle de Dante.

[4] Fatendum est nescire mortuos quid agitur ; sed postea vero audire ab iis, qui hinc ad eos moriendo pergunt. Possunt etiam ab Angelis audire aliquid.

(Saint Augustin.)

Alors, comme contrit de ma faute, je lui dis : « Apprenez donc à celui qui a si vite disparu que son fils est encore parmi les vivants.

» Si je restai muet au moment de répondre, faites-lui savoir que j'étais déjà préoccupé du doute que vous avez éclairci. »

Et déjà m'appelait mon maître. C'est pourquoi je priai plus promptement l'esprit de me dire près de qui il se tenait.

Il me répondit : « Je suis couché ici au milieu de plus de mille ; là dedans est le second Frédéric, et là le cardinal [1]. Sur les autres je me tais. »

A ces mots il se cacha, et moi je dirigeai mes pas vers l'antique poëte, songeant à ces paroles, qui me paraissaient menaçantes.

Il se mit en marche, et puis, tout en cheminant ainsi, il me dit : « Pourquoi es-tu si égaré ? » Je satisfis à sa demande.

« Que ta mémoire, m'ordonna le sage, conserve ce que tu as entendu contre toi ; mais, pour l'heure, fais attention. » Et il leva le doigt.

« Quand tu seras devant le doux regard de celle dont les beaux yeux voient toute chose [2], tu sauras d'elle le voyage de ta vie. »

Après cela il tourna à main droite. Nous laissâmes les murailles, et nous allâmes vers le centre par un sentier qui descend à une vallée.

Cette vallée exhalait une puanteur insupportable.

---

[1] L'empereur Frédéric II, souvent en guerre avec les papes, contre lesquels il écrivit des vers, excommunié par Grégoire IX et Innocent IV, et mort en 1250. — Ottaviano degli Ubaldini, de Florence, et du parti gibelin, bien que cardinal. Il dit une fois que s'il avait une âme, il l'avait perdue pour les Gibelins.
[2] Béatrice.

CHANT XI.

Continuation du sixième cercle, celui des Hérétiques. — Horrible puanteur. — Tombe du pape Anastase. — Là les deux poëtes s'arrêtent, et Virgile explique à Dante comment, dans les trois cercles qui suivent, sont punies les Violences et deux espèces de Fraude.

A l'extrémité d'une rive escarpée, que formaient de grandes pierres rompues et entassées en cercle, nous arrivâmes au-dessus d'un gouffre encore plus terrible.

Et là, pour nous garantir des horribles exhalaisons et de la puanteur que jetait le profond abîme, nous nous abritâmes derrière le couvercle

D'un grand tombeau où je vis une inscription qui disait : « Je renferme le pape Anastase, que Photin entraîna hors du droit chemin [1]. »

« Il faut descendre ici lentement, afin d'accoutumer un peu nos sens à cette triste odeur; plus tard, nous n'y ferons plus attention. »

Ainsi parla le maître; et moi : « Cherche, lui dis-je, quelque expédient pour que le temps ne passe pas sans profit; » et lui : « Tu vois que j'y pense.

» Mon fils, continua-t-il, au milieu de ces rochers sont trois cercles, se rétrécissant de degré en degré, comme ceux que tu as quittés.

» Tous sont pleins d'esprits maudits; mais, pour qu'il te suffise de les voir, apprends comment et pourquoi ils sont enfermés.

» L'injustice est la fin de tout mal qui s'attire la haine du ciel, et l'on arrive à cette fin qui blesse autrui, ou par la violence, ou par la fraude.

» Mais comme la fraude est un mal propre à l'homme, elle déplaît davantage à Dieu; pour cette raison, les fourbes

---

La chronique du frère Martin de Pologne a trompé le poëte. Ce fut l'empereur Anastase, au lieu du pape de ce nom, qui adopta l'hérésie du diacre Photin.

sont placés au-dessous, et sont en butte à une plus grande douleur.

» Ce premier cercle est tout entier pour les violents ; mais il est construit et divisé en trois girons [1], parce qu'on peut faire violence à trois personnes :

» A Dieu, à soi, à son prochain. Et je dis qu'on peut leur faire violence ou dans leur propre personne ou dans leurs biens, comme tu vas le comprendre par ces raisons très-claires.

» On fait violence à son prochain en lui donnant la mort ou lui faisant des blessures douloureuses ; on le violente, en le ruinant dans ses biens, par l'incendie ou par des larcins.

» Donc les homicides, ceux qui font des blessures, les incendiaires et les brigands, sont tourmentés dans le premier giron.

» Un homme peut avoir tourné une main violente contre lui-même ou contre ses biens : il est donc juste que dans le second giron il fasse pénitence, et sans espérance d'un sort meilleur,

» Celui qui s'exile, par sa propre volonté, du monde où tu vis, qui joue, dissipe ses biens, et pleure là où il aurait dû être en joie.

» On peut faire violence à la Divinité, en la reniant dans son cœur, en blasphémant contre elle, en méprisant la nature et sa bonté.

» Voilà pourquoi le plus petit giron tient scellés de son sceau Sodome et Cahors [2], et quiconque, méprisant Dieu, l'injurie dans ses discours et dans son cœur.

» La fraude laisse des remords à toute conscience ; l'homme en peut user envers celui qui se fie en lui, et envers celui qui se défie ;

» Cette seconde fraude paraît donc briser les liens d'amour faits par la nature ; pour cette raison, dans le second cercle sont enchaînés

---

[1] Giron ou cercle.
[2] Cahors, en Quercy, ville remplie alors d'usuriers.

» Les hypocrites, les flatteurs, ceux qui jettent des sorts, les faussaires, les voleurs, les simoniaques, les rufiens, les fourbes, et tous les gens souillés de semblables ordures;

» La première fraude détruit l'amour qu'établit la nature, et cet autre sentiment qui le suit, et d'où résulte la confiance.

» Voilà pourquoi dans le plus petit cercle, centre de l'univers et fondement de Dité, quiconque a trahi est éternellement tourmenté. »

Et moi : « Maître, ton raisonnement est très-clair et me montre bien, dans ces divisions, cet abîme et le peuple qui l'habite;

» Mais dis-moi : ceux qui sont plongés dans ce marais, ceux qu'emporte le vent, ceux que frappe la pluie, ceux qui vont se heurtant avec des paroles si âpres,

» Pourquoi ne sont-ils pas punis dans la cité de feu, si Dieu les a dans sa colère? sinon, pourquoi sont-ils punis de la sorte? »

Et lui à moi : « Pourquoi, contre son ordinaire, ton esprit délire-t-il si fort? ou bien ta pensée est-elle occupée ailleurs?

» Ne te souvient-il pas des paroles de l'Éthique [1] que tu as étudiée, dans lesquelles il est traité des trois dispositions réprouvées par Dieu :

» L'incontinence, la malice et la folle bestialité; et comme l'incontinence offense moins Dieu et entraîne moins de blâme?

» Si tu examines bien cette sentence, te rappelant quels sont ceux-là qui font pénitence hors de cette enceinte,

» Tu verras bien pourquoi ils sont séparés de ces félons, et pourquoi, moins courroucée, la justice divine cependant les martelle.

— O soleil! m'écriai-je, qui guéris toute vue troublée, tu me contentes à tel point, quand tu expliques une pensée, qu'il m'est aussi agréable de douter que de savoir

» Encore une fois, reviens un peu sur tes pas, et expli-

---

[1] L'Éthique d'Aristote, ou Science de la Morale.

que-moi comment l'usure offense la divine bonté ; tranche ce nœud.

— La philosophie, me répondit-il, enseigne en plus d'un lieu, à qui l'étudie, que la nature tire son origine

» De l'intellect divin et de son art ; et si tu consultes bien ta physique, tu trouveras, sans tourner beaucoup de pages,

» Que l'art humain suit autant qu'il peut la nature, comme le disciple son maître, si bien que l'art humain est comme le petit-fils de Dieu.

» Et partant de ces deux principes, la nature et l'art, si tu te rappelles la Genèse, tu sauras que la nature nous donne la vie, et que l'art vient ensuite l'aider.

» L'usurier suit une autre voie, et méprise la nature et l'art qui l'accompagne, et place ailleurs son espérance.

» Mais à présent suis-moi, car il me plaît d'avancer. Le signe des Poissons monte sur l'horizon, le Chariot est renversé sur le Corus [1],

» Et plus loin le rocher s'abaisse. »

CHANT XII.

Première enceinte du septième cercle, ou des Violents. — Les deux poëtes rencontrent le Minotaure qui en est le gardien. — Les Violents contre la vie et les biens du prochain sont plongés dans un fleuve de sang. — Plus bas, les poëtes rencontrent une troupe de Centaures. — Un d'eux, le centaure Nessus, porte Dante sur sa croupe au delà du Phlégéton.

Le lieu où nous avions à descendre le précipice était si impraticable, et tel à cause de ce qui s'y trouvait, que toute vue s'en détournerait.

Telle est cette ruine qui frappa l'Adige au flanc, en deçà de Trente, ou par l'effet d'un tremblement de terre, ou faute de soutien [2].

De la cime du mont où elle s'ébranla à la plaine, la roche

---

[1] C'est-à-dire, voici l'Aurore.
[2] Les éboulements du mont Barco, entre Vérone et Trente.

est tellement béante, qu'elle ne serait aucun passage à qui serait en haut.

Telle était la descente de ce précipice; et sur le sommet de ce roc entr'ouvert était étendu le monstre, opprobre de la Crète, qui fut conçu dans la fausse génisse [1].

Et quand il nous vit, il se mordit lui-même, comme celui que la colère brise au dedans.

Mon sage lui cria : « Peut-être tu crois qu'ici est le chef d'Athènes qui, là-haut dans le monde, te donna la mort [2].

» Va-t'en, bête ! celui-ci ne vient pas instruit par ta sœur, mais il vient voir vos châtiments. »

Tel que le taureau qui fléchit du côté où il a reçu le coup mortel, et qui, sans pouvoir se retourner, bondit çà et là,

Ainsi je vis faire le Minotaure, et mon prudent maître s'écria : « Cours à l'ouverture. Pendant qu'il est en fureur, il est bon que tu descendes. »

Nous fîmes donc route par cette décharge de pierres qu'à tout instant ce poids nouveau faisait rouler sous nos pieds.

Je marchais en rêvant; il me dit : « Tu penses peut-être à cette ruine qui est gardée par cette fureur bestiale que j'ai éteinte.

» Or je veux que tu saches que la dernière fois que je descendis dans le bas enfer, cette roche n'était point encore écroulée,

» Mais un peu avant (si je ne me trompe) que vînt du cercle divin celui qui [3] enleva la grande proie à Dité. »

De toutes parts l'impure vallée trembla si profondément, que je pensai que l'univers ressentait cet amour par lequel il en est qui peuvent croire

Plusieurs fois le monde retombé dans le chaos; et c'est alors que cette vieille roche se renversa ainsi de part et d'autre.

« Mais fixe les yeux sur la vallée; car voici la rivière de

---

[1] Le Minotaure.
[2] Thésée.
[3] Jésus-Christ, qui, après sa passion, descendit dans les Limbes.

sang dans laquelle bout quiconque par la violence a nui aux autres. »

O passion aveugle! ô folle colère! qui nous éperonne ainsi dans notre courte vie, et qui après, pour l'éternité, nous plonge dans de telles eaux!

Je vis une ample fosse tordue en arc, comme celle qui embrasse toute la plaine, selon ce qu'avait dit mon guide.

Et entre le pied de la roche et cette fosse couraient à la file des centaures armés de flèches, comme ils avaient coutume dans le monde d'aller à la chasse.

Nous voyant descendre, chacun d'eux s'arrêta, et trois se détachèrent de la bande, tenant en main leur arc et leur flèche tout prêts.

Et l'un cria de loin : « A quel martyre venez-vous, vous qui descendez la côte? Dites d'où vous êtes, sinon je tire l'arc. »

Mon maître dit : « Nous ferons réponse à Chiron, ici près; pour ton malheur, tes désirs ont toujours été trop vifs. »

Puis il me toucha et me dit : « Celui-ci est Nessus, qui mourut pour la belle Déjanire et vengea lui-même sa propre mort.

» Et celui du milieu, qui se regarde la poitrine, est le grand Chiron, qui éleva Achille; cet autre est Pholus, qui fut plein de colère.

» A l'entour de la fosse ils vont par mille et mille, perçant de flèches toute âme qui sort du sang plus que sa faute ne le permet. »

Nous nous approchâmes près de ces monstres agiles; Chiron prit une flèche, et avec la coche il retroussa sa barbe derrière sa mâchoire.

Quand il eut découvert sa grande bouche, il dit à ses compagnons : « Vous êtes-vous aperçus que celui de derrière [1] fait mouvoir ce qu'il touche?

» Ainsi n'ont pas habitude de faire les pieds des morts. »

---

[1] Dante, qui suivait Virgile.

Et mon guide, qui était déjà à sa poitrine, où les deux natures s'unissent,

Répliqua : « Il est bien vivant, et je dois, seul, lui montrer ainsi la sombre vallée. La nécessité, et non son choix, l'amène ici.

» Elle a cessé un moment de chanter *alleluia*, celle qui m'a commis à ce nouvel office. Ce n'est pas un brigand, et moi je ne suis pas une âme criminelle.

» Mais, au nom de cette vertu qui dirige mes pas dans une route si sauvage, donne-moi un des tiens qui nous accompagne,

» Et qui nous montre un endroit guéable, et qui porte celui-ci sur sa croupe ; car ce n'est point un esprit qui aille par les airs. »

Chiron se tourna du côté droit, et dit à Nessus : « Va, et guide-les, et si une autre troupe les rencontre, écarte-la. »

Nous nous mîmes en marche sous cette escorte fidèle, le long des bords de cette rouge écume dont les noyés poussaient d'horribles cris.

J'en vis plongés jusqu'aux paupières, et le grand centaure dit : « Ce sont les tyrans qui vécurent de sang et de rapine.

» Ici se pleurent les torts impitoyables ; ici est Alexandre[1], et le cruel Denys qui fit souffrir tant d'années douloureuses à la Sicile.

» Et ce front qui a le poil si noir, c'est Ezzelino[2] ; et cet autre qui est blond, c'est Obezzo d'Este[3], qui véritablement

» Fut assassiné par son beau-fils, là-haut dans le monde. »

Alors je me tournai vers le poëte, et il me dit : « Que Nessus soit ici ton premier interprète ; je ne serai que le second. »

Un peu plus loin, le centaure s'arrêta au-dessus de damnés que l'on voyait sortir la tête hors du fleuve.

Il nous montra une ombre seule à l'écart, en disant :

---

[1] Selon presque tous les commentateurs, Alexandre de Phères, tyran de Thessalie.

[2] Ezzelino, tyran de Padoue. Fait prisonnier par les princes de Lombardie, et mené blessé à Soncino, il ne voulut pas laisser panser ses blessures, et refusa de prendre toute nourriture. Il mourut de faim et de désespoir en 1260. (M.)

[3] Obezzo d'Este, marquis de Ferrare et de la Marche d'Ancône.

« Celui-ci frappa, dans le giron de Dieu, le cœur que l'on honore encore aux bords de la Tamise [1]; »

Puis, j'en vis qui tenaient la tête et aussi tout le buste hors du lac, et de ceux-là j'en reconnus bon nombre.

Ainsi, de plus en plus, le sang baissait et ne couvrait plus que les pieds, et ce fut là que nous traversâmes la fosse.

« Par la raison que de ce côté tu vois la source diminuer toujours, dit le centaure, je veux que tu croies

» Que de l'autre elle pèse de plus en plus sur le fond, jusqu'à ce qu'il se réunisse à celui où la tyrannie est condamnée à gémir.

» C'est là que la divine justice a plongé cet Attila qui fut son fléau sur la terre, et Pyrrhus, et Sextus [2]; et que pour l'éternité elle arrache

» Les larmes qui échappent, à chaque bouillonnement, à René de Corneto et à René de' Pazzi [3], qui firent si rude guerre aux grands chemins. »

Puis il se retourna et repassa le gué.

CHANT XIII.

Seconde enceinte du septième cercle ou des Violents contre eux-mêmes. — Les Suicides sont emprisonnés dans des arbres et des buissons. — Les Dissipateurs sont poursuivis par des chiens. — Pierre Desvignes, Lano de Sienne, Jacques de Padoue.

Nessus n'était pas encore arrivé de l'autre côté, quand nous pénétrâmes dans un bois qui n'était marqué d'aucun sentier.

---

[1] Gui de Montfort. Pour venger la mort de Simon, son père, tué en Angleterre par Édouard, il assassina, en 1271, dans une église de Viterbe, Henri, frère d'Édouard, pendant que le prêtre était à l'élévation. (M.)

[2] Pyrrhus, roi d'Épire, ou Pyrrhus, fils d'Achille, qui massacra Priam et immola Polyxène sur le tombeau d'Achille; — Sextus, fils de Tarquin le Superbe, ou Sextus, fils de Pompée.

[3] René Corneto, gentilhomme fameux par ses vols et ses assassinats; — messire Renier Pazzo, aussi gentilhomme, de l'ancienne famille des Pazzi de Florence, était un voleur et guetteur de chemins, assassinant les uns et dérobant les autres, si bien qu'en son temps il ne faisait pas sûr d'aller en tels quartiers où il rôdait. (G.)

Le feuillage n'en était pas vert, mais de couleur noirâtre ; les branches n'en étaient pas unies, mais noueuses et toutes entremêlées ; il n'y avait pas de fruits, mais des épines avec du poison.

Elles n'ont pas de fourrés si âpres ni si épais, les bêtes sauvages qui ont en haine les lieux cultivés entre la Cécina et Corneto [1].

Là font leur nid les harpies brutales qui chassèrent les Troyens des Strophades avec le triste présage du mal futur [2].

Elles ont de larges ailes, des cous et des visages humains, des pieds avec des serres, et un grand ventre couvert de plumes. Elles font des lamentations sur ces arbres étranges.

Et mon bon maître : « Avant d'entrer plus avant, sache que tu es dans la seconde enceinte, commença-t-il à me dire, et tu y seras jusqu'à ce que

» Tu arrives dans les horribles sables. C'est pourquoi, regarde bien ; tu verras des choses qui n'obtiendraient aucune foi si je t'en faisais récit. »

J'entendais déjà de toutes parts pousser des gémissements, et je ne voyais personne qui les fît. C'est pourquoi je m'arrêtai tout éperdu.

Je crois qu'il crut que je croyais [3] que ces voix sortaient de la poitrine de gens cachés pour nous.

Aussi mon maître dit : « Si tu romps quelque petite branche d'un de ces arbres, les pensées que tu as se trouveront toutes fausses. »

Alors j'étendis la main un peu en avant et cueillis une

---

[1] Cecina, rivière de Toscane, qui tombe dans la mer entre Livourne et Piombino ; — Corneto, ville des États du pape.

[2]
Tristius haud illis monstrum, nec sævior ulla
Pestis et ira deûm stygiis sese extulit undis.
Virginei volucrum vultus, fœdissima ventris
Proluvies, uncæque manus, et pallida semper
Ora fame.
(*Æneid.*, l. III.)

[3] Voici l'italien : « Io credo ch' ei credette ch' io credesse. » Arioste a dit depuis :

Io credea e credo, e creder credo il vero.

branche d'un grand arbre, et son tronc cria : « Pourquoi me casses-tu ? »

Et aussitôt il fut noir de sang, et il recommença à crier : « Pourquoi me déchires-tu ? N'as-tu aucun sentiment de pitié ?

» Nous avons été hommes, et maintenant nous sommes devenus des arbres ; ta main aurait bien dû être plus compatissante, quand même nous aurions été des âmes de reptiles. »

Comme d'un tison vert qui est enflammé par l'un des bouts et qui de l'autre gémit et pétille à cause de l'air qui se fait passage,

Ainsi de ce tronc sortaient ensemble des paroles et du sang, et je laissai tomber la branche, et m'arrêtai comme l'homme qui a peur.

« Ame blessée, répondit mon sage, s'il avait pu croire tout d'abord ce qu'il a pourtant vu dans mon poëme,

» Il n'aurait pas porté la main sur toi ; mais l'invraisemblance de la chose m'a fait lui conseiller ce qui me pèse à moi-même ;

» Mais dis-lui qui tu fus, afin qu'en dédommagement il rafraîchisse ta mémoire dans le monde où il lui est permis de retourner. »

Et l'arbre : « Tu m'amorces avec un si doux parler, que je ne puis me taire ; et que je ne vous sois pas à charge, si je m'oublie un peu à causer avec vous.

» Je suis celui [1] qui tint les deux clefs du cœur de Frédéric, et qui les tourna si douces et pour fermer et pour ouvrir,

» Que j'écartai presque tout autre de sa confiance ; et j'apportai tant de foi à ce glorieux office, que j'en perdis le sommeil et la vie.

» La courtisane [2] qui n'a jamais détourné du palais de

---

[1] Pierre Desvignes, jurisconsulte de Capoue. Il fut longtemps dans la faveur de l'empereur Frédéric II, dont il était le chancelier. Accusé de trahison, il eut les yeux crevés. De désespoir, il se brisa la tête contre les murs de son cachot. — C'était en 1249.

[2] L'Envie.

César ¹ ses yeux effrontés, peste commune et vice des cours,

» Enflamma contre moi tous les esprits, et, enflammés, ils enflammèrent tellement Auguste ², que mes joyeux honneurs se changèrent en triste deuil.

» Mon âme, dans un transport dédaigneux, croyant par la mort fuir le dédain, me rendit injuste contre moi-même qui étais si juste.

» Par les racines récentes de ce bois, je vous jure que jamais je ne manquai de foi à mon maître, qui fut si digne d'être honoré.

» Et si l'un de vous retourne au monde, relevez ma mémoire, qui gît encore sous le coup que l'Envie lui a porté. »

Le poëte attendit un peu, et alors : « Puisqu'il se tait, me dit-il, ne perds pas le temps, mais parle, interroge-le si tu en veux savoir davantage. »

Et moi à lui : « Demande-lui toi-même encore ce que tu crois pouvoir m'intéresser; car je ne pourrais, tant la pitié m'attriste. »

C'est pourquoi il recommença. « Si cet homme fait ponctuellement ce que ta prière a réclamé, esprit emprisonné, qu'il te plaise encore

» De dire comment l'âme s'enferme dans ces nœuds, et dis, si tu le peux, si jamais aucune se dégage d'un tel corps. »

Alors le tronc souffla fort, et ce vent se convertit en cette voix : « Je vous répondrai brièvement.

» Quand l'âme féroce est partie du corps dont elle s'est elle-même arrachée, Minos l'envoie au septième cercle.

» Elle tombe dans la forêt, et l'endroit n'est pas choisi, mais là où la fortune la lance, elle germe comme un grain d'épeautre.

» Elle pousse en rejeton et en arbre; les harpies, en se repaissant ensuite de ses feuilles, lui font une douleur et un passage à cette douleur.

---

¹ C'est-à-dire l'empereur.
² C'est-à-dire Frédéric II.

» Comme les autres âmes, nous voudrions recueillir nos dépouilles, mais sans pour cela qu'aucune de nous s'en puisse revêtir, car il n'est pas juste d'avoir ce qu'on s'est ôté soi-même.

» Nous les traînerons ici ; et, dans la lugubre forêt, nos corps seront suspendus chacun à l'arbre de son ombre tourmentée. »

Nous étions encore attentifs, croyant que le tronc en voulait dire davantage, lorsque nous fûmes surpris par un bruit :

Pareillement à celui qui entend venir le sanglier et la chasse à son poste, et qui écoute mugir les bêtes et les branchages.

Et voilà, sur la gauche, deux malheureux, nus et tout déchirés, fuyant si fort, qu'ils rompaient toutes les petites branches de la forêt.

Celui de devant : « Accours ! accours ! ô mort ! » et l'autre, qui était trop lent à son gré, criait : « Lano,

» Tes jambes n'étaient point si agiles au combat de *la Pieve del Toppo;* » et l'haleine lui manqua sans doute, car de lui et d'un buisson il fit un groupe [1].

Derrière eux la forêt était pleine de chiennes noires, avides et courant comme des lévriers détachés de leur chaîne.

Elles se jetèrent à pleines dents sur le damné qui s'était caché, et le déchirèrent en lambeaux ; puis elles emportèrent ses membres douloureux.

Mon guide alors me prit par la main et me mena au buisson, qui déplorait en vain ses plaies saignantes.

« O Jacques de Saint-André [2] ! disait-il, à quoi bon m'avoir

---

[1] Lano, de Sienne. Les troupes dont il faisait partie ayant été attaquées par ceux d'Arezzo, Lano préféra la mort à la fuite, et périt en combattant vaillamment.

[2] Jacques de Saint-André, gentilhomme de Padoue, qui dissipa toute sa fortune en folles dépenses. — On conte de lui, dit Grangier, qu'allant à Venise, par la Brenta, avec quelques autres gentilshommes, et voyant qu'un chacun des autres s'exerçoit à jouer des instruments ou à chanter, pour n'estre oisif, il jettoit ses escus un à un dans ladicte rivière. Une autre fois plusieurs gentilshommes l'estant allés trouver en sa maison des champs, et lui, les voyant de loin, pour leur faire

pris pour refuge? Est-ce ma faute, à moi, si ta vie fut coupable? »

Quand mon maître se fut arrêté près de ce buisson, il dit : « Qui étais-tu, toi qui, criblé de blessures, exhales avec du sang ces paroles plaintives? »

Et lui à nous [1] : « O âmes, qui êtes venues voir le cruel ravage qui m'a séparé ainsi de mes feuilles,

» Ramassez-les autour de leur triste buisson; je fus de la cité [2] qui quitta son premier patron pour saint Jean-Baptiste; aussi ce patron dédaigné

» Toujours l'attristera avec son art redoutable; et n'était que sur le pont de l'Arno il reste encore de lui quelque image,

» Les citoyens qui rebâtirent cette cité sur les cendres qu'Attila avait laissées après lui, auraient fait travailler en vain.

» Moi, je me suis fait un gibet de ma maison. »

CHANT XIV.

Troisième enceinte du septième cercle, ou des Violents contre Dieu, contre la Nature, contre la Société.

Dès que l'amour de la terre natale m'eut saisi, je rassemblai les feuilles éparses, et je les rendis à celui qui était déjà *enroué*.

De là nous touchâmes au point où le second cercle se sépare du troisième, et où se voit la puissance terrible de la divine justice.

---

honneur, il fit mettre le feu en toutes les cabanes et métairies de ses laboureurs et villageois.

[1] Dans l'ombre qui parle ici on croit voir Bocco de' Mozzi, qui se tua après avoir dissipé tous ses biens, ou Lotto de' Agli, autre Florentin qui s'étrangla du désespoir d'avoir rendu une sentence injuste.

[2] Florence, dont l'ancien patron était le dieu Mars. Sa statue équestre se voyait encore, en 1337, sur le Ponte-Vecchio, d'où un débordement de l'Arno l'emporta avec une partie du pont.

Pour bien expliquer les choses nouvelles, je dis que nous arrivâmes à une lande qui écarte toute plante de sa surface.

La forêt douloureuse est sa ceinture, comme la fosse de sang est celle de la forêt. Là nos pieds s'arrêtèrent tout au bord.

L'espace était couvert du même sable aride et épais que celui qui fut jadis foulé aux pieds par Caton [1].

O vengeance de Dieu ! combien tu dois être redoutée de quiconque lit ce qui se manifeste à mes yeux !

Je vis de nombreux troupeaux d'âmes nues qui pleuraient toutes misérablement ; et leur sentence semblait différente.

D'aucuns étaient couchés sur le dos, d'aucuns étaient assis tout ramassés, et d'autres marchaient continuellement.

Ceux qui faisaient le tour du cercle étaient les plus nombreux, et le moins ceux qui gisaient à terre pour leur supplice, mais leurs langues étaient les plus déliées à la plainte.

Sur toute l'arène pleuvaient lentement de larges flocons de feu, pareils à ceux de la neige dans les Alpes, quand il ne fait pas de vent.

De même qu'Alexandre, dans les parties brûlantes de l'Inde, vit tomber sur son armée des flammes qui restaient sur la terre sans s'éteindre ;

De sorte qu'il ordonna à ses troupes de fouler aux pieds le sol, attendu que la vapeur s'éteignait mieux tandis qu'elle était seule :

Ainsi descendait le feu éternel, et l'arène s'embrasait comme l'amorce sous la pierre, pour doubler la souffrance des âmes.

Leurs malheureuses mains étaient sans aucun repos et toujours en branle deçà, delà, secouant loin d'elles un embrasement nouveau.

Je commençai : « Maître, qui as surmonté tous les obsta-

---

[1] Le sable de la Libye, que Caton d'Utique traversa, après la mort de Pompée, pour rejoindre l'armée de Juba.

cles, hors ceux que nous ont opposés les démons inflexibles à l'entrée de la porte [1],

» Quelle est cette grande ombre qui n'a pas l'air de se soucier de l'incendie, et gît si dédaigneuse et si farouche, qu'il ne semble pas que la pluie la dompte? »

Et l'ombre [2], s'apercevant que je parlais d'elle à mon guide, cria : « Tel je fus vivant, tel je suis mort.

» Quand Jupiter fatiguerait son forgeron, duquel, dans sa colère, il prit la foudre aiguë dont je fus frappé à mon dernier jour;

» Et quand il fatiguerait l'un après l'autre tous les noirs ouvriers de l'Etna, en criant : Aide-moi, aide-moi, bon Vulcain !

» Ainsi qu'il fit au combat de Phlégra [3], et qu'il me perça de toutes ses flèches, jamais il n'aurait de moi pleine vengeance. »

Alors mon guide parla avec tant de force, que je ne l'avais pas encore entendu parler si fort : « O Capanée ! si ton orgueil ne s'amortit pas,

» Tu en es plus puni. Aucun martyre ne serait une douleur comparable à celle que ta rage te fait souffrir. »

Puis il se retourna vers moi en disant avec de plus douces lèvres : « Il fut un des sept rois qui assiégèrent Thèbes [4]. Il avait et semble encore avoir

» Dieu en dédain, et il ne semble guère qu'il le prie; mais, comme je le lui ai dit, ses dédains mêmes sont le bien digne prix de son cœur.

» Or, viens derrière moi, et prends garde de ne pas mettre encore le pied sur le sable brûlant; mais tiens-toi toujours serré près de la forêt. »

Nous arrivâmes en silence à l'endroit où s'élançait hors de la forêt une petite rivière dont la rougeur m'épouvante encore.

[1] La porte de la ville de *Dité*.
[2] Capanée, que Stace définit : *Superûm contemptor et œqui*. (Theb., l. III.)
[3] Phlégra, en Thessalie, où se livra le combat des dieux et des géants.
[4] Ces sept rois étaient Adraste, Polynice, Tydée, Hippomédon, Amphiaraüs, Parthénopée et Capanée.

Tel que sort du Bulicame[1] le ruisseau que se partagent entre elles les pécheresses, telle cette rivière courait sur l'arène.

Le fond et le bord de chaque côté étaient faits de pierre ; c'est pourquoi je pensai que c'était là qu'il fallait marcher.

« Entre toutes les choses que je t'ai montrées depuis que nous sommes entrés par la porte dont le seuil n'est interdit à personne,

» Tes yeux n'en ont point découvert d'aussi remarquable que ce courant qui amortit en lui toutes les flammes. »

Telles furent les paroles de mon guide ; c'est pourquoi je le priai de me donner l'aliment dont il m'avait donné le désir.

« Au milieu de la mer est un pays en ruines, dit-il alors, qui s'appelle la Crète, qui eut un roi[2] sous lequel le monde fut chaste ;

» Là est un mont jadis orné d'eaux et de feuillages, et appelé Ida, et maintenant désert comme toute chose vieille.

» Jadis Rhéa le choisit pour le berceau fidèle de son fils, et pour le mieux cacher, quand il criait, elle y faisait pousser de grandes clameurs ;

» Au dedans de la montagne se tient debout un grand vieillard[3], les épaules tournées vers Damiette[4], et l'œil sur Rome[5] comme sur son miroir ;

» Sa tête est formée d'or fin, et de pur argent sont ses

---

[1] Source d'eaux minérales, à deux milles de Viterbe, où les prostituées allaient prendre des bains.

[2] Saturne. — Juvénal avait dit :

    Credo pudicitiam, Saturno rege, moratam
    In terris.

[3] La description de cette statue est semblable à celle dont parle Daniel, au chap. II de sa prophétie. — Ici Dante veut figurer le Temps. — « La teste d'or fin, dit Grangier, signifie l'estat d'innocence, que les poëtes appellent âge doré ; la poitrine et les bras d'argent, et le reste jusqu'aux cuisses d'airain, puis les jambes de fer, signifient les trois âges d'argent, d'airain et de fer qui alloient toujours de pis en pis. »

[4] Damiette, ou l'idolâtrie.

[5] Rome, ou la vraie religion.

bras et sa poitrine; puis il est de cuivre jusqu'à l'enfourchure;

» De là en bas, il est tout de fer *affiné*, sauf que le pied droit est de terre cuite, et il pose sur celui-là plus que sur l'autre.

» Chaque partie, excepté l'or, est sillonnée d'une fissure d'où dégouttent des larmes qui, en s'amassant, percent la montagne.

» Leur cours se dirige dans cette vallée; elles forment l'Achéron, le Styx et le Phlégéton; puis elles descendent par ce conduit étroit

» Jusqu'aux lieux où l'on ne descend plus; elles y forment le Cocyte, et tu verras quel est ce lac; donc je ne t'en parle pas ici. »

Et moi à lui : « Si le ruisseau que je vois dérive ainsi de notre monde, pourquoi n'est-il visible qu'à la lisière de cette forêt?

Et lui à moi : « Tu sais que ce lieu est rond, et quoique tu aies fait bien du chemin, en descendant toujours au fond vers la gauche,

» Tu n'as pas encore parcouru tout le cercle; si donc il t'apparaît chose nouvelle, elle ne doit pas amener la surprise sur ton visage. »

Et moi encore : « Où se trouvent le Phlégéton et le Léthé? Sur l'un tu te tais, et de l'autre tu dis qu'il se forme de cette pluie de larmes.

— Toutes ces questions me plaisent, répondit-il, mais le bouillonnement de cette eau rouge aurait dû te résoudre une de celles que tu me fais.

» Tu verras le Léthé, mais hors de cette enceinte, là où les âmes vont se laver quand la faute expiée est remise[1]. »

Puis il dit : « Il est temps de s'écarter du bois; fais en sorte de me suivre; les bords nous offrent un passage; ils ne sont pas brûlants,

» Et sur eux toute ardente vapeur s'éteint. »

---

[1] Dans le Purgatoire.

CHANT XV.

Suite. — **Dante rencontre son maître Brunetto Latini, qui lui prédit son exil de Florence.** — **Il lui recommande son** *Trésor*.

Maintenant nous suivons une de ces rives de pierre, et la fumée du ruisseau forme au-dessus un brouillard qui préserve du feu l'onde et ses bords;

De même que les Flamands, entre Cadsandt et Bruges, craignant le flot qui s'avance vers eux, élèvent une digue pour faire fuir la mer;

Et de même les Padouans, le long de la Brenta, pour défendre leurs villes et leurs châteaux, avant que Chiarentana sente la chaleur[1];

Sur ce modèle, mais ni si hautes ni si larges, étaient faites les digues qu'avait construites ici l'ingénieur, quel qu'il fût.

Déjà nous étions si éloignés de la forêt, que je n'aurais pas vu où elle était, si je m'étais retourné en arrière;

Quand nous rencontrâmes une troupe d'âmes qui venait le long de la rive, et chacune nous regardait, comme on a coutume le soir

De se regarder l'un l'autre aux rayons de la nouvelle lune, et elles fixaient leurs yeux sur nous, comme un vieux tailleur sur le chas de son aiguille.

Ainsi examiné par cette troupe, je fus reconnu de l'un d'eux, qui me prit par ma robe, et s'écria : « Quelle merveille ! »

Et moi, tandis qu'il me tendait les bras, je fixai mes regards sur sa face brûlée, si bien que, tout défiguré qu'il était, il ne me fut pas impossible

De le reconnaître à mon tour; et abaissant ma main vers son visage, je répliquai : « Êtes-vous ici, ser Brunetto[2] ? »

---

[1] Chiarentana, montagne des Alpes, où la Brenta prend sa source.
[2] Brunetto Latini, orateur, poëte, historien, philosophe et théologien, né à Flo-

Et lui : « O mon fils! ne te fâche pas si Brunetto Latini retourne un peu en arrière avec toi et laisse aller la file. »

Je lui dis : « Je vous en prie autant que je puis, et si vous voulez que je m'asseye avec vous, je le ferai, s'il plaît à celui-ci, car je vais avec lui.

— O mon fils, dit-il, celui de cette troupe qui s'arrête un instant reste cent ans sous cette pluie, sans pouvoir secouer le feu qui le blesse.

» Va donc en avant, je marcherai à ton côté, et puis je rejoindrai ma bande qui va pleurant ses éternelles souffrances. »

Je n'osai pas descendre d'abord pour aller de niveau avec lui, mais je marchais la tête inclinée, dans l'attitude du respect.

Il commença : « Quelle fortune ou destin, avant l'heure dernière, t'amène ici-bas? et quel est celui qui te montre le chemin?

— Là-haut, dans la vie sereine, lui répondis-je, je me suis égaré dans une vallée avant que mon âge fût rempli.

» Mais hier, au matin, j'ai fait volte-face; celui-ci m'est apparu comme je revenais sur mes pas, et me remit dans ma voie par cette route. »

Et lui à moi : « Si tu suis ton étoile, tu ne peux manquer un port glorieux, si j'ai bien consulté ta belle destinée.

» Et si je n'étais pas mort sitôt, te voyant le Ciel si prospère, je t'aurais donné cœur à l'ouvrage.

» Mais ce peuple ingrat et méchant, qui descendit autre-

---

rence, était à la tête d'une école célèbre d'où sortirent Guido Cavalcante et Dante. Il fut secrétaire de la république, qui le chargea de plusieurs ambassades. Il fit sur la physique et les mathématiques un livre intitulé *Tesoretto*, dédié à saint Louis. Forcé de s'expatrier comme Guelfe, il vint s'établir à Paris, où il composa, en français, le *Trésor*. « S'aucuns demande pourquoi chis livre est écrit en romans, selon le patois de France, puisque nous somes Italiens, je diroé que c'est pour deux raisons ; l'une est parce que nous somes en France, l'autre si est porce que françois est plus délitables langages, et plus communs que moult d'autres. » (M.)

fois de Fiésole[1], et qui tient encore de l'âpreté de ses montagnes et de son rocher,

» Se fera ton ennemi, à cause de tout ce que tu feras de bien, et c'est raison; ce n'est pas parmi les âpres sorbiers qu'il convient que mûrisse la douce figue.

» Une vieille renommée dans le monde les dit aveugles, race avare, envieuse et superbe : que leurs mœurs ne te souillent jamais!

» La fortune te réserve tant d'honneur, que l'un et l'autre parti aura faim de ton retour; mais que l'herbe soit loin de leur bec.

» Que les bêtes de Fiésole se fassent une litière de leurs corps, et qu'elles ne touchent pas à la plante, s'il s'en élève encore quelqu'une sur leur fumier,

» Dans laquelle revive la sainte semence de ces Romains qui y restèrent quand fut construit ce nid de perversité.

— Si tous mes vœux étaient remplis, lui répondis-je, vous ne seriez pas encore mis au ban de l'humaine nature,

» Car j'ai toujours présente à l'esprit, et elle m'afflige en ce moment, votre chère, et bonne, et paternelle image, lorsque, dans le monde,

» Vous m'enseigniez comment l'homme s'éternise; et le gré que je vous en ai, il faut, tandis que je vis, qu'on le sache par mes paroles.

» Ce que vous me racontez de ma destinée, je l'écris et le garde pour le faire expliquer, avec un autre texte[2], par une Dame qui le saura faire, si j'arrive à elle.

» Seulement je veux qu'il vous soit bien connu que, pourvu que ma conscience ne soit blessée en rien, je suis prêt à ce que veut de moi la fortune.

» De telles arrhes ne sont pas nouvelles pour moi; que la fortune tourne donc sa roue comme elle voudra, et le paysan son hoyau! »

---

[1] Fiésole, petite ville située au-dessus de Florence, est regardée comme le berceau des Florentins.
[2] La prédiction de Farinata (au chant X), qui lui sera expliquée par Béatrice.

Mon maître alors se retourna du côté droit et me regarda, puis il dit : « Bien écoute, qui prend note[1]. »

Je n'en allai pas moins causant avec ser Brunetto, et demandant quels étaient ses compagnons les plus remarquables et les plus éminents.

Et lui à moi : « Quelques-uns sont bons à connaître ; les autres, il vaut mieux n'en pas parler, car le temps serait court pour un si long récit.

» En un mot, sache qu'ils furent tous clercs et grands lettrés et de grand renom, et tous salis du même péché dans le monde.

» Priscien[2] s'en va avec cette foule désolée, et François d'Accurse aussi[3] ; et si tu avais eu envie d'un si hideux spectacle,

» Tu aurais pu voir celui qui fut transféré par le serviteur des serviteurs de Dieu, de l'Arno au Bacchiglione, où il laissa ses membres tout tordus[4].

» J'en dirais plus ; mais je ne puis avancer ni parler davantage, parce que je vois surgir du sable une nouvelle fumée ;

» Il vient des gens avec qui je ne dois pas être ; je te recommande mon Trésor dans lequel je vis encore, et ne demande rien de plus. »

Puis il se retourna, pareil à ceux qui, à Vérone, se disputent à la course le *palio*[5] vert par la campagne ; et il semblait, en courant,

Celui qui gagne et non celui qui perd le prix.

---

[1] Virgile veut dire : « Tu te rappelles bien mon vers :

» Superanda omnis fortuna ferendo est. »

[2] Priscien, grammairien de Césarée.

[3] François d'Accurse, jurisconsulte de Florence.

[4] André de' Mozzi, qui fut dépossédé de l'évêché de Florence pour ses vices, puis transféré à celui de Vicence, où passe le Bacchiglione.

[5] Le *palio* est une pièce de drap vert qui est le prix du meilleur coureur.

CHANT XVI.

Suite. — Les poëtes rencontrent Guidoguerra, Tegghiajo et Rusticucci, guerriers illustres de Florence. — Arrivés au bord du gouffre, où est le huitième cercle, ils aperçoivent Géryon, image de la Fraude.

J'étais déjà au lieu où s'entendait le retentissement de l'eau qui tombait dans l'autre cercle, semblable au bourdonnement que font les ruches,

Lorsque trois ombres à la fois se détachèrent en courant d'une bande qui passait sous la pluie de l'âpre martyre;

Elles vinrent vers nous, et chacune criait : « Arrête, ô toi qui, à ton vêtement, parais être un enfant de notre coupable patrie ! »

Hélas ! quelles plaies vieilles et récentes je vis sur leurs membres brûlés ! j'en suis encore tout ému pour peu que je me les rappelle.

A leurs cris, mon maître s'arrêta ; il se tourna le visage vers moi : « Attends ici, dit-il, si tu veux être courtois pour ceux-ci.

» Et n'était la flamme qui lance ses traits sur ce lieu, je te dirais que, dans cette rencontre, c'est à toi plus qu'à eux que convient l'empressement. »

Comme nous nous arrêtions, les ombres recommencèrent leur première complainte ; et lorsqu'elles furent arrivées à nous, elles tournèrent en cercle toutes les trois,

Comme avaient coutume de faire les lutteurs nus et huilés, visant leur proie et leur avantage avant de se battre et de se blesser entre eux.

Ainsi tournant, chacune dirigeait vers moi son visage, de telle sorte que la tête faisait un continuel voyage en sens contraire des pieds.

« Quoique la misère de ce sol mouvant et son aspect triste et délabré nous vouent au mépris, nous et nos prières, commença l'une d'elles :

» Que notre renommée persuade ton cœur à nous dire

qui tu es, toi qui poses ainsi sans crainte tes pieds vivants dans l'enfer;

» Celui dont tu me vois fouler les traces, tout nu et tout écorché qu'il va, fut d'un rang plus haut que tu ne crois.

» Il fut le petit-fils de la pudique Gualdrada; il eut nom Guidoguerra, et dans sa vie il fit beaucoup avec la sagesse et avec l'épée[1];

» L'autre qui, après moi, broie l'arène est Tegghiajo Aldobrandini, dont là-haut dans le monde la voix devrait être écoutée[2].

» Et moi, qui suis mis en croix avec eux, je fus Jacques Rusticucci; et certes, ma cruelle femme, plus que tout, me nuisit[3]. »

Si j'avais pu être à l'abri de la pluie de feu, je me serais jeté parmi ceux d'en bas, et je crois que le maître l'aurait souffert.

Mais, comme je me serais brûlé et cuit, la peur vainquit la bonne intention qui me rendait avide de les embrasser.

Puis je commençai : « Ce n'est pas du mépris, mais une douleur ineffaçable que votre condition a mise en moi,

» Aussitôt que mon seigneur m'a dit les paroles d'après lesquelles j'ai pensé qu'il arrivait des gens tels qu'en effet vous êtes.

» Je suis de votre terre, et toujours j'ai cité et écouté avec affection vos actes et vos noms honorables;

» Je quitte le fiel, et vais vers les fruits savoureux qui me sont promis par mon guide sincère; mais auparavant il faut que je descende jusqu'au centre.

— Que l'âme guide longtemps tes membres, répliqua

---

[1] Guidoguerra, petit-fils de la belle Gualdrada, fut un valeureux chevalier, et homme d'une grande prudence et conseil; à la bataille de Benevento, entre Charles Ier et Manfred, il fut réputé le principal motif de la victoire. (Grangier.)

[2] Tegghiajo Aldobrandini, de la famille des Adimari, avait déconseillé l'entreprise des Florentins contre les Siennois, entreprise où les Florentins furent défaits dans la vallée d'Arbia. (Id.)

[3] Jacopo Rusticucci touche ici en mauvaise part de sa femme pour ce qu'elle est si meschante qu'il fut forcé de se séparer d'elle. (Id.)

l'ombre alors, et que ta renommée resplendisse après toi !

» Dis-nous si la courtoisie et la valeur habitent comme autrefois notre cité, ou si elles en sont tout à fait exilées ;

» Car Guillaume Borsière, qui gémit avec nous depuis peu, et marche là avec nos compagnons, nous torture de ses récits[1].

— Les nouveaux venus et les gains subits ont engendré en toi, Florence, tant d'orgueil et d'immodération, que déjà tu t'en plains toi-même ! »

Ainsi criai-je, la face levée ; et les trois ombres, entendant cette réponse, se regardèrent l'une l'autre, comme on fait lorsqu'on entend une vérité.

« Si les autres fois il t'en coûte si peu pour satisfaire autrui, répondirent-elles toutes, heureux toi qui parles ainsi à ton gré.

» C'est pourquoi, si tu sors de ces sombres lieux et que tu retournes voir les belles étoiles, quand il te plaira de dire : « J'y fus, »

» Fais qu'on parle de nous chez les hommes. » Ensuite ils rompirent le cercle, et pour s'enfuir leurs jambes agiles semblèrent des ailes.

Un amen ne pourrait pas se dire en si peu de temps qu'ils en mirent à disparaître ; c'est pourquoi il plut à mon maître de partir.

Je le suivais, et nous avions peu marché, lorsque le bruit de l'eau fut si près, qu'à peine nous aurions pu nous entendre parler.

Comme ce fleuve qui suit son propre chemin, à partir de Montviso vers le levant, à la gauche des Apennins,

Qui se nomme Acquacheta avant qu'il se précipite dans un lit plus bas, et qui perd ce nom à Forli,

Puis, tombant d'une seule chute, mugit sur San-Bene-

---

[1] Borsière fut un chevalier de Florence d'une famille assez noble, qui fréquentoit les cours des princes. L'on raconte de lui qu'estant à Gênes, et comme Herminio Grimaldi, homme riche, mais avare, lui demandoit ce qu'on pourroit mettre en peinture dans une salle que l'on n'auroit point veue cy-devant, il répondit : Je vous dirai une chose de laquelle vous n'eustes jamais sognoissance, peignez la libéralité. (Grangier.)

detto, où un millier d'hommes devraient trouver une retraite[1] :

Ainsi, au bas de la roche escarpée, nous entendîmes retentir si fort l'eau teinte de sang, qu'en peu d'instants mon oreille en fut tout assourdie.

J'étais ceint d'une corde, et avec elle j'avais espéré précédemment prendre la panthère à la peau tachetée ;

Après que je m'en fus dépouillé, ainsi que mon guide me l'avait ordonné, je la lui présentai roulée et repliée ;

Alors il se tourna du côté droit, et, d'assez loin du bord, la jeta dans ce gouffre profond.

Il faut, disais-je en moi-même, que quelque chose de nouveau réponde à ce nouveau signal que le maître surveille ainsi.

« Oh ! que les hommes devraient être circonspects près de ceux qui ne voient pas seulement les actes, mais qui, avec l'intelligence, regardent au fond des pensées ! »

Il me dit : « A l'instant même, ce que j'attends va venir, et il faut qu'à l'instant même ce que ta pensée rêve se découvre à ton regard. »

Toujours l'homme doit fermer les lèvres autant qu'il peut à la vérité qui a l'air du mensonge, car, sans être en faute, il s'expose à la honte.

Mais ici je ne puis me taire ; et par les vers de cette comédie[2], à qui je désire une faveur longue, je te jure, ô lecteur,

Que je vis venir, nageant[3] dans l'air épais et obscur, une figure surprenante pour le cœur le plus ferme :

Semblable au marin qui parfois descend pour détacher l'ancre accrochée à l'écueil ou à tout autre objet caché dans la mer,

Et qui, étendant ses bras, se replie sur ses pieds.

---

[1] L'abbaye de San-Benedetto pourrait, par sa grandeur et les avantages de sa position, contenir mille moines.
[2] Le titre de Comédie a été expliqué dans la Notice sur Dante.
[3] Virgile a dit : *Remigium alarum*.

CHANT XVII.

Portrait de Géryon. — Dante parle ensuite des Usuriers enfermés dans la troisième enceinte des Violents. — Portés par Géryon, les poëtes sortent du septième cercle.

« Voici la bête à la queue acérée qui transperce les montagnes et rompt les murs et les armes ; voici celle qui infecte le monde entier. »

Ainsi commença à me parler mon guide, et il lui fit signe de venir au bord de notre sentier de marbre.

Et cette laide image de la Fraude s'en vint, et elle avança la tête et le buste, mais elle ne posa pas sa queue sur la rive.

Sa face était la face d'un homme juste ; elle avait la peau très-douce, et le reste du corps était d'un serpent.

Elle avait deux serres velues jusqu'aux aisselles ; elle avait le dos, la poitrine et les deux côtés marquetés de nœuds et de taches rondes.

Jamais l'envers ni l'endroit d'une étoffe ne fut plus riche en couleurs chez les Tartares et les Turcs, et telles n'étaient pas les toiles d'Arachné.

Comme parfois sont les barques sur la rive, moitié dans l'eau et moitié à terre, et comme chez les Germains gloutons,

Le castor s'accroupit pour faire la guerre ; ainsi la détestable bête se tenait sur le bord qui enferme de pierre le sable ;

Elle agitait toute sa queue dans le vide, redressait la fourche venimeuse qui en armait la pointe comme celle du scorpion.

Mon guide me dit : « Il convient qu'à présent nous tournions nos pas vers cette méchante bête qui est couchée là. »

C'est pourquoi nous descendîmes à droite, et nous fîmes deux pas sur le bord, de manière à bien éviter le sable et la flamme.

Et quand nous fûmes arrivés près d'elle, un peu au delà, je vis sur l'arène des gens assis près du gouffre[1].

Là, mon maître : « Afin que tu emportes une pleine et entière connaissance de ce cercle, me dit-il, va, et vois leur condition ;

» Que ta conférence y soit courte. En attendant que tu reviennes, je parlerai avec celle-ci pour qu'elle nous prête ses fortes épaules. »

Je m'avançai donc tout seul à l'extrémité du septième cercle, où gisaient ces malheureux.

La souffrance leur sortait par les yeux ; deçà delà, à l'aide de leurs mains elles repoussaient tantôt les vapeurs et tantôt le sable brûlant.

Pas autrement ne font en été les chiens, ou des pattes ou du museau, quand ils sont mordus des puces, des mouches ou des taons.

Après que j'eus regardé au visage plusieurs de ceux sur lesquels tombe la flamme douloureuse, je n'en reconnus aucun, mais je remarquai

Qu'au cou de chacun d'eux pendait une bourse d'une certaine couleur et marquée d'un certain signe, et leurs yeux semblaient s'en repaître[2].

Et en m'approchant d'eux pour les envisager, je vis sur une bourse de l'azur qui avait toute l'apparence d'un lion[3] ;

Puis, poursuivant le cours de mes observations, j'en vis une autre, rouge comme du sang, montrer une oie plus blanche que du lait[4] ;

Et un d'eux, qui avait sa bourse blanche marquée d'une grosse tache d'azur[5], me dit : « Que fais-tu dans cette fosse ?

» Va-t'en ; et puisque tu es encore vivant, sache que

---

[1] Les usuriers.
[2] Le poëte ne daigne pas les nommer, mais il flétrit leur écusson.
[3] Les Gianfigliazzi, de Florence, portaient d'or au lion d'azur.
[4] Les Ubbriachi portaient de gueules à l'oie blanche.
[5] Armes des Scrovigni de Padoue.

mon voisin Vitaliano[1] s'assoira ici à mon flanc gauche.

» Au milieu de ces Florentins, je suis Padouan ; souvent ils m'étourdissent les oreilles, en s'écriant : « Vienne le chevalier souverain,

» Qui portera la bourse aux trois becs[2]. » Puis il tordit la bouche et tira la langue comme le bœuf qui se lèche les naseaux.

Et moi, craignant qu'un plus long retard ne fâchât celui qui m'avait averti de rester peu, je tournai le dos à ces âmes misérables.

Je trouvai mon guide qui avait déjà sauté sur la croupe du farouche animal[3], et il me dit : « A présent, soit fort et hardi.

» On ne descend ici que par des échelles ainsi faites. Monte devant, je veux être entre la queue et toi, afin qu'elle ne puisse pas te faire de mal. »

Comme celui qui est si près du frisson de la fièvre quarte, qu'il a déjà les ongles pâles, et qu'il tremble de tout son corps, rien qu'en regardant l'ombre,

Tel je devins à ces paroles ; mais ses menaces me firent la honte qui rend fort un serviteur devant un bon maître.

Je m'établis sur ses larges épaules ; je voulus dire : « Aie soin de me tenir, » mais la voix ne vint pas comme je croyais ;

Mais lui, qui précédemment m'avait déjà secouru dans le danger, sitôt que je fus monté, me serra dans ses bras et me soutint,

Et dit : « Géryon, mets-toi en marche à présent ; ne ménage pas les larges circuits et la descente ; songe à la nouvelle charge que tu portes. »

Comme la barque s'éloigne du bord, il recula, recula, et lorsqu'il se sentit la liberté de tous les mouvements,

Il tourna la queue où il avait la poitrine, et, l'allongeant,

---

[1] Vitaliano del Dente, insigne usurier de Padoue.
[2] Autre usurier : c'est messer Jean Buiamonte, de Florence.
[3] Géryon, roi d'Érythie, image de la Fraude. Il avait trois corps, d'où son nom de *tricorpor*, *triformis*, *tergeminus*. Il fut vaincu par Hercule.

il l'agita comme une anguille et ramena l'air à lui avec ses griffes.

Je ne crois pas que Phaéton eut une peur plus grande lorsqu'il abandonna les rênes et que le ciel s'embrasa comme on peut le voir encore,

Ni le malheureux Icare, quand, la cire s'échauffant, il sentit ses reins perdre leurs ailes, et que son père lui criait : « Tu prends un mauvais chemin ! »

Que ne fut ma peur, lorsque je me vis dans l'air de tout côté, et que je perdis toute autre vue que celle de la bête !

Elle s'en va, nageant lentement, lentement ; elle tourne et descend, mais je ne m'en aperçois qu'au vent qui me souffle au visage et sous moi.

J'entendais déjà à main droite le gouffre faire au-dessous de nous un fracas horrible ; c'est pourquoi je portai en bas la tête et les yeux :

Alors j'eus plus grand'peur du précipice, car je vis des feux et j'entendis des gémissements, et, tout tremblant, je me ramassai sur moi-même.

Et, ce que je ne voyais pas avant, je vis alors que nous descendions en tournant parmi les grandes douleurs qui s'approchaient de divers côtés.

Comme le faucon qui est resté longtemps sur ses ailes sans voir ni leurre ni oiseau, et qui fait dire au fauconnier : « Holà ! viens donc ! »

Descend fatigué des hauteurs où il traçait cent cercles rapides, et s'abat plein de dépit et de fiel loin de son maître,

Ainsi Géryon nous déposa au fond du gouffre, au pied de la roche ruinée, et, déchargé de nos personnes,

Il s'éloigna comme la flèche loin de la corde.

CHANT XVIII.

Huitième cercle, ou des Fraudeurs. — Il se divise en dix fosses. — Dans la première, les Rufiens et les Séducteurs sont fustigés par les Démons. — Dante y trouve Caccianimico et Jason. — Dans la seconde, les Flatteurs et les Courtisans sont plongés dans une mare d'immondices.

Il est en enfer un lieu appelé Malebolge, tout en pierre, et de couleur de fer comme l'enceinte qui règne autour[1].

Juste au milieu de la plaine funeste s'ouvre un puits large et profond dont je raconterai la structure à sa place.

L'espace qui reste entre le puits et le pied de ce dur rivage est rond, et le fond est divisé en dix vallées.

De même que lorsque, pour la garde des remparts, de nombreux fossés entourent les châteaux, la partie où ils se trouvent en est plus sûre,

Tel était l'effet que faisaient ceux-ci; et comme ces forteresses ont des ponts qui vont de leur seuil à l'autre bord,

Ainsi du bas de la montagne s'avançaient des rochers qui coupaient les fossés et les abîmes jusqu'au puits où ils se rejoignent et se perdent.

Descendus de la croupe de Géryon, c'est dans cet endroit que nous nous trouvâmes. Le poëte prit à gauche, et je marchai derrière.

A main droite, je vis de nouveaux sujets de pitié, de nouveaux tourments et de nouveaux bourreaux qui remplissaient la première vallée.

Au fond les pécheurs étaient nus; une moitié venait vers nous, l'autre suivait notre direction, mais à plus grands pas.

Comme les Romains, à cause de la grande affluence qui traverse le pont Saint-Ange l'année du Jubilé, ont adopté cette règle que tous ceux qui ont le visage tourné vers le château et vont à Saint-Pierre prennent un des côtés, et que ceux qui vont à Monte-Giordano suivent l'autre,

---

[1] *Malebolge*, fosses maudites. Mot composé de *bolgia*, gouffre, fosse, sac, et de *malo*, mauvais, maudit. Dans Festus : « *Bulgas Galli saccos scorteos appellant.* »

Ainsi, deçà et delà, sur le noir rocher, je vis des démons cornus avec de grands fouets dont ils frappaient cruellement les damnés par derrière.

Oh! comme ils leur faisaient lever les jambes du premier coup! et personne n'attendait ni le second ni le troisième.

Tandis que j'allais, mes yeux rencontrèrent un damné, et aussitôt je dis : « Je ne suis pas sans avoir déjà vu celui-là. »

C'est pourquoi je suspendis ma marche pour le considérer; et mon doux guide s'arrêta avec moi et me permit de me tourner un peu en arrière.

Et le fustigé crut se cacher en baissant la tête; mais cela lui servit peu, et je dis : « Toi qui jettes les yeux à terre,

» Si tes traits ne sont pas trompeurs, tu es Venedico Caccianimico. Quelle faute t'a soumis à une peine si cuisante ? »

Et lui à moi : « Je le dis avec répugnance, mais je cède à ta voix claire qui me fait souvenir du monde d'autrefois;

» Je fus celui qui poussai la belle Ghisola à faire la volonté du marquis, quoi qu'on ait dit sur cette histoire[1].

» Et je ne suis pas le seul Bolonais qui pleure ici; *bien plutôt*, ce lieu en est si plein qu'entre la Savana et le Reno[2],

» Il n'y a pas à cette heure autant de langues habituées à dire *sipa*[3]; et si de cela tu veux un témoignage, rappelle à ton esprit notre avarice notoire. »

Comme il parlait, un démon le frappa de son fouet et dit : « Va, rufien! ici il n'y a pas de femmes à vendre. »

Je rejoignis mon escorte, et après peu de pas nous arrivâmes là où un rocher sortait de la montagne,

Nous le gravîmes légèrement, et, tournant à droite par ce rocher, nous partîmes de cette éternelle enceinte.

Quand nous fûmes arrivés au point où il s'ouvre en des-

---

[1] Quelques auteurs disculpent Venedico.
[2] Rivières de l'État de Bologne.
[3] Au lieu de *sia*, oui, soit les Bolonais disent *sipa*.

sous pour faire passage aux damnés, mon guide me dit : « Arrête-toi,

» Et tâche de voir ces autres condamnés dont tu n'as pas vu encore la face, parce qu'ils ont marché dans le même sens que nous. »

Du vieux pont, nous regardâmes la file qui venait vers nous de l'autre côté, et que le fouet frappait également.

Et le bon maître, sans être questionné, me dit : « Regarde cette grande ombre qui vient, et qui, malgré sa souffrance, ne paraît pas verser une larme.

» Quel royal aspect elle conserve encore! C'est Jason qui, par courage et par sagesse, déroba la toison à la Colchide.

» Il passa par l'île de Lemnos, après que les femmes audacieuses et cruelles eurent livré à la mort tous les habitants mâles.

» Là, par ses démonstrations et ses paroles dorées, il trompa la jeune Hypsipyle, qui auparavant avait trompé toutes ses compagnes;

» Il l'y laissa grosse et seule; ce crime le condamne à ce martyre qui est aussi la vengeance de Médée[1].

» Avec lui s'en vont ceux qui trompent de la sorte, et qu'il te suffise de savoir cela de la première vallée et de ceux qui y sont déchirés. »

Déjà nous étions là où l'étroit sentier se croise avec la seconde chaussée, et de ce pont s'appuie à l'autre.

Là, nous vîmes ceux qui se lamentent dans l'autre fosse, et qui soufflent des narines et se frappent eux-mêmes de leurs mains.

Les rives étaient encroûtées de moisissure par la vapeur d'en bas qui s'y attache et qui cherche querelle aux yeux et au nez;

Le fond est si creux qu'il ne suffit pas de voir le lieu sans monter au sommet de l'arche où le rocher domine davantage.

Médée, que Jason avait aussi abandonnée.

Là, nous vîmes, et en bas, dans la fosse, je vis des gens enfoncés dans une fiente qui paraissait sortir des latrines humaines;

Et tandis que je cherchais de l'œil là dedans, je vis une tête si souillée d'excréments, qu'on ne savait si c'était un laïque ou un clerc.

Cette tête me cria : « Pourquoi es-tu si avide de me regarder plutôt que ces autres défigurés? » Et moi à lui : « Parce que, si j'ai bonne mémoire,

» Je t'ai vu autrefois avec les cheveux secs, et tu es Alexis Interminelli, de Lucques; c'est pour cela que je te regarde plus que tous les autres[1]. »

Et lui alors, se frappant la tête : « Si je suis plongé ici-bas, c'est par les flatteries dont ma langue ne s'est jamais fatiguée. »

Après cela, mon guide : « Fais en sorte, me dit-il, d'avancer un peu le visage, afin que tes regards atteignent la figure de cette sale esclave échevelée

» Qui se déchire avec ses ongles dégoûtants, et tantôt s'accroupit, tantôt se dresse sur ses pieds.

» C'est la courtisane Thaïs[2], qui, lorsque son amant lui dit : « Ai-je de grands mérites à tes yeux? » lui répondit : « Oui, de merveilleux. »

» Et ici que nos regards se tiennent pour rassasiés. »

---

[1] « Chevalier beaucoup magnifique et libéral; mais Dante le met icy, parce qu'il étoit adonné à la flatterie. » (G.)

[2] Il ne s'agit point ici de la fameuse Thaïs de Corinthe, mais d'un personnage d'une comédie de Térence : c'est cette courtisane imaginaire que Dante place en enfer. Voici la note de Moutonnet, prise, comme presque toutes les autres, des commentateurs ses devanciers : Thaïs joue le principal rôle dans l'*Eunuque* de Térence. Phædria, fils de Lachès, en est éperdument amoureux, ainsi que le capitaine Thrason. Celui-ci envoie à Thaïs une jeune esclave par le parasite Gnaton. Dès que ce dernier est de retour, Thrason lui dit : « Thaïs me fait-elle de grands remerciments? — Très-grands, lui répond Gnaton.

Magnas vero agere gratias Thais mihi?...
— Ingentes. »

CHANT XIX.

Troisième fosse du huitième cercle, ou des Simoniaques. — Leurs corps sont enfoncés dans la fosse et leurs jambes sont dévorées par les flammes. — Le pape Nicolas III.

O magicien Simon[1], ô misérables sectateurs, âmes rapaces qui prostituez pour or et pour argent les choses de Dieu, qui devaient être les épouses de la vertu,

C'est pour vous maintenant que va résonner la trompette, puisque vous êtes dans la troisième fosse.

O suprême Sagesse, qu'il est grand, l'art que tu montres dans le ciel, sur la terre et dans le mauvais monde, et comme ta vertu répartit juste!

Je vis sur le bord et dans le fond la pierre livide, pleine de trous, tous de la même largeur, et chacun d'eux était rond.

Ils ne me paraissaient pas moins amples ni plus grands que ceux qui sont faits dans mon beau Saint-Jean, pour servir de baptistère[2];

L'un desquels, il n'y a pas encore beaucoup d'années, je brisai, parce qu'un enfant s'y noyait; et que cela soit une occasion pour tout homme de se détromper[3].

Hors de la bouche de chacun de ces trous sortaient les pieds d'un pécheur et les jambes jusqu'au mollet, et le reste du corps était dedans.

Les pieds flamboyaient tous deux; c'est pourquoi ils se secouaient si fort les jointures, qu'ils auraient brisé liens et cordes.

---

[1] On lit dans les Actes, que Simon, magicien de Samarie, offrit de l'argent à saint Pierre pour acheter de lui le don des langues et des miracles, et qu'il fut maudit par les apôtres : les simoniaques sont ceux qui, comme Simon, font trafic des choses spirituelles.

[2] San-Giovanni, baptistère de Florence.

[3] Dante, ayant brisé le couvercle d'un de ces troncs du baptistère, fut accusé de sacrilége.

De même que la flamme des objets enduits de graisse monte à l'extrême superficie, ainsi elle se tenait aux pointes des talons :

« Maître, quel est celui qui, furieux, s'agite plus que ses autres compagnons, dis-je, et que la flamme ronge et suce davantage? »

Et lui à moi : « Si tu veux descendre au bas de la rive, tu sauras de lui ses crimes et les leurs. »

Et moi : « Tout ce qui te plaît me convient; tu es le maître, et tu sais que je ne me dépars pas de ta volonté; tu sais même ce que l'on tait. »

Alors nous montâmes au haut de la quatrième chaussée, puis nous tournâmes et descendîmes à main gauche au fond de la fosse étroite et percée de trous.

Et le bon maître ne m'écarta point encore de sa hanche, qu'il ne m'eût amené au trou de celui qui se plaignait ainsi avec la jambe.

« Oh! qui que tu sois, qui te tiens le haut en bas, âme malheureuse, fichée comme un pal, commençai-je à dire, si tu peux, reste tranquille[1]. »

Je me tenais comme le moine confessant l'assassin perfide, qui, lorsqu'il est enfoncé, le rappelle à lui, pour que la mort s'éloigne.

Et il cria : « Es-tu déjà ici? es-tu déjà ici, Boniface[2]? La prédiction m'a menti de plusieurs années.

» Es-tu si vite rassasié de ces biens pour lesquels tu n'as pas craint d'épouser par la fraude l'auguste Dame[3] et de lui prodiguer l'outrage? »

Je devins tel que ceux qui sont honteux de ne pas comprendre ce qu'on leur a dit et ne savent pas répliquer.

Alors Virgile dit : « Réponds-lui vite : je ne suis pas celui, je ne suis pas celui que tu crois; » et je répondis comme il me fut prescrit.

L'ombre enfoncée ainsi la tête en bas, est le pape Nicolas III, de la amille des Orsini, élu en 1277.

[2] Boniface VIII, qui mourut en 1303. Célestin V a dit de Boniface : « Intravit ut vulpes, regnavit ut leo, mortuus est ut canis. »

[3] L'Église.

C'est pourquoi l'esprit tordit ses deux pieds; puis, en soupirant et d'une voix plaintive, il dit : « Que demandes-tu donc?

» Si tu as envie de savoir qui je suis, au point d'avoir franchi ces rochers, sache que je fus revêtu du grand manteau;

» Et véritablement je fus fils de l'Ourse[1]; et si cupide, que, pour élever les oursins, j'ai mis tout l'or de la terre dans ma bourse, et moi-même dans celle d'en bas[2].

» Sous ma tête sont les autres simoniaques qui m'ont précédé, enfoncés dans cette crevasse de pierre.

» J'y tomberai aussi, quand viendra celui pour qui je t'ai pris, lorsque je t'ai fait ma soudaine demande.

» Mais depuis que mes pieds brûlent et que je suis ainsi sens dessus dessous, plus de temps s'est écoulé qu'il n'en restera, lui, à souffrir aux pieds la même cuisson;

» Car, après lui, viendra du couchant, et chargé de plus de crimes, un pasteur sans loi[3]; c'est celui-là qui doit me recouvrir;

» Ce sera un nouveau Jason, pareil à celui dont parle le livre des Machabées. Et comme son roi fut faible envers l'autre, ainsi sera pour celui-ci le souverain de la France. »

Je ne sais pas si ici je fus trop emporté, mais je lui répondis en ces termes : « Or çà, dis-moi quel trésor

» Notre-Seigneur voulut-il de saint Pierre, avant de mettre les clefs en son pouvoir? Il ne lui demanda rien, sinon : « Suis-moi. »

» Ni Pierre ni les autres n'enlevèrent à Matthias son or et son argent, quand il fut élu à la place que perdit l'âme traîtresse[4].

» Reste donc là, car tu es justement puni, et garde bien ta richesse mal acquise qui t'a rendu hardi contre Charles[5].

---

[1] Il fait allusion au nom de sa famille. Orsini.

[2] C'est-à-dire dans les fosses nommées *Malebolge*.

[3] Il désigne Clément V, archevêque de Bordeaux, lequel, par l'influence de Philippe le Bel, fut élu pape, après la mort de Boniface VIII, en 1303.

[4] Le traître Judas, qui fut remplacé par Matthias.

[5] Charles Ier, roi de la Pouille, qui était de la maison de France. Grangier dit :

» Et n'était que me retient encore le respect des clefs souveraines que tu tins dans la douce vie,

» J'userais de paroles encore plus austères, car le monde s'attriste de votre avarice qui foule aux pieds les bons et élève les méchants ;

» Il vous a vus, pasteurs, l'Évangéliste, lorsqu'il aperçut celle qui est assise sur les eaux se prostituant aux rois[1],

» Celle qui naquit avec les sept têtes et tira sa force de ses dix cornes, tant que la vertu plut à son époux.

» Vous vous êtes fait des dieux de l'or et de l'argent[2], et quelle différence de vous à l'idolâtre, si ce n'est qu'il en adore un et que vous en adorez cent ?

» Ah ! Constantin ! de quels maux fut la source, non ta conversion, mais la dot que reçut de toi le premier pape opulent ! »

Et tandis que je lui chantais ces notes, soit colère ou conscience qui le mordît, il secouait fortement les pieds.

Je crois bien que je plus à mon guide, qui entendit toujours d'un air satisfait le son des paroles proférées avec sincérité ;

C'est pourquoi il me prit dans ses bras, et, lorsqu'il me tint bien sur sa poitrine, il remonta par la route d'où il était descendu,

Et il ne se lassa pas de me serrer contre lui, qu'il ne m'eût porté sur le haut du pont qui va de la quatrième à la cinquième chaussée.

Là il posa doucement son doux fardeau sur l'âpre et roide rocher, qui serait un rude chemin pour les chèvres.

De là je découvris une autre vallée.

« Il faut savoir que ce pape, à cause de ses richesses, entra en une telle présomption, qu'il fit demander au dict Charles une de ses niepces pour son neveu ; lors Charles répondit : « Que bien qu'il eût les pieds rouges, il n'étoit pas digne d'a- » voir alliance avec le sang de France. » Dont le pape eut si grand crève-cœur, qu'il lui osta le vicariat de la Toscane. »

[1] « Veni, ostendam tibi damnationem meretricis magnæ, quæ sedet super aquas multas. Cum quâ fornicati sunt reges terræ... Vidi mulierem sedentem super bestiam coccineam, plenam nominibus blasphemiæ, habentem capita septem, et cornua decem. » (*Apoc.*, cap. XVII.)

[2] *Aurum suum et argentum fecerunt sibi idola.* (Osée.)

CHANT XX.

Quatrième fosse du huitième cercle, ou des Devins. — Le visage tourné vers le dos, ils marchent à reculons. — Tirésias, Arons, Manto, qui explique à Virgile l'origine et le nom de Mantoue. — Eurypyle, Michel Scott, Guido Bonatti. — Les poëtes poursuivent leur voyage.

Mes vers ont à chanter un autre supplice : il sera le sujet du vingtième chant du premier cantique qui traite des damnés[1].

J'étais déjà tout disposé à regarder la plaine étendue devant moi et toute baignée de pleurs d'angoisse,

Et je vis venir par la vallée circulaire des gens qui, pleurant en silence, allaient du pas des processions dans le monde.

Lorsque j'abaissai plus près d'eux mon regard, il me parut que chacun de ces damnés était étrangement tordu du menton au commencement du thorax ;

Car leur face était tournée vers les reins, et il leur fallait marcher à reculons, parce qu'ils avaient perdu la faculté de voir en avant.

Peut-être un homme a été retourné ainsi par la force de la paralysie; mais je ne l'ai pas vu et je ne crois pas que cela soit.

Si Dieu te laisse, ô lecteur! retirer du fruit de ta lecture, pense par toi-même si mes yeux pouvaient rester secs,

Quand je vis de près notre image si tordue, que les larmes leur coulaient par la raie du dos.

Certes, je pleurais, appuyé à une des roches de la dure montagne, en sorte que mon guide me dit : « Es-tu aussi de ces insensés?

» Ici la pitié vit, quand elle est bien morte. Qui est plus criminel que celui qui s'attendrit devant la justice divine?

---

[1] La Divine Comédie, on le sait, comprend trois cantiques : l'Enfer, le Purgatoire et le Paradis.

» Lève, lève la tête, et vois celui pour qui s'ouvrit la terre aux yeux des Thébains, tous ils criaient : « Où tombes-tu?

» Amphiaraüs[1], pourquoi abandonner la guerre? » Et il ne cessa de tomber dans le gouffre jusqu'à Minos, qui saisit chaque coupable.

» Vois que de ses épaules il a fait sa poitrine ; pour avoir voulu voir trop tôt en avant, il regarde en arrière et fait un chemin rétrograde.

» Vois Tirésias, qui changea d'aspect quand de mâle il devint femme, métamorphosé des pieds à la tête.

» Et il lui fallut abattre de sa verge les deux serpents accouplés avant de recouvrer le poil viril[2].

» Celui qui marche derrière son ventre est Arons[3]; dans les montagnes de Luni, cultivées par le Carrarais qui habite au-dessous,

» Il eut parmi les marbres blancs la carrière pour demeure; de là il n'avait pas la vue arrêtée quand il contemplait la mer et les étoiles;

» Et celle qui, de ses tresses détachées, couvre son sein que tu ne vois pas, et qui, de l'autre côté, a une peau toute velue,

» Fut Manto[4] qui parcourut bien des contrées, jusqu'à ce qu'elle s'arrêtât au lieu où je naquis; c'est pourquoi je serai bien aise si tu m'écoutes.

» Après que son père fut sorti de la vie, et que la cité

---

[1] Amphiaraüs, un des sept rois qui assiégèrent Thèbes. Il avait prédit qu'il mourrait à ce siége : en effet, au milieu d'un combat, la terre s'entr'ouvrit et l'engloutit avec son char.

[2] Tirésias, devin thébain. Voir Ovid., *Métam.*, l. III.

[3] Arons, devin toscan. Voir Lucain, *Pharsale*, l. I.

[4] Manto, magicienne, fille du Thébain Tirésias. Après la mort de son père, elle quitta sa patrie pour fuir la tyrannie de Créon, et, après avoir longtemps erré, arriva en Italie. Elle eut de Tibérinus, Ocnus ou Bianor, fondateur de Mantoue :

Namque sepulcrum
ncipit apparere Bianoris.
. . . .
Qui muros matrisque dedit tibi, Mantua, nomen.
(Virgile.)

de Bacchus[1] devint esclave, celle-ci alla longtemps par le monde.

» Là-haut, dans la belle Italie, est un lac au pied des Alpes qui cernent l'Allemagne au-dessus du Tyrol : il a nom Benaco.

» Mille sources et plus, je crois, viennent augmenter, entre Garda, Val-Camonica et l'Apennin, l'eau qui dort dans ce beau lac.

» Au milieu est un endroit où le pasteur de Trente et ceux de Brescia et de Vérone pourraient donner la bénédiction s'ils suivaient ce chemin.

» Là où la rive s'abaisse davantage, siége Peschiera, belle forteresse, capable de protéger les habitants de Brescia et de Bergame ;

» Là tombe nécessairement tout ce qui ne peut rester dans le sein de Benaco, et il s'en forme un fleuve qui descend au milieu des verts pâturages.

» Aussitôt que l'onde prend sa course, elle ne s'appelle plus Benaco, mais Mincio, jusqu'à Governo, où elle tombe dans le Pô ;

» Elle ne va pas loin sans rencontrer une plaine où elle s'étend et stagne, et alors elle devient malsaine dans l'été.

» Passant là, la vierge farouche vit la terre marécageuse sans culture et sans habitants.

» Elle s'y arrêta avec ses esclaves, pour fuir tout commerce humain et pour exercer son art magique, et elle y vécut et y laissa sa dépouille mortelle.

» Alors les hommes dispersés à l'entour s'assemblèrent dans ce lieu, qui était protégé de tous côtés par le marais ;

» Ils élevèrent une ville sur les os de la morte, et, du nom de celle qui la première avait fait choix de ce séjour, ils l'appelèrent Mantoue, sans aucun autre avis du destin.

» Jadis les habitants en furent plus nombreux, avant que la folie de Casalodi eût été en butte à la fourberie de Pinamonte[2].

---

[1] Thèbes.

[2] Pinamonte de' Bonacorsi engagea Casalodi à exiler beaucoup de nobles qu'il redoutait, puis renversa aisément le crédule comte de Mantoue.

» Je t'en instruis donc, afin que si jamais tu entends attribuer une autre origine à ma patrie, aucun mensonge n'obscurcisse la vérité. »

Et moi : « Maître, tes discours sont si évidents pour moi et s'emparent tellement de ma confiance, que tous les autres me seraient des charbons éteints.

» Mais dis-moi si, dans les gens qui s'avancent, tu en vois quelqu'un digne de remarque; car c'est là ce qui seul occupe mon esprit. »

Alors il me dit : « Celui dont la barbe s'étend de ses joues à ses brunes épaules, quand la Grèce était si vide de mâles,

» Qu'il en restait à peine dans les berceaux, fut augure, et avec Calchas il donna en Aulide le signal de couper le premier câble.

» Il eut nom Eurypyle, et ainsi le chante quelque part ma haute tragédie[1] : tu le sais bien, toi qui la sais toute entière.

» Cet autre, dont les flancs sont si creux, fut Michel Scott, qui sut véritablement le jeu des fraudes magiques[2].

» Tu vois Guido Bonatti[3]; tu vois Asdente[4] qui maintenant voudrait bien être resté à son cuir et à son ligneul; mais il se repent trop tard.

» Tu vois les malheureuses qui quittèrent l'aiguille, la navette et le fuseau, et se firent devineresses; elles firent des maléfices avec des herbes et des images.

» Mais viens maintenant, car déjà l'astre où l'on voit Caïn et les épines[5] occupe le confin des deux hémisphères et touche la mer au-dessous de Séville.

---

[1] Au livre II de l'*Énéide* :

Suspensi Eurypylum scitatum oracula Phœbi
Mittimus.

[2] Michel Scott, astrologue de l'empereur Frédéric II.
[3] Natif de Forli : le comte Guido de Montefeltro n'entreprenait rien sans le consulter.
[4] Savetier de Parme, astrologue.
[5] Alors le peuple prenait les taches de la lune pour Caïn chargé d'un fagot d'épines.

» La nuit dernière, la lune était ronde; tu dois bien te rappeler que parfois elle ne te nuisit pas dans la nuit profonde. »

Il me parlait ainsi, et nous marchions cependant.

CHANT XXI.

<small>Cinquième fosse du huitième cercle, renfermant ceux qui trafiquent de la Justice. — Ils sont plongés dans un lac de poix bouillante. — Les Démons, armés de harpons, viennent furieux contre les poëtes; puis, sur un ordre de leur chef, livrent passage. — Enfer grotesque.</small>

Ainsi, de pont en pont, et parlant d'autres choses que mon poëme n'a souci de chanter, nous avancions et nous étions parvenus au milieu du cinquième, quand

Nous nous arrêtâmes pour voir l'autre crevasse de Malebolge et les autres vaines larmes, et je la vis singulièrement obscure.

Telle dans l'arsenal des Vénitiens bout en hiver la poix tenace pour radouber leurs bâtiments avariés

Sur lesquels ils ne peuvent naviguer; et, au lieu de ce qui est, celui-ci refait son bâtiment à neuf, celui-là calfate les côtes du navire qui a fait plusieurs voyages;

Qui recogne à la proue, et qui à la poupe; l'un fait les rames, et l'autre tord les haubans; un autre répare la misaine et l'artimon;

Telle, non par le feu, mais par la volonté divine, bouillait en bas une matière épaisse qui engluait le bord de toutes parts.

Je la voyais, mais je ne voyais sur elle que les bouillons que le bouillonnement soulevait, et elle se gonflait toute et retombait affaissée.

Tandis que, l'œil fixe, je regardais en bas, mon guide en me disant : « Prends garde! prends garde! » me tira à lui du lieu où j'étais.

Alors je me tournai comme fait l'homme à qui il tarde de voir ce qu'il doit fuir et qu'une peur subite énerve,

Et qui, pour voir, ne diffère pas de partir ; et je vis derrière nous un diable noir venir en courant par le pont.

Oh ! comme il était féroce d'aspect ! et comme il me paraissait menaçant de gestes avec ses ailes ouvertes et si léger sur ses pieds !

Son épaule, pointue et élevée, était chargée d'un pécheur qu'il tenait agrippé par le nerf des pieds.

De notre pont, il dit : « O Malebranche[1] ! voilà un des anciens de Santa-Zita[2] ; mettez-le dessous, que je retourne encore

» A cette terre qui en est bien fournie. Là tout homme est fripon, excepté Bonturo[3] ; là, pour de l'argent, de non on vous fait oui. »

Il le lança en bas, et par le dur rocher il s'en retourna, et jamais il n'y eut mâtin déchaîné plus ardent à poursuivre un voleur.

Le pécheur s'enfonça et remonta tout souillé ; mais les démons, qui avaient le pont pour abri, crièrent : « Ici il ne s'agit plus de la sainte Face[4],

» Ici on nage autrement que dans le Serchio[5]. Si donc tu ne veux pas de nos égratignures, ne ride pas la surface de la poix. »

Puis ils le harponnèrent avec plus de cent crocs, en disant : « Il convient que tu danses ici à couvert, et si tu peux prévariquer, ce sera en cachette. »

Les cuisiniers ne font pas autrement enfoncer par leurs

---

[1] Malebranche, Griffes maudites. — C'est le nom général des démons de la cinquième enceinte où sont punis ceux qui ont trafiqué de la justice, « lesquels, dit le vieux Grangier, ont griffes et ongles de lyon. »

[2] Santa-Zita, c'est-à-dire la ville de Lucques, où sainte Zita est honorée.

[3] Ironie contre ce Bonto Bonturi, de la famille dei Dati, qui passait pour l'homme le plus vénal de toute la ville de Lucques.

[4] La sainte Face : image de Jésus-Christ, laquelle fit de Nicodème son disciple et que les Lucquois montrent dans leur église de Saint-Martin.

[5] Le Serchio, fleuve qui passe près de Lucques.

aides, avec de longues fourchettes, les viandes dans la chaudière, pour qu'elles ne surnagent pas.

Le bon maître : « Afin qu'il ne paraisse pas que tu sois ici, me dit-il, accroupis-toi derrière une roche qui te soit une protection ;

» Et quelque offense qui me soit faite, ne crains rien, toi, car ce sont choses à moi connues pour avoir été une autre fois dans cette bagarre. »

Ensuite il acheva de traverser le pont, et, comme il atteignait la sixième rive, besoin lui fut d'avoir le front serein.

Avec cette fureur, avec cette impétuosité d'ouragan que mettent les chiens à s'élancer contre le pauvre qui, aussitôt, demande du secours là où il s'arrête,

Sortirent ceux de dessous ce pont, et ils tournèrent contre lui tous leurs crocs; mais il cria : « Que nul de vous ne s'en avise !

» Avant que votre fourche me prenne, que l'un de vous vienne à moi, qu'il m'écoute, et qu'il se demande ensuite s'il doit me pardonner. »

Tous ils criaient : « Va, Malacoda[1] ! » C'est pourquoi un d'eux se mit en marche, et les autres se tinrent immobiles, et il s'avança en disant : « Qu'y a-t-il pour ton service ?

— Crois-tu, Malacoda, que tu me verrais ici venu, dit mon maître, sain et sauf encore, malgré toutes vos armes,

» Sans la volonté divine et le destin propice ? Laisse-moi aller, car dans le ciel on veut que je montre à un autre ce chemin sauvage. »

Alors l'arrogance du démon plia si fort, qu'il laissa tomber la fourche à ses pieds, et dit aux autres : « Or çà, qu'on ne le frappe pas. »

Et mon guide à moi : « O toi, qui te tiens tout tapi entre les rochers du pont, maintenant reviens à moi en toute assurance. »

C'est pourquoi je me mis en marche et vins à lui prompte-

[1] Queue maudite.

ment, et les diables se portèrent tous en avant, si bien que je craignis qu'ils ne tinssent pas le pacte.

Et ainsi j'ai vu trembler autrefois ceux qui, par convention, sortaient de Caprona [1], en les voyant au milieu de tant d'ennemis.

Je m'approchai de toute ma personne tout près de mon guide, et je ne détournais pas les yeux de leur visage qui n'avait rien de bon.

Eux abaissaient leurs crocs : « Veux-tu que je le touche avec ce harpon? » disait un d'eux à un autre; et ils répondaient : « Oui, va, plante-le-lui ! »

Mais ce démon, qui tenait conversation avec mon guide, se tourna tout à coup, et dit : « Doucement, doucement, Scarmiglione [2] ! »

Puis il nous dit : « Allez plus loin; par ce rocher vous ne pourrez, parce que la sixième arche gît au fond tout en débris.

» Et si pourtant vous voulez aller plus avant, prenez par cette côte escarpée; auprès est un autre pont qui sert de passage.

» Hier, cinq heures plus tard que l'heure présente, douze cent soixante-six ans ont été accomplis depuis qu'ici le chemin a été rompu [3].

» J'envoie là plusieurs des miens pour regarder si nul ne met la tête à l'air; marchez avec eux, ils ne vous feront pas de mal.

» Allez en avant, Alichino [4], et Calcabrina, commença-

---

[1] Caprona, château des Pisans, sur les bords de l'Arno, dont les Lucquois s'étaient rendus maîtres et qu'ils rendirent ensuite par capitulation aux Pisans.

[2] Qui arrache les cheveux.

[3] Par suite d'un tremblement de terre, au moment de la mort de Jésus-Christ.

[4] *Alichino*, qui fait plier les autres, *qui alios inclinat*; — *Cagnazzo*, méchant chien; — *Barbariccia*, qui a la barbe hérissée; — *Libicocco*, désir ardent; — *Draghignazzo*, venin de dragon; — *Ciriatto-Sannuto*, croc de pourceau; — *Calcabrina*, qui foule la rosée, c'est-à-dire la grâce divine; — *Graffiàcane*, chien qui égratigne; — *Farfarello*, charlatan; — *Rubicante*, enflammé. Toutes ces explications sont de Landino, traduites par Grangier.

t-il à dire, et toi aussi, Cagnazzo; Barbariccia guidera la dizaine.

» Que Libicocco vienne en outre, et Draghignazzo, Ciriatto aux grosses défenses, et Graffiacane, et Farfarello, et Rubicante le fou.

» Cherchez à l'entour de la glu bouillante; que ceux-ci soient saufs jusqu'à l'autre pont, qui tout entier encore va sur la fosse.

— O maître! qu'est-ce que je vois? dis-je; oh! si tu sais le chemin, allons seuls sans cette escorte; ce n'est pas moi qui la demande.

» Si tu es aussi prudent que de coutume, ne vois-tu pas qu'ils grincent des dents et que de leurs yeux ils nous menacent de mal? »

Et lui à moi : « Je ne veux pas que tu t'effrayes; laisse-les grincer des dents à leur gré. Ils font cela pour les malheureux que tu vois bouillir. »

Ils se mirent en route par la chaussée de gauche; mais auparavant chacun d'eux avait serré sa langue entre ses dents en signe d'intelligence avec leur chef.

Et celui-ci de son c.. avait fait une trompette [1].

CHANT XXII.

Suite de la cinquième fosse. — Les poëtes y trouvent Giampolo, Navarrois, ministre du roi Thibaut, et qui trafiquait de la faveur de son maître. — Ruse de Giampolo pour échapper aux crocs des Démons. — Deux diables, en se battant, tombent dans la poix bouillante.

J'ai vu précédemment des cavaliers se mettre en marche, et commencer le combat, et faire montre, et parfois battre en retraite,

J'en ai vu faire des excursions sur votre terre, ô habi-

---

[1] Tout ce chant et le suivant rappellent l'enfer de Callot. Voici, dans toute son audace, l'élément grotesque qui accompagnait l'art du moyen âge.

tants d'Arezzo! et y porter le ravage; j'ai vu lutter dans des tournois et courir dans des joutes,

Tantôt au son des trompettes, tantôt au son des cloches, au bruit des tambours, sous les signaux des citadelles, avec tout l'appareil national et étranger.

Mais jamais, que je sache, si étrange instrument à vent ne fit mouvoir cavaliers ou piétons; jamais, sur terre ou dans les cieux, pareil fanal ne guida un navire.

Nous marchions avec les dix démons (ah! la terrible compagnie), mais à l'église avec les saints, et avec les gloutons à la taverne.

Cependant mon attention était concentrée sur la poix pour voir tous les recoins de la fosse et ceux qui brûlaient dedans.

Comme les dauphins, lorsque, courbés en arc, ils sautent hors de l'eau, et font signe aux marins de songer à sauver leur bâtiment;

Ainsi, pour alléger leur souffrance, quelques-uns des damnés montraient le dos et le recachaient plus prompts que l'éclair.

Et comme dans un fossé les grenouilles tiennent la tête à fleur d'eau, cachant leurs pattes et le reste de leur corps,

Ainsi se tenaient de tous côtés les pécheurs; mais dès que s'approchait Barbariccia, vite ils rentraient dans la poix bouillante.

Je vis, et mon cœur en frémit encore, un d'eux qui avait trop tardé, comme il arrive qu'une grenouille reste et que l'autre plonge.

Et Graffiacane, qui était le plus près de lui, l'accrocha par les cheveux tout englués de poix, et le tira dehors comme si c'était une loutre.

Je savais le nom de tous ces démons, pour les avoir remarqués lorsqu'ils furent choisis, et pour les avoir entendus se nommer entre eux.

« Rubicante, mets-lui ta fourche au dos et écorche-le, » criaient ensemble tous les maudits.

Et moi : « Maître, sache, si tu le peux, quel est l'infortuné qui est tombé aux mains de ses ennemis. »

Mon guide s'approcha de lui et lui demanda d'où il était, et celui-ci répondit : « Je suis né dans le royaume de Navarre[1].

» Ma mère me mit au service d'un seigneur ; elle m'avait engendré d'un dissipateur qui avait détruit sa santé et sa fortune ;

» Puis je devins le favori du bon roi Thibaut, et je me mis à trafiquer des grâces, crime dont je porte la peine dans cette chaudière. »

Et Ciriatto, à qui il sortait de chaque côté de la bouche une défense comme à un sanglier, lui fit sentir comme elle déchirait.

La souris était venue parmi de mauvais chats ; mais Barbariccia l'enferma dans ses bras, et dit : « Restez là, tandis que je l'enfourche. »

Et il tourna la face vers mon maître : « Interroge-le encore, dit-il, si tu désires d'en savoir davantage avant qu'on le mette en pièces. »

Mon guide : « Or donc, dis-moi, parmi les autres coupables plongés dans cette poix, en connais-tu qui soient Latins ? » Et lui : « Je viens d'en quitter un

» Qui vécut voisin de l'Italie. Que ne suis-je encore caché comme lui ! je ne craindrais ni ces griffes ni ces crocs. »

Et Libicocco : « Nous en avons trop supporté, » dit-il ; et il lui prit le bras avec son harpon, et du coup il lui emporta tout l'avant-bras.

Draghignazzo voulut aussi le prendre par les jambes ; mais leur décurion se retourna vers eux tous avec un regard furieux.

Lorsqu'ils se furent un peu apaisés, mon guide demanda sans retard à celui qui contemplait encore sa blessure :

« Quel est celui dont tu t'es si malheureusement séparé

---

[1] Il se nommait Giampolo ou Ciampolo.

pour venir au bord ? » Et il repondit : « C'est frère Gomite[1],

» Gouverneur de Gallura, vase d'iniquité, qui eut dans sa main les ennemis de son maître et fit de sorte qu'ils se louèrent tous de lui ;

» Il prit leur or et les laissa libres, comme il le dit lui même, et dans ses autres emplois il ne fut pas un médiocre, mais un parfait prévaricateur.

» Avec lui converse souvent don Michel Sanche de Logodoro, et leurs langues ne se sentent jamais lasses de parler de la Sardaigne[2].

» Hélas! voyez cet autre qui grince des dents. J'en dirais plus, mais j'ai peur qu'il ne s'apprête à me gratter la teigne. »

Et le grand chef des Démons se tourna vers Farfarello qui roulait les yeux, voulant frapper, et lui dit : « Ote-toi de là, méchant oiseau!

— Si vous voulez ou voir ou entendre des Toscans ou des Lombards, recommença ensuite l'ombre effrayée, j'en ferai venir.

» Mais que les griffes cruelles se tiennent un peu à l'écart, afin qu'ils ne craignent pas leurs vengeances ; et moi-même, m'asseyant dans ce lieu,

» Tout seul que je suis, j'en ferai venir sept, en sifflant comme c'est notre usage de faire lorsqu'un de nous met la tête dehors. »

A cette parole, Cagnazzo leva le museau, et, secouant la tête, dit : « Entendez-vous la malice qu'il a imaginée pour pouvoir rentrer dans l'étang ? »

Alors l'ombre, qui avait des piéges en abondance, répondit : « Je suis effectivement trop plein de malice quand j'expose mes compagnons à de plus grandes souffrances. »

Alichino ne résista pas ; et, en opposition avec les autres,

---

[1] Religieux sarde, qui trahit la confiance de Nino Visconti, gouverneur pour es Pisans de Gallura, en Sardaigne ; il fut pendu.

[2] Michel Sanche, sénéchal de Logodoro, dont il devint seigneur, en séduisant Adélasia, veuve de son ancien maître.

il lui dit : « Si tu te jettes dans la poix, je ne te poursuivrai pas par derrière au galop.

» Mais je battrai des ailes au-dessus. Nous te laissons la hauteur et la rive comme bouclier, afin de voir si, à toi seul, tu vaux plus que nous. »

O toi qui lis, tu verras un nouveau jeu. Chacun des Démons tourna la tête de l'autre côté, et le premier de tous, celui qui était le plus récalcitrant,

Le Navarrois prit bien son temps ; il posa les pieds à terre, et, se précipitant d'un seul bond, il se mit à l'abri de leurs mauvais desseins.

Chacun d'eux resta tout chagrin de sa sottise, mais surtout celui qui avait été la cause du malheur ; c'est pourquoi il s'élança en s'écriant : « Je te tiens ! »

Mais ce fut en vain ; ses ailes ne purent égaler en vitesse celles de la frayeur ; l'un entra dans la poix, et, arrêté à la surface, l'autre remonta en l'air.

Ainsi, quand le faucon s'approche, le canard s'enfonce tout à coup, et l'autre s'en retourne furieux et fatigué.

Calcabrina, irrité de se voir dupé, vola par derrière le démon, désirant ardemment que l'ombre en s'échappant lui fournît un motif de querelle.

Et quand le prévaricateur eut disparu, il tourna ses griffes contre son compagnon et les lui enfonça dans le corps au-dessus même de l'étang.

Mais celui-ci, épervier de bonne race, joua des griffes aussi, et tous deux ils tombèrent au milieu de la poix bouillante.

La chaleur les sépara soudain ; mais il n'y avait pas à se relever, leurs ailes étaient tout engluées.

Barbariccia mécontent, ainsi que les siens, en fit voler quatre de l'autre côté avec tous leurs harpons et en toute hâte.

Ils descendirent vers l'endroit désigné, et tendirent leurs crocs aux deux démons tombés dans la poix et qui étaient déjà à demi brûlés ;

Et nous, nous les laissâmes ainsi empêtrés.

21.

CHANT XXIII.

Sixième fosse du huitième cercle, ou des Hypocrites. — Ils marchent courbés sous une chape de plomb. — Les poëtes y trouvent Catalano et Loderingo de Bologne.

Seuls, en silence, et sans escorte, nous marchions l'un devant l'autre, comme vont par le chemin les Frères Mineurs.

La présente querelle me rappelait la fable d'Ésope, dans laquelle il a parlé de la grenouille et du rat.

Les deux particules *mo* et *issa* ne me semblaient pas avoir plus de rapport ensemble que n'en avaient avec la fable le commencement et la fin de cette rixe[1].

Et comme une pensée sort d'une autre, de cette idée il en naquit une autre qui redoubla ma première crainte;

Je pensais ainsi : « Ces démons ont été joués à cause de nous, et l'injure et les coups qu'ils ont reçus sont tels, que je crois qu'ils souffrent beaucoup.

» Si la colère se joint à leur mauvais vouloir, ils nous poursuivront plus cruels que le chien qui mord le lièvre au collet. »

Déjà je sentais tout mon poil se hérisser de peur; je regardai en arrière avec attention, et je dis : « Maître, si tu ne nous caches

» Toi et moi promptement, j'ai peur des démons et des griffes maudites; nous les avons déjà derrière nous, et je me les figure tellement, que je les entends déjà. »

Et lui : « Si j'étais un verre doublé d'étain, je n'attirerais pas à moi ton image plus vite que je ne pénètre au dedans de ton âme;

» En ce moment, tes pensées venaient à travers les miennes de la même façon et sous les mêmes traits, si bien que de nous deux j'ai pris un seul conseil.

---

[1] *Mo* et *issa*, deux mots lombards qui signifient une même chose : comme en français, *à présent* et *maintenant*.

» Si la côte qui est à notre droite s'incline assez pour que nous puissions descendre dans l'autre fosse, nous éviterons la chasse que tu t'imagines. »

A peine avait-il achevé de donner son avis, que je vis venir les démons, les ailes étendues, déjà assez près pour vouloir nous saisir.

Mon guide me prit subitement, comme une mère qui, réveillée par le bruit, et voyant les flammes briller près d'elle,

Prend son fils dans ses bras, et fuit, et ne s'arrête pas, plus occupée de lui que d'elle-même, et n'étant vêtue que d'une chemise.

Du haut de la chaussée, il se laissa glisser, en tournant le dos le long de la roche escarpée qui bouche un des côtés de l'autre cercle.

L'eau qui court dans un canal et va faire tourner la roue d'un moulin n'est pas si rapide, quand elle approche des aubes de cette roue,

Que l'était dans cette fuite le maître qui me portait sur son cœur, comme son fils et non comme un compagnon.

A peine nos pieds eurent-ils touché le sol du profond abîme, que les démons parurent au haut du rocher au-dessus de nos têtes; mais je m'en souciais peu,

Car la haute Providence qui les avait placés là pour être les ministres de la cinquième fosse, leur refusait à tous le pouvoir d'en sortir.

Là-bas nous trouvâmes une troupe d'âmes brillantes qui marchaient en tournant à pas très-lents, et qui pleuraient et semblaient remplies de douleurs et de fatigue;

Elles portaient des chapes garnies de capuchons bas qui tombaient devant les yeux, et taillées à la façon de celles que portent les moines de Cologne [1];

---

[1] L'on faict un conte qu'il y eut un abbé à Cologne, lequel fut si ambitieux et insolent, qu'il demanda permission au pape que ses moynes pussent porter chapes d'escarlatte, ceintures, esperons, et estriers à cheval d'argent doré. Ce qui depleut tant au pape, qu'il lui commanda qu'à l'advenir luy et ses moynes useroient de chapes noires et mal faictes, de ceintures et estriers de bois. (Grangier.)

A l'extérieur ces chapes sont dorées, de sorte qu'elles éblouissent; mais à l'intérieur elles sont toutes de plomb et si lourdes, que celles de Frédéric sembleraient de paille[1].

O manteau fatigant pour l'éternité! Nous tournâmes encore la main gauche et marchâmes avec ces âmes, écoutant leurs tristes gémissements.

Mais, écrasés sous leur fardeau, ces malheureux marchaient si lentement, que nous changions de compagnon à chaque mouvement de hanche.

Or, je dis à mon guide : « Tâche d'en trouver un dont on connaisse le nom et les actions, et porte en marchant l'œil autour de toi. »

Et l'un d'eux, qui entendit le langage toscan, cria derrière moi : « Arrêtez vos pieds! vous qui courez si vite à travers l'air sombre;

» Et toi, peut-être tu obtiendras de moi ce que tu demandes. » Aussitôt mon guide se tourna et dit : « Attends, et ensuite sur son pas règle le tien. »

Je m'arrêtai, et j'en vis deux qui montraient dans leurs regards grand désir d'être avec moi; mais leur fardeau et leur chemin étroit les retardaient.

Quand ils m'eurent joint, ils me regardèrent d'un œil louche et sans parler; puis ils se tournèrent l'un vers l'autre et se dirent :

« Celui-ci paraît vivant au mouvement de sa gorge; et s'ils sont morts, par quel privilége vont-ils dégagés du pesant manteau? »

Puis ils me dirent : « O Toscan, qui es parvenu jusqu'au collége des tristes hypocrites, ne dédaigne pas de dire qui tu es. »

Et moi à eux : « Je suis né et j'ai pris croissance sur les bords du beau fleuve Arno, dans la grande ville[2], et j'ai ici le corps que j'ai toujours eu.

» Mais vous, à qui une douleur si grande distille sur les

---

[1] L'empereur Frédéric II enfermait les coupables de lèse-majesté dans des chapes de plomb, et on les jetait ainsi sur des charbons ardents.
[2] Florence.

joues, qui êtes-vous? et quelle est sur vous la peine qu brille de tant d'éclat? »

Et l'un d'eux me répondit : « Ces chapes jaunes sont d'un plomb si lourd, qu'elles nous font craquer comme les poids font craquer les balances.

» Nous fûmes Frères Joyeux, et Bolonais. Je m'appelais Catalano, celui-ci Loderingo. Nous fûmes élus podestats par ta ville,

» Suivant sa coutume de choisir un homme neutre pour conserver sa paix, et nous sûmes bien la garder, comme on le voit encore près de Gardingo[1]. »

Et moi : « O frères, vos mauvais..... » Je n'en dis pas davantage, car mes yeux rencontrèrent un homme crucifié en terre par trois pals[2].

Aussitôt qu'il me vit, il se tordit sur lui-même en soufflant dans sa barbe avec force soupirs, et frère Catalano, qui s'en aperçut,

Me dit : « Ce transpercé que tu regardes persuada aux Pharisiens qu'il fallait qu'un homme souffrît le martyre pour le peuple.

» Il est couché nu en travers sur le chemin, comme tu vois, et il faut qu'il sente combien pèse chacun de ceux qui passent.

» Son beau-père éprouve le même supplice dans cette fosse, ainsi que ceux du conseil qui furent, pour les Juifs, une semence de malheurs. »

---

[1] C'est le peuple qui, faisant allusion à la vie joyeuse des frères de Sainte-Marie, ordre chevaleresque fondé par Urbain IV, mais dégénéré, leur donna le surnom de Frères Joyeux. — Deux de ces frères, Napoleone Catalano et Loderingo des Anderolo, avaient été nommés, en 1226, podestats de Florence ; après quelque temps d'une sage administration, ils se vendirent aux Guelfes, et brûlèrent les palais des Uberti, bâtis dans un quartier de la ville nommé le Gardingo.

[2] Selon le poëte, Caïphe, son beau-père Ananias et tous ceux qui assistèrent au conseil où fut arrêtée la mort de Jésus-Christ, sont crucifiés en enfer. — Les paroles de Caïphe sont dans saint Jean : « *Unus autem ex ipsis, Caïphas nomine, cum esset pontifex anni illius, dixit eis : Vos nescitis quidquam, nec cogitatis quia expedit vobis ut unus moriatur homo pro populo, et non tota gens pereat.* » (Cap. XI, v. 49 et 50.)

Je vis alors Virgile regarder avec étonnement celui qui était si honteusement étendu en croix dans l'éternel exil.

Puis il s'adressa au frère en ces termes : « Vous plairait-il de me dire si à droite il est quelque ouverture

» Par où nous puissions sortir tous deux sans contraindre les anges noirs à nous tirer de cet abîme ? »

Celui-ci répondit : « Plus près d'ici que tu n'espères s'élève un rocher qui part du grand cercle et traverse toutes les sombres vallées ;

» Mais il est rompu en cette partie et ne continue pas au-dessus d'elle. Vous pourrez gravir les ruines qui gisent sur la pente et recouvrent le fond. »

Mon guide resta un peu la tête basse, et dit : « Comme il nous a trompés, celui qui enfourche les pécheurs ! »

Et le frère : « J'ai entendu conter à Bologne les nombreux vices du démon, et, entre autres vices, on l'accusait d'être trompeur et père du mensonge [1]. »

Alors mon guide s'éloigna à grands pas, le visage un peu troublé de colère. Je quittai ces coupables au lourd fardeau,

En suivant les traces des pieds chéris.

CHANT XXIV.

Septième fosse du huitième cercle, ou des Voleurs. — Ils sont piqués par d'horribles serpents. — Vanni Fucci de Pistoia. — Ses prédictions contre sa patrie et contre Florence.

Dans la partie de la jeune année où le soleil trempe sa chevelure dans le Verseau, et où les nuits commencent à ne plus empiéter sur les jours ;

Lorsque la gelée imite sur la terre la couleur de sa blanche sœur, mais dure peu et modère sa rigueur ;

Le villageois à qui manque le fourrage, se lève, regarde, et, voyant la campagne toute blanche, se frappe la hanche ;

Puis il retourne à la maison, et çà et là se lamente, comme

Diabolus... mendax est et pater mendacii. (S. JOAN., cap. VIII, v. 44.)

le malheureux qui ne sait plus que faire; puis il sort de nouveau et reprend espérance,

En voyant la face du monde changée en peu d'heures; alors il saisit sa houlette et chasse au dehors devant lui les troupeaux au pâturage.

De même le maître me remplit d'épouvante quand je vis son front se troubler; de même il mit bientôt l'emplâtre sur le mal;

Car, lorsque nous arrivâmes au pont rompu, mon guide se tourna vers moi avec le doux regard que je lui vis d'abord au pied de la montagne.

Il prit conseil en lui-même, et, après avoir bien regardé la ruine, il ouvrit les bras, me saisit,

Et, comme celui qui travaille, songe toujours dans son labeur à ce qu'il fera ensuite, de même en m'élevant sur la cime

D'une roche, mon maître en avisait une autre et me disait : « Accroche-toi d'abord à celle-ci, mais éprouve avant si, telle qu'elle est, elle peut te soutenir. »

Ce n'était pas un chemin fait pour des porteurs de chapes de plomb, puisque nous pouvions à peine, Virgile si léger et moi qu'il soutenait, monter de pointe en pointe;

Et si la voie n'eût pas été plus courte de ce côté que de l'autre, je ne sais ce que serait devenu mon guide; quant à moi, j'eusse été vaincu de lassitude.

Mais comme Malebolge va toujours en pente vers l'ouverture du puits profond, chaque vallée que l'on parcourt

Présente toujours un côté qui s'élève et un autre qui descend. Enfin nous atteignîmes la pointe où se rompt la dernière pierre.

J'avais si peu d'haleine au poumon, quand je fus là-haut, que je ne pouvais aller plus avant; aussi je dus m'asseoir à mon arrivée.

« Maintenant il faut que tu jettes toute paresse, dit le maître; ce n'est pas en couchant sur la plume et le duvet qu'on arrive à la renommée [1].

---

[1] Passage imité de Lucain, *Pharsale*, liv. IX.

» Celui qui passe sa vie sans renommée laisse sur la terre une trace pareille à celle de la fumée dans l'air et de l'écume sur l'eau.

» Or donc, lève-toi, dompte la fatigue avec l'esprit qui triomphe de toute lutte, s'il ne se laisse pas accabler par le poids du corps.

» Il est une plus longue échelle à franchir; il ne suffit pas d'avoir laissé ces pierres derrière nous. Si tu m'entends, que cela te donne du courage. »

Je me levai alors, en me montrant plus rempli d'haleine que je ne m'en sentais, et en disant : « Va, je suis fort et hardi. »

Nous prîmes notre route sur le rocher qui était raboteux, étroit, difficile et plus âpre que celui d'avant.

Je marchais en parlant pour ne point paraître faible, lorsqu'une voix, partant de l'autre fosse, articula une parole peu distincte;

Je ne sais ce qu'elle dit, bien que je fusse sur le sommet de la voûte qui passait par là; mais celui qui parlait paraissait ému de colère;

Je m'étais baissé; mais les yeux d'un vivant ne pouvaient atteindre le fond à travers l'obscurité, aussi je dis : « Maître, fais en sorte d'arriver

» A l'autre cercle, et descendons ce mur; d'ici j'entends et je ne comprends pas; je vois et je ne distingue rien.

— Je te répondrai, dit-il, en t'accordant ce que tu souhaites : quand la demande est juste, il faut la satisfaire en silence. »

Nous descendîmes le pont du côté où il s'unit à la huitième rive, et alors je vis la fosse tout entière.

Et je vis là une effroyable masse de serpents, et de tant d'espèces différentes, que le souvenir m'en glace encore le sang.

Que la Libye et les sables ne se vantent plus de produire des chélydres, des jaculis, des pharès, des hydres et des amphisbènes [1];

---

[1] Pierre précieuse qui, selon l'opinion du temps, rendait invisible.

Que toute l'Éthiopie et le pays qui est au-dessous de la mer Rouge n'étalent plus les pestes et les monstres qui s'y engendrent :

A travers cette affreuse et cruelle quantité de reptiles couraient des gens nus et épouvantés, sans espoir d'un asile ou de la pierre héliotrope ;

Leurs mains étaient liées par derrière avec des serpents, et ceux-ci, formant des nœuds par-devant, leur fourraient dans les reins leurs queues et leurs têtes.

Et voilà qu'un de ces malheureux qui était de notre côté fut piqué par un serpent, à l'endroit où le col s'attache aux épaules.

Et, en aussi peu de temps qu'on écrit un *O* et un *I*[1], ce coupable s'enflamma, brûla et tomba réduit en cendre ;

Mais à peine fut-il consumé à terre, que la cendre se ramassa d'elle-même, et reforma le corps tel qu'il était avant.

Ainsi les grands sages prétendent que le phénix meurt et renaît quand il est près de son cinquième siècle ;

Il ne se nourrit ni d'herbes, ni de blé pendant sa vie, mais d'amomum et des pleurs de l'encens ; et le nard et la myrrhe forment son dernier lit[2].

Et tel un homme qui tombe, sans savoir comment, par la force d'un démon, ou par l'effet d'une étreinte maladive,

Quand il se relève, il est tout étonné de la grande angoisse qu'il a soufferte, regarde autour de lui, et soupire en regardant,

Tel était le pécheur relevé devant nous. Oh ! combien est sévère la justice de Dieu, pour qu'elle fasse éclater sa vengeance par de tels coups !

Mon guide lui demanda ensuite qui il était, et il répondit : « Je suis tombé de Toscane, il y a peu de temps, en cette horrible fosse.

» La vie bestiale me plut et non la vie humaine, vrai mulet

---

[1] Nè O si tosto mai nè I si scrisse.
[2] Imité d'Ovide, *Mét.*, liv. XV.

que je fus. Je suis Vanni Fucci la brute, et Pistoia fut ma digne tanière. »

Et moi au guide : « Dis-lui de ne point bouger, et demande-lui quelle faute l'a précipité ici-bas. Je l'ai vu homme de sang et de colère. »

Et le pécheur qui m'entendit ne se cacha pas; il se tourna attentif vers moi, et son visage fut couvert d'une triste honte.

Puis il dit : « Je suis plus désolé que tu m'aies trouvé dans cette misère que je ne le fus lorsque je fus arraché à la vie.

» Je ne puis te refuser ce que tu demandes. Je suis ici-bas parce que j'ai volé dans la sacristie les beaux ornements,

» Et que j'ai accusé faussement un autre de ce crime [1]. Mais, pour que tu ne te réjouisses pas de ma misère, si jamais tu sors de ces lieux sombres,

» Ouvre les oreilles à cette nouvelle, et écoute : Pistoia d'abord se purge des Noirs, puis Florence renouvelle ses citoyens et ses mœurs.

» Mars soulève, du val de la Magra, une vapeur qui, formant de sombres nuages, va, tempête impérieuse et terrible,

» Se déchaîner sur les champs de Picène, et là, le nuage éclatant soudain, anéantira tous les Blancs [2].

» Et je l'ai dit parce que je veux te contrister [3]. »

---

[1] Vanni Fucci, arrêté pour le vol des vases sacrés de Pistoie, en accusa le notaire Vanni della Nona, chez lequel il les avait déposés. Celui-ci, victime de sa complaisance, fut pendu.

[2] Picène, où les Blancs furent vaincus et détruits par le marquis Marcello Malaspina, qui commandait les Noirs. Céci en 1301.

[3] Dante, du parti des Blancs, fut exilé.

CHANT XXV.

Suite de la septième fosse du huitième cercle, ou des Voleurs et des Concussionnaires. — Le poëte y rencontre Cacus sous la forme d'un centaure ; un dragon est sur ses épaules. — Rencontre de quatre Florentins. — Transformation étrange que subissent deux Ombres.

En finissant ces paroles, le voleur éleva les deux mains en l'air et fit la figue en criant : « Prends, Dieu ! c'est pour toi. »

Mais soudain un serpent, et depuis ce temps j'aime cette race, s'enlaça autour de son col comme s'il lui avait dit : « Je ne veux pas que tu parles davantage. »

Un autre s'attacha à ses bras, et, les enveloppant par devant de ses nœuds, les lia tellement, qu'il n'était pas possible au damné de faire un seul mouvement.

« Ah ! Pistoie ! Pistoie ! pourquoi ne pas te résoudre à t'incendier toi-même jusqu'à ce que tu n'existes plus, puisque tes fils, de jour en jour, avancent dans le mal !

» Dans tous les cercles obscurs de l'enfer je n'ai pas vu d'esprit plus superbe devant Dieu, pas même celui qui tomba des murs de Thèbes [1]. »

Et le voleur s'enfuit sans plus dire un mot. Alors j'aperçus un centaure plein de rage qui venait en criant : « Où est-il, où est-il, le superbe ? »

Je ne crois pas que les Maremmes contiennent autant de couleuvres qu'il en portait sur sa croupe jusqu'à l'endroit où commence la forme humaine ;

Sur ses épaules, derrière la nuque, était placé un dragon, qui, les ailes ouvertes, lançait des flammes contre quiconque approchait.

Mon maître dit : « Ce monstre est Cacus, qui, sous les rochers du mont Aventin, forma plus d'une fois un lac de sang.

---

[1] Capanée.

» Il n'est pas avec ses frères parce qu'il déroba frauduleusement le grand troupeau qui paissait dans son voisinage.

» Mais ses œuvres louches prirent fin sous la massue d'Hercule [1] qui le frappa de cent coups, et il n'en sentit pas la dixième partie. »

Tandis qu'il parlait, le centaure disparut : alors trois esprits s'avancèrent au-dessous de nous, et nous ne les aperçûmes, mon guide et moi,

Que lorsqu'ils crièrent : « Qui êtes-vous ? » C'est pourquoi notre entretien s'arrêta, et nous fixâmes sur eux notre attention.

Je ne les connaissais pas; mais il arriva, comme il arrive en plusieurs cas, que l'un d'eux vint à en nommer un autre,

Disant : « Cianfa [2], où est-il resté ? » Et moi, afin de rendre mon guide attentif, je me mis le doigt entre le nez et le menton.

Maintenant, ô lecteur ! si tu es lent à croire ce que je te dirai, ce ne sera pas merveille, car moi, qui l'ai vu, je le crois à peine.

Comme je tenais mes yeux levés sur ces esprits, un serpent à six pieds s'élança par devant sur l'un d'eux, et s'y attacha tout entier.

Avec les pieds du milieu il lui serra le ventre, de ceux du devant il prit les bras, puis il lui mordit les deux joues.

Allongeant ensuite ses pieds de derrière sur les cuisses, il lui passa la queue entre les deux jambes, et la lui étendit par derrière le long des reins.

Jamais le lierre ne se lia à l'arbre autant que l'horrible bête, et ses membres s'entortillaient autour du coupable.

Puis ces deux êtres se fondirent ensemble, comme s'ils avaient été de cire chaude, et mêlèrent leurs couleurs si bien, que ni l'un ni l'autre ne paraissait ce qu'il était.

> Semperque recenti
> Cæde tepebat humus, foribusque affixa superbis
> Ora virûm tristi pendebant pallida tabo.
> (*Æneid.*, l. VIII.)

[2] Cianfa, de la famille des Donati, à Florence.

C'est ainsi que l'ardeur du feu produit sur un papier qui brûle une couleur brune qui n'est pas noire encore, mais qui déjà n'est plus blanche.

Les deux autres esprits regardaient, et chacun d'eux criait : « O Agnel[1], comme tu changes ! vois, tu n'es plus ni un ni deux ! »

Déjà les deux têtes n'en formaient plus qu'une, et en ce moment apparaissaient deux figures mêlées dans la part unique où les deux étaient perdues.

Des quatre bras deux seulement restaient, les cuisses et les jambes, le ventre et le tronc devinrent des membres qu'aucun homme n'a vus.

Tout aspect primitif y fut effacé, l'image perverse paraissait double et n'était pas un seul être, et, telle qu'elle était, elle s'en allait à pas lents.

Comme le lézard sous la grande ardeur des jours caniculaires, lorsqu'il change de buisson, semble un éclair s'il traverse la route,

Tel paraissait, en se dirigeant vers le ventre des deux autres esprits, un petit serpent enflammé, livide, et noir comme un grain de poivre.

Il piqua l'un d'eux à cette partie du corps par où l'homme, avant de naître, puise son aliment, et puis il tomba et resta étendu devant lui.

Le blessé le regarda sans rien dire ; immobile sur ses pieds, il bâillait, comme si le sommeil ou la fièvre l'eût assailli.

Et le serpent et lui se regardaient. L'un par la plaie, l'autre par la bouche, ils fumaient fort, et la fumée se rencontrait.

Que Lucain se taise désormais, là où il raconte les misères de Sabellus et de Nasidius, et qu'il écoute attentivement ce que je décris.

Qu'Ovide se taise sur Cadmus et Aréthuse ; si, dans son poëme, il changea l'un en serpent et l'autre en fontaine, je n'en suis point jaloux [2].

---

[1] Agnel Brunelleschi, Florentin.
[2] Voir dans la *Pharsale*, l. IX, la mort des soldats Sabellus et Nasidius, piqués

Il ne transforma jamais deux natures vis-à-vis l'une de l'autre, si bien que leurs formes fussent prêtes à échanger sur-le-champ leur matière.

L'homme et le serpent se correspondirent de telle sorte, que le reptile fendit sa queue en fourche, et que le blessé resserra ses deux pieds.

Ses jambes et ses cuisses se rapprochèrent tellement, que bientôt la jointure ne laissait plus paraître aucune trace.

La queue fendue prenait la forme qui se perdait chez l'homme; ici la peau s'amollissait, là elle devenait dure.

Je vis les bras de l'homme rentrer dans les aisselles, et les deux pieds de la bête, qui étaient courts, s'allonger autant que les bras du damné diminuaient.

Les pieds de derrière du serpent, se tordant ensemble, formèrent le membre que l'homme cache, et celui du coupable fit deux pieds.

Tandis que la fumée couvre l'un et l'autre d'une couleur nouvelle, et fait pousser sur le serpent le poil qu'elle enlève à l'homme,

L'un se dresse et l'autre tombe à terre, mais sans détourner leurs regards féroces sous lesquels chacun d'eux changeait de visage.

Celui qui était debout ramena son visage vers les tempes, et de l'excédant de chair qui vint là sortirent les oreilles qui surmontaient ses joues lisses;

Le superflu, qui ne tomba pas en arrière et s'y arrêta, servit à faire un nez, et grossit les lèvres autant qu'il convenait.

Celui qui rampait poussa son museau en avant, et retira ses oreilles dans sa tête, comme fait le limaçon de ses cornes.

La langue de l'homme, qu'il avait auparavant d'un seul morceau, et prompte à parler, se fendit; la langue fourchue du serpent se referma, et la fumée s'arrêta.

L'âme qui était devenue bête s'enfuit en sifflant dans la vallée, et l'autre, en parlant, lui cracha dessus.

---

par des serpents. — Dans Ovide, l. III, la métamorphose de Cadmus. — Dans Virgile, l. II de l'*Énéide*, l'épisode de Laocoon.

Puis, tournant vers elle ses nouvelles épaules, elle dit : « Je veux que Buoso [1] rampe dans ce chemin comme je l'ai fait. »

C'est ainsi que j'ai vu changer et s'échanger les natures dans la septième fosse ; que la nouveauté m'excuse si ma plume n'est pas fleurie.

Quoique mes yeux fussent troublés et que mon esprit fût égaré, ces ombres ne purent s'enfuir si bien cachées, que je ne reconnusse

Puccio Sciancato [2] ; c'était le seul, des trois esprits venus d'abord, qui ne fût pas changé ;

L'autre était celui que tu pleures, ô Gaville [3] !

CHANT XXVI.

Huitième vallée du huitième cercle, ou des Mauvais Conseillers. — Ils sont dans les flammes. — Ulysse raconte au poëte sa vie errante et sa mort.

Réjouis-toi, Florence ; tu es si grande, que ton asile plane sur la terre et sur la mer, et que ton nom est répandu même au fond de l'enfer.

Parmi les voleurs, j'ai trouvé cinq de tes citoyens ! Cela me fait honte et ne te fait pas grand honneur [4].

Si les songes du matin sont les plus véridiques, tu connaîtras dans peu ce que Prato et les autres te souhaitent.

Si le malheur t'avait déjà frappée, ce ne serait pas assez tôt ; qu'il vienne donc puisqu'il doit venir ; plus je deviendrai vieux, plus il me pèsera.

Nous partîmes, et, par le même escalier que les roches

---

[1] Buoso, Florentin, de la famille des Abbati.
[2] Puccio Sciancato, aussi Florentin.
[3] C'est messire Guercio Cavalcante, tué par les habitants de Gaville, dans le val d'Arno. Les parents et amis de Cavalcante, irrités de cet assassinat, en tirèrent une vengeance éclatante, en massacrant plusieurs citoyens de Gaville. (M.)
Les cinq citoyens de Florence sont : Cianfa, Donati, Agnello Brunelleschi, Buoso degli Abbati, Puccio Sciancato et Francesco Guercio Cavalcante.

nous avaient fait pour descendre, mon guide remonta et m'entraîna avec lui ;

Et, poursuivant la voie solitaire à travers les pointes et les pierres du rocher, le pied ne se dégageait pas sans l'aide de la main.

Alors je m'affligeai, et je m'afflige encore quand je ramène ma mémoire vers ce que j'avais vu, et je mets un frein à mon esprit,

Pour qu'il ne perde pas son guide, la vertu ; et si une bonne étoile ou une meilleure influence m'a donné quelque bien, je ne veux pas moi-même me l'envier.

De même que dans la saison où celui qui éclaire le monde nous découvre plus longtemps sa face, le villageois qui se repose sur la colline,

A l'heure où le cousin remplace la mouche, voit à ses pieds, dans le vallon, une foule de lucioles courir autour des vignes et des blés ;

De même je vis resplendir de flammes la septième fosse tout entière, aussitôt que je fus là où le fond apparaissait.

Et tel que celui que les ours aidèrent dans sa vengeance[1] vit partir le char d'Élie, quand les chevaux montaient au ciel,

Si haut que l'œil, ne pouvant plus les suivre, ne distingua plus qu'une flamme légère s'élevant comme un faible nuage ;

Ainsi dans le fond de la fosse se mouvait chaque flamme, qui renfermait chacune un pécheur, sans montrer son larcin.

Je me tins sur le pont pour considérer ce spectacle, et là,

---

[1] Le prophète Élisée. « Cumque pergerent et incedentes sermocinarentur, ecce cursus igneus et equi ignei diviserunt utrumque ; et ascendit Elias per turbinem in cœlum.

» Ascendit autem in Bethel : cumque ascenderet per viam, pueri parvi egressi sunt de civitate, et illudebant ei, dicentes : Ascende, calve ; ascende, calve.

» Qui cum respexisset, vidit eos et maledixit eis in nomine Domini ; egressique sunt duo ursi de saltu, et laceraverunt ex eis quadraginta duo pueros. » (*Reg.*, L. IV, c. II.)

si je n'avais pas saisi de la main un morceau de rocher, je serais tombé dans le gouffre, sans être heurté.

Mon guide, qui me vit si attentif, dit : « Au dedans des feux sont des esprits : chacun est revêtu de la flamme qui l'embrase.

— O mon maître ! répondis-je, ta parole m'a rendu plus certain de ce que je vois, mais déjà je m'en étais avisé et je voulais te le dire.

» Apprends-moi quelle est cette flamme qui se divise au-dessus de l'abîme comme celle du bûcher où furent mis Étéocle et son frère [1] ? »

Il me répondit : « Là souffrent Ulysse et Diomède, soumis à la même vengeance pour s'être livrés à la même colère.

» Dans cette flamme on pleure l'embûche du cheval de bois qui ouvrit la porte à toute la belle race des Romains.

» On y pleure l'artifice pour lequel Déidamia, toute morte qu'elle est, se plaint encore d'Achille, et on y porte la peine de l'enlèvement du Palladium.

— S'ils peuvent parler du milieu de cette flamme, dis-je alors (ô mon maître ! je t'en prie, et je t'en supplie pour que ma prière en vaille mille),

» Permets-moi d'attendre que la double flamme soit arrivée jusqu'ici ; vois comme, dans mon désir, je me penche vers elle. »

Et lui à moi : « Ta prière est digne de louange, aussi je l'accueille, mais fais en sorte que ta langue se maintienne en repos ;

» Laisse-moi parler ; j'ai compris ce que tu veux ; mais peut-être ces pécheurs, parce qu'ils furent Grecs, dédaigneraient ton langage ? »

Lorsque la flamme fut arrivée près de nous deux, et que le maître eut jugé le lieu et le moment favorables, je l'entendis parler en ces termes :

« O vous qui êtes deux dans le même feu, si j'ai bien

Tremueræ cogi et novus adversa busto
Pellitur : exundant diviso vertice flammæ.
(STACE, *Théb.*)

mérité de vous pendant ma vie, si j'ai mérité de vous peu ou beaucoup,

» Quand j'ai écrit mon grand poëme dans le monde, ne vous éloignez pas; mais que l'un de vous me dise où, perdu par son courage, il est allé mourir. »

La pointe la plus élevée de l'antique flamme commença à se remuer en murmurant comme la flamme que le vent agite;

Ensuite, promenant çà et là sa cime, comme eût fait une langue prête à parler, elle jeta des sons au dehors, et s'exprima ainsi :

« Quand je parvins à me soustraire à Circé, qui m'avait retenu plus d'un an près de Gaëte, avant qu'Énée eût nommé cet endroit[1];

» Ni la douceur des baisers d'un fils, ni la piété due à un vieux père, ni l'amour mutuel qui devait rendre heureuse Pénélope,

» Ne purent vaincre en moi le désir d'explorer le monde et de connaître les vices et les vertus des humains.

» Je me hasardai sur la haute mer, seulement avec un vaisseau et la petite troupe qui ne m'abandonna pas.

» Je vis l'un et l'autre rivage jusqu'à l'Espagne, jusqu'à Maroc, l'île de Sardaigne et les autres îles que la mer entoure et baigne de ses flots.

» Moi et mes compagnons, nous étions vieux et lourds quand nous arrivâmes à cette gorge étroite où Hercule posa les deux signaux

» Pour avertir l'homme de ne point passer outre. A ma droite je laissai Séville, à ma gauche j'avais laissé Ceuta.

» Alors je dis : « O frères! ô vous qui, à travers cent mille dangers, avez atteint l'Occident,

» Pour ce peu de temps qui vous reste à vivre, ne vous privez pas de visiter, par delà le soleil, ce monde sans habitants.

---

[1] Du nom de sa nourrice.

   Tu quoque littoribus nostris, Æneia nutrix,
   Æternam moriens famam, Caieta, dedisti.   (Virgile.)

» Pensez à votre origine; vous n'avez pas été faits pour vivre comme des brutes, mais bien pour atteindre la vertu et la science. »

» Par cette courte harangue, je rendis mes compagnons si ardents à poursuivre leur voyage, qu'à peine ensuite j'aurais pu les retenir.

» Et, tournant notre poupe au levant, nous fîmes, de nos rames, des ailes à notre vol insensé, et de plus en plus nous avançâmes vers la gauche.

» Déjà la nuit voyait briller toutes les étoiles de l'autre pôle, et le nôtre était si bas, qu'il paraissait à peine au-dessus du sol marin.

» Cinq fois la lumière de la lune s'était éteinte et rallumée depuis que nous étions entrés dans cette grande mer,

» Quand nous apparut une montagne que la distance rendait obscure, et qui me semblait la plus haute que j'eusse encore vue[1];

» Nous nous réjouîmes, mais notre joie bientôt se changea en plaintes; de cette terre nouvelle s'éleva un tourbillon qui frappa la proue du vaisseau;

» Trois fois il fit tourner le navire avec toute l'eau, puis à la quatrième, il mit la poupe en haut, la proue en bas, et comme il plut à l'autre[2],

» Jusqu'au moment où la mer se referma sur nous. »

CHANT XXVII.

Suite. — Le comte Guido de Montefeltro.

Déjà la flamme[3] s'était redressée et devenait immobile

---

[1] Selon les plus anciens commentateurs, Dante désigne le Purgatoire par cette montagne, au-dessus de laquelle se trouve le Paradis terrestre. — Selon les plus récents, il entend l'*Atlantide* de Platon, ou l'Amérique.

[2] A l'autre, c'est-à-dire à Dieu.

La flamme renfermant Ulysse et Diomède.

sans plus parler, et déjà elle s'éloignait de nous avec la permission du doux poëte,

Lorsqu'une autre, qui venait derrière, me fit tourner les yeux vers sa pointe, par le bruit confus qui s'en échappait.

Semblable au taureau de Sicile qui, jetant pour premier mugissement (et cela fut bien juste) le cri de l'ouvrier qui l'avait travaillé avec sa lime [1],

Mugissait par la voix des malheureux qu'on y renfermait, comme si son corps d'airain eût été réellement traversé par la douleur;

La parole de l'esprit contenu dans cette flamme, étouffée dès le principe, et ne trouvant pas d'issue, se convertissait en un bruit pareil à celui du feu.

Mais enfin, lorsqu'elle eut réussi à se frayer un chemin par la pointe, en lui donnant ce mouvement que la langue lui avait donné au passage,

Nous entendîmes ces mots : « O toi, à qui je m'adresse, et qui parlais à l'instant le langage lombard, en disant : « Maintenant, va-t'en, je n'ai plus à t'interroger; »

» Quoique je sois arrivé peut-être un peu tard, ne refuse pas de causer avec moi; tu vois que j'y consens, moi, et cependant je brûle [2].

» Si tu viens de tomber dans ce monde sans lumière de la douce terre latine où j'ai commis toutes mes fautes,

» Dis-moi : les Romagnols ont-ils la paix ou la guerre? car je suis né dans les montagnes placées entre Urbin et celles où jaillit le Tibre. »

J'écoutais encore, attentif et le front baissé, lorsque mon guide me toucha le côté, en disant : « Parle, toi, c'est un Latin. »

Et moi, qui avais déjà la réponse prête, je commençai ainsi sans tarder : « O âme qui te caches là-dessous,

» Ta Romagne n'est et ne fut jamais sans guerre dans le

---

[1] L'Athénien Pérille fut le premier enfermé dans le taureau d'airain inventé pa lui pour Phalaris, tyran de Sicile.
[2] Cet esprit qui parle dans les flammes est le comte Guido de Montefeltro.

cœur de ses tyrans : toutefois je n'y ai pas laissé de guerre manifeste ;

» Ravenne est ce qu'elle était il y a bien des années ; l'aigle de Polenta en a fait son repaire, et couvre encore Cervia de ses ailes [1].

» La terre qui soutint la longue épreuve, et qui porte des monceaux sanglants de cadavres français, se retrouve dans la puissance des griffes vertes [2].

» Le vieux dogue et le jeune mâtin de Verruchio, qui mirent à mal Montagna, règnent là où ils ont accoutumé d'ensanglanter leurs dents [3].

» La cité de Lamone et la cité de Santerno sont gouvernées par le lionceau au nid blanc qui change de parti de l'été à l'hiver [4].

» Et la cité dont le Savio baigne les flancs [5], de même qu'elle est située entre plaine et montagne, vit de même entre la liberté et la tyrannie.

» Et toi, maintenant, je t'en prie, qui es-tu ? Ne sois pas plus dur qu'on ne l'a été à ton égard, et que ton nom étende sa place dans le monde. »

Lorsque le feu eut un peu rugi à sa manière, il agita sa pointe aiguë çà et là, et puis il poussa ce souffle :

« Si je croyais répondre à un être qui dût retourner sur la terre, cette flamme resterait à l'instant en repos.

» Mais puisque jamais, si ce qu'on dit est vrai, aucun vivant ne sort de ce gouffre sans craindre l'infamie, je te réponds :

---

[1] L'aigle de Polenta est Guido Novello da Polenta, qui portait dans ses armes un aigle d'argent et de gueules, au champ d'or et d'azur.

[2] Du lion vert, que Sinibaldo Ordelaffi, seigneur de Forli, portait dans ses armes. La ville de Forli avait repoussé avec de grandes pertes une troupe de Français qui l'avaient assiégée par ordre de Martin IV.

[3] Le vieux dogue est Malatesta le père, seigneur de Rimini ; le jeune mâtin de Verruchio, Malatesta le fils, ou Malatestino, possesseur du château de ce nom ; Montagna, chef du parti des Gibelins à Rimini, que Malatesta le fils avait mis à mort.

[4] La cité de Faenza, près du Lamone, et la cité d'Immola, près du Santerno, sont gouvernées par le Mainardo Pagani, qui porte d'argent au lion d'azur.

[5] Cesène.

» Je fus homme d'armes et ensuite cordelier : je crus m'amender en prenant le cordon[1]; et certes j'aurais pu le croire en toute assurance,

» Si le grand prêtre[2], à qui je souhaite malheur, ne m'eût replongé dans mes premières fautes. Je veux que tu saches comment et pourquoi.

» Tant que j'eus la forme d'os et de chair que ma mère me donna, mes œuvres ne furent pas d'un lion, mais d'un renard.

» Je connus toutes les ruses, toutes les voies couvertes; et je pratiquai l'art de la fraude si bien, que jusqu'aux limites de la terre mon nom résonna.

» Mais quand je me vis arrivé à cet âge où chacun devrait baisser la voile et rouler les cordages,

» Ce qui me plaisait auparavant me déplut alors, et je m'abandonnai au repentir; en confessant mes fautes, ah! malheureux! j'aurais fait mon salut!

» Le prince des nouveaux Pharisiens[3] était en guerre près de Latran[4], et non avec les Sarrasins et les juifs.

» (Car chacun de ses ennemis était chrétien, et aucun d'eux n'avait été conquérir la ville d'Acre, ou commercer sur la terre du soudan.)

» Ce pontife ne considéra en lui-même ni le suprême ministère, ni les ordres sacrés; il ne vit pas non plus en moi le cordon qui rendait alors plus maigres ceux qui le portaient;

» Mais, comme Constantin, dans les montagnes de Soracte, pria Sylvestre de le guérir de la lèpre, de même il me pria

» De le guérir de sa fièvre orgueilleuse; il me demanda conseil, et moi je me tus, parce que ses paroles me paraissaient inspirées par l'ivresse.

---

[1] Sur la fin de sa vie, Guido de Montefeltro prit l'habit des Franciscains, au couvent d'Assise où il mourut.
[2] Boniface VIII.
[3] Encore Boniface VIII.
[4] Avec les Colonna.

» Après il ajouta : « Délivre ton cœur de tout soupçon, je t'absous d'avance; enseigne-moi à faire tomber à terre les murs de Palestrina [1].

» Je puis ouvrir et fermer le ciel, comme tu le sais, car je possède les deux clefs dont mon prédécesseur ne sut pas l'usage. »

» Ces graves arguments me frappèrent, et, pensant qu'il valait mieux parler que me taire, je dis : « O mon père! puisque tu me laves

» Du péché où je vais tomber, écoute : promettre beaucoup et tenir peu te fera triompher sur ton siége sublime. »

» A ma mort, François [2] vint pour me réclamer; mais un des noirs chérubins lui dit : « Tu ne peux l'emporter; ne me fais pas tort.

» Il doit venir en bas parmi mes damnés; car il a donné un conseil frauduleux : depuis ce jour je le tiens aux cheveux.

» On ne peut absoudre celui qui ne se repent pas; il est impossible de vouloir le péché et de s'en repentir à la fois : la contradiction ne le permet pas. »

» Oh! que je fus malheureux quand il me saisit, en disant : « Peut-être ne pensais-tu pas que je fusse logicien? »

» Il me porta à Minos; ce juge tordit huit fois sa queue autour de ses flancs durs, et puis avec grande rage il la mordit, et cria :

« Celui-ci est un des coupables que le feu emporte. » Voilà pourquoi je suis perdu dans le gouffre où tu me vois, et pourquoi je gémis de porter un tel vêtement. »

Quand il eut achevé son dire, la flamme plaintive s'éloigna en tordant et en agitant sa cime aiguë.

Nous passâmes outre, mon guide et moi, et nous atteignîmes, au bout du rocher, l'autre arche qui couvre la fosse où l'on fait porter la peine

A ceux qui se sont chargé la conscience en excitant la discorde.

---

[1] Palestrina appartenait aux Colonna.
[2] S. François vint réclamer Guido qui était Franciscain.

CHANT XXVIII.

Neuvième vallée du huitième cercle, où des Fauteurs de Scandale, de Schismes et d'Hérésies. — Ils sont sans cesse tailladés par l'épée d'un démon. — Dante y observe le supplice de Mahomet, Aly, Pierre de Medicina, Mosca et Bertrand de Born.

Qui pourrait jamais, même avec des paroles libres des gênes de la poésie, même en y revenant à plusieurs fois, dire tout le sang et les plaies que je vis alors?

Certes, il n'est pas de langue parmi nous qui puisse, sans faiblir, exprimer ce que l'esprit a peine à comprendre.

Que l'on rassemble à la fois ceux qui répandirent leur sang dans les plaines de la Pouille, si disputées à la Fortune,

En combattant les Romains dans cette longue guerre où il se fit, comme l'écrit Tite-Live, qui ne se trompe pas, une si grande moisson d'anneaux;

Ceux qui, pour s'être armés contre Robert Guiscard, sentirent la douleur des grands coups[1], et ceux enfin dont on recueille encore les os

Tant à Cepperano, où chaque Apulien fut traître[2], que dans le val de Tagliacozzo, où le vieil Allard vainquit sans armes[3].

Tous ces membres tronqués et percés ne sauraient égaler l'aspect épouvantable de la neuvième fosse.

Jamais on ne verra une tonne ou une douve percée comme un esprit que je vis fendu depuis le menton jusque sous le ventre;

Ses boyaux pendaient sur ses jambes; on voyait le cœur en mouvement, et le triste sac où la fiente humaine se fait de ce que l'on avale.

---

[1] Robert Guiscard, frère de Richard, duc de Normandie, qui s'empara de la Pouille et de la Calabre; il mourut en 1085.

[2] Les habitants lâchèrent dans l'action leur souverain Mainfroy, qui combattait Charles d'Anjou.

[3] Le vieil Allard était un chevalier français revenant de la Terre-Sainte; le duc d'Anjou lui dut la victoire qu'il remporta sur Conradin.

Tandis que je le considérais avec attention, il me regarda, et de ses mains s'entr'ouvrant la poitrine, il me dit : « Vois comme je me déchire !

» Vois comme Mahomet est estropié ; devant moi marche Aly, tout en pleurs, le visage ouvert depuis le menton jusqu'au crâne[1].

» Tous les autres que tu aperçois ici ont été vivants ; et, pour avoir semé le scandale et le schisme sur terre, ils sont fendus ainsi.

» Un diable est là derrière qui nous frappe ainsi cruellement, remettant sous le tranchant de son épée chacun de cette troupe,

» Quand nous avons fini le tour du chemin des pleurs, parce que nos blessures sont refermées lorsque nous reparaissons devant lui.

» Mais toi, qui es-tu, toi qui restes là-haut sur le rocher, peut-être pour aller plus tard au supplice que t'ont mérité tes propres accusations ?

— Celui-ci n'est pas encore mort, et n'est pas conduit aux tourments par sa faute, répondit mon maître ; il est amené ici pour connaître tous les supplices.

» Moi qui suis mort, je suis chargé de le promener de cercle en cercle par tout l'Enfer ; et cela est vrai comme je parle. »

A ces mots, plus de cent damnés s'arrêtèrent dans la fosse pour me regarder, et de surprise oublièrent leur tourment.

« Toi qui peut-être reverras dans peu le soleil, dis à Fra Dolcino que, s'il ne veut pas venir me joindre ici bientôt,

» Il fasse provision de vivres, et ne se laisse pas entourer par la neige ; car, sans la famine et la neige, le Novarais pourrait difficilement le vaincre[2]. »

---

[1] Aly, cousin de Mahomet.
[2] Frere Dolcino prêchait, en 1305, dans les montagnes de Novare, la communauté des femmes et des biens. Il avait réuni plus de trois mille sectaires. Poursuivi par les troupes de l'évêque de Bénévent, il fut pris avec sa femme Marguerite, et brûlé vif avec elle dans la ville de Novare. Leur courage dans les supplices fut héroïque.

Après avoir levé le pied pour s'éloigner, Mahomet me dit ces paroles; puis il l'allongea et partit.

Un autre, dont la gorge était percée, le nez coupé jusqu'aux sourcils, et qui n'avait plus qu'une oreille,

Étant resté à me regarder, plein d'étonnement avec les autres esprits, ouvrit devant eux le trou de sa bouche toute vermeille de sang,

Et il dit : « O toi, qu'aucune faute n'amène ici; toi, que j'ai vu là-haut, sur la terre latine, à moins qu'une trop grande ressemblance ne me trompe,

» Souviens-toi de Pierre de Medicina [1], si tu retournes jamais dans la douce plaine qui descend de Vercelli à Marcabo,

» Fais savoir aux deux meilleurs de Fano, à messire Guido, et aussi à Angiolello, que, si la prévision n'est pas vaine en ces lieux,

» Ils seront précipités d'une barque, et noyés près de la Cattolica, par la trahison d'un tyran félon [2].

» De l'île de Chypre à l'île de Majorque, Neptune n'a jamais vu commettre un si grand crime par les forbans ou la race des Grecs.

» Ce traître, qui ne voit qu'avec un œil et qui gouverne la terre, où, tel qui est ici près de moi, il voudrait n'avoir jamais été,

« Les appellera à une conférence avec lui, et puis fera si bien, que vœux et prières n'auront pas besoin d'agir contre le vent de Focara [3]. »

Et moi, je lui répondis : « Indique-moi, si tu veux que je parle de toi là-haut, quel est celui à qui l'aspect de ce pays fut si amer. »

Alors il porta la main à la mâchoire d'un de ses compa-

---

[1] Medicina tirait son nom de *Medicina*, terre dans le Bolonais. C'est un intrigant qui sema la division entre le peuple et les gentilshommes bolonais, les seigneurs de Ravenne et de Rimini. (M.)

[2] Malatesta, tyran de Rimini.

[3] C'est-à-dire, ils n'auront plus à redouter le vent qui tombe de la montagne de Focara.

gnons, et lui ouvrit la bouche en criant : « Le voilà ; mais il ne parle pas. »

C'était celui qui, chassé de Rome, étouffa le doute au cœur de César, en affirmant que, pour l'homme préparé, il est toujours dangereux d'attendre [1].

Oh ! comme il me paraissait épouvanté, avec sa langue tranchée dans le gosier, ce Curion qui fut si hardi à parler !

Un autre, qui avait les deux mains tronquées, levait ses moignons dans l'air sombre, tant que le sang qui coulait d'en haut lui faisait la figure toute noire,

Et criait : « Tu te souviendras aussi de Mosca [2] ; hélas ! c'est moi qui dis : « Une chose faite doit avoir sa fin. » De ce mot germa le malheur de la Toscane ;

— Et la mort de toute ta race ! » ajoutai-je. Lui, alors, entassant douleurs sur douleurs, s'éloigna comme une personne en démence.

Moi, je continuai de regarder la bande infernale ; alors je vis ce que je n'oserais conter sans autre témoignage,

Si je n'étais rassuré par la conscience, cette bonne compagne, qui, sous l'armure de sa pureté, fortifie tant le cœur de l'homme ;

Je vis certes, et il me semble encore que je le vois, un corps sans tête marcher aussi bien que marchait le reste du triste troupeau,

Il tenait à la main sa tête coupée, suspendue par les cheveux, en guise de lanterne, et elle nous regardait, et disait : « Hélas ! »

---

[1] Curion, chassé du sénat comme ami de César, alla le rejoindre et le décida à passer le Rubicon :

Tolle moras, nocuit semper differre paratis.
(Luc., *Phars.*, l. VIII.)

[2] Buondelmonte avait promis d'épouser une fille de la maison des Amidei, quand tout à coup il épousa une Donati. — Ce changement subit excita les plaintes des Amidei : les Uberti et les Lamberti se joignirent à eux pour punir Buondelmonte. Les plus anciens voulaient qu'on se conduisît avec prudence ; mais Mosca, bouillant de colère, conseilla de tuer à l'heure même Buondelmonte, auquel il porta plusieurs coups de poignard. Cette tragédie enfanta toutes les discussions qui travaillèrent la république de Florence. (M.)

Le corps se faisait de lui-même une lampe; ils étaient deux en un, et un en deux : comment cela peut être, celui-là le sait qui est le maître et le vengeur.

Quand il fut arrivé juste au pied du pont, il éleva son bras avec toute sa tête pour approcher de nous sa parole,

Qui fut celle-ci : « Vois mon tourment cruel, toi qui en respirant vas visitant les morts, vois s'il est un plus grand supplice que le mien.

» Et pour que tu portes de moi des nouvelles, sache que je fus Bertrand de Born, celui qui donna de mauvais conseils au roi Jean [1].

» J'armai le père et le fils l'un contre l'autre; Achitophel n'excita pas, par de plus méchants aiguillons, Absalon contre David.

» Pour avoir divisé ceux que la nature avait unis, je porte ma tête séparée, hélas! de son principe, qui reste enfermé dans ce tronc.

» Ainsi s'observe en moi la loi du talion. »

CHANT XXIX.

Dixième et dernière fosse du huitième cercle, ou des Charlatans et des Faussaires. — Ils sont couverts de lèpres. — Graffolino d'Arezzo et Capocchio de Sienne.

Cette foule innombrable et ces divers supplices avaient tellement enivré mes yeux, que j'aurais désiré m'arrêter pour pleurer.

Mais Virgile me dit : « Que regardes-tu donc? pourquoi ta vue s'obstine-t-elle à contempler là-bas ces ombres tristes et mutilées?

» Tu n'as pas fait cela dans les autres fosses : si tu es-

---

[1] Bertrand de Born, vicomte de Hautefort, en Gascogne, à la fin du douzième siècle, fit révolter Jean, quatrième fils de Henri II, roi d'Angleterre, contre son père.

pères compter ces âmes, pense que la vallée a vingt-deux milles de tour.

» Et déjà la lune est sous nos pieds. Le temps qui nous a été accordé est bien court désormais, et tu verras bien d'autres choses que tu n'imagines pas.

— Si tu avais été attentif, répondis-je, à la cause qui me faisait regarder, peut-être m'aurais-tu permis de m'arrêter encore. »

Mon guide s'éloignait déjà, et je le suivais tout en lui répondant; et j'ajoutai : « Dans ce gouffre,

» Où je tenais les yeux fixés, je crois qu'un des esprits de mon sang pleure sa faute, qui, là-bas, lui coûte si cher. »

Alors le maître me dit : « N'attendris pas plus longtemps ta pensée sur cet esprit; songe à autre chose, et que, lui, il reste où il est.

» Je l'ai vu au pied du pont te montrer et te menacer vivement du doigt, et je l'ai ouï nommer Geri del Bello[1].

» Mais tu étais alors tellement occupé de celui qui gouverna Hautefort, que tu n'as regardé en cet endroit qu'après qu'il était parti[2].

— O mon guide! sa mort violente, qui n'a encore été vengée, répondis-je, par aucun de nous, complices de la honte,

» Voilà ce qui le rend si dédaigneux; voilà pourquoi il s'en est allé sans me parler, je le suppose; et son action me le rend encore plus cher. »

Nous parlâmes ainsi jusqu'au premier endroit d'où l'on découvrirait du roc l'autre vallée jusqu'au fond, s'il y avait plus de clarté.

Quand nous fûmes arrivés au-dessus de ce dernier cloître de Malebolge, de manière que les habitants pouvaient paraître à nos yeux,

Divers cris lamentables, dont la pitié faisait autant de

---

[1] Geri del Bello, parent du Dante du côté maternel, fut tué par un des Sacchetti. Sa mort ne fut vengée que trente ans après par Cione del Bello, son neveu.

[2] Bertrand de Born, gouverneur de Hautefort.

flèches de fer, me percèrent le cœur, de sorte que je me couvris les oreilles avec les mains.

Si, dans le mois qui sépare juillet et septembre, les hôpitaux de Valdichiana[1] et les malades des Maremmes[2] et de la Sardaigne,

Étaient réunis dans une seule fosse, ce serait un spectacle de douleurs comme celui que je vis.

Il sortait de ce gouffre une puanteur pareille à celle qui s'échappe des membres gangrenés.

Nous descendîmes à main gauche, sur le dernier bord de ce long rocher, et alors mon regard pénétra plus vivement

Jusqu'au fond de ce gouffre, où la Justice infaillible, ministre du Très-Haut, punit les faussaires qu'elle a enregistrés.

Je ne crois pas que le peuple d'Égine, malade tout entier lorsque l'air fut tellement rempli de vapeurs malignes,

Que les animaux, jusqu'au plus petit ver, périrent tous, et que les nations antiques, selon que les poëtes en ont témoigné,

Se renouvelèrent par la semence des fourmis, fût aussi triste à voir que l'étaient dans cette obscure vallée ces esprits languissants en différents monceaux[3].

L'un gisait sur le ventre, l'autre sur les épaules de son voisin; cet autre rampait à quatre pattes à travers le triste chemin;

Nous marchions pas à pas sans parler, regardant et écoutant ces malades, qui ne pouvaient soulever leur corps.

J'en vis deux assis, et appuyés l'un sur l'autre, comme on appuie, pour les chauffer, tourtière sur tourtière, et qui étaient, de la tête aux pieds, maculés de croûtes.

Et je n'ai jamais vu de valet, attendu par son maître ou veillant malgré lui, promener l'étrille aussi vite

---

[1] Cette vallée, dont le nom vient du marais Chiana, est située entre Arezzo, Cortone, Chiusi et Montepulciano.
[2] Les Maremmes s'étendent de Pise à Sienne.
[3] Sous le règne d'Éaque, fils de Jupiter, lequel repeupla l'île en changeant les fourmis en hommes. D'où leur nom de Myrmidons.

Que chacune de ces ombres promenait sur elle, sans relâche, la morsure de ses ongles, pour calmer la terrible rage de ces démangeaisons, contre lesquelles il n'y avait pas de secours.

Elles arrachaient avec leurs ongles les croûtes de la lèpre, comme le couteau arrache les écailles du scare ou celles, plus larges encore, d'un autre poisson.

« O toi, qui défais les mailles de ta peau avec tes doigts, dit mon guide à l'une d'elles, et qui en fais comme des tenailles,

» Dis-moi s'il y a quelque Latin parmi ceux qui sont ici, et puisse ton ongle suffire éternellement à ce labeur!

— Nous sommes Latins, nous deux que tu vois si déformés, répondit l'un en pleurant; mais qui es-tu, toi qui nous interroges? »

Mon guide répondit : « Je suis un esprit descendu avec ce vivant, de degré en degré, et je suis chargé de lui montrer l'Enfer. »

Les deux ombres alors rompent leur appui commun, et chacune en tremblant se retourne vers moi, avec d'autres encore qui avaient entendu par contre-coup.

Le bon maître alors se mit tout contre moi, en me disant : « Dis-leur ce que tu veux; » et moi, je commençai, puisqu'il le permettait :

« Que votre souvenir ne s'efface pas dans le monde qu'habite d'abord l'âme humaine, mais qu'il vive sous plusieurs soleils!

» Dites-moi qui vous êtes et de quelle nation; que ce supplice honteux et insupportable ne vous empêche pas de vous ouvrir à moi.

— Je suis d'Arezzo, répondit une de ces ombres; Albert de Sienne me fit jeter au feu. Mais ce n'est pas la cause de ma mort qui m'a conduit ici.

» Il est vrai qu'en lui parlant, je lui dis par plaisanterie : « Je saurais m'enlever en l'air et voler; » et lui, homme de peu de sens et curieux,

» Voulut que je lui montrasse cet art, et, parce que je

n'en fis pas un Dédale, il me fit brûler par celui qui le tenait pour son fils[1].

» C'est pour m'être servi de l'alchimie dans le monde, que j'ai été condamné à souffrir dans le dernier des dix cercles par Minos, à qui il n'est pas permis de faillir. »

Et je dis au poëte : « Fut-il jamais une nation plus vaine que la nation siennoise ? Non certes, pas même la nation française. »

Alors l'autre lépreux, qui m'avait entendu, répondit à mes paroles : « Otes-en Stricca, qui sut faire des dépenses si modérées[2],

» Et Nicolo, qui découvrit le premier l'usage luxueux du clou de girofle dans le jardin où germe cette graine ;

» Otes-en encore la société dans laquelle Caccia d'Asciano dissipa ses vignes et ses bois, et l'Abbagliato montra son bon sens.

» Mais pour que tu saches qui te seconde ainsi contre les Siennois, dirige vers moi tes yeux de manière que ma figure te réponde.

» Tu verras que je suis l'ombre de Capocchio, qui falsifia les métaux à l'aide de l'alchimie, et tu dois te souvenir, si je t'ai bien envisagé[3],

» Que je fus un bon singe de ma nature. »

---

[1] Griffolino d'Arezzo fut condamné au feu, comme sorcier, par l'évêque de Sienne.

[2] Ironie contre Stricca, qui se ruina par un luxe immodéré, et contre d'autres dissipateurs de Sienne.

[3] Le Siennois Capocchio avait étudié la physique et l'histoire naturelle avec Dante.

CHANT XXX.

Suite. — **Trois** sortes de Faussaires. — 1° Ceux qui prennent la figure d'autres personnes; ils ne cessent de se poursuivre en se mordant. — 2° Les Faux Monnayeurs; ils sont attaqués d'hydropisie et d'une soif inextinguible. — 3° Les Calomniateurs; la fièvre les dévore. — Maître Adam, Sinon.

Dans le temps que Junon, jalouse de Sémélé, était irritée contre le sang thébain, comme elle en donna la preuve mainte et mainte fois,

Athamas devint si insensé, qu'en voyant venir sa femme et ses deux enfants, qu'elle tenait dans chacune de ses mains,

Il s'écria : « Tendons les rets, que je prenne au passage la lionne et les lionceaux; » et il étendit aussitôt des serres impitoyables,

Et prenant l'un de ses enfants, nommé Léarque, il le fit tourner en l'air et le brisa contre un rocher, et la mère se noya avec son autre fardeau.

Lorsque la fortune abattit la grandeur des Troyens, prêts à tout oser, si bien que le royaume et son souverain tombèrent en même temps,

Hécube, triste, misérable et captive, après avoir vu Polyxène morte, et le corps de son Polydore gisant sur le rivage

De la mer, fut si cruellement déchirée par la douleur, que la forcenée aboya comme une chienne, tant la douleur lui avait renversé l'esprit.

Mais ni les Thébains ni les Troyens furieux ne montrèrent autant de cruauté à torturer des animaux ou des corps humains,

Que ne m'en firent voir deux ombres blafardes et nues, qui couraient en mordant, comme un porc lorsqu'il s'échappe de son étable.

L'une d'elles courut sur Capocchio, lui asséna un coup sur la nuque, et, l'entraînant, lui fait gratter avec le ventre le rude terrain;

L'Arétin[1] en demeura tremblant, et me dit : « Ce furieux est Gianni Schicci[2], et sa rage va maltraitant ainsi les autres.

— Oh! lui dis-je, si l'autre ombre ne vient pas enfoncer ses dents en ton corps, n'aie pas regret de me dire qui elle est avant qu'elle disparaisse. »

Et lui à moi : « C'est l'âme antique de cette Myrrha criminelle, qui devint l'amante de son père, contre la loi de l'amour honnête ;

» Afin de commettre ce péché avec son père, elle se déguisa sous une forme étrangère, de même que cet autre, qui marche plus loin et qui souffrit,

» Afin de gagner la reine du haras, qu'on le fît passer pour Buoso Donati en testant, et en donnant au testament les formes légales. »

Après que ces deux furieux, sur lesquels j'avais arrêté les yeux, furent passés, je les détournai pour regarder les autres ombres qui naquirent méchantes ;

J'en vis une faite à la manière d'un luth, si elle avait eu l'âme coupée à l'endroit où le corps se divise comme une fourche ;

La pesante hydropisie, qui rend les membres si disproportionnés par l'effet de l'humeur se dénaturant, que le visage ne répond plus au ventre,

Lui faisait tenir les lèvres ouvertes, comme un étique, lorsqu'il a soif, rapproche ses lèvres, l'une de son menton, l'autre de son nez :

« O vous, qui ne souffrez aucune peine dans ce monde

---

[1] C'est-à-dire Griffolin, qui était de la ville d'Arezzo.

[2] « Ce Jean Schicci fut de la famille des Cavalcanti, de Florence, propre à contrefaire tous ceux qu'il vouloit imiter, si bien qu'étant ami de Simon Donati, auquel mourut messer Buoso Donati, son proche parent, sans tester, toutefois il ne pouvoit lui succéder, pour ce que ledit Buoso avoit d'autres parents plus proches. Doncques Simon Donati, pour être héritier, cacha quelques jours le corps dudit Buoso Donati mort, faisant qu'il étoit encore malade, et fit mettre en son lit son bon ami Gianni Schicci, qui, contrefaisant Donati, fit un testament et laissa héritier ledit Simon, avec lequel il avoit convenu premièrement de lui donner une cavale de grand prix de son haras, nommée la *Donna della Torma*. » (Grangier.)

misérable (et je ne sais pourquoi), nous dit-il, regardez et soyez attentifs

» A l'infortune de maître Adam [1]. J'ai vécu ayant tout ce que je désirais, et à cette heure, hélas! je désire une goutte d'eau.

» Les petits ruisseaux qui, des vertes collines du Casentin, descendent jusqu'à l'Arno, en se creusant des canaux d'une molle fraîcheur,

» Sont là toujours devant mes yeux, et ce n'est pas en vain, car leur image me dessèche plus que le mal qui décharne ma figure.

» La justice rigide qui m'aiguillonne se sert du lieu même où j'ai péché pour faire échapper de moi plus de soupirs.

» Là est Romena, où j'ai falsifié la monnaie frappée au coin de Baptiste, et c'est pour cela que je laisse un corps brûlé sur la terre.

» Mais si je voyais ici l'âme criminelle de Guido [2], et celle d'Alexandre, et celle de leur frère, je ne donnerais pas cette vue pour la fontaine de Branda.

» Il y a déjà une d'elles ici dedans, si les ombres enragées qui font le tour de ces lieux disent vrai; mais, que m'importe, moi qui ai les membres enchaînés!

» Si, au moins, j'étais assez léger pour pouvoir en cent années avancer d'une ligne, je me serais déjà mis en chemin,

» Le cherchant, à travers cette race infâme, dans ce gouffre qui a onze milles de circuit et qui n'a pas moins d'un demi-mille de large.

» C'est à cause d'eux si je suis de cette famille; eux qui m'ont amené à battre des florins qui avaient trois carats d'alliage. »

Et moi à lui : « Quels sont ces deux misérables qui fu-

---

[1] Habile monnayeur de Brescia, qui, d'intelligence avec les comtes de Romena, falsifia les florins, qui portent l'effigie de S. Jean-Baptiste, patron de Florence.
[2] Guido et Alexandre sont les comtes de Romena, du Casentin, cités dans la note précédente.

ment comme une main mouillée en hiver, gisants à ta droite, serrés l'un contre l'autre?

— Je les ai trouvés ici, et depuis ils n'ont pas remué, répondit-il, depuis qu'on me fit pleuvoir dans ce gouffre; et je ne crois pas qu'ils se meuvent jamais;

» L'une est cette fourbe qui accusa Joseph, et l'autre est le fourbe Sinon, ce Grec de Troie; dans leur fièvre aiguë, ils jettent cette vapeur épaisse et fétide. »

Et l'un d'eux, indigné peut-être d'être appelé d'un nom si infâme, frappa du poing le ventre durci de l'hydropique.

Celui-ci résonna comme un tambour[1]. Maître Adam lui frappa à son tour le visage avec un bras qui ne parut pas moins dur,

En lui disant : « Bien qu'il me soit défendu de remuer à cause de la pesanteur de mes membres, j'ai le bras assez délié pour un tel métier. »

L'autre lui répondit : « Quand tu allais au bûcher, tu ne l'avais pas aussi vif; mais tu l'avais aussi vif, et plus encore, quand tu battais monnaie. »

Et l'hydropique : « Tu dis vrai en ceci; mais tu ne fus pas d'un si véridique témoignage lorsqu'à Troie on te demanda la vérité.

— Si j'ai dit une chose fausse, toi, tu as falsifié les coins, repartit Sinon; je suis ici pour une seule faute, et toi, pour plus de fautes qu'aucun autre damné.

— Souviens-toi, parjure, du cheval de bois, répondit celui qui avait le ventre gonflé, et sois puni par cela même que le monde entier connaît ton crime.

— Et toi, dit le Grec, sois puni par la soif qui te crevasse la langue, et par cette eau pourrie qui élève ton ventre comme une barrière devant tes yeux. »

---

[1] Le chevalier Artaud de Montor, traduit (édition de 1828) : « et le fit résonner comme cet instrument bruyant qui excite nos guerriers. » — Lisez tambour. — Or, ceci au nom du goût et pour embellir son auteur. (Embellir Dante!) Puis, il faut voir comme cet académicien regarde les gens moins riches que lui en périphrases. A vrai dire, depuis les récents travaux, il a supprimé plus d'une beauté, mais il lui en reste. — Peut-être devions-nous, en passant, désassombrir un peu cette matière

Alors le monnayeur : « Ta bouche ne s'ouvre que pour mal parler, selon ton usage; car, si j'ai soif et si l'humeur gonfle mon corps,

» Toi, tu as un feu intérieur et la tête te fait mal, et pour lécher le miroir de Narcisse, tu n'attendrais pas qu'on t'y invitât par beaucoup de paroles. »

J'étais tout entier occupé à les entendre, quand le maître me dit : « Regarde encore; il s'en faut de peu de chose que je ne te querelle. »

Lorsque je l'entendis me parler avec colère, je me tournai vers lui avec une telle honte, qu'elle est encore vivante dans ma mémoire.

Et comme celui qui rêve son malheur, et, tout en rêvant, désire rêver, de sorte qu'il souhaite que cela soit comme si ce n'avait pas été;

Tel je faisais : je ne pouvais parler, quoique je désirasse m'excuser, et je m'excusais toutefois sans que je crusse le faire.

« Moins de confusion, dit le maître, laverait une plus grande faute que la tienne; ainsi, dépose toute tristesse,

» Et souviens-toi que je suis toujours à tes côtés, s'il arrive encore que le hasard te réunisse à des gens engagés dans de semblables querelles.

» Car vouloir entendre de telles choses, c'est vouloir une chose basse. »

CHANT XXXI.

Neuvième et dernier cercle, ou des Traîtres. — Il se divise en quatre enceintes où sont punies quatre espèces de Traîtres. — Les deux poëtes y voient Nembrod, Éphialte, Antée et d'autres géants entourant le cercle infernal. — Antée, prenant les poëtes dans ses bras, les porte au fond du neuvième cercle.

La même langue qui m'avait blessé d'abord au point que l'une et l'autre de mes joues avaient changé de couleur, me présenta ensuite le remède :

Comme j'ai ouï dire que la lance d'Achille et de son père avait coutume de causer d'abord de la douleur, du bien-aise ensuite.

Nous laissâmes derrière nous cette vallée malheureuse, en marchant, sans dire une parole, sur le bord qui l'environne.

Là, il ne faisait pas tout à fait nuit ni tout à fait jour, de façon que mes regards s'étendaient peu devant moi; mais j'entendis donner un cor retentissant,

Avec un bruit qui eût étouffé tout bruit de tonnerre; et suivant au rebours du son la route qu'il avait prise, je dirigeai mes yeux tout entiers vers ce lieu.

Après la douloureuse déroute où Charlemagne perdit le fruit de la sainte entreprise, Roland ne sonna pas du cor si terriblement.

J'élevai un peu la tête, et il me sembla voir de hautes tours en grand nombre. C'est pourquoi je dis : « Maître, quelle ville est celle-là ? »

Et lui à moi : « Comme tu regardes de trop loin à travers les ténèbres, tu te trompes dans ce que tu imagines.

» Tu verras bien, quand tu seras arrivé, combien l'éloignement fausse le sens de la vue; ainsi presse un peu plus tes pas. »

Alors il me prit tendrement par la main et me dit : « Avant que nous soyons plus avancés, apprends, afin que cet objet te paraisse moins étrange,

» Que ce ne sont pas des tours, mais des géants qui sont dans le puits autour des bords, depuis le nombril jusqu'aux pieds. »

Ainsi que le regard, lorsque le brouillard se dissipe, reconnaît peu à peu les choses cachées par la vapeur qui enveloppait l'air;

Ainsi, à mesure que je perçais cet air épais et obscur, en approchant de plus en plus vers le bord du puits, mon erreur s'enfuit et la peur arriva.

Car de même que Montereggione [1] couronne de tours

---

[1] Montereggione, château entre Stragia et Sienne.

son enceinte arrondie, ainsi sur le bord qui borde le puits

S'élevaient comme des tours et jusqu'à mi-corps les horribles géants que menace encore Jupiter du haut du ciel lorsqu'il tonne.

Et déjà je distinguais de l'un d'eux la face, les épaules, la poitrine, et une grande partie du ventre, et les deux bras le long de ses côtes.

Certes, quand la nature oublia l'art de créer ces monstres, elle agit raisonnablement, puisqu'elle ôta de tels exécuteurs à Mars,

Et si elle crée sans repentir des éléphants et des baleines, celui qui subtilement y regarde verra par là sa justice et sa discrétion ;

Car où le jugement de l'esprit humain se joint à la malveillance et à la puissance, il n'y a aucune résistance possible pour les hommes.

Sa tête me parut assez longue et aussi grosse que la pomme de pin de Saint-Pierre à Rome, et les autres os y étaient proportionnés ;

De sorte que de la rive, sa ceinture depuis le milieu du corps jusqu'aux pieds, en laissait voir encore assez pour que

Trois Frisons se fussent vantés en vain d'atteindre à sa chevelure, puisque je voyais trente grandes palmes du bord du puits jusqu'à l'endroit où l'homme agrafe son manteau ;

« *Raphe lmai amec hza bialmi,* » commença à crier la bouche orgueilleuse à qui ne conviennent pas des psaumes plus doux [1].

Et mon guide lui dit : « Ame insensée, sonne de ce cor et cherches-y un soulagement quand la colère ou une autre passion t'agite.

» Cherche à ton cou, tu y trouveras la courroie qui tient ton cor attaché, âme stupide, et vois comment il entoure ton énorme poitrine. »

Ensuite il me dit : « Celui-ci s'accuse lui-même. C'est

---

[1] Selon M. Lanci, de Rome, ces mots arabes signifient : « Esalta lo splendor mio nel abisso, siccome rifolgorò per lo mondo. » Avant le texte reconstitué par M. Lanci, les éditions portaient : *Raphel mai amech zabi almi.*

Nembrod, dont la folle entreprise a forcé le monde à user de plus d'un langage [1].

» Laissons-le et ne parlons pas à vide, puisque le langage lui est aussi inconnu que le sien l'est aux autres hommes. »

Nous fîmes donc un plus long trajet en détournant vers la gauche, et à la portée d'un trait nous trouvâmes un autre géant plus féroce et plus grand encore ;

Qui fut son maître au point de le garrotter, je ne saurais le dire ; son bras gauche était lié par devant, et le bras droit par derrière,

D'une chaîne qui le tenait enlacé depuis le cou jusqu'à l'endroit qui était découvert, et se repliait jusqu'à cinq fois autour de son corps.

« Cet orgueilleux a voulu essayer sa puissance contre le souverain Jupiter, me dit mon guide ; et voilà comme il en est récompensé.

» Il se nomme Éphialte ; il fit preuve d'audace lorsque les géants firent peur aux dieux ; les bras qu'il remuait, il ne les remuera plus désormais. »

Et je lui dis : « S'il se peut, je voudrais que mes yeux eussent par eux-mêmes l'idée de ce Briarée si démesuré [2]. »

Sur quoi il me répondit : « Tu verras Antée près d'ici ; il parle et n'est point enchaîné ; il nous déposera au fond de ce séjour de tout mal.

» Celui que tu veux voir est bien plus éloigné ; il est enchaîné et fait comme celui-ci, sauf qu'il est plus féroce encore de visage. »

Jamais le tremblement de terre le plus violent ne secoua une tour avec autant de force qu'Éphialte en s'agitant lui-même tout à coup.

---

[1] Nembrod, fils de Chus, un de ceux qui travaillèrent à la tour de Babel :

Gigantes autem erant super terràm in diebus illis.

(*Gen.*, cap. VI.)

[2] Ægeon qualis, centum cui brachia dicunt
Centenasque manus, quinquaginta oribus ignem
Pectoribusque arsisse ; Jovi, cum fulmina contrà
Tot paribus streperet clypeis, tot stringeret enses.

(*Æneid.*, l. X.)

Alors, plus que jamais je craignis la mort, et c'était assez de la peur pour m'achever, si je n'avais vu que le géant était garrotté.

Nous marchâmes alors plus avant, et nous vînmes près d'Antée, qui, sans la tête, sortait bien du gouffre de cinq aunes.

« O toi, qui, dans la vallée heureuse où Scipion hérita d'une gloire si belle lorsque Annibal et les siens tournèrent le dos [1],

» Fis ta proie de mille lions [2], et qui, si tu en étais venu à cette grande guerre de tes frères, aurais, à ce que l'on croit,

» Assuré la victoire aux fils de la terre [3], dépose-nous (si tu ne le dédaignes pas) là où le froid durcit le Cocyte.

» Ne me fais pas adresser à Tytie ni à Typhée; mon compagnon peut donner ce que l'on désire ici. Ainsi donc baisse-toi et ne tords pas ainsi ton visage.

» Il peut encore porter ta renommée dans le monde; car il vit et il espère encore de longs jours, si la grâce ne l'appelle à elle avant son temps. »

Ainsi dit le maître; et celui-ci en hâte étend la main, et il prend mon guide dans ces bras dont Hercule sentit la terrible étreinte.

Virgile, quand il se sentit prendre, me dit : « Fais en sorte que je puisse te prendre, » et il fit si bien, que nous n'étions qu'un seul fardeau, lui et moi.

Telle que pour les yeux, la Garisende [4], du côté où elle penche et lorsqu'un nuage passe au-dessus d'elle, semble près de se renverser;

Tel me parut Antée pendant que je m'arrêtais à le voir

---

[1] A la bataille de Zama.

[2]
Ferunt epulas raptos habuisse leones.
(*Phars.*, l. IV.)

[3]
Cœloque pepercit
Quod non Phlegræis Anteum sustulit arvis.
(*Phars.*, l. IV.)

[4] La Garisende, tour inclinée de Bologne, aujourd'hui appelée Torre Mozza. Elle a cent trente pieds de hauteur. Tout près est celle de' Asinelli.

se pencher, et ce moment fut tel, que j'aurais voulu aller par un autre chemin.

Mais il nous posa légèrement au fond de cet abîme qui dévore Lucifer et Judas : il resta peu de temps ainsi penché,

Et il se releva comme le mât d'un vaisseau.

CHANT XXXII.

Première enceinte du neuvième cercle ou de Caïn, le fratricide. — Les Traîtres à leurs parents y sont plongés dans un lac glacé. — Messer Albert Camiccion de' Pazzi. — Seconde enceinte, ou d'Anténor et des Traîtres à la patrie. — Ugolin et l'archevêque Roger.

Si j'avais des rimes âpres et rauques, comme il conviendrait au sombre puits sur lequel reposent tous les autres cercles,

J'exprimerais plus pleinement le suc de ma pensée; mais puisque je n'ai pas ce pouvoir, ce n'est pas sans crainte que je me hasarde à parler.

Car ce n'est point une entreprise à regarder comme un jeu, que de décrire le fond de tout l'univers, ni le fait d'une langue qui balbutie encore.

Mais qu'elles soient en aide à mon vers, ces femmes[1] qui aidèrent Amphion à bâtir Thèbes, pour que mon récit ne soit point inférieur au sujet.

O race maudite sur toutes les autres, qui habites ce lieu dont il est dur de parler, que n'étais-tu des brebis ou des zèbres en ce monde !

Quand nous fûmes au fond du puits obscur, encore plus bas que les pieds du géant, comme je regardais encore les hautes murailles,

J'entendis qu'on me disait : « Veille sur tes pas, fais en sorte que tu ne foules point à tes pieds les têtes de frères malheureux et torturés. »

[1] Les Muses.

Je me tournai donc, et je vis devant moi et sous mes pieds un lac qui, étant glacé, avait plus l'air d'un cristal que d'une eau.

Le Danube en Autriche, ni le Tanaïs, sous un ciel froid, ne font à leur cours une enveloppe de glace aussi épaisse

Que celle-là, sur laquelle le Tabernick ou la Pietra-Piana seraient tombés sans faire un craquement à sa surface[1] ;

Et comme en coassant la grenouille se tient la tête hors de l'eau dans la saison où la villageoise songe à glaner,

Les ombres plaintives et livides étaient plongées dans la glace jusqu'à cette partie du visage où se montre la honte, et faisaient craquer leurs dents comme des becs de cigognes ;

Chacune avait la face tournée en bas; leur bouche témoignait du froid qu'elles enduraient, leurs yeux de la tristesse de leur cœur.

Quand j'eus regardé quelque temps autour de moi, je regardai à mes pieds, et vis deux ombres si étroitement serrées, que le poil de leur tête se mêlait.

« Dites-moi, m'écriai-je, vous qui étreignez ainsi vos poitrines, dites-moi qui vous êtes. » Elles levèrent le front, et quand elles eurent tourné vers moi leurs regards,

Les larmes qui auparavant leur emplissaient les yeux tombèrent sur leurs cils, et le froid les y condensa.

Jamais crampon ne serra plus fortement le bois contre le bois ; c'est pourquoi les deux damnés s'entre-choquèrent comme deux béliers, tant était grande la colère qui les domptait.

Et une ombre qui, par le froid, avait perdu les deux oreilles, me dit en baissant la tête : « Pourquoi nous regardes-tu tant?

» Si tu veux savoir quels sont ces deux-ci, la vallée d'où coule le Bizenzio fut la patrie de leur père Albert et la leur[2].

[1] Tabernick, montagne d'Esclavonie ; Pietra-Piana, montagne de Toscane, au-dessus de Lucques.

[2] Le Bizenzio coule dans la vallée de Falterona, entre Lucques et Florence. — Alexandre et Napoléon s'entre-tuèrent après la mort de leur père Alberto de' Alberti.

» Ils sortirent des mêmes entrailles, et tu pourras parcourir tout le cercle de Caïn sans trouver d'ombre plus digne d'être enfoncée dans la glace[1],

» Pas même celui dont la main d'Arthur rompit d'un seul coup la poitrine, que les rayons du soleil purent traverser[2], ni Foccacia[3], ni celui qui m'empêche,

» Avec sa tête, de voir plus loin, et qui fut appelé Sassolo Mascheroni[4]. Si tu es Toscan, tu dois le connaître maintenant;

» Et pour que tu ne m'induises pas en de plus longs discours, apprends que je suis Camiccione de' Pazzi, et que j'y attends Carlino, qui me servira d'excuse[5]. »

Ensuite je vis mille autres visages rendus violets par le froid; aussi j'en eus un tel frisson, que toujours je verrai ces étangs glacés.

Et tandis que nous nous avancions vers le centre où tend toute pesanteur, je tremblais d'effroi dans l'éternelle obscurité.

Je ne sais si ce fut ma volonté, ou le destin, ou le hasard, mais en marchant au milieu des têtes, mon pied en heurta fortement une au visage.

L'âme me cria en pleurant : « Pourquoi me foules-tu? Si tu ne viens pas ajouter à la vengeance de Montaperto, pourquoi me tourmentes-tu? »

Et moi : « Mon maître, attends-moi ici que j'éclaircisse un doute avec cette ombre, ensuite je me hâterai autant que tu voudras. »

Le guide s'arrêta; et je dis à celui qui blasphémait du-

---

[1] Le cercle de Caïn, où sont les traîtres à leurs parents.

[2] Mordrec, s'étant mis en embuscade pour tuer son père Arthur, fut prévenu par ce héros, et, d'un grand coup de lance, percé de part en part.

[3] Foccacia Cancellieri, de Pistoie, avait coupé la main de son cousin, puis assassiné son oncle.

[4] Sassolo Mascheroni, de Florence, tua aussi son oncle; d'autres disent son neveu.

[5] Camiccione de' Pazzi assassina Ubertino, son parent.—Carlino de' Pazzi d'Arles, partisan des Blancs ou Gibelins, livra aux Noirs ou Guelfes, pour une somme d'argent, le château du Plano di tre Vigne, situé dans le val d'Arno.

rement encore : « Qui es-tu, toi qui gourmandes ainsi les autres?

— Mais qui es-tu toi-même, reprit-il, toi qui vas par le cercle d'Anténor[1], frappant les autres au visage de telle sorte que tu frapperais trop fort encore quand même tu serais vivant?

— Je suis vivant, répliquai-je, et il peut t'être agréable, si tu aimes la renommée, que je place ton nom avec les autres que j'ai rassemblés. »

Et lui à moi : « Je souhaite le contraire; éloigne-toi d'ici, et ne m'importune plus; car tu sais mal nous leurrer sur ces vagues de glace. »

Alors je le pris par la nuque et lui dis : « Il faudra que tu te nommes, ou il ne te restera pas un cheveu là. »

Mais lui à moi : « Quoique tu m'arraches les cheveux, je ne te dirai ni ne te montrerai qui je suis, quand tu me tomberais mille fois sur la tête. »

Je tenais déjà ses cheveux roulés dans ma main et j'en avais arraché plus d'une poignée; et lui, les yeux renversés, aboyait.

Quand un autre cria : « Qu'as-tu, Bocca? ne te suffit-il pas de grincer des dents sans aboyer? Quel démon te tourmente?

— Maintenant, dis-je, je ne veux pas que tu parles, traître maudit! Je porterai à ta honte de vraies nouvelles de toi[2].

— Va-t'en! répondit-il, et raconte ce que tu veux; mais si tu sors d'ici, n'oublie pas celui qui eut la langue ainsi prompte.

» Il pleure ici l'argent des Français. J'ai vu, pourras-tu dire, Buoso da Duera, là où les pécheurs sont dans la glace.

---

[1] Le cercle d'Anténor où sont les traîtres à leur patrie. — Anténor trahit Troie en cachant Ulysse dans son palais.

[2] A la bataille de Monte-Aperto, le Guelfe Bocca, gagné par les Gibelins, coupa traîtreusement la main de Jacques Pazzi, qui portait l'étendard de son parti. Les Guelfes, épouvantés de la chute de leur étendard, prirent la fuite et perdirent la bataille.

» S'il t'est demandé quels autres y étaient encore, tu as à ton côté Beccheria, dont Florence coupa la gorge.

» Je crois que plus loin sont Gianni del Soldaniero, Ganellone, et Tebadello qui ouvrit Faenza pendant qu'on dormait[1]. »

Nous étions déjà loin de celui-ci quand je vis deux damnés glacés dans la même fosse, de manière que la tête de l'un servait de chaperon à l'autre.

Et comme dans la faim on mange le pain, ainsi celui qui était dessus enfonça à l'autre ses dents là où le cerveau se joint à la nuque.

Tydée ne broya pas par vengeance les tempes de Ménalippe autrement que celui-ci le crâne de sa victime.

« O toi qui montres, par un féroce témoignage, ta haine contre celui que tu manges, dis-moi quel en est le motif, lui dis-je, car il convient,

» Si tu te plains à raison de lui, que, sachant son crime et qui vous êtes, je te venge encore là-haut dans le monde,

» Si la langue avec laquelle je parle ne se dessèche pas. »

CHANT XXXIII.

Histoire du comte Ugolin. — Troisième enceinte, ou de Ptolémée, et des Traîtres envers leurs hôtes[2]. — Frère Albéric.

Ce pécheur détourna sa bouche du féroce repas en l'essuyant aux cheveux de la tête qu'il avait rongée par derrière.

Puis il commença en ces termes : « Tu veux que je renouvelle une douleur désespérée qui m'oppresse le cœur en y pensant et avant que je parle.

» Mais si mes paroles sont une semence qui produise l'infamie pour le traître que je ronge, tu verras pleurer et parler à la fois.

---

[1] Tous traîtres à leur pays.
[2] Du roi d'Égypte, Ptolémée, qui trahit Pompée.

» Je ne sais qui tu es ni comment tu es venu ici-bas; mais tu me sembles vraiment Florentin, quand je t'entends parler.

» Tu dois savoir que je fus le comte Ugolin, et celui-ci l'archevêque Ruggieri [1]. Je te dirai tout à l'heure pourquoi je suis pour lui un voisin si cruel.

» Il n'est pas besoin de t'apprendre que, par l'effet de ses mauvaises pensées, moi qui me fiais à lui, je fus saisi et ensuite mis à mort.

» Ce que tu ne peux avoir appris, c'est combien ma mort fut cruelle; tu l'entendras et tu sauras si je dois le haïr.

» Une petite ouverture à travers la tour, qu'on appelle à cause de moi la tour de la Faim, et dans laquelle bien d'autres seront encore enfermés,

» M'avait déjà, par son soupirail, montré plusieurs fois le jour, lorsque je fis le mauvais songe qui déchira pour moi le voile de l'avenir.

» Ruggieri me semblait tel qu'un seigneur et maître, chassant un loup et ses louveteaux vers la montagne qui empêche les Pisans de voir la ville de Lucques [2].

» Le comte Gualandi, escorté des Sismondi et des Lanfranchi, allait en avant avec des chiennes maigres bien dressées et agiles.

» Après une petite course, le loup et ses petits me parurent fatigués, et il me semblait leur voir ouvrir les flancs avec des dents aiguës.

» Quand je fus éveillé avant l'aurore, j'entendis mes fils, qui étaient avec moi, pleurer au milieu de leur sommeil et demander du pain.

» Tu es bien cruel si déjà tu ne t'attendris pas en pen-

---

[1] En 1288, Ugolino, de la famille des comtes de la Ghérardesca, était gouverneur de Pise. Jaloux de son autorité, l'archevêque Ruggieri répandit sur lui des bruits de trahison; puis, soutenu des Gualandi, des Sismondi et des Lanfranchi, il alla droit au palais du comte Ugolin, le fit prisonnier avec ses deux fils et ses deux petits-fils, et les enferma dans la tour de la place Degli Anziani. Les clefs de la prison, qui reçut, du supplice d'Ugolin, le nom de la tour de la Faim, furent jetées dans l'Arno. (Voir Villani, l. VII, c. CXX et CXXVII.)

[2] La montagne de Saint-Julien.

sant à ce qui s'annonçait à mon cœur, et si tu ne pleures pas, de quoi as-tu coutume de pleurer?

» Déjà ils étaient éveillés, et l'heure s'approchait où l'on avait coutume d'apporter la nourriture, et à cause du songe chacun doutait.

» Et moi, j'entendis fermer la porte de l'horrible tour, et je regardai mes enfants sans dire mot.

» Je ne pleurais pas, tant au dedans de moi je me sentais devenir de pierre; ils pleuraient, eux, et mon jeune Anselme me dit : « Pour nous regarder ainsi, mon père, qu'as-tu? »

» Cependant je ne pleurai ni ne répondis de tout ce jour et la nuit d'après, jusqu'à ce qu'un autre soleil se leva sur le monde.

» Quand un faible rayon se fut introduit dans la prison douloureuse, et que je vis sur quatre visages l'aspect que je devais avoir,

» Je me mordis les deux mains de douleur, et ceux-ci, pensant que je le faisais par envie de manger, se levèrent tout à coup,

» Et dirent : « Père, notre douleur sera beaucoup moindre si tu manges de nous; tu nous as revêtus de ces misérables chairs, dépouille-nous-en. »

» Alors je m'apaisai pour ne pas les faire plus tristes. Ce jour et les suivants nous demeurâmes tous muets. Ah! dure terre, pourquoi ne t'ouvris-tu pas?

» Quand nous fûmes arrivés au quatrième jour, Gaddo se jeta et s'étendit à mes pieds, disant : « Mon père, pourquoi ne viens-tu pas à mon aide? »

» Il mourut là, et, comme tu me vois, je vis les trois tomber un à un entre le cinquième et le sixième jour. Ensuite je me mis,

» Déjà aveugle, à me rouler à tâtons sur chacun d'eux; et je les appelai encore deux jours après qu'ils furent morts; ensuite la faim eut plus de puissance que la douleur. »

Quand il eut ainsi parlé en roulant les yeux, il reprit le

misérable crâne, où ses dents, comme celles d'un chien furieux, entrèrent jusqu'à l'os.

Ah! Pise, la honte des nations du beau pays où le *si* résonne, puisque tes voisins sont lents à te punir,

Que Capraja et Gorgona[1] s'ébranlent et fassent une digue à l'embouchure de l'Arno, pour qu'il engloutisse tous tes habitants.

Si le comte Ugolin était accusé d'avoir livré tes châteaux, tu ne devais pas vouer ses enfants à un tel supplice;

Leur âge tendre rendait innocents, ô nouvelle Thèbes! Uguccione, Brigata et les deux autres que mon chant a nommés plus haut.

Nous passâmes outre jusqu'au lieu où la glace enserre cruellement d'autres ombres, non pas debout, mais la tête renversée.

Les pleurs répandus empêchent les autres de couler, et la douleur, trouvant un obstacle dans les yeux, se refoule au dedans et accroît l'angoisse.

Car les premières larmes se congèlent, et, comme une visière de cristal, emplissent sous les cils toute la cavité de l'œil.

Et bien que mon visage, endurci comme un calus par le froid, fût devenu presque insensible,

Il me parut que je sentais quelque vent. « Mon maître, dis-je, qu'est-ce qui remue? est-ce qu'ici tout souffle n'est pas éteint? »

Il me dit : « Tu le sauras bientôt; ton œil sera prompt à te faire la réponse en voyant la cause de ce vent. »

Et un des malheureux de la croûte glacée cria vers nous : « O âmes si coupables que vous avez été placées dans le dernier cercle,

» Arrachez-moi du visage ces voiles endurcis, que je puisse soulager un peu la douleur qui me gonfle le cœur avant que mes larmes se gèlent de nouveau. »

Et moi à lui : « Si tu veux que je te soulage, dis-moi qui

---

[1] Deux îles vers l'embouchure de l'Arno.

tu es, et ensuite, si je ne te débarrasse, que je sois plongé au fond de la glacière. »

Il me répondit alors : « Je suis frère Albéric ; je suis l'homme dont le jardin a produit de mauvais fruits, et ici je reçois une datte pour une figue [1].

— Oh ! lui dis-je, est-ce que tu es déjà mort ? » — Et lui à moi : « Comment mon corps est là-haut, dans le monde, je ne le sais pas.

» Cette Ptolémée a ce privilége, que souvent l'âme y tombe avant qu'Atropos l'y ait jetée [2] ;

» Et pour que tu enlèves plus volontiers mes larmes glacées de mon visage, tu sauras qu'aussitôt qu'une âme trahit

». Comme je l'ai fait, son corps lui est enlevé par un démon qui le gouverne jusqu'à ce que son temps soit tout révolu.

» Pour l'âme, elle tombe dans cette froide citerne, et peut-être apparaît encore là-haut le corps de l'ombre qui est dans la glace derrière moi.

» Tu dois le connaître, si tu es arrivé depuis peu : c'est le sire Branca d'Oria, et il s'est passé bien des années depuis qu'il est enfermé ici [3].

— Je crois, lui dis-je, que tu me trompes, car Branca d'Oria n'est pas mort ; il mange, il boit, il dort et s'habille là-haut.

— Dans la fosse de Malebranche, dit-il, là où bout une poix tenace, n'était pas encore tombé Michel Sanche,

» Que Branca d'Oria laissa à sa place un démon dans son corps et celui d'un de ses proches complices de trahison.

» Maintenant, étends la main ; ouvre-moi les yeux. » Et moi je ne les lui ouvris pas, et ce fut une loyauté que d'être envers lui déloyal.

Ah ! Génois ! hommes ennemis de toutes les vertus et

---

[1] Le frère Albéric, de l'ordre des Frères Joyeux, s'était brouillé avec ses parents. Un jour, feignant de se réconcilier avec eux, il les invita à un grand repas, puis, au moment où les fruits furent servis, il les fit tous assassiner ; d'où le proverbe italien : Il a goûté des fruits du frère Albéric.

[2] Le cercle de Ptolémée où sont les traîtres à leurs hôtes et à leurs amis.

[3] Branca d'Oria, Génois, assassin de son beau-père.

pleins de vices, pourquoi n'êtes-vous pas chassés du monde ?

J'ai trouvé avec le pire esprit de la Romagne un de vous, qui, par ses actes, a l'âme déjà plongée dans le Cocyte,

Tandis que son corps paraît encore vivant là-haut.

CHANT XXXIV.

Quatrième enceinte, ou de Judas et des Traîtres envers leurs bienfaiteurs. — Lucifer y est enchaîné. — Virgile explique la fondation de l'Enfer. — Les poëtes sortent de la Cité des pleurs et revoient les étoiles.

Vexilla regis prodeunt inferni[1]; ils viennent vers nous : « Regarde donc devant toi, me dit mon maître, si tu peux les distinguer. »

De même que lorsque souffle un nuage épais, ou lorsque la nuit tombe sur notre hémisphère, on croit voir au loin un moulin que le vent fait tourner,

Ainsi il me sembla voir un édifice éloigné. Alors, pour me garer du vent, je me blottis derrière mon guide, parce qu'il n'y avait là nul autre abri.

Déjà (et plein de frayeur, je le mets dans ces vers) j'étais au lieu où les ombres, toutes couvertes de glace, ressemblent, sous la transparence à des fétus dans du verre.

Les unes sont gisantes; les autres se tiennent droites; celles-là sur la tête, celles-là sur les pieds; une autre, comme un arc, courbe son visage vers son pied.

Lorsque nous fûmes assez avancés pour qu'il plût à mon maître de me montrer la créature qui eut un si bel aspect,

Il se plaça devant moi, et me fit arrêter : « Voici Dité[2], me dit-il; voici le lieu où il faut t'armer de courage. »

Combien je devins alors faible et glacé, ne le demande pas, lecteur; je ne le veux pas écrire, parce que toute parole serait peu de chose.

---

[1] Les étendards du roi des enfers s'avancent.
[2] Dité, Lucifer.

Je ne mourus pas et je ne restai pas vivant! pense en toi-même maintenant, si tu as la moindre fleur d'imagination, ce que je devins étant ainsi privé de vie et de mort.

L'empereur du douloureux royaume, depuis le milieu de la poitrine, sortait du glacier ; et je suis plutôt de la taille d'un géant

Que les géants ne le seraient de la longueur de ses bras : vois donc quel devait être le tout qui serait proportionné à cette part de son corps.

S'il fut aussi beau qu'il est difforme aujourd'hui, et s'il osa lever les yeux contre son créateur, de lui doit procéder toute souillure.

Oh! qu'il me parut une étonnante merveille! quand je vis trois faces à sa tête[1] : l'une sur le devant et qui était vermeille ;

Les deux autres, qui s'attachaient à celle-là, s'élevaient sur le milieu de chaque épaule, et se joignant au sommet de la tête,

Le visage de droite paraissait jaune et blanc; celui de gauche était de la couleur de ceux qui habitent au lieu où s'engouffre le Nil.

De dessous chacune de ses têtes sortaient deux grandes ailes comme il en fallait pour un si prodigieux oiseau; de voile de navire, je n'en ai jamais vu de semblable ;

Elles n'avaient point de plumes, mais ressemblaient aux ailes de la chauve-souris; et quand il les agitait, il faisait mouvoir trois vents.

Tout autour de lui le Cocyte était tout gelé; de ses six yeux il pleurait, et sur ses trois mentons coulaient les larmes et une bave sanglante.

De chaque bouche il brisait avec les dents un pécheur comme ces machines qui broient le lin, de sorte qu'il faisait ainsi trois malheureux.

Pour celui de devant les morsures étaient nulles, compa-

---

[1] Représentant les Européens, les Asiatiques et les Africains.

rées aux blessures des griffes, qui étaient telles, que parfois les reins restaient tout dépouillés de leur peau.

« Cette âme qui, là-haut, souffre la plus grande douleur, dit le maître, est Judas Iscariote, qui agite sa tête au dedans de la bouche et ses jambes au dehors;

» Des deux autres qui ont la tête en bas, celui qui pend de la bouche noire est Brutus; vois comme il se tord et comme il ne dit pas un mot;

» Et l'autre, qui paraît si membru, est Cassius; mais la nuit revient, et maintenant il faut partir, car nous avons tout vu[1]. »

Selon son désir, je m'attachai à son cou; il prit le temps et le lieu favorable, et quand les ailes furent assez ouvertes,

Il s'accrocha aux côtes velues de Lucifer, et de poil en poil il descendit entre la toison épaisse et les glaçons.

Quand nous sommes arrivés là où la cuisse tourne juste sur le gros de la hanche, mon guide, avec fatigue et angoisse,

Tourna la tête où il avait les pieds, et s'accrocha au poil comme un homme qui monte, si bien que je crus que nous retournions encore dans l'enfer.

« Tiens-toi bien; c'est par une semblable échelle, dit le maître en haletant comme un homme lassé, qu'il faut partir de ce lieu du mal. »

Il sortit ensuite par la fente d'un rocher et me posa sur le bord afin de m'y asseoir, puis il plaça près de moi son pied prudent.

Je levai les yeux, et je crus voir Lucifer comme je l'avais laissé, et je le vis tenant les jambes en l'air.

Si je fus alors troublé, que les humains grossiers le devinent, eux qui n'ont pas vu le point par lequel j'étais passé.

« Mets-toi sur pied, dit le maître; la route est longue et le chemin mauvais; déjà le soleil s'achemine vers la huitième heure du jour. »

---

[1] Brutus, L. Cassius, sont dans le *cercle de Judas* le déicide, c'est-à-dire au centre de l'enfer, comme régicides et traîtres. On se souviendra que Dante tenait pour les empereurs

Ce n'était pas l'avenue d'un palais que la route où nous étions, mais une véritable caverne où le sol était raboteux, la lumière douteuse.

« Avant de m'arracher de cet abîme, mon maître, dis-je lorsque je fus debout, pour me tirer d'erreur, parle-moi un peu.

» Où est le glacier, et comment Lucifer est-il enfoncé sens dessus dessous ? Et comment, dans si peu d'heures, le soleil, du soir au matin, a-t-il fait le trajet ? »

Et lui : « Tu t'imagines encore être au delà du point où je m'arrachai au poil de ce ver misérable qui traverse le monde.

« Tu y étais tant que je descendais ; quand je me suis retourné, tu as passé le point vers lequel de toutes parts les poids sont attirés [1].

» Tu es sous l'hémisphère joint et opposé à celui qui couvre le grand désert, et sous la voûte duquel périt

» L'homme qui naquit et vécut sans péché [2]. Tu as les pieds sur la petite sphère qui est l'antipode de la Judée.

» Ici c'est le matin, lorsque là-bas est le soir, et celui qui nous a fait une échelle de son poil est encore fiché comme il l'était d'abord.

» C'est de ce côté qu'il tomba du ciel, et la terre, qui auparavant se montrait de ce côté, par peur se fit un voile de la mer,

» Et vint vers notre hémisphère, et peut-être est-ce pour fuir Lucifer que cette partie qui s'est amoncelée là-bas, comme tu vois, laissa ici ce lieu vide [3].

» Il est là-bas un endroit, éloigné de Belzébuth de toute l'étendue de sa tombe, que l'on ne peut connaître par la vue, mais par le bruit

» D'un petit ruisseau qui descend par le trou d'un rocher qu'il a creusé, dans sa course sinueuse et légèrement inclinée. »

---

[1] Dante a deviné les lois de la gravitation.
[2] Jésus-Christ.
[3] Il indique la montagne du Purgatoire.

Le guide et moi, nous entrâmes dans ce chemin caché pour retourner dans le monde lumineux, et sans avoir souci d'aucun repos,

Nous montâmes, lui le premier, moi le second, jusqu'à ce que je vis par une ouverture ronde les belles choses que porte le ciel;

Et enfin nous sortîmes pour revoir les étoiles [1].

---

[1] Dante a voulu que chacun des trois cantiques finît par le mot *etoiles* (*stelle*). — Le cantique de l'Enfer contient 4720 vers.

LA DIVINE COMÉDIE.

LE PURGATOIRE.

CHANT PREMIER.

Après une invocation aux Muses, le divin poëte raconte qu'au lever de l'aurore, se trouvant dans une île avec son guide, il rencontra Caton d'Utique. — Sur la permission qu'il reçut de monter au Purgatoire, il se dirigea avec Virgile vers la mer. — Là, d'après le conseil de Caton, Virgile lava le visage de Dante, et lui mit une ceinture de jonc.

Pour courir sur de meilleures eaux, maintenant l'esquif de mon génie va hausser les voiles, en laissant derrière lui une mer si cruelle.

Ainsi je chanterai ce second royaume où l'esprit humain se purifie et devient digne de monter au ciel.

Donc que la poésie morte se relève, ô saintes Muses! puisque je suis vôtre, et qu'ici Calliope s'élève un peu[1],

En accompagnant mon chant de cette voix dont les misérables Pies furent si frappées, qu'elles désespérèrent de leur pardon[2].

La douce couleur du saphir oriental qui se mêlait à la sérénité de l'air pur jusqu'à ce premier cercle[3],

Ramena la joie dans mes yeux aussitôt que je fus sorti de l'air mort qui m'avait attristé les regards et le cœur.

La belle planète qui conseille d'aimer[4] faisait sourire tout

---

[1] Vos, ô Calliope, precor, aspirate canenti.
(Virgile.)

[2] Les filles de Piérus, roi de Pella en Macédoine, ayant défié les Muses, furent vaincues et changées en pies. (Ovide, V, Mét.)

[3] Le ciel de la lune, selon le système de Ptolémée.

[4] La planète de Vénus.

l'orient, en effaçant le signe des Poissons qui venaient à sa suite.

Je me tournai à main droite, et je dirigeai mon esprit vers l'autre pôle, et je vis quatre étoiles[1] qui ne furent jamais vues que par les premiers hommes.

Le ciel semblait se réjouir de leur éclat. O septentrion! contrée vraiment veuve, puisque tu es privée de contempler ces étoiles!

Lorsque je me fus détaché de cette contemplation, en me tournant un peu vers l'autre pôle, vers le point où le char venait de disparaître[2],

Je vis près de moi un vieillard seul, et digne, par ses dehors, de tant de respects, qu'un père n'en doit pas inspirer davantage à son fils[3].

Il portait une longue barbe mêlée de poils blancs et semblable à ses cheveux, dont un double flocon venait tomber sur sa poitrine.

Les rayons des quatre lumières saintes répandaient sur sa figure tant d'éclat, que je le pouvais voir comme si le soleil eût été devant lui :

« Qui êtes-vous, vous qui, allant contre le fleuve aveugle, avez fui la prison éternelle, dit le vieillard en agitant sa barbe vénérable.

» Qui vous a guidés, ou qui a été votre flambeau pour sortir de la profonde nuit qui rend continuellement noire la vallée infernale ?

» Les lois de l'abîme sont-elles ainsi rompues? ou un nouveau décret a-t-il été rendu dans le ciel, que vous, damnés, vous veniez ainsi dans mes grottes? »

Alors mon guide m'engagea, par ses paroles, ses gestes et ses regards, à être respectueux, à plier le genou et à baisser les paupières.

---

[1] Les quatre vertus cardinales, d'après Lombardi, c'est-à-dire la Prudence, la Justice, la Force et la Tempérance.

[2] Le char de la grande Ourse.

[3] Caton d'Utique. — Dante imite Virgile au huitième livre de l'*Énéide*
Secretosque pios; his dantem jura Catonem.

Ensuite il répondit : « Je ne suis point venu de moi-même ; une femme, descendue du ciel[1], m'a prié d'aider celui-ci en l'accompagnant.

» Mais puisque c'est ta volonté que nous t'expliquions davantage quelle est notre vraie condition, la mienne ne peut être de rien refuser.

» Celui-ci n'a point vu sa dernière soirée, mais il en fut si près par sa folie, qu'il ne lui restait que très-peu de temps à parcourir.

» Ainsi, comme je l'ai dit, je fus mandé vers lui pour le sauver, et il n'y avait pas d'autre chemin que celui où je me suis engagé.

» Je lui ai montré toute la race coupable ; à cette heure, je veux lui montrer les esprits qui se purifient sous ton commandement.

» Comment je l'ai entraîné, serait trop long à te dire : d'en haut vient la lumière qui m'aide à le conduire ici pour te voir et t'entendre.

» Veuille donc accueillir sa venue ; il s'en va cherchant la liberté qui est si chère, comme le sait celui qui pour elle méprise la vie.

» Tu le sais, toi, qui pour elle ne trouvas pas la mort amère, et laissas à Utique la dépouille qui, au grand jour, paraîtra si brillante.

» Les édits éternels ne sont pas révoqués pour nous. Celui-ci est vivant, et Minos ne me retient pas ; moi, je suis du cercle où sont les yeux chastes

» De ta Marcia qui semble encore te prier, ô cœur saint ! de l'avoir pour compagne et pour tienne ; par son amour laisse-toi donc fléchir pour nous ;

» Laisse-nous aller dans tes sept royaumes ; et je lui en rendrai grâce, si tu permets que là-bas on parle de toi.

— Marcia plut tant à mes yeux, tant que je fus sur terre, répondit-il alors, que toutes les grâces qu'elle voulut, elle les obtint de moi ;

---

[1] Béatrice : *Enf.*, ch. II.

» A présent qu'elle habite par delà le fleuve coupable, elle ne peut plus m'émouvoir, à cause de la loi qui fut faite quand je sortis des limbes[1].

» Mais si une femme du ciel t'anime et te dirige, comme tu le dis, tu n'as nul besoin de ces douces flatteries : il suffit, près de moi, de te réclamer d'elle.

» Va donc, ceins celui-ci d'un jonc souple et uni[2], lave-lui le visage, et efface de lui toute souillure.

» Car il ne conviendrait pas que, l'œil couvert d'aucun nuage, il parût devant le premier ministre que tu vas voir et qui est de ceux du paradis.

» Cette petite île, là-bas, là-bas, dans ce lieu que battent les ondes, produit des joncs sur sa terre molle et limoneuse.

» Nulle plante donnant des feuilles ou bien qui s'endurcit ne peut y avoir vie, parce qu'elle ne plierait pas aux attaques des eaux ;

» Ensuite ne revenez pas de ce côté. Le soleil qui se lève vous montrera où gravir la montagne par une pente plus douce. »

Alors il disparut. Et moi je me levai sans parler, et je me rangeai tout près de mon guide, et je dirigeai vers lui mes regards.

Il commença : « Mon fils, suis mes pas, et retournons en arrière, car par là cette plaine va toujours en s'abaissant jusqu'à ses dernières limites. »

L'aube chassait déjà l'heure du matin qui fuyait devant elle, et de loin j'aperçus le tremblement de la mer.

Nous allions dans la plaine déserte, comme des hommes qui cherchent le chemin qu'ils ont perdu, et croient aller en vain tant qu'ils ne l'ont pas retrouvé.

Quand nous fûmes à un endroit où la rosée combat l'ardeur du soleil, et, protégée par l'ombre, ne peut guère s'évaporer,

Mon maître posa doucement ses deux mains ouvertes sur l'herbe fraîche, et moi, m'avisant de son dessein,

---

[1] A la venue du Christ. *Enf.*, ch. IV.

[2] Emblème de la patience, de la simplicité et de l'humilité.

Je lui présentai mes joues humides de larmes. Alors reparut par lui cette couleur que l'enfer avait cachée.

Nous arrivâmes ensuite sur la plage déserte qui jamais ne vit naviguer sur ses eaux homme capable de retourner sur la terre.

Là il me fit une ceinture comme l'autre l'avait commandé. O merveille! à peine arrache-t-il une des humbles plantes qu'une pareille renaît soudain,

Là même d'où il l'avait arrachée[1]!

CHANT II.

Au lever du soleil, les deux poëtes, étant encore sur le rivage, virent glisser sur la mer une barque toute remplie d'Ames, et qu'un Ange conduisait vers le Purgatoire. — Parmi ces Ames, Dante reconnaît son ami Casella, musicien illustre. — Casella s'oublie à chanter, et Dante à l'écouter chantant. — Colère de Caton, qui leur reproche tant de lenteur à s'avancer vers le lieu où l'on se purifie.

Déjà le soleil était parvenu à l'horizon dont le méridien couvre Jérusalem de son point le plus élevé.

Et la nuit, qui décrit son cercle à l'opposé[2], sortait du Gange en tenant la Balance, qu'elle laisse tomber de ses mains quand elle l'emporte sur le jour.

Ainsi là où apparaissait le soleil, les joues blanches et vermeilles de la belle Aurore devenaient, par trop d'âge, d'une couleur d'orange.

Nous étions encore au bord de la mer, pareils à des gens qui pensent à leur chemin, et dont l'esprit marche, mais dont le corps demeure.

Mais voilà! de même qu'à l'approche du matin, Mars, à travers les épaisses vapeurs, rougit du côté du Ponant, au-dessus de l'onde marine,

De même (oh! puissé-je la revoir!) une lueur m'apparut,

---

[1] Primo avulso non deficit alter.
(Virgile, l. VI.)

[2] A l'opposé du signe du Bélier où se trouvait Dante, comme il dit au chant I de l'*Enfer*, vers 38.

qui venait sur la mer, et d'un mouvement si rapide, que le vol d'aucun oiseau ne pourrait l'égaler.

Et ayant un peu détourné les yeux afin d'interroger mon guide, je la revis plus lumineuse et déjà plus grande.

Puis de chaque côté m'apparaissait je ne sais quoi de blanc d'où sortait peu à peu quelque autre objet blanc comme le premier.

Mon maître ne dit mot jusqu'à ce que les premières formes blanches eussent ouvert leurs ailes. Alors, reconnaissant bien le gondolier,

Il s'écria : « Sus! sus! que tes genoux se plient! Voici l'ange de Dieu! joins les mains; désormais tu verras de pareils ministres.

» Vois comme il dédaigne les moyens humains. Il ne veut point de rames, ni d'autres voiles que ses ailes sur ces rivages si éloignés des vivants.

» Vois comme il les tient dressées vers le ciel, battant l'air de ses plumes éternelles qui ne muent point comme la chevelure des mortels. »

Plus s'approchait de nous l'oiseau divin, plus brillant il apparaissait, de sorte que de près les yeux ne pouvaient soutenir sa splendeur.

Je les baissai; et lui s'en vint au rivage avec une barque si frêle et si légère, qu'à peine elle enfonçait un peu dans l'eau.

A la poupe se tenait le céleste nocher, et tel que sa béatitude se voyait écrite sur ses traits, et plus de cent esprits étaient assis dans la barque.

In exitu Israel de Ægypto, chantaient-ils tous ensemble, et à l'unisson, et avec un recueillement digne de ce grand psaume.

L'ange ayant fait sur eux le signe de la croix sainte, tous se jetèrent sur la plage, et lui s'en retourna, comme il était venu, léger.

La troupe laissée là par l'ange semblait étrangère à ce lieu, et regardait à l'entour comme quelqu'un qui examine des choses nouvelles.

Le soleil dardait le jour de tous points, et, avec ses flèches inévitables, il avait chassé le Capricorne de la moitié du ciel,

Quand la nouvelle troupe leva vers nous le front en nous disant : « Si vous le savez, montrez-nous le chemin qui conduit à la montagne. »

Et Virgile répondit : « Vous croyez peut-être que nous connaissons ce lieu, mais, comme vous, nous sommes étrangers,

» Et venus peu d'instants avant vous, mais par une autre route si âpre et si dure, que ce sera comme un jeu pour nous de gravir la montagne. »

Les âmes, qui s'aperçurent à ma respiration que j'étais encore vivant, devinrent pâles d'étonnement;

Et, comme autour d'un messager portant la branche d'olivier, la multitude se presse pour entendre les nouvelles, et que personne ne craint de se fouler,

Ainsi, autour de moi, se suspendirent ces âmes fortunées, oubliant de s'aller faire belles.

J'en vis une s'avancer avec tant d'affection pour m'embrasser, qu'elle m'entraîna à faire comme elle.

O ombres vaines! excepté pour la vue. Trois fois autour d'elle j'enlaçai mes bras, autant de fois je les ramenai seuls sur ma poitrine [1].

Mon étonnement, je crois, se peignit sur ma face, car l'ombre sourit et se retira, et moi, qui la suivais, j'avançai encore.

Elle me dit doucement de rester en repos ; alors je connus qui elle était, et je la priai de s'arrêter un peu pour me parler.

Elle me répondit : « Comme je t'aimais avec mon corps mortel, ainsi je t'aime délivré de mon corps; aussi je m'arrête. Mais toi, pourquoi viens-tu ici?

---

[1] Ter conatus eram collo dare bracchia circùm,
Ter frustrà comprensa manus effugit imago,
Par levibus ventis volucrique simillima somno.
(Virgile, l. VI.)

— Mon Casella[1], je fais ce voyage pour retourner au monde des vivants, dont je suis encore. Mais toi, comment ce lieu doux et terrible t'a-t-il été si longtemps refusé? »

Et lui à moi : « Nul tort ne m'a été fait par celui-là qui nous passe quand et comme il lui plaît, bien qu'il m'ait plusieurs fois refusé ce passage,

» Car c'est une volonté juste qui est la règle de la sienne. En vérité, depuis trois mois il a recueilli tous ceux qui ont voulu entrer avec la paix divine[2].

» Ainsi, moi, qui me trouvais sur le bord de la mer où l'eau du Tibre devient salée, je fus reçu par lui avec bienveillance,

» Auprès de cette embouchure où il dresse ses ailes, parce que là se rassemblent toujours ceux qui ne descendent pas vers l'Achéron[3]. »

Et moi : « Si une nouvelle loi ne t'enlève pas la mémoire ou l'usage de ces chants amoureux qui avaient coutume d'apaiser toutes mes peines,

» Console un peu mon âme, qui, en venant ici avec son corps, s'est remplie de tant de troubles et de terreurs. »

Il se mit alors à chanter avec tant de douceur : *Amour qui parle à mon esprit*[4], que sa douce voix vibre encore au fond de mon âme.

Mon maître et moi, et les ombres qui entouraient le chanteur, nous paraissions contents, comme si nul autre penser n'eût dû nous toucher.

Nous marchions suspendus et attentifs à ces chants; mais voilà que le noble vieillard s'écria : « Qu'est ceci, esprits paresseux?

» Quelle est cette négligence? pourquoi différer ainsi? Courez à la montagne vous dépouiller de l'écorce qui empêche Dieu de pénétrer jusqu'à vous! »

---

[1] « C'estoit un excellent musicien de Florence, grand amy de Dante, avec lequel il alloit souvent se resjouir quand il estoit las d'estudier. » (Grangier.)

[2] C'est-à-dire, tous ceux qui ont profité des indulgences du jubilé ouvert au mois de décembre de l'année 1360 par Boniface VIII.

[3] Le port d'Ostie, près de Rome.

[4] « Amor che nella mente mi ragiona ; » début d'une canzone de Dante.

Telles les colombes réunies pour dérober le blé ou l'ivraie s'en vont à leur pâture tranquillement, et sans faire entendre leur roucoulement ordinaire,

Mais si une chose survient dont elles aient peur, quittent soudainement leur manger, parce qu'un soin plus grand les saisit ;

Telles ces âmes nouvellement arrivées délaissèrent le chant pour s'enfuir vers la côte, comme un homme qui va et ne sait où il arrivera.

Notre fuite, à nous, ne fut pas moins prompte.

CHANT III.

Les deux poëtes s'apprêtent à gravir le mont du Purgatoire. — Ils en trouvent la route bien pénible — Ames des Excommuniés, qui doivent attendre un certain temps avant de pouvoir se rendre au lieu expiatoire. — Parmi ces Ames est celle de Mainfroy, roi de la Pouille et de la Sicile.

Pendant que cette fuite soudaine dispersait dans la campagne ces âmes qui s'en retournaient vers la montagne où la raison nous attire [1],

Je me rapprochai de mon fidèle compagnon : eh ! comment, sans lui, aurais-je fait mon voyage ? qui m'aurait soutenu jusqu'au sommet de la montagne ?

Il me semblait avoir des remords de lui-même. O. conscience digne et pure ! comme une petite faute est pour toi une amère morsure !

Quand ses pieds quittèrent enfin cette marche hâtée qui ôte à toute action sa noblesse, mon esprit, jusqu'alors enchaîné,

Dirigea son attention vers le point où il tendait, et tourna mes regards du côté de ce mont qui s'élève jusqu'au ciel le plus haut.

Le soleil qui, derrière moi, brillait rouge, se trouvait rompu devant moi, parce que mon corps était un obstacle aux rayons.

---

[1] La montagne du Purgatoire.

Je me retournai avec la crainte d'être abandonné, quand je vis que devant moi seulement la terre était obscure.

Et mon soutien me dit : « Pourquoi cette défiance, et pourquoi te retourner ainsi ? Ne me crois-tu plus avec toi ? Crois-tu que je ne suis plus ton guide ?

» Déjà Vesper se trouve là où est enseveli le corps dans lequel je formais une ombre. Naples le possède et l'a enlevé à Brindes [1];

» Maintenant si nulle ombre ne s'étend devant moi, ne t'en étonne pas plus que du spectacle des cieux, car un rayon ne projette aucune ombre sur un autre rayon.

» La vertu divine rend nos corps, qui ressemblent aux vôtres, capables de sentir les tourments, et le froid et le chaud ; mais comment cela se fait, elle ne veut pas nous le découvrir.

» Insensé est celui qui espère que notre raison pourra pénétrer le mystère infini qui tient une seule substance en trois personnes.

» Race humaine, contentez-vous du *quia*[2]. Si vous aviez pu tout voir, il n'eût pas été nécessaire que Marie enfantât.

» Et tels ont désiré vainement, dont eût été satisfait le désir qui leur est éternellement imposé comme supplice.

» Je parle d'Aristote, de Platon, et de beaucoup d'autres. » Ici il pencha le front, ne dit plus rien et resta comme troublé.

Nous arrivâmes enfin au pied de la montagne. Là nous trouvons les roches si escarpées, que les jambes les plus promptes nous seraient inutiles.

La route la plus déserte, la moins frayée, entre Lerici et Turbia[3], est, auprès de celle-ci, un escalier large et facile.

---

[1] Brindes, où mourut Virgile.
    Mantua me genuit, Calabri rapuere, tenet nunc
    Parthenope...   (VIRG.)

[2] Du *parce que*, state contenti, umana gente, al *quia*. — Comme Dante, dans son texte italien, nous conservons en français toutes ces formules latines de l'école.

[3] Deux bourgs dans l'état de Gênes.

« Maintenant qui sait de quel côté descend le sentier, dit mon maître en arrêtant ses pas, afin que puisse monter celui qui va sans ailes? »

Et pendant qu'il tenait les yeux baissés, songeant au chemin dans sa pensée, et que je regardais en haut autour des rochers,

A main gauche, j'aperçus une foule d'âmes qui dirigeaient leurs pas vers nous, et pourtant ne semblaient pas marcher, tant elles venaient lentement.

« Lève les yeux, dis-je à mon maître, en voilà de ce côté qui nous donneront conseil, si tu ne peux en recevoir de toi-même. »

Alors il me regarda, et d'un air plus rassuré me répondit : « Allons de leur côté, car elles viennent lentement; et à toi meilleure espérance, mon doux fils. »

Cette troupe était encore loin, et je dis qu'après mille pas que nous avions faits, il restait entre nous autant d'espace qu'un bon frondeur en mesurerait d'un coup de pierre,

Quand elles se réunirent toutes contre les durs rochers de la rive escarpée, et s'arrêtèrent immobiles et serrées, comme celui qui, doutant de son chemin, regarde et s'arrête.

« O vous qui eûtes une bonne fin, esprits déjà élus, s'écria Virgile, oh! par cette douce paix qui, je le crois, est attendue de vous tous,

» Dites-nous où la montagne s'abaisse, afin qu'il nous soit possible de la gravir, car la perte du temps est plus déplaisante à qui mieux l'apprécie. »

Comme les brebis sortent de leur enclos à une, à deux, à trois, et que les autres s'arrêtent timides, baissant à terre leurs yeux et leur museau,

Et ce que fait la première les autres le font, montant sur son dos si elle n'avance, simples et paisibles, et ne sachant pourquoi elles font ainsi;

De même je vis se mouvoir, pour venir à nous, la première âme de cette bande fortunée, pudique de visage, et modeste dans sa démarche.

Lorsqu'elles virent qu'à ma droite, et par l'effet de mon

corps, la lumière était rompue sur la terre, de façon qu'il y avait une ombre de moi à la grotte,

Elles s'arrêtèrent, puis reculèrent de quelques pas; et toutes les autres qui venaient après, sans savoir pourquoi, en firent autant.

« Sans attendre votre demande, je vous avoue que c'est un corps humain que vous voyez; c'est pourquoi la lumière du soleil est ainsi coupée sur la terre.

» Ne vous émerveillez pas, mais croyez que ce n'est point sans une vertu venue du ciel qu'il cherche à franchir cette barrière. »

Ainsi parla le maître. Alors cette noble troupe : « Eh bien, tournez-vous, dit-elle, marchez devant nous, » et tous nous faisaient signe du dos de la main.

Et un des esprits commença : « Qui que tu sois, tout en allant ainsi, tourne sur moi les yeux, et cherche en ta mémoire si là-bas tu ne me vis jamais. »

Je me tournai vers lui et le regardai fixement; il était blond et beau, et de gentil aspect; mais un coup avait partagé en deux un de ses sourcils.

Quand je me fus excusé humblement de ne l'avoir jamais vu, il me dit : « Maintenant, vois! » et il me montra une blessure en haut de sa poitrine;

Puis il reprit en souriant : « Je suis Mainfroy[1], petit-fils de l'impératrice Constance; donc, je t'en prie, quand tu retourneras sur la terre,

» Va voir ma gracieuse fille, cette mère de l'honneur de Sicile et d'Aragon, et dis-lui la vérité si on dit le contraire.

» Quand on eut percé mon corps de deux coups mortels[2], je me remis en pleurant à celui qui volontiers pardonne.

» Mes péchés furent horribles, mais la bonté infinie de Dieu a des bras si grands qu'elle prend tous ceux qui se tournent vers elle.

» Si le pasteur de Cosence, qui fut envoyé par Clément

---

[1] Mainfroy ou Manfred, roi de la Pouille et de la Sicile.
[2] A la bataille de Cepperano contre Charles d'Anjou.

à la chasse de mes os [1], avait su voir en Dieu la face de sa miséricorde,

» Mes os seraient encore à la tête du pont, près de Bénévent, et sous la garde des lourdes pierres.

» Maintenant la pluie les mouille, le vent les remue hors du royaume, presque au bord du Verde où on les jeta sous la malédiction des torches éteintes.

» Mais, par leur malédiction, l'amour divin n'est pas tellement banni qu'il ne puisse revenir, tant que l'espérance est verte et peut donner sa fleur.

» Il est vrai que celui qui meurt contumace envers la sainte Église, encore qu'il se repentît à la fin, doit rester en dehors de cette rive

» Trente fois autant de temps qu'il est resté dans son obstination, à moins que cet arrêt ne soit abrégé par des prières secourables.

» Vois donc si tu veux me faire joyeux en révélant à ma bonne Constance [2] comment tu m'as vu, et quel interdit me retient,

» Car ici-bas on avance beaucoup par les prières de là-bas. »

CHANT IV.

Par un sentier étroit et très-escarpé, Dante, soutenu par Virgile, arrive péniblement sur une plate-forme. — Là sont retenus les Négligents, ou ceux qui ont attendu jusqu'à la mort pour se repentir. — Dante reconnaît Belacqua.

Quand, par l'effet du plaisir ou de la douleur dont quelqu'une de nos facultés serait frappée, l'âme se recueille en cette faculté,

Il paraît que l'âme ne fait plus attention à aucune autre

---

[1] L'évêque de Cosence, en Calabre, envoyé par le pape Clément IV pour déterrer le corps de Manfred excommunié pour ses crimes et ses hérésies.
[2] Sa fille, qui avait le même nom que l'impératrice Constance, sa bisaïeule.

faculté, et ceci est contre l'erreur de ceux qui croient qu'en nous une âme naît et se développe sous une autre âme [1].

Par cette raison, lorsqu'on entend ou lorsqu'on voit une chose qui absorbe fortement l'âme dirigée vers elle, le temps passe, et l'homme ne s'en aperçoit pas ;

Car l'une est la faculté qui écoute, l'autre celle qui tient l'âme tout entière ; l'une est comme liée, et l'autre est libre ;

J'eus de ceci une sûre expérience en écoutant l'esprit et en l'admirant parler ; car le soleil avait bien franchi cinquante degrés,

Et moi je ne m'en étais pas avisé, quand nous vînmes à un point où ces âmes nous crièrent à la fois : « Ici est l'objet de votre demande. »

Le villageois, au temps où le raisin brunit, ferme avec une fourchée d'épines une ouverture souvent plus large

Que n'était le sentier où mon maître et moi nous montâmes seuls, quand la troupe des âmes se fut séparée de nous.

On parvient à San-Léo, on descend à Noli, on monte à l'aide des pieds jusqu'au sommet de Bismantua ; mais ici il faut voler [2],

Je dis avec les ailes légères et les plumes d'un grand désir, derrière celui qui, me conduisant, me donnait l'espérance et éclairait mon chemin.

Nous montions entre les pans rompus des rochers ; de chaque côté leurs parois nous serraient, et le sol sur lequel nous marchions nous forçait de nous aider des pieds et des mains [3].

Quand nous fûmes sur le bord supérieur du haut rivage et en plaine découverte : « Mon Maître, dis-je, quelle voie prendrons-nous ? »

---

[1] Voir Can. XI du huitième concile : « Apparet quosdam in tantum impietatis venisse, ut hominem duas animas habere impudenter dogmatizent. »

[2] San-Léo, ville dans le duché d'Urbin ; Noli, port entre Final et Savone ; Bismantua, montagne de Lombardie.

[3] « Cecy monstre combien estoit difficile à escheler la montagne du Purgatoire, pour à laquelle parvenir il faut s'ayder des pieds qui sont pris pour la bonne volonté, et des mains qui signifient les bonnes et sainctes œuvres. » (Grangier.)

Et lui à moi : « Qu'aucun de tes pas ne recule ; mais gagne derrière moi le sommet du mont jusqu'à ce que nous apparaisse une escorte sage. »

Le sommet était si haut, qu'il dépassait la portée de la vue, et la côte plus droite que la ligne qui va du milieu du cadran au centre.

J'étais las de monter ; alors je m'écriai : « O mon doux père ! tourne-toi, et vois que je vais rester seul si tu ne t'arrêtes pas.

— Mon fils, traîne-toi jusqu'ici, » répondit-il en me montrant un rocher qui, de ce côté, régnait autour de la montagne.

Ses paroles m'éperonnèrent si fortement, que je m'efforçai de grimper après lui, tant que cette roche circulaire se trouva enfin sous mes pieds.

Nous nous assîmes là tous les deux, tournés vers le levant d'où nous étions montés, car on se plaît à regarder le chemin qu'on vient de faire.

Je dirigeai d'abord mes yeux vers les bas-fonds, ensuite je les élevai vers le soleil, et je m'étonnai que nous en fussions frappés à gauche.

Le poëte remarqua bien que je demeurais stupéfié à regarder le char de la lumière qui était entre nous et l'aquilon.

Donc il me dit : « Si Castor et Pollux accompagnaient ce miroir qui jette son éclat et dessus et dessous,

» Tu verrais le zodiaque rougissant tournoyer encore plus près des Ourses, s'il ne sortait pas de son chemin accoutumé ;

» Et si tu veux pouvoir comprendre comment cela est ainsi, tout recueilli en toi-même, imagine que la montagne de Sion et cette montagne sont placées sur la terre,

» De telle façon que toutes deux ont un même horizon et différents hémisphères ; donc le chemin que sut mal parcourir le char de Phaéton,

» Tu le verrais nécessairement sur un flanc de cette montagne[1], tandis que tu le verrais sur un flanc opposé de

---

[1] La montagne du Purgatoire.

l'autre montagne [1], pourvu que ton intelligence examine clairement la chose.

— Certes, mon maître, lui répondis-je, jamais je n'ai vu si clairement comme je vois à cette heure, là où mon esprit semblait me faire faute.

» Ainsi l'hémicercle du mouvement supérieur, qui, dans certain art, s'appelle équateur, et qui reste toujours entre le soleil et l'hiver,

» Par les raisons que tu m'as données, s'éloigne de cette montagne vers le septentrion, quand les Hébreux voyaient ce même cercle vers les régions brûlantes du midi.

» Mais, s'il te plaît, j'apprendrais volontiers combien nous avons encore à marcher, car cette montagne s'élève plus haut que ne peuvent s'élever mes regards. »

Et lui à moi : « Cette montagne est telle, qu'à sa base elle est toujours rude à commencer; mais plus on avance en montant, moins elle donne de fatigue.

» Donc, quand elle te paraîtra si douce que ta marche sur ses hauteurs sera légère comme, là-bas, l'est sur la pente de l'eau la marche d'un batelet,

» Alors tu seras à la fin de ce sentier. Attends d'être là pour te reposer de ta peine. Je ne réponds plus rien, car je tiens tout cela pour vrai. »

Et comme il finissait cette parole, une voix résonna près de nous : « Peut-être seras-tu auparavant dans la nécessité de t'asseoir. »

Au son de cette voix chacun de nous se tourna, et nous vîmes à gauche une grande pierre que ni lui ni moi n'avions d'abord aperçue.

Nous nous en approchâmes; là étaient des âmes qui se tenaient étendues à l'ombre du rocher, comme des gens qui s'étendent par indolence.

Une d'elles, qui me semblait fatiguée, assise parmi les

---

[1] La montagne de Sion.

autres, embrassait ses genoux et tenait dessus son visage baissé [1].

« O mon doux seigneur! dis-je, considère celui-ci qui se montre plus indolent que si la paresse était sa propre sœur. »

Alors cette âme se tourna vers nous, nous examina en dirigeant ses regards par-dessous sa cuisse, et dit : « Va donc là-haut, toi qui es si vaillant ! »

Je connus alors qui était cet esprit, et la fatigue qui hâtait encore un peu mon haleine ne m'empêcha point d'aller à lui. Et quand

J'en fus tout près, il leva la tête, mais à peine, en disant : « As-tu bien compris pourquoi le soleil mène son char du côté de ton épaule gauche ? »

Ses gestes paresseux et ses brèves paroles excitèrent quelque peu mes lèvres à rire ; puis je commençai : « Belacqua, je ne te plains plus maintenant [2] ;

» Mais, dis-moi, pourquoi t'asseoir et t'accroupir ici ? Attends-tu une escorte, ou bien tes anciennes habitudes t'ont-elles repris ? »

Et lui : « O frère! que sert d'aller en haut, puisqu'il ne me laisserait pas arriver au lieu des expiations, l'ange de Dieu qui s'assied là sur la porte ?

» Il faut que le ciel me retienne dehors autant d'années que j'en ai passé dans la vie, parce que j'ai remis jusqu'à la fin les bons soupirs de la pénitence.

A moins que ne m'aide une oraison s'élevant d'un cœur vivant dans la grâce, à quoi bon une autre prière, puisqu'elle n'est pas écoutée dans le ciel ? »

Et déjà le poëte montait devant moi en disant : « Viens maintenant, tu vois que le soleil touche le méridien et que la nuit

» Va couvrir de son pied le rivage de Maroc. »

---

[1] Abscondit piger manus suas sub ascellas suas, et laborat si eas ad os convertit. (Salomon.)

[2] C'était un excellent joueur de cithare.

CHANT V.

Parvenu à un lieu plus élevé, le poëte rencontre ceux qui, étant morts de mort violente, eurent cependant le temps de se repentir et de se réconcilier avec Dieu. — Dante raconte la fin tragique de plusieurs d'entre eux. — La Pia.

J'avais déjà quitté ces ombres, et je suivais les traces de mon guide, quand derrière moi, et en dirigeant son doigt vers ma personne,

Une d'elles s'écria : « Vois! il ne semble pas que le rayon de la lumière brille à gauche de celui qui va le dernier, et il semble se mouvoir comme un vivant. »

Je tournai les yeux au son de ces paroles, et je vis les âmes tout étonnées me regarder moi seul, moi seul et la lumière qui était rompue par mon corps.

» De quoi ton esprit va-t-il tant s'embarrasser, dit le maître, que tu en retardes ta marche, et que t'importe ce qui se murmure ici?

» Marche derrière moi, et laisse dire ces gens. Sois comme une tour solide, dont la cime ne croule jamais par le souffle des vents,

» Car toujours l'homme en qui pensée vient sur pensée éloigne de lui le but, car l'impétuosité de l'une affaiblit l'autre [1]. »

Que pouvais-je répondre, sinon : « Je viens? » Ainsi répondis-je, couvert un peu de cette rougeur qui rend quelquefois un homme digne de pardon.

Cependant, par le travers de la côte, s'en venaient vers nous des âmes qui, verset à verset, chantaient le *Miserere*.

Quand elles s'aperçurent qu'à cause de mon corps je ne donnais point passage aux rayons, elles changèrent leur chant en un O long et rauque [2];

Et deux d'entre elles, en manière de messagers, couru-

---

[1] Pluribus intentus minor est ad singula sensus.
[2] Mutar lor canto in un O lungo e roco.

rent à notre rencontre, et nous dirent : « Informez-nous de votre condition. »

Et mon maître : « Vous pouvez vous en aller et rapporter à ceux qui vous ont envoyés que le corps de celui-ci est de vraie chair.

» S'ils se sont arrêtés pour voir son ombre, comme j'imagine, on leur a suffisamment répondu ; qu'ils lui fassent honneur, car il pourra leur devenir bien cher. »

Jamais je ne vis, au commencement de la nuit, les vapeurs embrasées fendre le ciel pur, ni le soleil abattre les nuages d'août si promptement,

Que ces âmes ne retournassent encore en moins de temps à leur point de départ, et arrivées là elles s'en revinrent à nous avec les autres, comme un escadron qui galope à bride abattue.

« Cette troupe de gens qui nous presse est nombreuse, dit le poëte, et vient pour te faire quelque prière ; toi, cependant, va, et tout en allant écoute.

— O âme qui t'en vas pour être un jour heureuse, avec les mêmes membres avec lesquels tu es née, venaient-ils en criant, modère un peu tes pas.

» Regarde si jamais tu n'as vu aucun de nous dont tu puisses là-bas porter des nouvelles. Ah ! pourquoi t'en vas-tu ? Ah ! pourquoi ne t'arrêtes-tu pas ?

» Nous avons tous fini par une mort violente, et nous fûmes pécheurs jusqu'à notre heure dernière ; alors la lumière du ciel nous a rendus sages,

» Si bien que, repentants et pardonnés, nous sommes sortis de la vie en paix avec Dieu qui aiguillonne notre cœur du désir de le voir. »

Et moi : « Pourquoi dans vos traits déformés ne reconnais-je aucun de vous ? Mais si quelque chose vous plaît que je puisse faire, esprits bien nés,

» Vous, dites-la, et moi je la ferai, au nom de cette paix qui m'entraîne derrière les pas de ce guide et me fait ainsi la chercher de monde en monde. »

Et l'un commença : « Chacun se fie à ta bienveillance

sans aucun serment de toi, pourvu que l'impuissance ne détruise pas ta bonne volonté.

» Donc, moi qui parle avant tous les autres, je te prie, si jamais tu vois ce pays situé entre la Romagne et le royaume de Charles[1],

» De m'accorder le don de tes prières à Fano, afin qu'on y adore pour moi et que je puisse me purifier de mes fautes si graves.

» Je suis né dans cette ville, mais les profondes blessures d'où sortit le sang qui m'animait me furent faites dans cette cité, antique giron des Anténorides[2],

» Là où je me croyais le plus en sûreté. D'Este fit faire cela, lui qui m'avait en haine beaucoup plus que la justice ne le voulait[3].

» Si je m'étais enfui vers la Mira, lorsque je fus atteint à Oriaco, je serais encore là où l'on respire;

» Mais je courus au marais, où les roseaux et la fange m'embarrassèrent tellement que je tombai, et là je vis de mes veines un lac s'étendre sur la terre. »

Ensuite une autre âme me dit : « Si jamais s'accomplit ce désir qui t'entraîne vers la haute montagne, daigne avec une tendre piété prêter secours au mien.

» Je fus de Montefeltro, et je suis Buonconte[4]. Ni Jeanne ni les autres n'ont cure de moi, c'est pourquoi je vais avec ceux-ci le front baissé. »

Et moi à lui : « Quelle violence ou quelle aventure t'a ainsi arraché de Campaldino, que jamais on n'y connut ta sépulture?

— Oh! répondit-il, au pied du Casentin passe un fleuve qui a nom l'Archiano, et qui naît dans l'Apennin, au-dessus de l'Eremo[5].

---

[1] La Marche d'Ancône. — Fano, ville dans la Marche.
[2] C'est-à-dire, Padoue, fondée par Anténor.
[3] Azzon III d'Este fit assassiner à Oriaco Jacopo del Cassero, l'ombre qui l'accuse ici.
[4] Buonconte, fils de Guido de Montefeltro, et époux de Jeanne, fut tué le 11 juin 1289, à la bataille de Campaldino. Il était contre les Guelfes.
[5] Couvent de Camaldules.

» Là où son nom se perd, j'arrivai, la gorge percée, fuyant à pied et ensanglantant la plaine;

» Là je perdis la vue, et ma parole finit par le nom de Marie; là je tombai, et il n'y resta plus que ma chair.

» Je te dirai la vérité, et tu la rediras parmi les vivants : l'ange de Dieu me prit, et celui de l'enfer criait : « O toi du ciel, pourquoi me l'ôtes-tu?

» Tu emportes la partie éternelle de celui-ci pour une petite larme qui me l'enlève; mais je traiterai autrement l'autre partie de lui-même. »

» Tu sais bien comme dans l'air se condense cette humide vapeur qui se résout en eau dès qu'elle monte là où le froid la saisit;

» Arrivé là, le Mauvais-Vouloir, qui à chercher le mal met son intelligence, déchaîna les exhalaisons et le vent par le pouvoir que lui donne sa nature[1].

» Ensuite, dès que le jour fut éteint, il couvrit de nuages la vallée, depuis Prato-Magno jusqu'au sommet de l'Apennin, et il prépara le ciel,

» De façon que l'air épais se résolut en eau; la pluie tomba, et les ravins regorgèrent de tout ce que la terre n'en put absorber;

» Puis, selon la pente des grandes eaux, elle se précipita vers le fleuve royal avec tant de rapidité, que rien ne put la retenir.

» L'Archiano furieux trouva mon corps glacé vers son embouchure, et le poussa dans l'Arno en ouvrant sur ma poitrine la croix

» Que j'avais faite de mes bras quand me vainquit la douleur. Il me ballotta sur ses rives et dans ses bas-fonds, ensuite sous sa proie de sable il me couvrit tout entier.

— Ah! quand tu seras de retour dans le monde, et re-

---

[1] C'est une chose certaine en théologie que les démons ont pouvoir de faire pleuvoir, gresler, neger et choses semblables, comme prouve saint Augustin au ch. VIII de la Cité de Dieu : Omnis transformatio corporalium rerum quæ fieri potest per aliquam virtutem naturalem, per dæmonem fieri potest. (Grangier.)

posé de la longue route, continua un troisième esprit succédant au second,

» Souviens-toi de moi qui suis la Pia : Sienne m'a faite, la Maremme m'a défaite; il le sait bien celui-là qui, peu avant,

» Avait, en m'épousant, passé à mon doigt son anneau de pierreries[1]. »

CHANT VI.

Il parle encore des Négligents qui ne se sont repentis qu'au moment de leur mort violente. — Comme Virgile demandait à une Ame, se tenant à l'écart, le sentier le plus facile de la montagne, Dante reconnaît en elle Sordello de Mantoue. — Dante et Sordello s'embrassent. — Apostrophe contre les discordes de Florence et contre toute l'Italie.

Quand on quitte le jeu de la *chance*[2], celui qui perd demeure tout chagrin en répétant les coups, et triste il se les apprend.

Avec l'autre s'en va toute la foule : celui-là devant et celui-ci derrière; celui-ci de côté se rappelle au souvenir du gagnant;

Lui ne s'arrête pas; il écoute l'un et l'autre; celui à qui il tend la main cesse de la presser, et ainsi il se défend de la foule.

Tel j'étais au milieu de cette troupe épaisse, tournant çà et là le visage, et par mes promesses je m'en dégageai.

Là était l'Arétin[3] qui reçut la mort des bras cruels de

---

[1] La Pia, de la noble famille des Tolomei, de Sienne, fut enfermée par son mari, messer Nello della Pietra, qui l'accusait d'adultère, dans un château des Maremmes. L'air empesté de ce pays la tua.

Siena mi fe'; disfecemi Maremma.

Sept vers ont suffi au poëte pour faire revivre à jamais et venger la triste Pia : apparition merveilleuse qui, après avoir, de nos jours, inspiré madame Amable-Tastu, a donné un drame plein d'émotions à M. Auguste de Belloy.

[2] Il giuoco della Zara.

[3] Messer Benincasa d'Arezzo, auditeur à la rote de Rome, fut assassiné par Ghino di Tacco dont il avait condamné à mort le frère et le neveu.

Ghino di Tacco, et cet autre qui se noya en donnant la chasse à ses ennemis[1].

Là priait, les mains élevées, Federigo Novello[2], et celui-là de Pise qui fit paraître la grandeur d'âme du bon Marzucco[3].

Je vis le comte Orso[4]; et cette âme séparée de son corps par astuce et par envie, comme elle le disait, et non pour ses crimes;

Je veux dire Pierre de la Brosse[5]; donc pendant qu'elle est encore sur terre, que la princesse de Brabant se mette en garde afin de n'être pas un jour dans le troupeau de douleur.

Quand je fus délivré de toutes ces ombres qui priaient que d'autres fissent pour elles des prières, afin de hâter le temps où elles deviendraient saintes,

Je commençai : « O ma lumière! tu nies, il me semble, expressément en ton texte que l'oraison fléchisse les décrets du ciel[6];

» Et ces âmes me prient cependant pour cela; leur espérance serait-elle donc vaine? ou le sens de ton dire, ne l'ai-je pas bien compris? »

Et lui à moi : « Ce que j'ai écrit est très-clair, et l'espérance de ces âmes ne les trompe pas, si on l'examine avec un esprit sain :

» En effet, la hauteur du jugement de Dieu n'est point abaissée parce que le feu de l'amour accomplit en un instant ce qu'aurait dû faire l'âme ici reléguée.

» Et là où j'établis ce point, la faute ne pouvait se purger par la prière, puisque le pécheur, objet de cette prière, était séparé de Dieu.

---

[1] Cione de' Tarlatti d'Arezzo.
[2] Il fut tué par un Bostoli, surnommé Fornaiuolo.
[3] Marzucco baisa les mains de l'assassin de son fils Farinata.
[4] Orso, fils du comte Napoleone di Barbaja, fut tué par le comte Albert son oncle.
[5] Secrétaire et favori de Philippe le Bel; accusé faussement par la reine d'avoir voulu la séduire, il fut condamné à la potence.
[6]   Desine fata deûm flecti sperare precando.
                                (Virgile.)

» Donc ne t'arrête pas à un doute si profond, et attends celle qui sera la lumière entre la vérité et ton intelligence.

» Je ne sais si tu m'entends; je parle de Béatrice, tu la verras sur le faîte de ce mont, riante et heureuse. »

Et moi : « Bon guide, allons en plus grande hâte, je ne me fatigue plus autant que devant; et puis vois comme désormais la montagne jette de l'ombre.

— Nous avancerons aujourd'hui autant que nous pourrons, répondit-il; mais ce chemin est d'une autre forme que tu ne penses.

» Avant que tu sois là-haut, tu verras revenir celui qui déjà se couvre de cette côte, de sorte qu'avec ton corps tu ne peux rompre ses rayons.

— Mais vois cette âme immobile qui, seule et tout à l'écart, regarde vers nous; celle-là nous enseignera la voie la plus courte. »

Nous vînmes à elle : ô âme lombarde! comme tu te tenais altière et dédaigneuse! en tournant vers nous les yeux, que tu étais noble et grave!

Elle ne disait pas une parole, mais nous laissait venir, regardant seulement à la manière d'un lion qui se repose[1].

Or Virgile s'approcha d'elle, la priant de lui montrer le meilleur chemin, et elle ne répondit pas à sa demande,

Mais elle s'informa de notre pays et de notre vie; et le doux guide commença : « Mantoue... » Aussitôt l'ombre, toute ramassée sur elle-même,

Se leva vers lui du lieu où auparavant elle se tenait, en disant : « O Mantouan! je suis Sordello, de ta terre chérie! » et l'un l'autre ils s'embrassaient[2].

Ah! Italie esclave, hôtellerie de douleur, navire sans nocher dans une grande tempête, non plus reine des provinces, mais lieu de prostitution!

Tacito si ripose il fier Circasso
A guisa di leon quando si posa
Girando gli occhi.   (TASSO, Jérus., cant. X.

[2] Sordello, poëte de Mantoue, écrivait en langue provençale; il est auteur du *Trésor des Trésors*.

Cette belle âme fut prompte, rien qu'au doux nom de sa terre natale, à faire fête à son concitoyen;

Et maintenant tes vivants ne peuvent être sans guerre, et ceux-là qu'une même muraille et qu'un même fossé renferment se rongent les uns les autres.

Cherche, misérable, autour de tes rivages, et puis regarde dans ton sein si une seule partie de toi-même y jouit de la paix.

A quoi sert-il que Justinien ait rajusté ton frein, si la selle est vide? Sans lui la honte serait moindre pour toi.

O race qui devrais être obéissante et laisser César s'asseoir sur la selle, si tu comprenais bien ce que Dieu te prescrit,

Regarde comme cette bête est devenue rétive pour n'avoir pas été corrigée avec les éperons, depuis que tu as mis la main sur sa bride!

O Albert de Germanie, qui abandonnes cette bête devenue indomptée et sauvage, et qui devrais enfourcher ses arçons,

Qu'un juste jugement tombe du ciel étoilé sur ton sang, et qu'il soit nouveau et évident, tel enfin que ton successeur en ait peur.

Car, éloignés d'ici par la cupidité, vous avez souffert, toi et ton père, que le jardin de l'empire fût déserté.

Homme sans soin, viens voir les Montaigus et les Capulets, les Monaldi et les Filippeschi, ceux-ci déjà tristes, ceux-là pleins de soupçons.

Viens, cruel, viens voir l'oppression de tes nobles, répare leurs négligences, et tu verras comme Santafiora est en sûreté;

Viens voir ta Rome qui pleure, veuve délaissée, et te criant jour et nuit : « Mon César, pourquoi n'es-tu pas avec moi? »

Viens voir comme on s'aime, et si nulle pitié pour nous ne t'excite, du moins aie honte de ta renommée.

O summo Giove,
Che fosti 'n terra, per noi crocifisso.

Et s'il est permis de le dire, ô souverain Jupiter[1] qui fus sur terre pour nous crucifié, tes justes yeux se sont-ils tournés ailleurs?

Ou est-ce une préparation que, dans l'abîme de tes conseils, tu fais à quelque grand bien inaccessible à notre prévoyance?

Car les terres d'Italie sont toutes pleines de tyrans; le plus vil, s'il entre dans un parti, aussitôt devient un Marcellus.

Ma Florence, tu peux être contente de cette digression; elle ne te touche pas, grâce à ton peuple qui s'applique à être si sage!

Plusieurs ont la justice dans le cœur, mais leur cœur est lent à la décocher, afin de ne pas tirer l'arc imprudemment; et ton peuple a la justice sur le bord de ses lèvres.

Plusieurs refusent ailleurs les charges publiques; mais ton peuple, plein de sollicitude, répond, sans être invité, aux charges de la loi, et crie : « Je m'y soumets! »

Donc sois joyeuse, car tu as bien de quoi, tu es riche, tu as la paix, tu as de la prudence. Si je dis vrai, l'effet ne me dément pas.

Athènes et Lacédémone, qui firent les antiques lois, et furent si remplies de civilisation, donnèrent dans l'art de bien se conduire un petit exemple,

Auprès de toi qui fais de si subtils règlements, que ceux qu'en octobre tu files n'arrivent pas jusqu'à la moitié de novembre.

Combien de fois dans ces temps, dont tu peux te souvenir, as-tu changé les lois, les monnaies, les offices, les coutumes, et renouvelé les membres de ta cité?

Ah! si tu veux te le rappeler et si tu vois la lumière, tu te verras semblable à cette malade qui ne peut trouver une position sur la plume,

Mais qui, en se retournant, tâche de se garantir de la douleur.

CHANT VII.

Virgile se fait connaître à Sordello, de Mantoue, qui se prosterne et embrasse les genoux de son concitoyen. — Sordello apprend aux poëtes qu'on ne peut gravir de nuit le mont du Purgatoire. — Ensuite il leur fait voir des Négligents qui, retenus par les honneurs et le pouvoir, ont tardé à se repentir. — Assis dans une prairie couverte de fleurs, ils attendent le moment de se purifier. — Henri d'Angleterre, le marquis de Montferrat.

Après que les salutations courtoises et joyeuses eurent été répétées trois et quatre fois, Sordello se retira d'un pas en arrière et dit : « Qui êtes-vous ?

— Avant que se fussent dirigées vers cette montagne les âmes dignes de monter à Dieu, mes restes furent ensevelis par Octave.

» Je suis Virgile, et pour aucune autre faute je n'ai perdu le ciel, sinon pour n'avoir pas eu la foi. » Ainsi répondit mon guide.

Tel celui qui voit tout à coup devant lui une chose dont il s'émerveille et à laquelle il croit et ne croit pas, s'écrie : « Elle est, elle n'est pas ; »

Tel parut Sordello ; ensuite il baissa les cils, et humblement s'approcha de Virgile, et le prit dans ses bras à l'endroit du corps où le moindre s'attache au plus grand [1].

« O gloire des Latins, dit-il, par qui notre langue a montré ce qu'elle pouvait ! ô éternel honneur du lieu où je suis né !

» Quel mérite ou quelle grâce à moi te présente ? Si je suis digne d'entendre tes paroles, dis-moi si tu viens de l'enfer, et de quelle enceinte.

— C'est par tous les cercles du royaume des douleurs, répondit Virgile, qu'ici je suis venu ; la vertu du ciel me mène, et je viens avec elle.

» Ce n'est point pour avoir fait, mais pour n'avoir pas fait, que j'ai perdu de voir le haut soleil que tu désires et qui trop tard me fut connu.

[1] Ove il minor s'appiglia.

» Là-bas est un lieu [1] attristé non par des tourments, mais seulement par les ténèbres ; les plaintes n'y résonnent pas comme des cris, mais comme des soupirs.

» Je me tiens là avec les petits innocents mordus par les dents de la mort, avant qu'ils eussent été purifiés du péché originel.

» Je me tiens là avec ceux qui ne se revêtirent pas des trois saintes vertus [2], et qui, exempts de vices, connurent les autres vertus et les suivirent toutes.

» Mais si tu le sais et si tu le peux, donne-nous quelque indice par lequel nous puissions venir plus tôt là où le Purgatoire a sa véritable entrée. »

Il répondit : « Nul endroit particulier ne nous est assigné ; il m'est permis d'aller au-dessus et alentour ; partout où je puis aller, je m'attache à toi comme ton guide.

» Mais vois comme déjà le jour décline, et aller là-haut pendant la nuit c'est impossible ; donc il est bien de penser à un bon gîte.

» Des âmes sont là vers notre droite, réunies à l'écart ; si tu y consens, je te mènerai à elles, et ce n'est pas sans plaisir que tu les connaîtrais.

— Comment cela ? fut-il répondu ; celui qui voudrait monter de nuit, en serait-il empêché par un autre ? ou serait-ce qu'il n'en aurait pas la force ? »

Et le bon Sordello promena son doigt sur la terre en disant : « Vois cette seule raie, tu ne la passerais pas après le soleil parti.

» Ce n'est pas qu'autre chose puisse t'empêcher de monter que les ténèbres nocturnes ; mais celles-ci, par l'impuissance où elles vous mettent, arrêtent la volonté.

» On pourrait bien avec elles retourner en bas et marcher sur la côte en errant alentour, tandis que l'horizon tient le jour caché. »

Alors mon seigneur, comme émerveillé : « Mène-nous

---

[1] Les Limbes.
[2] Les vertus théologales.

donc, dit-il, là où tu dis qu'on peut avoir du plaisir à demeurer. »

Nous nous étions un peu éloignés, quand je m'aperçus que le mont creusait en lui-même une vallée semblable aux vallées qui sont ici-bas.

« Nous irons, dit l'ombre, là où la côte forme en elle-même un giron, et là nous attendrons le jour nouveau. »

Entre la montée et la plaine était un sentier tortueux qui nous conduisit au flanc de la vallée, là où la pente est moins rude qu'au milieu et expire.

L'or et l'argent fin, la pourpre, la céruse, le bois indien, brillant et poli, la fraîche émeraude au moment où on la rompt, auprès des herbes et des fleurs de cette cavité, seraient vaincus en éclat, comme le moins est vaincu par le plus.

La nature n'y avait pas étalé seulement ses peintures, mais de la suavité de mille odeurs elle formait aussi un mélange inconnu.

Là, je vis assises sur la verdure, et parmi les fleurs, des âmes qui, du dehors, ne s'apercevaient pas à cause de la vallée ; elles chantaient *Salve regina*.

« Avant que le soleil finisse de se coucher, commença le Mantouan, qui nous avait menés ici, n'exigez pas que je vous guide vers elles ;

» De cette butte vous connaîtrez mieux les gestes et le visage de toutes tant qu'elles sont, que dans la vallée même et déjà dans leur compagnie.

» Cet esprit assis plus haut que les autres, qui a l'air d'avoir négligé ce qu'il devait faire, et n'ouvre pas la bouche au chant des autres,

» Fut Rodolphe l'empereur [1]. Il pouvait guérir les plaies dont l'Italie est morte, de sorte qu'il est trop tard pour qu'elle se ranime par un autre.

» Le second qui, en le regardant, le réconforte, gouverna

---

[1] Père de l'empereur Albert que le poëte a si rudement interpellé dans son apostrophe à l'Italie.

la terre où naît l'eau que la Moldava porte dans l'Elbe et l'Elbe dans la mer.

» Ottocar [1] fut son nom, et dans les langes il valut mieux que Venceslas, son fils, avec toute sa barbe, lequel se vautre dans la luxure et l'oisiveté.

» Et ce camus qui consulte avec tant d'intimité celui dont la figure est si bienveillante, mourut en fuyant et en flétrissant le lis [2];

» Regardez comme il se bat la poitrine! Voyez cet autre qui, en soupirant, a fait de la paume de sa main un lit pour sa joue [3],

» Ils sont le père et le beau-père du mal de la France. Ils connaissent sa vie grossière et vicieuse, de là vient la douleur qui les aiguillonne.

» Celui qui paraît si membru [4] et qui s'accorde en chantant avec cet autre au nez mâle [5], porta ceinte autour de lui la corde de tout honneur;

» Et si après lui était resté roi le jouvenceau qui derrière lui s'assied, sa valeur eût bien passé de vase en vase.

» C'est ce qu'on ne peut dire de ses autres héritiers; Jacques et Frédéric ont bien les royaumes, mais nul d'eux ne possède le meilleur de l'héritage.

» Rarement voit-on remonter dans les rameaux l'humaine probité; et il le veut ainsi celui qui nous la donne, afin qu'on la lui demande.

» Mes paroles s'appliquent à cet esprit dont le nez est si fort, non moins qu'à Pierre, cet autre qui chante avec lui, et qui cause déjà les lamentations de la Pouille et de la Provence.

» Autant la plante a dégénéré de sa semence, autant (plus

---

[1] Ottocar, roi de Bohême.
[2] Philippe le Camus, roi de France et fils de saint Louis.
[3] Henri de Navare.
[4] Pierre III, roi d'Aragon.
[5] Charles I*r*, roi des Deux-Siciles et comte de Provence.

que Béatrice et Marguerite) Constance [1] se vante encore de son mari.

» Voyez le roi à la vie simple s'asseoir là tout seul, Henri d'Angleterre [2]. Pour celui-ci, de meilleurs rejetons sont sortis de ses rameaux.

» Celui qui, plus bas, est étendu parmi eux et regarde en haut, est Guillaume, le marquis, pour lequel Alexandre et ses guerriers

» Font pleurer Montferrat et le Canavesan [3]. »

CHANT VIII.

Le soir venu, les Ames dont parle le chant qui précède entonnent une hymne. — Armés d'épées flamboyantes, descendent deux Anges, gardiens de la vallée. — Puis, survient un serpent que chassent les deux Esprits célestes. — Conrad Malaspina prédit à Dante son prochain exil.

Déjà c'était l'heure qui ranime les regrets dans ceux qui naviguent, et attendrit leur cœur le jour où à leurs doux amis ils ont dit adieu;

L'heure qui blesse d'amour le nouveau pèlerin s'il entend au loin la cloche qui semble pleurer le jour près de mourir,

Quand je commençai à ne plus entendre, et à regarder une des âmes qui, debout, demandait de la main à être écoutée.

Elle joignit et leva les deux mains, fixant ses yeux vers l'orient, comme si elle avait dit à Dieu : « Je ne désire aucun autre. »

Te lucis ante [4] sortit si dévotement de sa bouche, et avec des notes si douces, que cette hymne me força de m'oublier moi-même.

---

[1] Constance, épouse de Pierre III ; Béatrice et Marguerite, filles de Béranger V, comte de Provence.

[2] Fils de Richard.

[3] Guillaume, marquis de Montferrat, dont la mort excita une guerre entre ses fils et les habitants d'Alexandrie.

[4] Hymne de saint Ambroise.

Alors les autres âmes, doucement et dévotement, la suivirent pendant l'hymne entière, ayant les yeux fixés sur les roues célestes.

Ici, lecteur, dirige tes yeux sur la vérité, car le voile est à présent d'une trame si subtile, que certes il est facile de le pénétrer.

Je vis ensuite cette troupe gentille qui, en silence, regardait vers le ciel, et demeurait comme dans l'attente, humble et pâle.

Et je vis sortir d'en haut et venir en bas deux anges avec deux épées flamboyantes, brisées et privées de leur pointe.

Vertes comme les petites feuilles nouvellement nées étaient leurs robes, qui, agitées par les plumes vertes de leurs ailes, flottaient par derrière et jouaient au vent.

L'un un peu au-dessous de nous vint se poser, l'autre descendit sur le bord opposé, de sorte qu'au milieu se trouvait la foule des âmes.

On distinguait bien en eux leur tête blonde, mais sur leur face l'œil s'égarait, comme une force qui par trop de tension s'amortit.

« Tous deux viennent du giron de Marie, dit Sordello, pour garder la vallée contre le serpent qui va venir à l'instant [1]. »

Moi donc, qui ne savais pas par quel chemin il devait venir, je me retournai, et, tout glacé, je me tins serré contre les épaules fidèles de mon maître.

Sordello dit encore : « Maintenant, descendons près des grandes ombres, et nous leur parlerons ; il leur sera très-doux de vous voir. »

J'avais descendu, ce me semble, trois pas seulement, lorsque j'en vis une qui me regardait comme si elle eût voulu me reconnaître.

Il y avait quelque temps déjà que l'air se rembrunissait, mais non tellement qu'il n'éclairât entre ses yeux et les miens ce que d'abord il leur cachait.

---

[1] Symbole de la tentation.

Il vint vers moi, et moi j'allai vers lui : noble juge ! ô Nino[1] ! que j'eus de plaisir à voir que tu n'étais point parmi les coupables !

Nous n'oubliâmes entre nous aucune belle salutation. Ensuite il me demanda : « Depuis quand es-tu venu au pied de la montagne à travers les ondes lointaines ?

— Oh ! lui dis-je, c'est par les lieux tristes que je suis venu ce matin ; je n'ai pas encore perdu la première vie, bien que j'acquière l'autre en allant par ce chemin. »

Et à peine ma réponse fut-elle entendue, que Sordello et lui reculèrent comme des gens frappés d'un subit étonnement.

L'un se tourna vers Virgile, l'autre vers une âme qui était assise, et il criait : « Viens, Conrad, viens voir ce que Dieu a voulu par sa grâce ! »

Puis il se tourna vers moi : « Par cette reconnaissance particulière que tu dois à celui qui tient si bien cachée sa source première, qu'il n'est point de gué pour y arriver :

» Quand tu seras par delà les larges ondes, dis à Jeanne, ma fille, d'intercéder pour moi près du lieu où l'on répond aux innocents[2].

» Je ne crois pas que sa mère m'aime encore, puisqu'elle a quitté les bandeaux blancs[3] que la malheureuse doit un jour regretter.

» Par elle s'apprend bien aisément combien dans une femme dure le feu d'amour, si l'œil ou le toucher souvent ne le rallume.

» La vipère qui est dans l'écusson des Milanais ne lui fera pas une aussi belle sépulture que la lui aurait faite le coq de Gallura. »

Il parlait ainsi, et sur tout son extérieur était imprimé le

---

[1] Nino, de la maison des Visconti de Pise, juge de Gallura en Sardaigne, était à la tête du parti Guelfe.

[2] Deus peccatores non audit. (S. JEAN.)

[3] Les voiles de deuil, selon l'usage du temps. Béatrice d'Este s'était remariée à Galéas des Visconti de Milan

signe de ce zèle droit qui brûle avec mesure dans le cœur.

Mes yeux avides s'élevaient vers le ciel, là où les étoiles sont plus lentes, comme les parties de la roue les plus proches de l'essieu.

Et mon guide : « Cher fils, que regardes-tu là-haut ? »

Et moi à lui : « Je regarde ces trois flambeaux par lesquels le pôle est là-bas tout ardent [1]. »

Et lui à moi : « Les quatre brillantes étoiles [2] que tu as vues ce matin sont descendues là-bas, et celles-ci sont montées où étaient celles-là. »

Comme il me parlait, Sordello l'attira à lui, en disant : « Vois-tu là notre ennemi ? » Et il allongea le doigt pour qu'il regardât derrière.

Dans cette partie du petit vallon qui n'a point de clôture était un serpent, peut-être celui qui donna à Ève la nourriture amère.

A travers l'herbe et les fleurs venait le méchant reptile, tournant de temps à autre la tête vers son dos, se léchant comme une bête qui veut se lisser.

Je ne vis pas, donc je ne puis dire comment se murent les autours célestes, mais je les vis bien l'un et l'autre en mouvement.

Sentant l'air qui se fendait sous les ailes vertes, le serpent s'enfuit, et les anges remontèrent à leur place en volant d'un vol égal.

L'ombre qui s'était rapprochée du juge lorsqu'il l'appela, ne cessa pas un moment de me regarder durant tout cet assaut.

« Que le flambeau qui te mène là-haut trouve en ta volonté autant de cire qu'il en faut pour parvenir à la montagne émaillée, »

Commença-t-elle à dire ; « si tu sais quelque nouvelle du Val di Magra ou de la terre voisine, dis-la-moi, car je fus grand dans ce pays.

---

[1] Les trois vertus théologales.
[2] Les quatre vertus cardinales, ou morales, qui sont la Prudence, la Justice, la Force et la Tempérance.

» On m'appela Conrad Malaspina[1]; je ne suis pas l'ancien de ce nom, mais j'en suis descendu. Je portai aux miens un amour qui s'épure ici.

— Oh! lui dis-je, jamais je n'ai parcouru votre pays, mais où demeurer dans toute l'Europe que son nom n'y soit arrivé ?

» La gloire qui honore votre maison renomme les seigneurs et renomme la contrée tant, que celui-là même la connaît qui n'y est pas encore venu.

» Et je vous jure (puissé-je avec autant de certitude parvenir là-haut!) que votre race honorée ne perd point la gloire due à une bourse libérale et à une forte épée.

» L'habitude et le bon naturel l'avantagent tellement que, bien que le chef pervers du monde égare les autres hommes, seule elle marche droit et méprise le mauvais chemin. »

Et lui : « Maintenant, va! Avant que le soleil rentre sept fois dans l'espace que le Bélier couvre et enfourche de ses quatre pieds,

» Cette opinion courtoise te sera clouée au milieu de la tête avec des clous plus grands qu'il n'en peut sortir des paroles d'autrui,

» Si le cours de la Providence ne s'arrête point. »

CHANT IX.

Le poëte raconte que s'étant endormi, il eut, vers le matin, une vision. — Reveillé, il se traîna en un lieu plus élevé, près de son guide fidèle, près de Virgile, qui le mena jusqu'à la porte du Purgatoire. — L'Ange qui garde cette porte la leur ouvre avec empressement.

La compagne de l'antique Tithon, sortie des bras de son doux ami, déjà paraissait blanche aux rives d'Orient;

Son front était reluisant des perles dont la disposition

---

[1] Seigneur de la Lunigiane.

figure cet animal froid [1] qui frappe les hommes avec sa queue.

La nuit avait fait deux pas de sa marche ascendante dans le lieu où nous étions, et le troisième faisait déjà pencher ses ailes,

Quand moi, qui traînais avec moi tout ce qui nous vient d'Adam, me sentant vaincu par le sommeil, je m'étendis sur l'herbe là où nous étions assis tous les cinq.

A l'heure voisine du matin où l'hirondelle commence ses tristes lais, peut-être en mémoire de ses premières douleurs [2];

A l'heure où notre esprit, plus étranger à la chair et moins pris des pensers terrestres, est presque divin dans ses visions,

Il me semblait voir en songe un aigle suspendu dans le ciel, avec des plumes d'or, les ailes ouvertes et s'apprêtant à descendre;

Et il me semblait que j'étais là où les siens furent abandonnés par Ganymède quand il fut enlevé pour la céleste assemblée.

Je pensais en moi-même : « Peut-être cet aigle a-t-il l'habitude de ne chasser qu'en ce lieu, et peut-être dédaigne-t-il de poser ailleurs ses pieds. »

Ensuite il me sembla que, tournoyant un peu, terrible comme la foudre, il descendit et m'enleva jusqu'à la sphère de feu.

Là, il me sembla que l'aigle et moi nous brûlions, et cet embrasement imaginaire était si cuisant, qu'il fallut que mon sommeil se rompît.

Non autrement tressaillit Achille, promenant autour de lui ses yeux éveillés et ne sachant où il était,

Quand sa mère l'ayant pris à Chiron, le transporta dormant entre ses bras à Scyros, d'où par la suite les Grecs l'emmenèrent,

---

[1] Le scorpion.

[2] Se rappeler la fable de Progné.

Que, moi, je tressaillis : le sommeil s'enfuit de ma face, et je devins pâle comme quelqu'un que glace l'épouvante.

Celui qui me soutient était seul à mon côté. Le soleil s'était déjà levé depuis plus de deux heures, et mon visage était tourné vers la mer.

« N'aie point de crainte, dit mon maître, montre-toi rassuré, car nous sommes à bon port ; ne restreins pas, mais élargis en toi toute vigueur.

» Tu es parvenu au Purgatoire ; vois le rempart qui l'entoure et le ferme ; vois l'entrée, vois l'entrée là où le rempart est interrompu.

» Durant l'aube qui précède le jour, quand ton âme sommeillait là-bas sur les fleurs, dans ce lieu qui en est émaillé,

» Une femme est venue, elle a dit : « Je suis Lucie[1], laissez-moi prendre celui-ci qui dort ; je le soulageai pendant sa route. »

» Sordello resta, et les autres ombres gentilles aussi ; elle t'enleva, et quand le jour fut clair, elle s'en vint vers la montagne, et moi j'allai sur ses traces.

» Ici elle te posa, après m'avoir montré avec ses beaux yeux cette entrée ouverte ; ensuite elle et ton sommeil disparurent ensemble. »

Comme un homme qui se rassure après avoir douté, et qui change sa peur en sécurité lorsque la vérité lui est découverte,

Ainsi je me changeais ; et quand mon guide me vit sans inquiétude, il se mit en mouvement vers le haut rempart, et moi je le suivis vers la hauteur.

Lecteur, tu vois comme j'élève la matière de mes chants ; lonc ne t'étonne pas si je la soutiens par un art plus haut.

Nous nous approchâmes, et nous vînmes à cette partie où d'abord le rempart me semblait rompu comme par une fente qui sépare une muraille ;

Mais je vis une porte, et au-dessous, pour y monter, trois

---

[1] Lucie, emblème de la grâce illuminante.

degrés différents de couleur, et un portier qui encore ne disait mot.

Et comme de plus en plus j'ouvrais les yeux, je vis qu'il était assis sur le degré supérieur, et d'un tel aspect, que je ne pus le soutenir.

Il avait en main une épée nue qui reflétait si vivement vers nous ses rayons, qu'en vain j'essayai plusieurs fois d'y diriger ma vue.

« Dites-le, de là, que voulez-vous? commença-t-il à dire; où est votre guide? Prenez garde que votre venue ici ne vous nuise.

— Une femme du ciel, instruite de ces choses, lui répondit mon maître, nous a dit il y a peu de temps : « Allez, là est la porte. »

— Qu'elle assure vos pas, reprit le gracieux portier; venez donc et montez nos degrés[1]. »

Nous vînmes. La première marche était d'un marbre blanc si poli et si net, que je me voyais dedans tel qu'aux autres je parais.

La seconde, d'une couleur plus sombre que le pers, était formée d'une pierre calcinée et rude, crevassée en long et en travers.

La troisième et la plus élevée me semblait d'un porphyre aussi rouge que le sang qui jaillit de la veine.

Cette marche portait les pieds de l'ange de Dieu, lequel était assis sur le seuil de la porte, seuil formé, il me parut, d'une pierre de diamant.

Par les trois marches où me portait ma bonne volonté, mon guide m'entraîna en disant : « Demande humblement que la serrure s'ouvre. »

Je me jetai dévotement aux saints pieds; je le priai par miséricorde de m'ouvrir, mais, premièrement, je me donnai trois coups dans la poitrine.

Avec la pointe de son épée, il me traça sept fois au front

---

[1] Le premier degré, symbole de la sincérité de la confession; — le second, symbole de la contrition; — le troisième, symbole de la satisfaction.

la lettre P, et il me dit : « Fais en sorte, quand tu seras entré, de laver ces taches[1]. »

La cendre ou la terre desséchée serait d'une couleur pareille à celle de ses vêtements; il en tira deux clefs.

L'une était d'or, et l'autre était d'argent. D'abord avec la blanche, ensuite avec la jaune, il essaya d'ouvrir la serrure, et je me sentis content[2].

« Quand une de ces clefs, nous dit-il, fait défaut, et ne tourne pas régulièrement dans la serrure, cette entrée ne s'ouvre pas;

» L'une de ces clefs est plus précieuse, mais l'autre veut plus d'art et d'intelligence, parce que c'est elle qui fait détendre le ressort.

» Je les tiens de Pierre, qui me dit de me tromper plutôt pour ouvrir la porte que pour la tenir fermée, pourvu que les pécheurs se prosternent à mes pieds[3]. »

Ensuite il poussa en dedans la porte sacrée, en disant :

« Entrez, mais soyez avertis que celui-là est condamné à sortir qui regarde en arrière. »

Alors roulèrent sur leurs gonds les battants de la porte du royaume sacré, lesquels sont d'un métal épais et sonore :

Si fortement et avec tant d'âpreté ne rugit pas la tour Tarpéienne quand on en chassa le bon Métellus, et qu'elle resta vide de son trésor[4].

Je me tournai attentif vers le premier bruit, et il me sembla entendre une voix qui chantait au milieu d'autres sons très-doux : *Te Deum laudamus.*

Ce que j'entendais me faisait ressentir ce qu'on éprouve d'ordinaire quand la voix et l'orgue se marient.

Tantôt on entend, tantôt on n'entend plus les paroles.

---

[1] Symboles des sept péchés capitaux.

[2] La clef d'or figure la science nécessaire au prêtre pour pouvoir juger; la clef d'argent, l'autorité qu'a l'Église de pouvoir absoudre.

[3] Si Deus benignus, quare sacerdos austerus? Ubi enim pater-familias est largus, dispensator non debet esse tenax. (S. CHRYSOSTOME.)

[4] Tunc rupes Tarpeia sonat, magnoque reclusas
Testatur stridore fores.
(LUCAIN.)

CHANT X.

Entrés dans le Purgatoire, les poëtes montent au premier cercle, où se purifie le péché d'Orgueil. — Tout d'abord ils voient gravés sur les murs plusieurs exemples d'Humilité. — Puis ils voient les Ames des Orgueilleux marchant peniblement sous de lourds fardeaux.

Quand nous fûmes au delà du seuil de la porte que le penchant malin des âmes humaines laisse ouvrir si rarement, parce qu'il fait paraître droite la voie tortueuse,

Je connus, au son qu'elle rendit, qu'elle était refermée. Et, si j'avais tourné les yeux vers elle, quelle excuse eût été digne d'une telle faute?

Nous montions entre deux roches fendues dont les sinuosités de part et d'autre imitaient l'onde qui fuit et puis revient.

« Ici, dit mon guide, il faut user d'un peu d'art, en s'approchant, tantôt par ici tantôt par là, du côté qui a des enfoncements. »

Et ce soin rendit nos pas lents et si rares, que la lune, alors décroissante, était rentrée dans son lit pour se reposer,

Avant que nous fussions hors du sentier étroit. Mais quand nous fûmes dégagés et à découvert là où le mont se rejette en arrière,

Moi fatigué, et tous deux incertains de notre route, nous restâmes sur une plate-forme plus solitaire qu'une route à travers les déserts.

Depuis le bord de l'abîme jusqu'au pied de la haute chaussée qui va toujours en montant, on n'aurait mesuré que trois fois le corps d'un homme;

Et, aussi loin que mes regards pouvaient aller avec leurs ailes, du côté gauche ou du côté droit, les ceintures de la plate-forme me semblaient à cette égale distance.

Nos pieds n'avaient pas encore monté sur cette voie, quand je reconnus que le côté intérieur qui, droit et à pic, eût été inaccessible,

Était de marbre blanc et orné de bas-reliefs, tels que non-seulement Polyclète, mais la nature les aurait admirés à sa honte.

L'ange qui vint sur terre avec la nouvelle de la paix appelée durant tant d'années et avec tant de larmes, qui ouvrit le ciel après la longue défense,

Cet ange, sculpté dans une attitude suave, nous apparaissait avec tant de vérité, qu'il ne semblait pas être une figure silencieuse.

On eût juré qu'il disait *Ave*, parce que là aussi était représentée celle qui désira les clefs pour ouvrir à l'amour souverain.

Et dans son attitude était exprimée cette réponse : *Ecce ancilla Dei,* aussi fidèlement qu'une figure laisse son empreinte sur la cire.

« Ne tiens pas ton esprit fixé sur un seul point, » dit le doux maître, qui m'avait près de lui du côté où les hommes ont le cœur.

J'avançai donc en regardant, et je vis après Marie, et de ce côté où j'avais celui qui me faisait avancer;

Une autre histoire sculptée sur le rocher. C'est pourquoi je devançai Virgile et je m'approchai, afin qu'elle fût bien placée sous mes yeux.

Là, sur le marbre, étaient représentés le char et les bœufs traînant l'arche sainte, si redoutée de quiconque veut remplir un office que Dieu ne lui a pas commis.

En avant se voyaient quantité de gens; et cette troupe, divisée en sept chœurs, faisait dire à deux de mes sens : Oui, elle chante! non, elle ne chante pas!

De même, devant la fumée de l'encens si bien représentée, mes yeux et mon odorat étaient en désaccord et sur le oui et sur le non.

La robe relevée et dansant, l'humble psalmiste précédait le vase bénit; en ce moment il était plus et moins qu'un roi.

Vis-à-vis, et du faîte d'un grand palais, Michol le contemplait de l'air d'une femme dédaigneuse et triste.

J'arrachai mes pieds du lieu où je me tenais, pour voir de près une autre histoire qui, placée derrière Michol, blanchissait.

Là était représentée la haute gloire du prince romain qui, par sa grande vertu, excita le pape Grégoire à une si grande victoire[1].

Je parle de l'empereur Trajan. Au frein de son cheval était une veuve en larmes, désolée;

Autour de lui on distinguait une foule abondante de cavaliers, et au-dessus de sa tête les aigles d'or s'agitaient au vent.

La malheureuse, au milieu de tous, semblait dire :

« Maître, donne-moi vengeance pour mon fils qui est mort; mon cœur est navré. »

Et il semblait lui répondre : « Attends que je revienne. » Et elle, comme une personne que pousse la douleur :

« O mon seigneur! si tu ne reviens pas! » Et lui : « Celui qui sera où je suis t'accordera vengeance! » Et elle : « Que te servira le bien fait par un autre, si le bien que tu dois faire tu le mets en oubli ? »

Lui enfin : « Rassure-toi, il faut que je m'acquitte de mon devoir avant d'avancer. La justice le veut, et la pitié me retient. »

Celui qui ne vit jamais une chose nouvelle[2] produisit ces paroles visibles, nouvelles pour nous, car il ne s'en trouva pas de telles sur la terre.

Tandis que je me délectais à regarder ces tableaux de grande humilité, et si précieux à voir quand on en sait l'ouvrier,

Le poëte murmurait : « Voici par là bien des âmes, mais

---

[1] Pour entendre ceci, il faut savoir que Grégoire le Grand, pape, un jour lisant la vie de Traian, se mait, pour les singulières vertus qui furent en ce brave empereur, à déplorer sa condition, veu qu'ayant esté payen, il ne pouvoit estre sauvé. Lors entrant en une église, il pria Dieu si dévotement pour l'âme de Traian, que soudain il eut révélation comme Dieu auroit exaulcé ses prières, et que Traian estoit délivré des peines de l'enfer; mais il lui fut enjoinct de ne plus prier pour aucun infidèle ou payen. (Grangier.)

[2] Dieu.

elles viennent lentement. Elles nous mèneront vers les degrés supérieurs. »

Mes yeux, qui étaient tout attentifs à regarder les nouveautés dont ils sont avides, ne furent point lents à se tourner vers lui.

Je ne veux pas, lecteur, que tu t'écartes des bonnes dispositions pour entendre comment Dieu veut que les dettes se payent.

Ne fais pas attention à la forme du martyre, pense à ce qui le suit; pense qu'au pire il ne peut aller au delà du grand jugement.

Je commençai : « Maître, ce que je vois se mouvoir vers nous ne me semble pas être des personnes, et j'ignore ce que c'est, tant à cette vue je me trouble. »

Et lui à moi : « La pesante condition de leur tourment les courbe tellement vers la terre, que mes yeux ont premièrement douté;

» Mais regarde fixement, et avec tes yeux redresse ce qui s'en vient sous ces lourdes pierres. Déjà tu peux juger comme chacun d'eux est tourmenté. »

O chrétiens superbes, misérables et faibles, qui, perclus des yeux de l'entendement, vous fiez à vos pas qui vous font rétrograder!

Ne vous apercevez-vous pas que nous sommes des vers, nés pour former le papillon angélique[1] qui vole sans défense à la justice de Dieu?

Pourquoi votre esprit se dresse-t-il comme le coq? vous n'êtes que des insectes défectueux, des vers dont la formation est avortée.

Comme pour soutenir une solive ou un toit, souvent on voit le long de l'entablement une figure joindre les genoux à la poitrine,

Laquelle fait naître, d'un mal non véritable, une véritable souffrance en celui qui la voit; ainsi je vis ces âmes, quand j'appliquai mon soin à les examiner.

---

[1] L'âme.

Il est vrai qu'elles étaient plus ou moins contractées, selon qu'elles avaient plus ou moins sur le dos ; et celle qui avait plus de patience dans son tourment

Semblait dire, en se plaignant : « Je n'en puis plus. »

CHANT XI.

Prière des Orgueilleux. — Virgile leur demande quel sentier est le plus facile à monter. — Comme les deux poëtes cheminent, Dante reconnaît parmi les Ames le peintre Oderisi de Gubbio, qui lui fait l'histoire des peintres italiens se succédant avec tant de rapidité, que la gloire de l'un fait bientôt oublier celle de l'autre.

« O notre Père qui es dans les cieux, non circonscrit en eux, mais par un amour plus grand pour les premiers êtres qui sont là-haut,

» Loués soient ton nom et ton pouvoir par toute créature, de même qu'on doit rendre grâce à ta douce sagesse.

» Que la paix de ton règne nous arrive, car si elle ne vient à nous, nous ne pouvons aller à elle, malgré notre intelligence.

» Comme les anges te font le sacrifice de leur volonté en chantant Hosanna, ainsi puissent faire les hommes !

» Donne-nous aujourd'hui la manne quotidienne, sans laquelle, dans cet âpre désert, celui-là va en arrière qui se travaille le plus pour avancer.

» Et comme nous pardonnons à chacun le mal que nous avons souffert, toi aussi, bienfaisant, pardonne et ne regarde pas à notre mérite.

» Notre vertu, qui si aisément succombe, ne l'éprouve pas contre l'antique adversaire, mais délivre-la de lui qui la tente si fort.

» Cette dernière prière, ô Seigneur chéri ! déjà nous ne la faisons plus pour nous, qui n'en avons plus besoin, mais pour ceux qui derrière nous sont restés. »

Ainsi, tout en priant pour elles et pour nous, ces âmes

s'en allaient sous leur fardeau, tout semblable à celui que parfois on croit porter en rêve.

Inégalement chargées, elles cheminaient toutes, pleines d'angoisses et lasses, le long de la première corniche, afin de se purifier des ténèbres du monde.

Si par là on prie toujours pour nous, ici que ne doivent pas dire et faire pour ces âmes ceux qui ont une volonté douée de bonnes racines!

Il faut les aider à laver les taches qu'elles ont rapportées du monde, afin que, pures et légères, elles puissent s'élever vers les roues étoilées.

« Ah! que la justice et la pitié vous allégent bientôt, pour que vous puissiez mouvoir les ailes qui vous enlèvent selon votre désir!

» Montrez-nous de quel côté on va le plus promptement vers l'échelle, et, s'il y a plus d'un passage, enseignez-nous celui qui est le moins montant.

» Car celui-ci qui vient avec moi, tout chargé de cette chair d'Adam qui le revêt, est lent à gravir, malgré son bon vouloir. »

Leurs paroles en réponse à celles qu'avait dites celui que je suivais, nous ne pûmes savoir de qui elles vinrent;

Mais elles furent telles : « Venez avec nous, à main droite, sur la rive, et vous trouverez un passage où peut monter une personne vivante,

» Et si je n'étais pas empêché par cette pierre qui dompte mon front orgueilleux, et me force de tenir le visage baissé,

» Je regarderais afin de voir si je connais celui-là qui est encore vivant et ne se nomme pas, afin d'exciter sa pitié pour mon supplice.

» Je fus Latin et fils d'un grand Toscan; Guillaume Aldobrandeschi fut mon père; je ne sais si jamais son nom vous est parvenu.

» L'antique sang et les actions brillantes de mes aïeux me rendirent si arrogant, que, ne pensant plus à la mère commune,

» J'eus tout homme en mépris, et à tel point, que ce mépris causa ma mort, comme le savent les Siennois, et comme dans le Campagnatico le sait tout enfant [1].

» Je suis Humbert, et ce n'est pas à moi seulement que l'orgueil a fait mal, mais aussi à tous mes parents, qu'il a entraînés dans le malheur;

» Et il faut, à cause de mon péché, que je porte ici ce fardeau, jusqu'à ce que j'aie ainsi satisfait à Dieu. Ce que je n'ai point fait parmi les vivants, je le fais parmi les morts. »

En l'écoutant je baissai la tête : alors un des esprits, non celui qui parlait, se tourna sous le poids qui l'embarrassait,

Et il me vit, et il me reconnut, et il m'appela en tenant avec grand'peine ses yeux fixés sur moi, qui, tout penché, marchais à côté d'eux.

« Oh! lui dis-je, n'es-tu pas Oderisi, l'honneur d'Agobbio, l'honneur de cet art qu'on appelle à Paris enluminure [2]?

— Frère, dit-il, on trouve plus riant le papier qu'enlumine Franco Bolognèse [3] : tout l'honneur est maintenant pour lui, et pour moi une bien chétive part.

» Je n'aurais pas été si courtois pendant que je vivais, à cause du grand désir d'exceller dans l'art auquel s'appliqua mon cœur.

» Ici se paye la peine d'un tel orgueil. Et encore ne serais-je pas où je suis, si, pouvant encore pécher, je ne m'étais tourné vers Dieu.

» O vaine gloire du pouvoir humain! plante sans durée, que le vert reste peu de temps sur sa cime, lorsqu'elle ne touche pas à des temps de barbarie!

---

[1] Ce fut à Campagnatico, dans les Maremmes, que les Siennois, irrités de l'orgueil d'Humbert, firent tuer ce fils des comtes de Santafiora ; son père était Guillaume Aldobrandeschi.

[2] Agobbio ou Gubbio, dans le duché d'Urbin, patrie d'Oderisi, le peintre en miniature.

[3] C'est-à-dire François de Bologne.

» Cimabué[1] crut tenir le champ de la peinture, et maintenant c'est Giotto[2] qui a la vogue, de sorte que la renommée de l'autre est obscurcie.

» Ainsi un Guido[3] ravit à l'autre Guido[4] l'honneur de la langue, et peut-être un troisième est-il né qui chassera l'un et l'autre de son nid.

» Le bruit du monde n'est qu'un souffle de vent qui vient tantôt d'ici, tantôt de là, et change de nom en changeant de côté.

» Aurais-tu plus grande renommée si tu ne devais te dépouiller que d'une chair minée par l'âge, ou si tu étais mort avant de perdre ton parler enfantin ;

» Dis, serais-tu plus connu, avant que passent trois mille ans ? ce qui est, comparé à l'éternité, un temps plus court qu'un mouvement de cils, comparé à l'astre qui, dans le ciel, tourne le plus lentement.

» Celui qui, devant toi, fait si peu de chemin, toute la Toscane a proclamé son nom : c'est à peine aujourd'hui si on le murmure à Sienne,

» Dont il était seigneur quand fut détruite la rage de Florence[5], qui était aussi superbe dans ce temps qu'elle est à cette heure prostituée.

» Votre renommée a la couleur de l'herbe qui vient et passe, et celui qui lui ôte sa couleur est le même qui la fait sortir verte de la terre. »

Et moi à lui : « Tes paroles pleines de vérité font entrer une bonne humilité dans mon cœur, et ma grande enflure s'abaisse ; mais quel est celui dont tu parlais à l'instant ?

— C'est, répondit-il, Provenzano Salvani. Il est ici parce qu'il eut la présomption de ne régir Sienne que par ses mains.

» Il a marché et il marche ainsi sans repos depuis qu'il

---

[1] Cimabué, mort en 1300.
[2] Giotto, mort en 1336.
[3] Guido Guinicello, poëte de Bologne.
[4] Guido, autre poëte célèbre, fils de Cavalcante Cavalcanti.
[5] Ce fut à la fameuse bataille de Monte-Aperto gagnée par les Siennois.

est mort : telle est la monnaie que doit rendre, pour s'acquitter, celui qui là-bas a trop osé. »

Et moi : « Si un esprit qui attend, avant de se repentir, la limite de sa vie, demeure au bas de la montagne et ne monte jusqu'ici,

» (A moins qu'une prière salutaire ne lui vienne en aide) qu'après un temps égal à celui qu'il a vécu, comment sa venue ici lui a-t-elle été octroyée ?

— Quand il vivait avec le plus de gloire, répondit l'ombre, il s'agenouilla volontairement sur la place de Sienne, en déposant toute honte ;

» Et là, pour tirer son ami de la peine qu'il endurait dans la prison de Charles, il se mit à trembler de toutes ses veines.

» Je n'en dirai pas davantage, et je sais que mes paroles sont obscures, mais, d'ici peu de temps, tes concitoyens agiront de manière que tu pourras en pénétrer le sens.

» Cette action a retiré Provenzano des confins du Purgatoire. »

CHANT XII.

Après avoir quitté Oderisi, les poëtes voient sculptés sur la corniche plusieurs exemples d'Orgueil. — De là, ils s'avancent conduits par un Ange qui, d'un mouvement de ses ailes, purifie Dante du péché d'Orgueil. — Ils montent au second cercle.

Comme une paire de bœufs qui marchent sous le joug, cette âme chargée et moi, nous allâmes de front, tant que le permit mon doux pédagogue ;

Mais quand il me dit : « Laisse-le, et marche, car il est bon ici que, de la voile et des rames, chacun, autant qu'il peut, pousse sa barque, »

Je redressai mon corps ainsi qu'il convient de faire lorsqu'on veut marcher, bien que mes pensées restassent courbées et abattues.

Je m'étais mis en mouvement et je suivais de bon gré les pas de mon maître, et tous deux nous montrions comme nous étions légers,

Lorsqu'il me dit : « Tourne les yeux en bas, il te sera bon, pour alléger ta route, de voir le sol où tu mets les pieds. »

Comme, afin que leur mémoire demeure, les tombes construites sous le pavé des églises portent le portrait des ensevelis, tels qu'ils étaient jadis,

Si bien qu'on se prend maintes fois à pleurer, tout poigné par ce souvenir, qui ne fait sentir son aiguillon que dans les cœurs pieux;

Ainsi toute la route entre la montagne et l'abîme m'apparut couverte de figures, mais rendues avec plus de ressemblance à cause de l'ouvrier.

Je voyais d'un côté celui qui fut créé plus noble que toutes les créatures tomber du ciel comme la foudre;

Je voyais, de l'autre côté, Briarée [1] atteint du trait céleste, gisant à terre, et l'attristant de son froid mortel;

Je voyais Tymbrée [2], je voyais Pallas et Mars, armés encore autour de leur père, contempler les membres épars des géants;

Je voyais Nembrod [3], au pied de sa grande tour, regarder, comme égaré, les nations qui furent avec lui dans le Sennaar.

O Niobé [4]! avec quels yeux désolés je te voyais représentée sur la route entre sept et sept enfants morts!

O Saül! comme, percé de ta propre épée, là tu m'apparus mort sur le Gelboé qui dès lors ne sentit plus ni la pluie ni la rosée [5]!

O folle Arachné! je te voyais déjà changée à demi en araignée, triste sur les débris de l'œuvre qui se fila malheureusement pour toi.

---

[1] Briarée, Titan.
[2] Surnom d'Apollon.
[3] Nembrod, un des constructeurs de la tour de Babel.
[4] Fille de Tantale et épouse d'Amphion, mère de quatorze enfants, selon le
[5] Montes Gelboe, neque pluvia, neque ros veniant super vos. (*Reg.*, l; II.)

O Roboam[1]! tes traits ici ne semblent plus menaçants; mais, plein d'épouvante, tu t'enfuis sur un char avant que les autres te chassent.

Le dur pavé montrait encore comment Alcméon[2] fit payer cher à sa mère sa malheureuse parure.

Il montrait comment les fils de Sennachérib se jetèrent sur lui dans le temple, et comment ils le laissèrent mort.

Il montrait la ruine et le cruel châtiment de Cyrus quand Tomyris lui disait : « Tu as eu soif de sang, et je t'emplis de sang. »

Ils montraient comme s'enfuirent en déroute les Assyriens, après que fut mort Holopherne, et les restes de ce carnage.

Je voyais Troie[3] en cendres et en ruines : ô Ilion[4]! comme les peintures qui se trouvaient là te montraient abattu et avili!

Quel fut le maître du pinceau ou du ciseau qui traça les ombres et les poses que l'esprit le plus subtil devrait admirer?

Les morts paraissaient morts, et les vivants paraissaient vivants. Celui qui vit le fait ne le vit pas mieux que moi, tout ce que je foulai aux pieds, tant que je cheminai incliné.

Or, enorgueillissez-vous, marchez d'un air altier, ô fils d'Ève! et ne baissez pas la tête afin de voir votre mauvais sentier!

Déjà nous avions fait plus de chemin autour de la montagne, et le soleil était plus avancé dans sa route que ne le pensait notre esprit ainsi occupé,

Quand celui qui, toujours en avant, s'en allait attentif, commença : « Lève la tête! il n'est plus temps de marcher de ce pas lent et distrait.

---

[1] Roboam, fils de Salomon ; dix des tribus se revoltèrent contre lui.
[2] Alcméon, fils d'Amphiaraüs.
[3] Troie est la province.
[4] Ilion, la capitale.

» Vois un ange qui s'apprête à venir vers nous; voici que la sixième servante du jour a fini son service [1].

» Empreins de respect ton visage et toute ta personne, afin qu'il prenne plaisir de nous envoyer plus haut; pense que ce jour-ci ne rayonnera plus. »

J'étais bien habitué par ses avis à ne pas perdre de temps, de sorte que sur cette matière il ne pouvait me parler un langage obscur.

Vers nous venait la belle créature blanc-vêtue, et dont la figure scintillait comme l'étoile du matin.

Elle ouvrit les bras, et ensuite elle ouvrit les ailes en disant : « Venez! il y a ici près des degrés, et, purifié, on les monte aisément. »

A cette invitation bien peu viennent et répondent. O race humaine, née pour voler là-haut! pourquoi au moindre vent tomber ainsi?

L'ange nous mena où la roche était entaillée; là il me frappa le front de ses ailes [2], puis il promit un voyage sûr et tranquille.

De même qu'à main droite, pour gravir la montagne où est placée l'église qui domine Florence [3], la ville bien gouvernée, là au-dessus de Rubaconte,

La pente ardue de la montée s'adoucit par des escaliers (escaliers qui furent faits dans le temps où les registres et les mesures publiques étaient en sûreté),

De même s'adoucit la pente escarpée qui tombe ici de l'autre cercle, mais les hautes parois vous serrent à droite et à gauche.

Comme nos corps tâchaient de s'insinuer dans ce défilé, des voix, avec une douceur que le discours ne peut redire, chantèrent : *Beati pauperes spiritu.*

Ah! combien ces sentiers creux sont différents de ceux de l'enfer! Ici l'on entre parmi les chants; là-bas, parmi des gémissements furieux.

---

[1] La sixième heure.
[2] Pour effacer un des P tracés sur le front de Dante, le péché d'Orgueil.
[3] L'église de San-Miniato.

Déjà nous montions par le saint escalier, et il me semblait à moi-même être bien plus léger que je ne me trouvais sur la plaine;

Aussi je m'écriai: « Maître, dis-moi, de quelle lourde chose m'a-t-on allégé, que je ne reçois presque aucune fatigue en marchant? »

Il répondit : « Quand les *P* restés sur ton front, mais déjà presque effacés [1], auront tous, comme l'un d'entre eux, entièrement disparu,

» Tes pieds seront tellement au service du bon vouloir, qu'ils ne sentiront plus la fatigue; ce sera pour eux un plaisir de monter. »

Alors je fis comme ceux qui s'en vont portant sur la tête une chose sans le savoir, sinon quand les signes des autres la leur font soupçonner;

Aussitôt leur main les aide à s'en assurer; elle cherche, elle trouve et remplit l'office que l'œil ne pouvait faire.

Ainsi, en étendant les doigts de la main droite, je ne trouvai plus que six des lettres que l'ange porteur des clefs avait marquées sur mon front.

Voyant cela, mon guide se prit à sourire.

CHANT XIII.

Second cercle où se purifie le peché d'Envie. — Les poëtes rencontrent plusieurs Esprits qui, tout en volant, citaient divers exemples d'Amour. — Ils voient ensuite les Ames des Envieux récitant les litanies des saints. — Les Envieux sont couverts d'un cilice et leurs yeux sont cousus avec un fil de fer. — Dante parle à Sapia, dame siennoise.

Nous étions au sommet de l'escalier, où, pour la seconde fois, se resserre la montagne sur laquelle les pécheurs se purifient en montant.

Là aussi un cercle règne, comme le premier, autour de

---

[1] Le péché d'Orgueil, le plus grand de tous, en s'effaçant, a déjà fait presque disparaître les six autres.

la hauteur; seulement son arc est plus prompt à se refermer.

On n'y trouve ni reliefs ni sculptures au trait; les bords sont tout unis, et la route est également nue, la pierre qui les forme a une couleur livide [1].

« Si nous attendons ici quelqu'un pour demander notre chemin, disait le poëte, je crains que notre choix n'éprouve trop de retard. »

Ensuite il dirigea ses yeux fixement sur le soleil; il fit de sa jambe droite un centre sur lequel s'appuya son mouvement, et il tourna la partie gauche de lui-même.

« O douce lumière, sous laquelle j'entre avec confiance dans le nouveau chemin! conduis-nous, disait-il, selon qu'il faut nous conduire dans cette enceinte.

» Tu réchauffes le monde, tu l'éclaires; si quelque autre raison ne vient à l'encontre, tes rayons doivent toujours être nos guides. »

Ce qui compte ici-bas pour un mille, nous l'avions déjà parcouru en peu de temps, grâce à notre volonté active.

Et vers nous voilà que nous sentîmes voler, car nous ne les vîmes pas, des esprits qui, en parlant, invitaient courtoisement à la table d'amour.

La première voix qui passa en volant dit fortement: *Vinum non habent* [2], et derrière nous elle allait le répétant.

Et avant qu'en s'éloignant cette voix eût cessé d'être entendue, une autre passa en criant : « Je suis Oreste, » et, comme la première, elle ne s'arrêta pas.

« O père! dis-je alors, quelles sont ces voix? » Et comme je demandais, voici une troisième, disant : « Aimez ceux qui vous ont fait du mal. »

Le bon maître : « Ce cercle châtie et fouette le péché d'envie; donc les cordes du fouet sont agitées par l'amour.

» Le frein des pécheurs rend un son tout contraire. Je pense que tu l'entendras avant que d'être arrivé au pas où l'on pardonne.

---

[1] Comme le teint des Envieux.
[2] Paroles de la Vierge au Christ, aux noces de Cana.

» Mais, à travers l'air, attache fixement tes regards de ce côté, et tu verras devant nous des gens étendus, et chacun d'eux appuyé le long d'un rocher. »

Alors j'ouvris les yeux plus qu'auparavant ; je regardai devant moi, et je vis des ombres entourées de manteaux de la même couleur que la pierre.

Et lorsque nous fûmes un peu plus avancés, j'entendis crier : « Marie, prie pour nous ! » puis crier : « Michel, Pierre et tous les saints, priez pour nous. »

Je ne crois pas que sur la terre marche de nos jours un homme si dur, qu'il ne fût touché de compassion de ce que je vis ensuite :

Car, lorsque je fus si près de ces esprits, qu'aucun de leurs mouvements ne m'était caché, je sentis par mes yeux une grande douleur s'échapper de moi.

Ils me semblaient couverts d'un vil cilice, chacun d'eux soutenait l'autre sur son épaule, et tous étaient soutenus par le rocher.

Ainsi les aveugles qui manquent de pain se tiennent aux Pardons[1] où ils quêtent pour leur besoin, et l'un appuie sa tête sur celle de l'autre,

Afin que la pitié aille toucher les cœurs, non-seulement par le son des paroles, mais par la vue, qui n'y excite pas moins.

Et comme le soleil ne parvient pas aux aveugles, ainsi aux ombres dont je parlais la lumière du ciel refuse ses largesses ;

Car toutes ont les paupières percées et cousues avec un fil de fer, comme l'épervier sauvage qui n'est pas encore docile[2].

En allant, il me semblait faire un outrage de voir autrui sans en être vu ; je me tournai donc vers mon sage conseiller.

Il savait bien ce que, muet, je voulais dire ; aussi il n'at-

---

[1] Les églises.
[2] Pratique de la fauconnerie, avant l'invention du chaperon.

tendit pas ma demande, mais il me dit : « Parle, et sois bref et sensé. »

Virgile cheminait de ce côté de la chaussée d'où l'on peut tomber dans l'abîme, parce qu'elle n'est fermée par aucun bord;

De l'autre côté étaient ces ombres, qui souffraient tellement de l'horrible couture, qu'elles baignaient leurs joues de larmes.

Je me tournai vers elles : « O vous, commençai-je, qui êtes sûres de voir la lumière du ciel, le seul souci de votre désir !

» Que la grâce dissipe les écumes de votre conscience, que par elle le fleuve de votre esprit coule bientôt pur et clair !

« Dites-moi (et ce me sera une chose gracieuse et chère) s'il est parmi vous une âme latine, et peut-être si je la connais, je lui serai utile.

— O mon frère ! chacune de nous est citoyenne d'une seule et véritable cité, mais tu veux dire une âme qui ait fait le pèlerinage de sa vie en Italie. »

Cette réponse, il me parut l'entendre un peu plus avant que le lieu où j'étais; ainsi je me fis entendre encore plus de ce côté.

Au milieu des autres ombres j'en vis une qui avait l'air d'attendre, et si quelqu'un demande comment je m'en aperçus, c'est qu'elle tenait le menton levé à la façon d'un aveugle.

« Esprit, lui dis-je, qui pour monter t'abaisses, si tu es celui qui m'a répondu, rends-moi instruit de ton pays ou de ton nom.

— Je fus Siennoise, répondit-elle, et avec ces autres je purifie en ce lieu ma vie coupable, en pleurant vers celui qui doit se donner à nous.

» Sage ne fus, bien que Sage (*Sapia*) je fusse nommée, et je me sentis plus joyeuse des malheurs des autres que de mon propre bonheur[1].

---

[1] Savia non fui, avegna che Sapia fossi chiamata.

» Et pour que tu ne croies pas que je te trompe, écoute si je fus, comme je le dis, folle : déjà je descendais la pente de mes ans,

» Alors mes concitoyens étaient près de Colle, en présence de leurs adversaires, et je demandais à Dieu une chose que déjà lui-même il voulait.

» Ils furent rompus et réduits, en ce lieu, au pas amer de la fuite; et moi, en voyant une telle chasse, je fus prise d'une joie au-dessus de toutes les autres joies,

» Tant que je levai au ciel ma tête effrontée, en criant à Dieu : Maintenant je ne te crains plus. Ainsi avait fait le merle trompé en hiver par quelques jours de beau temps.

» Sur la fin de ma vie j'ai voulu la paix avec Dieu, et encore ma dette n'eût pas été diminuée par la pénitence,

» Si Pierre Pettinagno[1], que sa charité émut de pitié pour mes fautes, n'avait eu souvenir de moi dans ses saintes oraisons.

» Mais qui es-tu, toi qui vas t'informant de notre condition, qui tiens, comme je le crois, les yeux ouverts, et parles en respirant?

— Mes yeux, lui dis-je, seront aussi cousus ici, mais pour peu de temps, car il est petit le péché que j'ai fait par des regards d'envie.

» Bien plus forte est ma peur quand mon âme réfléchit au supplice qu'on endure ci-dessous. Déjà le fardeau qu'on y porte me pèse. »

— Et elle à moi : « Qui donc t'a conduit ici haut parmi nous, si tu crois retourner là-bas? » Et moi : « C'est celui qui est avec moi et qui ne dit mot.

» Je suis vivant; donc apprends-moi, esprit élu, si tu veux que là-bas je fasse encore pour toi mouvoir mes pieds mortels.

— Ah! ceci est une chose si nouvelle à entendre, répondit-elle, que c'est un grand signe que Dieu t'aime; ainsi aide-moi de tes prières.

---

[1] Ermite florentin.

» Et je te requiers par ce que tu désires le plus, si jamais tu foules la terre de Toscane, de bien rétablir ma réputation parmi mes proches.

» Tu les verras parmi cette nation vaine qui met en Talamone[1] son espoir, et qui y perdra plus d'espoir qu'à trouver la Diana[2] ;

» Mais les amiraux y perdront plus encore. »

CHANT XIV.

Suite du cercle des Envieux. — Les poëtes s'arrêtent pour écouter messer Guido del Duca et messer Rinieri da Calboli. — Censure que fait le premier des mœurs de la Toscane et de la Romagne. — Puis, continuant leur route, Dante et Virgile entendent dans l'air plusieurs voix qui citaient des exemples d'Envie.

« Quel est celui-ci qui fait le tour de notre montagne avant que la mort lui ait donné la volée, et qui ouvre et ferme les yeux à volonté?

— Je ne sais qui il est, mais je sais qu'il n'est pas seul; demande-le-lui, toi qui en es plus voisin, et accueille-le avec douceur pour qu'il n'hésite pas à te parler. »

C'est ainsi que deux esprits, l'un sur l'autre appuyés, discouraient de moi à main droite; ensuite ils levèrent leur visage pour me parler.

Et l'un d'eux me dit : « O âme qui, renfermée dans un corps, t'en vas vers le ciel! par charité console-nous et nous dis

» D'où tu viens et qui tu es; car l'insigne faveur que tu as reçue nous rend émerveillés autant que le veut une chose qui jamais n'a été. »

Et moi : « Par le milieu de la Toscane passe un petit

---

[1] Raillerie contre les Siennois qui avaient acheté le port de Talamone sur la Méditerranée.

[2] Rivière qu'on disait couler sous la ville de Sienne.

fleuve qui sort à Falterona[1], et qu'un cours de cent milles ne peut rassasier.

» C'est près de ce fleuve que j'ai reçu ma personne mortelle. Dire qui je suis serait parler en vain, car mon nom ne résonne pas encore beaucoup.

— Si, par mon esprit, je pénètre bien l'intention de ton discours, me répondit alors l'âme qui m'avait questionné la première, tu parles de l'Arno. »

Et l'autre lui dit : « Pourquoi a-t-il caché le nom de cette rivière comme on fait des choses horribles? »

Et l'ombre, qui était interrogée sur ce sujet, s'acquitta ainsi : « Je ne sais, mais il est bien juste que le nom d'une telle vallée périsse,

» Car, dès sa source (là où s'élève si haut ce mont sauvage dont a été détaché Peloro[2], qu'en peu de lieux la chaîne montueuse dépasse cette hauteur),

» Jusqu'au point où le fleuve se rend pour réparer tout ce que le ciel a tiré de la mer, à laquelle les fleuves doivent à leur tour toute l'eau qui chemine avec eux,

» La vertu est évitée de tous comme un serpent ennemi, soit par un malheur de ce pays, soit par une mauvaise habitude qui les entraîne.

» Les habitants de cette misérable vallée ont tellement perverti leur naturel, qu'il semble que Circé les ait nourris dans ses pâturages.

» C'est au milieu de sales pourceaux[3], plus dignes de se nourrir de glands que d'autres aliments faits à l'usage des hommes, que ce fleuve fraye d'abord son maigre cours.

» Il trouve ensuite, en descendant, des roquets plus hargneux que ne le demande leur force[4]; aussi il leur tourne avec dédain le museau;

» Il va plus rapide, et plus il grossit, le fleuve maudit et malheureux, plus il trouve de chiens qui se font loups[5].

[1] Falterona, montagne de l'Apennin.
[2] Peloro, promontoire de Sicile.
[3] Les habitants du Casentin.
[4] Ceux d'Arezzo.
[5] Les Florentins, gourmands et avares. (VENTURI.)

» Descendu après, par des gorges profondes, il trouve des renards si pleins de fraude, qu'ils ne craignent aucun engin qui puisse les prendre [1].

» Je ne cesserai pas de dire, bien qu'un autre m'entende; et cela sera bon à celui-ci, pourvu qu'il se souvienne des choses qu'un esprit vrai me découvre.

» Je vois ton petit-fils qui devient chasseur de ces loups sur la rive du fleuve cruel, et tous les épouvante [2];

» Il vend leur chair encore vivante; ensuite il les tue comme de vieilles bêtes; il ôte à beaucoup la vie et à lui l'honneur;

» Il sort sanglant de la triste forêt [3], demeurée telle que d'ici à mille ans elle ne pourra bourgeonner dans sa force première. »

Comme à l'annonce de futurs malheurs se trouble le visage de celui qui écoute, de quelque part que le malheur l'attaque,

De même je vis l'autre âme, qui se trouvait tournée pour entendre, se troubler et devenir triste, quand ces paroles furent arrivées à elle.

Le langage de l'une et la figure de l'autre me rendirent désireux de savoir leur nom, et je leur en fis la demande mêlée de prières.

C'est pourquoi l'esprit, qui tout d'abord me parla, recommença : « Tu veux que je m'amène à faire pour toi ce que tu ne veux faire pour moi;

» Mais puisque Dieu veut que sa grâce brille si fort en toi, je ne te serai point avare. Sache donc que je suis Guido del Duca.

» Mon sang fut si brûlé par l'envie, que, si j'eusse vu un homme devenir joyeux, tu m'aurais vu couvert d'une teinte livide.

---

[1] Les Pisans.

[2] L'âme qui parle ici est Guido del Duca, de Brettinoro; elle s'adresse à Rinieri. Del Duca veut parler de Fulcieri, petit-fils de Rinieri, podestat de Florence en 1302, qui, gagné par les Noirs, fit enfermer et tuer les principaux Blancs.

[3] Florence.

» De ma semence voici la paille que je moissonne. O race humaine! pourquoi mettre ton cœur là où un bien demande l'exclusion de l'autre?

» Celui-ci est Rinieri, le trésor et l'honneur de la maison de Calboli, où depuis personne ne s'est fait héritier de son mérite.

» Et ce n'est pas seulement ses descendants qui sont dénués, entre le Pô et la montagne, la mer et le Réno, des qualités requises pour la vérité et les contentements de la vie;

» Car, dans ces mêmes confins, le sol est si couvert de rejetons vénéneux, que, pour le cultiver, toute peine serait maintenant tardive.

» Où est le bon Licio[1], et Arrigo Manardi[2], Pierre Traversaro[3], et Guido de Carpigna[4]? O Romagnols! ô race abâtardie!

» Puisqu'à Boulogne un forgeron fait souche[5], puisqu'à Faenza un Bernardin di Fosco[6], sorti de si petite graine, devient une noble tige!

» Ne t'étonne pas si je pleure, ô Toscan! lorsque je me rappelle Guido de Prata, Ugolin d'Azzo, qui vécut avec nous,

» Frédéric Tignoso et tous les siens, puis la maison Traversara et les Anastagi. Hélas! ces deux familles ont perdu leur héritage de vertu!

» Si je pleure en me rappelant les dames et les chevaliers, leurs travaux et leurs joies. Car l'amour et la courtoisie excitaient les cœurs, là où ils sont devenus si dépravés.

» O château de Brettinoro[7]! pourquoi n'as-tu pas croulé

---

[1] Licio di Valbona, homme de bien. Sa fille épousa Richard, après s'être livrée à lui.

[2] Les commentateurs ne sont point d'accord sur ce personnage.

[3] Pierre Traversaro, seigneur de Ravenne, maria sa fille à Étienne, roi de Hongrie.

[4] Guido, homme noble de Montefeltro. (Grangier.)

[5] Allusion à Lambertuccio, forgeron devenu grand seigneur.

[6] Homme valeureux et de petite naissance, etc.

[7] Brettinoro, etc., châteaux de la Romagne, gouvernée par de petits tyrans. Pagani fut surnommé *il Diavolo*. — Fantoli, homme vertueux.

depuis que ta famille et tant de gens sont tombés pour n'être pas criminels ?

» Bagnacavallo fait bien, il ne produit plus d'enfants; Castocaro fait mal, et pis encore fait Conio, qui s'occupe à produire de tels comtes.

» Les Pagani pourront engendrer quand leur démon aura fui; toutefois il ne restera jamais d'eux un souvenir bien pur.

» O Ugolin de Fantoli ! ton nom est en sûreté, puisqu'on n'attend plus d'héritier qui, en forlignant, puisse l'obscurcir.

» Mais va-t'en, ô Toscan ! je me plais maintenant à pleurer bien plus qu'à parler; car notre pays m'a serré le cœur. »

Nous savions que ces âmes chéries nous sentaient marcher; donc, en se taisant, elles nous rassuraient sur notre chemin.

Quand, tout en cheminant, nous nous trouvâmes seuls, voici, comme la foudre qui fend l'air, qu'une voix s'en vint droit à nous, disant :

« Quiconque me trouvera doit me tuer[1] ! » Et elle s'enfuit aussi vite que le tonnerre qui s'éloigne après avoir tout à coup déchiré le nuage.

Comme notre oreille se reposait du bruit de cette voix, voici qu'une autre retentit avec un si grand fracas, qu'elle semblait un nouveau tonnerre qui suivait coup sur coup le premier :

« Je suis Aglaure[2], celle qui devint pierre. » Alors, pour me serrer contre le poëte, je fis un pas en arrière et non en avant.

Déjà, de toutes parts, l'air était calme. Virgile me dit : « Tel fut le dur licou qui devrait retenir l'homme dans ses limites.

» Mais vous mordez si ardemment à l'appât, que l'hame-

---

[1] Caïn.
[2] Aglaure, fille de Cécrops, possédée des Furies, se tua.

çon de l'antique ennemi vous tire à lui : donc le frein et les remontrances valent bien peu.

» Le ciel vous appelle et tourne autour de vous, en vous montrant ses beautés éternelles ; cependant votre œil ne regarde que la terre ;

» Aussi êtes-vous châtiés par celui qui voit toute chose. »

CHANT XV.

Troisième enceinte où se purifie le péché de Colère. — Les poëtes, montant les degrés qu'un Ange leur avait indiqués, arrivent à la troisième enceinte. — Ravi en extase, Dante voit plusieurs exemples de Mansuétude. — Les deux poëtes sont ensuite enveloppés par une grande fumée qui les empêche de rien distinguer.

Autant qu'il reste de temps entre la fin de la troisième heure et le commencement du jour dans la sphère, qui, comme un enfant, toujours se joue et s'agite ;

Autant il semblait rester au soleil de temps à parcourir vers le soir ; là brillait Vesper, et ici, sur la terre, il était minuit.

Les rayons nous frappaient en plein visage, parce que nous avions tourné toute la montagne, et que déjà nous marchions droit vers le couchant.

Quand je sentis mon front fatigué par une lumière plus grande qu'auparavant, je fus stupéfait devant tant de choses qui m'étaient inconnues.

Je levai donc mes mains au-dessus de mes paupières, et je me fis un abri où vint se briser l'excessive clarté.

Comme un rayon réfléchi par l'eau ou par un miroir remonte dans la partie opposée, et suit en remontant la même manière

Dont il est descendu, bien différent de la chute de la pierre qui est perpendiculaire, selon que le démontrent l'expérience et l'art ;

De même il me parut que j'étais frappé par une lumière

réfléchie devant moi, de sorte que ma vue fut prompte à fuir cet éclat.

« Doux père, quelle est cette clarté dont je ne puis défendre ma vue, et dont je suis comme criblé? Il me semble, dis-je, qu'elle s'avance vers nous.

— Ne t'étonne pas, répondit-il, si la famille du ciel t'éblouit encore; c'est un messager qui vient inviter l'homme à monter.

» Bientôt il ne te sera plus pénible de voir ces choses, mais tu seras heureux autant que la nature t'a donné de sentir. »

Quand nous fûmes tout près de l'ange béni, il nous dit d'une voix joyeuse : « Entrez par cet escalier qui est moins droit que les deux autres. »

Nous montions déjà hors du cercle, quand derrière nous on chanta : *Beati misericordes* [1], et *Sois joyeux, toi qui es vainqueur* [2].

Mon maître et moi, nous montions seuls, et je pensai, tout en marchant, à tirer profit de ses paroles.

Donc je me dirigeai vers lui en demandant ainsi : « Que voulait dire l'esprit de la Romagne [3], en parlant de biens qui l'un l'autre s'excluent? »

Et lui à moi : « Il connaît à présent le danger de son plus grand péché; ne t'étonne donc pas s'il le condamne, pour que d'autres aient moins à pleurer.

» Parce que si vos désirs s'attachent à des biens dont chaque part, lorsqu'on est plusieurs, diminue, l'envie excite vos poumons à soupirer.

» Mais si l'amour de la sphère suprême tournait en haut votre désir, il n'y aurait pas une telle crainte dans votre cœur.

» Car, dans cette enceinte, plus chacun dit *nôtre*, plus il possède du vrai bien, et plus il est brûlant de charité.

— Je suis plus affamé de tes réponses, lui dis-je, que si

---

[1] Paroles de Jésus-Christ. (Matth., chap. v.)
[2] Ibid.
[3] Guido del Duca. — Ce qui suit est de la scolastique.

jusqu'à présent je m'étais tu ; et il s'assemble plus que jamais des doutes dans mon esprit.

» Comment peut-il être qu'un bien divisé rend plus riches ses possesseurs plus ils sont en nombre, que ceux qui seraient en petit nombre à le posséder ? »

Et lui à moi : « Comme tu cloues toujours ton esprit aux choses terrestres, tu fais sortir des ténèbres de la vraie lumière

» Ce bien infini et ineffable qui est là-haut, s'élance vers l'amour comme un rayon vers un corps lucide.

» Il se donne d'autant plus qu'il trouve plus d'ardeur, de sorte que d'autant la charité s'étend, d'autant s'accroît sur elle l'éternelle vertu.

» Plus là-haut il y a d'âmes unies entre elles, plus il y a lieu à bien aimer, et plus on s'y aime, et, comme un miroir, l'un l'autre on se renvoie l'amour.

» Si mes raisons ne te rassasient pas, tu verras Béatrice, et elle apaisera pleinement ce désir et tous les autres.

» Avance cependant, afin que promptement s'effacent, comme deux le sont déjà, les cinq taches qui ne disparaissent que sous les larmes[1]. »

Comme je voulais dire : « Tu me satisfais, » je me vis arrivé à l'autre cercle, et mes regards avides et errants me firent taire.

Là il me sembla être ravi soudainement en une vision extatique, et voir dans un temple un grand nombre de personnes.

Et une femme à l'entrée disait, dans la douce attitude d'une mère : « Mon fils, pourquoi as-tu agi ainsi envers nous ?

» Voici que, tout en pleurs, ton père et moi nous te cherchions[2]. » Et, comme elle se tut, ce qui m'avait apparu d'abord disparut.

Ensuite m'apparut une autre femme ayant sur les joues

---

[1] La tache de l'Orgueil et celle de l'Envie ; il ne reste plus que cinq P au front du poëte.

[2] Paroles de Marie et de Joseph à Jésus enfant.

ces gouttes d'eau que distille la douleur quand elle naît d'un grand dépit contre quelqu'un.

Et elle disait : « Si tu es seigneur de la ville pour le nom de laquelle il y eut entre les dieux tant de débats, et de laquelle toute science jette ses étincelles [1],

» Venge-toi [2] de ces bras hardis qui ont embrassé notre fille, ô Pisistrate! » Et ce seigneur doux et clément

Me semblait lui répondre avec un visage serein : « Que ferons-nous à celui qui nous désire du mal, si celui qui nous aime est condamné par nous? »

Ensuite je vis des gens brûlés du feu de la colère, tuer un jeune homme à coups de pierres en se criant fortement les uns aux autres : « Martyrise! martyrise [3]! »

Et je le voyais, lui, se courber sous la mort qui déjà le terrassait; mais de ses yeux il faisait toujours des portes pour le ciel.

Au milieu de cette guerre furieuse, il priait le Seigneur suprême, de cet air qui ouvre la pitié, de pardonner à ses persécuteurs.

Quand mon âme revint de ses visions placées hors d'elle aux objets véritables, hors d'elle aussi placés, je reconnus qu'en substance mes erreurs n'étaient pas fausses.

Mon guide, qui pouvait me voir faire comme un homme qui se débarrasse du sommeil, me dit : « Qu'as-tu donc, que tu ne peux te soutenir?

» Tu as marché plus d'une demi-lieue en fermant les yeux, et les jambes incertaines, pareil à celui que le vin ou le sommeil incline.

— O mon doux père! si tu m'écoutes, je te dirai, lui dis-je, ce qui m'apparut quand mes jambes chancelaient ainsi. »

Et lui : « Si tu avais cent masques sur la face, tes pensées, même les moindres, ne me seraient pas moins connues.

---

[1] Athènes.
[2] Valère Maxime, liv. v.
[3] Saint Étienne : tous exemples de résignation.

» Ce que tu as vu te fut révélé pour que tu ne refuses pas d'ouvrir ton cœur aux eaux de paix qui sont versées par l'éternelle fontaine.

» Je ne t'ai point demandé : « Qu'as-tu ? » comme fait celui qui ne regarde qu'avec l'œil, et qui ne voit plus quand le corps gît inanimé.

» Mais je te l'ai demandé pour rendre la force à tes pieds. Il faut ainsi exciter les paresseux, trop lents à bien employer le temps de la veille. »

Nous marchions par cette vêprée, attentifs à regarder aussi loin que le pouvaient nos yeux contre les rayons brillants du soir.

Et voilà que peu à peu une fumée s'avança vers nous obscure comme la nuit; et il n'y avait aucun lieu pour s'en garantir.

Elle nous priva de l'air pur et de l'usage de la vue.

CHANT XVI.

Dante, en suivant son guide Virgile, entrevoit dans l'épaisse fumée les Ames de ceux qui cédèrent à la Colère. — Ces Ames priaient tendrement l'Agneau céleste. — Une d'elles, Marc Lombard, démontre à Dante que les influences du ciel ne décident point les actions des hommes.

L'obscurité de l'Enfer et d'une nuit privée de toute étoile sous un ciel aussi triste que le peut rendre un amas ténébreux de nuages,

Ne mit pas devant ma vue un voile si épais que la fumée qui alors nous couvrit, et n'était pas un voile si rude et si grossier.

L'œil ne pouvait rester ouvert; donc mon compagnon, sage et fidèle, s'approcha de moi et m'offrit son épaule.

Comme l'aveugle s'en va derrière son guide pour ne point s'égarer et ne se point heurter contre une chose qui le blesse ou le tue,

Je m'en allais ainsi par cet air épais et amer, en écoutant mon conducteur, qui disait : « Prends garde d'être séparé de moi. »

J'entendais des voix, et chacune d'elles semblait prier pour obtenir paix et miséricorde de l'Agneau de Dieu qui efface les péchés.

Agnus Dei[1], tel était leur exorde; toutes disaient cette seule parole sur un seul ton, si bien qu'une parfaite concorde semblait exister entre elles.

« O maître! dis-je, ce sont des esprits que j'entends? » — Et lui à moi : « Tu dis vrai, et ils sont occupés à dénouer le nœud de la colère.

— Or, qui es-tu, toi qui fends notre fumée et qui parles de nous comme si tu partageais encore le temps en calendes? »

Ainsi parla une voix; c'est pourquoi le maître me dit : « Réponds, et demande si par ici on monte là-haut. »

Et moi : « O créature qui te purifies pour retourner belle à celui qui t'a faite! tu entendras des merveilles si tu veux me suivre.

— Je te suivrai autant qu'il m'est permis, répondit-elle, et si la fumée ne nous laisse pas nous voir, le son nous rapprochera à défaut de la vue. »

Alors je commençai : « Je m'en vais là-haut avec cette forme que la mort dissout, et je suis venu ici à travers les peines infernales.

» Et si Dieu m'a tellement reçu dans sa grâce, qu'il veuille bien que je puisse voir sa cour par une voie si en dehors de l'usage commun,

» Ne me cache pas qui tu fus avant ta mort, mais dis-le-moi; et dis-moi encore si je vais bien au passage, et tes paroles seront nos conductrices.

— Je fus Lombard et je fus appelé Marco[2]. Je fus savant dans les affaires du monde, et j'aimai cette probité vers laquelle maintenant personne ne tend son arc.

» Pour arriver là-haut, va tout droit. » Ainsi il me ré-

JOAN., I, 29.

Noble vénitien, ami de Dante.

pondit, et il ajouta : « Je te prie de prier pour moi quand tu seras en haut. »

Et moi à lui : « Je t'engage ma foi de faire ce que tu me demandes, mais je m'embarrasse dans un doute si je ne puis le dénouer.

» D'abord il était simple, et après il est devenu double, lorsque j'accouple ton opinion présente, qui est pour moi certaine, avec une autre opinion que j'ai entendue ailleurs.

» Ainsi, le monde est dénué de toute vertu comme tu me l'annonces, et il est chargé et couvert de malice.

» Mais je te prie de m'en donner la raison si claire, que je la voie et la montre aux autres, car l'un place cette raison dans le ciel, cet autre ici-bas. »

D'abord il exhala un profond soupir que la douleur termina par un hélas! et puis il commença : « Frère, le monde est aveugle, et je sens assez que tu en viens.

» Vous qui vivez, vous reportez toute cause au ciel, comme si toute chose se mouvait nécessairement par lui.

» S'il en était ainsi, le libre arbitre serait détruit en vous, et il n'y aurait pas de justice à recevoir, pour le bien la joie, et pour le mal la douleur.

» Le ciel aide le commencement de vos mouvements, mais je ne dis pas de tous; mais en supposant que je le dise, sa lumière vous est donnée pour distinguer le bien et la méchanceté.

» On vous a donné aussi le libre arbitre qui, si on l'emploie dans les premiers assauts, peut résister aux influences célestes, et qui, par suite, si on l'entretient bien, est vainqueur de tout.

» Libres, vous êtes soumis à une force plus grande et à une meilleure nature, et celle-ci créa en vous l'esprit que le ciel ne tient pas sous son influence.

» Donc, si le monde présent dévie, la raison en est en vous, il faut la chercher en vous; et moi, je t'en serai à cette heure la vraie preuve.

» L'âme sort de la main de celui qui la caresse en son

esprit avant qu'elle soit, pareille à un enfant qui, tout en pleurant et en riant, balbutie et se joue;

» Cette âme simplette qui ne sait rien, sinon qu'elle provient d'un créateur bienheureux, retourne volontiers à celui qui fait sa joie.

» D'abord elle prend le goût des biens de peu de valeur, en cela se trompant, et elle court après eux, si un guide ou un frein ne dirige ailleurs son amour.

» Il a donc fallu des lois pour servir de frein, il a fallu des rois qui, de la Cité véritable[1], sussent au moins discerner la Tour[2].

» Les lois existent, mais qui offre sa main pour elles? Le pasteur qui précède le troupeau peut ruminer, mais il n'a pas les ongles fendus.

» C'est pourquoi toute la bande voyant son guide se nourrir des choses dont elle est gloutonne, s'en repaît et n'en demande rien de plus.

» Tu peux bien voir que la mauvaise direction est la raison qui a rendu le monde coupable, et que ce n'est pas la nature qui est corrompue en vous.

» Rome, qui améliora le monde, avait deux soleils[3], lesquels faisaient voir l'une et l'autre voie, celle du monde et celle de Dieu.

» L'un des deux soleils a obscurci l'autre. Le glaive a été uni au bâton pastoral; ainsi joints de vive force, l'un et l'autre doivent mal s'accorder.

» Car, réunis ainsi, l'un ne craint pas l'autre. Si tu ne me crois pas, que ton esprit pense à l'épi; car toute herbe se connaît à sa semence.

» Au pays que l'Adige et le Pô arrosent[4], on ne trouvait que valeur et courtoisie, avant que Frédéric[5] eût toutes ses querelles.

---

[1] Le ciel.
[2] Les devoirs sociaux.
[3] Le pape et l'empereur.
[4] La Lombardie et la Romagne.
[5] L'empereur Frédéric 1er.

» Pour l'heure, il pourrait y passer en toute sûreté, celui-là qui, par honte, éviterait de parler aux gens de bien et d'en approcher.

» Il y a bien encore trois vieillards[1] en qui l'ancien âge gourmande le nouveau, et à qui il tarde que Dieu les appelle à une meilleure vie!

» Ce sont : Conrad da Palazzo, le bon Ghérardo, et Guido da Castel, qu'on nomme mieux en français Lombard le Simple.

» Dis dorénavant que l'église de Rome, pour confondre en elle les deux gouvernements, tombe dans la fange et salit elle et sa charge.

— O mon cher Marco! lui dis-je, tu raisonnes bien! Et je comprends à cette heure pourquoi dans l'héritage les enfants de Lévi furent exclus[2].

» Mais quel est ce Ghérardo que tu tiens pour un sage, ce reste d'une race éteinte qui est un reproche pour ce siècle sauvage?

— Ou ton parler me trompe, ou bien il me tente, répondit Marco, puisqu'en me parlant, Toscan, tu sembles ne rien savoir du bon Ghérardo.

» Je ne le connais sous aucun autre surnom, à moins que je ne le tire de sa fille Gajà[3]. Que Dieu soit avec vous, puisqu'avec vous je ne vais pas plus loin.

» Vois l'aube qui rayonne à travers la fumée, et déjà blanchit. L'ange est ici; il faut que je parte avant qu'il paraisse. »

Il parla ainsi, et plus ne voulut m'écouter.

---

[1] Allusion à Conrad da Palazzo, etc.
[2] Parce que Moïse les consacra au sacerdoce.
[3] C'estoit, dit Grangier, un grand miroir de chasteté.

CHANT XVII.

Sorti avec Virgile de l'épaisse fumée, Dante voit en imagination plusieurs exemples de Colère. — Ensuite, les deux poëtes, guidés par un Ange, montent les degrés qui mènent au quatrième cercle. — Comme la nuit est survenue, ils s'arrêtent. — Virgile apprend à Dante que dans le quatrième cercle se purifie le péché de Paresse.

Rappelle-toi, lecteur, si jamais dans les Alpes tu fus enveloppé par un nuage à travers lequel tu ne voyais pas autrement que la taupe à travers la pellicule qui couvre ses yeux;

Comme lorsque les vapeurs humides et épaisses commencent à se raréfier, les rayons du soleil les pénètrent faiblement;

Et ton imagination arrivera vite à voir comment je revis le soleil, avant l'instant où il s'allait coucher.

Ainsi, égalant mes pas aux pas fidèles de mon maître, je sortis de cette nuée quand les rayons étaient déjà morts pour la partie basse de la montagne.

O imagination, qui parfois jettes l'homme hors de lui-même, si loin qu'il n'entend pas qu'autour de lui sonnent mille trompettes!

Qui donc t'anime, si les sens ne t'aiguillonnent pas? Oh! ce qui t'anime, c'est une lumière formée dans le ciel, ou d'elle-même, ou par la divine volonté qui l'envoie ici-bas.

La figure de celle que son impiété fit changer en cet oiseau[1] qui se plaît le plus à chanter, apparut à mon imagination.

Alors mon esprit se concentra tellement en lui-même, que du dehors n'arrivait chose qui fût perçue par lui.

Ensuite, dans ma haute fantaisie, pleuvait l'image d'un crucifié dédaigneux et fier[2], et tel je le voyais mourir.

Autour de lui étaient le grand Assuérus, Esther son

---

[1] Philomèle, fille de Pandion, roi d'Athènes.
[2] Aman.

épouse, et le juste Mardochée, qui, à dire et à faire, fut irréprochable.

Et lorsque cette image se fut rompue d'elle-même, à la manière d'une bulle, dès que manque l'eau sous laquelle elle s'était formée,

Dans ma vision surgit une jeune fille pleurant fort et qui disait : « O reine! pourquoi donc par colère as-tu voulu ne plus être?

» Tu t'es tuée pour ne pas perdre Lavinie[1], cependant tu m'as perdue; et moi, ta fille, je me lamente sur ta perte, ô ma mère! plutôt que sur celle d'un autre[2]. »

De même que, lorsqu'une nouvelle lumière frappe les paupières fermées, le sommeil tout à coup se brise, et, ainsi rompu, glisse avant de mourir entièrement;

De même mes imaginations tombèrent, aussitôt que mon visage fut frappé par une lumière plus grande que celle qui est à notre usage.

Je me tournais pour voir où j'étais, quand une voix me dit : « On monte par ici! » et de moi écarta toute autre attention.

Elle rendit aussi ma volonté si prompte à regarder quel était celui qui parlait, que je n'eus point de repos avant de l'avoir envisagé.

Mais comme notre vue s'abat devant le soleil qui se voile sous sa lumière, de même ici ma force défaillait.

« Celui-ci, dit mon maître, est un divin esprit, qui, sans avoir été prié, nous dirige dans la voie de la montagne, et il se cache lui-même dans sa lumière.

» Il agit avec nous comme l'homme doit agir avec ses semblables; car celui qui attend une prière, lorsqu'il voit le besoin, se dispose malignement à refuser tout secours.

» Que nos pieds obéissent à une si grande invitation; hâtons-nous de monter avant qu'il fasse nuit, car nous ne le pourrions plus jusqu'au retour du soleil. »

Ainsi parla mon guide, et lui et moi nous tournâmes nos

---

[1] Fille du roi Latinus et d'Amata. (Virg., liv. XII.)
[2] Turnus.

pas vers un escalier; et aussitôt que je fus sur la première marche,

Je sentis comme un mouvement d'ailes qui éventait ma figure [1]; et l'on disait : *Beati pacifici* [2] qui sont sans mauvaise colère !

Déjà les derniers rayons qui sont suivis par la nuit s'élevaient si droit des bords de l'horizon, que les étoiles apparaissaient de toutes parts.

« O mon courage! pourquoi ainsi t'éloigner? » disais-je à part moi; car je sentais la force de mes jambes demander trêve.

Nous étions là où l'échelle ne monte plus, et nous étions arrêtés comme la nef qui arrive à la plage.

Et j'écoutai un peu si j'entendais quelque chose dans le nouveau cercle; puis, me retournant vers mon maître, je lui dis :

« Mon doux père, de quelle offense se purifie-t-on dans le cercle où nous sommes ? Si notre pied s'arrête, que ton entretien ne s'arrête pas ! »

Et lui à moi : « L'amour du bien qui n'a pas su accomplir son devoir ici est justement repris dans sa direction; ici la rame trop lente doit encore battre les flots.

» Mais, pour que tu comprennes encore plus nettement, tourne ta pensée vers moi, et tu retireras quelque bon fruit de ce moment de halte.

» Mon fils, commença-t-il, ni créateur ni créature ne furent jamais sans amour, soit naturel, soit volontaire; tu sais cela.

» L'amour naturel fut toujours exempt d'erreur, mais l'autre peut errer par un objet coupable, ou par trop ou par trop peu de vigueur;

» Tant que cet amour est dirigé vers les biens premiers, ou se modère lui-même dans son attachement pour les biens secondaires, il ne peut être l'occasion d'un plaisir mauvais;

[1] L'ange efface le troisième *P*, qui représentait le péché de Colère.
[2] S. Matthieu.

» Mais quand il se tourne au mal, ou qu'il poursuit le bien avec plus ou moins d'ardeur qu'il ne faut, alors la créature agit contre son Créateur.

» De là tu peux comprendre que l'amour est en vous la semence de toute vertu et de toute œuvre qui mérite châtiment.

» Or, comme l'amour ne peut être indifférent au salut de son sujet, toutes les choses sont ainsi préservées de leur propre haine;

» Et comme aucun être créé ne se peut concevoir étant par lui-même, et séparé du premier être, tout sentiment qui portait à haïr le Créateur est impossible.

» Il en résulte, si cette division est bien faite, que le mal que l'on aime est contre son prochain; et cet amour naît de trois manières dans votre limon.

» L'un, par la chute de son voisin, espère de l'élévation, et, seulement pour cela, il désire qu'il soit mis à bas de sa grandeur.

» L'autre craint de perdre pouvoir, faveur, honneur et réputation, parce que son prochain prospère; pour cette cause il s'attriste tellement, qu'il lui souhaite le contraire.

» Un troisième semble tout honteux de quelque injure, et devient avide de vengeance; le mal de son offenseur est tout ce qu'il recherche.

» Ces trois sortes d'amour s'expient là-bas, au-dessous. Or, je veux que tu comprennes aussi cet autre amour qui recherche le bien sans règle et sans mesure.

» Chacun conçoit et désire confusément quelque bien dans lequel son esprit se repose; c'est pourquoi chacun s'efforce de l'atteindre.

» Si un amour trop lent vous attire à voir ce bien ou à l'acquérir, ce cercle, après un juste repentir, sera le lieu de votre martyre.

» Il est un autre bien qui ne rend pas l'homme heureux; il n'est pas la félicité, il n'est pas la bonne essence de tout bien; il n'en est pas le fruit et la racine.

» L'amour qui s'abandonne trop à ce bien s'expie audessuus de nous dans trois cercles; mais comment cette triple répartition est établie,

» Je le tairai, afin que tu le cherches par toi-même. »

CHANT XVIII.

Virgile qui, à la fin du chant précédent, avait dit que toute œuvre, bonne et mauvaise, provenait de l'Amour, démontre ici ce qu'est proprement l'Amour, et traite de la Liberté humaine. — Ames des Paresseux qui parcouraient le cercle en courant. — Les deux premières de la bande citaient des exemples de Célérité; les deux dernières, des exemples de Paresse. — Dante succombe au sommeil.

Le sublime docteur avait fini son raisonnement, et il regardait attentivement dans mes yeux si je paraissais content;

Et moi, qu'une nouvelle soif excitait encore, je me taisais au dehors, et au dedans je me disais : « Peut-être le trop de demandes que je lui fais le fatigue. »

Mais ce vrai père, s'apercevant du timide vouloir qui ne se découvrait pas, me donna la hardiesse de lui parler en me parlant.

Donc moi : « Maître, ma vue s'avive tellement à ta lumière, que je discerne clairement ce que ta raison renferme ou décrit.

» Or, je te prie, doux et cher père, démontre-moi cet amour auquel tu ramènes toute bonne œuvre et son contraire.

— Dirige vers moi, dit-il, les yeux perçants de ton intelligence, et tu verras d'une façon manifeste l'erreur des aveugles qui se font guides[1].

» Le cœur qui est créé propre à aimer s'élance vers toute chose qui lui plaît, aussitôt qu'il se sent touché par l'attrait du plaisir.

---

[1] Cœci sunt et duces cœcorum. (S. MATTH., XV, vers. 14.)

» Votre faculté appréhensive vous retrace un être réel, et le développe en vous avec tant de charme, que votre âme se tourne vers cet objet;

» Et si en se tournant elle s'élève vers lui, cette inclination est l'amour naturel, lequel s'unit à vous par le plaisir.

» Ensuite, comme le feu va en haut par sa forme qui est faite pour monter là où il vit le plus dans sa vraie matière,

» Ainsi l'âme éprise s'abandonne au désir, qui est le mouvement spirituel, et qui jamais ne repose qu'il n'ait joui de la chose aimée.

» Or tu peux voir combien la vérité est cachée à ceux qui affirment que tout amour est en soi une chose louable,

» Peut-être parce que sa matière leur semble toujours bonne; mais toute empreinte n'est pas bonne, encore que bonne soit la cire.

— Tes paroles et mon esprit attentif à les suivre, lui répondis-je, m'ont expliqué l'amour; mais cela m'a rempli de plus grands doutes.

» Car si l'amour nous est offert par les objets du dehors, et si l'âme ne va pas autrement, elle n'a aucun mérite qu'elle aille droit ou de travers. »

Et lui à moi : « Tout ce que notre raison voit sur ce point, je puis te le dire; pour le reste, car c'est une œuvre de foi, attends d'être arrivé à Béatrice[1] : ceci regarde la foi.

» Toute forme substantielle qui est distincte de la matière et qui lui est cependant unie, a, renfermée en elle, une vertu spéciale,

» Laquelle, sans ses œuvres, ne peut être ni sentie, ni démontrée, mais se manifeste par ses effets, comme par ses feuilles vertes la vie de la plante.

» D'où vient l'intelligence de ses premières notions, l'homme ne le sait pas, non plus la pente de ses premiers appétits,

» Lesquels sont en nous, comme dans l'abeille la passion

---

[1] A la théologie.

de faire du miel, et cette première volonté ne mérite ni blâme ni louange.

» Or, pour que tout dérive vers cette première volonté, en vous est née la vertu qui conseille (la raison) et qui doit se tenir sur le seuil du consentement.

» La raison est le principe d'où vous tirez occasion de mériter, selon qu'elle accueille ou repousse les bons ou les coupables amours.

» Les sages qui, en réfléchissant, sont parvenus au fond des choses, ont reconnu cette liberté innée, et ils ont laissé au monde la Morale.

» Donc, supposons que tout amour qui s'allume en vous surgit de nécessité, en vous aussi est le pouvoir de le réprimer.

» C'est la noble vertu que Béatrice appelle le libre arbitre; ainsi tâche de t'en souvenir si elle vient à t'en parler. »

La lune, qui se levait tardivement et quasi à minuit, nous faisait paraître les étoiles plus rares, et avait l'air, dans le firmament, d'un sceau tout enflammé.

Elle parcourait dans le ciel ce chemin qu'embrase le soleil, alors que l'habitant de Rome le voit tomber entre la Sardaigne et la Corse.

Et cette ombre bienfaisante, grâce à laquelle Piétola[1] est plus renommé que toute ville du Mantouan, avait délivré mon esprit de la charge qui l'accablait.

Donc, moi, qui avais reçu des raisons claires et solides sur toutes questions, j'étais comme un homme qui rêve plein de sommeil;

Mais cette somnolence me fut enlevée subitement par des âmes qui s'avançaient déjà derrière nos épaules.

De même qu'autrefois l'Ismène et l'Asope[2] virent de nuit sur leurs bords la foule courir en fureur, parce que les Thébains avaient besoin de Bacchus;

De même dans ce cercle, selon que j'ai vu, s'en venaient,

---

[1] Petit bourg voisin de Mantoue, où est né Virgile, autrefois Andes.
[2] Fleuves de Béotie et d'Achaïe.

fauchant du pied, ceux qu'une bonne volonté et qu'un juste amour conduit.

Elles furent bientôt sur nous, car toute cette grande troupe n'allait qu'en courant, et les deux premières criaient en pleurant :

« Marie courut en hâte à la montagne; César, pour subjuguer Lérida, laissa Marseille, et courut en Espagne[1]. »

« Vite! vite! que le temps ne se perde pas par trop peu d'amour! criaient les autres après eux; car le zèle du bien fait reverdir la grâce!

— Ames, en qui une ferveur ardente compense peut-être maintenant la négligence et le retard que, dans votre tiédeur, vous avez mis à bien faire,

» Celui-ci, qui est vivant (et certes je ne vous trompe pas), veut aller là-haut dès que le soleil reluira; dites-nous donc où est le plus prochain passage. »

Telles furent les paroles de mon guide; et un de ces esprits lui dit : « Viens derrière nous, tu trouveras l'ouverture.

» Nous sommes si pleins de volonté pour avancer, que nous ne pouvons nous arrêter : donc pardonne si cette juste punition te semble une impolitesse.

» Je fus abbé[2] à Saint-Zénon, à Vérone, sous l'empire du bon[3] Barberousse, dont Milan dans sa douleur s'entretient encore.

» Tel a déjà un pied dans la fosse, qui pleurera pour ce monastère et sera triste d'y avoir eu de la puissance;

» Puisqu'en place du vrai pasteur, il a mis là son fils, mal de corps, pire encore d'esprit, et né d'une mauvaise union[4]. »

Je ne sais si l'âme en dit davantage ou si elle se tut, tant elle était déjà éloignée de nous; mais j'entendis ces paroles et je me plus à les retenir.

---

[1] Exemples de Célérité opposés à la Paresse.
[2] Dom Gérard second.
[3] Épithète ironique.
[4] Le fils naturel d'Albert de la Scala, seigneur de Vérone.

Et celui qui était en tout besoin mon secours, me dit :
« Tourne-toi par là; n'en vois-tu pas deux qui viennent en faisant des morsures à la paresse ? »

Ces deux âmes disaient derrière toutes les autres : « La nation pour qui la mer s'ouvrit, mourut avant que ses héritiers vissent le Jourdain;

» Et celle qui jusqu'à la fin n'endura pas les fatigues avec le fils d'Anchise, s'offrit d'elle-même à une vie sans gloire. »

Ensuite, quand ces ombres furent si distantes de nous que je ne pouvais plus les voir, une nouvelle pensée descendit en moi;

Et de celle-ci naquirent plusieurs autres, toutes diverses, et je me pris tellement à rêver en passant de l'une à l'autre, que, par plaisir, je fermai les yeux;

Et je changeai mes pensées en sommeil.

CHANT XIX.

Cinquième cercle où se purifie le péché d'Avarice. — Dante raconte une vision qui lui est venue dans son sommeil. — Le soleil s'étant levé, les poëtes poursuivent leur route, et, instruits par un ange, prennent les degrés qui mènent au cercle des Avares. — Ils sont là pleurants et étendus sur le sol. — Le pape Adrien V.

A l'heure où la chaleur du jour qui vient de mourir, vaincue par la froidure de la terre ou celle de Saturne, ne peut plus échauffer le froid de la lune;

Lorsque les géomanciens [1] voient le signe qu'ils nomment leur *plus grande fortune* s'élever à l'orient avant l'aube, dans cette voie du ciel qui ne restera pas longtemps brune,

M'apparut en songe une femme bègue, aux yeux louches, aux pieds tors, manchote et d'un teint hâve [2].

---

[1] La géomancie est l'art de deviner par des points marqués au hasard sur le sable ou sur le papier.
[2] Lombardi croit que c'est le Mensonge.

Je l'examinais, et comme le soleil ranime les membres engourdis par le froid de la nuit, ainsi mon regard déliait sa langue;

Puis, en peu de temps, il la redressait tout entière et colorait son visage triste, comme le demande l'amour.

Lorsqu'elle sentit sa langue ainsi déliée, elle commença à chanter si bien, que j'aurais eu grand'peine à en détourner mon attention.

« Je suis, chantait-elle, je suis la douce sirène qui, au milieu des mers, fait dévier les mariniers, tant ils sont poussés par le plaisir de m'entendre.

» J'ai détourné par mon chant Ulysse de sa course vagabonde; celui qui s'arrête près de moi rarement s'en va, tant je l'enivre. »

Elle n'avait pas encore fermé la bouche, quand parut à mon côté une femme sainte [1], et prompte à rendre la première confuse.

« O Virgile! Virgile! quelle est cette femme? » disait-elle fièrement; et lui s'approchait les yeux fixés seulement sur la femme sainte.

Celle-ci saisit la première, et, déchirant ses vêtements, la découvrit par devant et me montra son ventre. La puanteur qui en sortait fut telle, que je m'éveillai.

Je tournai les yeux, et le bon Virgile me disait: « Je t'ai au moins appelé trois fois. Lève-toi et viens; trouvons l'ouverture par laquelle tu entreras. »

Je me levai; les cercles du mont sacré étaient déjà pleins de la lumière du jour, et en marchant nous avions derrière nous le soleil.

En le suivant je portais mon front comme celui qui a la tête chargée de pensées, de sorte qu'il forme un demi-arc de pont avec sa personne,

Quand j'entendis: « Venez! c'est ici qu'on passe. » Et ces paroles furent dites d'un ton si suave et si doux, qu'on n'en connaît pas de pareil dans cette région mortelle.

---

[1] La Vérité, selon le même.

Avec ses ailes ouvertes qui semblaient celles d'un cygne, celui qui avait ainsi parlé nous mena entre les deux flancs de la dure montagne;

Ensuite il agita ses plumes et éventa mon front [1] en affirmant : « Heureux ceux-là *qui lugent,* car ils auront de quoi consoler leurs belles âmes. »

« Eh bien ! qu'as-tu donc à regarder la terre ? » se prit à me dire mon guide, peu de temps après que l'ange s'était élevé au-dessus de nous.

Et moi : « Une nouvelle vision qui me soumet à elle me jette dans de tels doutes, que je ne puis m'empêcher d'y penser.

— Tu as vu, me dit-il, l'antique enchanteresse qui, dans les cercles au-dessous de nous, fait seule verser tant de pleurs ? Tu as vu comment l'homme peut se détacher d'elle ?

» C'en est assez. Frappe sur la terre tes talons, et tourne tes yeux vers ce rappel que te fait le Roi éternel avec ses grandes roues. »

Tel le faucon, qui d'abord regarde ses pieds, arrive au cri du chasseur, ensuite déploie son vol, excité par le désir de la pâture qui l'attire;

Tel je me fis, et tel, tant que la roche se fend pour donner passage à celui qui monte, j'allai jusqu'au point où l'on entre dans le cercle.

Lorsque j'eus pénétré dans le cinquième cercle, j'y vis des âmes gisantes à terre, toutes renversées sur le visage et qui pleuraient [2].

« *Adhæsit pavimento anima mea* [3], » disaient-elles avec des soupirs si profonds, qu'à peine les paroles s'entendaient.

« O élus de Dieu, en qui la justice et l'espérance rendent les souffrances moins dures ! dirigez-nous vers les degrés supérieurs.

---

[1] L'ange efface un autre *P* (le péché de Paresse), en disant : Heureux ceux qui pleurent. (S. MATTH., v.)

[2] Les âmes des Avares.

[3] Psaume 118.

— Si vous venez ici, exemptes d'y rester étendues, et si vous voulez trouver plus tôt le chemin, que votre main droite suive toujours le bord extérieur du cercle. »

Telle fut la demande du poëte, et telle la réponse qui un peu en avant de nous lui fut faite. Je reconnus donc à ses paroles que cette âme ignorait la moitié de mon sort.

Je tournai les yeux vers les yeux de mon maître, et par un signe joyeux il consentit à ce que mes regards demandaient avec tant de désir.

Quand j'eus le pouvoir de faire à ma guise, je m'approchai de cette créature que ses paroles me firent d'abord connaître,

En disant : « Esprit en qui les pleurs mûrissent l'expiation sans laquelle on ne peut retourner à Dieu, suspends un peu pour moi ton plus grand soin.

» Qui as-tu été? Et pourquoi avez-vous tous le dos tourné en dessus? Dis-le-moi, et dis encore si tu veux que j'obtienne quelque chose pour toi dans ce monde d'où je suis sorti vivant. »

Et lui à moi : « Pourquoi le ciel ordonne que notre dos soit ainsi tourné vers lui, tu le sauras; mais d'abord *scias quod ego fui successor Petri*[1].

» Entre Sestri et Chiavari s'abîme un beau fleuve[2]; c'est de son nom que le titre de ma famille fait sa cime.

» Un mois et quelques jours m'ont prouvé combien pèse le grand manteau à celui qui le garantit de la fange : toutes les autres charges ne paraissent qu'une plume.

» Ma conversion, hélas! fut tardive; mais quand je fus fait pasteur romain, je découvris combien la vie est trompeuse.

» Je vis que là le cœur n'avait point de repos, et qu'on ne pouvait monter plus haut dans cette vie mortelle; aussi l'amour de la vie éternelle en moi vint s'allumer.

» Jusqu'à ce moment, je fus une âme misérable, éloignée

---

[1] Adrien V, pape. — « Sache que je fus successeur de Pierre. » Il régna un mois et neuf jours. Il était des Fieschi de Gênes.
[2] Le Lavagno.

de Dieu, entièrement avare; or, comme tu le vois, ici j'en suis puni.

» Ce qui suit l'avarice se montre ici dans la purification des âmes renversées, et la montagne n'a point de peine plus amère.

» Comme notre œil fixé aux choses terrestres ne s'éleva pas vers le ciel, ainsi la justice le brise vers la terre.

» Comme l'avarice éteignit en nous l'amour pour tout vrai bien, et par là fit mourir toute bonne œuvre, ainsi la justice nous tient ici à la gêne.

» Liés des pieds et des mains, et prisonniers, et autant qu'il plaira au juste sire, autant nous resterons immobiles et étendus. »

Je m'étais agenouillé, et je voulais parler; mais, comme je commençais, l'esprit s'aperçut seulement en écoutant de cet acte de respect.

« Quelle raison, dit-il, te ploie ainsi à terre? » Et moi à lui : « Devant votre dignité ma conscience m'incline justement.

— Redresse tes jambes et lève-toi, frère, répondit-il. Ne te trompe pas. Comme toi et les autres je suis serviteur de la même puissance.

» Si jamais tu as compris ce passage du saint Évangile où il est dit : « *Neque nubent* [1], » tu pourras savoir pourquoi je raisonne ainsi.

» Maintenant va-t'en! je ne veux pas que tu t'arrêtes davantage, car ta présence empêche les pleurs avec lesquels je mûris la satisfaction dont tu as parlé.

» J'ai là-bas une nièce qui a nom Alagia [2], et qui de soi est bonne, pourvu que, par son exemple, notre maison ne la rende pas mauvaise.

» Elle seule là-bas m'est restée. »

---

[1] « In resurrectione enim neque nubent neque nubentur, sed erunt sicut angeli Dei in cœlo. » (S. MATTH.) — « Par ceci nous est signifié qu'en la vie éternelle tout le monde sera esgal. » (Grangier.) On ne verra ni époux ni épouse.
[2] Femme de Marcel Malespina, protecteur de Dante.

CHANT XX.

Tout en suivant son guide, Dante converse avec l'âme de Hugues Capet, qui lui cite plusieurs exemples de Pauvreté, de Libéralité et d'Avarice. — La montagne du Purgatoire tremble et les Ames se mettent à chanter : « Gloire à Dieu ! »

Contre un meilleur vouloir un autre vouloir ne doit pas lutter : donc, afin de plaire à cet esprit, aux dépens même de mon plaisir, je retirai de l'eau l'éponge non saturée de ma curiosité.

Je me mis en marche, et mon guide marcha aussi dans les lieux laissés libres le long des roches, comme on va sur un mur étroit en longeant les créneaux;

Car les âmes qui laissent fondre goutte à goutte par leurs yeux le mal qui tient le monde entier, remplissaient tout l'autre bord.

Maudite sois-tu, antique louve [1], qui emportes pour ta faim profonde et insatiable plus de proies que toutes les autres bêtes !

O ciel ! qui, par tes mouvements, changes, comme on paraît le croire, les choses d'ici-bas, quand viendra celui devant lequel celle-ci doit s'enfuir ?

Nous allions à pas lents et comptés, moi tout attentif aux ombres qu'avec pitié j'écoutais pleurer et se plaindre.

Et par hasard j'entendis crier devant nous : « O douce Marie ! » Et cette voix plaintive était comme celle d'une femme qui est dans l'enfantement.

Elle continua : « Tu fus pauvre, autant qu'on peut le voir par cette étable où tu déposas ton saint fardeau ! »

Ensuite j'entendis : « O bon Fabricius ! tu aimas mieux posséder la vertu avec la pauvreté, que de grandes richesses avec le vice. »

Ces paroles m'étaient si agréables, que je passai outre pour connaître l'esprit d'où elles semblaient venues.

---

[1] L'Avarice.

Il parlait encore des largesses que Nicolas fit à des vierges, pour conduire à l'honneur leur jeunesse [1].

« O âme qui parles si bien ! dis-moi qui tu as été, lui dis-je, et pourquoi tu es seule à renouveler ces louanges méritées ?

» Tes paroles ne seront pas sans récompense, si je retourne pour achever le court chemin de cette vie qui vole à son terme. »

Et elle : « Je te répondrai, non pour le secours que j'attends de là-bas, mais parce qu'une grâce si rare brille en toi avant que tu sois mort.

» Je fus la racine de la mauvaise plante qui jette une ombre nuisible sur toute la terre chrétienne, tellement qu'elle donne rarement de bons fruits.

» Mais si Douai, Gand, Lille et Bruges en avaient la force, on en aurait bientôt vengeance, et je la demande à celui qui juge toute chose.

» Je fus nommé là-bas Hugues Capet; de moi sont nés les Philippe et les Louis par qui, depuis peu, la France est gouvernée [2].

» Je fus fils d'un boucher de Paris. Quand les anciens rois manquèrent, excepté un qui était revêtu de la robe grise,

» Dans mes mains se trouva placée la bride du gouvernement; et j'avais tant de pouvoir dans cette nouvelle position, et j'étais entouré de tant d'amis,

» Que la tête de mon fils fut promue à la couronne vacante; et de lui sont sortis les os sacrés des nouveaux rois.

» Tant que cette grande dot de la Provence n'a ôté sa honte à mon sang, il valait peu, mais il ne faisait pas de mal;

» Là, par la violence et le mensonge, il commença ses

---

[1] Saint Nicolas, évêque de Mira.
[2] Les injures contre la France et les rois de France abondent ici, comme en maint endroit, chez le rancuneux Gibelin, qui ne pouvait oublier l'appui que ses ennemis, les Guelfes, avaient reçu de Charles de Valois.

rapines; ensuite, pour s'amender, il prit le Ponthieu et la Normandie; il prit encore la Gascogne.

» Charles [1] vint en Italie, et, pour s'amender, il fit une victime de Conradin [2], et puis il rejeta Thomas [3] dans le ciel, toujours pour s'amender.

» Je vois un temps, et qui n'est pas trop loin, lequel poussera hors de France un autre Charles [4] pour mieux faire connaître lui et les siens.

» Il en sort sans armes, et seulement avec la lance avec laquelle combattit Judas, et il la pointe si bien qu'elle perce le ventre de Florence. »

Et là il ne gagnera point de terres, mais un péché et de la honte, d'autant plus lourds qu'un tel méfait lui semblera plus léger.

L'autre [5], qui est déjà sorti prisonnier de son vaisseau, je le vois vendre sa fille, et la marchander comme font les corsaires pour les autres esclaves.

« O avarice, que peux-tu faire de plus, puisque tu as tellement gagné à toi mon sang qu'il n'a point souci de sa propre chair?

» Mais pour que le mal futur et le mal passé semblent moindres, je vois les fleurs de lis entrer dans Anagni, et, dans la personne de son vicaire, le Christ prisonnier [6].

» Je le vois une autre fois livré à la dérision; je vois renouveler le vinaigre et le fiel; entre deux larrons vivants, je le vois mourir.

» Je vois un nouveau Pilate, si cruel, que ceci ne le rassasie pas, et, sans décret de ceux qui ont le pouvoir, il porte dans le temple ses désirs cupides [7].

» O mon Seigneur! quand serai-je assez heureux pour

---

[1] Charles d'Anjou, frère de saint Louis.
[2] Conradin, fils de Frédéric II.
[3] Saint Thomas d'Aquin.
[4] Charles de Valois, frère de Philippe le Bel.
[5] Charles II, roi de Sicile.
[6] Boniface VIII fut fait prisonnier par Nogaret et Étienne Colonna, chefs de l'armée de Philippe le Bel, nouveau Pilate.
[7] Allusion à la destruction de l'ordre des chevaliers du Temple.

voir la vengeance qui, cachée dans tes secrets, te rend douce la colère?

» Quant à ce que je disais de l'unique épouse de l'Esprit-Saint, et qui t'a fait tourner tes pas vers moi pour obtenir quelque explication,

» Cela entre dans nos prières tant que dure le jour; mais quand vient la nuit, nous citons en place des exemples tout contraires.

» Nous répétons alors Pygmalion[1], que sa passion gloutonne pour l'or rendit traître, larron et parricide,

» Et la misère de l'avare Midas, puni par l'effet de sa demande avide, dont il est bon que toujours on se raille.

» Ensuite chacun se rappelle ce fou d'Achan[2], et comment il vola les dépouilles de l'ennemi, de sorte qu'ici la colère de Josué semble encore le mordre.

» Après nous accusons Saphira et son mari; nous louons ceux qui foulèrent aux pieds Héliodore, et sur toute la montagne monte en infamie

» Polymnestor, qui tua Polydore. Finalement on crie : « Ô Crassus! dis-nous, puisque tu le sais, quelle est la sa-
» veur de l'or. »

» Parfois nous parlons, l'un à voix haute, l'autre à voix basse, suivant l'affection qui nous éperonne et rend notre pas tantôt plus grand, tantôt plus petit.

» Je n'étais pas seul tout à l'heure à rappeler le bien dont on s'entretient pendant le jour; mais près d'ici nulle autre personne n'élevait la voix. »

Nous nous étions déjà séparés de cet esprit, et nous tâchions de monter le chemin aussi vite que nous le pouvions,

Quand je sentis, comme une chose qui tombe, trembler la montagne; aussi je fus saisi d'un froid comme d'ordinaire est saisi celui-là qui marche à la mort.

Certes Délos ne s'agitait pas si fortement avant que La-

---

[1] C'est le Pygmalion, fils de Bélus, et frère de Didon.
[2] Achan fut lapidé pour avoir volé une partie du butin de Jéricho. — Saphira et Ananias, Héliodore, Polymnestor, Crassus, etc., autres exemples d'avarice punie.

tone y eût fait son nid pour enfanter les deux yeux du ciel [1].

Puis il s'éleva de toutes parts un cri tel, que le maître se tourna vers moi en disant : « Ne crains rien tant que je suis ton guide. »

Tous disaient : « *Gloria in excelsis Deo,* » autant que je le compris du lieu voisin où j'étais, et d'où le cri se pouvait ainsi entendre.

Nous restâmes là immobiles et en suspens, comme les pasteurs la première fois qu'ils entendirent ce chant, jusqu'à ce que le tremblement cessât et que le chant fût achevé.

Ensuite nous reprîmes notre saint voyage, regardant les ombres étendues à terre, et déjà retournées à leurs plaintes habituelles.

Si ma mémoire n'erre pas, jamais l'ignorance d'une chose ne me tourmenta si fortement, et ne me rendit si désireux de savoir,

Qu'il me semblait alors l'être dans ma pensée. Par notre marche hâtée je n'osais interroger; par moi-même je ne pouvais voir la chose.

Ainsi je m'en allais timide et pensif.

CHANT XXI.

Les poëtes, s'avançant toujours, font la rencontre d'un Esprit. — Ils lui demandent pourquoi cet ébranlement de la montagne, et pourquoi ce chant de glorification. — L'Esprit répond que cela a lieu chaque fois qu'une Ame vient d'achever sa purification. — Enfin, l'Esprit, se faisant connaître, dit qu'il est le poëte Stace.

Cette soif naturelle qui jamais ne s'apaise sinon avec l'eau dont la femme samaritaine demanda la grâce [2],

Me tourmentait et m'excitait derrière mon guide dans cette voie embarrassée, et j'étais ému de compassion devant la juste vengeance de Dieu.

Et voici : comme Luc a écrit que le Christ, déjà sorti de

---

[1] Apollon et Diane.
[2] Qui biberit ex aquâ quam ego dabo ei, non sitiet in æternum. (JOANN.)

la fosse sépulcrale, apparut à deux hommes qui étaient sur la route,

Ainsi nous apparut une ombre, et derrière nous elle venait, regardant à leurs pieds les âmes étendues; et nous ne l'avions point aperçue avant qu'elle parlât,

En disant : « Mes frères, Dieu vous donne la paix! » Nous nous retournâmes subitement; et Virgile lui rendit le geste convenable;

Puis il commença : « Que dans le concile bienheureux t'admette en paix la cour de vérité qui me relègue dans l'éternel exil!

— Comment, dit l'esprit, et pourquoi allez-vous si vite, si vous êtes des ombres que là-haut Dieu n'admet point? qui vous a guidés si avant sur ces degrés? »

Et mon docteur : « Si tu regardes les signes que celui-ci porte et que l'ange trace sur le front, tu verras bien qu'il a droit de régner avec les bons [1].

» Mais comme celle qui jour et nuit file n'avait pas encore fini pour celui-ci la quenouille que Clotho garnit et impose à chacun de nous,

» Son âme, qui est ta sœur et la mienne, allant là-haut, ne pouvait aller seule, car elle ne saurait voir aussi bien que nous;

» J'ai donc été tiré de la vaste gueule d'Enfer pour lui montrer la route, et je la lui montrerai tant que ma science pourra le guider.

» Mais dis-nous, si tu le sais, pourquoi la montagne a éprouvé tout à l'heure de telles secousses, et pourquoi, jusqu'à ses pieds amollis par la mer, toutes les âmes ont paru crier à la fois? »

Par cette demande, Virgile rencontrait comme dans une aiguille le chas de mon désir, de sorte que, grâce à l'espérance, ma soif sentit moins son jeûne.

L'esprit commença : « Ceci n'est point une chose que la sainte montagne ait ressentie sans ordre, ou qui soit en dehors de ses lois.

---

[1] Les signes sont les lettres *P*.

» Ce lieu est exempt de toute altération. Le bruit ne peut provenir que de ce que le ciel a reçu en lui de la montagne, et non d'aucune autre cause ;

» Car il ne tombe ici ni pluie, ni grêle, ni neige, ni rosée, ni givre, en deçà de la porte aux trois petits degrés.

» On n'y voit ni nuées épaisses ou minces, ni éclairs, ni la fille de Thaumas, qui là-bas change souvent de place [1].

» La vapeur sèche ne s'élève pas plus avant que le sommet des trois degrés dont j'ai parlé, là où le vicaire de saint Pierre a les pieds.

» Peut-être que plus bas le mont éprouve des secousses plus ou moins violentes ; mais par l'effet du vent caché dans la terre, je ne sais comment ces hauts lieux ne tremblent jamais.

» Ils tremblent quand une âme, se sentant purifiée, se lève ou se met en mouvement pour s'élancer là-haut, et un tel cri l'accompagne.

» La volonté seule est la preuve de la purification ; elle excite l'âme, désormais affranchie de ses épreuves, à changer de séjour ; l'âme jouit de cette juste volonté.

» Avant cette heure l'âme voudrait bien s'affranchir, mais le désir de se purifier ne le permet pas ; car ce désir qu'elle avait pour le péché, la divine justice le lui impose pour le châtiment.

» Et moi, qui suis resté étendu sous ces douleurs cinq cents ans et plus, je n'ai senti qu'à cet instant la libre volonté d'un séjour meilleur.

» C'est pourquoi tu as entendu le tremblement de terre, et sur la montagne les pieux esprits louer le Seigneur afin qu'il les admette bientôt dans le ciel. »

Il parla ainsi : « Et comme on jouit d'autant plus à boire que plus grande est la soif, je ne saurais dire quel contentement il me donna. »

Et le sage guide : « Maintenant je vois le filet que vous prend, et comment on s'en délivre ; pourquoi ici le mont tremble, et de quoi vous vous réjouissez tous ensemble.

---

[1] Iris, ou l'arc-en-ciel.

» A présent, qui as-tu été (permets que je le sache)? et pourquoi pendant tant de siècles es-tu resté ici étendu? Permets que je le saisisse dans tes paroles.

— Dans le temps où le bon Titus, avec l'aide du grand roi, vengea la blessure d'où sortit le sang vendu par Judas,

» Alors, répondit l'esprit, j'étais là-bas, portant le titre qui dure le plus et honore le plus[1], assez célèbre, mais n'ayant pas encore la foi.

» Si doux fut mon chant, que moi, Toulousain[2], Rome m'attira vers elle, et là je méritai d'orner mes tempes de myrte.

» Stace est le nom qu'on me donne encore là-bas; je chantai Thèbes, et ensuite le grand Achille, mais je tombai sur le chemin avec le second fardeau.

» Mon ardeur trouva les étincelles qui devaient l'échauffer dans cette divine flamme où plus de mille se sont embrasés.

» Je parle de l'Énéide, laquelle fut ma mère et fut ma nourrice en poésie; sans elle je n'écrivis pas une pensée qui eût le poids d'une drachme.

» Et, pour avoir vécu là-bas au temps où vécut Virgile, je consentirais à retarder d'une année la sortie de mon exil. »

Ces paroles firent tourner vers moi Virgile, avec un air qui, en se taisant, disait : « Tais-toi! » Mais elle ne peut pas tout, cette faculté qui veut.

Le rire et les pleurs suivent de si près la passion dont chacun est aiguillonné, qu'ils sont moins soumis à la volonté des hommes les plus sincères.

Je me pris donc à sourire, comme un homme qui fait signe, de sorte que l'ombre se tut et me regarda dans les yeux, où l'affection de l'esprit se montre davantage.

« Ah! dit-elle, puisses-tu mener à bien la grande entreprise! Mais pourquoi ta face m'a-t-elle montré tout à l'heure cet éclair de sourire ? »

---

[1] Le titre de poëte.
[2] Stace, auteur de *la Thébaïde* et de *l'Achilléide*, était de Naples (voyez *Silv.* lib. v) ; mais Dante écrivait avant la découverte de cet ouvrage.

· Alors je me sens pris de part et d'autre ; l'un me fait taire, l'autre me conjure de parler ; triste, je soupire, et je suis compris de Virgile.

« Dis, repartit mon maître, et n'aie point de peur de parler ; mais parle, et dis-lui ce qu'il demande avec tant de souci. »

Donc moi : « Peut-être tu t'étonnes, antique esprit, du sourire que j'ai fait, mais je veux que plus d'étonnement te prenne encore.

» Celui-ci, qui dirige là-haut mes yeux, est ce Virgile dont tu as appris à chanter fortement les hommes et les dieux.

» Si tu as cru que mon sourire avait un autre motif, laisse là ce faux motif, et crois qu'il venait des paroles que tu as dites de mon guide. »

Déjà Stace s'inclinait pour embrasser les pieds de mon docteur, mais celui-ci lui dit : « Frère, ne fais pas ainsi, car tu es une ombre et tu vois une ombre. »

Et l'autre, en se relevant : « Tu peux comprendre maintenant la grandeur de l'amour qui pour toi m'enflamme, puisque j'oublie notre vanité,

» En traitant une ombre comme un corps solide. »

CHANT XXII.

Sixième cercle où se purifie le péché de Gourmandise. — Les poëtes y voient un arbre merveilleux, couvert de fruits odoriférants, et arrosé par une eau limpide qui sortait de la montagne. — A la racine de l'arbre, une voix rappelait des exemples de Tempérance.

Déjà l'ange était resté derrière nous : l'ange qui nous avait mis dans la voie du sixième cercle, après avoir effacé une des taches de mon front[1].

Et ceux qui ont tous leurs désirs tournés vers la justice nous avaient dit de leur douce voix : « *Heureux ceux qui ont*

[1] La tache d'Avarice.

soif[1], » et ils finirent sur ce mot sans donner le reste du verset.

Et moi, plus léger qu'aux autres ouvertures, j'allais d'un tel pas que, sans aucune fatigue, je suivais là-haut les agiles esprits[2].

Alors Virgile commença : « Un amour allumé par la vertu en allume toujours un autre, pourvu que sa flamme se montre au dehors.

» Depuis l'heure que parmi nous est descendu dans les limbes de l'enfer Juvénal, qui m'a fait connaître ton affection pour moi,

» Ma bienveillance pour toi-même fut telle, que jamais une plus forte ne vous saisit pour une personne qu'on n'a point vue, de sorte que ces degrés me paraîtront bien courts à monter.

» Mais dis, et, comme ami, pardonne-moi si trop de privauté lâche le frein de ma langue, et, comme ami, désormais raisonne avec moi.

» Comment l'avarice a-t-elle pu trouver place dans ton sein, à travers ce grand sens dont tu as eu soin de te remplir? »

D'abord ces paroles firent un peu sourire Stace, ensuite il répondit : « Toutes tes paroles me sont un signe bien cher d'amitié.

» En vérité, bien souvent apparaissent des choses qui donnent une fausse matière au doute, parce que les causes vraies sont cachées.

» Tu crois, comme ta demande me le prouve, que je fus avare dans l'autre vie, peut-être à cause du cercle où j'étais.

» Or, sache que l'avarice fut trop éloignée de moi, et que ce dérèglement a été puni par un millier de lunes.

» Et si je n'avais pas mieux réglé mes appétits, en méditant ces vers, où tu t'écries quasi indigné contre l'humaine nature :

---

[1] Beati qui sitiunt et esuriunt justitiam. (S. MATTH., v, vers. 6.)
[2] Virgile et Stace.

» O faim exécrable de l'or! où ne pousses-tu pas les cœurs mortels[1]! je subirais en tournant les joutes des damnés[2].

» Alors je m'avisai que les mains pouvaient trop s'ouvrir pour dépenser, et je me repentis de ce mal comme des autres maux.

» Combien ressusciteront sans cheveux, pour leur ignorance qui leur ôte le repentir de ce péché, soit pendant la vie, soit à l'extrémité!

» Et sache que la faute qui est directement opposée à chaque péché, sèche ici son venin avec ce même péché.

» Donc, si j'ai été pour me purifier avec ceux qui pleurent leur avarice, cela m'est advenu pour la faute contraire. »

Alors le chantre des vers bucoliques dit : « Quand tu chantas les cruels combats d'où naquit la double tristesse de Jocaste,

» Il ne me semble pas (aux sons que Clio jette par ta bouche) que parmi les fidèles t'eût placé la foi, sans laquelle les bonnes œuvres ne sont point suffisantes.

» S'il en est ainsi, quel soleil ou quelle lumière a tellement dissipé tes ténèbres, que depuis tu aies dirigé tes voiles vers la barque du pêcheur? »

Et lui à lui : « Toi le premier, tu m'as dirigé vers le Parnasse, pour boire dans ses grottes, et le premier, dans l'amour de Dieu, tu m'as illuminé.

» Tu as fait comme quelqu'un qui va de nuit, portant derrière lui une lumière dont il ne s'aide pas, mais qui derrière lui rend les personnes sûres dans leur chemin,

» Alors que toi tu as dit : « Le siècle se renouvelle, la justice revient avec les premiers temps du genre humain, et une nouvelle race descend du ciel[3]. »

---

[1] ... Quid non mortalia pectora cogis,
Auri sacra fames ! (*Æneid.*, lib. III.)

[2] *Enfer*, ch. VII.

[3] Magnus ab integro sæclorum nascitur ordo.
Jam redit et Virgo, redeunt Saturnia regna,
Jam nova progenies cœlo demittitur alto.
(ECLOG., IV.)

» Par toi je fus poëte, par toi chrétien. Mais, pour que tu voies mieux ce que je dessine, j'étendrai les mains pour y mettre la couleur.

» Déjà le monde entier était imprégné de la vraie croyance semée par les messagers de l'éternel royaume,

» Et tes paroles, citées plus haut, se rapportaient à celles des nouveaux prédicateurs : je pris donc l'habitude de les visiter.

» Ils me parurent ensuite d'une telle sainteté, que quand Domitien les persécuta, leurs pleurs ne coulèrent pas sans être mêlés à mes larmes.

» Tant que je restai là-bas, je les secourus, et leurs mœurs droites me firent mépriser toutes les autres sectes.

» Avant que dans mon poëme j'eusse conduit les Grecs au fleuve de Thèbes, j'avais eu le baptême; mais par peur je fus chrétien en secret;

» Et longtemps je fis montre du paganisme. Pour cette tiédeur j'ai parcouru le quatrième cercle pendant plus de quatre siècles.

» Toi donc, qui as levé le couvercle qui me cachait le souverain bien, puisqu'il nous reste du temps avant d'avoir gravi cette route,

» Dis-moi, si tu le sais, où est Térence, notre ancien; et Cécilius, Plaute, Varron, où sont-ils? Dis-moi s'ils sont damnés, et dans quel cercle?

— Ceux-ci, et Perse, et moi, et beaucoup d'autres, répondit mon guide, nous sommes avec ce Grec que les Muses allaitèrent plus qu'aucun autre :

» C'est dans le premier cercle de la noire prison; mainte fois nous causons de la montagne où nos nourrices demeurent toujours.

» Là sont avec nous Anacréon, Simonide, Agathon et beaucoup d'autres Grecs qui ornèrent jadis leur front de laurier.

» Là se voient tes héroïnes, Antigone, Déiphile, Argia, et Ismène, triste encore comme elle l'a été.

» On y voit celle qui montra Langia[1], puis la fille de Tirésias, et Thétis, et avec ses sœurs Déidamie. »

Déjà se taisaient les deux poëtes, attentifs de nouveau à regarder tout à l'entour, car ils avaient franchi les degrés et les parois.

Et déjà les quatre servantes du jour[2] étaient restées en arrière, et la cinquième était au timon du char, dirigeant en haut sa pointe enflammée ;

Quand mon maître : « Je crois qu'il convient de tourner notre épaule droite vers le bord du cercle, pour tourner la montagne comme nous avons coutume de faire. »

Cette coutume fut donc notre indication, et nous prîmes la route avec moins d'hésitation, quand nous eûmes l'assentiment de l'autre âme vertueuse.

Ils allaient devant, et moi tout seul derrière, et j'écoutais leurs discours, qui me donnaient l'intelligence de la poésie.

Mais les deux entretiens furent bientôt interrompus par la vue d'un arbre que nous trouvâmes au milieu du chemin, chargé de fruits suaves et bons à l'odorat.

Et comme, en s'élevant au ciel, un sapin diminue de branche en branche, ainsi celui-ci diminuait du côté de la terre, afin, je crois, que personne n'y montât.

Du côté où notre chemin était fermé, il tombait, d'une roche élevée, une liqueur claire qui s'épandait sur les feuilles.

Les deux poëtes s'approchèrent de l'arbre, et du milieu du feuillage une voix cria : « Vous vous abstiendrez de cette nourriture. »

Ensuite elle dit : « Marie pensait plus à ce que les noces fussent honorables et complètes, qu'elle ne pensait à sa bouche, qui maintenant intercède pour vous.

» Les anciennes Romaines se contentèrent d'eau pour boisson ; Daniel méprisa la nourriture, et acquit la science.

---

[1] La fontaine Langia, qu'Hypsipyle indiqua à des chasseurs.
[2] Les quatre premières heures.

» Le premier siècle fut aussi beau que l'or; avec la faim les glands étaient savoureux, avec la soif les ruisseaux étaient un nectar.

» Du miel et des sauterelles furent les mets qui nourrirent Baptiste dans le désert; c'est pourquoi il est glorieux et aussi grand

» Que vous le montre l'Évangile[1]. »

CHANT XXIII.

Les trois poëtes, Dante, Virgile et Stace, rencontrent les Ames des Gourmands. — Exténués de faim et de soif, les Gourmands mâchent à vide. — Buonagiunta de Lucques, Boniface, messer Marchese, Forèse. — Blâme de ce dernier contre les vêtements immodestes des dames Florentines.

Pendant que je fixais mes yeux entre le vert feuillage, comme fait celui qui perd son temps à suivre un petit oiseau,

Celui qui est pour moi plus qu'un père disait : « Mon fils, viens maintenant, car le temps qui nous est donné doit s'employer plus utilement. »

Je tournai mes regards et mes pas non moins vite vers les sages qui parlaient si bien, que, grâce à eux, marcher ne me coûtait pas.

Et voilà qu'on entendit pleurer et chanter : *Labia mea, Domine*[2], d'une manière qui enfantait en moi le plaisir et la douleur.

« O doux père! commençai-je, qu'est-ce que j'entends? » Et lui : « Des ombres qui vont peut-être en défaisant le nœud de leurs péchés. »

» Comme font des pèlerins pensifs, lesquels, s'ils rencon-

---

[1] Vini usus olim Romanis fœminis ignotus fuit, ne scilicet in aliquod dedecus prolaberentur. (VALER. MAX., lib. II, cap. 1.) — Joannes locustas et mel sylvestre edebat. (MARC., I, v. 6.)

[2] Domine, labia mea aperies, et os meum annuntiabit laudem tuam. (DAVID ps. 50.)

trent en chemin des gens qu'ils ne connaissent pas, se tournent vers eux et ne s'arrêtent,

» De même une troupe muette et pieuse s'avançant derrière nous d'un pas rapide, venait, et en nous dépassant nous regardait.

» Chacun d'eux avait les yeux noirs et caves, la face pâle et si décharnée, que leur peau montrait la forme des os.

» Je ne crois pas qu'Érésichthon ait été réduit à une peau si sèche, quand il eut le plus à craindre la faim.

» Je disais en pensant en moi-même : « Voici comme était la nation qui perdit Jérusalem, quand Marie mangea son propre fils[1]. »

Leurs yeux paraissaient des anneaux sans pierres ; celui qui sur le visage des hommes lit les lettres O M O aurait bien reconnu sur leur figure la lettre M[2].

Qui croirait, s'il ne sait pas comment cet effet est produit, que l'odeur d'un fruit et celle d'une eau pût, en excitant leur désir, les tourmenter si vivement ?

Je m'étonnais déjà pourquoi ils étaient si affamés, car la cause de leur maigreur et de leurs tristes écailles ne m'était pas encore connue.

Et voilà que des creux de sa tête, une ombre tourna vers moi les yeux et me regarda fixement, puis cria d'une voix forte : « Quelle grâce m'est donc donnée ? »

Jamais je ne l'aurais reconnue à son visage, mais dans sa voix me fut rappelé tout ce que les traits avaient absorbé en eux.

Et cette étincelle rallumant en moi l'entière connaissance de ces lèvres déformées, je reconnus la figure de Forèse.

« Ah ! me suppliait-il, ne fais pas attention à cette lèpre aride qui me décolore la peau, ni à la chair qui me manque ;

» Mais dis-moi la vérité sur toi-même. Quelles sont ces

---

[1] Pendant le siège de Jérusalem par Titus.

[2] Suivant quelques physionomistes, on peut lire le mot OMO, ainsi disposé [°|°], dans les traits de notre figure. Les deux O sont les yeux, et la lettre M e forme du nez, des sourcils et des joues.

deux âmes qui t'escortent ? ne refuse pas de me l'apprendre. »

Je lui répondis : « Ton visage, que j'ai déjà pleuré mort, ne me donne pas une cause moins douloureuse de larmes, à présent que je le vois si changé.

» Dis-moi donc, au nom de Dieu, ce qui vous maigrit ainsi ; ne me fais point parler d'autre chose pendant que je m'émerveille, car il doit mal parler celui qui est rempli d'un autre soin. »

Et lui à moi : « De l'éternelle justice une vertu tombe sur cette eau et sur cette plante laissée derrière nous, et cette vertu secrète m'exténue ainsi.

» Toutes ces âmes qui chantent en pleurant pour avoir obéi à leur bouche outre mesure, doivent ici se sanctifier de nouveau par la faim et la soif.

» L'odeur qui sort des fruits et de l'eau qui s'étend sur cette verdure, allume en nous le désir de boire et de manger.

» Et ce n'est pas une seule fois qu'en faisant le tour de cet espace sera vive notre peine ; je dis peine, et je devrais dire consolation,

» Car la volonté qui nous mène à cet arbre est celle qui mena le Christ, plein de joie, à dire : Éli ! quand il nous délivra avec le sang de sa veine [1]. »

Et moi à lui : « Forèse [2], depuis le jour que tu as échangé le monde pour une meilleure vie, cinq années ne se sont pas écoulées.

» Si la puissance de pécher finit en toi avant que survînt l'heure de la douleur salutaire qui nous réconcilie avec Dieu,

» Comment es-tu venu ici-haut ? Je croyais te trouver encore là-bas, où le temps par le temps se répare. »

Et lui à moi : « C'est ma Nella qui, par ses plaintes assidues, m'a mené à boire la douce absinthe des douleurs.

» Par ses prières pieuses et ses soupirs elle m'a retiré

---

[1] Eli, lamma sabacthani ? Dieu, pourquoi m'as-tu délaissé ?
[2] Le Florentin Forèse était frère de Corso Donati et de la belle Piccarda, qu'on retrouvera au chant III du Paradis.

de la côte où l'on attend, et elle m'a délivré des autres cercles.

» Elle est d'autant plus chère et plus agréable à Dieu, ma bonne veuve, que j'aimais beaucoup, qu'elle est plus seule à bien faire.

» Car la Barbagia de Sardaigne a des femmes bien plus pudiques que la Barbagia où j'ai laissé la mienne [1].

» O doux frère! que veux-tu que je dise? Un temps futur est déjà devant mes yeux, temps pour lequel l'heure présente ne sera pas très-ancienne,

» Où, dans la chaire, il sera défendu aux effrontées Florentines d'aller ainsi montrant leurs poitrines et leurs mamelles.

» Quelles femmes barbares, quelles Sarrasines furent jamais, à qui il fallût, pour les forcer de se couvrir, des censures spirituelles ou d'autres règlements ?

» Mais si ces éhontées savaient ce que le ciel leur réserve bientôt, déjà elles auraient la bouche ouverte pour hurler.

» Car, si ma prévoyance ne m'abuse pas, elles seront tristes avant que le duvet vienne aux joues de l'enfant qui s'apaise encore aux chansons de sa nourrice.

» Ah! frère, ne te cache plus à nous; tu vois que non-seulement moi, mais toutes ces âmes regardent la place où ton corps a voilé le soleil. »

Alors moi à lui : « Si tu te rappelles quel tu fus avec moi et quel je fus avec toi, ce souvenir revenu te sera encore bien lourd.

» Ce sage qui va devant moi me retira de cette vie l'autre jour, quand la sœur de celui-ci se montrait ronde ; »

Et je montrai le soleil. « Ce sage m'a mené par la profonde nuit chez les véritables morts, et avec ma véritable chair qui le suit.

» Son aide m'a soutenu jusqu'ici sur les degrés et dans les détours de la montagne, qui vous redresse, vous que le monde a rendus tors.

---

[1] Montagne de Sardaigne fort mal famée. — L'autre Barbagia signifie Florence.

» Il m'a dit qu'il me ferait compagnie jusqu'à ce que je sois là où sera Béatrice. Alors il faut que je reste sans lui.

» Virgile est celui-ci qui m'a parlé ainsi (et je le montrai du doigt); et cet autre est l'ombre pour laquelle a tremblé naguère dans toutes ses voûtes

» Votre royaume, quand il fallut s'en séparer. »

CHANT XXIV.

Les trois poëtes, qui ont quitté Forèse, arrivent près d'un second arbre d'où sort une voix rappelant divers exemples de Gourmandise. Enfin, un ange leur indique les degrés du septième et dernier cercle.

Ni par l'entretien notre marche, ni par la marche notre entretien ne se ralentissait; mais, tout en discourant, nous marchions rapidement, comme un navire poussé par un bon vent.

Et les ombres, qui paraissaient des choses deux fois mortes, me montraient, par les fosses de leurs yeux, toute leur admiration de me savoir vivant.

Et moi, continuant mon discours, je dis : « Cette ombre, à cause d'autrui, s'en va peut-être là-haut plus lentement qu'elle ne le fait.

» Mais dis-moi, si tu le sais, où est Piccarda[1]? dis-moi si je vois quelque personne à remarquer parmi toute cette foule qui ainsi me regarde. »

Forèse répondit : « Ma sœur, si belle et si bonne (je ne sais ce qu'elle fut le plus), déjà sur le haut Olympe triomphe joyeuse de sa couronne. »

Il parla d'abord ainsi, et il ajouta : « Il n'est pas défendu ici de nommer chacun, tant notre ressemblance est altérée par la faim.

» Celui-ci (et il le montra du doigt) est Buonagiunta, Buo-

---

[1] Piccarda, sœur de Forèse.

nagiunta de Lucques ¹, et cette âme plus loin que lui et plus maigre que les autres

» Eut la sainte Église dans ses bras. Il était de Tours, et il expie par le jeûne les anguilles de Bolsène ² qu'il faisait cuire dans du vin doux. »

Il m'en nomma beaucoup d'autres un à un, et tous paraissaient contents d'être nommés, si bien que je n'en vis pas un prendre un air sombre.

Je vis parmi ces affamés, qui usent leurs dents à vide, Ubaldin della Pila, et Boniface qui nourrit tant de monde avec son rochet ³.

Je vis messer Marchese, qui jadis eut le temps de boire à Forli ⁴, étant moins altéré, et qui fut tel cependant que jamais il ne se sentit rassasié.

Mais, pareil à celui qui d'abord examine, et ensuite fait plus d'estime de l'un que de l'autre, ainsi je fis de celui de Lucques, lequel paraissait plus que tous les autres me connaître.

Il murmurait et nommait je ne sais quelle Gentucca ⁵, avec cette gorge où il sentait pourtant les plaies de la justice qui le consume ainsi.

« O âme, dis-je, qui sembles si avide de parler avec moi, fais en sorte que je t'entende, et contente-nous toi, et moi, en parlant. »

Il commença : « Une femme est née qui ne porte pas encore de voile, et qui te fera trouver agréable ma cité, quoique plus d'un l'en réprimandera.

» Tu t'en iras avec cette prédiction; si tu as puisé quelque erreur dans ce que je murmure, les choses avenues te l'apprendront.

» Mais, dis-moi, ne vois-je pas celui qui vient de mettre

---

¹ Buonagiunta, poëte renommé de Lucques.
² Le pape Martin IV, de Tours.
³ Ubaldino della Pila et Boniface d'Imola, archevêque, tous célèbres gourmands.
⁴ Le marquis de Rigogliosi. Son sommelier un jour luy fit savoir que partout on disoit qu'il ne faisoit jamais autre chose que boyre ; et il respondit riant : Pourquoi ne disent aussi ceux-là que j'ai toujours soif? (Grangier.)
⁵ Jeune fille de Lucques, aimée de Dante.

au jour les nouvelles rimes commençant ainsi : « Dames, qui savez bien ce qu'est Amour[1]. »

Et moi à lui : « Je suis ainsi que lorsque Amour m'inspire, je note, et sur le mode qu'il me dicte au dedans, je m'en vais le répandant au dehors.

— O frère! dit-il, je vois maintenant le nœud qui nous a arrêtés, le Notaire, et Guittone[2] et moi, loin de ce doux et nouveau style qui m'est révélé.

» Je vois comme vos plumes suivent fidèlement celui qui dicte si bien[3]; certes il n'en fut pas ainsi des nôtres.

» Et celui qui veut monter plus haut ne distingue plus un style de l'autre; » et, comme satisfait, il se tut.

Comme ces oiseaux qui hivernent vers le Nil forment quelquefois une bande épaisse, ensuite volent avec plus de vitesse et s'en vont à la file,

Ainsi toutes les âmes qui étaient là tournèrent le visage et pressèrent le pas, légères et par leur maigreur et par leur volonté.

Et comme un homme lassé de courir laisse aller ses compagnons, et marche plus lentement jusqu'à ce que le souffle de ses poumons soit apaisé,

Ainsi Forèse laissa passer outre le saint troupeau, et il s'en venait derrière eux avec moi, me disant : « Quand te reverrai-je ?

— Je ne sais, lui répondis-je, combien je vivrai; mais mon retour ne sera pas si prochain que, moi, en désir je ne sois auparavant arrivé sur la rive;

» Car le lieu où je fus placé pour vivre de jour en jour se dépouille davantage du bien, et semble destiné à une triste ruine.

— Va, reprit-il, je vois le plus coupable de tous[4] traîné

---

[1] C'est le premier vers d'une canzone de Dante en l'honneur de Béatrice. On la trouve dans la *Vita nuova*.

[2] Jacques da Lentino, surnommé le Notaire, Guittone d'Arezzo, poëtes médiocres.

[3] Amour.

[4] Corso Donati, chef des Noirs et frère de Forèse, qui était du parti des Blancs. Corso Donati fut massacré dans les rues de Florence, ceci en 1308.

à la queue d'une bête vers la vallée où nulle faute n'est remise.

» La bête à chaque pas va plus rapide, augmentant toujours de vitesse, jusqu'à ce qu'elle laisse le corps, en tous lieux heurté, indignement défait.

» Ces sphères n'ont pas beaucoup à tourner (et il leva les yeux au ciel), jusqu'à ce que devienne clair pour toi ce que mes paroles ne peuvent éclaircir davantage.

» Maintenant je te laisse, car le temps est cher dans ce royaume, et j'en perds trop en marchant ainsi avec toi, deux à deux. »

Tel parfois un cavalier sort au galop d'une troupe qui chevauche et s'avance, afin d'avoir l'honneur du premier choc,

Tel l'esprit se sépara de nous à grands pas, et je restai sur la route avec ces deux-là qui furent de si grands maréchaux en poésie [1].

Et lorsqu'il fut assez loin devant nous pour que mes yeux le suivissent, comme mon esprit avait suivi ses paroles,

J'aperçus les rameaux chargés de fruits et vivaces d'un autre pommier, et non éloignés de moi, qui étais alors tourné de ce côté.

Sous cet arbre je vis des âmes élever les mains et crier je ne sais quoi vers le feuillage, comme de petits enfants qui, tout pleins de vains désirs,

Font force prières auxquelles celui qui est prié ne répond pas; mais pour aiguiser encore leur convoitise, il tient au-dessus d'eux l'objet de leur désir, et il ne le cache pas.

Cette foule partit ensuite comme détrompée; alors nous vînmes au grand arbre qui se refuse à tant de prières et de larmes :

« Passez outre sans vous approcher; plus haut est un arbre dont le fruit fut mordu par Ève, et cet arbre en est un rejeton. »

Ainsi, à travers les branches, je ne sais qui parlait. Donc

---

[1] Virgile et Stace.

Virgile, Stace et moi, nous passâmes outre en nous serrant contre le côté du chemin qui s'élève.

« Souvenez-vous, disait la voix, des maudits formés dans les nuages, qui, repus, combattirent Thésée avec leur double poitrine.

» Souvenez-vous des Hébreux qui montrèrent leur mollesse en buvant ; c'est pourquoi Gédéon ne les voulut pas pour compagnons, quand près de Madian il descendit les collines. »

Ainsi, en nous rapprochant de l'un des deux bords, nous passions en écoutant les divers péchés de gourmandise suivis autrefois de justes misères.

Puis, rentrés dans le milieu de la route, nous avançâmes durant mille pas et plus, chacun de nous réfléchissant, mais sans parler.

« Où allez-vous, pensant ainsi tous les trois, seuls? » dit tout à coup une voix ; sur quoi je me secouai comme font les animaux épouvantés et peureux.

Je levai la tête pour savoir qui c'était, et jamais, dans la fournaise, on ne vit des verres ou des métaux brillants et rouges

Comme l'était cet esprit qui disait : « S'il vous plaît de monter, c'est par ici qu'il faut tourner ; par ici va celui qui veut aller vers la paix. »

Son aspect m'avait ôté la vue ; je me tournai vers mes maîtres, comme un homme qui va suivant ce qu'il entend.

Et telle la brise de mai, messagère de l'aurore, se répand et embaume, toute imprégnée de l'herbe et des fleurs,

Un tel vent je sentis me frapper au milieu du front, et je sentis bien se mouvoir la plume qui me fit sentir l'odeur de l'ambroisie[1].

Et je sentis qu'on disait : « Heureux ceux-là que la grâce

---

[1] Tal mi sénti' un vento dar per me,
La fronte, e ben sentì muover la piuma
Che fe' sentir d'ambrosia l'orezza.
E sentì' dir...

L'Ange efface sur le front du poëte le *P*, signe du péché de Gourmandise.

enflamme tellement, que l'amour du manger ne fait pas fumer dans leur cœur trop de désirs,

» Et qui n'ont faim qu'autant qu'il est raisonnable. »

CHANT XXV.

Septième et dernier cercle, où se purifie le péché de Luxure. — Stace explique à Dante l'œuvre merveilleuse de la génération, et comment les Ames revêtent une forme visible. — Esprits qui, au milieu des flammes, rappellent des exemples de Chasteté.

C'était l'heure où, pour monter, il ne fallait plus de retard, car le soleil avait laissé le cercle méridional au Taureau, et la nuit au Scorpion[1].

Aussi, comme fait l'homme qui ne s'arrête pas, mais poursuit sa route, quoi qu'il rencontre, si l'aiguillon du besoin le pique,

Ainsi nous entrâmes dans le passage, l'un devant l'autre, en prenant l'escalier qui par son étroitesse force ceux qui montent de se séparer.

Et tel le petit de la cigogne qui lève ses ailes par le désir de voler, puis n'ose pas abandonner le nid, et rabaisse ses ailes;

Tel j'étais plein d'un désir de demander qui s'allumait et s'éteignait; et je venais jusqu'à faire le mouvement de celui qui s'apprête à parler.

Tout rapide que fût notre chemin, le doux père ne laissa pas de me dire : « Tire donc l'arc de ta parole que tu as bandé jusqu'au fer! »

Alors j'ouvris la bouche avec assurance, et je commençai : « Comment peut-on devenir maigre, là où le besoin de vous nourrir ne vous touche pas?

— Si tu te rappelais comment Méléagre se consuma à mesure que se consumait un tison, cela, répondit-il, ne te serait pas si aigre à comprendre.

[1] Deux heures après midi.

» Et si tu réfléchissais comme en faisant votre image glisser, elle glisse dans le miroir, ce qui te paraît dur te paraîtrait mou.

» Mais pour que ton désir soit contenté, voici Stace; je l'invoque aussi, et je le prie d'être le médecin de tes plaies.

» Si là où tu es, je lui découvre le royaume éternel, repondit Stace, que ceci me disculpe de ne pouvoir te dire non. »

Puis il commença : « Fils, si ton esprit reçoit et garde mes paroles, elles jetteront de la lumière sur le point dont tu parles.

» Le plus pur du sang qui n'est jamais bu par les veines altérées, et qui reste comme les aliments superflus qu'on enlève de table[1],

» Prend dans le cœur une vertu qui le rend propre à former tous les membres humains, comme celui qui, pour se transformer en ces membres, traverse les veines.

» Mieux digéré encore, il descend dans une partie qu'il est mieux de taire que de nommer, et de là s'alambique sur le sang d'un autre être, dans le vase naturel.

» Là l'une et l'autre substance s'unissent : l'une disposée à recevoir l'impression, et l'autre à agir par l'effet de la perfection du lieu d'où elle découle.

» Alors le sang paternel commence à opérer, d'abord en coagulant, ensuite il ravive ce que par sa matière il rendit consistant.

» La vertu active du sang paternel, devenue âme végétative comme une plante (avec cette seule différence que celle-ci est en chemin, et que cette autre est déjà sur le rivage),

» Agit tellement ensuite, que déjà elle se meut et sent, comme une éponge marine; et qu'ensuite elle se met à organiser les puissances de l'homme dont elle est le germe.

» Tantôt s'élargit, mon cher fils, tantôt s'étend la vertu

---

[1] Voir dans Ginguené (*Hist. littér. de l'Italie*, liv. II), la critique de cette philosophie et de cette physique dantesques.

qui procède du cœur du père, et d'où la nature fait dériver tous les membres;

» Mais comment d'animale elle devient raisonnable, tu ne le vois pas encore; ceci est un point qui a fait errer plus sage que toi[1].

» De sorte que, par sa doctrine, il a séparé de l'âme l'intellect possible, parce qu'il ne voyait à celui-ci aucun organe particulier.

» Ouvre ton cœur à la vérité que je lui présente, et sache que sitôt que dans le fœtus l'articulaire du cerveau est achevé,

» Le Premier Moteur se tourne joyeux vers ce chef-d'œuvre de la nature, et lui inspire un esprit nouveau tout rempli de vertu;

» Cet esprit unit à sa substance ce qu'il trouve là d'actif, et il s'en forme une seule âme qui vit, qui sent, et qui se retourne sur elle-même.

» Et, afin que tu sois moins étonné de mes paroles, considère la chaleur du soleil, laquelle devient vin si elle s'unit à l'humeur qui coule de la vigne.

» Quand Lachésis n'a plus de lin, l'âme se sépare de la chair, et elle emporte avec elle, renfermées dans sa vertu, les facultés humaines et divines;

» Les facultés sensibles sont toutes quasi muettes; mais la mémoire, l'intelligence et la volonté ont, dans leur action, plus de subtilité qu'auparavant.

» Sans s'arrêter, l'âme arrive admirablement d'elle-même à l'un des rivages; là elle apprend la voie qu'il lui faut suivre.

» Aussitôt que ce lien l'enferme, la vertu informative rayonne tout autour, de même et tout autant que lorsqu'elle vivait dans ses membres.

» Et comme, lorsqu'il est pluvieux, l'air, par l'effet des rayons du soleil qui s'y réfléchit, se montre orné de diverses couleurs;

---

[1] Averrboës.

» Ainsi l'air d'alentour prend la forme que lui imprime virtuellement l'âme qui s'y est arrêtée.

» Et semblable à la flamme qui suit le feu dans tous ses mouvements, la forme nouvelle va toujours suivant l'esprit.

» Enfin, comme c'est de cette forme que l'âme tient son apparence, elle est nommée ombre; ensuite elle organise chacun des sens, jusqu'à celui de la vue.

» De là nous parlons, de là nous rions, de là nous répandons les larmes et les soupirs que tu peux avoir entendus sur la montagne.

» Selon que nos désirs et nos autres passions s'émeuvent, l'ombre prend diverses figures : telle est la cause de ce qui t'étonne. »

Déjà nous étions arrivés à la dernière torture, et nous avions tourné à main droite; et un autre soin nous rendait attentifs.

En ce lieu le bord de la montagne darde la flamme en dehors, et le bord de l'abîme souffle en haut un vent qui repousse la flamme et l'éloigne de lui.

Donc il fallait aller un à un du côté ouvert; d'un côté je craignais le feu, de l'autre je craignais de tomber dans l'abîme.

Mon guide me disait : « Dans ce lieu il faut tenir le frein serré à ses yeux, car pour peu de chose on pourrait se tromper. »

Summæ Deus clementiæ[1], entendis-je alors chanter au milieu de cette grande ardeur, ce qui ne me rendit pas moins ardent de me retourner.

Et je vis des esprits allant par la flamme. Pour ce, je regardais, mais en portant ma vue tantôt sur leurs pas, tantôt sur les miens.

Après la strophe qui finit cette hymne, ils crièrent d'une voix haute : *Virum non cognosco*[2]; ensuite ils recommencèrent l'hymne à voix basse.

L'ayant finie, ils crièrent encore : « Diane resta dans le

[1] Hymne chantée aux matines du samedi.
[2] Saint Luc, I.

bois, et en chassa Hélice, qui avait goûté le poison de Vénus[1]. »

Ensuite ils se reprenaient à chanter ; et ils célébraient les femmes et les maris qui furent chastes selon que l'ordonnent la vertu et le mariage.

Et ceci, je crois, leur suffit pendant tout le temps que le feu les brûle ; c'est par de tels soins et de tels exercices

Que leur plaie, la dernière du Purgatoire, se cicatrise.

CHANT XXVI.

Suite. — Les poëtes voient d'autres Ames de Luxurieux qui, à travers les flammes s'avançaient vers les premières. — A leur rencontre, elles s'embrassaient en citant divers exemples de Luxure, puis reprenaient leur route. — Dante s'entretient avec Guido Guinicelli, de Bologne, et Daniel Arnault, de Provence.

Pendant que le long du bord nous allions ainsi l'un devant l'autre, souvent le bon maître disait : « Prends garde et aide-toi, puisque je t'avertis. »

Mon épaule droite était frappée par le soleil, qui, déjà rayonnant sur tout l'occident, changeait en un blanc pâle sa couleur bleu céleste.

Je faisais avec mon ombre paraître la flamme plus rouge ; et, sur un tel indice, je vis beaucoup d'âmes qui, tout en marchant, étaient fort préoccupées.

Ce fut à cette occasion qu'elles se mirent à parler de moi, et elles commencèrent à dire : « Celui-ci ne paraît pas avoir un corps fictif. »

Puis elles s'en assurèrent en s'approchant de moi autant qu'elles le pouvaient, mais en se gardant toujours d'entrer là où elles ne se seraient pas brûlées.

« O toi, qui vas derrière les deux autres, non pour être plus lent, mais peut-être par respect, réponds à moi, qui brûle dans la soif et dans le feu.

---

[1] Nymphe de Diane, séduite par Jupiter.

» Ce n'est pas pour moi seulement que ta réponse est un besoin ; tous ceux-ci en ont une soif plus grande que l'Indien ou l'Éthiopien de l'eau froide.

» Dis-nous, comment arrive-t-il que tu fasses de ton corps une muraille au soleil, comme si tu n'étais pas encore entré dans les rets de la mort. »

Ainsi me parlait un des esprits, et déjà je me serais expliqué, si je n'étais devenu attentif à une autre nouveauté qui m'apparut alors.

Par le milieu du chemin enflammé venait une seconde troupe, le visage tourné vers la première, ce qui me jeta dans le doute et l'étonnement.

Je vis de chaque côté chaque ombre se hâter, et s'embrasser l'une l'autre, mais sans s'arrêter, contentes de cette courte fête.

Ainsi, au milieu de leurs bruns bataillons, les fourmis viennent à la rencontre nez à nez, peut-être pour se questionner sur leur route ou sur leur butin.

Après cet accueil amical, et avant de courir son premier pas, chacune des âmes se fatigue aussitôt à crier à qui mieux mieux,

La nouvelle troupe : « Sodome et Gomorrhe ! » et l'autre : « Pasiphaé entra dans la peau d'une génisse afin que le taureau se ruât sur sa luxure. »

Ensuite, comme les grues qui se fussent envolées, partie vers les monts Riphées, partie vers les pays de sables, les unes par crainte de la glace, les autres du soleil,

De même les deux troupes : l'une s'en va, l'autre s'en vient, et tout en pleurant elles reprenaient leurs premiers chants et les cris qui leur conviennent le plus.

Alors, comme devant, s'approchèrent de moi les mêmes âmes qui m'avaient interrogé ; elles semblaient attentives et prêtes à m'écouter.

Moi, qui par deux fois avais vu leur désir, je commençai : « O âmes sûres d'arriver quelque jour à l'état de paix,

» Mes membres ne sont point restés là-bas encore verts

ou déjà mûrs, mais ils sont ici avec moi, avec leur sang et avec leurs jointures.

» Je vais là-haut afin de n'être plus aveugle; au-dessus de nous est une femme[1] qui nous procure cette grâce; voilà pourquoi je traîne ce corps mortel dans votre monde.

» Puisse aussi le plus grand de vos désirs être bientôt satisfait! Puisse le ciel, qui est le plus rempli d'amour et le plus vaste, vous loger dans ses lambris!

» Mais dites-moi, afin que je puisse encore le mettre par écrit, qui êtes-vous et quelle est cette foule qui s'en vient derrière vous? »

Le montagnard stupéfié ne se trouble pas autrement dans son admiration muette, quand, grossier et sauvage, il entre dans une ville,

Que ne le fit chacune de ces ombres, à en juger par leur apparence; mais quand elles furent délivrées de cette stupeur, laquelle se calme vite dans les cœurs haut placés :

« Heureux toi qui, afin de mieux vivre, viens chercher l'expérience dans nos contrées! répondit l'ombre qui la première nous avait interrogés.

» Les âmes qui ne viennent pas avec nous commirent le péché pour lequel César, pendant son triomphe, s'entendait railler et appeler reine[2].

» Elles s'éloignent donc en criant Sodome, en se faisant des reproches comme tu l'as entendu, et elles aident par leur honte la force de la flamme.

» Notre péché fut doublement contre nature; mais comme nous n'avons pas observé la loi humaine, en suivant au contraire notre appétit comme font les bêtes,

» Pour notre opprobre, nous disons, en nous séparant, le nom de celle qui se changea en bête dans une enveloppe de bête.

» Or tu sais nos actions et de quoi nous sommes coupables. Si tu veux par hasard savoir notre nom, je n'ai pas le temps de le dire et je ne le saurais.

[1] Béatrice.
[2] Voir Suétone.

» Je contenterai cependant ton désir de connaître le mien : je suis Guido Guinicelli [1], et déjà je me purifie pour m'être repenti avant mon heure suprême. »

Tels se montrèrent ces deux fils en revoyant leur mère en butte à la colère de Lycurgue [2], tel je me montrai (mais non avec autant d'empressement que j'aurais voulu),

Quand j'entendis se nommer lui-même, Guido, mon père et le père de beaucoup d'autres meilleurs que moi qui ont écrit des rimes d'amour douces et gracieuses.

Sans entendre et sans parler, je marchai longtemps pensif en le contemplant; mais à cause du feu je ne pouvais approcher davantage.

Quand je fus rassasié de le regarder, je m'offris de tout cœur à son service avec ces serments qui font croire aux offres d'autrui.

Et lui à moi : « Tu me laisses, par ce que j'entends, une trace si profonde et si claire, que le Léthé ne pourrait l'effacer ni la rendre obscure.

» Mais si tes paroles ont juré la vérité, dis-moi, pour quelle raison montres-tu que tu m'as pour cher dans tes propos et dans tes regards? »

Et moi à lui : « Vos douces rimes, tant que durera le langage moderne, rendront bien chère l'encre qui les a tracées.

— O frère! dit-il, celui que je t'indique du doigt (et il me montra du doigt un esprit marchant devant lui) fut meilleur ouvrier dans sa langue maternelle [3].

» En vers d'amour et en prose de romans, il surpassa tous les autres, et laisse dire les sots qui pensent que le Limousin [4] est au-dessus de lui.

» Ils tournent la tête vers le bruit plutôt que vers la vérité, et ainsi ils arrêtent leur opinion avant d'écouter l'art ou la raison.

[1] Poëte de Bologne.
[2] Thoas et Euménius retrouvèrent leur mère Hypsipyle au moment où Lycurgue roi de Némée, allait la faire mourir.
[3] Arnault Daniel, poëte provençal.
[4] Gerault Bertueil, rimeur de Limoges.

» Ainsi firent beaucoup d'anciens pour Guittone, en lui donnant, de cris en cris, la première place, jusqu'à ce que, par la bouche de plusieurs personnes, la vérité l'ait vaincu.

» Maintenant, si tu as un si ample privilége qu'il te soit permis d'entrer dans le cloître où le Christ est abbé du collége [1],

» Dis-lui pour moi du *Pater noster* tout ce qui est nécessaire dans ce monde où nous n'avons plus le pouvoir de pécher. »

Et puis, peut-être pour faire place à un autre qu'il avait après lui, il disparut dans le feu, comme dans l'eau le poisson qui va au fond.

Je m'avançai un peu vers celui qu'on m'avait montré, et je lui dis que mon désir préparait à son nom une réception gracieuse.

Et il commença gentiment à dire :

> Tan m'abellis vostre cortes deman,
> Ch' ieu no me puosc ni m'voil a vos cobrire;
>
> Ieu sui Arnaut che plor e vai cantan :
> Consiros vei la passada follor,
> E vei jauzen lo joi qu'esper denan.
>
> Ara vos prec, per aquella valor
> Que us guida al som sens freich e sens calina,
> Sovegna vos atemprar ma dolor [2].

Puis il se cacha dans le feu qui les purifie.

---

[1] Le Paradis.

[2] « Tant me plaît votre courtoise demande, que je ne puis ni ne veux me cacher à vous.

» Je suis Arnault qui pleure et vais chantant : je vois, chagrin, la folie passée ; mais je vois, joyeux, la joie que j'espère à l'avenir.

» Maintenant, je vous prie, par cette vertu qui vous guide, sans froid et sans chaleur, jusqu'au sommet, qu'il vous souvienne d'adoucir ma douleur. »

CHANT XXVII.

Conseillés par un Ange, les poëtes passent au milieu des flammes, puis gravissent les derniers degrés. — Au sommet, la nuit les arrête. — Nouvelle vision de Dante. — Vers l'aurore, les trois poëtes parviennent au sommet de la montagne du Purgatoire. — Là, Virgile laisse Dante libre de faire désormais toute chose, sans plus demander conseil.

Le point d'où le soleil darde ses premiers rayons sur la ville où fut répandu le sang de son créateur (quand l'Èbre tombe sous le signe élevé de la Balance,

Et que l'eau du Gange s'échauffe sous l'ardeur du midi), ce point était occupé par le soleil; donc le jour s'en allait pour nous, lorsque l'ange de Dieu nous apparut joyeux.

En dehors de la flamme, il se tenait sur la rive et chantait : *Beati mundo corde*[1], mais d'une voix bien plus vive que la nôtre.

Ensuite : « Ames saintes, on ne va pas plus avant, si d'abord le feu ne vous mord. Entrez dans les flammes, et ne soyez point sourdes au chant qui de plus loin arrive. »

Ainsi dit l'ange, quand nous fûmes près de lui. C'est pourquoi je devins, lorsque je l'entendis, tel que celui qui est mis dans la fosse.

J'élevai mes deux mains jointes en regardant le feu, et me représentant avec force les corps humains que j'avais déjà vus brûler.

Mes bons guides se tournèrent vers moi, et Virgile me dit : « Mon fils, ici on peut trouver un tourment, mais non la mort.

» Souviens-toi! souviens-toi! si je t'ai guidé sain et sauf sur les épaules de Géryon, que ferai-je à cette heure que je suis plus près de Dieu?

» Aie pour certain que quand tu serais mille ans dans le gouffre de cette flamme, elle ne pourrait te rendre chauve d'un seul cheveu.

» Et si par hasard tu crois que je te trompe, mets-toi

---

[1] Saint Matthieu.

près d'elle, et, comme preuve, que tes mains approchent du feu le bord de ta robe.

» Dépose désormais, dépose toute crainte, tourne-toi par ici, et poursuis ta route avec sécurité. » Mais, moi, je me tenais immobile, malgré ma conscience.

Quand il me vit rester ainsi immobile et opiniâtre, Virgile, un peu troublé, me dit : « Vois donc, mon fils; entre Béatrice et toi il n'y a que cette muraille. »

Comme au nom de Thisbé, Pyrame, près de mourir, ouvrit les yeux et la regarda sous le mûrier qui, depuis, donna des fruits vermeils,

Ainsi ma dure résistance s'étant amollie, je me tournai vers le sage guide, en entendant le nom qui rejaillit toujours dans mon esprit.

Alors il secoua la tête et dit : « Comment! voulons-nous rester ici? » Ensuite il sourit comme on fait à l'enfant qui est vaincu par un fruit.

Puis il entra devant moi au milieu du feu, priant Stac de venir par derrière, lui qui, pendant un long chemin nous avait séparés tous les deux.

Quand je fus au milieu de ces flammes, je me serais jeté, pour me rafraîchir, dans du verre bouillant, tant la chaleur y était démesurée.

Le doux père, pour me conforter, s'en allait parlant de Béatrice, et disait : « Il me semble déjà voir ses yeux. »

Une voix nous guidait en chantant au delà, et nous, attentifs à cette voix, nous sortîmes du feu là où il faut monter.

« *Venite, benedicti Patris mei*[1], disait une voix au milieu d'une lumière telle, que mes yeux vaincus ne purent la regarder.

» Le soleil s'en va, continua-t-elle, et le soir approche; ne vous arrêtez point, mais hâtez le pas tandis que l'occident n'est pas encore noir. »

Le sentier montait droit à travers le rocher du côté de

---

[1] Saint Matthieu.

l'orient ; or devant moi j'interrompais les rayons du soleil, déjà bas et fatigué.

Et nous avions franchi peu de marches quand mes sages guides et moi, nous sentîmes, à notre ombre qui s'évanouissait, que derrière nous se couchait le soleil.

Et avant que, dans toutes ses immenses parties, l'horizon eût pris le même aspect, que la nuit se fût partout étendue,

Chacun de nous se fit un lit d'un degré ; car la nature de la montagne nous ôtait la puissance plutôt que le plaisir de monter.

Telles les chèvres qui, avant d'être repues, étaient si inquiètes et si hardies sur la cime des montagnes, demeurent doucement à ruminer,

Et pendant que le soleil flamboie, se tiennent silencieuses à l'ombre, gardées par le pasteur qui s'appuie sur sa houlette, et, ainsi appuyé, les préserve ;

Et tel le berger qui reste dehors, et la nuit veille autour de son troupeau paisible, faisant la garde, de peur qu'une bête féroce ne le disperse,

Tels nous étions alors tous trois, moi comme la chèvre, et eux comme les pasteurs, entourés deçà, delà par la grotte.

On n'y pouvait voir que peu du ciel, mais dans ce peu je voyais les étoiles plus claires et plus grandes qu'à l'ordinaire.

Ainsi ruminant et regardant, je fus pris par le sommeil, le sommeil qui souvent, avant que la chose soit, en a des nouvelles.

A l'heure, je crois, où Cythérée, qui paraît toujours brûlante du feu d'amour, lançait de l'orient ses premiers rayons sur la montagne,

Il me semblait voir en songe une femme jeune et belle qui s'en allait cueillant des fleurs par la campagne, et, en chantant, disait :

« Sache, quiconque demande mon nom, que je suis Lia[1],

---

[1] Lia, fille de Laban, première femme de Jacob, ou la Vie active.

et que je vais étendant partout mes belles mains pour me faire une guirlande.

» C'est pour me plaire devant le miroir qu'ici je me pare ; mais ma sœur Rachel [1] ne quitte jamais le sien, et reste assise devant lui tout le jour.

» Elle prend plaisir à voir ses beaux yeux comme moi à m'orner de mes mains ; elle, c'est voir ; moi, c'est agir qui me contente. »

Déjà, devant les splendeurs avant-courrières du jour (splendeurs d'autant plus agréables aux pèlerins qu'en retournant ils logent moins loin de leur pays);

Déjà, dis-je, les ténèbres fuyaient de tous côtés, et avec elles mon sommeil. Je me levai donc en voyant mes grands maîtres déjà levés.

« Ce doux fruit que l'inquiétude des mortels va cherchant sur tant de branches, aujourd'hui apaisera ta faim. »

Voilà les paroles dont Virgile se servit en me parlant, et jamais étrennes ne leur furent égales en plaisir.

Tant de désir vint augmenter mon désir d'être là-haut, qu'à chaque pas je sentais croître des ailes pour mon vol.

Lorsqu'au-dessous de nous l'escalier fut entièrement parcouru, et que nous fûmes au degré supérieur, Virgile fixa sur moi ses yeux,

Et me dit : « Le feu qui n'a qu'un temps et le feu éternel, tu les as vus, mon fils, et te voilà venu à un point où par moi-même je ne puis rien voir au delà.

» Je t'ai amené ici par mon intelligence et mon art ; prends maintenant ta volonté pour guide ; tu es sorti des voies escarpées, tu es sorti des voies étroites.

» Vois le soleil qui reluit sur ton front ; vois l'herbe, les fleurs et les arbrisseaux que cette terre produit d'elle-même.

» En attendant que viennent, brillants de joie, les beaux yeux qui, en pleurant, me firent venir à toi, tu peux t'asseoir et tu peux aller parmi ces délices.

[1] Rachel, autre fille de Laban, seconde femme de Jacob, ou la Vie contemplative.

» N'attends plus mes discours et mes conseils, ton libre arbitre est droit et sain, et ce serait faillir de ne point faire selon ton jugement.

» Donc, te plaçant au-dessus de toi, je te couronne et te mitre. »

CHANT XXVIII.

Au sommet de la montagne du Purgatoire, les trois poëtes s'avancent vers la forêt du Paradis terrestre. — Le fleuve Léthé les arrête. — Sur le bord opposé ils aperçoivent Mathilde qui s'en allait chantant et cueillant des fleurs. — A la prière de Dante, Mathilde éclaircit plusieurs de ses doutes.

Désireux d'observer au dedans et à l'entour la divine forêt, cette forêt épaisse et vive qui tempérait aux yeux le jour naissant [1],

Sans plus attendre je quittai le bord, marchant à travers la campagne lentement, lentement, sur un sol qui de toutes parts embaumait.

Un air doux et qui ne pouvait changer me frappait le front, mais comme pourrait frapper un vent suave.

Les feuilles, promptes à trembler sous ce doux zéphyr, se penchaient toutes en arrière vers le côté où le mont sacré jette sa première ombre [2].

Cependant elles ne s'écartaient pas tant de la ligne droite, que sur leurs cimes les petits oiseaux cessassent de pratiquer leur art :

Mais avec une pleine joie, et en chantant, ils accueillaient les premières heures au milieu des feuilles, lesquelles mêlaient leur murmure aux rimes des oiseaux.

Tel est le bruit qui, de rameau en rameau, se répand dans les pins sur le rivage de Chiassi [3], quand Éole laisse échapper le Sirocco [4].

[1] Le poëte est arrivé au Paradis terrestre, au sommet de la montagne du Purgatoire.
[2] Vers l'occident.
[3] Près de Ravenne.
[4] Vent du sud-est.

Tout lents qu'ils étaient, déjà mes pas m'avaient porté si avant dans la forêt, que je ne pouvais revoir par où j'étais entré.

Et voilà que je ne pus aller plus loin, arrêté par un ruisseau, lequel, à main gauche, pliait de ses petites ondes les herbes nées sur ses bords.

Toutes les eaux qui d'ici-bas sont les plus pures, sembleraient avoir eu quelque mélange, comparées à celle-là qui ne cache nulle chose;

Encore qu'elle coule rembrunie, rembrunie sous une ombre perpétuelle, qui jamais n'y laisse rayonner le soleil ou la lune.

De mes pieds je m'arrêtai, et de mes yeux je passai au delà du petit fleuve pour y admirer la grande variété des arbres verdoyants.

Et là m'apparut (comme souvent apparaît une chose subite qui écarte merveilleusement toute autre pensée)

Une Dame seule, laquelle s'en allait chantant et cueillant l'une après l'autre les fleurs dont toute sa route était émaillée.

« O belle Dame, qui te réchauffes aux rayons d'Amour! si je dois en croire les traits qui d'ordinaire sont un témoignage du cœur,

» Daigne, lui dis-je, t'approcher de cette rivière assez pour que je puisse entendre ce que tu chantes.

» Tu me fais souvenir du lieu où était Proserpine, et comme elle était belle au temps où sa mère la perdit, et elle ses fleurs printanières. »

Comme une femme en dansant tourne à terre sur elle-même et les pieds serrés, mettant à peine un pied devant l'autre,

Ainsi sur les petites fleurs vermeilles et jaunes, elle se tourna vers moi, semblable à une vierge qui baisse ses yeux modestes;

Et elle donna contentement à mes prières en s'approchant si près, que ses douces paroles venaient à moi très-distinctement.

Aussitôt qu'elle fut là où les herbes sont baignées par les ondes du beau fleuve, elle me fit le don de lever les yeux.

Je ne crois pas qu'une si vive lumière ait brillé sous les cils de Vénus, quand son fils la blessa par mégarde.

Elle me souriait de la rive droite, tout en cueillant les fleurs que cette heureuse terre produit sans semence.

Le fleuve ne nous séparait que de trois pas; mais l'Hellespont où passa Xerxès (frein qui modère encore tous les orgueils humains)

Ne fut pas plus odieux à Léandre, nageant entre Sestos et Abydos, qu'à moi-même ce fleuve, qui alors ne s'ouvrait pas devant moi.

« Vous êtes nouveaux venus, commença-t-elle, et parce que je souris en ce lieu choisi pour nid à l'humaine nature,

» Peut-être je vous étonne et excite en vous quelque soupçon, mais le psaume *Delectasti* [1] répand une lumière qui peut dissiper les nuages de votre entendement.

» Et toi qui es devant et qui m'as priée de parler, dis-moi si tu veux entendre autre chose, car je suis venue, prête à répondre à toutes les questions autant qu'il te faudra.

— L'eau, répondis-je, et le bruit de la forêt combattent en moi une foi nouvelle en une chose que j'ai entendue et qui est contraire à celle-ci. »

Elle aussitôt : « Je dirai comment naît de sa cause ce qui te fait t'étonner, et je fondrai le nuage qui t'aveugle.

» Le souverain bien, qui se plaît à lui seul, fit l'homme bon et pour le bien, et lui donna ce lieu pour arrhes de la paix éternelle.

» A cause de sa faute, ici l'homme demeura peu [2]; à cause de sa faute, il changea en plaintes et en tristesse le rire honnête et les doux plaisirs.

» Afin que les troubles excités plus bas par les exhalaisons de l'eau et de la terre, qui, autant qu'elles le peuvent, s'échappent vers la chaleur,

---

[1] C'est-à-dire le psaume 91, où le verset 5 dit : *Delectasti me, Domine*, etc.
[2] Selon les commentateurs, Adam et Ève ne restèrent que sept heures dans le Paradis terrestre : de l'aube à midi.

» Ne fissent aucune guerre à l'homme, ce mont fut ainsi élevé vers le ciel, et il est à l'abri de tout orage depuis le point où la porte le ferme.

» Or, comme l'air se meut en circuit, poussé par le premier-mobile, si le cercle n'est rompu d'aucun côté,

» Un tel mouvement vient frapper cette hauteur qui est toute libre dans l'air vif et pur, et fait résonner la forêt, parce qu'elle est touffue.

» Les plantes ainsi frappées imprègnent naturellement l'air de leur vertu; et l'air, en tournant, la secoue circulairement.

» L'autre terre, selon qu'elle est digne par elle-même ou par son ciel, conçoit et pousse divers arbres de diverses qualités.

» Ceci entendu, tu ne regarderas plus là-bas comme une merveille, si des plantes y poussent sans semences apparentes.

» Tu dois savoir que la campagne sainte, où te voici, est pleine de toutes sortes de semences, et a en elle des fruits qui là-bas ne se recueillent point.

» L'eau que tu vois ne jaillit pas d'une veine nourrie par la vapeur que le froid du ciel convertit en pluie, comme un fleuve qui s'emplit et qui perd son eau;

» Mais elle sort d'une fontaine régulière et sûre qui reprend dans la volonté de Dieu autant qu'elle verse par ses deux canaux.

» De ce côté elle descend avec une vertu qui ôte la mémoire du péché; de l'autre elle rend le souvenir de chaque bienfait.

» Par ici elle se nomme Léthé[1], et de l'autre Eunoé, et elle n'opère que lorsqu'on a bu de tous les deux.

» Sa saveur est au-dessus de toutes les autres; et bien que ta soif puisse être assez apaisée pour que je ne t'entretienne pas davantage,

» Par une grâce spéciale, je te donnerai encore un corol-

---

[1] Λήθη, Oubli ; Εὔνοια, Bon esprit.

laire, et je ne crois pas que mes paroles te seront moins chères, si pour toi elles s'étendent ainsi au delà de mes promesses.

» Les poëtes qui vantèrent anciennement l'âge d'or et son état heureux ont peut-être rêvé ce lieu sur le Parnasse.

» Ici la tige humaine s'éleva innocente; ici l'éternel printemps et tous les fruits; ici le nectar dont chacun parle. »

Alors je me retournai tout entier vers mes poëtes [1], et je vis qu'ils avaient entendu avec un sourire cette dernière explication;

Alors je ramenai mes yeux vers la belle femme.

CHANT XXIX.

Le poëte raconte qu'en suivant avec Mathilde les bords du fleuve Léthé, il vit dans la forêt une ardente lumière, et entendit dans l'air une mélodie suave ; puis, ce fut une procession dans laquelle un Griffon traînait un char triomphal. Arrivé en face de Dante, le Griffon avec tout son cortége s'arrêta.

Chantant comme une dame enamourée, et faisant succéder un verset nouveau à celui qui finissait, elle entonna *Beati quorum tecta sunt peccata* [2];

Puis, comme des nymphes qui s'en vont seules par les ombrages des forêts, désireuses, l'une de fuir, l'autre de voir le soleil,

Elle s'avança contre le cours du fleuve en marchant sur la rive, et moi, me réglant sur elle, je la suivais à petits pas.

Nous n'avions point achevé cent pas à nous deux, quand les rives tournèrent également, de sorte qu'elles me replacèrent du côté du levant.

Et notre route ne durait pas ainsi depuis longtemps, quand la dame se tourna tout entière vers moi, en disant : « Mon frère, regarde et écoute. »

---

[1] Virgile et Stace.
[2] Psaume XXXI : « Heureux ceux-là dont les péchés sont cachés, c'est-à-dire remis ; » car ils sont sortis du Purgatoire.

Et voici qu'une lueur subite parcourut la grande forêt dans toutes ses parties, si brillante, que je doutai si ce n'était pas un éclair.

Mais comme l'éclair passe aussi vite qu'il vient, et que cette lumière, tout en durant, resplendissait de plus en plus, je disais dans ma pensée : « Qu'est ceci ? »

Et une douce mélodie courait dans l'air lumineux; alors un bon zèle me fit blâmer la hardiesse d'Ève;

Puisque là où la terre et le ciel obéissaient, cette femme seule, et qui venait à peine d'être formée, ne put souffrir de rester sous quelque voile;

Et sous ce voile, si elle était restée avec résignation, j'aurais plus tôt et plus longtemps senti ces ineffables délices.

Tandis qu'à travers ces grandes prémices de l'éternel plaisir, je m'en allais tout interdit, et désireux encore de plus de liesse,

Devant nous, l'air, pareil à un grand feu, se montra tout embrasé sous les verts rameaux, et le doux son que nous avions déjà entendu devint un chant clair et distinct.

O vierges sacro-saintes, si jamais j'ai souffert pour vous la faim, le froid et les veilles, la nécessité me force d'implorer votre secours.

Il faut que l'Hélicon verse en moi ses eaux, et que le chœur d'Uranie m'aide à mettre en vers des choses difficiles à concevoir.

Je crus ensuite distinguer sept arbres d'or [1], trompé par la grande distance qui était encore entre nous et le nouvel objet;

Mais quand je fus si rapproché que l'objet commun sur lequel se trompe le sens, ne pouvait, par l'éloignement, perdre aucun de ses effets,

La vertu, qui allie le discours à la raison, me découvrit que c'étaient des candélabres, et que les voix chantaient *Hosanna* [2].

---

[1] Symbole des sept grâces de l'Esprit-Saint.
[2] Hosanna, qui veut dire : fais-nous saufs, ou vivifie. (Grangier.)

Les beaux meubles flamboyaient au-dessus d'eux-mêmes plus clairs par un ciel serein que la lune à minuit et au milieu de son mois.

Rempli d'admiration, je me retournai vers le bon Virgile, et lui me répondit par un regard non moins chargé d'étonnement.

Je reportai ma vue vers les hauts candélabres, qui s'avançaient vers nous si lentement qu'ils auraient été dépassés par de nouvelles épouses.

La Dame me cria : « Pourquoi observes-tu si ardemment ces vives lumières, que tu ne regardes pas ce qui vient après ? »

Alors je vis derrière les candélabres, et comme derrière étaient leurs guides, venir des personnages vêtus de blanc [1]; jamais telle blancheur n'a brillé ici-bas.

A gauche l'eau resplendissait, et elle réfléchissait aussi mon côté gauche, si je m'y regardais, comme l'eût fait un miroir.

Quand je fus pour ma part arrivé à un point où le fleuve seulement me séparait du cortége, afin de mieux voir je suspendis mes pas.

Et je vis les flammes aller en avant, laissant derrière elles l'air peint de belles couleurs; et elles avaient l'apparence de pinceaux tirant des lignes.

Si bien qu'en haut restaient très-distinctement sept lignes [2], renfermant en elles les couleurs dont le soleil fait son arc et la lune sa ceinture.

Ces étendards allaient en s'éloignant au delà de ma vue, et, autant qu'il me semblait, de dix pas s'éloignaient du dernier candélabre visible ceux qui venaient ensuite.

Sous ce beau ciel que je décris, s'en venaient deux à deux vingt-quatre vieillards couronnés de fleurs de lis [3].

Tous chantaient : « Sois bénie entre les filles d'Adam, et bénies soient éternellement tes beautés ! »

---

[1] Les patriarches.
[2] Les sept Sacrements.
Les vingt-quatre livres de l'Ancien et du Nouveau Testament.

Après que les fleurs et les fraîches herbes qui étaient devant moi furent dégagées de ces élus,

Comme la lumière à la lumière succède dans le ciel, après les vingt-quatre vieillards vinrent quatre animaux couronnés chacun de feuilles vertes [1].

Ils avaient chacun six ailes garnies de plumes ; les plumes étaient pleines d'yeux, et tels seraient les yeux d'Argus s'ils étaient vivants.

Lecteur, je ne dépense plus mes rimes à décrire les formes de ces animaux ; car la dépense future me retient si fort, que je ne puis ici faire de largesses.

Mais lis Ézéchiel, qui les dépeint comme il les vit venir des froides régions avec le vent, avec la neige et avec le feu ;

Et tels tu les trouveras dans ses livres, tels ils étaient ici, sauf que, touchant les plumes, Jean est avec moi et se sépare de lui.

L'espace entre les quatre animaux renfermait un char triomphal porté sur deux roues [2], et traîné par un Griffon, il venait.

Le Griffon étendait ses deux ailes entre la ligne du milieu et les trois et trois autres, de manière qu'en les fendant il ne leur faisait aucun dommage.

Elles s'élevaient si haut, que bientôt on ne les voyait plus. Le Griffon avait des membres d'or, dans la portion de son corps où il était oiseau ; dans l'autre, il avait des membres mêlés de blanc et de vermeil.

Non-seulement Rome ne réjouit pas d'un char si beau Scipion l'Africain, ni même Auguste, mais celui du soleil serait pauvre auprès de celui-ci ;

Le char du soleil qui, en déviant, fut brûlé, à la prière de la terre suppliante, quand Jupiter fut juste dans les secrets de sa colère,

---

[1] Les quatre Évangélistes.

[2] Allégorie de l'Église. Cette vision du char et de son cortége rappelle Ézéchiel et l'Apocalypse. Le char, c'est l'Église ; les deux roues, l'Ancien et le Nouveau Testament ; le Griffon, avec sa double nature, Jésus-Christ.

Du côté de la roue droite, trois femmes [1] s'en venaient dansant en rond ; l'une si rouge, que dans le feu à peine eût-elle été vue ;

L'autre était comme si ses chairs et ses os eussent été faits d'émeraude ; la troisième semblait de la neige nouvellement tombée.

Elles paraissaient guidées tantôt par la femme blanche, tantôt par la femme rouge, et, sur le chant de celle-ci, les autres avançaient ou lentes ou rapides.

A la gauche du char s'ébattaient quatre femmes vêtues de pourpre [2], se réglant sur une d'elles qui avait trois yeux à la tête.

Après ce chœur entrelacé que je viens de montrer, je vis deux vieillards différents de costumes, mais pareils d'attitude, chacun d'eux vénérable et calme [3].

L'un paraissait être des disciples de ce grand Hippocrate, que la nature fit pour les êtres animés qui lui sont le plus chers.

L'autre montrait un soin contraire, en portant une épée brillante et aiguë, et telle que par delà le fleuve elle me fit peur ;

Ensuite je vis quatre personnages d'humble apparence [4], et derrière eux tous un vieillard seul et dormant, mais avec une figure inspirée [5] ;

Et les sept derniers étaient habillés comme la première bande ; toutefois ils n'avaient pas sur la tête une couronne de lis,

Mais de roses et d'autres fleurs vermeilles, d'un peu loin on aurait juré qu'une flamme les brûlait au-dessus des sourcils.

Et quand le char fut vis-à-vis de moi, un coup de ton-

---

[1] Les trois Vertus théologales : la Foi, couleur de neige ; l'Espérance, couleur d'émeraude ; la Charité, couleur de feu.

[2] Les quatre Vertus cardinales : la Tempérance, la Force, la Justice et la Prudence qui a une triple vue.

[3] Saint Luc, qui était médecin, et saint Paul.

[4] Les saints Jacques, Pierre, Jean, et Jude, frère de Jacques.

[5] Saint Jean, à cause de son Apocalypse.

nerre s'étendit, et les dignes personnages, comme s'il leur était interdit d'aller plus avant,

S'arrêtèrent là avec les premiers candélabres.

CHANT XXX.

Béatrice descend du ciel. — A sa vue, Virgile disparaît. — Assise sur le char triomphal, Béatrice se met à réprimander Dante; puis, se tournant vers les Anges, elle gémit de la vie que, malgré ses conseils, le poëte, abusant des dons de la nature et de la grâce, a ici-bas suivie.

Quand ce septentrion du premier ciel[1] (qui jamais ne connut ni couchant, ni levant, ni d'autre nuage que le voile laissé sur lui par le péché,

Et qui, là, instruisait chacun de son devoir, de même que notre septentrion inférieur instruit celui qui tourne le timon pour bien venir au port)

Se fut arrêté, les saints personnages venus les premiers entre les sept candélabres et le Griffon se tournèrent vers le char comme vers leur paix constante.

Et l'un d'eux, comme un messager du ciel, cria trois fois en chantant : « *Veni, sponsa, de Libano*[2], » et tous les autres chantèrent après lui.

De même que les bienheureux, au dernier jugement, se lèveront promptement de leur tombeau, en chantant *Alleluia*, avec leur voix enfin recouvrée;

Ainsi, sur le char divin, se levèrent, *ad vocem tanti senis*, cent ministres et messagers de la vie éternelle.

Tous disaient : « *Benedictus qui venis*[3]; puis, en jetant des fleurs dessus et à l'entour : « *Manibus o date lilia plenis*[4]. »

---

[1] Ce septentrion du premier ciel signifie les sept candélabres du chant qui précède.

[2] Cantique des cantiques, ch. IV.

[3] Paroles des Juifs quand Jésus entra dans Jérusalem.

[4] *Énéide*, l. VI.

J'ai vu, au commencement du jour, la partie orientale toute rosée, et le reste du ciel revêtu d'une belle sérénité,

Et la face du soleil naître couverte d'ombres, de sorte qu'à travers les vapeurs qui tempéraient sa clarté, l'œil la soutenait longtemps;

Ainsi à travers un nuage de fleurs, qui des mains angéliques s'élevait, puis retombait sur le char et tout à l'entour,

Sous un voile blanc, et ceinte d'oliviers, une femme[1] m'apparut; elle portait un manteau vert, et sa robe avait la couleur d'une flamme vive.

Et mon esprit, qui depuis si longtemps était resté sans être broyé de crainte et de stupeur en sa présence,

Sans la reconnaître à l'aide des yeux, mais par la vertu cachée qui venait d'elle, il sentit la grande puissance de l'ancien amour.

Aussitôt que mes yeux furent frappés par cette haute vertu, qui m'avait blessé avant que je fusse sorti de l'enfance,

Je me tournai à gauche avec ce respect de l'enfant qui court vers sa mère quand il a peur ou quand il est affligé,

Afin de dire à Virgile : « Il ne m'est pas resté une goutte de sang qui ne tremble : je reconnais les signes de mon ancienne flamme[2]. »

Mais Virgile nous avait privés de lui[3], Virgile, ce doux père, Virgile à qui, pour mon salut, elle m'avait donné.

Et même ce paradis terrestre, perdu par notre antique mère, n'empêcha point mes joues, nettoyées par la rosée, de redevenir noires sous mes larmes.

« Dante, parce que Virgile s'en va, ne pleure pas encore, ne pleure pas encore! il te faut pleurer pour une autre blessure. »

Tel un amiral qui va sur la poupe et sur la proue voir

---

[1] Béatrice ou la Théologie.

Agnosco veteris vestigia flammæ.
(*Æneid.*, lib. IV.)

[2] La Poésie disparaît devant la Théologie.

les hommes qui commandent les autres vaisseaux, et les encourage à bien faire,

Telle, sur le bord gauche du char (quand je me retournai au bruit de mon nom, qui par nécessité s'enregistre ici),

Je vis la femme, qui déjà m'avait apparu voilée, au milieu de la fête angélique, diriger vers moi ses yeux de ce côté du fleuve.

Bien que le voile qui descendait de sa tête, entourée des feuilles de Minerve, ne laissât point paraître tous ses traits,

Dans son attitude royale et dédaigneuse, elle continua ainsi, pareille à celui qui, en parlant, réserve les paroles les plus chaudes pour les dernières :

« Regarde-moi bien, je suis bien, je suis bien Béatrice! Comment as-tu daigné t'approcher de ce mont? Ne savais-tu pas qu'ici l'homme est heureux? »

Mes yeux se baissèrent sur l'onde claire, mais en m'y voyant, je les détournai sur l'herbe, tant la honte avait abattu mon front.

Comme une mère paraît terrible à son fils, ainsi me parut Béatrice, parce que je sentis le goût de sa tendresse acerbe.

Elle se tut, et les anges chantèrent soudain : « *In te, Domine, speravi*[1]; » mais ils n'allèrent pas au delà de : *Pedes meos*.

Comme la neige, au milieu des arbres et sur les monts qui forment le dos de l'Italie, se congèle et se durcit au souffle des vents de l'Esclavonie,

Puis, liquéfiée, s'écoule aussitôt que la terre, qui n'a point d'ombre, envoie son haleine, semblable au feu qui fait fondre la chandelle,

Ainsi je fus sans larmes et sans soupirs avant les chants de ceux dont les notes répondent toujours aux notes des sphères célestes.

Mais quand je compris, à leurs douces harmonies, qu'ils compatissaient à ma peine plus que s'ils avaient dit : « Femme, pourquoi le maltraites-tu ainsi? »

---

[1] Commencement du trentième psaume.

La glace qui était endurcie autour de mon cœur devint souffle et eau, et avec mon angoisse sortit par ma bouche et par mes yeux.

Elle cependant, immobile sur le côté droit du char, adressa ainsi ces paroles aux substances compatissantes :

« Vous veillez dans le jour éternel, si bien que la nuit ni le sommeil ne vous dérobent un des pas que fait le siècle dans ses voies mortelles,

» Donc je ferai ma réponse avec plus de soin qu'il ne vous en faudrait, pour que m'entende celui qui pleure sur l'autre rive, et que sa faute et sa douleur aient toutes deux la même mesure.

» Non-seulement par l'influence des grandes sphères qui dirigent chaque semence vers une fin, selon que les étoiles l'accompagnent,

» Mais par le large don des grâces divines qui, en pleuvant sur nos âmes, en font monter des vapeurs si haut, que la vue ne peut en approcher,

» Celui-ci, dans sa vie nouvelle, fut tel virtuellement que toute habitude droite aurait produit en lui d'admirables effets;

» Mais le terrain mal semé et non cultivé devient d'autant plus mauvais et plus sauvage qu'il a en lui plus de bonne vigueur.

» Quelque temps je le soutins de mes regards, en lui montrant mes yeux d'enfant; je le menais avec moi tourné vers le droit chemin ;

» Mais sitôt que je fus sur le seuil de mon second âge, et que je changeai de vie, celui-ci se sépara de moi, et se donna à d'autres.

» Quand je montai de la chair à l'esprit, et que j'avais crû en beauté et en vertu, je lui fus moins chère et moins agréable.

» Il tourna ses pas vers le faux chemin, en suivant les menteuses images d'un bien qui ne tient en entier aucune promesse.

» Rien ne m'a servi d'obtenir pour lui des inspirations

par lesquelles je le rappelais en songe, ou autrement, tant il en a fait peu de compte.

» Il tomba si bas, que tous mes moyens étaient déjà sans effet pour son salut, si je ne lui montrais les races damnées.

» Pour ce j'ai visité le seuil des morts, et mes prières et mes pleurs furent portés à celui qui l'a conduit ici-haut.

» Le haut décret de Dieu serait rompu s'il passait le Léthé et s'il goûtait de tels mets sans avoir payé l'écot

» Du repentir qui répand des larmes. »

CHANT XXXI.

Nouvelles reprimandes de Béatrice, auxquelles Dante répond par la confession de toutes ses erreurs.—Après cet aveu, il tombe évanoui.—Mathilde plonge Dante dans le fleuve Léthé et lui fait boire de ses eaux.

« O toi, qui es au delà du fleuve sacré, » ajouta Béatrice en dirigeant vers moi la pointe de son discours, dont le tranchant m'avait paru si amer,

Et en me poursuivant toujours sans ménagement, « dis, dis si tout cela est vrai? A cette grande accusation il faut que ta confession vienne se joindre. »

J'étais si confondu que ma voix, qui s'émut, se perdit avant de s'être échappée de ses organes.

Elle attendit un peu, puis elle dit : « Que penses-tu? Réponds-moi, puisque tes tristes souvenirs ne sont pas encore effacés par les eaux du Léthé. »

La confusion et la peur réunies tirèrent de ma bouche un oui si faible, que les yeux furent nécessaires pour le comprendre.

Comme une arbalète trop tendue rompt, en se débandant, et la corde, et l'arc lui-même, et que la flèche touche au but avec moins de vitesse ;

Ainsi je fus brisé sous cette lourde charge, et je répandis

tant de larmes et de soupirs, que ma voix se ralentit dans son passage.

Alors elle à moi : « Au milieu des salutaires désirs venus de moi, qui te menaient à aimer le bien au delà duquel il n'y en a plus d'autre de désirable,

» Quelles fosses infranchissables ou quelles chaînes as-tu trouvées que tu dusses perdre l'espérance de passer au delà?

» Quelles douceurs ou quels avantages se sont montrés sur le front des autres que tu dusses errer devant ces objets? »

Après un long soupir amer, à peine eus-je assez de voix pour répondre, et mes lèvres se fatiguaient à exprimer ma voix.

Tout en pleurant je dis : « Les choses présentes, avec leurs faux plaisirs, ont détourné mes pas aussitôt que votre visage s'est caché. »

Et elle : « Quand tu te tairais, ou quand tu nierais ce que tu confesses, ta faute n'en serait pas moins connue : un si grand juge la sait!

» Mais quand l'aveu du péché s'échappe de la propre bouche du pécheur, la meule, dans notre céleste cour, se tourne contre le tranchant de l'épée.

» Cependant, pour que tu emportes moins de honte de ton erreur, et pour qu'une autre fois, en entendant les sirènes, tu sois plus fort,

» Écarte la semence de tes pleurs et écoute : tu sauras que ma chair, qui là-bas est ensevelie, devait te diriger vers un but tout contraire.

» Jamais la nature ou l'art ne t'offrirent un plaisir tel que les beaux membres où je fus enfermée, et qui sont tombés en poussière;

» Et si ce très-grand plaisir, par ma mort, t'échappa, quelle chose mortelle pouvait t'amener ensuite à la désirer?

» A la première flèche que les faux biens te lancèrent, tu devais élever tes yeux vers le ciel, en me suivant, moi qui ne suis plus chose trompeuse.

» Tu ne devais point abaisser tes ailes pour attendre là-bas de nouvelles blessures, ou bien quelque fillette[1], ou quelque autre vanité de si courte durée.

» Le jeune oiseau attend bien deux ou trois coups, mais devant les yeux des oiseaux depuis longtemps garnis de plumes, les rets se déploient en vain, en vain se lancent les flèches[2]. »

Comme les enfants, muets de honte et les yeux à terre, se tiennent debout, écoutant et reconnaissant leurs fautes, et se repentant,

Tel je me tenais, et elle me dit : « Puisque, pour m'avoir entendue, tu as tant de douleur, hausse ta barbe, et tu auras encore plus de douleur en me regardant. »

Le chêne robuste se déracine avec moins de résistance au souffle du vent du nord, ou du vent qui vient de la terre d'Iarbe,

Que moi, sur son commandement, je n'en mis à lever le menton; et lorsque par ma barbe elle demanda mon visage, je sentis bien le venin de ces paroles.

Enfin, quand je levai la face, mes yeux s'aperçurent que les belles créatures avaient cessé de répandre des fleurs;

Et mes regards, encore peu assurés, virent Béatrice tournée vers la bête sacrée qui est une seule personne en deux natures.

Sous son voile, et au delà du fleuve bordé de verdure qui nous séparait, elle me parut se dépasser elle-même dans son ancienne beauté, de plus encore qu'elle ne dépassait ici toutes les autres quand elle était sur terre.

L'ortie du repentir me piqua si fort, que, parmi les autres choses, celle qui avait le plus obtenu mon amour, celle-là me devint plus odieuse.

Un si grand remords me mordit le cœur, que je tombai évanoui; et ce que je devins alors, celle-là le sut qui en était cause.

Puis, quand le cœur me rendit les sens extérieurs, je vis

---

[1] Allusion maligne à la Gentucca, la jeune fille de Lucques.
[2] Frustra jacitur rete ante oculos pennatorum. (Salomon.)

au-dessus de moi la Dame[1] que j'avais déjà trouvée seule ; et elle me disait : « Tiens-moi, tiens-moi ! »

Elle m'avait traîné dans le fleuve jusqu'à la bouche, et tout en me tirant derrière elle, elle s'en allait sur l'eau, légère comme une nacelle.

Quand je fus près de la rive bienheureuse, j'entendis chanter avec tant de douceur : *Asperges me*[2], que je ne saurais me le rappeler, bien loin de l'écrire.

La belle Dame ouvrit les bras, les passa autour de ma tête, et me submergea assez pour que je dusse m'abreuver de cette eau.

Ensuite elle me retira, et ainsi baigné elle m'offrit aux quatre belles danseuses[3], et chacune d'elles me couvrit de ses bras.

« Ici nous sommes nymphes, dans le ciel nous sommes étoiles ; avant que Béatrice descendît dans le monde, nous fûmes désignées pour être ses servantes ;

» Nous te mènerons devant ses yeux ; mais, pour que tu puisses supporter leur vive lumière, les trois femmes qui sont par là[4], et qui ont la vue plus pénétrante, aiguiseront la tienne. »

Ainsi tout en chantant me dirent-elles ; et puis elles me menèrent au poitrail du Griffon[5], là où Béatrice se tenait tournée vers nous.

Elles dirent : « Ne ménage pas ta vue ; nous t'avons placé devant les émeraudes, d'où amour t'a déjà lancé ses flèches. »

Mille désirs plus brûlants que la flamme attachèrent mes yeux sur les yeux brillants qui restaient fixés sur le Griffon.

Comme dans un miroir le soleil se réfléchit, ainsi la

---

[1] Mathilde.
[2] Ps. L.
[3] La Tempérance, la Force, la Justice, la Prudence.
[4] La Foi, l'Espérance et la Charité.
[5] Le Christ.

double bête rayonnait dans les yeux de Béatrice [1], tantôt avec une forme, tantôt avec l'autre.

Pense, lecteur, si j'étais émerveillé en voyant la bête rester ainsi immobile en soi, et se transformer dans son image réfléchie.

Pendant que, pleine de stupeur et de joie, mon âme goûtait de cette nourriture qui, en vous rassasiant d'elle-même, d'elle-même vous altère,

Les trois autres femmes qui s'annonçaient pour être de l'ordre le plus élevé, s'avancèrent en chantant et en dansant d'une manière angélique.

« Tourne, Béatrice, tourne tes yeux saints (telle était leur chanson) vers ton fidèle, qui a fait tant de pas pour te voir.

» De grâce, fais-nous la grâce de lui dévoiler ta bouche, afin qu'il distingue la seconde beauté que tu caches. »

O splendeur d'une lumière éternelle ! quel est celui qui, ayant pâli à l'ombre du Parnasse, ou qui, ayant bu à sa citerne,

Ne paraîtrait pas bien embarrassé en essayant de te rendre telle que tu m'apparus là où le ciel t'entoure de son harmonie comme d'une ombre,

Lorsque toi dans l'air libre tu te découvris !

CHANT XXXII.

Avec Mathilde et Stace, le divin poëte suit la glorieuse procession, et arrive au pied de l'arbre de la Science du Bien et du Mal. — Tandis que les Bienheureux chantent une hymne, le poëte succombe au sommeil.

Mes yeux étaient si tendus et si attentifs à apaiser la soif de dix ans, que tous mes autres sens étaient assoupis [2];

Et mes yeux, sans souci d'autre chose, avaient deçà et

---

[1] La Théologie.
[2] Béatrice était morte en 1290, et Dante était censé écrire en 1300

delà des murailles : ainsi le divin sourire de ma Dame m'attirait à lui avec ses anciens filets.

Alors mon visage fut tourné forcément à gauche, par les déesses qui disaient : « Il regarde trop fixement ! »

Et cette disposition gênante, qui est dans les yeux lorsqu'ils viennent d'être frappés par le soleil, me laissa quelque temps privé de la vue ;

Mais lorsqu'ils se furent remis devant une petite splendeur (je dis petite, la comparant à la grande lumière dont je me séparai par force),

Je vis que la glorieuse armée avait tourné à main droite, et qu'en marchant elle avait le soleil et les sept flammes en face.

Comme sous ses boucliers qui protégent son salut, un bataillon se range et se tourne peu à peu avec son enseigne avant que son mouvement soit entièrement achevé,

Ainsi la milice du céleste royaume, qui précédait le char, défila tout entière avant que le char eût tourné son timon.

Ensuite les femmes se replacèrent près des roues, et le Griffon mit en mouvement le char béni, bien qu'aucune de ses plumes ne se fût agitée.

La belle Dame qui m'avait fait passer le fleuve, et Stace et moi, nous suivîmes la roue qui décrivit le plus petit cercle.

En parcourant ainsi la haute forêt (déserte par la faute de celle qui crut le serpent), nous sentions nos pas réglés par des chants angéliques.

Peut-être une flèche, libre de son frein, parcourt en trois volées autant d'espace que nous en avions achevé, quand Béatrice descendit.

J'entendis que tous murmuraient : « Adam. » Ensuite ils entourèrent un arbre dépouillé de fleurs et de feuillage dans tous ses rameaux.

Sa cime chevelue, qui s'étend d'autant plus qu'elle s'élève plus haut, serait, par sa hauteur, admirée des Indiens dans leurs forêts.

« Sois heureux, Griffon, ô toi qui ne déchiras pas de ton bec cet arbre, doux au goût, quoiqu'il en arrivât mal au ventre à qui s'en approcha ! »

Ainsi autour de l'arbre robuste cria le cortége, et l'animal à double nature répondait : « Ainsi se conserve la semence de toute justice. »

Alors s'étant tourné vers le timon qu'il avait tiré, le Griffon le traîna au pied de l'arbre veuf de ses feuilles, et il laissa à cet arbre le char qui en était formé.

Comme nos plantes, lorsque la grande lumière tombe mêlée à celle qui rayonne derrière le céleste Poisson,

Se couvrent de bourgeons et renouvellent chacune leur couleur avant que le soleil attelle ses coursiers sous une autre étoile,

Ainsi, reprenant ses couleurs, moins vives que celles de la rose, mais plus vives que celles de la violette, se raviva l'arbre dont les rameaux étaient auparavant si dépouillés.

Je n'ai pas entendu l'hymne que cette gent chanta alors (ici-bas on ne le chante point), et je ne pus supporter l'air tout entier.

Si je pouvais retracer comment s'endormirent les yeux impitoyables d'Argus en écoutant les aventures de Syrinx, ces yeux à qui leur trop grande vigilance coûta si cher,

Comme un peintre qui peint d'après un modèle, je retracerais comme je m'endormis ; mais que celui-là veuille le faire qui sait bien représenter le sommeil.

Je passe donc au moment où je me réveillai, et je dis qu'une splendeur perça le voile de mon sommeil, et une voix me cria : « Lève-toi! que fais-tu ? »

Tels qu'à la vue des douces fleurs du pommier, qui rend les anges avides de son fruit et fait les noces perpétuelles du ciel,

Pierre, Jean et Jacques, conduits sur le Thabor, et renversés devant l'éclat céleste, se relevèrent à la parole par laquelle des sommeils plus grands ont été rompus,

Et virent alors que Moïse et Élie avaient disparu, et que la robe de leur maître avait changé de couleur;

Tel je sortis de mon sommeil, et je vis penchée sur moi cette femme compatissante qui auparavant fut la conductrice de mes pas le long du fleuve.

Et, plein d'appréhension, je dis : « Où est Béatrice ? »

Et elle : « Vois, elle est assise sur les racines de l'arbre aux feuilles nouvelles [1].

» Vois la compagnie qui l'environne. Les autres suivent au ciel le Griffon en disant des chants plus doux et plus mystérieux que ceux qu'ils ont chantés dans ces lieux. »

Si sa réponse fut plus longue, je ne sais, parce que déjà était devant mes yeux celle qui avait fermé mon esprit à toute autre attention.

Elle était seule assise sur la terre nue, comme laissée à la garde du char que j'avais vu lier à l'arbre par la bête à deux formes.

Rangées en cercle et lui formant un cloître de leur personne, étaient les sept nymphes [2], tenant en main ces lumières qui ne craignent pas l'Aquilon et l'Auster.

« Tu seras peu de temps habitant de cette forêt, et tu seras éternellement avec moi, citoyen de cette Rome dont le Christ est Romain [3] ;

» Donc, pour le profit du monde qui vit mal, tiens tes yeux fixés sur ce char, et, retourné là-bas, fais en sorte d'écrire ce que tu as vu. »

Ainsi parla Béatrice, et moi j'étais tout dévoué à ses commandements ; je fixai mes yeux et mon esprit là où elle voulut.

Jamais avec un mouvement si rapide le feu ne descend d'un nuage épais, lorsqu'il descend du point du ciel le plus éloigné,

Que ne fondit sur l'arbre l'oiseau de Jupiter, rompant son écorce, abattant ses fleurs et ses feuilles nouvelles ;

Et de toute sa force il frappa le char, lequel plia comme

---

[1] L'arbre de la science du bien et du mal, ravivé par Jésus-Christ ou le Griffon.
[2] Les sept Vertus.
Quella Roma onde Cristo è Romano. (Le Paradis.)

un navire en danger, et battu de droite et de gauche par la mer.

Ensuite je vis pénétrer dans l'intérieur du char triomphal un renard qui paraissait ne jamais s'être nourri de bonne nourriture.

Mais ma Dame, le réprimandant de ses vilaines fautes, le fit fuir aussi vite que le lui permirent ses os décharnés.

Ensuite, du même côté d'où il était déjà venu, je vis l'aigle descendre dans le char et le laisser garni de ses plumes;

Et, pareille à la voix qui sort d'un cœur plaintif, une voix sortit du ciel, et elle disait : « O ma barque! comme tu es mal chargée! »

Ensuite il me parut que la terre s'ouvrait entre les deux roues, et j'en vis sortir un dragon qui enfonça sa queue à travers le char.

Et comme la guêpe qui retire son aiguillon, de même en retirant sa queue malfaisante, il arracha une partie du fond du char, et il s'en alla content, content.

Ce qui resta du char, pareil à la terre vivace qui se recouvre de chiendent, se recouvrit de la plume offerte par l'aigle, peut-être avec une intention chaste et bienveillante.

L'une et l'autre roue et le timon en furent couverts en si peu de temps, qu'un soupir retient plus longtemps la bouche ouverte.

Ainsi transformé, le saint édifice fit sortir des têtes de ses diverses parties, trois sur le timon et une à chaque angle.

Les premières étaient cornues comme celles des bœufs, mais les quatre autres avaient une seule corne sur le front; pareil monstre n'a jamais été vu.

Aussi sûre qu'une forteresse sur une haute montagne, je vis s'asseoir sur le char une prostituée toute débraillée, et qui promenait ses yeux autour d'elle.

Et, comme pour empêcher qu'on ne la lui enlevât, je vis un géant debout auprès d'elle, et tous deux s'embrassaient de temps en temps,

Mais parce qu'elle tourna vers moi ses yeux avides et errants, le féroce amant la fouetta de la tête aux pieds.

Ensuite, plein de soupçon et cruel de colère, il détacha le char monstrueux, et le traîna si loin par la forêt, que ses arbres, comme un bouclier, me cachèrent

La prostituée et la nouvelle bête [1].

CHANT XXXIII.

Dante, toujours conduit par Mathilde et par Stace, va boire aux douces eaux du fleuve Eunoé. — Purifié, il peut désormais monter vers les étoiles.

Deus, venerunt gentes [2], cette douce psalmodie, alternée tantôt à trois voix, tantôt à quatre, les femmes la commencèrent en pleurant;

Et Béatrice, soupirant avec compassion, les écoutait dans un tel abattement, que Marie, devant la croix, ne fut qu'un peu plus changée par la douleur.

Mais lorsque les autres vierges lui donnèrent lieu de parler, elle se leva droite sur ses pieds, et, colorée comme le feu, elle répondit :

« *Modicum, et non videbitis me; et iterum,* mes chères sœurs, *modicum, et vos videbitis me* [3]. »

Puis elle mit devant elle les sept femmes, et derrière elle, seulement en faisant un signe, elle plaça moi, la Dame et le sage qui était resté avec nous [4].

Ainsi elle allait, et je ne crois pas que son dixième pas fût posé à terre quand de ses yeux elle frappa mes yeux.

---

[1] Toute cette fin est une allégorie des persécutions souffertes par l'Église. L'aigle, c'est la persécution des empereurs; le renard, celle des hérétiques; le dragon, celle de Mahomet; le char avec les sept têtes est l'Église conduite par les sept péchés mortels; la prostituée assise sur le char est le pape, et le géant couché près d'elle est le roi Philippe le Bel.

[2] Psaume LXXVIII.

[3] Saint Jean, ch. XVI.

[4] Stace.

Et d'un air tranquille : « Viens plus vite, me dit-elle, afin que, si je te parle, tu sois bien placé pour m'entendre. »

Lorsque je fus près d'elle comme je le devais, elle me dit : « Frère, pourquoi, venant avec moi, ne te hasardes-tu pas désormais à quelque demande ? »

Comme ceux qui sont trop respectueux en parlant devant leur supérieur, de sorte qu'ils ne peuvent arracher la parole vivante de leurs dents,

Il m'advint que, sans former des sons entiers, je commençai : « Madame, vous connaissez mes besoins et ce qui leur est bon. »

Et elle à moi : « Je veux que désormais tu te dépouilles de toute crainte et de toute honte, de sorte que tu ne parles plus comme un homme qui rêve.

» Sache que le fond du char, que le serpent a brisé, fut et n'est plus [1], mais que le coupable apprenne que la vengeance de Dieu ne craint pas sa soupe [2].

» Il ne sera pas toujours sans héritiers, l'aigle qui laissa dans le char ses plumes, par lesquelles il devint un monstre et ensuite une proie.

» Car je vois certainement, et partant je le raconte, des étoiles déjà proches, à l'abri de tout obstacle et de tout empêchement, qui amèneront un temps

» Où le nombre cinq cent dix, et cinq [3], envoyé de Dieu, détruira la prostituée et ce géant qui péchait avec elle.

» Et peut-être ma prédiction obscure, comme Thémis et le Sphinx, ne te persuade pas, parce qu'elle aussi trouble l'intelligence ;

---

[1] Bestia quam vidisti fuit et non est. (S. JEAN, Apocal.)

[2] Selon le peuple de Florence, une soupe mangée sur la tombe de celui qu'on avait tué vous mettait à l'abri de toute vengeance.

[3] Pour comprendre cette prédiction, il faut savoir que Dante veut qu'on écrive pour cinq cents la lettre D, pour cinq la lettre V, pour dix la lettre X. Ces trois lettres forment le mot *dux*, général ; il s'ensuit qu'un général viendra détruire la prostituée et le géant. Suivant certains commentateurs, ce devait être l'empereur Henri VII ; suivant d'autres, Can le Grand, de Vérone.

» Mais bientôt les faits seront les naïades[1] qui délieront le nœud serré de cette énigme, sans dommage pour leurs troupeaux et leurs blés.

» Toi, note ces paroles ; et, comme elles sont sorties de moi, enseigne-les aux vivants de cette vie qui est une course vers la mort.

» Et souviens-toi, quand tu les écriras, de ne pas cacher comment était l'arbre[2] qui, par deux fois, a été ici profané devant toi.

» Quiconque l'effeuille ou le brise offense Dieu par un blasphème de fait, car Dieu l'a créé saint pour son seul usage.

» Pour avoir mordu à son fruit, la première âme a attendu dans la peine et dans le désir, pendant cinq mille ans et plus, celui qui a puni sur lui-même cette morsure[3].

» Ton esprit dort s'il ne comprend pas que c'est pour une cause singulière que cet arbre est si élevé et si développé vers sa cime.

» Et si tes vaines pensées n'avaient pas été autour de ton esprit comme l'eau de l'Elsa[4], et si, en te complaisant dans ces pensées, tu n'avais taché ton esprit, comme Pyrame a taché le fruit du mûrier,

» Par tant de circonstances seulement tu reconnaîtrais, avec un profit moral pour toi-même, la justice de Dieu dans l'interdit dont il a entouré cet arbre.

» Mais comme ton intelligence, je le vois, est devenue de pierre, et s'est obscurcie dans le péché, au point que la lumière de mes paroles t'éblouit,

» Je veux que tu emportes mes paroles, sinon écrites, au moins peintes en toi, par la même raison que le pèlerin emporte un bourdon entouré de palmes. »

---

[1] Allusion à ces vers d'Ovide :
> Carmina Naiades non intellecta priorum
> Solvunt ingeniis, etc.
> (*Metam.*, VII.)

[2] L'Église.
[3] Le Christ, qui a expié la faute d'Adam.
[4] Petit fleuve de la Toscane qui couvre d'un tartre épais tout ce qu'on y plonge.

Et moi : « Comme la cire ne change jamais la figure imprimée sur elle par le cachet, ainsi mon cerveau porte désormais votre empreinte.

» Mais pourquoi votre parole désirée vole-t-elle autant au-dessus de ma vue, que plus mes yeux s'efforcent de la suivre, plus au contraire ils la perdent ?

— C'est afin que tu connaisses, dit-elle, quelle école tu as suivie, et que tu voies comment sa doctrine peut suivre mes paroles,

» Et que tu voies que notre voie s'éloigne de la divine, autant que s'éloigne de la terre le ciel qui tourne le plus haut. »

Or, je lui répondis : « Il ne me souvient pas de m'être jamais écarté de vous, et ma conscience ne me donne pas de remords.

— C'est que tu ne peux t'en souvenir, répondit-elle en souriant ; rappelle-toi que tu as bu des eaux du Léthé.

» Et si la fumée prouve le feu, cet oubli prouve clairement que ta volonté occupée ailleurs a commis d'autres fautes.

» En vérité, mes paroles seront désormais aussi nues qu'il les faut montrer à ta vue grossière. »

Et plus brillant, et marchant à pas plus lents, le soleil parcourait le cercle du méridien, lequel change selon les diverses situations de la terre ;

Quand s'arrêtèrent (comme s'arrête l'escorte qui précède une autre troupe, si elle rencontre des choses nouvelles sur ses pas)

Les sept Dames, arrivées aux limites d'un ombrage déjà éclairci et triste, tel que, sous leurs feuillages verts et leurs rameaux noirs, les Alpes en répandent sur leurs froids ruisseaux.

Devant elles l'Euphrate et le Tigre me paraissaient sortir d'une même fontaine, et, comme des amis, être lents à se séparer [1].

[1] Et fluvius egrediebatur de loco voluptatis ad irrigandum Paradisum, qui inde dividitur in quatuor capita. (GENÈSE, chap. II, vers. 10.)

« O lumière, ô gloire de la race humaine ! quelle est cette eau qui s'épanche ainsi d'une même source, et qui ensuite se divise ? »

A cette prière il me fut dit : « Prie Mathilde qu'elle te le dise. » Et la belle Dame répondit, comme fait celui qui se disculpe :

« Cette chose-ci et d'autres encore lui ont été dites par moi, et je suis sûre que l'eau du Léthé ne les a point effacées. »

Et Béatrice : « Peut-être une plus grande préoccupation, qui souvent nous enlève la mémoire, fait que son esprit obscurci ne voit pas par ses yeux.

» Mais vois l'Eunoé qui par là s'écoule, mène-le vers le fleuve, et, selon que tu as coutume, ravive sa force évanouie. »

Comme une âme gentille, qui ne s'excuse en rien, mais fait sa volonté de la volonté d'autrui, aussitôt qu'elle lui est manifestée par un signe,

Ainsi, dès que je fus près d'elle, la belle Dame se mit en marche, et dit à Stace, à la manière des femmes : « Viens avec lui ! »

Si j'avais, lecteur, un plus long espace pour écrire, je chanterais en partie la douce boisson, qui jamais ne m'eût rassasié.

Mais, puisque voilà pleins tous les papiers destinés à ce second cantique, le frein de l'art ne me laisse pas aller plus loin.

Je revins de l'eau très-sainte refait comme les plantes nouvelles, renouvelées en leurs nouvelles feuilles [1],

Pur et disposé à monter aux étoiles.

[1]   Riffato si, come piante novelle
       Rinnovellate di novella fronda.

Le cantique du Purgatoire contient 4754 vers.

LA DIVINE COMÉDIE.

LE PARADIS [1].

CHANT PREMIER.

Dante, après des actions de grâces au génie de la Poésie qui l'a élevé graduellement jusqu'à la contemplation des choses célestes, raconte comment, guidé par Béatrice, ou la Théologie, il a pu, du Paradis terrestre, monter dans le ciel.

La gloire de celui qui fait tout mouvoir [2] pénètre dans l'univers, et resplendit plus dans une partie et moins dans une autre.

J'ai été dans le ciel qui reçoit le plus de sa lumière, et j'ai vu des choses que ne sait ni ne peut redire celui qui descend de là-haut [3].

Car notre intelligence s'approchant de l'objet de son désir, y pénètre si profondément, que la mémoire ne peut plus revenir en arrière.

Cependant toutes les beautés du saint royaume, dont j'ai pu faire un trésor dans mon esprit, seront désormais la matière de mon chant.

O bon Apollon! dans ce dernier travail, fais de moi-même un vase tout rempli de ta puissance, et tel que tu le demandes pour ton laurier bien-aimé.

Jusqu'ici ce fut assez pour moi d'une des cimes du Par-

---

[1] Le poëte a donné à l'Enfer la forme d'un immense entonnoir, et tout au fond est plongé Satan; au Purgatoire, la forme d'une montagne, du sommet de laquelle l'âme s'élance vers le ciel; le Paradis renfermera dix sphères, où, attiré par Béatrice, Dante pénétrera successivement : la Lune, Mercure, Vénus, le Soleil, Mars, Jupiter, Saturne, la sphère des Étoiles fixes, le Premier-Mobile et l'Empyrée.

[2] Stabilisque manens dat cuncta moveri. (BOECE.)

[3] Quoniam raptus est in paradisum et audivit arcana verba quæ non licet homini loqui. (CORINTH., XII.)

nasse ; mais à cette heure ce sont les deux qu'il me faut, afin d'entrer dans le reste de ma carrière.

Entre dans mon sein, et souffle-toi en moi-même tel que tu étais quand tu tiras de leur gaîne les membres de Marsyas.

O divine vertu! si tu te donnes si bien à moi, que je puisse manifester l'ombre du royaume bienheureux, empreinte dans ma pensée,

Tu me verras venir à ton arbre chéri, et me couronner alors de ces feuilles dont le sujet et toi m'aurez rendu digne.

Si rarement, ô mon père! on cueille le laurier pour triompher, César ou poëte[1] (faute et honte des volontés humaines!),

Que lorsqu'un esprit en est avide, le feuillage du Pénée devrait répandre de la joie autour de l'heureuse divinité de Delphes.

Une petite étincelle est suivie d'une grande flamme; peut-être après moi saura-t-on prier avec une voix meilleure, de sorte que Cyrrha daignera répondre[2].

La lumière du monde parvient aux mortels par des ouvertures diverses; mais quand elle sort par cette ouverture, où quatre cercles se réunissent à trois croix,

Son cours est meilleur, et meilleure son influence; elle façonne et marque mieux à sa manière la cire de notre monde.

Le matin était quasi arrivé là-haut par cette ouverture, et le soir ici-bas; tout ce haut hémisphère était blanc et l'autre hémisphère noir,

Quand je vis Béatrice, tournée sur le flanc gauche, regarder le soleil : jamais l'aigle ne le regarda si fixement.

Et comme un second rayon sort du premier et remonte là-haut, pareil au pèlerin qui veut s'en retourner;

Ainsi l'action de Béatrice, pénétrant par mes yeux dans

---

[1] Cui geminæ florent vatumque ducumque
Certatim laurus. (STAT.)

[2] Cyrrha, pour Apollon, à qui cette ville était dédiée.

ma pensée, fit naître mon action; et, contre notre usage et notre puissance, je fixai mes yeux sur le soleil.

Beaucoup de choses nous sont possibles là-haut, qui ici ne nous sont pas possibles, par une vertu de lieu fait en propre pour l'espèce humaine.

Je ne pus longtemps supporter l'éclat du soleil; mais non si peu de temps, que je ne le visse jeter des étincelles autour de lui-même, pareil au fer qui sort bouillant de la fournaise;

Et soudain il me parut que le jour au jour s'ajoutait, comme si celui qui peut[1] avait orné le ciel d'un autre soleil.

Béatrice se tenait, toute fixée par les yeux, aux roues éternelles[2]; et moi je fixai sur elle mes regards détournés de là-haut;

Et, à la contempler, je devins tel en moi-même que devint Glaucus à goûter de cette herbe qui le rendit compagnon des dieux de la mer.

Cette faculté de transhumaner ne se pourrait exprimer *per verba*[3]; que cet exemple suffise donc à celui à qui la grâce réserve cette expérience.

Si j'étais seulement celui que tu as naguère créé, tu le sais, Amour qui gouvernes le ciel! ô toi qui m'as élevé par ta lumière!

Quand le mouvement céleste, que tu éternises, ô esprit désiré! me rendit attentif à lui-même par cette harmonie que tu tempères et que tu discernes,

Il me parut qu'un si grand espace du ciel s'allumait alors à la flamme du soleil, que pluies ou fleuves ne firent jamais un lac si étendu.

La nouveauté des sons et cette grande lumière m'embrasèrent d'un tel désir de savoir leur cause, que jamais je n'en ressentis d'une pointe si vive.

[1] Dieu.
[2] Les Sphères.

Trasumanar significar *per verba*
Non si poria.

Donc elle, qui me voyait aussi bien que je me vois moi-même, voulut satisfaire mon esprit tout ému ; et avant que j'eusse demandé, elle ouvrit la bouche.

Et elle commença : « Tu te rends toi-même lent à comprendre par tes fausses imaginations ; de sorte que tu ne vois pas ce que tu aurais vu si tu les avais secouées.

» Tu n'es plus sur la terre, comme tu le crois : la foudre, en fuyant le lieu où elle se forme, ne court pas si vite que toi en t'élevant vers ce lieu. »

Si je fus dépouillé de mon premier doute par ces souriantes et brèves paroles, je fus plus enlacé intérieurement par un doute nouveau.

Et je dis : « Déjà je me suis reposé content de ma grande admiration ; mais à présent j'admire comment j'outre-passe ces corps légers. »

Elle alors, après un pieux soupir, dirigea vers moi les yeux avec cet air que prend une mère devant le délire de son fils ;

Et elle commença : « Toutes les choses ont un ordre entre elles, et cet ordre est la forme qui fait l'univers ressemblant à Dieu.

» Ici les hautes créatures voient les traces de la force éternelle, qui est la fin pour laquelle est fait l'ordre déjà exposé.

» Dans l'ordre que je dis, toutes les créatures ont leurs inclinations, et, selon leur sort divers, avoisinent plus ou moins leur principe.

» Ainsi elles tendent vers des ports divers par la grande mer de l'être, et chacune avec l'instinct qui lui fut donné et qui la conduit :

» L'un de ces instincts porte le feu vers la lune ; l'autre est un moteur dans le cœur des mortels ; l'autre resserre et ramasse la terre en elle-même.

» Et cet arc frappe non-seulement contre les créatures qui sont dépourvues d'intelligence, mais encore celles qui ont l'intellect et l'amour.

» La Providence, qui l'ordonne si sagement, rassérène

toujours de sa lumière le ciel dans lequel roule le premier mobile qui a la plus grande rapidité;

» Et c'est là que maintenant, comme à un site désigné, nous porte la vertu de cette corde qui dirige tout ce qu'elle lance vers un but joyeux.

» Il est vrai que, comme la forme ne s'accorde pas bien des fois avec les intentions de l'art, parce que la matière est sourde à répondre,

» Ainsi de cette direction dévie souvent la créature qui a le pouvoir, bien que poussée de la sorte, d'incliner vers un autre côté.

» Et, comme on peut voir le feu tomber d'un nuage, elle tombe de même, lorsque sa première impulsion est détournée vers la terre par le faux plaisir.

» Tu ne dois pas plus t'étonner, si j'en juge bien, de ton ascension, que tu ne t'étonnerais si, du haut d'une montagne, un fleuve descendait jusqu'au bas.

» Ce serait merveille en toi si, libre d'obstacle, tu te fusses assis au bas, comme si la flamme vive restait en repos sur la terre. »

Et puis elle releva ses yeux vers le ciel.

CHANT II.

Dante pénètre avec Béatrice dans le corps de la Lune, première sphère. — Actions de grâces à Dieu. — Béatrice explique au poëte la cause des taches aperçues dans la Lune.

O vous qui, désireux d'écouter, avez suivi dans une petite barque mon vaisseau qui s'avance en chantant,

Revirez pour revoir vos rivages! ne vous mettez pas en mer, car peut-être, en me perdant, resteriez-vous égarés.

Les eaux où je vais entrer ne furent jamais parcourues [1]. Minerve souffle dans ma voile, Apollon me conduit, et les neuf Muses me montrent les Ourses.

[1] Avia Pieridum peragro loca nullius ante trita solo, etc. (LUCRET.)

Vous autres, en petit nombre, qui de bonne heure avez tendu le cou vers le pain des anges, pain dont on vit ici, mais sans pouvoir s'en rassasier,

Vous pouvez bien mettre votre navire sur la haute mer en suivant mon sillage sur l'eau qui bientôt redevient unie.

Ces glorieux Argonautes, qui passèrent à Colchos, ne furent pas émerveillés autant que vous le serez, quand ils virent Jason devenu bouvier.

La soif perpétuelle et créée avec l'âme d'arriver au royaume formé sur Dieu, nous emportait rapides, quasi comme vous voyez le ciel.

Béatrice regardait en haut, et moi je regardais en elle; et peut-être en aussi peu de temps qu'un dard est posé sur l'arc, se détache de la noix et vole,

Je me vis arrivé en un lieu où une admirable chose tourna vers elle mes regards; or donc celle à qui mes sentiments ne pouvaient être cachés,

Se tournant vers moi, aussi gracieuse que belle : « Élève vers Dieu ton âme reconnaissante, me dit-elle, lui qui nous a transportés dans la première étoile. »

Il me paraissait que nous étions couverts d'un nuage lucide, épais, solide, et poli comme un diamant qu'aurait frappé le soleil.

La perle éternelle[1] nous reçut en elle, comme l'eau, tout en restant unie, reçoit un rayon de lumière.

Puisque j'étais corps, ici-bas on ne peut comprendre comment une dimension peut en admettre une autre, ce qui doit être si un corps pénètre dans un autre corps;

En nous donc devrait s'allumer plus vif le désir de voir cette essence, dans laquelle on voit comment notre nature s'unit à Dieu.

Là on verra ce que nous croyons par la foi, et sans démonstration; mais cela sera de soi-même manifeste, comme la vérité première en qui l'homme a croyance.

Je répondis : « Madame, aussi reconnaissant que je puis

---

[1] La lune, nommée plus bas la perle éternelle.

l'être, je rends grâce à celui qui m'a enlevé du monde mortel.

» Mais dites-moi quelles sont les taches obscures de ce corps lunaire qui, là-bas sur terre, font raconter tant de fables sur Caïn [1] ? »

Elle sourit un peu, et puis elle me dit : « Si l'opinion des mortels s'égare là où la clef des sens ne peut ouvrir,

» Certes les flèches de l'étonnement ne devraient point te piquer désormais ; puisque, si elle vient après les sens, tu vois que ta raison a de courtes ailes.

» Mais dis-moi ce que par toi-même tu en penses. » Et moi : « Ce qui m'apparaît ici-haut de forme diverse est produit, je crois, par des corps raréfiés et des corps denses [2]. »

Et elle : « Tu verras d'une manière certaine que ta croyance plonge dans le faux, si tu écoutes bien l'argument que je lui opposerai.

» La huitième sphère montre plusieurs étoiles [3], lesquelles, et pour la qualité et pour la quantité de la lumière, se peuvent noter comme étant de différents aspects.

» Si des corps raréfiés et denses produisaient toutes ces différences, il n'y aurait, dans toutes ces étoiles, qu'une seule vertu distribuée en plus ou en moins, ou bien également.

» Or, des vertus diverses doivent être le fruit de principes formels ; et tous ces principes, hormis un seul [4], seraient détruits par ton raisonnement.

» De plus, si un corps raréfié formait ces taches brunes dont tu demandes la cause, alors, ou la planète serait en quelque point privée de sa matière ;

» Ou comme le corps d'un animal, qui montre tantôt le

---

[1] Dans les taches de la lune, le peuple croyait voir Caïn portant un fagot.

[2] *Raro* ; ce mot manque au français, mais Fénelon a employé *raréfié* dans le même sens originel.

[3] Les étoiles fixes, physique du temps de Dante.

[4] Les corps raréfiés et denses.

gras, tantôt le maigre, ainsi, dans ses diverses parties, la planète changerait de couleur.

» Si des corps raréfiés formaient ces taches, cela deviendrait manifeste dans les éclipses du soleil, car sa lumière passerait à travers la lune, comme elle traverse les autres corps raréfiés.

» Ce qui n'est pas. Donc il faut examiner l'autre supposition; et s'il arrive encore que je la renverse, ton opinion sera démontrée fausse.

» Si ce corps raréfié ne peut traverser la lune, il faut qu'il y ait un point où son contraire ne le laisse plus passer;

» Et de là le rayon rejaillit, comme la couleur revient par un verre qui est doublé par une feuille de plomb.

» Mais tu diras que le rayon paraît ici plus obscur qu'en d'autres parties, parce qu'il se réfracte à une grande profondeur.

» Quant à cette objection, tu peux t'en délivrer par l'expérience, cette fontaine d'où découlent les ruisseaux de vos arts [1].

» Tu prendras trois miroirs; places-en deux loin devant toi, à une même distance; le troisième, place-le plus au loin; puis fixe les yeux entre les deux premiers.

» Tourné ainsi vers ces miroirs, aie soin que derrière toi s'élève une lumière qui éclaire les trois miroirs et revienne à toi, répercutée par eux tous;

» Alors, bien que le plus éloigné ne répande pas une lumière si étendue, tu verras qu'il éclaire aussi vivement que les deux autres.

» Maintenant, comme sous les coups des chauds rayons, les lieux que couvrait la neige sont délivrés de sa couleur et de sa froidure première;

» Ainsi, dégagé de ses fausses opinions, ton esprit va recevoir, par ma volonté, une lumière si vive, qu'à son aspect tu le sentiras scintiller.

---

[1] Experientia magistra rerum.

» Dans le ciel de la divine paix se meut un corps dont la vertu renferme l'être de tout ce que lui-même contient.

» Le ciel suivant, qui a tant d'étoiles, distribue cet être entre diverses essences, de lui distinctes et en lui contenues.

» Les autres cieux disposent de diverses manières les distinctions qu'ils renferment, et les mènent vers les fins et les causes qui leur sont assignées.

» Ces organes du monde, comme tu vois maintenant, descendent de degré en degré, de sorte qu'ils prennent d'en haut la vertu qu'au-dessous ils communiquent.

» Regarde bien comme par ce chemin je marche vers la vérité que tu désires, afin que, par la suite, tu saches seul tenir le gué.

» Le mouvement et la vertu des sphères sacrées, il convient que tu l'attribues aux moteurs bienheureux, comme l'œuvre du marteau au maréchal.

» Le huitième ciel, que tant de lumières rendent si beau, prend l'image de l'intelligence profonde qui lui donne le mouvement et en devient le cachet.

» Et comme l'âme, sur votre poussière, vient, par différents membres, se résoudre en différentes puissances;

» Ainsi l'intelligence développe sa bonté multipliée sur les étoiles, en se tournant sur son unité.

» Chaque vertu s'allie diversement avec le corps précieux qu'elle avive, et auquel elle se lie, comme à vous-même la vie.

» Cette vertu, mêlée aux corps, brille par la nature joyeuse dont elle dérive, comme la joie dans une prunelle vive.

» De cette vertu vient donc, et non des corps denses et raréfiés, ce qui semble inégal en lumière : elle est le principe formel qui produit,

» Conformément à sa puissance, ce qui est obscur et ce qui est clair. »

CHANT III.

Le poëte rencontre dans la Lune les Âmes de celles qui, ayant fait vœu de virginité, durent par la violence manquer à leur vœu. — Piccarda, sœur de Forese, lui expose comment tous les Bienheureux sont contents du degré de gloire qui leur est accordé ; puis la regle religieuse qu'elle et Constance, fille du roi Roger, avaient embrassée sur terre. — Selon les commentateurs, Dante a choisi la Lune pour séjour de la virginité, parce qu'étant froide de sa nature, cette planete dispose les âmes à la chasteté. On sait aussi que dans l'antiquité, Diane ou la Lune était la déesse de la virginité.

Ce soleil [1] qui d'abord brûla mon cœur d'amour, m'avait découvert, par ses preuves et ses réfutations, le doux aspect de la belle vérité.

Et moi, pour me confesser vaincu et persuadé, autant que je le devais, je levai la tête plus haut pour parler.

Mais une vision m'apparut qui me retint si fort attaché à la contempler, que je ne me souvins plus de ma confession.

Comme par des verres transparents et nets, ou par des eaux claires et tranquilles, pas assez profondes pour que le fond en soit sombre,

Les images reviennent à nos yeux si affaiblies, qu'une perle sur un front blanc ne vient pas plus lentement à nos regards ;

Ainsi je vis plusieurs figures prêtes à parler. C'est pourquoi je tombai dans l'erreur contraire à celle qui alluma l'amour entre l'homme [2] et une fontaine.

Aussitôt que je les eus aperçues, estimant qu'elles étaient réfléchies par un miroir, je tournai les yeux pour voir de qui elles provenaient,

Et je ne vis rien ; de sorte que je les ramenai vers mon doux guide, qui, en souriant, avait des étincelles dans ses saints regards.

« Ne t'étonne pas si je souris de ton raisonnement puéril,

---

[1] Béatrice ou la Théologie.
Narcisse.

me dit Béatrice; ton pied ne s'appuie pas encore sur la vérité,

» Et, comme d'habitude, il te fait trébucher. Les figures que tu vois sont de vraies substances, ici reléguées pour avoir manqué à leur vœu.

» Donc parle avec elles, écoute et crois, car la vraie lumière qui les réjouit ne laisse jamais leurs pas s'en écarter. »

Et moi je m'adressai à l'ombre qui semblait plus disposée à converser, et, quasi comme un homme que trop de hâte embarrasse, je commençai :

« O esprit heureusement créé, qui, sous les rayons de la vie éternelle, sens en toi une douceur qu'on ne comprend jamais si on ne l'a goûtée !

» Tu me rendras reconnaissant, si tu daignes me dire ton nom et votre sort à tous. » Et l'ombre tout aussitôt avec des yeux riants :

» Notre charité ne ferme point les portes à un juste désir; elle se conforme à celle de Dieu, qui veut que toute sa cour lui ressemble.

» Dans le monde je fus une vierge religieuse, et si ta mémoire me regarde bien, elle me retrouvera, quoique aujourd'hui plus belle.

» Tu reconnaîtras que je suis Piccarda [1]. J'ai été placée ici avec ces autres bienheureux, et bienheureuse je suis dans la sphère la plus lente [2].

» Nos affections, enflammées des seules joies de l'Esprit-Saint, se réjouissent dans l'ordre où il les a établies;

» Et ce sort qui paraît si peu élevé nous est donné, parce que nos vœux furent négligés et rompus en partie [3]. »

Et moi à elle : « Sur vos admirables figures resplendit

---

[1] Piccarda, de la famille des Donati, de Florence.
[2] La lune, suivant le système de Ptolémée.

Perche fur negletti
Li nostri voti, e voti in alcun canto.

Ce concetto est intraduisible.

je ne sais quoi de divin, qui change le premier aspect qu'on a gardé de vous.

» Aussi je n'ai pas été prompt à me souvenir : mais à présent je m'aide de ce que tu me dis, de sorte que de te reconnaître m'est chose plus facile.

» Mais, dis-moi, vous qui êtes heureuses dans cette sphère, désirez-vous un lieu plus élevé pour mieux voir Dieu, pour mieux l'aimer et en être mieux aimées ? »

Elle sourit un peu avec les autres ombres; ensuite elle me répondit si joyeuse, qu'elle semblait brûler de l'amour du premier foyer :

« Frère, une vertu de charité calme notre volonté, et cette vertu ne nous fait vouloir que ce que nous avons, et ne nous donne la soif d'aucun autre bien.

» Si nous désirions être plus élevés, nos désirs seraient en désaccord avec la volonté de celui qui nous rassemble ici ;

» Désaccord que n'admettent point les sphères célestes. Tu verras, si tu remarques bien leur nature, qu'il est nécessaire ici de vivre dans la charité :

» Et même il est essentiel à notre existence bienheureuse de se tenir dans la volonté divine, de manière que toutes nos volontés se résolvent en une seule.

» Que nous soyons rangés de degré en degré dans ce royaume, cela plaît à tout le royaume, comme au roi, dont la volonté fait notre volonté.

» Dans sa volonté est notre paix; elle est cette mer où tout vient se jeter, et ce qu'elle a créé, et ce que fait la nature. »

Alors il me fut clair que tout lieu dans le ciel est Paradis, quoique la grâce du bien suprême n'y pleuve pas de la même façon.

Mais, comme il advient qu'on est rassasié d'un mets, et que d'un autre mets on sente encore le désir, de sorte qu'on redemande de celui-ci, et que de l'autre on refuse

Ainsi je fis du geste et de la parole, afin d'apprendre de

cette âme quelle fut la toile jusqu'au bout de laquelle elle ne poussa point la navette.

« Une vie parfaite, un mérite éminent, me dit-elle, placent plus haut que nous dans le ciel une femme, selon la règle de laquelle on s'habille et l'on se voile dans votre monde [1],

» Afin jusqu'à la mort de veiller et de dormir avec l'époux qui accepte tout vœu que la charité conforme à son désir.

» Pour la suivre je m'enfuis du monde toute jeune, je m'enfermai sous son habit, et je promis de suivre la voie de son ordre;

» Puis des hommes, plus habitués au mal qu'au bien, m'enlevèrent de la douce clôture : Dieu sait quelle fut ensuite ma vie.

» Pour cette autre splendeur qui se montre à toi, à ma droite, et qui brille de toute la lumière de notre sphère,

» Ce que je dis de moi, elle le pense d'elle : elle fut religieuse, et l'on a de même ôté de sa tête l'ombre des bandeaux sacrés.

» Mais quand elle fut retournée dans le monde, contre son gré et contre ses bonnes habitudes, elle ne fut jamais dépouillée du voile de son cœur.

» C'est la lumière de la grande Constance [2], qui, du second orgueil de la Souabe, engendra le troisième, et la dernière puissance de cette race. »

Ainsi parla Piccarda; ensuite elle commença l'Ave Maria, tout en chantant, et, tout en chantant, elle s'évanouit, comme à travers l'eau sombre une chose pesante.

Mes regards, qui la suivirent autant que possible, se tournèrent, lorsqu'ils l'eurent perdue, vers le but d'un plus grand désir,

Et se dirigèrent tout entiers sur Béatrice; mais celle-ci

---

[1] Sainte Claire, de l'ordre des Franciscaines, auquel appartenait Piccarda.
[2] Fille de Roger, roi de Pouille et de Sicile; Constance fut tirée de son monastère à Palerme et mariée à l'empereur Henri VI.

jeta de tels éclairs devant mes yeux, que d'abord ils ne purent supporter cette vue;

Et cela me rendit plus lent à l'interroger.

CHANT IV.

Dante est encore dans la planète de la Lune. — Là, Béatrice lui révèle deux vérités : la première, où est le séjour des Bienheureux; la seconde, touchant la différence entre la volonté mixte et la volonté absolue. — Le poète demande à son guide s'il est un moyen de satisfaire à des vœux qui n'ont pas été accomplis.

Entre deux mets placés à égale distance et attirant également, un homme libre de choisir mourrait de faim avant de porter l'un d'eux à ses dents;

De même se tiendrait un agneau entre les désirs de deux loups féroces, il tremblerait également; de même se tiendrait un chien entre deux daims[1].

Donc, si je me taisais, je ne m'en repens pas : également suspendu entre mes doutes, ce silence était nécessaire; je ne m'en loue pas non plus.

Je me taisais; mais mon désir était peint sur mon visage, et ma demande s'y montrant, apparaissait plus chaude qu'elle n'eût été dans des paroles.

Béatrice fit ce que fit Daniel en délivrant Nabuchodonosor de cette colère qui l'avait rendu injustement cruel.

Et elle dit : « Je vois bien comme deux désirs contraires t'attirent; ton souci se lie lui-même si fortement, qu'il ne peut se développer au dehors.

» Tu argumentes ainsi : si la bonne volonté dure, par

[1] Imité d'Ovide :

Tigris ut, auditis diversâ valle duorum
Exstimulata fame mugitibus armentorum,
Nescit utro potius ruat, etc.
(*Metam.*, lib. **v.**)

quelle raison la violence d'autrui diminuerait-elle la mesure de mon mérite?

» Et une autre occasion pour toi de douter, c'est que les âmes semblent retourner aux étoiles, selon la sentence de Platon[1].

» Telles sont les questions qui pèsent également sur ta volonté; donc, je traiterai d'abord celle qui a le plus de fiel.

» Entre les séraphins, celui qui pénètre le plus en Dieu, Moïse, Samuel, ou l'un des deux Jean (celui que tu voudras prendre), je ne dis point Marie,

» Tous ces séraphins n'ont pas leur banc dans un autre ciel que ces esprits qui viennent de t'apparaître, et n'ont pas pour leur existence plus ou moins d'années.

» Mais tous embellissent le premier cercle, et ils ont la vie différemment douce, selon qu'ils sentent plus ou moins l'éternel Esprit.

» Ces âmes se sont montrées ici, non parce que cette sphère leur a été destinée, mais pour te montrer, parmi les sphères, quelle est la moins élevée.

» C'est ainsi qu'il convient de parler à votre esprit, parce qu'il ne saisit que par les sens ce qu'il rend ensuite digne de l'intelligence[2].

» Pour cela l'Écriture condescend à vos facultés, elle attribue à Dieu des pieds et des mains, et elle entend tout autre chose.

» Et la sainte Église vous représente sous des apparences humaines, Gabriel et Michel, et l'autre qui guérit Tobie.

» Ce que Timée[3] pense des âmes n'a point de rapport avec ce qui se voit ici, car il paraît penser comme il parle.

» Il dit que l'âme retourne à son étoile, croyant qu'elle en fut détachée quand la nature l'unit à une forme.

» Et peut-être son opinion est-elle autre que les mots ne la rendent, et elle peut avoir une intention qu'il ne faut pas railler.

---

[1] Voir le *Timée*.
[2] Nihil est in intellectu, quin prius fuerit in sensu.
[3] C'est-à-dire Platon dans le *Timée*.

» S'il entend que l'honneur et le blâme de l'influence retournent à ces sphères, peut-être son arc a-t-il touché quelque vérité.

» Déjà ce principe mal entendu a égaré quasi tout le monde, de sorte qu'on a couru adorer Mercure, Jupiter et Mars.

» L'autre doute qui t'agite a moins de venin, car sa malignité ne pourrait pas t'écarter de moi.

» Que notre justice paraisse injuste aux yeux des mortels, c'est un argument de foi, et non de méchanceté hérétique.

» Mais comme votre entendement peut bien pénétrer jusqu'à cette vérité, je vais te rendre satisfait, selon que tu le désires.

» Si la violence arrive quand celui qui l'endure ne se prête en rien à celui qui le force, ces âmes ne sont pas excusées par cette violence ;

» Car la volonté, si elle ne le veut, ne s'éteint pas ; mais elle fait comme la nature fait dans le feu, quand même la violence l'abattrait mille fois.

» C'est pourquoi si la volonté se plie un peu ou beaucoup, elle cède à la force ; ainsi firent ces âmes, puisqu'elles pouvaient retourner au saint lieu.

» Si leur volonté était restée entière, comme celle qui tint Laurent sur le gril, et celle qui rendit Mucius si dur pour sa main[1],

» Elle les aurait reportées, sitôt qu'elles furent libres, dans le chemin d'où elles avaient été enlevées ; mais une si solide volonté est trop rare.

» Par ces paroles, si tu les as recueillies comme tu le devais, est détruit l'argument qui t'aurait encore importuné plusieurs fois.

» Mais à cette heure un autre mauvais pas vient à la tra-

---

[1] Urere quam potuit contempto Mucius igne,
Hanc spectare manum Porsenna non potuit.
(MARTIAL.)

verse devant tes yeux, et tel que par toi-même tu n'en pourrais sortir; auparavant tu te sentirais fatigué.

» Je t'ai mis pour certain dans l'esprit qu'une âme heureuse ne pourrait mentir, parce qu'elle est toujours auprès de la première vérité.

» Ensuite tu as pu entendre de Piccarda que Constance garda son affection pour le voile, de sorte qu'en ceci elle paraît me contredire.

» Bien souvent, frère, il advient que, pour fuir le péril, on fait contre son gré ce qu'il ne faut pas faire;

» Comme Alcméon, qui, prié de cela par son père, tua sa propre mère, et, pour ne pas perdre la piété, se fit impie.

» Je veux que tu penses à ce point : que si la force et la volonté s'accordent, il en résulte que les fautes ne peuvent plus s'excuser.

» La volonté absolue ne consent pas au mal, mais elle y consent en tant qu'elle craint, si elle se retire, de tomber dans une plus grande peine.

» Donc, lorsque Piccarda s'exprime comme elle l'a fait, elle entend parler de la volonté absolue, et moi j'entends parler de l'autre; de sorte que nous disons vrai toutes deux. »

Tel fut l'écoulement du saint ruisseau sortant de la fontaine d'où toute vérité dérive : ainsi elle mit la paix dans l'un et l'autre de mes désirs.

« O amante du premier amant[2] ! ô Dame divine ! m'écriai-je ensuite, dont le parler m'inonde et m'échauffe tellement, que de plus en plus il m'avive,

» Mon affection n'est pas si profonde, qu'elle me suffise pour vous rendre grâce pour grâce ; mais que celui qui voit et peut réponde pour moi.

» Je vois bien que notre entendement ne se rassasie ja-

---

[1] Ultusque parente parentem
Natus erit facto pius et sceleratus eodem.
(OVIDE, *Métam.*)

[2] Béatrice, amante de Dieu.

mais, s'il n'est éclairé par la vérité, hors de laquelle ne brille aucune vérité ;

» Aussitôt qu'il l'a pu atteindre, il se repose en elle comme la bête sauvage dans sa tanière ; et il faut qu'il l'atteigne, sinon chacun de nos désirs serait vain.

» C'est par ce désir que le doute naît au pied de la vérité comme un rejeton ; et c'est dans sa nature de nous pousser jusqu'au sommet de colline en colline.

» Ceci m'invite, ceci m'encourage, ô Dame ! à vous demander avec respect le mot d'une autre vérité qui m'est obscure.

» Je veux savoir si l'homme peut satisfaire à des vœux rompus par d'autres bonnes actions qui ne soient pas petites dans votre balance. »

Béatrice me regarda avec des yeux remplis d'étincelles d'amour, avec des yeux si divins, que, sentant ma force vaincue, je me détournai,

Et restai comme anéanti, avec les yeux baissés.

CHANT V.

Béatrice, voulant résoudre le doute exposé par Dante au chant précédent sur la nature et l'essence du vœu, lui indique de quelle manière on peut satisfaire aux vœux qui ont été rompus. — Ils montent ensuite au second ciel dans la planète de Mercure. — Un nombre infini d'Ames bienheureuses viennent vers le poete, et une d'elles lui propose de répondre à toutes ses questions.

« Si, dans ce centre du brûlant amour, je t'apparais rayonnante au delà de ce qui se voit sur terre, au point que je surmonte la force de tes yeux,

» Ne t'étonne pas, car ceci provient d'une vue parfaite qui, comme elle saisit vite les objets, les examine aussi rapidement une fois qu'elle les a bien saisis.

» Je vois clairement comme resplendit déjà dans ton intelligence l'éternelle lumière dont la seule vue allume en nous l'amour.

» Et si quelque autre chose attire votre amour, ce n'est qu'une trace mal connue de cette lumière qui luit à travers ces choses.

» Tu veux savoir si, par d'autres bonnes actions, on peut satisfaire à un vœu rompu, de manière que l'âme soit à l'abri du remords. »

C'est ainsi que Béatrice commença ce chant; et comme un homme qui n'interrompt pas son discours, elle continua ainsi son saint enseignement :

« Le plus grand don que, dans sa largesse, Dieu nous fît en nous créant, et le plus conforme à sa bonté, et celui qu'il apprécie le plus,

» Ce fut la liberté de la volonté, dont les créatures intelligentes furent et sont toutes seules douées.

» Maintenant t'apparaîtra, si tu raisonnes d'après ce principe, la haute valeur d'un vœu, s'il est ainsi fait que Dieu consente quand toi-même tu consens.

» Car, en concluant le pacte entre Dieu et l'homme, on sacrifie ce trésor de la volonté dont je parle, et on le sacrifie par son propre fait;

» Donc que peut-on rendre en échange? Si tu crois bien user de ce que tu as déjà offert, c'est d'une chose mal acquise vouloir faire une bonne œuvre.

» Tu es désormais fixé sur le point principal. Mais comme la sainte Église donne en ceci des dispenses, ce qui paraît contraire à la vérité que je t'ai découverte,

» Il te faut encore rester un peu à table, parce que la nourriture lourde que tu as prise demande un peu d'aide pour passer.

» Ouvre l'esprit à ce que je te présente, et l'enferme en toi-même; car cela ne donne pas la science, d'entendre sans retenir [1].

» Deux choses sont nécessaires à l'essence parfaite de ce

---

[1] Nihil scimus nisi quod memoriâ tenemus. (CICÉRON.)

sacrifice : l'une est l'objet même qu'on sacrifie ; l'autre est la convention en elle-même.

» Cette dernière ne s'efface jamais, si elle n'est pas observée, et c'est à son sujet que, plus haut, je t'ai parlé en termes si précis.

» Pour cette cause, ce fut une nécessité aux Hébreux d'offrir, bien que souvent l'offrande subit un changement comme tu dois le savoir [1].

» Quant à l'autre chose, que je t'ai montrée comme formant la matière du sacrifice, elle peut être telle qu'on n'ait point failli si on l'échange contre une autre matière.

» Mais que nul ne change de sa propre autorité le fardeau de son épaule, sans un tour de la clef blanche et de la clef jaune [2].

» Estime tout changement insensé, si la chose délaissée n'est point contenue dans la chose nouvellement prise, comme quatre dans six.

» Or, toute chose qui pèse tant par sa valeur, qu'elle attire de son côté la balance, ne se peut remplacer par une autre.

» Que les mortels ne se fassent pas un jeu du vœu qui les lie ! Soyez fidèles, et en vous engageant ne soyez pas aveugles, comme Jephté dans sa première offrande !

Car il lui valait mieux dire : « J'ai mal fait, » que de faire pis en observant son vœu ; et tu peux trouver tout aussi insensé le grand chef des Grecs,

» Lui qui força Iphigénie à pleurer son beau visage, et fit pleurer sur elle les fous et les sages lorsqu'ils entendirent parler d'un culte si barbare.

» Chrétiens, soyez plus lents à vous mouvoir ; ne soyez pas comme la plume à tout vent, et ne croyez pas que toute eau vous lave.

» Vous avez l'Ancien et le Nouveau Testament, et le Pasteur de l'Église pour vous guider : que cela vous suffise pour votre salut.

---

[1] Voir au *Lévitique*, chap. I et VIII.
[2] Se rappeler les deux clefs de l'Église au chant IX du Purgatoire.

» Si de mauvais désirs vous appellent ailleurs, soyez hommes, et non des brebis folles, afin que le Juif ne rie pas de vous, au milieu de vous.

» Ne faites pas comme l'agneau qui laisse le lait de sa mère, et, simple et folâtre, combat contre lui-même pour son seul plaisir. »

Ainsi, comme je l'écris, me parla Béatrice; puis elle se retourna toute pleine de désirs vers ce côté où le monde est plus brillant.

Son silence et le changement de ses traits firent taire mon esprit avide, qui avait déjà de nouvelles questions à mettre en avant.

Et comme la flèche qui frappe le but avant que la corde soit en repos, ainsi nous courûmes au second royaume [1].

Là je vis ma Dame si radieusement belle quand elle pénétra dans la lumière de ce ciel, que la planète en devint plus lumineuse.

Et si l'étoile se changea et rit, que fis-je, moi qui, par ma nature, suis en tout sens mobile!

Comme dans un vivier dont l'eau est tranquille et pure, les poissons accourent vers ce qui vient du dehors et qu'ils croient être leur pâture.

De même je vis bien plus de mille splendeurs accourir vers nous, et l'on entendait chacun s'écrier : « Voilà qui accroîtra nos amours! »

Et pendant que chacune d'elles venait à nous, on voyait l'âme pleine de liesse au milieu du vif éclat qui sortait d'elle.

Pense, ô lecteur, si ce qui commence ici s'arrêtait, quelle faim pleine d'angoisses tu aurais d'en savoir davantage!

Et tu verras, d'après toi-même, combien j'avais désir d'apprendre leur condition de ces splendeurs, dès qu'elles se manifestèrent à mes yeux.

« O heureusement né! à qui la grâce donne de voir les trônes du triomphe éternel avant d'avoir quitté la milice des vivants,

---

[1] Au ciel de Mercure.

» Nous sommes enflammés de la lumière qui s'épand par tout le ciel; donc, si tu désires t'éclairer sur notre sort, rassasie-toi selon ton plaisir. »

Il me fut dit ainsi par un de ces pieux esprits; et par Béatrice : « Dis, dis en toute confiance, et crois-les comme des dieux.

— Je vois bien que tu habites, comme dans un nid, ton nid dans ta propre lumière, et que tu la transmets par tes yeux, puisqu'elle brille lorsque tu souris;

» Mais j'ignore qui tu es, et pourquoi tu tiens, ô digne âme! le degré de la sphère qui se voile aux mortels avec les rayons d'un autre [1]. »

Ainsi dis-je vers la lumière qui d'abord m'avait parlé, et elle alors devint plus brillante qu'elle n'était.

Comme le soleil qui se cache lui-même par trop de lumière, quand la chaleur a détruit les vapeurs amassées qui la tempéraient.

Ainsi par une plus grande joie se cache dans son rayon la figure sainte, et ainsi enfermée, enfermée elle me répondit [2]

Selon que le chante le chant suivant.

CHANT VI.

L'Esprit qui avait proposé à Dante de répondre à ses questions, déclare être l'empereur Justinien, et raconte ensuite toutes les gloires de l'Aigle romaine. — Dans Mercure habitent les Ames qui, par leurs belles actions, ont su s'élever à la gloire. — Là brille la lumière de Romée, ministre de Raymond Bérenger, comte de Provence.

« Après que Constantin eut tourné l'aigle contre le cours du ciel qu'elle avait suivi, derrière l'antique ravisseur de Lavinie [3].

---

[1] Les rayons du soleil.
[2] E così chiusa chiusa mi rispose, etc.
[3] C'est-à-dire, après que Constantin eut ramené de Rome à Byzance l'aigle romaine qui avait suivi Énée d'Orient en Occident au pays de Lavinie.

» Pendant cent et cent ans et plus, l'oiseau de Dieu se tint à l'extrémité de l'Europe, dans le voisinage des montagnes, d'où il était d'abord sorti.

» Et, à l'ombre de ses ailes sacrées, il y gouverna le monde passant toujours de main en main; or, en changeant ainsi, il vint enfin sur la mienne.

» Je fus César, et je suis Justinien, qui par la volonté du premier amour, que toujours je ressens, retranchai des lois le superflu et l'inutile.

» Avant de m'être appliqué à cet ouvrage, je croyais qu'il n'y avait dans le Christ qu'une nature, et non plus, et je me contentais d'une telle croyance;

» Mais le bienheureux Agapet, qui fut grand pasteur, me ramena à la vraie foi par ses paroles;

» Je le crus, et tout ce qu'il me disait je le vois clairement à cette heure; comme tu vois dans toute contradiction une partie fausse et une partie vraie.

» Aussitôt que je marchai avec l'Église, il plut à Dieu de m'inspirer par grâce ce grand travail, et je m'y livrai tout entier.

» Je confiai les armées à mon Bélisaire, et la droite de Dieu fut si bien avec lui, que ce fut un signe que je devais me reposer.

» A présent ma réponse s'applique ici à ta première question; mais le sujet me force de la faire suivre encore de quelques explications,

» Pour que tu voies s'ils ont bien raison ceux qui se lèvent contre le signe saint et sacré, et ceux qui se l'approprient et ceux qui s'y opposent [1].

» Vois quelle haute vertu l'a rendu digne de vénération; et sa gloire commença au jour où Pallas [2] mourut pour lui donner l'empire.

» Tu sais que l'Aigle fit sa demeure dans Albe pendant

---

[1] Les Guelfes et les Gibelins.
[2] Le fils d'Évandre.

trois cents ans et plus, jusqu'au jour où trois contre trois combattirent pour elle [1].

» Tu sais ce qu'elle fit depuis l'enlèvement des Sabines jusqu'à la douleur de Lucrèce, sous sept rois, domptant tout autour les nations voisines.

» Tu sais ce qu'elle fit, portée par ces insignes Romains, contre Brennus, contre Pyrrhus, contre les autres princes et peuples ligués :

» D'où Torquatus, et Quintius [2] qui reçut un surnom de sa chevelure négligée, les Décius et les Fabius, conquirent une renommée que j'aime à admirer.

» Elle terrassa l'orgueil des Arabes, qui, derrière Annibal, passèrent les roches Alpestres, d'où toi, fleuve du Pô, tu découles.

» Sous elle triomphèrent, jeunes encore, Scipion et Pompée ; et pour cette montagne sous laquelle tu es né, ce triomphe parut amer [3].

» Puis, vers ce temps où le ciel voulut ramener le monde à l'état serein dont il est le modèle, César la prit par la volonté de Rome.

» Et ce qu'elle fit du Var jusqu'au Rhin, l'Isère et la Saône le virent, et la Seine le vit, et toute la vallée dont les eaux gonflent le Rhône.

» Ce qu'elle fit après sa sortie de Ravenne, et le passage du Rubicon, fut d'un vol si rapide, que la langue et la plume ne la suivraient pas.

» Elle tourna les troupes vers l'Espagne, puis vers Durazzo, et elle frappa Pharsale si rudement, que le Nil brûlant en sentit la douleur.

» Antandre et Simoïs, d'où elle s'était élancée [4], elle les revit, et aussi le lieu où repose Hector ; puis, pour le malheur de Ptolémée, elle repartit.

» De là elle vint foudroyer Juba ; puis elle se retourna

---

[1] Combat des Horaces et des Curiaces.
[2] Quintius Cincinnatus.
[3] La montagne de Fiésole qui domine Florence, patrie de Dante. Fiésole fut ruinée par les légions romaines pour avoir donné asile à Catilina.
[4] Avec Énée.

vers votre Occident, où elle entendait le clairon de Pompée.

» Pour ce qu'elle fit avec celui qui la porta ensuite [1], Brutus et Cassius aboient en enfer [2]; Modène et Pérouse en furent dans la douleur.

» Et elle en pleure encore, cette triste Cléopâtre, qui, en fuyant devant l'aigle, reçut de l'aspic une mort subite et atroce.

» Avec celui-ci, l'aigle romaine courut jusqu'à la mer Rouge ; avec celui-ci elle établit dans le monde une si grande paix, que le temple de Janus fut fermé.

» Mais ce que ce signe, qui m'excite à parler de lui, avait fait d'abord, et ce qu'ensuite il devait faire dans le royaume mortel qui lui est soumis,

» Devient en apparence chétif et obscur, si, le voyant dans la main du troisième César, on le considère avec un œil éclairé et une affection pure.

» Car la vivante justice qui m'inspire lui accorda, dans la main de celui que je cite, la gloire de venger la divine colère [3].

» Or émerveille-toi ici devant ce que je vais te répéter. Avec Titus l'aigle courut ensuite tirer vengeance de la vengeance du péché antique [4].

» Et quand la dent lombarde mordit la sainte Église, Charlemagne la secourut en remportant la victoire sous les ailes de l'aigle.

» Désormais tu peux juger de ceux que j'ai accusés plus haut, et de leurs fautes qui sont la cause de tous vos maux.

» L'un au signe commun oppose les lis jaunes, l'autre se l'approprie, ne songeant qu'à son parti, si bien qu'il est difficile de savoir lequel est le plus en faute.

» Qu'ils fassent, les Gibelins, qu'ils fassent leurs menées

---

[1] Avec Auguste.
[2] Se rappeler le dernier chant de l'*Enfer*.
[3] Tibère, le troisième César, aurait pu venger la mort du Christ.
[4] La mort du Christ fut la vengeance que Dieu tira de la faute d'Adam, et Titus alla punir les exécuteurs de cette vengeance.

A far vendetta corse
Della vendetta del peccato antico.

sous un autre signe ; car on suit mal celui-ci quand, lui et la justice, on les sépare !

» Et que ce nouveau Charles [1] ne l'abatte pas avec ses Guelfes, mais qu'il craigne des serres qui à un lion plus grand ont arraché la crinière !

» Maintes fois les fils ont déjà pleuré pour la faute de leur père ; et qu'on ne croie pas que Dieu change ses armes pour les lis.

» Cette petite étoile [2] est peuplée des bons esprits qui ont été actifs sur la terre, afin d'y être remplacés par l'honneur et la renommée.

» Et lorsque les désirs s'élèvent vers cette étoile tout en déviant ainsi, il faut que les rayons du véritable amour soient aussi moins vifs à s'élever.

» C'est dans la mesure de nos récompenses et de notre mérite que se trouve une partie de notre joie, parce que nous ne la voyons ni moindre ni plus grande.

» Donc la vivante justice adoucit tellement en nous le désir, que jamais il ne se peut tourner vers une méchanceté.

» Des voix différentes font les doux concerts ; ainsi les différents degrés de notre vie rendent une douce harmonie au milieu de ces sphères.

» Dans cette perle luit la lumière de Romée [3], dont l'œuvre grande et belle fut mal récompensée.

» Mais les Provençaux qui furent contre lui n'ont pas eu longtemps sujet de rire ; et de vrai, celui-là chemine mal qui tourne à sa perte les bienfaits d'autrui.

» Raymond Bérenger eut quatre filles, et chacune d'elles fut reine ; et ceci fut fait par Romée, personne humble et errant pèlerin.

» Et puis des paroles louches excitèrent Raymond à de-

---

[1] Charles II, roi de Pouille.
[2] Mercure.
[3] Voir dans les chroniques la curieuse histoire de ce Romée, qui demanderait une note trop longue.

mander des comptes à ce juste qui lui rendit sept et cinq pour dix.

» Sur quoi, il partit pauvre et vieux ; et si le monde savait le courage qu'il eut en mendiant sa vie, morceau à morceau,

» Ce monde, qui le loue beaucoup, le louerait davantage. »

CHANT VII.

L'empereur Justinien disparaît avec les autres Esprits. — Alors Béatrice résout les doutes que quelques paroles de l'empereur avaient fait naître dans la pensée du poëte, touchant la rédemption, l'immortalité de l'âme et la résurrection des corps.

    Hosanna sanctus Deus Sabaoth,
    Superillustrans claritate tuâ
    Felices ignes horum Malahoth !

Ainsi, en se tournant vers sa sphère, me parut chanter cette substance [1], sur laquelle s'est répandue une double lumière [2].

Et elle et les autres reprirent leur danse, et, comme de très-rapides étincelles, se voilèrent à mes regards dans un éloignement soudain.

Je doutais, et je me disais : « Dis-lui, dis-lui donc ! Oh ! disais-je à part moi, dis-lui donc à la Dame que tu aimes et qui apaise ta soif avec la douce rosée de ses lèvres ! »

Mais ce respect qui s'empare de moi tout entier pour B et pour ICE, m'inclinait comme un homme qui s'assoupit [3].

Béatrice me laissa peu de temps ainsi, et elle commença

---

[1] Justinien.

[2] « Il entend que la lumière ou splendeur de Justinien s'estoit augmentée de la moytié pour avoir usé la vertu de charité à l'endroit de Dante. » (Grangier.)

[3] Pour *Bice*, diminutif de *Béatrice*.

    Ma quella reverenza, che s'indonna
    Di tutto me, pur per B e per ICE.

en rayonnant sur moi d'un sourire tel qu'il rendrait un homme heureux dans le feu :

« Selon que me l'apprend mon jugement infaillible, tu penses en toi-même comment une juste vengeance fut justement punie.

» Mais je débarrasserai vite ton esprit, et toi, écoute, car mes paroles vont te faire présent d'une grande vérité.

» Pour n'avoir pas souffert un frein utile à la faculté qu'on nomme la volonté, l'homme qui ne naquit pas [1], en se damnant, damna toute sa race.

» D'où il advint que l'espèce humaine, infirme, languit là-bas durant plusieurs siècles dans une grande erreur, jusqu'à ce qu'il plût au Verbe de Dieu de descendre;

» Et la nature, qui s'était éloignée de son créateur, il l'unit en lui à sa personne par le seul acte de son éternel amour.

» Maintenant dirige ton esprit sur ce raisonnement. Cette nature unie à son créateur, telle qu'elle fut créée, était sincère et bonne :

» Par elle-même, elle fut bannie du Paradis, parce qu'elle sortit de la voie de vérité et de sa vie [2].

» Donc la peine endurée sur la croix, si on la mesure à la nature prise par le crucifié, plus justement que jamais une autre fit sentir son étreinte

» Et aussi nulle autre ne fut plus injuste en regardant à la personne qui souffrit, et en qui s'était unie cette nature.

» Partant d'un seul acte sortirent des choses diverses; car la même mort plut à Dieu et aux Juifs; par elle la terre trembla et le ciel s'ouvrit.

» Désormais cela ne doit plus te paraître au-dessus de ta portée, si l'on te dit qu'une juste cour a puni une juste vengeance [3].

» Mais à présent je vois, de pensée en pensée, ton esprit

---

[1] Adam.
[2] Ego sum via, veritas et vita. (JOAN., XIV.)
[3] Che giusta vendetta poscia vengiata fu da giusta corte.

serré dans un nœud dont il attend avec un grand désir qu'on le dégage.

» Tu dis : « Je comprends bien ce que je viens d'entendre ; mais pourquoi Dieu voulut user de ce mode pour notre rédemption, ceci m'est caché. »

» Frère, ce décret est voilé pour les yeux de tout homme dont l'esprit n'a point grandi dans la flamme de l'amour.

» Et véritablement, comme on examine beaucoup ce point et qu'on le comprend bien peu, je te dirai pourquoi un tel mode fut pris comme le plus digne.

» La divine bonté, qui écarte d'elle toute rancune, étincelle en brûlant elle-même, de sorte qu'elle fait jaillir les beautés éternelles.

» Ce qui découle d'elle sans intermédiaire n'a point de fin, parce que rien ne change son empreinte quand elle-même l'a donnée.

» Ce qui découle d'elle sans intermédiaire est entièrement libre, comme n'étant pas sujet à l'influence des choses secondaires.

» Plus l'être sorti d'elle lui est conforme, plus cet être lui plaît : car l'ardeur sainte qui rayonne sur toute chose. est plus vive dans celle qui lui est plus ressemblante.

» L'humaine nature a sur toute autre l'avantage de ces dons immédiats; mais si un seul lui manque, il lui faut déchoir de sa noblesse.

» C'est le péché seul qui lui ôte sa liberté et sa ressemblance avec le Souverain Bien, parce qu'elle n'en reflète que peu la blanche lumière.

» Et jamais elle ne retourne à sa dignité native, si elle ne remplit le vide laissé par sa faute, et si par de justes peines elle n'expie des plaisirs mauvais.

» Votre nature, quand elle pécha tout entière dans son germe, fut dépouillée de ses dignités et chassée du Paradis.

» Et elle ne pouvait les recouvrer, si tu l'examines bien attentivement, par nulle voie, sinon en passant par un de ces deux gués :

» Ou que Dieu, dans sa bonté, eût remis le péché, ou que l'homme par lui-même eût racheté sa folie.

» Maintenant plonge tes regards dans l'abîme du conseil éternel, et, autant que tu le peux, tiens-toi attentif à mes paroles.

» L'homme ne pouvait jamais, dans ses limites naturelles, donner satisfaction, car il ne pouvait pas descendre par son humble obéissance

» Autant que par sa désobéissance il avait aspiré à s'élever ; et pour cette raison, l'homme était dans l'incapacité de donner par lui-même satisfaction.

» Donc il fallait que Dieu ramenât l'homme à la vie plénière par ses propres voies ; je dis par une de ces voies, ou par toutes les deux.

» Mais comme l'œuvre est d'autant plus chère à l'ouvrier, qu'elle représente mieux la bonté du cœur d'où elle est sortie,

» La divine bonté, qui donne son empreinte au monde, se réjouit de procéder par toutes ses voies pour vous relever vers elle.

» Entre le premier jour et la dernière nuit, jamais progrès si grand et si magnifique ne s'opéra ou ne pourra s'opérer par l'autre voie.

» Car Dieu fut plus généreux de se donner lui-même pour rendre l'homme capable de se relever, que s'il l'avait seulement renvoyé absous.

» Or, tous les autres moyens étaient insuffisants devant la justice, si le Fils de Dieu ne se fût humilié jusqu'à s'incarner.

» A présent, pour bien remplir tous tes désirs, je reviens en arrière, et je t'éclaircirai quelque point, afin que tu y voies comme moi-même.

» Tu dis : « Je vois l'air, je vois le feu, l'eau et la terre, et tous leurs mélanges se corrompre et durer peu ;

» Et ces choses pourtant ont été des créatures ; or, si ce que tu as dit était vrai, elles devraient être à l'abri de la corruption. »

» Les anges, frère, et le pays libre et pur où tu es, peuvent se dire créés, comme ils le sont de fait dans leur être entier;

» Mais pour les éléments que tu as nommés, et les choses qui en viennent, une puissance créée leur donne seule leur forme.

» Créée fut la matière dont ils sont faits, créée fut la puissance informante dans ces étoiles qui roulent autour d'eux.

» L'âme de toutes les brutes et des plantes, composée de plusieurs puissances, tire des saintes étoiles l'étincelle et le mouvement [1].

» Mais notre vie aspire sans intermédiaire la suprême bonté, et s'en enamoure si fort, que toujours elle la désire.

» Et de ceci tu peux conclure encore votre résurrection, si tu réfléchis comment fut créée la chair humaine,

» Alors que les premiers parents furent tous les deux créés. »

CHANT VIII.

Dante et Béatrice montent dans la sphère de Vénus (le troisième ciel), qui, par son humidité, disent encore les vieux commentateurs, dispose à l'amour. — Cette influence, autrefois mauvaise, est aujourd'hui toute pure et spirituelle. — Charles Martel, roi de Hongrie, expose au poëte comment d'un père vertueux un fils vicieux peut naître.

Le monde croyait jadis, au péril de son âme, que des rayons de la belle Cypris, qui tourne dans le troisième épicycle, émanait le fol amour;

C'est pourquoi les nations antiques, dans leur antique erreur, non-seulement l'honoraient par des sacrifices et des prières votives,

Mais elles honoraient Dionée et Cupidon, l'une comme

---

[1] Selon les scolastiques, l'âme des brutes était produite par la nature, celle des hommes immédiatement par Dieu.

la mère, l'autre comme le fils, et elles disaient qu'il s'était assis près du sein de Didon [1].

Et de celle-là, de qui je tire le début de ce chant, ils tiraient le nom de l'étoile dont le soleil regarde avec plaisir tantôt les cils blonds, tantôt la chevelure flottante sur le dos.

Je ne me sentis pas monter dans cette sphère [2], mais je fus certain que j'y étais en voyant ma Dame devenir plus belle.

Et comme dans la flamme se remarque l'étincelle, et comme dans la voix la voix se distingue, quand l'une soutient un même son et que l'autre va et vient ;

Ainsi je vis dans cette lumière d'autres lueurs se mouvoir en rond, plus ou moins agiles, selon, je crois, qu'elles reflétaient l'éternelle clarté.

D'un froid nuage ne sortirent jamais, visibles ou invisibles, des vents si rapides, qu'ils n'eussent paru embarrassés et lents

A qui eût vu venir à nous les divines lumières, laissant la ronde commencée dans le haut ciel des Séraphins.

Et derrière celles qui nous apparurent en avant résonnait un *Hosanna* si mélodieux, que depuis je n'ai jamais été sans un désir de l'entendre.

Alors une d'elles descendit plus près de nous, et seule commença : « Nous sommes toutes prêtes à faire ton plaisir, afin que tu te réjouisses en nous.

» Nous tournons ici dans le même cercle, avec le même mouvement circulaire et avec la même soif que les princes célestes, auxquels tu as déjà dit dans le monde :

» *Vous qui par votre intelligence faites mouvoir le troisième ciel*[3] ; » et nous sommes si pleines d'amour, que, pour te plaire, un moment de repos ne nous sera pas moins doux. »

Après que mes yeux se furent portés avec respect sur ma

---

[1] *Énéide*, l. I.
[2] La planète de Vénus.
[3] Commencement de la première *canzone* du *Convivio amoroso* de Dante.

Dame, et qu'elle les eut rendus, par sa vue, contents et assurés,

Je les retournai vers la lumière qui s'était si amoureusement offerte à moi; et ces mots : « Dis! qui es-tu? » furent ma réponse empreinte d'une grande affection.

. Oh! combien je la vis devenir plus brillante par l'allégresse nouvelle dont s'accrut son allégresse, quand je lui parlai!

Devenue ainsi, elle me dit : « Le monde ne m'eut là-bas que peu de temps; et si j'y étais plus longtemps restée, beaucoup de maux seront qui n'auraient pas été[1].

» Je suis cachée à tes yeux par ma joie qui rayonne tout à l'entour et me couvre, comme l'animal enveloppé de sa soie.

» Tu m'as bien aimée, et tu avais une bonne raison pour cela; car, si j'étais resté là-bas plus longtemps, je t'aurais montré de mon amour autre chose que les feuilles.

» Cette rive gauche, baignée par le Rhône, après qu'il s'est mêlé à la Sorgue, m'attendait, le temps venu, pour son seigneur;

» Et aussi cette pointe de l'Ausonie, où s'élèvent Bari, Gaëte et Catona, et d'où le Tronto et le Verde se dégorgent dans la mer.

» Déjà brillait sur mon front la couronne de cette terre que le Danube arrose[2], lorsqu'il abandonne les rives tudesques.

» La belle Trinacrie[3] qui s'obscurcit entre Pachino et Peloro, sur le golfe que l'Eurus tourmente avec le plus de violence,

» Non à cause de Typhée[4], mais du soufre qui s'exhale de son sol, la belle Trinacrie aurait encore attendu ses rois, nés par moi de Charles et de Rodolphe,

» Si le mauvais gouvernement, qui toujours encourage à

---

[1] Cette âme est Charles Martel, roi de Hongrie, que Dante connut à Florence.
[2] La Hongrie.
[3] La Sicile.
[4] Un des Titans écrasés sous l'Etna.

la révolte les peuples soumis, n'avait excité Palerme à crier : Meurs! meurs[1]!

» Et si mon frère savait prévoir, il fuirait déjà l'avarice cupide de ses ministres catalans, pour n'avoir pas à en souffrir.

» En vérité, il doit aviser, ou par lui-même, ou par autrui, à ce que sa barque ne soit pas chargée au delà de la charge qu'elle supporte.

» Sa nature, devenue avare de libérale, aurait besoin de serviteurs occupés à d'autres soins que de mettre de l'argent dans leurs coffres[2].

— Comme je pense, dis-je alors, que la joie profonde que tes paroles versent en mon âme, ô mon seigneur! tu la vois ainsi que je la vois moi-même

» En celui-là où toute joie commence et finit, cette joie m'est d'autant plus chère ; et ceci ne m'est pas moins cher de croire qu'en contemplant Dieu tu vois ma félicité.

» Tu m'as rendu joyeux ; donc éclaire-moi, puisque, tout en parlant, tu m'as amené à douter comment d'une semence douce peut sortir un fruit amer. »

Ainsi moi à lui, alors lui à moi : « **Si je puis te montrer une vérité**, tu tourneras les yeux vers ce que tu demandes, comme à présent tu lui tournes le dos.

» Le bien, qui met en mouvement et en joie le royaume que tu gravis, fait de sa providence la force motrice de ces grands corps ;

» Et non-seulement toutes les natures sont abritées au sein de sa pensée, qui est la perfection, mais elles y trouvent toutes à la fois leur salut ;

» Car tout ce que cet arc décoche tombe droit à une fin prévue, de même que la flèche dirigée vers son but.

» Si cela n'était pas, le ciel où tu chemines produirait non des effets vivants, mais des ruines.

» Et cela ne peut être, si les intelligences qui meuvent

---

[1] Les Vêpres siciliennes.
[2] Robert, frère de Charles Martel de Hongrie, était fils de Charles II.

ces étoiles ne sont pas défectueuses, comme serait défectueux le premier esprit qui ne les eût pas créées parfaites.

» Veux-tu que cette vérité te devienne encore plus claire? » Et moi : « Non! car je juge impossible que la nature manque dans ce qui est nécessaire. »

Et l'âme, derechef : « Çà, dis-moi : serait-ce sur terre une pire existence pour l'homme s'il ne vivait pas en société? — Oui, répondis-je, et ici je n'en demande pas la raison.

— Et cela peut-il être, si là-bas l'homme ne vit pas diversement en diverses professions? Non, si votre maître a dit vrai dans ce qu'il a écrit. »

L'âme, en poursuivant ses déductions, arriva à ceci; puis elle conclut : « Donc vos effets divers doivent avoir des causes diverses :

» C'est pourquoi l'un naît Solon, et l'autre Xerxès, l'autre Melchisédech, et l'autre celui qui perdit son fils, comme son fils volait dans l'air.

» La nature des cercles célestes, qui donne son empreinte à la cire mortelle, fait bien son travail, mais ne distingue pas où elle l'applique.

» De là il advient qu'en sortant de sa mère Ésaü se sépare de Jacob, et que Quirinus naît d'un père si vil, qu'on le fait remonter à Mars[1].

La nature engendrée serait toujours conforme à la nature qui engendre[2], si la providence divine n'était pas la plus forte.

» Ton esprit tient maintenant ce qui le fuyait; mais, afin que tu saches que je me complais à t'instruire, je veux t'armer encore de ce corollaire :

» Toujours la nature est stérile si la fortune lui est ennemie, comme toute autre semence répandue hors du sol qui lui convient.

» Et si le monde s'appuyait là-bas sur les fondements

---

[1] Romulus, fils de Rhéa Sylvia et du dieu Mars.
[2] La nature du fils serait conforme à celle du père.

que pose la nature, il aurait certainement des habitants meilleurs

» Mais vous tournez à la religion tel qui était né pour ceindre l'épée, et vous faites roi tel qui devait être prédicateur :

» C'est ainsi que vos pas sont hors de la vraie route. »

CHANT IX.

Le poëte trouve encore dans la planète de Vénus Cunizza, sœur d'Ezzelin da Romano, laquelle lui prédit les malheurs réservés à la Marche de Trévise. — Il converse ensuite avec le troubadour Foulques de Marseille.

Après que ton père Charles, belle Clémence[1], eut éclairci mes doutes, il me raconta les trahisons que devait essuyer sa race;

Mais il dit : « Tais-toi, et laisse tourner les années; donc je ne puis rien dire, sinon que de justes regrets suivront tous vos malheurs. »

Et déjà la vivante et sainte lumière[2] s'était tournée vers le soleil qui la remplit, comme vers le bien qui suffit à toute chose.

O âmes abusées, folles et impies, qui détournez vos pensées d'un tel bien en les dirigeant vers les vanités !

Et voilà qu'une autre de ces splendeurs descendit vers moi, et elle montrait, par les clartés dont elle s'entourait, son envie de me plaire.

Les yeux de Béatrice, qui s'étaient fixés sur moi comme auparavant, m'assurèrent du doux assentiment donné par elle à mon désir.

« Oh ! satisfais aussitôt ma volonté, esprit bienheureux, lui dis-je, et donne-moi la preuve que tout ce que je pense se peut réfléchir en toi. »

[1] Fille de Charles Martel, roi de Hongrie, et epouse de Louis le Hutin, roi de France.
[2] Charles Martel.

Alors la lumière qui était encore nouvelle pour moi, de la profondeur où elle chantait auparavant, se prit à me dire, comme quelqu'un qui se réjouit de bien faire :

» Dans cette partie[1] de la terre dépravée d'Italie, qui est située entre Rialto et les sources de la Brenta et de la Piava,

» S'élève une colline (laquelle pourtant ne monte pas bien haut) d'où jadis descendit une petite flamme qui, dans toute la contrée, causa un grand désastre.

» Elle et moi nous sortîmes du même lieu ; je fus appelée Cunizza[2], et je brille ici, parce que la lumière de cette étoile m'a vaincue[3].

» Mais, joyeuse et sans regrets, je suis indulgente en moi-même pour la cause de mon sort : ce qui semblera peut-être surprenant à votre vulgaire.

» Ce joyau lumineux et rare[4] de notre ciel, qui est le plus proche de moi, laissa sur terre une grande renommée, et, avant que sa gloire meure, à ce siècle s'ajouteront cinq autres siècles.

» Vois si l'homme doit se rendre excellent, afin que sa première vie en laisse sur terre une seconde !

» Ce n'est pas ce que pense maintenant cette tourbe qu'enferment le Tagliamento et l'Adige, et pour être battue elle ne se repent pas encore.

» Mais bientôt il adviendra que Padoue et ses habitants, rebelles à leur devoir, changeront l'eau du marais qui baigne Vicence[5];

» Et là où le Sile et le Cagnano se joignent, un tel domine et va la tête haute, quand déjà pour le prendre se fabrique le filet.

» Feltre pleurera encore le parjure de son pasteur impie,

---

[1] Venise.

[2] Cunizza était sœur d'Ezzelin da Romano, tyran de Padoue.

[3] « Et ici je reluis, parce que m'ha vaincue la lumière de cette étoile de Vénus, l'influence de laquelle nous rend amoureuses. » (Grangier.)

[4] Foulques de Marseille.

[5] Allusion à la victoire remportée, le 17 septembre de l'année 1314, par Can Grande della Scala sur Jacques de Carrare, seigneur de Padoue.

parjure si affreux, que jamais pour un pareil on n'est entré à Malta[1].

» Trop large serait la cuve qui recevrait le sang ferrarais, et trop fatigué celui qui pèserait once à once le sang

» Que donnera ce prêtre courtois[2] pour se montrer dévoué à son parti; et de tels dons seront bien conformes aux mœurs d'un tel pays.

» Là-haut sont des miroirs, que vous appelez Trônes, par lesquels se réfléchissent sur nous les jugements de Dieu; ainsi nos propres paroles nous paraissent vraies et bonnes. »

Ici l'âme se tut, et il me sembla qu'elle s'était tournée vers quelque autre penser dans la sphère, où elle se plaça telle qu'elle était auparavant.

L'autre joie ou lumière, qui m'était déjà connue, se montra à mes yeux resplendissante comme un fin rubis sur lequel tombe le soleil.

Là-haut une vive splendeur naît de la joie, comme chez nous le rire; mais, là-bas, l'ombre s'obscurcit selon que l'âme est triste.

» Dieu voit tout, m'écriai-je, et ta vue le pénètre, ô bienheureux esprit! de sorte que nulle volonté enfermée en lui pour toi ne peut être cachée;

» Donc pourquoi ta voix[3], qui récrée toujours le ciel avec le chant de ces flammes pieuses qui se font un capuce de leurs six ailes,

» Ne satisfait-elle pas mes désirs? Je n'attendrais pas ta demande, si je voyais en toi comme tu vois en moi-même. »

L'âme répliqua par ces paroles : « La plus grande vallée dans laquelle se répand l'eau sortie de cette mer qui environne la terre,

» Se prolonge tant contre le soleil entre des rivages opposés, qu'elle met le méridien là où auparavant était l'horizon.

» Je fus un des riverains de cette vallée, entre l'Èbre et

---

[1] Tour près du lac Bolsena, ancienne prison des papes.

[2] Alexandre, évêque de Plaisance, qui livra des réfugiés ferrarais au gouverneur de la Pouille.

[3] Il parle à Foulques, de Marseille, célèbre poëte provençal et évêque

le fleuve Macra qui, par un cours de peu d'étendue, sépare Gênes de la Toscane.

» A la même distance quasi de l'Orient et de l'Occident, sont situées Bougie et la terre où je suis né; terre qui jadis a échauffé de son sang les vagues de son port[1].

» Foulques m'appela cette nation qui connut bien mon nom; et ce ciel est éclairé par moi comme je le fus par lui:

» Car cette fille de Bélus[2], qui oublia Sichée et fit oublier Créüse, ne brûla point de plus de feux que moi, tant que l'âge me le permit;

» Ni cette Rhodopée, qui fut abusée par Démophon, ni Alcide, quand il eut Iole enfermée dans son cœur.

» Ici pourtant on est sans repentir; mais on s'y réjouit, non de ses fautes qui ne reviennent pas à la mémoire, mais de la vertu souveraine qui ordonne et prévoit.

» Ici on admire cet art qui produit de si beaux et de si grands effets, et l'on découvre le bien par lequel le monde d'en haut agit sur le monde d'en bas.

» Mais afin que tu emportes, dégagées de toute incertitude, les pensées qui sont nées dans cette sphère, il faut que je poursuive encore plus loin mes instructions.

» Tu veux savoir qui est dans cette lumière qui scintille ainsi près de moi, comme un rayon de soleil dans une eau pure.

Or sache que là, dans cette âme si paisible, est l'âme de Rahab; réunie à notre ordre, elle y brille au premier rang.

» Elle fit son assomption dans ce ciel, où finit l'ombre produite par votre monde, avant toute autre âme délivrée par le triomphe du Christ.

» Il était juste qu'il la laissât dans quelque sphère, comme une palme de la haute victoire qu'il remporta avec ses deux mains clouées sur la croix;

» Car cette femme favorisa les premiers exploits de

---

[1] Marseille, qui fut assiégée par César. — En face de Marseille est Bougie, sur la côte d'Afrique.
[2] Didon.

Josué sur la terre sainte, qui touche si peu la mémoire du pape.

» Ta cité[1], rejeton de celui qui le premier tourna le dos à son créateur, et dont l'envie fut une source de tant de larmes,

» Ta cité produit et répand une fleur maudite[2] qui a fait dévier les brebis et les agneaux, car elle a fait un loup du pasteur.

» C'est pour elle que l'Évangile et les grands docteurs sont délaissés, et qu'on étudie seulement les décrétales, comme il paraît trop à leurs marges.

» A cela s'occupent le pape et les cardinaux; et leurs pensées ne vont plus à Nazareth, là où Gabriel ouvrit ses ailes;

» Mais le Vatican et les autres parties saintes de Rome qui furent le cimetière de cette milice dont Pierre était le chef,

» Bientôt seront délivrés de l'adultère[3]. »

CHANT X.

Exposition de l'ordre dans lequel Dieu créa l'univers. — Béatrice (c'est-à-dire la Théologie), toujours plus lumineuse plus elle s'élève, emporte Dante au quatrième ciel ou dans le Soleil. — Ames qui forment une couronne et tournent en chantant. — Une de ces Ames est saint Thomas d'Aquin.

En regardant en son Fils avec l'amour que l'un et l'autre exhalent éternellement, la première et ineffable Puissance

Fit avec un si grand ordre tout ce que notre intelligence et nos yeux aperçoivent, que nul ne peut admirer l'œuvre du Créateur sans goûter de sa vertu.

---

[1] Florence.
[2] Les florins d'or, monnaie toscane.
[3] « Il semble prédire la mort de Boniface, et il nomme ce méchant pape adultère, parce qu'il corrompoit la vraye épouse de Dieu qui est l'Église. » (Grangier.

Lève donc, lecteur, lève avec moi tes regards vers les hautes sphères, de ce côté où un mouvement vient choquer un mouvement contraire ;

Et là, mets-toi à contempler l'art de ce maître qui l'aime tant en lui-même que jamais il n'en détourne les yeux.

Vois comme de là se détache le cercle oblique [1] portant les planètes pour satisfaire au monde qui les appelle.

Si leur route n'était pas oblique, plus d'une influence dans le ciel serait vaine, et là-bas presque toute puissance serait morte.

Et si elle s'éloignait plus ou moins de la ligne droite, il s'ensuivrait, et en haut et en bas, une interruption dans l'ordre du monde.

A présent, lecteur, reste sur ton banc, en revenant sur les choses dont se donne ici l'avant-goût, si, avant de te lasser, tu veux t'emplir de joie.

J'ai mis devant toi la nourriture, désormais c'est à toi-même de la prendre ; car elle réclame pour elle tous mes soins, cette matière dont je me suis fait l'écrivain.

Le plus grand ministre de la nature [2], qui imprime au monde la vertu du ciel et mesure le temps avec sa lumière,

Tournait avec ce signe céleste que j'ai décrit ci-dessus, juste au point où les heures se présentent plus tôt ;

Et j'étais avec lui [3], mais je ne m'aperçus pas plus d'y être monté, qu'un homme n'aperçoit une pensée avant sa venue.

Et Béatrice, cette femme qu'on voit passer du bien au mieux si subitement, que son progrès n'a pas de mesure dans le temps,

Elle, si brillante par elle-même, oh ! ce qu'elle devint dans le soleil où j'entrai, ce qu'elle devint, non par l'effet d'une couleur, mais par une plus vive lumière,

Jamais on ne pourrait se l'imaginer, quand même, pour le dire, j'appellerais l'esprit, l'art et toutes ses res-

---

[1] Le zodiaque.
[2] Le soleil.
[3] J'étais entré dans le soleil.

sources ; mais on me peut croire et on doit désirer de la voir.

Et si nos imaginations n'arrivent pas à tant de hauteur, ce n'est point merveille, puisque jamais regard n'alla au delà du soleil.

Telle était la quatrième famille du Père suprême, famille qu'il rassasie sans faim en leur montrant comment de lui procèdent et l'Esprit et le Fils.

Et Béatrice s'écria : « Rends grâces, rends grâces au soleil des anges qui par sa grâce t'a élevé à cet astre visible. »

Jamais le cœur d'un mortel ne fut si vite disposé à la dévotion et à se rendre pleinement à Dieu,

Que moi je le fus à ces paroles ; et tout mon amour s'en alla si bien vers lui, que Béatrice s'éclipsa dans l'oubli.

Ceci ne parut pas lui déplaire, mais elle en sourit ; et la splendeur de ses yeux souriants divisa sur plusieurs objets ma pensée absorbée en un seul.

Je vis plusieurs lumières vives et triomphantes faire de nous un centre, et d'elles une couronne ; elles étaient plus douces par leur voix que brillantes par leur figure.

Ainsi nous voyons parfois la fille de Latone [1] environnée, quand l'air est si imprégné de vapeurs qu'il maintient le cercle dont est formée sa couronne.

Dans la cour du ciel d'où je reviens, se trouvent plusieurs joyaux, et si rares et si beaux, qu'on ne les peut tirer de ce royaume.

Et le chant de ces lumières était un de ces joyaux : que celui qui ne peut pas prendre des ailes pour voler là-haut en attende donc des nouvelles d'un muet.

Lorsqu'en chantant ainsi ces ardents soleils eurent tourné autour de nous trois fois, comme les étoiles des pôles toujours fixes,

Elles me parurent pareilles à ces femmes qui ne sortent pas de la danse, mais qui s'arrêtent en silence, écoutant jusqu'à ce qu'elles aient bien entendu les notes nouvelles.

---

[1] La lune.

Et j'entendis une des lumières parler ainsi : « Puisque le rayon de la grâce dont s'allume le véritable amour, qui lui-même s'accroît toujours en aimant,

» Brille multiplié en toi de telle sorte, qu'il te conduit en haut par cette échelle, que, sans la remonter, personne ne descend,

» Celui qui refuserait à ta soif le vin de sa fiole ne serait pas plus en liberté que l'eau qui ne peut descendre vers la mer.

» Tu veux savoir de quelles plantes fleuries est tressée cette guirlande qui contemple en l'entourant la belle Dame, ton guide et ton soutien dans le voyage du ciel :

» Je fus un des agneaux du saint troupeau que menait Dominique dans le chemin où l'âme se fortifie si elle ne s'égare pas.

» Celui qui est le plus près de ma droite fut mon frère et mon maître : c'est Albert de Cologne; et moi, je suis Thomas d'Aquin.

» Si tu veux savoir qui sont tous les autres, que tes yeux suivent bien mes paroles en faisant le tour de la bienheureuse couronne.

» Cette autre étincelle sort du sourire de Gratien [1], qui par ses écrits fut si utile à l'un et l'autre droit, qu'il fut agréé dans le Paradis.

» L'autre, après lui, ornement de notre chœur, fut ce Pierre [2] qui, comme la veuve, offrit son trésor à la sainte Église.

La cinquième lumière [3], qui parmi nous est la plus belle, brûle d'un tel amour, que là-bas tout le monde a soif d'en savoir des nouvelles.

» En elle est donc le haut esprit, en qui une science si profonde fut infuse, que, si la vérité est la vérité, il ne s'en éleva pas un second qui eût tant appris.

---

[1] Bénédictin de Saint-Félix, à Bologne, auteur de *la Concorde des canons discordants*.
[2] Pierre Lombard, surnommé *le Maître des sentences*.
[3] Salomon.

» Ensuite tu vois la lumière de ce cierge qui, là-bas, a le mieux vu dans la nature des anges et connu leur ministère [1].

» Dans l'autre petite lueur sourit cet avocat des temples chrétiens, dont Augustin a mis à profit la doctrine [2].

» Maintenant, si tu diriges l'œil de ton esprit de lumière en lumière, en suivant mes éloges, tu dois avoir soif de connaître la huitième.

» En elle se réjouit de la vue du souverain bien l'âme sainte qui montre à nu le monde trompeur à celui qui veut bien la consulter [3].

» Le corps d'où elle fut chassée repose à Cieldauro, et elle du martyre et de l'exil, est venue vers cette paix céleste.

» Vois plus loin jeter des flammes l'ardent esprit d'Isidore, de Bède et de Richard [4], qui dans ses contemplations fut plus qu'un homme.

» Celle-ci, dont ton regard se détourne en revenant vers moi, est la lumière d'un esprit à qui, dans ses graves pensées, la mort paraissait trop lente ;

» Elle est l'éternelle clarté de Séguier [5], qui, en professant dans la rue du Fouarre, excita l'envie par des syllogismes tous remplis de vérités. »

Ensuite, comme l'horloge qui nous appelle à l'heure où l'Épouse de Dieu [6] se lève pour chanter à l'Époux matines et mériter son amour,

Et comme alors deux rouages tirent d'un sens et d'un

---

[1] Denys l'Aréopagite, à qui l'on attribue le traité *De cœlesti hierarchiâ*.

[2] Paul Orosius.

[3] Boëce, souvent consulté par Dante, est enseveli dans l'église du Ciel-d'or, à Pavie.

[4] Richard, chanoine régulier de Saint-Victor.

[5] Ou Siger de Courtray, professeur, dans la rue du Fouarre, à Paris. « *Nel vico degli strami,* » dit le poëte. — « L'Université avait autrefois des écoles des deux côtés de cette rue. Elle prit son nom de rue du Fouarre, vieux mot qui signifie de la paille, de la grande quantité qu'en faisaient apporter les écoliers. Ils n'étaien assis dans les classes que sur de la paille. » (SAINTE-FOIX.)

[6] L'Église.

autre, en sonnant tin-tin avec des notes si douces [1], que l'esprit heureusement disposé s'enfle d'amour,

Ainsi je vis la glorieuse sphère se mouvoir et faire se répondre les voix dans une harmonie si pleine de douceur, qu'elle ne peut être connue

Que là où la joie s'éternise.

CHANT XI.

Le grand docteur saint Thomas résout quelques doutes qu'il a découverts dans l'esprit du poëte. — Il raconte ensuite la vie séraphique de saint François d'Assise.

O soins insensés des mortels ! combien sont défectueux les raisonnements qui rabaissent votre vol et vous font battre la terre de vos ailes !

Les uns s'adonnaient au droit, les autres aux aphorismes de la médecine ; ceux-ci suivaient le sacerdoce, et ceux-là régnaient par force et par sophismes ;

Quelques-uns volaient, quelques-uns s'appliquaient aux affaires publiques ; plusieurs s'énervaient dans les plaisirs de la chair, et d'autres se donnaient à l'oisiveté,

Tandis que moi, libre de toutes ces choses, j'étais monté avec Béatrice jusqu'au ciel, où m'était réservé un si glorieux accueil.

Lorsque chacune des âmes fut revenue au point du cercle où elle était auparavant, elle s'arrêta comme sur son chandelier la chandelle [2].

Et j'entendis dans cette lueur [3], qui d'abord m'avait parlé, une voix qui commençait ainsi en souriant et en devenant plus douce et plus pure :

« Comme je m'allume aux rayons de la lumière éternelle,

---

[1] Tin tin sonando con si dolce nota.
[2] Fermo si come a candelier candela.
Comme la cire reste immobile dans le flambeau. (ARTAUD.)
[3] Saint Thomas d'Aquin.

de même, en regardant tes pensées dans sa divine clarté, j'en aperçois les causes.

» Tu as des doutes et tu as aussi le désir que ma bouche emploie des paroles si claires et si ouvertes, que je mette à la portée de ton intelligence

» Ces autres paroles où j'ai dit · *Chemin où l'on se fortifie;* et celles-là : *Il ne s'en éleva pas un second.* Or il est nécessaire ici de bien distinguer.

» La Providence, qui gouverne le monde avec cette science où tout regard humain est vaincu avant d'être arrivé jusqu'au fond,

» Afin d'amener jusqu'à son Bien-Aimé[1] l'épouse de celui qui, en jetant un cri vers les hauts, l'épousa avec son sang béni,

» Afin de la lui amener plus confiante en elle-même et à lui plus fidèle, la Providence établit en sa faveur deux princes pour la guider dans la charité et la sagesse :

» L'un fut tout séraphique par son ardeur[2]; l'autre par sa grande sapience fut sur terre un reflet de la lumière des chérubins[3].

» Je parlerai d'un seul, car c'est parler des deux, si l'on prend l'un ou si l'on prend l'autre; puisque leurs œuvres tendirent vers une seule et même fin.

» Entre le Tupino et l'eau qui descend de la colline choisie pour sa demeure par le bienheureux Ubald, une côte fertile découle de cette haute montagne,

» D'où Pérouse sent venir le froid ou le chaud par la Porte du Soleil[4], tandis que derrière la montagne pleurent sous leur joug pesant Nocera et Gualdo.

» Sur cette côte, là où la pente devient moins roide, naquit au monde un soleil, comparable au nôtre, qui semble parfois sortir du Gange.

» Or, que ceux-là qui veulent parler de ce lieu ne l'appellent pas Assise, car ce nom dirait trop peu de chose;

---

[1] L'Église, épouse du Christ.

[2] Saint François.

[3] Saint Dominique.

[4] Porte de Pérouse qui conduit à Assise.

mais qu'ils l'appellent Orient, s'ils veulent employer le mot propre.

» Ce soleil n'était pas encore très-loin de son lever, qu'il commençait à faire sentir à la terre quelque bon effet de sa grande vertu.

» Car, tout jeune, il se mit en guerre avec son père, par attachement pour cette femme [1] à qui, comme à la mort, nul n'ouvre la porte avec plaisir.

» Et devant sa cour spirituelle, et *coram patre,* il s'unit à elle ; ensuite de jour en jour il l'aima plus fortement.

» Elle, veuve de son premier mari [2], depuis mille et cent ans et plus, obscure et méprisée, était restée jusqu'à celui-ci sans être recherchée par aucun autre.

» De rien ne lui servit d'ouïr que celui qui avait mis tout le monde dans l'épouvante l'avait trouvée sans peur, au son de sa voix, près de son cher Amyclas [3] ;

» De rien ne lui servit d'avoir été si constante et si assurée, que, tandis que Marie resta au pied de la croix, elle y monta avec le Christ.

» Mais, afin de ne pas continuer dans un style trop voilé, François et la Pauvreté sont les deux amants qu'on devra reconnaître désormais dans mes paroles diffuses.

» Leur concorde et leurs visages empreints d'allégresse, leur amour, leur étonnement, leurs doux regards, étaient pour autrui la cause de saintes pensées :

» Tant que le vénérable Bernard se déchaussa le premier pour courir après un tel prix, et tout en courant il lui semblait aller avec lenteur.

» O richesse ignorée ! ô bien véritable ! Égidius se déchausse, Sylvestre se déchausse aussi à la suite de l'Époux, tant l'épouse leur plaît.

» Dès lors ce père et maître s'en va avec sa Dame [4] et avec cette famille qui déjà nouait l'humble cordon.

---

[1] La Pauvreté.
[2] Le Christ.
[3] Le pêcheur qui dans sa barque passa César d'Épire en Italie.
[4] La Pauvreté.

» Et ce n'est point une lâcheté de cœur qui lui fit baisser les yeux, parce qu'il était fils de Bernardone [1], et qu'il paraissait étonnamment méprisable;

» Mais il communiqua royalement à Innocent sa règle austère, et il reçut la première approbation de son ordre.

» Quand se fut accru le pauvre troupeau de ce pasteur, dont la vie admirable se chanterait mieux parmi les gloires du ciel,

» L'Éternel Esprit, se servant d'Honorius, orna d'une seconde couronne la sainte volonté de l'archimandrite;

» Et lorsque, par soif du martyre, il eut prêché en présence du soudan superbe le Christ et ceux qui le suivirent,

» Trouvant ces nations trop rebelles à la conversion, afin de ne pas rester inactif, il revint cueillir les fruits de ses plantes d'Italie.

» Sur un âpre rocher, entre le Tibre et l'Arno, il reçut du Christ les derniers stigmates que ses membres portèrent deux ans.

» Quand il plut à celui qui l'avait élu pour un si grand bien de l'élever à la récompense qu'il méritait pour s'être fait si humble,

» Il recommanda à ses frères, comme à des héritiers légitimes, sa Dame tant aimée, et il leur commanda de l'aimer fidèlement.

» Alors la belle âme voulut se détacher de l'enveloppe mortelle pour retourner dans son royaume, et elle ne voulut pour son corps d'autre bière que celle de la pauvreté.

» Pense maintenant quel fut le digne collègue de François chargé de maintenir la barque de Pierre dans la haute mer, et de la diriger vers son but.

» Or, ce fut notre patriarche [2]. Aussi, tu peux le voir : celui qui va, suivant Dominique, selon qu'il le commande, charge une bonne marchandise.

---

[1] Marchand de laine à Assise. Saint François y naquit en 1182. Il fut surnommé François pour sa connaissance de la langue françoise, dont se servaient les commerçants italiens.

[2] Saint Dominique.

» Mais son troupeau est devenu si avide d'une nourriture nouvelle, qu'il ne peut pas ne se point répandre dans divers pâturages;

» Et plus ses brebis vagabondes s'écartent et vont loin de lui, plus elles retournent au bercail vides de lait.

» Il en est bien qui craignent le danger et se serrent autour du pasteur; mais elles sont si peu, que peu de drap suffit pour les enfroquer.

» A cette heure, si mes paroles ne sont pas obscures, si ton attention est restée soutenue, si ton esprit se rappelle ce que j'ai dit,

» Ton désir doit être en partie satisfait; puisque tu auras vu où la plante peut s'ébrancher, et que tu auras compris la restriction incluse dans mon précédent raisonnement, quand je disais:

» *Où l'on se fortifie, si l'on ne s'égare pas.* »

CHANT XII.

Saint Thomas ayant fini de parler, la couronne des Ames lumineuses se remet à tourner, et bientôt apparaît une seconde couronne, plus grande, composée de Bienheureux. — Parmi eux est saint Bonaventure. — Il raconte au poëte la vie de saint Dominique, et lui nomme les Ames qui habitent le Soleil. — Tout ce chant est consacré à la glorification de la vie religieuse.

Dès que la flamme bienheureuse[1] eut dit ces dernières paroles, la sainte meule commença à tourner,

Et elle n'avait pas tourné une fois sur elle-même, qu'une autre sphère, l'enfermant dans un cercle, unit et accorda mouvement à mouvement, et chant à chant.

Or ces chants surpassaient autant ceux de nos muses et de nos sirènes, dans ces douces mélodies, qu'une lumière directe surpasse une lumière réfléchie.

Comme on voit deux arcs parallèles et de même couleur

---

[1] Saint Thomas d'Aquin.

se courber sur un nuage délicat, quand Junon dépêche sa messagère,

De sorte que celui du dehors naît de celui du dedans (pareil en ceci à la voix de cette nymphe errante que l'amour consuma ainsi que le soleil consume les vapeurs[1]),

Comme on voit, dis-je, se courber ces deux arcs qui sont un présage pour les hommes, à cause de l'alliance que Dieu fit avec Noé, que jamais plus ils n'auront de déluge,

De même les deux guirlandes de ces roses éternelles tournaient autour de nous, et la guirlande extérieure répondait à celle du dedans.

Lorsque la danse et toute cette grande fête de chants et de flammes, échangées entre elles par ces lumières joyeuses et caressantes,

Se furent arrêtées ensemble et unanimement (semblables aux yeux qui s'ouvrent et se ferment ensemble, dociles à la volonté qui les meut),

Du cœur de l'une des nouvelles lumières sortit une voix[2] qui, en me tournant vers le lieu d'où elle venait, me rendit tel que l'aiguille se tournant vers le pôle.

Et elle commença ainsi : « L'amour qui me fait belle m'entraîne à discourir de l'autre chef, à l'occasion duquel on a parlé du mien si favorablement.

» Il est juste que là où est l'un d'eux, l'autre paraisse aussi ; puisqu'ils ont milité pour la même cause, il faut que leur gloire brille en même temps.

» L'armée du Christ, qu'il coûta si cher de réarmer, suivait son enseigne, lente, craintive et peu nombreuse,

» Lorsque l'Empereur qui règne toujours s'alarma des dangers de cette milice ; non qu'elle en fût digne, mais par un effet de sa grâce ;

» Et, comme il a été dit, il envoya au secours de son Épouse deux champions, aux gestes et paroles desquels se rallia le peuple égaré.

---

[1] Écho.
[2] Saint Bonaventure, le docteur séraphique, né en 1221

» Dans cette partie du globe[1] où se lève le doux zéphyr pour ouvrir les feuilles nouvelles dont se revêt l'Europe;

» Non très-loin du battement de ces ondes derrière lesquelles, pendant sa longue fuite, le soleil se cache quelquefois à tous les hommes,

» Est située la fortunée Callaroga[2], sous la protection du grand écu sur lequel le lion soumet et est soumis[3].

» Dans ce lieu naquit l'amant passionné de la foi chrétienne, le saint athlète, doux aux siens, dur aux ennemis;

» Et dès qu'elle fut créée, son âme fut remplie d'une vertu si vive, que, dans le sein de sa mère, il la rendait prophète.

» Après que les épousailles furent accomplies, sur les fonts sacrés, entre lui et la foi, épousailles où ils se dotèrent d'un salut mutuel,

» La Dame qui donna pour lui l'assentiment vit en songe le fruit admirable qui devait sortir de lui et de ses héritiers;

» Et pour qu'il fût visiblement ce qu'il était, un esprit descendit pour lui donner le nom de celui qui le possédait tout entier :

» Dominique il fut appelé[4]; et j'en parle comme de l'agriculteur que le Christ choisit pour l'aider dans son jardin.

» Il parut bien pour l'envoyé et le familier du Christ, car le premier amour qu'il manifesta fut pour le premier conseil que le Christ a donné.

» Plusieurs fois sa nourrice le trouva éveillé et agenouillé à terre, comme s'il eût dit dans son silence : « Je suis venu pour cela. »

» O toi, son père, justement nommé Félix! ô toi, sa

---

[1] En Espagne.
[2] Où naquit saint Dominique, année 1170, aujourd'hui Calahorra.
[3] Les armes de Castille : « In che soggiace il leone e soggioga. » — Voir l'Armorial de Castille.
[4] Dominicus.

mère, justement nommée Jeanne! si l'interprétation de vos noms est celle qu'on leur donne[1].

» Lui, ce ne fut pas pour ce monde, pour lequel on se fatigue à suivre les leçons d'Ostie et de Taddeo, mais pour l'amour de la vraie manne[2],

» Qu'en peu de temps il devint un grand docteur; alors il se mit à cultiver la vigne, qui perd vite. sa verdure si le vigneron ne fait pas son devoir.

» Et étant venus vers ce siége, autrefois plus secourable aux pauvres (faute dont je n'accuse pas le saint-siége, mais celui qui l'occupe et qui forligne[3]),

» Il ne demanda pas des dispenses, afin de ne rendre que deux ou trois pour six; il ne demanda pas le premier bénéfice vacant; *non decimas quæ sunt pauperum Dei;*

» Mais la permission de combattre contre les hérésies du monde, pour la semence d'où sont nées les vingt-quatre plantes qui s'élèvent autour de toi[4].

» Puis, avec sa doctrine et sa volonté tout ensemble, il entra dans son office apostolique comme un torrent qu'une source élevée précipite.

» Et son impétuosité attaqua plus vivement les rejetons de l'hérésie, là où les résistances étaient plus fortes.

» De lui sortirent ensuite divers ruisseaux qui arrosent le jardin catholique, si bien que ses arbrisseaux en sont plus vivants.

» Si telle fut l'une des roues du char sur lequel l'Église se défendit, et vainquit les adversaires sortis de sa propre cité,

» Tu devrais connaître sans peine l'excellence de l'autre roue[5], dont Thomas, avant ma venue, t'a parlé avec tant d'éloges.

» Mais l'ornière que creusa la partie élevée de sa circon-

---

[1] Félix, c'est-à-dire Heureux; Jeanne, en hébreu, favorisée de la Grâce.

[2] Le cardinal Ostiense, c'est-à-dire d'Ostie, qui a fait un livre sur les décrétales; Taddeo, médecin de Florence.

[3] Boniface VIII.

[4] Les vingt-quatre Bienheureux.

[5] Saint François d'Assise.

férence est abandonnée, de sorte qu'où était le bien maintenant est le mal.

» Sa famille, qui posait fidèlement les pieds sur les traces de François, a tellement changé sa marche, qu'elle met la pointe du pied où il mettait les talons.

» Mais on verra vite la moisson née de la mauvaise culture, quand l'ivraie se plaindra qu'on ne la porte pas au grenier.

» Je conviens qu'en cherchant feuille à feuille dans notre volume, on trouverait encore une page où on lirait : « Je suis tel que j'ai été. »

» Mais ce ne serait ni à Casale, ni à Aquasparta, d'où sont venus deux hommes dont l'un relâche trop et l'autre resserre trop la règle.

» Pour moi, je suis la vie de Bonaventure, de Bagnoregio ; dans les grands offices où l'on m'éleva j'ai toujours négligé les soins temporels.

» Illuminato et Augustin sont ici[1] ; ils furent les premiers des pauvres déchaussés qui, portant le cordon, devinrent les amis de Dieu.

» Hugues de Saint-Victor est ici avec eux[2], et Pierre Mangiadore[3], et Pierre l'Espagnol, lequel brille sur terre dans ses douze livres ;

» Le prophète Nathan est ici, et le métropolitain Chrysostôme[4], et ce Donatus[5] qui daigna mettre la main au premier des arts ;

» Puis Raban ; et à mon côté brille Joachim, abbé de Calabre, doué de l'esprit prophétique.

» J'ai dû louer ce grand paladin de l'Église, tant j'étais ému par l'ardente sympathie et le doux parler de frère Thomas,

» Dont s'émeut avec moi toute cette compagnie »

---

[1] Deux religieux de Saint-François.
[2] Prieur de Saint-Victor-lez-Paris, mort en 1142.
[3] Ou Comestor. Historien ecclésiastique, né en Lombardie.
[4] Archevêque de Constantinople.
[5] Un grammairien, maître de saint Jérôme.

CHANT XIII.

Le poëte fait une nouvelle description des brillantes couronnes, de leurs danses et de leurs concerts. — Après quoi il demande à saint Thomas d'Aquin de lui expliquer quelques paroles renfermées au dixième chant.

Qu'il s'imagine celui-là qui veut bien comprendre ce que je vis alors, et, pendant que je parle, qu'il conserve cette image aussi ferme qu'un rocher;

Qu'il se représente, dis-je, quinze étoiles illuminant d'une telle clarté diverses parties du ciel, qu'elles pénètrent l'air le plus dense et le plus épais;

Qu'il s'imagine ce char auquel l'espace de notre ciel est assez étendu pour que de jour et de nuit son timon tourne et ne disparaisse pas;

Qu'il s'imagine la bouche de cette corne, commençant à la pointe de l'axe autour duquel tourne la première sphère;

Qu'il s'imagine que ces étoiles, en se réunissant, ont formé dans le ciel deux signes pareils à celui que forma la fille de Minos, lorsqu'elle sentit le froid de la mort[1];

Puis, que l'un de ces signes a ses rayons confondus dans les rayons de l'autre, et que tous deux tournent de telle manière qu'ils vont en sens contraire:

Alors il aura comme l'ombre de la vraie constellation et de la double danse qui se mouvait autour du point où j'étais placé;

Car ce que je vis l'emporte autant sur ce que nous voyons d'ordinaire, que le mouvement du ciel, qui dépasse en rapidité tous les autres, l'emporte sur le mouvement de la Chiana[2].

Là on chantait, non Bacchus et Péan, mais trois personnes dans une nature divine, et dans une seule personne l'union de la nature divine à la nature humaine.

---

[1] La couronne d'Ariane, mise par Bacchus parmi les constellations. (Ovide.)
[2] Rivière de Toscane.

Le chant et les danses prirent fin, et vers nous se tournèrent les saintes lumières, se félicitant de passer d'un soin à un autre.

Puis rompant le silence au milieu de l'accord de ces dieux, la lumière par qui me fut racontée l'admirable vie du pauvre de Dieu[1]

Me dit : « Puisqu'une partie du blé est battue[2] et que déjà son grain est serré, le doux amour m'invite à en battre l'autre partie.

» Tu crois que dans cette poitrine d'où une côte fut tirée pour former la belle bouche dont le palais coûta si cher au monde[3],

» Et que dans cette poitrine[4] qui, percée d'un coup de lance, satisfit tellement à la justice de Dieu, qu'elle fit pencher la balance du côté de ses mérites, malgré le poids de nos fautes,

» Fut versée autant de lumière qu'il en est accordé à la nature humaine, par cette grande vertu qui les fit l'une et l'autre :

» Ainsi tu t'étonnes de ce que j'ai dit ci-dessus, en racontant que le bienheureux enfermé dans la cinquième sphère n'eut jamais son second.

» Maintenant ouvre les yeux à ce que je te réponds, et tu verras que ta croyance et mon dire seront à la vérité comme est le centre à tous les points du cercle.

» Ce qui ne meurt pas et ce qui peut mourir n'est qu'une splendeur de cette idée qu'enfante, en aimant, Notre-Seigneur.

» Car cette vive lumière[5] qui sort de la Puissance radieuse, mais ne s'en détache pas non plus que l'Amour, dont le rapport forme leur trinité,

» Réunit, par un effet de sa bonté, ses rayons sur neuf

---

[1] Saint Thomas d'Aquin, par qui fut racontée la vie de saint François.
[2] Puisque ton premier doute est éclairci.
[3] Ève.
[4] La poitrine du Christ.
[5] Le Verbe.

sphères, comme dans un miroir, mais en restant éternellement une.

» De là elle descend jusqu'aux dernières puissances, diminuant tellement de force, d'acte en acte, qu'elle ne crée plus que des êtres éphémères.

» Et par ces êtres j'entends les choses engendrées, que le ciel par son mouvement produit avec ou sans germe.

» La matière de ces êtres et la cause qui les produit n'ont pas un seul mode d'agir, et partant sous leur empreinte particulière l'idée divine paraît plus ou moins;

» D'où il advient que le même arbre donne, selon l'espèce, des fruits bons ou mauvais, et que vous naissez avec des inclinations diverses.

» Si la matière était conduite à point, et si le ciel était dans sa vertu suprême, la beauté idéale paraîtrait tout entière;

» Mais la nature donne toujours une empreinte imparfaite, semblable dans ses œuvres à l'artiste qui a bien la pratique de l'art, mais dont la main tremble.

» Donc, si l'ardent amour dispose et fait descendre les vifs rayons de la première vertu, toute perfection sur ce point est atteinte.

» Ainsi fut faite autrefois la terre, vraiment digne de toute perfection animale, ainsi la Vierge conçut sans souillure.

» Partant, j'approuve ton opinion, car jamais l'humaine nature ne fut ni ne sera ce qu'elle fut dans ces deux personnes.

» A présent, si je n'allais pas plus avant, tu commencerais par t'écrier : « Comment donc celui-ci fut-il sans égal [1] ? »

» Mais, pour faire bien apparaître ce qui ne paraît pas, songe quel il était, et quelle cause l'excita à demander, lorsqu'il lui fut dit : « Demande ! »

» Je n'ai point parlé de façon que tu ne puisses voir clai-

---

[1] Salomon.

rement que cet homme fut un roi qui demanda la sagesse, afin d'être un véritable roi.

» Il ne désira point savoir quel est le nombre des natures célestes, ou si le nécessaire avec le contingent produisent le nécessaire ;

» Ou bien *si est dare primum motum esse ;* ou si dans un demi-cercle on peut placer un triangle qui n'ait pas un angle droit :

» Donc, si tu as bien saisi ce que j'ai dit et ceci même, la sagesse royale, telle est la science sans pareille sur laquelle tombait la flèche de mon intention.

» Et si tu diriges une vue nette sur ces mots : *s'éleva,* tu verras qu'il n'a de rapport qu'aux rois ; or les rois sont nombreux, mais les bons sont rares.

» Prends mes paroles avec cette distinction, et tu pourras ainsi garder ta croyance sur le premier père et notre bien-aimé[1] ;

» Et que ceci te mette du plomb aux pieds, afin de te faire mouvoir lentement, comme un homme fatigué, vers le oui et le non que tu ne vois pas.

» Car il est bien bas parmi les sots celui qui, sans distinction, affirme ou nie, soit dans un cas, soit dans l'autre.

» C'est pourquoi il advient souvent que l'opinion courante prend une fausse route, et que la passion lie notre intelligence.

» C'est plus qu'en vain qu'il s'éloigne de la rive, car il n'y revient jamais tel qu'il l'a quittée, celui qui va à la pêche de la vérité et qui ne sait pas son art.

» Et de ceci sont des preuves évidentes pour le monde Parménide, Mélissus, Brissus et plusieurs autres qui allaient et ne savaient où.

» Ainsi firent Sabellius et Arius, et ces insensés qui furent pour les Écritures comme des épées, où, en se mirant, les visages droits semblent tortueux.

---

[1] Le Christ.

» Que les hommes encore ne soient pas trop hardis à juger, comme fait celui qui estime le blé dans le champ, avant qu'il soit mûr.

» Car j'ai vu tout l'hiver le buisson rester âpre et sauvage, puis porter des roses sur sa cime ;

» Et j'ai vu le vaisseau courir droit et agile pendant tout son voyage, et périr en arrivant à l'entrée du port.

» Que Monna Berthe et Ser Martino [1], pour avoir vu, l'un voler, l'autre faire des offrandes, ne croient pas les voir tels qu'on les voit au conseil divin,

» Car celui-là peut se relever, celui-ci peut tomber. »

CHANT XIV.

Le sage roi Salomon révèle a Dante une vérité. — Toujours plus fort, le poëte monte avec Béatrice au cinquième ciel, le ciel de Mars. — Croix resplendissante au milieu de laquelle se tenait Jésus-Christ avec les Ames des Bienheureux qui avaient combattu pour la foi. — Harmonie céleste.

Du centre à la circonférence, et de la circonférence au centre, se porte l'eau dans un vase arrondi, selon qu'elle est poussée du dedans ou du dehors.

Ce que je dis là advint à mon esprit aussitôt que se tut l'âme glorieuse de Thomas,

Par la ressemblance [2] qui naissait de ses paroles et de celles de Béatrice, à laquelle, après Thomas, il plut de commencer ainsi :

« Celui-ci a besoin, bien qu'il ne vous l'indique ni par la voix ni même encore par la pensée, d'arriver à la racine d'une autre vérité.

» Dites-lui si la lumière dont se pare votre substance

---

[1] « Dame Berthe et sire Martin. Ce sont noms qu'il a choisys entre le menu peuple, par lesquels il faut entendre toute personne idiote et simple, etc. » (Grangier.)

[2] A l'égard de Thomas, qui lui parle, Dante semble placé au centre d'un verre d'eau qu'on agiterait ; à l'égard de Béatrice, à la circonférence de ce cercle.

demeurera éternellement avec vous comme elle est à cette heure.

» Et si elle demeure, dites comment il adviendra, après que vous serez redevenus visibles [1], qu'elle ne nuise pas à votre vue. »

Comme parfois, dans un élan de joie plus grande, ceux qui dansent en rond, poussés et entraînés, élèvent la voix et ragaillardissent leurs gestes,

Ainsi, à cette prière pieuse et instante, les cercles saints montrèrent une nouvelle joie dans leurs rondes et leurs hymnes merveilleuses.

Celui qui se lamente de ce qu'on meurt ici-bas pour vivre là-haut n'a pas vu d'ici-bas les divins rafraîchissements de l'éternelle pluie.

Cet un et deux et trois qui vit toujours et règne toujours en trois et deux et un, non circonscrit et qui circonscrit toute chose [2],

Trois fois était chanté par chacun des esprits avec une telle mélodie, que de l'entendre serait pour tout mérite une suffisante récompense.

Et moi j'entendis, dans la lumière la plus divine du moindre cercle, une voix modeste [3], peut-être telle que fut celle de l'Ange à Marie ;

Elle répondait : « Aussi longue que sera la fête du Paradis, aussi longtemps notre amour rayonnera autour de ce vêtement.

» Sa clarté suit l'ardeur de notre amour [4] ; l'ardeur dépend de nos célestes visions, lesquelles seront d'autant plus élevées, que l'âme, au delà de son propre mérite, aura une part à la grâce.

» Quand nous aurons revêtu la chair glorieuse et sainte,

---

[1] Après la résurrection.

[2] La Trinité : « Quell'uno e due e tre che sempre vive. »

[3] Cette voix modeste est, suivant Landino, celle de Pierre Lombard ; suivant d'autres, celle de Salomon.

[4] Plus nous savons, plus nous aimons et plus nous aimons, plus nous sommes revêtus de lumière.

notre personne sera plus reconnaissante, parce qu'elle sera entière.

» De là s'accroîtra ce que de sa lumière gratuite nous donne le souverain bien ; lumière qui nous permet de le voir.

» De là doit s'accroître notre sainte vision, s'accroître l'ardeur qui à la vision s'allume, s'accroître le rayon qui de l'ardeur descend.

» Mais comme le charbon, qui donne la flamme, la dépasse tellement en vive blancheur qu'il apparaît au milieu d'elle,

» Ainsi cet éclat, qui déjà nous entoure, sera vaincu par celui de la chair que la terre recouvre cependant.

» Et une si grande splendeur ne pourra nous fatiguer, car les organes du corps seront assez forts pour tout ce qui pourra faire nos délices. »

L'un et l'autre chœur me parurent si prompts et si unanimes à dire *amen,* qu'ils montrèrent bien leur désir de revêtir leurs corps morts ;

Non pour eux peut-être, mais pour leurs mères, pour leurs pères et pour les autres qui leur furent chers avant qu'ils fussent des flammes éternelles.

Et voilà qu'autour de ces clartés naît et s'ajoute une clarté pareille et telle qu'un horizon lumineux.

Et comme, au premier tomber du soir, on commence à entrevoir dans le ciel des lueurs nouvelles qui semblent être et ne pas être ;

Ainsi il me sembla commencer à voir de nouvelles substances, qui formaient un cercle en dehors des deux autres circonférences.

O véritable reflet du Saint-Esprit ! comme tout à coup il devint si éclatant à mes yeux, que, vaincus, ils ne purent le soutenir !

Mais Béatrice se montra à moi si belle et si riante, que cette vision doit se laisser parmi celles que n'a pu garder ma mémoire.

Cependant mes yeux reprirent la force de se relever, et

je me vis transporté seul avec ma Dame dans le ciel d'un salut plus haut [1].

Bien m'aperçus-je que j'étais plus élevé, au sourire enflammé de l'étoile, qui me parut plus rouge que de coutume.

De tout mon cœur et avec ce parler qui est le même en chacun, je fis à Dieu l'holocauste de remercîments dus à cette grâce nouvelle,

Et dans mon sein n'était pas encore éteinte l'ardeur du sacrifice, que je le sentis reçu et agréable.

Car des splendeurs m'apparurent si éblouissantes et si rouges entre deux rayons, que je dis : O Hélios [2] ! combien tu les ornes!

Comme, toute semée de grandes et de petites lumières, Galaxie [3] étend, entre les pôles du monde, une ligne si blanche, qu'elle remplit de doute les plus savants;

Ainsi ces rayons constellés formaient, dans la profondeur de Mars, le signe vénérable [4] que forme, dans le cercle, la jonction des cadrans.

Ici la mémoire domine le talent; car sur cette croix resplendissait le CHRIST, de sorte que je ne puis trouver une digne comparaison.

Mais celui qui prend sa croix et suit le CHRIST me pardonnera encore mieux ce que je laisse, en voyant un jour sur cet arbre étinceler le CHRIST.

D'un côté à l'autre côté de la croix, et entre la cime et la base, se mouvaient des lumières, scintillant avec force lorsqu'elles se rejoignaient et lorsqu'elles passaient outre.

Ainsi l'on voit sur terre des atomes volant en ligne droite ou courbe, agiles ou lents, changeant sans cesse d'aspect,

Se mouvoir dans le rayon qui souvent traverse l'ombre

---

[1] Il est transporté dans un ciel plus haut, et par conséquent plus près de la vue de Dieu, qui est le vrai salut.
[2] Le soleil.
[3] La Voie lactée.
[4] La croix.

que par son intelligence et son art l'homme s'est ménagée contre la chaleur.

Et comme un luth et une harpe de leurs cordes nombreuses forment un doux accord pour celui-là même qui ne distingue pas chaque note,

Ainsi, des lumières qui là m'apparurent se forma sur la croix une mélodie dont j'étais ravi, sans même comprendre leur hymne.

Je sentis bien qu'elle renfermait de hautes louanges, car ceci m'arrivait : « Ressuscite et sois vainqueur ! » Mais c'était comme à quelqu'un qui ne comprend pas et qui entend.

J'étais tellement enamouré, que jusque-là chose ne fut qui m'eût attaché avec de si doux liens.

Peut-être cette parole paraîtra trop hardie en mettant au-dessous de ce plaisir celui de contempler les beaux yeux où j'apaise mes désirs.

Mais celui qui sait que les empreintes de toute beauté deviennent plus vives plus on s'élève, et que je ne m'étais pas alors retourné vers les yeux de ma Dame,

Celui-là peut m'excuser de ce dont je m'accuse pour m'excuser [1], et peut voir que je dis la vérité ; car le saint plaisir qui naît de ce regard ne s'explique pas,

Puisqu'en s'élevant ce plaisir devient plus pur.

CHANT XV.

Cacciaguida, trisaïeul du poëte, l'accueille avec un grand amour. — Il lui expose la généalogie des Alighieri. — Il lui parle ensuite des anciennes mœurs de Florence. — Enfin il raconte comment, en combattant les Turcs, il mourut pour la foi de Jésus-Christ.

La volonté honnête par laquelle se manifeste toujours

---

[1] E scusar puommi di quel ch'io m'accuso
Per iscusarmi.

l'amour dont les aspirations sont droites, comme la cupidité se manifeste par la volonté inique,

Imposa silence à cette douce lyre, et fit reposer les saintes cordes[1] que la main du ciel monte et descend.

Comment seraient-elles sourdes à de justes prières, ces substances qui, pour me donner le désir de leur faire quelque prière, furent d'accord pour se taire ?

C'est raison qu'il se lamente sans fin, celui qui, par amour des choses qui ne durent pas éternellement, dépouille un tel amour.

Tel, par un ciel tranquille et pur, court deçà et delà un feu subit qui attire nos yeux jusqu'alors indifférents,

Et semble une étoile qui change de place, sinon que, du côté où elle s'allume et dure peu, nulle clarté ne s'éteint;

Tel, de l'extrémité droite jusqu'au pied de la croix, courut un astre[2] de la constellation qui resplendit dans ce ciel.

Et le diamant ne se détacha point de son fil, mais il parcourut la ligne radieuse, et sembla un feu derrière de l'albâtre.

Non moins pieuse apparut l'ombre d'Anchise (s'il faut en croire la plus grande de nos muses), lorsque dans l'Élysée il aperçut son fils.

> O sanguis meus, o super infusa
> Gratia Dei, sicut tibi, cui
> Bis unquam cœli janua reclusa ?

Ainsi la lumière : c'est pourquoi je fus pour lui tout attentif; ensuite je tournai mes regards vers ma Dame, et de part et d'autre je restai tout stupéfait.

Car dans ses yeux brillait un sourire tel, que je pensai voir des miens le fond de ma grâce et de mon Paradis[3].

Après quoi, l'esprit, si doux à entendre et à voir, ajouta à ses premières paroles des choses que je ne compris pas, tant il parla avec profondeur.

---

[1] Les âmes des bienheureux.
[2] C'est l'âme de Cacciaguida, le trisaïeul du poëte
[3] Je pensai être arrivé à ma félicité complète.

Et ce n'était point par choix qu'il me les cachait ainsi, mais par nécessité, parce que ses conceptions dépassaient l'entendement des mortels.

Cependant, quand l'arc de son ardente affection fut assez détendu pour que ses paroles descendissent jusqu'au but permis à notre intelligence.

La première chose que j'entendis fut : « Béni sois-tu, triple et un, toi qui es si propice à mon sang ! »

Et il poursuivit : « Le cher et long désir, puisé par moi en lisant ce grand volume où le blanc et le noir ne se changent jamais,

» A été apaisé par toi, ô mon fils ! au milieu de cette lumière où je te parle : j'en remercie celle-là qui t'a fourni d'ailes pour voler vers ces hauts lieux [1].

» Tu crois que ta pensée parvient jusqu'à moi de celui qui est le premier, comme de l'unité, si on la connaît, proviennent le cinq et le six;

» Et, pour cela, tu ne me demandes ni qui je suis, ni pourquoi je parais devant toi plus joyeux que tout autre dans cette troupe joyeuse.

» Tu crois ce qui est ; car, dans cette vie, les petits et les grands regardent le miroir où, même avant que tu penses, tes pensées se répandent.

» Mais, pour que l'amour sacré dans lequel je veille d'une vue toujours attentive, et qui m'altère d'un désir bien doux, ait tout son contentement,

» Toi, d'une voix assurée, libre et joyeuse, proclame ta volonté, proclame ton désir : déjà ma réponse est prête. »

Je me tournai vers Béatrice. Elle, qui m'avait entendu avant que j'eusse parlé, me sourit d'une manière qui fit croître les ailes de mon désir.

Alors je commençai ainsi : « L'amour et le savoir, dès que

---

[1] Venisti tandem, tuaque expectata parenti
Vicit iter durum pietas? datur ora tueri,
Nate, tua...
(*Æneid.*, lib. **VI.**)

l'égalité première vous apparut, ont pesé le même poids dans chacun de vous ;

» Car, dans ce soleil[1] qui vous éclaire de sa lumière et vous embrase de sa chaleur, ces deux vertus sont si égales, que toutes les autres similitudes seraient insuffisantes ;

» Mais la volonté et la puissance chez les mortels, par une raison qui vous est manifeste, sont inégalement pourvues d'ailes !

» Aussi moi, qui suis mortel, je me sens atteint de cette inégalité, et c'est du cœur seul que je vous rends grâce de votre réception paternelle.

» Je te supplie, vivante topaze qui enrichis ce précieux joyau[2], de m'instruire de ton nom.

— O mon rejeton, en qui je me complus tandis que je t'attendais, je fus ta racine ! » Ainsi fit-il d'abord en me répondant.

Ensuite il me dit : « Celui duquel ta lignée prend son nom, et qui depuis cent ans et plus est occupé à tourner la première côte de la montagne,

» Fut mon fils et fut ton bisaïeul ; il faut bien que par tes œuvres tu abréges sa longue fatigue.

» Florence, dans l'antique enceinte d'où elle entend sonner encore tierce et none, vivait en paix, sobre et pudique.

» Elle n'avait point de carcans, point de couronne, point de femmes parées, point de ceinture plus belle à voir que la personne qui la porte ;

» En naissant, la fille ne faisait pas encore peur à son père, car l'heure de la marier et la dot n'avaient pas toutes deux dépassé toute mesure.

» Il n'y avait pas de maisons vides d'enfants ; Sardanapale n'y était pas encore venu pour montrer ce qu'on peut faire dans une chambre.

---

[1] Dieu.
[2] Cette croix de feu.

» Montemalo [1] n'était pas encore vaincu par votre Uccellatojo, qui, comme il a été surpassé dans son élévation, le sera dans son déclin.

» J'ai vu Bellincion Berti [2] marchant avec une ceinture de cuir et d'os, et sa femme s'en revenir de son miroir sans e visage fardé.

» J'ai vu ceux de Nerli et ceux du Vecchio se contenter d'une simple peau, et leurs femmes toutes à leur fuseau et à la quenouille.

» O femmes heureuses ! chacune d'elles connaissait sa sépulture à venir, et nulle d'elles, pour la France, n'était seule dans son lit.

» L'une veillait au sein du berceau, et, pour consoler le nourrisson, employait ce parler qui fait la première joie des pères et des mères.

» L'autre, en tirant la chevelure de sa quenouille, devisait avec sa famille des Troyens, et de Fiésole, et de Rome.

» On eût tenu alors pour merveille une Cianghella et un Lapo Salterello, comme on s'étonnerait aujourd'hui d'un Cincinnatus et d'une Cornélie.

» Dans ce calme et cette belle vie de citoyens, dans cette civilisation si loyale, dans un si doux abri,

» La Vierge Marie, invoquée à grands cris, me fit naître ; et, dans votre antique baptistère, je fus à la fois nommé chrétien et Cacciaguida.

» Moronto et Eliseo furent mes frères ; ma femme me vint de la vallée du Pô, et de là fut tiré ton second nom.

» Après je suivis l'empereur Conrad [3] ; et il me décora de l'ordre de sa milice, tant par mes belles actions j'étais venu dans sa faveur.

» A sa suite je marchai contre la loi perverse de ce

---

[1] Montemalo pour Monte-Mario, montagne près de Rome ; Uccellatojo est une montagne près de Florence. Il veut dire qu'alors Rome n'était pas vaincue en beauté par Florence ; mais que cet éclat va bientôt cesser.

[2] Père de la belle Gualdrada.

[3] Conrad III, mort en 1152.

peuple [1] qui, par la faute de votre pasteur, usurpe votre domaine.

» Là, par cette vilaine race, je fus libéré du monde trompeur dont l'amour avilit tant d'âmes,

» Et du martyre j'arrivai à cette paix. »

CHANT XVI.

<small>Cacciaguida dit quel fut le lieu et le temps de sa naissance. — Il dit quelle était alors la population de Florence, et quelles étaient les plus honorables familles de cette ville ; enfin quels désordres ont été amenés par les mœurs nouvelles.</small>

O chétive noblesse du sang, si tu fais les hommes s'enorgueillir de toi sur cette terre où notre esprit est si débile,

Tu ne seras plus pour moi un sujet d'étonnement, puisque là où les appétits ne dévient pas (je dis au ciel), là je m'en glorifiai !

Tu es, certes, un manteau qui raccourcit vite, car, si de jour en jour on n'y ajoute un morceau, le temps rôde à l'entour avec ses ciseaux.

Par ce mot *vous*, auquel Rome se soumit la première, et dans l'emploi duquel ses descendants ont moins persévéré, recommencèrent mes paroles.

C'est pourquoi Béatrice, qui était un peu à l'écart, se prit à sourire, pareille à celle qui toussa à la première faute de cette Ginèvre dont parle la chronique [2].

Je commençai : « Vous êtes mon père, vous me donnez toute hardiesse à parler ; vous m'élevez si haut, que je suis plus que moi-même.

» Mon âme s'emplit d'allégresse par tant de ruisseaux, qu'elle-même devient une fontaine de joie ; de sorte qu'elle la peut recevoir sans se rompre.

» Dites-moi donc, ô ma source aimée ! quels furent vos

---

[1] Les Sarrasins qui alors ravagèrent l'Italie.
[2] La suivante de Ginèvre. Se rappeler l'épisode de Françoise de Rimini.

ancêtres, et quelles furent les années qui firent époque dans votre enfance.

» Parlez-moi du bercail de saint Jean [1], dites quel il était alors, et quels étaient les hommes dignes des plus hauts rangs. »

Comme au souffle des vents le charbon s'avive dans la flamme, ainsi je vis cette lueur resplendir à mes caresses.

Et comme à mes yeux elle se fit plus belle, aussi avec une voix plus douce et plus suave, mais non dans notre langage moderne,

Elle me dit : « Depuis le jour où il fut dit *Ave* [2] jusqu'à l'enfantement où ma mère, qui à cette heure est une sainte, se délivra de moi, son fardeau,

» Cette planète [3] revint cinq cent cinquante-trois fois se renflammer sous les pieds de son lion.

» Mes ancêtres et moi nous naquîmes dans le lieu où se rencontre le dernier quartier de la ville [4] pour celui qui court dans vos jeux annuels.

» Contente-toi d'entendre cela sur mes aïeux : ce qu'ils furent et d'où ils vinrent, il est plus convenable de s'en taire que d'en parler.

» Tous ceux qui étaient alors en état de porter les armes, depuis la statue de Mars [5] jusqu'au Baptistère, formaient le cinquième de ceux qui sont aujourd'hui vivants ;

» Mais la population, qui est à présent mélangée de gens de Campi, de Certaldo et de Figghine, était pure jusque dans le dernier artisan.

» Oh ! qu'il serait mieux d'être les voisins de ceux que je nomme, et d'avoir votre frontière à Galluzzo et à Trespiano,

» Que d'avoir de telles gens dans vos murs, et d'endurer la puanteur du villageois d'Aguglione et de celui de Signa, qui a déjà l'œil aiguisé pour trafiquer !

---

[1] De Florence, qui a saint Jean pour patron.
[2] Depuis la Salutation angélique, jusqu'à l'an 1090 ou 1091.
[3] La planète de Mars.
[4] Le quartier de San Piero.
[5] La statue de Mars était sur le *Ponte Vecchio*.

» Si la nation qui dégénère le plus au monde n'avait pas été une marâtre pour César, mais presque une mère aimante pour son fils :

» Tel est devenu Florentin, et changeur et marchand, qui s'en serait retourné à Simifonti, là où son père allait quêter son pain ;

» Les Conti seraient encore à Montemurlo, les Cerchi seraient dans la Pièvre d'Acone, et peut-être les Buondelmonti à Valdigrieve [1].

» Toujours la confusion des personnes fut le commencement des malheurs d'une cité, comme dans le corps trop d'aliments entassés.

» Le taureau aveugle tombe avant l'agneau aveugle, et maintes fois une seule épée taille plus et mieux que cinq épées.

» Si tu regardes Luni et Urbisaglia, et comment elles s'en sont allées, et comment s'en vont après elles Chiusi et Sinigaglia,

» D'entendre comment les familles se défont ne te paraîtra chose nouvelle ni forte, puisque les cités mêmes ont un terme.

» Toutes vos choses ont leur mort comme vous ; mais elle se dissimule dans quelques-unes, qui semblent durer beaucoup, parce que votre vie est courte.

» Et comme le cours du ciel de la lune couvre et découvre sans trêve les rivages de la mer, ainsi la fortune fait de Florence.

» Aussi ne doit-on pas regarder comme chose étonnante ce que je dirai de ces premiers Florentins dont la renommée est cachée dans la nuit des temps.

» J'ai vu les Ughi, j'ai vu les Catellini, les Filippi, les Greci, les Ormanni et les Alberichi déjà sur leur déclin, illustres citoyens ;

» J'ai vu aussi grands qu'ils étaient antiques, avec ceux de la Sannella, ceux de l'Arca, et les Soldanieri, et les Ardinghi, et les Bostichi.

[1] On épargne au lecteur l'explication de toutes ces généalogies florentines.

» Près de la porte, chargée présentement d'une nouvelle félonie d'un si grand poids, que bientôt il fera chavirer votre barque,

» Étaient les Ravignani, desquels sont descendus et le comte Guido et tous ceux qui ont pris ensuite le nom du grand Bellincione.

» Della Pressa savait déjà comme on doit gouverner, et déjà Galigaio avait dorés dans sa maison la garde et le pommeau de son épée.

» Grande était déjà la colonne du Vair [1], et illustres étaient les Sachetti, les Guiochi, les Sifanti, les Barucci et les Galli, et ceux qui rougissent au souvenir du boisseau [2].

» Le cep d'où naquirent les Calfucci était déjà grand, et déjà avaient été promus aux chaises curules les Sizii et les Arrigucci.

» Oh! combien forts j'ai vu ceux qui se sont détruits par leur orgueil! Les boules d'or fleurissaient Florence dans tous ses hauts faits [3].

» Ainsi faisaient les pères de ceux qui, chaque fois que votre évêché vaque, s'engraissent en tenant le consistoire.

» Cette famille outrecuidante [4], furieuse comme un dragon à celui qui fuit, mais, à qui lui montre les dents ou la bourse, paisible comme un agneau,

» Déjà surgissait, mais de si petites gens, qu'il ne plut pas à Ubertin Donato que son beau-père l'eût fait leur parent.

» Déjà le Caponsacco était descendu de Fiésole dans le marché, et déjà c'étaient de bons citoyens que Giuda et Infangato.

» Je te dirai une chose incroyable et vraie : dans le petit cercle que formait la ville, on entrait par la petite porte qui devait son nom à la maison de la Péra.

» Chacun de ceux qui portent les beaux insignes du

---

[1] Armoirie des Billi.
[2] Les Chiaramonti ou les Tosinghi, qui avaient altéré la mesure du grain.
   E le palle dell'oro
   Fioran Fiorenza in tutti suoi gran fatti.
[4] Les Adimari.

grand baron[1] dont le nom et la gloire se ravivent à la fête de Thomas,

» En reçut ses ordres de chevalerie et ses priviléges, bien qu'il se soit rangé dans le parti du peuple, celui-là qui entoure ses armoiries d'une bordure d'or.

» Déjà existaient les Gualterotti et les Importuni, et le Borgo serait encore plus calme, s'ils n'y avaient pas rencontré de nouveaux voisins.

» La maison d'où naquirent vos douleurs, par le juste courroux qui vous a détruits et ensuite a mis fin à votre vie heureuse,

» Cette maison était honorée avec tous les siens. O Buondelmonte ! que tu fis mal, cédant aux instigations d'autrui, de fuir son alliance[2] !

» Beaucoup sont tristes qui seraient joyeux, si Dieu avait fait don de ton corps à l'Éma, la première fois que tu vins dans la cité.

» Mais il fallait que, sur cette pierre rompue qui garde le pont, Florence sacrifiât une victime, puisque c'en était fait de la paix.

» Avec ces familles et bien d'autres, j'ai vu Florence dans un repos si grand, qu'elle n'avait aucun sujet de pleurer.

» Avec ces familles j'ai vu son peuple si glorieux et si juste, que jamais le lis du bout de la lance n'était porté renversé,

» Ni, par les divisions, n'était devenu vermeil. »

---

[1] Hugues marquis de Toscane.
[2] Et d'épouser une Donati, d'où les premières querelles des Guelfes et des Gibelins.

CHANT XVII.

Cacciaguida rappelle à Dante les malheurs qui lui furent prédits dans l'Enfer et dans le Purgatoire. — A son tour, il prédit au poëte son exil de Florence, et le refuge qu'il doit trouver chez les seigneurs della Scala. — Enfin il l'exhorte à écrire tout ce qu'il avait vu dans son voyage.

Tel celui qui vint vers Climène pour s'assurer de ce qu'il avait entendu contre lui, et dont l'imprudence rend encore les pères moins faciles pour leurs enfants [1],

Tel j'étais et tel je paraissais à Béatrice et à la sainte lumière [2], qui auparavant avait pour moi changé de place.

C'est pourquoi ma Dame : « Jette au dehors l'ardeur de ton désir, me dit-elle, afin qu'elle sorte bien empreinte du cachet intérieur.

» Non pas que notre connaissance de toi-même s'accroisse par tes paroles, mais pour que tu oses dire ta soif, et qu'un autre te donne à boire.

— « O ma chère tige, qui t'élèves si haut, que, comme les esprits terrestres voient que deux angles obtus ne peuvent être contenus dans un triangle,

» Ainsi tu vois les choses contingentes avant qu'elles soient en elles-mêmes, en considérant le point auquel tous les temps sont présents;

» Pendant que, sous la conduite de Virgile, j'étais sur la montagne où se guérissent les âmes, et tout en descendant dans le monde des morts,

» De graves paroles me furent dites touchant ma vie future, bien que je me sente tel qu'un tétragone contre les coups de l'avenir.

» C'est pourquoi ma volonté serait contente d'apprendre quelle fortune s'apprête pour moi, car la flèche prévue vient plus lente. »

---

[1] Phaëton pria Climène de lui apprendre s'il était vraiment fils d'Apollon. — Instruits par l'imprudence de Phaëton, qui conduisit si mal le char de son père, les parents sont moins faciles pour les désirs de leurs enfants.

[2] Cacciaguida.

Ainsi dis-je à cette lumière qui d'abord m'avait parlé, et, comme le voulut Béatrice, mon désir lui fut révélé.

Et ce ne fut point avec ces ambiguïtés dans lesquelles s'engluaient jadis les nations folles[1], avant que fût immolé l'Agneau de Dieu qui rachète les péchés,

Mais dans des paroles claires et un latin précis que me répondit cet amour paternel enfermé dans sa lumière, mais se manifestant par son sourire.

« Les choses contingentes qui ne s'étendent pas au dehors des bornes de votre matière sont toutes figurées sous le regard éternel;

» Toutefois la nécessité n'en résulte pas plus que du regard de celui qui voit un navire descendre un courant.

» Et de là, comme vient aux oreilles la douce harmonie de l'orgue, ainsi vient à ma vue le temps qui pour toi s'apprête.

» Tel Hippolyte partit d'Athènes par la cruauté et la perfidie de sa belle-mère, tel tu dois partir de Florence.

» Cela, on le veut; et cela, déjà on le demande; et cela sera bientôt fait par ceux qui s'en occupent là où tous les jours on trafique du Christ.

» Le crime sera le lot du parti vaincu, comme on a coutume; mais la vengeance divine arrivera en témoignage à la vérité, cette dispensatrice de la vengeance.

» Tu quitteras toutes les choses les plus chèrement aimées; et ceci est le premier trait que lance l'arc de l'exil.

» Tu éprouveras combien le pain d'autrui a de sel, et comme le chemin est dur, lorsqu'il faut monter et descendre par l'escalier d'autrui.

» Et ce qui chargera le plus tes épaules, ce sera la compagnie méchante et stupide parmi laquelle tu tomberas dans cette vallée;

» Car tout ingrate, toute folle et impie, elle se mettra contre toi; mais, peu après, elle (non toi) en aura le front rouge.

---

[1] Les oracles des Sibylles.

» De sa bestialité sa conduite donnera la preuve, de sorte qu'il deviendra beau pour toi d'avoir fait ton seul parti de toi-même.

» Ton premier refuge et ton premier gîte sera la courtoisie du grand Lombard qui sur son échelle porte le saint oiseau[1].

» Il aura sur toi un si bienveillant regard, qu'entre vous deux, du bienfait et de la demande, le premier à venir sera ce qui parmi les autres est le dernier.

» Près de lui tu verras celui qui, en naissant, reçut de cette étoile une influence si forte, que ses actions en deviendront notables[2].

» Les peuples ne s'en sont pas encore aperçus, à cause de son jeune âge, car depuis neuf années seulement ces sphères ont autour de lui tourné.

» Mais, avant que le Gascon[3] trompe le grand Henri[4], paraîtront les étincelles de sa vertu dans son mépris pour l'argent ou les fatigues.

» Ses magnificences seront aussi tellement connues, que ses ennemis ne pourront, à ce sujet, tenir leur langue muette.

» Compte sur lui et sur ses bienfaits; par lui beaucoup de gens seront transformés, les riches et les pauvres changeront de condition.

» Et tu emporteras, écrites dans ta mémoire, toutes ces prédictions sur lui, mais tu ne les diras pas. » Et il me dit encore des choses incroyables à ceux mêmes qui les verront.

Puis il ajouta : « Fils, voilà les causes de ce qui te fut dit; voilà les piéges qui, derrière bien peu d'années, te sont cachés.

» Je ne veux pas cependant que tu envies tes voisins,

---

[1] Les commentateurs ne sont point d'accord sur ce grand Lombard.
[2] Can le Grand, né sous l'étoile de Mars.
[3] Le pape Clément V.
[4] L'empereur Henri VII, mort en 1313.

puisque ta vie s'allongera au delà du châtiment de leur perfidie. »

Après que l'âme sainte eut montré, en se taisant, qu'elle avait fini de mettre la trame à la toile que je lui présentais ourdie,

Je commençai comme celui qui désire, ayant des doutes, le conseil d'une personne capable de voir et de vouloir avec droiture et affection.

« Je vois bien, mon père, que le temps éperonne son coursier vers moi, afin de me porter un de ces coups d'autant plus graves qu'on y cède davantage :

» Donc il est bon que je m'arme de prévoyance, afin que, si le lieu qui m'est le plus cher m'est enlevé, je ne perde pas tous les autres par mes vers.

» Là-bas, dans le monde éternellement amer, et sur le beau sommet de la montagne d'où les yeux de ma Dame m'ont enlevé;

» Puis, transporté dans le ciel de lumière en lumière, j'ai appris de telles choses, que, si je les redis, elles seront pour beaucoup d'une saveur trop âcre peut-être;

» Et si je suis un timide ami de la vérité, je crains de ne pas étendre ma vie parmi ceux qui nommeront ce temps présent le temps antique. »

La lumière, dans laquelle souriait le trésor que je trouvai en cette sphère, se fit d'abord aussi brillante qu'un miroir d'or sous un rayon de soleil;

Ensuite elle répondit : « Une conscience obscurcie par sa propre honte ou par la honte d'autrui trouvera certes ta parole violente.

» Néanmoins éloigne tout mensonge, manifeste ta vision tout entière, et laisse les malades se gratter là où ils ont la rogne.

» Car si ta parole est déplaisante au premier goût, elle laissera une nourriture vivifiante quand elle sera digérée.

» Ton cri fera comme le vent, qui frappe plus les plus hautes cimes; et ceci ne sera pas une petite preuve d'honneur.

» Aussi on ne t'a montré dans ces sphères, sur le mont et dans la vallée douloureuse, que les âmes notées par la renommée.

» Car l'esprit de celui qui écoute n'arrête ni son attention ni sa foi sur des exemples tirés d'une tige inconnue et obscure,

» Ni sur des actions à peine visibles. »

CHANT XVIII.

Caccraguida désigne au poëte plusieurs des Esprits qui composaient la Croix de Mars. — Ensuite Dante, toujours guidé par Béatrice, monte dans la planète de Jupiter, ou le sixième ciel. — Il voit les Ames des Saints former un grand Aigle : ce sont ceux qui sur terre ont bien administré la justice. — Satire de l'avarice et des simonies de son temps.

Déjà cet esprit bienheureux jouissait en lui-même de ses paroles, et moi je savourais aussi mes réflexions, tempérant le doux par l'amer.

Et cette femme qui me menait à Dieu dit : « Change ta pensée ; pense que je suis près de celui qui allége de tous les torts. »

Je me tournai vers la voix amoureuse de celle qui me réconforte ; et ce que je vis alors d'amour dans ses yeux saints, j'abandonne de le peindre ici,

Non-seulement parce que je me défie de mes paroles, mais à cause de la faiblesse de l'esprit, qui ne peut redire ce qui est si au-dessus de lui, si d'autres ne lui servent de guide.

Je puis seulement redire ce point, qu'en la contemplant mon amour resta libre de tout autre désir ;

Tandis que le plaisir éternel qui rayonnait directement sur Béatrice, et de son beau visage, me rendait heureux par son aspect inspiré,

Elle, me pénétrant par la lumière d'un sourire, me dit : « Tourne-toi et écoute : car ce n'est pas seulement dans mes yeux qu'est le Paradis. »

Comme parfois la passion se voit dans la physionomie, si elle est si forte que l'âme tout entière lui est soumise,

Ainsi dans les étincelles de la sainte lueur, vers laquelle je me tournai, je reconnus la volonté de discourir encore quelque peu.

Et elle commença : « Sur cette cinquième branche de l'arbre qui se vivifie par la cime, donne toujours des fruits et ne perd jamais ses feuilles[1],

» Sont des esprits heureux qui là-bas, avant de venir au ciel, furent d'un si grand renom, que toute muse s'enrichirait de leurs actions.

» Donc regarde aux bras de la croix : ceux que je te nommerai à cette heure feront ce que dans la nue fait son feu rapide. »

Je vis sur la croix passer une lumière du nom de Josué, dès qu'il l'eut nommé ; et le nom ne me fut pas connu plus promptement que son passage.

Et au nom du grand Machabée, je vis se mouvoir une autre lumière tournoyante ; et la joie était le fouet de cette toupie céleste.

Ainsi, pour Charlemagne et pour Roland, mon regard attentif suivait deux lueurs, comme l'œil du chasseur suit le faucon dans son vol.

Puis devant mes yeux passèrent sur cette croix Guillaume et Richard, et le duc Godefroi[2], et Robert Guiscard.

Alors se mouvant aussi et s'étant mêlé aux autres lumières, celui qui m'avait parlé me montra quel artiste il était parmi les chanteurs du ciel.

Je me tournai du côté gauche pour voir sur Béatrice mon devoir, ou par une parole d'elle, ou par un signe ;

Et je vis ses yeux si purs, si joyeux, que sa figure surpassait les autres, et même son dernier aspect.

Et, comme au sentiment d'un plus grand plaisir, l'homme qui fait le bien s'aperçoit de jour en jour qu'il avance dans la vertu,

---

[1] C'est-à-dire la planète de Mars, cinquième division du Paradis.

[2] Godefroi, duc de Lorraine, lequel conquit Jérusalem. — Guiscard, duc de Normandie, conquérant de la Sicile.

Ainsi je m'aperçus que mon ascension circulaire dans le ciel décrivait avec lui un plus grand arc, en voyant Béatrice, ce miracle de beauté, toujours plus éblouissante ;

Et comme la rougeur sur la joue d'une femme blanche disparaît vite quand elle a jeté le fardeau de sa honte,

Aussi vite, et dès que je me tournai, mes yeux reconnurent, à la blancheur tempérée de la sixième planète[1], qu'elle m'avait reçu en elle.

Je vis, dans ce flambeau de Jupiter, le rayonnement de l'amour qui l'habitait représenter à mes yeux notre alphabet.

Et comme les oiseaux se levant sur une rivière, et déjà se réjouissant de leur pâture, forment d'eux-mêmes une ligne tantôt courbe, tantôt longue,

Ainsi dans ces lumières les saintes créatures chantaient en volant, et formaient tantôt un D, tantôt un I, tantôt un L.

D'abord en chantant elles se mouvaient en cadence ; puis, figurant l'un de ces caractères, elles s'arrêtaient un peu et se taisaient.

O Muse que porte Pégase, qui rends célèbres les esprits et les rends éternels, immortalisant avec toi les cités et les royaumes,

Illumine-moi de toi-même, afin que je révèle leurs figures comme je les ai connues, et que ta puissance paraisse dans ce peu de vers.

Les lumières formèrent donc cinq fois sept voyelles et consonnes ; et je remarquai ces figures selon qu'elles m'apparurent.

DILIGITE JUSTITIAM fut le premier verbe et le premier nom de toute la composition ; QUI JUDICATIS TERRAM furent les derniers.

Puis dans l'M du cinquième mot elles restèrent disposées de manière que Jupiter paraissait d'argent mêlé d'or.

Et je vis d'autres lueurs descendre là où était le sommet

---

[1] La planète de Jupiter.

de l'M, et là s'arrêter en chantant, je crois, le bien qui vers lui les attire.

Puis, comme du choc des tisons ardents surgissent d'innombrables étincelles d'où les sots tirent des augures,

Plus de mille lueurs parurent s'élever et monter, les unes très-haut et les autres moins haut, selon que le soleil, qui les allume, les avait distribuées.

Et chacune s'étant arrêtée en son lieu, je vis que la tête et le cou d'un aigle étaient représentés distinctement par ces lumières.

Celui qui peint ceci n'a personne qui le guide; mais lui-même il se guide, et de lui provient cette vertu qui répand la forme dans tous les nids.

Les autres bienheureux, qui d'abord paraissaient contents de représenter sur l'M une couronne de lis, par un petit mouvement achevèrent la figure de l'aigle.

O douce étoile! combien de superbes joyaux me montrèrent que votre justice est l'effet du ciel dont tu es un diamant!

C'est pourquoi je prie l'intelligence, principe de ton mouvement et de ta force, de remarquer d'où sort la fumée qui obscurcit tes rayons,

Afin qu'il s'irrite derechef contre les acheteurs et les vendeurs du temple, qui fut cimenté par des miracles et le sang des martyrs.

O milice du ciel que je contemple, adore Dieu pour ceux qui sont sur terre, tous déviés par l'effet du mauvais exemple!

Déjà on avait coutume de faire la guerre avec l'épée, mais à présent elle se fait en ôtant ici et là le pain que le père compatissant ne refuse à aucun.

Mais toi, qui écris seulement pour effacer [1], pense que Pierre et Paul qui moururent pour la vigne que tu gâtes sont encore vivants.

---

[1] Boniface VIII, qu'il accuse de lancer des interdictions pour se les faire racheter.

Tu peux bien dire : J'ai si bien appuyé tous mes désirs sur celui qui voulut vivre solitaire [1], et qui, pour des danses, fut traîné au martyre,

Que je ne connais ni le Pêcheur ni Paul.

CHANT XIX.

Dante interroge les Ames qui forment l'Aigle céleste, et leur demande si l'on peut être sauvé sans avoir connu et pratiqué la foi chrétienne. — Satire des injustices et des crimes de plusieurs princes chrétiens.

Devant moi s'offrait, les ailes ouvertes, la belle image qui, dans leur douce extase, rendait heureuses les âmes assemblées.

Chacune d'elles paraissait un petit rubis dans lequel un rayon du soleil eût brillé si brillant, qu'il se fût reflété dans mes yeux.

Et ce que je dois retracer ici, jamais voix ne le chanta, ni encore ne l'écrivit, ni jamais imagination ne le conçut.

Car je vis, et même j'entendis le bec parler et dire avec sa voix : *moi* et *mien*, lorsque dans sa pensée il avait : *nous* et *nôtre*.

Et il commença : « Pour avoir été juste et pieux, je suis ici exalté jusqu'à cette gloire qui ne peut être vaincue par le désir.

» Et sur terre j'ai laissé une mémoire ainsi faite que les gens pervers la recommandent, mais ne suivent pas son exemple. »

Comme une seule chaleur sort de plusieurs charbons, ainsi de cette image, formée de plusieurs amours, sortait une seule voix.

Alors je répondis : « O fleurs perpétuelles de l'éternelle joie, qui, comme un seul parfum, me faites sentir toutes vos odeurs,

---

[1] C'est-à-dire sur les florins à l'effigie de saint Jean-Baptiste.

» Apaisez, en vous exhalant, le grand jeûne qui depuis longtemps m'a tenu dans la faim, moi qui ne trouvais sur terre aucune nourriture.

» Bien sais-je que si la divine justice est un miroir pour une autre sphère, votre sphère à vous ne la voit pas à travers un voile;

» Vous savez combien je suis attentif à l'écouter; vous savez quel est le doute qui est pour moi un jeûne si ancien. »

Comme un faucon, délivré de son chaperon, remue la tête et s'applaudit des ailes en montrant ses désirs et en faisant le beau,

Ainsi je vis faire à l'aigle, qui était construit des Louanges de la grâce divine; et les chants de ces Louanges, ceux-là les comprennent seuls qui en jouissent là-haut.

Ensuite il commença : « Celui qui tourna son compas à l'extrémité du monde, et qui enferma dans l'ouverture tant de choses occultes et manifestes,

» Ne put pas laisser sur tout l'univers une si forte empreinte de sa puissance, que son Verbe ne restât pas bien au delà;

» Et ceci nous prouve que le premier orgueilleux, qui était la plus élevée de toutes les créatures, tomba avant la maturité que donne la grâce, pour n'avoir pas attendu la lumière.

» Il suit de là que toute créature au-dessous est un réceptacle étroit pour contenir ce bien qui est sans fin et qui se mesure sur lui-même :

» Donc notre vue (qui n'est qu'un des rayons de l'esprit dont toutes les choses sont pleines)

» Ne peut de sa nature être tellement puissante, qu'elle ne voie pas son principe bien en deçà de ce qu'il est en effet.

» La vue donnée à votre monde pénètre dans la justice éternelle comme l'œil dans l'intérieur de la mer,

» Lequel, bien que près du rivage il voie le fond, dans

la pleine mer ne le voit pas ; et néanmoins le fond existe, mais la profondeur le cache.

» Il n'y a pas de lumière, si elle ne vient pas de ce lieu serein qui ne se trouble jamais ; ailleurs ce ne sont que ténèbres, ombres de la chair, ou son venin.

» Assez maintenant te sont ouverts les voiles qui te cachaient la vivante justice, sur laquelle tu faisais de si fréquentes questions,

» Que tu disais : Un homme naît au rivage de l'Indus, et là nul ne parle du Christ, nul ne lit, nul n'écrit rien sur lui ;

» Toutes ses volontés et toutes ses actions sont bonnes ; autant que l'humaine raison le peut, il est sans péché dans sa vie et dans ses discours ;

» Qu'il meure sans baptême et sans foi, où est la justice qui le condamne ? où est sa faute si, lui, ne croit pas ?

» Or, qui es-tu, toi qui veux siéger sur le tribunal, et pour juger à mille milles avec une vue longue d'un empan ?

» Certes, pour celui qui avec moi subtilise, il y aurait, si l'écriture ne brillait pas sur vous, de quoi s'étonner et douter.

» O animaux terrestres ! ô esprits grossiers ! la première volonté, qui par elle-même est bonne, jamais ne s'est écartée d'elle-même qui est le souverain bien.

» Cela seulement est juste qui lui est conforme ; nul bien créé ne l'attire à lui ; mais elle, en rayonnant, est la cause de ce bien. »

Comme sur son nid se retourne la cigogne, après qu'elle a repu ses petits, et comme celui d'entre eux qui s'est repu la regarde,

Ainsi fit (et moi je levai les yeux) l'image bénie qui remuait ses ailes agitées par tant d'esprits.

Tout en tournoyant, elle chantait et disait : « Telles sont mes notes pour toi qui ne les comprends pas ! Telle est la justice éternelle pour vous mortels. »

Puis ces brillantes ardeurs du Saint-Esprit se reposèrent

encore dans le signe [1] qui rendit les Romains redoutables au monde;

Et l'aigle recommença : « Dans ce royaume ne monta jamais celui qui ne crut pas au CHRIST, avant ou après qu'il fut cloué sur le bois.

» Mais vois, beaucoup crient : CHRIST ! CHRIST ! qui au jugement seront moins près de lui que tel qui ne connut pas le CHRIST [2].

» Et de tels chrétiens, l'Éthiopien les condamnera quand les deux colléges se sépareront, l'un éternellement riche, et l'autre pauvre.

» Que pourront dire les Persans à vos rois, lorsqu'ils verront ouvert ce volume dans lequel toutes les turpitudes de ces rois sont écrites ?

» Là, on verra parmi les œuvres d'Albert celle qui bientôt lancera l'aigle sous laquelle le royaume de Prague ne doit plus être qu'un désert.

» Là, on verra la douleur qu'excite sur la Seine, en falsifiant la monnaie, celui qui mourra blessé par un sanglier [3].

» Là, on verra l'orgueil insatiable qui rend fous l'Écossais et l'Anglais, à ce point qu'ils ne peuvent se renfermer dans leurs limites.

» Là, on verra la luxure et la vie molle de ce roi d'Espagne et de ce roi de Bohême [4], qui ne connut ni ne voulut jamais la valeur.

» On y verra, marquée avec un I, la bonté du Boiteux de Jérusalem [5], tandis que le contraire de sa bonté sera marqué par un M.

» On y verra l'avarice et la vilenie de celui qui possède l'île de feu [6], où Anchise finit sa longue carrière.

» Et pour donner à entendre comme il vaut peu, son

---

[1] L'aigle. — Voir au Paradis, chant VI, l'histoire de l'aigle romaine.
[2] Non omnis qui dicit Domine, Domine, intrabit in regnum cœlorum. (MATH., VII.)
[3] Philippe le Bel.
[4] Alphonse et Venceslas.
[5] Charles, roi de Pouille et de Jérusalem.
[6] Frédéric, roi de Sicile, etc.

écriteau sera en lettres tronquées, qui contiendront beaucoup de choses dans un petit espace.

» Et à chacun apparaîtront les œuvres honteuses de 'oncle et du frère, qui ont avili une si brave nation et deux couronnes.

» Et là seront connus le roi de Portugal et celui de Norwége, et celui de Rascio qui altéra les coins de Venise.

» O heureuse Hongrie, si elle ne se laisse plus malmener ! ô heureuse Navarre, si elle s'arme des montagnes qui l'entourent !

» Et chacun doit croire que déjà, pour l'appel de cette vengeance, Nicosie et Famagouste se lamentent et crient à cause de la bête qui les mène [1];

» Bête qui ne s'éloigne pas des traces des autres brutes. »

CHANT XX.

Le poëte aperçoit dans l'Aigle céleste les Ames de différents rois qui pratiquèrent la justice et la vertu. — Comme il s'étonne de trouver dans le ciel deux personnages qui n'avaient pas eu la foi chrétienne, l'Aigle lui explique comment ces esprits furent sauvés.

Quand celui qui illumine le monde entier descend de notre hémisphère, et que le jour s'éteint de toutes parts,

Le ciel, qu'il éclairait seul d'abord, reparaît soudain parsemé de lumières dans lesquelles une seule resplendit.

Et cet état du ciel me vint à l'esprit, quand le signe du monde et de ses chefs referma son bec béni.

Car toutes ces vives lueurs reluisant beaucoup plus recommencèrent des chants écoulés et disparus de ma mémoire.

O doux Amour, qui te revêts de sourire, combien tu me paraissais ardent au milieu de ces splendeurs qui ne respiraient que de saintes pensées !

---

[1] Deux villes du royaume de Chypre, soumis à Henri II.

Après que ces joyaux précieux et brillants, dont je vis la lumière sainte ornée, imposèrent silence à leurs chants angéliques,

Il me sembla entendre un murmure de fleuve qui descend limpide de pierre en pierre, montrant la fécondité de sa source.

Et comme le son prend sa forme au coup de la lyre, et comme au trou du chalumeau le vent qui y pénètre,

Ainsi sans retard ce murmure de l'aigle s'échappa de son cou, comme s'il était troué.

Il s'y fit une voix, et elle en sortit par son bec en forme de paroles, telles que les attendait mon cœur où je les écrivis.

« Cette partie de moi qui voit et dans les aigles mortels soutient l'éclat du soleil, me dit-il, veut maintenant être regardée fixement.

» Car des feux qui composent ma figure, ceux qui font étinceler mon œil dans ma tête sont les premiers de tous leurs degrés;

» Celui qui brille au milieu par la prunelle fut le chantre de l'Esprit-Saint, qui transporta l'arche de ville en ville[1];

» Il sait maintenant le mérite de son chant, en tant qu'il fut l'effet de sa volonté, par sa récompense qui est en proportion.

» Des cinq qui font l'arc de mon sourcil, celui qui est le plus près de mon bec consola la veuve de la perte de son fils[2];

» Il sait maintenant, par l'expérience de cette douce vie et de la vie opposée, combien il coûte cher de ne pas suivre le Christ.

» Et celui qui suit en remontant l'arc dont je parle retarda la mort par une vraie pénitence[3];

» Il sait maintenant que l'arc éternel ne se change pas,

---

[1] David.
[2] Trajan.
[3] Ézéchias.

quoique là-bas une prière fervente fasse de la veille le lendemain.

» L'autre[1] qui suit transféra à Byzance les lois et moi dans de bonnes intentions qui portèrent de mauvais fruits, et se fit Grec pour céder la place au Pasteur ;

» Il sait maintenant que le mal résultant de sa bonne action ne lui est pas nuisible, bien que le monde en ait été détruit.

» Et celui que tu vois au déclin de l'arc fut Guillaume, que regrette cette terre qui pleure vivants Charles et Frédéric[2] ;

» Il sait maintenant combien le ciel s'éprend d'un roi juste ; et il le fait voir aussi par l'éclat dont il est revêtu.

» Qui croirait là-bas, dans le monde plein d'erreurs, que Riphée, le Troyen, est dans cet arc la cinquième des lueurs saintes[3] ?

» Il sait maintenant de la grâce divine bien plus que le monde n'en peut voir, bien que sa vue n'en distingue pas le fond. »

Telle l'alouette qui d'abord s'élève dans l'air en chantant, et puis se tait contente de la dernière mélodie qui la rassasie ;

Telle me parut l'image du signe de la volonté éternelle, au gré duquel chaque chose devient ce qu'elle est.

Et quoique je fusse là pour mon doute semblable au verre pour la couleur qui le revêt, il ne supporta pas d'attendre en silence :

« Mais quelles sont ces choses ? » me fit-il sortir de la bouche par la force de son poids[4], car je voyais de grands rayonnements de joie.

Puis, avec l'œil plus enflammé, le signe béni me ré-

---

[1] Constantin.

[2] Guillaume II, roi de Sicile, surnommé le Bon.

Cadit et Ripheus, justissimus unus
Qui fuit in Teucris, et servantissimus æqui.
(*Æneid.*, l. II.)

[4] De la bocca mi pinse con la forsa del suo peso

pondit, pour ne pas me tenir plus longtemps dans l'étonnement :

« Je vois que tu crois ces choses parce que je les dis, mais tu n'en sais pas le pourquoi ; en sorte que pour être crues elles n'en sont pas moins cachées.

» Tu fais comme celui qui apprend bien la chose par son nom, mais n'en peut voir l'essence, si un autre ne l'explique.

» *Regnum cœlorum* cède à la violence d'un amour chaud et d'une vive espérance qui triomphent de la volonté divine.

» Non à la manière dont l'homme maîtrise l'homme ; mais ils triomphent, parce qu'elle veut être vaincue ; et, vaincue, elle triomphe par sa bonté.

» La première âme du sourcil et la cinquième te font t'émerveiller d'en voir ornée la région des anges.

» Elles ne sortirent pas de leurs corps païennes, comme tu crois, mais chrétiennes, ayant fermement foi, l'une[1] aux pieds qui devaient souffrir, l'autre[2] aux pieds qui avaient souffert.

» L'une, sortie de l'enfer d'où l'on ne revient jamais à de bonnes intentions, reprit ses os, et ce fut le prix d'une vive espérance ;

» D'une vive espérance qui mit tant de force dans les prières faites à Dieu pour la ressusciter, que sa volonté en put être ébranlée.

» L'âme glorieuse dont je parle, revenue dans la chair où elle resta peu, crut en celui qui pouvait l'assister ;

» Et, croyant, s'embrasa d'un tel feu de véritable amour, qu'à la seconde mort elle fut digne de venir à cette fête ;

» L'autre, par une grâce qui découle d'une fontaine si profonde que jamais créature n'enfonça l'œil au delà de sa surface,

» Mit là-bas tout son amour dans la droiture ; c'est pourquoi de faveur en faveur Dieu ouvrit ses regards à notre rédemption future ;

[1] Riphée.
[2] Trajan.

» D'où il crut en elle, et, dès lors, ne souffrit plus l'infection du paganisme ; et il reprenait les gens pervers.

» Ces trois femmes[1] que tu as vues à la roue droite du char lui tinrent lieu de baptême plus de trois mille ans avant qu'on baptisât.

» O prédestination ! comme ta racine est éloignée de ces yeux qui ne voient pas la cause première *total*

» Et vous, mortels, soyez retenus dans vos jugements ; car nous, qui voyons Dieu, nous ne connaissons pas encore tous les élus.

» Et une telle ignorance nous est douce, parce que notre bonheur s'accroît de ce bonheur, et que nous voulons ce que Dieu veut. »

Ainsi cette image divine, pour éclaircir ma courte vue, me donna ce doux remède.

Et, comme un bon joueur de cithare fait suivre à un bon chanteur la vibration de la corde, d'où le chant acquiert plus de charme,

Ainsi, tandis qu'elle parlait, je me souviens que je vis les deux lueurs bienheureuses, comme les paupières qui battent en même temps,

Jeter des éclairs au son des paroles.

CHANT XXI.

De la sphère de Jupiter le poëte monte à celle de Saturne, septième ciel. — Là, ceux qui s'adonnèrent à la vie contemplative forment une immense échelle. — Saint Pierre Damien répond à toutes les questions du poëte. — Satire de la mollesse et du luxe du clergé de son siècle.

Mes yeux étaient de nouveau fixés sur le visage de ma Dame, et mon âme avec eux, et mon attention s'était détournée de tout autre objet ;

Et elle ne souriait pas. « Mais si je souriais, me dit-elle,

---

[1] Les trois Vertus théologales.

tu deviendrais tel que Sémélé, quand elle fut mise en cendres ;

» Car ma beauté qui, comme tu l'as vue, s'illumine à mesure que nous montons les degrés du palais éternel,

» Si elle ne se modérait pas, resplendirait tellement, que ta force mortelle, exposée à ses éclairs, paraîtrait une feuille que le tonnerre brise.

» Nous sommes parvenus à la septième splendeur[1] qui, sous la poitrine du Lion brûlant, rayonne maintenant avec lui vers la terre, en tempérant son ardeur :

» A la suite de tes regards lance ton esprit, et fais de tes yeux des miroirs pour l'image qui s'y réfléchira. »

Celui qui saurait combien ma vue se repaissait de ce bienheureux aspect, quand je le remplaçai par un autre objet,

Connaîtrait combien il m'était agréable d'obéir à mon céleste guide, contre-balançant un bonheur par l'autre.

Dans cette planète qui, tournant autour du monde, porte le nom de ce roi chéri sous lequel le mal gisait mort,

Je vis une échelle de la couleur de celles que frappe un rayon de soleil, et si élevée, que mon regard ne pouvait la suivre[2].

Je vis aussi par les échelons descendre tant de splendeurs, que je pensai que toutes les lumières qui brillent au ciel étaient répandues là.

Et, comme par une habitude naturelle, les corneilles, au commencement du jour, s'agitent ensemble pour réchauffer leurs froides ailes ;

Puis les unes partent sans retour, d'autres reviennent à l'endroit d'où elles se sont envolées, et d'autres tournoient sur place :

Ainsi me parurent faire ces clartés qui vinrent ensemble, jusqu'à ce que chacune atteignît un certain échelon.

Et celle[3] qui s'arrêta le plus près devint si éblouissante,

---

[1] Saturne, où sont ceux qui vécurent de la vie contemplative.
[2] L'échelle qu'avait vue Jacob.
[3] Saint Pierre Damien, ermite, puis cardinal.

que je disais en moi-même : Je vois bien l'amour que tu m'annonces.

Mais celle dont j'attends l'ordre pour parler ou me taire se tient immobile ; aussi, contre mon désir, fais-je bien de ne rien demander.

C'est pourquoi, elle qui voyait mon silence dans la vue de celui qui voit tout, me dit : « Satisfais ton ardent désir. »

Je commençai : « Mon mérite ne me rend pas digne de ta réponse ; mais, au nom de celle qui me permet de t'interroger,

» Ame bienheureuse qui te tiens cachée dans ton allégresse, fais-moi connaître la cause qui te rapproche autant de moi,

» Et dis-moi pourquoi se tait dans cette sphère la douce symphonie du Paradis, qui dans celles d'au-dessous résonne si dévotement ?

— Tu as l'ouïe mortelle comme la vue, me répondit-elle : on ne chante pas ici pour la même raison que Béatrice ne sourit pas.

» Je ne suis descendue si bas par les degrés de l'échelle sainte que pour te faire fête avec la parole et avec la lumière qui me revêt ;

» Et ce n'est pas plus d'amour qui m'a rendue plus empressée, car on brûle là-haut de plus et d'autant d'amour, comme l'éclat te le manifeste.

» Mais la haute charité qui fait de nous des servantes attentives à la volonté qui gouverne le monde nous classe ici comme tu remarques.

— Je vois bien, dis-je, lampe sacrée, qu'un amour libre suffit dans cette cour pour être serviteur de la Providence éternelle ;

» Mais ce qui me paraît dur à comprendre, c'est pourquoi seule entre tes compagnes tu as été prédestinée à cet office. »

Je n'étais pas arrivé à la dernière parole, que la lueur fit un centre de son milieu, tournant comme une meule rapide.

Puis l'amour qui était dedans répondit : « La lumière

divine se darde sur moi, pénétrant par celle dont je m'enveloppe ;

« Sa vertu, jointe à ma vue, m'élève tant, que je vois l'essence suprême où elle est puisée.

» De là vient l'allégresse dont je rayonne, parce que, à la clarté de ma vue, j'égale la clarté de mes rayons.

» Mais l'âme qui s'éclaircit le plus dans le ciel, le séraphin qui a le plus enfoncé l'œil en Dieu, ne satisfera pas à ta demande,

» Attendu que ce que tu demandes s'avance tellement dans l'abîme du décret éternel, que cela est interdit à toute vue créée ;

» Et quand tu retourneras dans le monde mortel, rapporte cela, afin qu'on ne présume pas davantage marcher dans un tel but.

» L'esprit qui est lumière ici est fumée sur terre ; vois donc comment il peut là-bas ce qu'ici il ne peut pas, bien que le ciel l'élève. »

Ses paroles me retinrent tellement, que je laissai la question, et me bornai à demander humblement à cette lueur qui elle était.

« Entre les deux rivages d'Italie, et pas très-loin de ta patrie[1], des rochers s'élèvent si haut que souvent la foudre gronde au-dessous ;

» Ils forment un mamelon qui s'appelle Catria, au pied duquel est un ermitage uniquement consacré au culte de latrie. »

Ainsi l'âme me répondit pour la troisième fois ; puis continuant, elle dit : « Là je m'affermis tant au service de Dieu,

» Que, rien qu'avec des mets assaisonnés avec la liqueur de l'olive, je passais doucement les chaleurs et les froids, heureux dans mes pensées contemplatives.

» Ce cloître produisait abondamment pour cette partie des cieux ; et maintenant il est devenu si vide, qu'il faut que cela se révèle bientôt.

---

[1] Dans le duché d'Urbin.

» Dans ce lieu je fus Pierre Damien, et je fus Pierre le pêcheur dans le couvent de Notre-Dame sur le rivage de l'Adriatique.

» Peu de vie mortelle m'était restée, quand je fus appelé et obligé de recevoir ce chapeau qui ne se transmet que de mal en pis.

» Céphas vint, et vint le vase d'élection [1] du Saint-Esprit, tous deux maigres et pieds nus, prenant de toutes mains leur nourriture.

» Maintenant tes pasteurs modernes veulent qu'on les soutienne par ici et par là, et qu'on les mène, et qu'on les soulève par derrière, tant ils sont lourds.

» Ils couvrent de manteaux leurs palefrois, si bien que deux bêtes vont sous une seule peau [2]. O patience, qui en tolères tant ! »

A cette parole, je vis plusieurs lueurs descendre et courir d'échelon en échelon, et chaque tour les rendait plus belles.

Elles vinrent et s'arrêtèrent autour de celle-ci, et poussèrent un cri si retentissant, qu'il ne pourrait être comparé à rien d'ici-bas,.

Et je ne le compris pas, tant le bruit m'anéantit.

CHANT XXII.

Sphère de Saturne. — Saint Benoît raconte au poëte comment il porta le nom de Jésus-Christ sur le mont Cassin. — De là Dante monte avec Béatrice vers le signe des Gémeaux, ou la huitième sphère.

Accablé de stupeur, je me tournai vers mon guide comme un petit enfant qui se réfugie toujours là où il a le plus de confiance.

Et celle-ci, comme une mère qui soudain secourt son fils pâle et tremblant, avec une voix qui a coutume de le rassurer,

[1] Saint Paul.
[2] Dicton florentin.

Me dit : « Ne sais-tu pas que tu es dans le ciel, et ne sais-tu pas que le ciel est toute sûreté, et que ce qui s'y fait vient d'un bon zèle ?

» Maintenant tu peux penser combien t'auraient changé le chant des lumières et mon sourire, puisque le cri t'a tant ému.

» Si tu avais compris les prières qu'il renferme, déjà te serait connue la vengeance que tu verras avant ta mort.

» L'épée d'en haut ne frappe jamais à la hâte ni tardivement, au gré de celui qui l'attend avec désir ou crainte.

» Mais à présent retourne-toi d'un autre côté, et tu verras beaucoup d'esprits illustres si tu ramènes ton regard comme je dis. »

Je dirigeai mes yeux selon qu'il lui avait plu, et je vis cent petites sphères qui ensemble s'embellissaient de leurs rayons mutuels;

Je me tenais comme celui qui réprime en soi la pointe du désir, et ne se hasarde à rien demander, tant il craint d'aller trop loin.

Et la plus grande et la plus brillante de ces perles s'avança pour contenter ma curiosité;

Puis j'entendis au dedans d'elle[1] : « Si tu voyais comme moi la charité qui brûle en nous, tes pensées seraient exprimées;

» Mais, pour qu'en attendant tu n'arrives pas trop tard au but sublime, je ferai d'avance réponse à la pensée contre laquelle tu te tiens si fort en garde.

» Ce mont sur le penchant duquel est Cassin fut fréquenté autrefois à son sommet par des gens égarés et pervers[2];

» Et c'est moi qui y portai le premier le nom de celui qui amena sur la terre la vérité qui nous élève tant ici;

» Et la grâce reluit tant sur moi, que j'arrachai les villes environnantes au culte impie qui avait séduit le monde.

» Ces autres feux furent tous des hommes contemplatifs,

---

[1] Cette lueur qui parle est saint Benoît, sous Justinien, au sixième siècle.
[2] On y voyait un temple d'Apollon.

embrasés de cette ardeur qui fait naître les fleurs et les fruits saints.

» Ici est Macaire [1] et ici Romuald; ici sont mes frères qui s'enfermèrent dans les cloîtres et gardèrent un cœur persévérant. »

Et moi à elle : « L'affection que tu montres en me parlant, et la bienveillance que je vois et remarque dans toutes vos lueurs,

» A tellement épanoui ma confiance, comme le soleil fait la rose, quand elle s'ouvre autant qu'elle en a la force,

» Que je te prie, père, de m'apprendre si je puis acquérir assez de grâce pour te voir à face découverte. »

Là-dessus, lui : « Frère, tes sublimes désirs s'accompliront en haut dans la dernière sphère où s'accomplissent tous les autres et les miens.

» Là tout vœu est parfait, mûr et entier; dans celle-là seule toute partie est où elle fut toujours;

» Parce qu'elle n'est pas dans un lieu et ne tourne pas entre les pôles; et notre échelle va jusqu'à elle : ce qui fait qu'elle se dérobe à ta vue.

» Le patriarche Jacob la vit avancer jusque là-haut sa partie supérieure, quand elle lui apparut si chargée d'anges.

» Mais, pour la gravir, personne maintenant ne retire ses pieds de la terre; et ma règle ne sert plus là-bas qu'à gâter du papier.

» Les murs qui étaient une abbaye sont devenus des cavernes, et les capuchons sont des sacs pleins de mauvaise farine [2].

Mais la plus lourde usure ne se soulève pas contre la volonté de Dieu, autant que le fait le fruit des richesses, qui rend le cœur des moines si insensé.

» Tout ce que l'Église épargne est à ceux qui demandent au nom de Dieu et non à des parents ni à d'autres plus infâmes.

---

[1] Il y eut deux Macaire; Romuald fonda les Camaldules en 952.
[2] Fecistis illam speluncam latronum. (MATTH., 22.)

» La chair des mortels est si délicate, qu'une bonne institution ne dure pas depuis la naissance du chêne jusqu'à la formation du gland.

» Pierre commença sans or et sans argent [1], et moi avec la prière et le jeûne, et François fonda son ordre sur l'humilité.

» Et si tu regardes le principe de chacun, et qu'ensuite tu considères où il est arrivé, tu le verras changé du blanc au noir.

» Cependant le Jourdain reculant et la mer fuyant quand Dieu le voulut, furent plus merveilleux à voir que ne serait le remède à cet abus. »

Ainsi elle me parla, et se retira dans sa troupe; et la troupe se resserra, puis, comme un tourbillon, se leva tout entière.

La douce Dame [2] me poussa par un seul signe à monter derrière eux sur cette échelle, tant sa vertu vainquit ma nature;

Et jamais ici-bas, où l'on monte et descend, il n'y eut naturellement mouvement si prompt qui pût s'égaler à mon vol.

Puissé-je retourner, lecteur, à ce pieux triomphe, pour lequel je pleure souvent mes péchés et me frappe la poitrine,

Comme il est vrai que tu n'aurais pas mis au feu et retiré ton doigt dans le temps qu'il me fallut pour voir le signe qui suit le Taureau et être au dedans de lui [3].

O glorieuses étoiles! ô lumière pleine d'une grande vertu! de qui je reconnais tenir tout mon génie, quel qu'il soit,

Avec vous naissait et se cachait avec vous celui qui est père de toute vie mortelle [4], quand je sentis pour la première fois l'air toscan;

Et puis, quand me fut octroyée la grâce d'entrer dans

---

[1] Argentum et aurum non est mihi. (*Act.*, 3.)
[2] Béatrice.
[3] Il entre dans la huitième sphère, où sont les étoiles fixes.
[4] Le soleil.

la route élevée qui vous fait tourner, votre région me fut ouverte :

Vers vous à présent mon âme dévotement soupire, afin d'acquérir de la vigueur au rude passage qui la tire à lui !

« Tu es si près du dernier salut, commença Béatrice, que tu dois avoir les yeux nets et perçants.

» C'est pourquoi, avant que tu y pénètres plus avant, regarde en bas, et vois combien de monde je t'ai déjà mis sous les pieds,

» Afin que ton cœur se présente aussi réjoui que possible à la foule triomphante qui vient joyeuse par cette voûte éthérée. »

Je retournai du regard à travers toutes les sept sphères, et je vis notre globe tel, que je souris de son vil aspect ;

Et j'approuve comme la meilleure pensée celle qui le prise le moins ; et celui qui songe à l'autre monde peut s'appeler vraiment homme de bien.

Je vis la fille de Latone[1] enflammée sous cette ombre qui fut cause que je l'avais crue raréfiée et dense.

Je soutins ici l'aspect de ton fils, ô Hypérion[2] ! et je vis comment se meuvent autour et près de lui Maïa et Dioné[3].

De là m'apparut Jupiter tempérant son père et son fils ; et de là me furent clairs leurs changements de place.

Et toutes les sept planètes me montrèrent alors quelle est leur grandeur, quelle est leur rapidité, et quelle est leur distance respective.

Ce petit point qui nous rend si orgueilleux, alors que je tournai avec les éternels Gémeaux, m'apparut tout entier des montagnes à la mer ;

Puis je reportai mes yeux sur les beaux yeux[4].

---

[1] La Lune.
[2] Le Soleil, fils d'Hypérion.
[3] Mercure était fils de Maïa ; Vénus fille de Dioné. Dante parle de toutes les sphères qu'il a visitées.
[4] Les yeux de Béatrice.

CHANT XXIII.

Le poëte raconte qu'il vit le Christ brillant comme le soleil au-dessus des Bienheureux. — Ensuite il vit la Vierge Marie portant un agneau qui chantait avec une voix toute pleine de suavité.

Comme l'oiseau entre les feuilles aimées, posé près du nid de ses chers petits, pendant la nuit qui nous cache les choses,

Afin de voir ces objets désirés, et pour trouver la nourriture dont il se repaîtra (travaux pénibles qui lui sont agréables),

Épie le temps sous le feuillage entr'ouvert, et avec des souhaits ardents attend le soleil, regardant fixement si l'aube va naître ;

Ainsi ma Dame se tenait droite et attentive, tournée vers la région où le soleil montre moins de célérité [1] ;

Si bien que, la voyant en suspens et curieuse, je devins comme celui qui désirant voudrait autre chose, et en espérant se calme.

Mais il y eut peu d'intervalle entre les deux instants : je dis celui de mon attente et celui de voir le ciel aller en s'éclairant de plus en plus.

Et Béatrice dit : « Voilà les légions du triomphe du Christ, et tout le fruit recueilli du tournoiement de ces sphères. »

Il me parut que son visage était tout en flamme ; et elle avait les yeux si pleins de joie, qu'il faut que je passe sans donner d'explication.

Telle que dans les pleines lunes sereines, Phœbé sourit parmi les nymphes [2] éternelles qui éclairent le ciel dans toutes ses parties,

Tel je vis par-dessus des milliers de lueurs un soleil qui

---

[1] Le midi.
[2] Les nymphes, c'est-à-dire les étoiles.

les allumait toutes, comme fait le nôtre des flambeaux célestes ;

Et, à travers sa vive lumière, la brillante substance paraissait si claire à mes regards, qu'ils ne la supportaient pas.

« O Béatrice, doux et cher guide ! » Elle me dit : « Ce qui t'accable est une vertu à laquelle rien ne résiste.

» Là est la sagesse et la puissance qui ouvrirent entre le ciel et la terre les voies dont on a eu de si longs désirs. »

Comme le feu s'échappe de la nue en se dilatant tellement qu'elle ne le contient plus, et, contre sa nature, se précipite en bas ;

Ainsi mon esprit, devenu plus grand au milieu de ces mets, sortit lui-même et ne sait pas se rappeler ce qu'il devint.

« Ouvre les yeux et regarde ce que je suis ! Tu as vu des choses qui t'ont rendu capable de supporter mon sourire. »

J'étais comme celui qui se souvient d'une vision oubliée et qui s'efforce en vain de se la ramener à l'esprit,

Lorsque j'entendis cette offre si digne d'être agréée, qui ne s'effacera jamais du livre où se consigne le passé.

Quand toutes ces langues que Polymnie et ses sœurs engraissèrent de leur lait le plus doux résonneraient maintenant

Pour m'aider, je n'arriverais pas au millième de la vérité en chantant ce saint sourire et le pur éclat qu'il donnait à ce saint visage.

Et ainsi, en représentant le Paradis, le poëme sacré doit sauter comme un homme qui trouve son chemin coupé.

Mais celui qui pensera au poids du sujet, et à l'épaule mortelle qui s'en charge, ne la blâmera pas si elle tremble dessous.

Ce n'est pas un chemin pour une petite barque ni pour un nocher qui se ménage, celui que va fendant ma proue hardie.

« Pourquoi mon visage te passionne-t-il tant, que tu ne te

tournes pas vers le beau jardin qui fleurit sous les rayons du Christ ?

» Là est la rose [1] dans laquelle le Verbe divin se fit chair, et là sont les lis [2] dont l'odeur indique le bon chemin. »

Ainsi Béatrice ; et moi, qui étais tout empressé à suivre ses conseils, je livrai encore un combat à ma paupière débile.

Comme mes yeux environnés d'ombres virent jadis un pré en fleurs, sous un pur rayon de soleil qui traversait la nue déchirée,

Ainsi je vis une foule de splendeurs illuminées d'en haut par des rayons ardents, sans voir le principe de leur éclat.

O bénigne vertu [3], qui les éclaires ainsi, tu t'élevas pour laisser la place libre à mes yeux qui étaient trop faibles.

Le nom de la belle fleur [4] que j'invoque toujours, matin et soir, contraignit tout mon esprit de regarder le plus grand feu [5].

Et lorsque mes deux yeux m'eurent dépeint la beauté et l'étendue de la vivante étoile qui triomphe là-haut comme elle triomphe ici-bas,

Du fond du ciel descendit une lueur [6] ayant la forme d'un cercle comme une couronne, et elle ceignit l'étoile et tourna autour d'elle.

La mélodie qui résonne la plus douce ici-bas, et qui attire à soi le plus l'âme, paraîtra un nuage que déchire le tonnerre,

Comparée au son de cette lyre, qui couronnait le beau saphir dont le ciel le plus clair s'azure.

« Je suis l'amour angélique, je tourne autour de la joie sublime, née du ventre qui fut la demeure de notre désiré ;

» Et je tournerai, reine du ciel, pendant que tu suivras

---

[1] La Vierge, *rosa mystica*.
[2] Les apôtres. Florete, flores, quasi lilium et date odorem. (*Eccles.*, c. XXXIX.)
[3] Le Christ.
[4] La Vierge.
[5] La Vierge.
[6] L'archange Gabriel.

ton fils et feras plus divine la sphère suprême parce que tu y entres. »

Ainsi se terminait la mélodie circulaire, et toutes les autres lueurs firent résonner le nom de Marie.

Le manteau royal [1] de toutes ces sphères du monde, ce manteau qui s'enflamme et s'anime davantage sous le souffle de l'influence de Dieu,

Avait, au-dessus de nous, son bord intérieur si éloigné, que son aspect, là où j'étais, ne m'apparaissait pas encore.

C'est pourquoi mes yeux n'eurent pas la force de suivre la flamme couronnée qui s'éleva à la suite de sa divine progéniture;

Et, comme le petit enfant qui tend les bras vers sa maman, après qu'il a pris le lait, par l'effet de l'affection qui à la fin éclate au dehors,

Chacune de ces lueurs s'allongea par le haut, si bien que la haute tendresse qu'elles avaient pour Marie me fut manifeste.

Ensuite elles restèrent en ma présence, chantant si doucement *Regina cœli*, que jamais le charme ne s'en effacera en moi.

Oh! combien est grande l'abondance déposée dans ces coffres si riches qui furent sur la terre de si bons semeurs!

Là on vit et on jouit du trésor amené en pleurant dans l'exil de Babylone [2], où on laissa l'or.

Là triomphe de sa victoire sous le haut fils de Dieu et de Marie, et avec l'ancien et le nouveau concile,

Celui qui tient les clefs de cette gloire [3].

---

[1] Le premier Mobile, ou neuvième ciel.
[2] Babylone, c'est-à-dire ce monde.
[3] Saint Pierre avec les saints de l'Ancien et du Nouveau Testament.

CHANT XXIV.

Béatrice, après avoir prié le collége apostolique d'être favorable au poëte, prie saint Pierre de l'examiner sur la Foi. — Le grand apôtre fait à Dante diverses questions. — Sur les réponses qu'il reçoit, le Saint approuve la croyance du poëte.

« O compagnie élue à la grande cène de l'Agneau béni, qui vous nourrit de façon que votre volonté est toujours remplie,

» Si, par la grâce de Dieu, celui-ci goûte ce qui tombe de votre table avant que la mort lui en précise le temps,

» Songez à son ardeur immense, et rafraîchissez-la un peu : vous buvez toujours à la source d'où vient ce qu'il pense ! »

Ainsi Béatrice. Et ces âmes joyeuses se firent sphères sur les pôles fixes, flamboyant vivement à la manière des comètes.

Et comme les roues, dans le mécanisme des horloges, se meuvent de manière qu'il semble, à qui l'observe, que la première est immobile et que la dernière vole,

Ainsi ces rondes, dansant différemment, me faisaient juger de la béatitude par leur rapidité ou leur lenteur.

Or de celle en qui j'avais remarqué plus de beauté, je vis sortir un feu si heureux, qu'elle n'en laissait aucun d'une plus grande clarté.

Et trois fois elle tourna autour de Béatrice avec un chant si divin, que mon imagination ne le rendit pas.

C'est pourquoi la plume saute et ne l'écrit point ; car, pour peindre de tels plis, notre imagination, ou du moins notre parole, a un coloris trop cru.

« O ma sainte sœur ! qui nous pries si dévotement, par ton ardente affection tu me détaches de cette belle sphère [1]. »

Puis le feu béni, s'étant arrêté, dirigea vers ma Dame son souffle, qui parla ainsi que j'ai dit.

[1] C'est saint Pierre qui parle et va interroger Dante sur la foi.

Et elle : « O lueur éternelle du grand homme à qui Notre-Seigneur a laissé les clefs de cette joie merveilleuse, qu'il avait portées là-bas,

» Interroge, comme il te plaira, celui-ci sur les points légers ou graves, relatifs à la foi qui te fit marcher sur la mer !

» S'il aime et s'il espère, et s'il croit bien, tu ne l'ignores pas, puisque tu as le regard là où toute chose se voit peinte ;

» Mais, puisque ce royaume s'est fait des citoyens par la foi sincère, il est bon, pour le glorifier, que tu viennes en parler à celui-ci. »

Comme le bachelier s'arme et ne parle pas, pendant que le maître propose la question dont il doit approuver, mais non donner la solution,

Ainsi je m'armais de raisons pendant qu'elle parlait, pour être prêt devant un tel examinateur et à une telle confession.

« Dis, bon chrétien, explique-toi : qu'est-ce que la foi ? » Alors je levai le front vers la lueur d'où s'exhalait cette parole.

Puis je me tournai vers Béatrice, et elle me fit promptement signe d'épancher l'eau de ma source intérieure.

« Que la grâce qui me permet de me confesser au grand primipilaire[1], commençai-je, fasse que mes idées soient précises. »

Et je poursuivis : « Comme l'a écrit, père, la plume véridique de ton cher frère[2] qui mit avec toi Rome en bon chemin,

» La foi est la substance des choses espérées, et l'argument des choses non visibles : et cela me paraît son essence[3]. »

Alors j'entendis : « Ton sens est droit, si tu comprends

---

[1] Primipilaire, chef de la première centurie, chez les Romains.
[2] Saint Paul.
[3] Est fides sperandarum substantia rerum, argumentum non apparentium.
(S. PAUL.)

bien pourquoi il la plaça parmi les substances et puis parmi les arguments. »

Et moi ensuite : « Les choses profondes qui se font ici voir à moi sont tellement cachées aux yeux là-bas,

» Que leur existence est dans la croyance seule, sur laquelle se fonde la haute espérance; et c'est pourquoi elle tient lieu de substance.

» Et il faut argumenter de cette croyance, sans avoir d'autre lumière; et c'est pourquoi elle tient lieu d'argument. »

Alors j'entendis : « Si tout ce qui s'acquiert là-bas par la science était aussi bien compris, l'esprit de sophisme n'y aurait pas de place. »

Tel fut le souffle exhalé de ce brûlant amour; puis il ajouta : « Une assez bonne épreuve a été faite de l'aloi et du poids de cette monnaie.

» Mais dis-moi si tu l'as dans ta bourse? » Et moi : « Oui, je l'ai si brillante et si entière, que rien ne me met en doute sur son coin. »

Ensuite ceci sortit de la lueur profonde qui brillait là : « Ce précieux joyau sur lequel votre vertu se fonde,

» D'où te vient-il? » Et moi : « L'abondante pluie de l'Esprit-Saint qui est répandue sur les anciennes et les nouvelles pages

» Est le syllogisme qui m'en a convaincu si subtilement, qu'auprès d'elle toute démonstration me paraît obtuse. »

J'entendis ensuite : « L'ancienne et la nouvelle proposition qui t'ont convaincu ainsi, pourquoi les tiens-tu pour parole divine? »

Et moi : « La preuve qui me découvre la vérité, ce sont les œuvres subséquentes pour lesquelles la nature ne chauffa jamais le fer ni ne battit l'enclume. »

Il me fut répondu : « Dis, qui t'assure que ces œuvres furent cela même qui veut être prouvé? Rien autre ne te le jure.

— Si le monde se convertit au christianisme sans miracles, dis-je, cela seul est un miracle tel, que les autres n'en sont pas le centième.

» Car tu entras pauvre et à jeun dans le champ pour semer la bonne plante qui jadis fut vigne et maintenant est devenue ronce. »

Ceci fini, la cour sublime et sainte entonna dans les sphères : « Louons un seul Dieu dans la mélodie qui se chante là-haut. »

Et ce baron[1] qui, en m'examinant, m'avait si bien attiré de branche en branche, que nous approchions des dernières feuilles,

Recommença : « La grâce qui courtise ton esprit t'a ouvert la bouche jusqu'au point où elle devait s'ouvrir,

» De façon que j'approuve ce qui en est sorti. Mais maintenant il faut expliquer ce que tu crois et d'où cela s'est offert à ta croyance.

— O saint père ! ô esprit qui vois ce que tu as cru si fermement que tu as vaincu au sépulcre de plus jeunes pieds[2],

» Commençai-je, tu veux que je manifeste ici la formule de ma vive croyance, et tu en demandes aussi la cause.

» Et je réponds : Je crois en un Dieu seul et éternel qui, sans être mû, meut tout le ciel par l'amour et par le désir ;

» Et, à l'appui de cette croyance, je n'ai pas seulement des preuves physiques et métaphysiques, mais elle me la donne aussi, la vérité qui pleut d'ici

» Par Moïse, par les prophètes et par les psaumes, par l'Évangile, et par vous qui avez écrit, après que l'ardent Esprit vous eut sanctifiés.

» Et je crois en trois personnes éternelles, et je les crois une essence tellement une et tellement triple, qu'elles comportent à la fois *sunt* et *est*.

» La mystérieuse nature divine dont je traite maintenant

---

[1] Saint Pierre : *E quel baron.*
[2] Saint Pierre entra au sépulcre avant saint Jean, arrivé cependant le premier.

s'est scellée à plusieurs fois dans mon esprit par la doctrine évangélique :

» C'est là le principe, c'est là l'étincelle qui se dilate après en flamme vive et scintille en moi comme une étoile au ciel. »

Comme le maître qui entend ce qui lui plaît embrasse son serviteur en se félicitant de la nouvelle aussitôt que celui-ci se tait;

Ainsi, en me bénissant et en chantant trois fois, m'entoura, dès que je me tus, la lueur apostolique sur l'ordre de laquelle

J'avais parlé; tant mes paroles lui avaient plu.

CHANT XXV.

L'Apôtre saint Jacques examine le poëte sur l'Espérance, et lui fait trois questions. — Béatrice répond à la première et Dante aux deux autres. — Ensuite saint Jean l'Évangéliste fait connaître au poëte que sa dépouille mortelle est restée sur terre. — Le Christ seul et la Vierge Marie sont montés au ciel avec leurs corps.

Si jamais il advient que le poëme sacré auquel ont mis la main et le ciel et la terre, si bien qu'il m'a rendu maigre pendant plusieurs années[1],

Triomphe de la cruauté qui me tient en dehors du beau bercail[2], où je dormais agneau, ennemi des loups qui lui font la guerre,

Avec une voix autre désormais, avec une chevelure autre, je reviendrai poëte, et sur les fonts de mon baptême je prendrai la couronne :

Car c'est là que j'entrai dans la foi qui fait connaître les âmes à Dieu, et pour laquelle Pierre m'entoura ainsi le front[3].

---

[1] « Ut dignus venias hederis et imagine macrâ. » (JUVÉNAL.)
[2] Florence.
[3] A la fin du chant précédent.

Puis s'avança vers nous une lueur de cette troupe d'où était sorti le premier des vicaires que le Christ laissa sur terre ;

Et ma Dame, pleine de joie, me dit : « Regarde, regarde ! Voici le baron pour lequel là-bas on visite la Galice[1]. »

Comme, lorsqu'une colombe se pose près de sa compagne, elles épanchent entre elles leur affection en tournant et en murmurant ;

Ainsi je vis ces grands princes glorieux s'accueillir l'un l'autre[2], louant la nourriture dont on se repaît là-haut.

Mais, quand le compliment fut achevé, chacun d'eux en silence *coram me* s'arrêta si flamboyant, qu'il éblouissait ma vue.

En souriant alors, Béatrice dit : « Ame illustre, par qui l'allégresse de notre basilique a été décrite,

» Fais résonner l'espérance dans cette haute région ! Tu sais que tu l'as figurée autant de fois que Jésus se fit voir dans son éclat aux trois disciples.

— Lève la tête et rassure-toi, dit la belle âme, car il faut que ce qui vient ici du monde mortel se mûrisse à nos rayons. »

Cet encouragement me vint de la seconde lueur[3]. Alors je levai les yeux vers ces montagnes[4] qui les avaient courbés auparavant sous leur poids trop grand.

» Puisque notre empereur[5] veut par grâce que tu te rencontres, avant la mort, dans la partie la plus secrète de son palais avec ses comtes,

» Afin qu'ayant vu le vrai de cette cour, tu encourages par là, et en toi et dans les autres, l'espérance qui rend là-bas bien épris ;

» Dis ce qu'elle est, dis comment elle fleurit dans ton es-

---

[1] Saint Jacques, qui va interroger Dante sur l'Espérance.
[2] Saint Pierre et saint Jacques.
[3] Saint Jacques, symbole de l'Espérance.
[4] Saint Pierre et saint Jacques : « Levavi oculos meos in montes undè veniet auxilium mihi. » (Ps. 120.)
[5] Dieu.

prit, et d'où elle te vient. » Ainsi poursuivit encore la seconde lueur.

Et la femme pieuse qui avait guidé les plumes de mes ailes dans un si haut vol prévint ainsi ma réponse :

« L'Église militante n'a pas de fils qui espère plus, comme il est écrit dans le soleil qui rayonne sur toute notre foule :

» C'est pourquoi il lui a été accordé de venir d'Égypte pour voir Jérusalem, avant d'être libéré du service.

» Les deux autres points que tu as demandés, non pour les savoir, mais pour qu'il redise combien cette vertu t'est chère,

» Je les lui laisse; car ils ne lui seront pas difficiles ni sujets de jactance; et qu'il réponde à cela, et que la grâce de Dieu le lui permette. »

Comme un écolier qui répond au maître avec empressement et plaisir sur ce en quoi il est expert, afin que son mérite se révèle,

Je dis : « L'espérance est une attente certaine de la gloire future, que produisent la grâce divine et les mérites antérieurs[1];

» Cette lumière me vient de plusieurs étoiles; mais celui-là la versa le premier dans mon cœur qui fut le chantre souverain[2] du souverain Maître.

» Qu'ils espèrent en toi, dit-il dans son cantique, ceux qui savent ton nom : eh! qui ne le sait pas, s'il a ma foi?

» Tu m'as tant inondé de son onde dans ton épître, que j'en suis plein, et que je repleus votre pluie sur autrui. »

Tandis que je parlais, au sein vif de cet incendie tremblait une flamme prompte et fréquente comme un éclair.

Puis elle me dit : « L'amour dont je brûle encore pour la vertu qui me suivit jusqu'au martyre et jusqu'à l'issue du champ de bataille,

---

[1] Est spes certa expectatio futuræ beatitudinis veniens ex Dei gratiâ et meritis præcedentibus. (PIERRE LOMBARD.)
[2] David : Sperent in te qui noverunt nomen tuum. (Ps. 9.)

» Veut que je te parle, à toi qui la chéris; et il me plaît que tu dises ce que l'espérance te promet. »

Et moi : « Les nouvelles et anciennes Écritures déterminent le but des âmes que Dieu a adoptées, et ce but se montre à moi.

Isaïe dit que chacune d'elles dans sa patrie sera vêtue d'un double vêtement, et sa patrie est cette douce vie.

» Et ton frère[1] expose beaucoup plus distinctement cette révélation là où il traite des robes blanches. »

Et immédiatement après la fin de ces paroles on entendit au-dessus de nous *Sperent in te,* à quoi répondirent toutes les rondes.

Puis, parmi elles, une lueur resplendit tellement, que, si le Cancer avait une telle clarté, l'hiver aurait un mois d'un seul jour.

Et comme se lève, et va, et entre en danse une jeune fille joyeuse, seulement pour faire honneur à la mariée, et non pour faire aucune faute;

Ainsi je vis la splendeur illuminée venir vers les deux autres qui tournaient en rond comme il convenait à leur ardent amour.

Elle se mit du chant et de la note; et ma Dame tint son regard sur elles comme une épouse silencieuse et immobile.

« C'est celui qui reposa sur le sein de notre Pélican[2], et qui fut du haut de la croix élu au grand office[3]. »

Ainsi ma Dame; et ses regards ne cessèrent pas plus d'être attentifs après qu'avant ses paroles.

Comme celui qui regarde et se figure voir s'éclipser un peu le soleil, et qui, à force de voir, finit par ne plus voir;

Tel je devins devant cette dernière flamme, tandis qu'il était dit : « Pourquoi t'éblouis-tu pour voir une chose qui n'a pas sa place ici?

---

[1] Saint Jean l'Évangéliste.

[2] Jésus-Christ.

[3] Iste est Johannes Evangelista, qui in cœnâ Domini supra pectus Jesu-Christi recubuit, cui Christus in cruce pendens, matrem suam virginem virgini commendavit. (JOHANN, 13.)

« Dans la terre mon corps est terre et sera tel avec les autres jusqu'à ce que notre nombre égale celui des desseins éternels.

» Les deux lueurs qui se sont envolées portent seules les deux vêtements dans ce bienheureux cloître ; et tu le rediras dans votre monde. »

A ces mots, la ronde enflammée s'apaisa avec le doux mélange qui se faisait du son des trois voix :

Ainsi que, pour faire cesser la fatigue ou le danger, les rames, auparavant frappées sur l'eau, s'arrêtent toutes au son d'un sifflet.

Hélas ! combien je fus ému dans l'âme, quand je me tournai pour voir Béatrice, de ne pouvoir plus la voir, quoique je fusse

Près d'elle et dans le monde bienheureux !

CHANT XXVI.

Saint Jean l'Évangéliste examine le poëte sur la troisième vertu théologale, sur la Charité. — Aux réponses satisfaisantes de Dante, les Bienheureux répondent par une hymne. — Ensuite Adam raconte au poëte le temps de sa félicité et de ses malheurs.

Tandis que j'hésitais à cause de ma vue éblouie, voici que de la flamme éclatante qui l'avait éblouie sortit une voix qui me rendit attentif,

Disant : « En attendant que tu retrouves la vue que tu as perdue à me regarder, il est bon que tu t'en dédommages en parlant.

» Commence donc et dis à quoi tend ton âme, et crois que la vue en toi est égarée et non morte ;

» Car la femme qui te conduit dans cette divine région a dans le regard la vertu qu'eut la main d'Ananias [1]. »

Je dis : « Qu'à son gré et tôt ou tard vienne le remède à

---

[1] Elle rendit la vue à saint Paul.

mes yeux, qui furent les portes par où elle entra avec le feu dont je brûle toujours.

» Le bien qui rend cette cour contente est l'*alpha* et l'*oméga* de tout ce que l'amour me dicte ou de facile ou de rude. »

Cette même voix qui m'avait ôté la peur causée par mon éblouissement subit me donna encore l'envie de parler.

Et elle dit : « Il faut que tu te nettoies à un crible plus serré ; il faut que tu dises ce qui dirigea ton arc vers un tel but [1]. »

Et moi : « C'est par des arguments philosophiques et par l'autorité qui descend d'ici que cet amour a dû se graver en moi.

» Car le bien, en tant que bien, dès qu'on le comprend allume l'amour, et d'autant plus qu'il contient en lui plus de bonté.

» Or donc, vers cette essence, dont l'avantage est tel, que quiconque se trouve en dehors d'elle n'est qu'un rayon de sa lumière,

» Doit se porter plus qu'ailleurs avec amour l'esprit de quiconque voit la vérité sur laquelle se fonde cette preuve ;

» Cette vérité est dévoilée à mon intelligence par celui qui me démontre le premier amour de toutes les substances éternelles ;

» Elles me la démontrent aussi les paroles du véridique créateur qui dit à Moïse en parlant de lui-même : Je te ferai voir le bien suprême [2].

» Tu me la démontres aussi en commençant l'annonce sublime qui proclame les secrets d'en haut au-dessus de tout autre héraut. »

Et j'entendis : « Au nom de l'intelligence humaine et de l'autorité qui est d'accord avec elle, garde pour Dieu le plus puissant de tes amours.

» Mais dis encore si tu sens d'autres cordes te tirer vers

---

[1] Saint Jean va interroger Dante sur l'Amour.
[2] Dixit Moyses ad Dominum : Ostende mihi gloriam tuam. — Ego ostendam omne bonum tibi. (*Exod.*, 33.)

lui, et déclare de combien de dents cet amour te mord. »

La sainte intention de l'aigle du Christ [1] ne me fut pas cachée, et je devinai où il voulait amener ma confession ;

C'est pourquoi je repris : « Toutes les morsures qui peuvent tourner le cœur vers Dieu ont concouru à ma charité ;

» Car l'existence du monde et mon existence, la mort qu'il subit pour que je vécusse et ce qu'espère tout fidèle comme moi,

» Ainsi que la vive connaissance dont il a été parlé, m'ont tiré de l'amer du mauvais amour, et m'ont déposé sur la rive du bon.

» Les feuilles dont se couvre tout le jardin du jardinier éternel sont aimées de moi en proportion du bien qu'il leur communique. »

Comme je me taisais, un chant très-doux retentit dans le ciel, et ma Dame disait avec les autres : *Saint, Saint, Saint!*

Et comme on se réveille à une lumière perçante, à cause du sens de la vue qui court à la clarté allant de membrane en membrane,

Et, réveillé, on a horreur de ce qu'on voit, tant est ignorant le réveil subit jusqu'à ce que le jugement lui vienne en aide,

Ainsi Béatrice chassa tout brouillard de mes yeux avec le rayon des siens qui brillait à plus de mille milles.

Alors je vis plus clair qu'auparavant, et, tout stupéfait, je demandai quelle était une quatrième lueur que je vis avec nous.

Et ma Dame : « Du milieu de ces rayons la première âme [2] que la première vertu ait jamais créée contemple avec joie son créateur. »

Comme le feuillage dont le sommet fléchit au passage du vent et puis se lève par la propre force qui le redresse,

Ainsi fis-je, en m'émerveillant, tandis qu'elle disait, et

---

[1] Saint Jean.
[2] Adam.

puis je fus rassuré par un désir de parler dont je brûlais;

Et je commençai : « O fruit qui seul fus produit mûr[1], ô antique père, à qui chaque épouse est fille et bru.

» Aussi dévotement que je peux, je te supplie de me parler! Tu vois mon envie, et, pour t'entendre plus tôt, je ne te la dis pas. »

Parfois un animal est si fort agité sous sa peau, qu'il faut que ses mouvements intérieurs se trahissent par ceux que fait son enveloppe;

Et pareillement la première âme me faisait paraître à vers la lumière dont elle était revêtue avec quelle joie elle venait pour me complaire.

Puis elle dit : « Sans que ton envie ait été exprimée par toi, je la discerne mieux que tu ne discernes la chose dont tu es le plus certain.

» Car je la vois dans le miroir véridique dont les autres choses sont le parhélie, et qui n'est le parhélie d'aucune.

» Tu veux savoir depuis quand Dieu me plaça dans le jardin élevé où celle-ci t'a disposé à monter une si longue échelle,

» Et combien de temps il fut cher à mes yeux et la vraie cause du grand courroux, et l'idiome dont je me servis et que je fis.

» Or, mon fils, ce n'est pas d'avoir goûté de l'arbre qui fut en toi la cause d'un si long exil, mais seulement d'avoir transgressé l'ordre.

» Là [2] d'où ta Dame a fait partir Virgile, je désirai ce séjour pendant quatre mille trois cent deux révolutions du soleil;

« Et je le vis revenir à toutes les lumières de sa route neuf cent trente fois, pendant que je fus sur terre.

» La langue que je parlai fut tout éteinte avant que les hommes de Nembrod [3] se fussent appliqués à l'œuvre interminable.

---

[1] « Adam fut créé en l'âge de 30 ans, et en stature parfaite, et avec l'accomplissement et la perfection de tous ses sens. » (Grangier.)

[2] Les Limbes.

[3] Nembrod, petit-fils de Cham, qui eleva la tour de Babel.

».Car nul effet rationnel ne fut à jamais durable, à cause de la volonté de l'homme qui se renouvelle sous l'influence du ciel.

» Que l'homme parle, c'est un acte naturel; mais de telle ou telle manière, c'est ce que la nature vous laisse faire ensuite comme il vous plaît.

» Avant que je descendisse aux angoisses infernales, on appelait *El*[1] sur la terre le souverain bien d'où me vient la joie qui m'environne.

» On l'appela ensuite *Eli;* et cela devait être, car les usages des mortels sont comme les feuilles sur la branche qui s'en vont et font place à d'autres.

» Sur la montagne qui s'élève le plus au-dessus de l'onde je menai une vie pure, et coupable depuis la première heure jusqu'à celle qui est la seconde,

» Quand le soleil change de quartier à la sixième heure. »

CHANT XXVII.

Emportements de saint Pierre contre les mauvais pasteurs. — Les Saints s'élèvent et disparaissent. — Dante lui-même monte avec Béatrice à la neuvième sphère, appelée le Premier-Mobile. — La nature et la vertu de cette sphère supérieure lui sont dévoilées.

« Gloire au Père, au Fils, au Saint-Esprit, » entonna tout le Paradis avec une telle douceur de chant, qu'elle m'enivrait.

Ce que je voyais me semblait un sourire de l'univers; car mon ivresse entrait par l'ouïe et par la vue.

O joie! ô ineffable allégresse! ô vie entière d'amour et de paix! ô richesse assurée et sans désir!

---

[1] Saint Isidore dit dans ses Étymologies : « Primum apud Hebræos Dei nomen EL dicitur; secundum nomen ELOI est. »

Devant mes yeux les quatre flambeaux[1] se tenaient allumés, et celui qui était venu le premier commença à se faire plus brillant,

Et d'aspect devint tel que deviendrait Jupiter, si lui et Mars étaient des oiseaux et échangeaient leur plumage.

La Providence, qui répartit ici les temps et les emplois, avait de toutes parts imposé silence au chœur bienheureux,

Quand j'entendis : « Si je change de couleur, ne t'étonne pas, car, pendant que je parle, tu verras tous ceux-ci en changer.

» Celui qui sur terre usurpe ma place, ma place, ma place, qui est vacante devant le Fils de Dieu[2],

» A fait de mon cimetière un cloaque de sang et de pourriture, qui pour le pervers, tombé d'ici, est un soulagement là-bas. »

Alors je vis le ciel entier couvert de cette couleur dont soir et matin le soleil teint les nuages à l'opposite.

Et, comme une femme vertueuse reste sûre d'elle-même, et devient honteuse, rien qu'en écoutant la faute d'un autre,

Ainsi Béatrice changea d'aspect, et je crois qu'une telle éclipse eut lieu dans le ciel pendant la passion de la suprême puissance[3].

Puis il poursuivit en ces termes, d'une voix si changée, que son aspect n'avait pas changé davantage :

« L'épouse du Christ[4] ne fut pas nourrie de mon sang, de celui de Lin et de Clet[5], pour être habituée à acquérir de l'or;

» Mais c'est pour acquérir cette vie heureuse que Sixte et

---

[1] Saint Pierre, saint Jacques, saint Jean et Adam; le premier arrivé était saint Pierre.

[2] Boniface VIII, pape en 1300 :

> Quegli ch' usurpa in terra il luogo mio,
> Il luogo mio, il luogo mio...

[3] Jésus-Christ.
[4] L'Église.
[5] Lin et Clet, papes des premiers temps.

Pie, Calixte et Urbain, versèrent leur sang après beaucoup de pleurs.

» Ce ne fut pas notre intention qu'une partie du peuple chrétien s'assît à la droite de nos successeurs, et une partie à la gauche;

» Ni que les clefs qui me furent confiées devinssent un signe sur l'étendard levé contre les baptisés;

» Ni que je fusse une empreinte de cachet sur des priviléges vendus et menteurs dont souvent je rougis et m'enflamme.

» Sous l'habit du pasteur on voit ici des loups rapaces dans tous les pâturages : ô justice de Dieu! pourquoi sommeilles-tu [1]?

» Les gens de Cahors et de la Gascogne [2] s'apprêtent à boire de notre sang : ô bon commencement, à quelle fin faut-il que tu tombes?

» Mais la haute providence qui, avec Scipion, défendit à Rome la gloire du monde, le secourra bientôt comme j'imagine.

» Et toi, mon fils, que le poids mortel ramènera là-bas, ouvre la bouche et ne cache pas ce que je ne cache pas. »

Comme des vapeurs gelées floconnent du haut de notre air, quand la corne de la Chèvre du ciel touche le soleil,

Ainsi je vis en haut l'éther se parer et floconner de vapeurs triomphantes qui s'étaient arrêtées là avec nous.

Ma vue suivait leurs formes, et les suivit jusqu'au milieu où la distance lui interdit d'aller plus avant.

C'est pourquoi ma Dame, qui vit que j'avais cessé de regarder en haut, me dit : « Baisse la vue et regarde combien tu as tourné. »

Depuis l'instant où j'avais regardé pour la première fois, je vis que j'avais parcouru tout l'arc [3] qui fait du milieu à la fin le premier climat,

Si bien que je voyais au delà de Cadix le passage insensé

---

[1] Exsurge, quare obdormis, Domine? (Ps. 43.)
[2] Jean XXII était de Cahors, et Clément V, de Gascogne.
[3] Vers le tropique du Cancer, selon Ptolémée.

d'Ulysse, et, en deçà, plus près, le rivage sur lequel Europe devint un si doux fardeau.

Et j'aurais découvert un peu plus de ce coin de terre; mais le soleil s'avançait sous mes pieds, éloigné d'un signe et plus.

Mon esprit amoureux, qui courtise toujours ma Dame, brûlait plus que jamais de ramener les yeux sur elle.

Et si la nature et l'art firent des appâts pour prendre l'âme par les yeux, en chair humaine ou en peinture,

Tous réunis ne paraîtraient rien auprès du plaisir divin qui m'illumina quand je me tournai vers son visage souriant.

Et la force que me départit son regard m'arracha du beau nid de Léda [1], et m'emporta dans le ciel le plus rapide.

Ses parties élevées et les plus rapides sont si uniformes, que je ne saurais dire celle que Béatrice me choisit pour place.

Mais elle, qui voyait mon désir, se mit à parler avec un si joyeux sourire, que Dieu semblait se réjouir en elle.

« La nature du monde qui arrête le milieu et fait mouvoir tout le reste autour, commence d'ici comme de sa limite.

» Et ce ciel n'a pas d'autre espace que l'esprit divin auquel s'allume l'amour qui le fait tourner et la vertu qui le fait pleuvoir.

» La lumière et l'amour l'entourent d'un cercle, comme lui les autres; et cette enceinte, celui qui la forme la comprend seul.

» Son mouvement n'est déterminé par aucun autre, mais celui des autres se mesure sur celui-ci, ainsi que dix sur sa moitié et sur son cinquième.

» Et à présent tu peux comprendre comment le temps a ses racines dans ce vase, et son feuillage dans les autres.

» O cupidité, qui enfonces tellement les mortels sous

---

[1] Le signe des Gémeaux, d'où le regard de Béatrice l'emporte au Premier Mobile, ou neuvième sphère, qui ne doit son mouvement à aucun autre, mais le communique.

toi, qu'aucun n'a le pouvoir d'élever les yeux hors de tes ondes !

» Là volonté fleurit bien dans les hommes, mais la pluie continuelle change en prunelles les vraies prunes.

» La foi et l'innocence ne se trouvent que chez les petits enfants, puis chacune s'enfuit avant que les joues soient couvertes de duvet.

» Tel jeûne, bégayant encore, qui ensuite, la langue déliée, dévore toute nourriture sous toute lune;

» Et tel, bégayant, aime et écoute sa mère, qui, parlant tout à fait, désire ensuite de la voir ensevelie.

» Ainsi de blanche au premier aspect devient noire la peau de la belle fille [1] de celui qui apporte le matin et laisse le soir.

» Toi, pour que tu ne t'en étonnes pas, sache que sur terre il n'est plus personne qui gouverne : aussi la famille humaine dévie.

» Mais avant que janvier tout entier sorte de l'hiver, à cause du centième qui est négligé là-bas, les cercles supérieurs tourneront de telle sorte,

» Que la fortune, qui est si fort attendue, tournera les poupes où sont les proues, si bien que la flotte voguera droit;

» Et le vrai fruit viendra après la fleur. »

CHANT XXVIII.

Le poëte annonce qu'il lui a été donné de voir l'Essence divine. — Il aperçoit un point rayonnant de la plus vive lumière, autour duquel tournaient neuf cercles. — Alors Béatrice lui explique comment les neuf cercles de ce monde inintelligible correspondaient aux neuf sphères du monde sensible; puis elle lui parle de la hiérarchie des Anges.

Lorsque celle qui guide mon âme dans le Paradis m'eut dévoilé la vérité sur la vie présente des malheureux mortels,

[1] L'espèce humaine, fille du Soleil.

564 LA DIVINE COMÉDIE.

Comme dans un miroir la flamme d'un flambeau est vue de celui derrière qui elle s'allume, avant qu'il voie le flambeau ou qu'il y pense ;

Et comme il se retourne pour voir si la glace dit la vérité, et voit qu'elles sont d'accord, comme la note avec les paroles ;

Ainsi ma mémoire se souvint que je fis, en regardant dans les beaux yeux avec lesquels l'amour forma le lien qui m'a pris,

Et lorsque je me retournai et que les miens furent frappés de ce qui apparaît dans le ciel, chaque fois qu'on en observe l'étendue,

Je vis un point [1] qui rayonnait d'une clarté si perçante, que, brûlé par elle, le regard doit se fermer à son tranchant aigu.

Et l'étoile qui d'ici paraît la plus petite paraîtrait une lune placée auprès de lui, comme une étoile auprès d'une étoile.

Autant peut-être que paraît distante de son cercle la lumière qui le trace, quand la couronne de vapeur est la plus épaisse,

A la même distance, autour du point, un cercle de feu tournait si vite qu'il aurait dépassé le mouvement le plus prompt à faire le tour du monde.

Et il était entouré d'un autre, et celui-ci d'un troisième, et puis le troisième d'un quatrième, le quatrième d'un cinquième, et puis le cinquième d'un sixième.

Au-dessus d'eux tournait le septième, d'une si grande étendue, que la messagère de Junon serait trop étroite pour le contenir tout entier.

Ainsi du huitième et du neuvième [2] ; et chacun d'eux avait un mouvement plus lent selon que son chiffre était plus éloigné du premier,

Et celui-là avait la flamme la plus limpide, qui était plus

---

1 Dieu
2 Les neuf chœurs des anges, qui environnent leur point central ou Dieu.

éloigné de la pure étincelle, par la raison, je crois, qu'il s'assimile plus à elle.

Ma Dame, qui me voyait en proie à un violent souci, me dit : « De ce point dépendent le ciel et toute la nature.

» Regarde ce cercle qui est le plus près, et sache que son mouvement est si rapide à cause de l'amour enflammé qui le pousse. »

Et moi à elle : « Si le monde était disposé dans l'ordre où je vois ces roues, ce qui m'est expliqué m'aurait satisfait.

» Mais, dans le monde sensible, on peut voir les sphères d'autant plus rapides qu'elles sont plus éloignées du centre.

» C'est pourquoi, si mon désir doit être satisfait dans ce temple admirable et angélique qui n'a pour confins que l'amour et la lumière,

» Il faut que j'apprenne encore comment le modèle et la copie ne vont pas de même : car j'y réfléchis en vain.

— Si tes doigts ne sont pas suffisants contre un tel nœud, ce n'est pas merveille, tant il est devenu solide pour n'avoir pas été touché. »

Ainsi ma Dame ; puis elle dit : « Saisis ce que je te dirai, si tu veux te satisfaire, et aiguise dessus ton esprit.

» Les cercles matériels sont amples et étroits, selon le plus et le moins de vertu répandues sur toutes leurs parties ;

» Un plus grand mérite produit un plus grand bien, et un plus grand corps contient un plus grand bien, s'il a toutes les parties également parfaites.

» Donc ce cercle qui entraîne avec lui tout le haut univers correspond à celui qui aime le plus et qui sait le plus[1].

» C'est pourquoi, si tu mesures sur leur vertu et non sur leur étendue ces substances qui t'apparaissent en rond,

» Tu verras un rapport admirable du plus au plus et du moins au moins entre chaque ciel et son intelligence. »

Comme l'hémisphère de l'air reste splendide et serein quand Borée souffle de la joue d'où il est le plus doux,

---

[1] Ce neuvieme ciel ou Premier Mobile correspond au cercle des séraphins.

Parce que se nettoie et se dissout le brouillard qui obscurcissait tout, si bien que le ciel sourit de toutes ses beautés,

Ainsi fis-je, après que ma Dame m'eut satisfait par sa réponse claire, et la vérité se fit voir comme l'étoile au ciel.

Et, lorsque ses paroles s'arrêtèrent, le fer qui bout n'étincelle pas autrement que les cercles étincelèrent.

Chaque étincelle, en s'embrasant, produisait d'autres étincelles, et elles étaient en telle quantité, que leur nombre surpassait celui de la multiplication des cases d'un échiquier.

J'entendais chanter *Hosanna* de chœur en chœur jusqu'au point fixe qui les tient et toujours les tiendra *ubi* ils ont toujours été;

Et celle-ci, qui voyait les doutes de mon esprit, me dit : « Les premiers cercles t'ont montré les séraphins et les chérubins.

» Ils suivent avec cette rapidité leur attraction, afin de s'assimiler au point autant qu'ils peuvent, et ils peuvent selon qu'ils voient de plus haut.

» Les autres amours qui vont autour d'eux s'appellent trônes du regard divin, parce qu'ils terminent le premier ternaire[1],

» Et tu dois savoir qu'ils ont tous autant de joie que leur vue plonge dans la vérité où se repose toute intelligence.

» De là on peut reconnaître que l'état de béatitude se fonde sur l'action de voir, non sur celle d'aimer qui vient en second.

» Et la mesure de voir, c'est la récompense qu'enfantent la grâce et la bonne volonté; c'est ainsi qu'on procède de degré en degré.

» L'autre ternaire qui germe ainsi dans ce printemps éternel que ne dépouille pas le Bélier nocturne[2],

» Chante perpétuellement *Hosanna* avec trois mélodies

---

[1] La première des trois hiérarchies, lesquelles renferment chacune trois chœurs.
[2] L'Automne, qui dépouille notre printemps terrestre.

qui résonnent dans les trois ordres de joie dont il se compose.

» Dans cette hiérarchie sont les hautes déesses, d'abord les Dominations, et puis les Vertus; le troisième ordre est celui des Puissances.

» Ensuite, dans les deux avant-dernières rondes, tournent les Principautés et les Archanges. La dernière est consacrée aux jeux des Anges.

» Ces ordres tiennent tous leurs regards d'en haut, et au-dessous ont une telle influence qu'ils sont tous entraînés et entraînent tous vers Dieu.

» Et Denys[1] se mit avec tant d'ardeur à contempler ces ordres, qu'il les nomma et les distingua comme je fais.

» Mais Grégoire se sépara ensuite de lui : aussi, dès qu'il a ouvert les yeux dans le ciel, il a ri de lui-même.

» Et si un mortel a révélé sur terre une vérité si secrète, je ne veux pas que tu t'en étonnes; car celui[2] qui l'a vue ici la lui a découverte,

» Avec beaucoup d'autres des vérités de ce cercle. »

CHANT XXIX.

Béatrice instruit Dante sur la création des Anges. — Ensuite elle blâme les théologiens et les prédicateurs du temps qui, abandonnant l'Évangile, se plaisent à débiter des fables. — Enfin, elle se reprend à parler de la substance des Anges.

Quand les deux enfants de Latone, couverts des signes du Bélier et de la Balance, se font ensemble une ceinture de l'horizon[3],

Tant que dure le moment où le zénith les équilibre, jusqu'à ce que l'un et l'autre, en changeant d'hémisphère, se délivrent de cette ceinture,

---

[1] Saint Grégoire ne décrit pas le ciel comme vient de le faire Dante, mais bien Denys l'Aréopagite.
[2] Saint Paul, qui fut ravi au ciel et instruisit saint Denys.
[3] Le temps où le soleil et la lune sont l'un à l'orient, l'autre à l'occident.

Aussi longtemps Béatrice, le visage embelli d'un sourire, regarda en silence et fixement le point qui avait vaincu mon regard.

Puis elle commença : « Je te dirai (et sans te le demander) ce que tu veux entendre, parce que je l'ai vu là où aboutissent tout *ubi* et tout *quando :*

» Non pour accroître sa perfection (ce qui ne peut être), mais pour que sa splendeur pût dire en resplendissant : J'existe !

» L'éternel amour s'ouvrit dans son éternité, hors du temps, hors de l'espace, selon qu'il lui plut, et enfanta neuf ordres d'amours.

» Non qu'auparavant il demeurât oisif : car, ni avant ni après, la parole de Dieu ne courut sur les eaux[1].

» La forme et la matière, unies et épurées, sortirent de cet acte exempt d'imperfection, comme d'un arc à trois cordes sortent trois flèches.

» Et comme dans le verre, dans l'ambre ou dans le cristal brille un rayon, si bien que, du moment où il y arrive à celui où il y est tout entier, il n'est point d'intervalle;

» Ainsi cet effet triforme rayonne tout à la fois de son Seigneur et Dieu, sans distinction dans son principe[2].

» Lors fut concréé et établi l'ordre de ces substances; et celles-là furent la cime du monde, dans lesquelles l'acte pur se produisit;

» La pure matière tint la place inférieure; mais, au milieu, un tel nœud unit la forme et la matière, que jamais il ne se dénoue.

» Jérôme a écrit que les anges furent créés une longue suite de siècles avant que l'autre monde fût fait;

» Mais cette vérité, exposée ici devant toi, est écrite en maints passages des écrivains de l'Esprit-Saint, et tu le verras, si tu y regardes bien.

» Et la raison elle-même le voit en partie; car elle n'ac-

---

[1] Spiritus Domini ferebatur super aquas. (*Gen.*, 1.)
[2] Ici des remerciments à M. Mamiani della Rovere, qui, exilé comme Dante, et poëte lui-même, a bien voulu plus d'une fois éclairer ce travail de ses conseils.

corderait pas que les moteurs fussent restés un si long temps sans leur perfection[1].

» A présent tu sais où, quand et comment ces amours furent créés; si bien que trois ardeurs de ton désir sont déjà apaisées.

» En comptant, on n'arriverait pas à vingt aussi vite qu'une part des anges troubla le monde de vos éléments.

» L'autre part resta fidèle, et leur œuvre, que tu admires, ils le commencèrent avec un si grand plaisir, que jamais ils ne cessent de tourner.

» Le principe de la chute fut le maudit orgueil de celui que, sous tous les poids du monde, tu as vu écrasé.

» Ceux que tu vois ici furent modestes, et ils reconnurent la bonté qui les avait faits bien disposés pour de si hautes compréhensions.

» C'est pourquoi leurs vues furent tellement exaltées par la grâce illuminante et par leur mérite, qu'ils possèdent une pleine et ferme volonté.

» Et je ne veux pas que tu doutes, mais que tu sois certain que recevoir la grâce est méritoire, selon que l'affection lui est ouverte.

» Désormais tu peux contempler à ton gré, et sans autre aide, tout ce consistoire, si tu as bien recueilli mes paroles.

» Mais, comme sur terre et dans nos écoles on lit que la nature angélique est telle, qu'elle entend, qu'elle se souvient, et qu'elle veut,

» Je parlerai encore, afin que tu voies la vérité pure, qui là-bas éprouve quelque confusion par les équivoques d'un pareil enseignement.

» Ces substances, après s'être réjouies de l'image de Dieu, ne détournèrent pas la vue de cette face à qui rien n'est caché.

» Ainsi, ils n'ont pas une vue interrompue par un nouvel objet; ainsi, leur pensée n'étant point divisée, ils n'ont nul besoin de se souvenir.

---

[1] Ils fussent demeurés sans perfection, n'ayant pas eu la puissance de mouvoir les cieux. (Grangier.)

» Donc, là-bas, on rêve sans sommeiller, les uns croyant, les autres ne croyant pas que ce dire est la vérité ; mais dans les premiers il y a plus de faute et de honte,

» Vous ne gardez, là-bas, aucun sentier en philosophant, tant vous emportent l'amour de l'apparence et ses chimères.

» Toutefois cette conduite est regardée d'en haut avec moins de rigueur que lorsqu'on rejette l'Écriture sainte, ou lorsqu'on la torture.

» On ne songe pas chez vous combien il en a coûté de sang pour la semer dans le monde, et combien plaît celui-là qui humblement chemine avec elle.

» Pour paraître, chacun s'ingénie et fait des inventions ; elles sont les textes des prédicateurs, et l'Évangile se tait.

» L'un dit que la lune recula lors de la passion du Christ, et s'interposa afin que la lumière du soleil ne pût descendre sur la terre ;

» Un autre, que la lumière se cacha d'elle-même, d'où il advint que cette éclipse fut sensible pour les Espagnols et les Indiens comme pour les Juifs.

» Florence n'a pas tant de Lapi et de Bindi[1] qu'en une année il se débite de fables en chaire de côté et d'autre.

» Aussi les pauvres brebis s'en reviennent du pâturage repues de vert ; mais l'ignorance de leur malheur ne les excuse pas.

» Le Christ n'a point dit à son premier couvent : Allez et prêchez au monde des sornettes ; mais il leur donna la vérité pour texte ;

» Et elle résonna si fort dans leur bouche, que dans leurs combats pour allumer la foi, ils firent de l'Évangile des écus et des lances.

» Aujourd'hui on s'en va prêcher avec des mots grotesques et des bouffonneries ; et, pourvu que l'auditoire ait bien ri, le capuchon se gonfle, et l'on ne demande rien de plus.

» Mais un tel oiseau[2] niche dans la pointe du capuchon,

---

[1] Noms très-communs à Florence : Lapo pour Jacopo, Bindo pour Aldobrandino.
[2] Le démon.

que, si le vulgaire le voyait, il refuserait ses pardons auxquels il se confie.

» Par ces indulgences la sottise s'est si fort accrue sur la terre, que, sans la preuve d'aucun témoignage, on se confie à toute promesse,

» De cela s'engraisse le porc de saint Antoine, et s'engraissent bien d'autres qui sont pires que des porcs : ils payent avec une monnaie qui n'a pas de coin.

» Mais, après cette longue digression, reporte désormais tes yeux vers le droit chemin, afin d'abréger et la route et le temps.

» La nature des anges s'accroît tellement en nombre, de degré en degré, que jamais parole ni intelligence mortelle ne parvint jusque-là.

» Et si tu regardes ce qu'en révéla Daniel, tu verras que dans les milliers qu'il cite, le nombre précis n'est point donné [1].

» La lumière première, qui rayonne sur toute leur nature, pénètre leur essence en autant de manières qu'il y a de splendeurs auxquelles elle s'unit.

» Ainsi, comme à tout acte d'intuition succède l'affection, la douceur d'amour bout et tiédit diversement dans les anges.

» Désormais vois la hauteur et l'étendue de l'éternelle puissance, puisqu'elle s'est fait tant de miroirs où elle se multiplie,

» Tout en restant une comme devant. »

---

[1] Millia millium ministrabant ei, et decies millies centena millia assistebant ei. (DANIEL, 7.)

CHANT XXX.

Dante monte avec Béatrice dans le dixième ciel, l'Empyrée. — Béatrice s'y revêt d'une beauté merveilleuse. — Après une vision surnaturelle, il est donné au poëte de voir clairement le triomphe des Anges et des Ames bienheureuses. — Son guide lui apprend ensuite le nombre des Élus, et lui fait contempler la grandeur de la cité de Dieu.

Peut-être à six mille milles de distance de cette sphère brûle la sixième heure [1], et ce monde incline déjà son ombre presque horizontalement,

Quand le milieu du ciel, élevé au-dessus de nous, commence à se faire tel, que plusieurs étoiles finissent par disparaître pour nos profondeurs.

Et, à mesure que vient la splendide servante du soleil, le ciel se ferme, de lueur en lueur, jusqu'à la plus belle.

Ainsi ce triomphe [2] qui se joue sans cesse autour du point qui m'avait ébloui, en paraissant enfermé dans ce que lui-même enferme,

Peu à peu s'éteignit à ma vue; c'est pourquoi le regret de ne rien voir et mon amour me forcèrent de tourner les yeux vers Béatrice.

Si tout ce que j'ai dit d'elle jusqu'ici était réuni en une seule louange, tout cela serait peu pour cette fois.

La beauté que je vis dépasse non-seulement nos idées, mais je crois sûrement que son créateur seul la peut comprendre tout entière.

Je m'avoue vaincu par ce passage de mon thème, plus que ne le fut jamais, par quelque autre point, auteur tragique ou comique.

Car, de même que le soleil fatigue la paupière qui tremble le plus, de même le souvenir du doux sourire paralyse mon esprit.

Depuis le premier jour que je vis son visage dans ce

---

[1] Midi.
[2] Le chœur des anges.

monde, jusqu'à cette vue sublime, la suite de mon chant n'a pas été interrompue;

Mais il faut ici que mon poëme cesse de suivre en chantant la beauté de ma Dame, comme fait tout artiste parvenu au dernier effort de son art.

Telle désormais que je dois la laisser à l'éclat d'une trompette plus grande que la mienne, qui se hâte de conduire à terme sa matière ardue,

Béatrice reprit avec le geste et la voix d'un guide empressé : « Nous sommes montés du plus grand des corps célestes au ciel qui est une pure lumière [1];

» Lumière intellectuelle pleine d'amour, amour du vrai bien rempli de joie; joie qui dépasse toute douceur.

» Ici tu verras l'une et l'autre milice du Paradis [2], et l'une avec l'aspect que tu lui verras au dernier jugement. »

Comme un éclair subit qui dissipe les puissances visuelles, de manière qu'il ôte à l'œil la faculté de discerner les plus forts objets,

Ainsi m'enveloppa une vive lumière, et elle me laissa tellement embarrassé sous le voile de son éclat, que rien ne m'apparaissait.

« Toujours l'amour qui rassérène ce ciel accueille celui qui entre en lui avec un pareil salut, afin de rendre le cierge propre à recevoir sa flamme. »

Ces brèves paroles de Béatrice ne furent pas plutôt venues à moi, que je me sentis m'élever au-dessus de ma force;

Et en moi s'alluma une nouvelle vue telle, qu'il n'est pas de clarté si pure que mes yeux ne pussent l'endurer.

Et je vis une lumière [3] en forme de rivière, éclatante d'éclat entre deux rives ornées de primevères admirables.

De ce fleuve sortaient des étincelles vives qui, de tous cotés, tombaient entre les fleurs, comme des rubis entourés d'or.

[1] Du Premier Mobile à l'Empyrée.
[2] La milice des anges fidèles, et celle des élus.
[3] Dieu : Ostendit mihi flumen aquæ vivæ, splendidum tanquàm cristallum, discedens de sede Dei. (*Apoc.*, 22.)

Puis, comme enivrées de ces odeurs, elles se replongeaient dans le gouffre merveilleux, et si une entrait, une autre en sortait.

« Le haut désir qui t'enflamme maintenant et te presse d'avoir l'intelligence de ce que tu vois, me plaît d'autant plus qu'il t'élève davantage;

» Mais à cette eau il est bon que tu boives, afin que s'apaise en toi une si grande soif. » Ainsi me parla le soleil de mes yeux;

Il ajouta encore : « Le fleuve et les topazes qui entrent et sortent, et le sourire des herbes, sont des ombres et des annonces de la vérité.

» Non qu'en elles-mêmes ces choses soient obscures; mais le défaut est en toi, qui n'as pas encore la vue assez hardie. »

Il n'est pas de petit enfant qui plus promptement se rue sur le lait de sa mère, s'il s'est réveillé beaucoup plus tard que de coutume,

Que moi je ne fis (pour faire encore de mes yeux des miroirs meilleurs), en m'inclinant vers l'onde qui coule là afin qu'on vienne s'y améliorer;

Et lorsque le bord de mes paupières s'y fut mouillé, soudain le fleuve me parut de long devenu rond.

Puis, comme des gens qui étaient sous le masque paraissent autres que d'abord, s'ils dépouillent l'apparence empruntée sous laquelle ils se cachaient,

Ainsi se changèrent en une plus grande allégresse les fleurs et les étincelles, si bien que je vis se manifester les deux cours du ciel.

O splendeur de Dieu, par qui je vis le grand triomphe du royaume de la vérité, donne-moi la vertu de le dire comme je le vis!

Une lumière est là-haut, laquelle rend le créateur visible à la créature qui à le voir lui seul sait mettre toute sa paix.

Et elle s'étend en une figure circulaire si immense,

que sa circonférence serait pour le soleil une trop large ceinture.

Tout ce qui en apparaît n'est qu'un rayon réfléchi sur le sommet du Premier Mobile, qui prend de là sa vie et sa puissance.

Et, comme dans l'eau de sa base se mire un coteau, pour voir, il semble, sa parure, et combien il est riche et d'herbes et de petites fleurs,

Ainsi, suspendues tout autour, tout autour du fleuve lumineux, je vis s'y mirer, sur plus de mille degrés, toutes les âmes qui de notre monde sont retournées là-haut.

Et si le rang le plus bas concentre en lui tant de lumière, quelle n'est pas la splendeur de cette rose dans ses feuilles les plus hautes!

Ma vue ne s'égarait pas dans la largeur ni dans la hauteur de la rose; mais, dans sa quantité et sa qualité tout entière, elle embrassait cette allégresse.

Là, être près ou loin n'ajoute rien, n'enlève rien; car, où Dieu gouverne sans agents intermédiaires, les lois naturelles sont sans actions.

Alors, vers le cœur doré de la rose éternelle qui se dilate, s'étage et exhale un parfum de louanges au soleil, cause du printemps sans fin,

Béatrice m'entraîna comme quelqu'un qui se tait et veut parler, et elle me dit : « Regarde combien est grande la réunion des blanches étoles [1].

» Vois combien notre cité a de circuit! Vois nos degrés si remplis, que peu de gens désormais y sont appelés!

» Dans ce grand siége, sur lequel tu tiens fixés tes yeux à cause de la couronne qui déjà est placée au-dessus, s'assoira, avant que tu soupes à ces noces,

» L'âme un jour auguste sur la terre du grand Henri [2], lequel viendra réformer l'Italie, avant que cette terre soit disposée à l'accueillir.

---

[1] Datæ illis singulæ stolæ albæ. (*Apocal.*, 6.)
[2] Henri VII.

» L'aveugle cupidité qui vous abrutit vous a rendus semblables au petit enfant qui meurt de faim et chasse sa nourrice.

» Alors sera préfet dans le barreau divin [1] un homme qui ouvertement et à couvert ne marchera pas avec ce roi dans le même chemin.

» Mais peu de temps il sera enduré par Dieu dans le saint office; car il sera plongé là où Simon le magicien est pour ses mérites,

» Et il fera tomber plus bas celui d'Anagni [2]. »

CHANT XXXI.

Le poëte contemple encore avec éblouissement la gloire du Paradis. — Ensuite, se tournant vers Béatrice (ou l'Esprit de la Théologie), qui avait repris son siége céleste, il lui rend grâce de tous les biens qu'il en a reçus. — Par la faveur de saint Bernard, il lui est accordé de voir, dans sa félicité, la reine du ciel, la Vierge Marie.

Donc, sous la forme d'une rose éblouissante de blancheur, se montrait à moi la milice sainte dont par son sang le Christ fit son épouse;

Mais l'autre milice, qui, tout en volant, voit et chante la gloire de celui qui la rend amoureuse et dont la bonté la rendit si grande,

(Comme un essaim d'abeilles qui tantôt picore sur les fleurs, tantôt s'en retourne là où le fruit de son travail exhale sa saveur [3],)

Descendait dans la grande fleur ornée de tant de fleurs; et de là s'élançait encore vers le point où son amour séjourne éternellement.

Ces âmes avaient la face de flamme vive, et les ailes

---

[1] C'est-à-dire souverain pontife; il parle de Clément V.
[2] Boniface VIII.
[3] Qualis apes æstate novâ per florea rura
     Exercet sub sole labor, etc.
                              (*Æneid.*)

d'or, et le reste d'une telle blancheur, qu'aucune neige n'y pourrait atteindre.

Lorsqu'elles descendaient dans la fleur, de degré en degré, elles épandaient, en agitant leurs ailes, la paix et l'ardeur qu'elles venaient d'acquérir.

Et, pour être interposée entre là-haut et la fleur, cette famille volante n'empêchait ni la vue ni la splendeur.

Car la lumière divine pénètre dans l'univers, selon qu'il en est digne, avec une telle force que rien ne peut lui faire obstacle.

Ce royaume calme et joyeux, riche d'esprits anciens et nouveaux, avait la vue et l'amour dirigés sur un seul point.

O triple lumière! qui, en scintillant dans une seule étoile, réjouis tellement la vue de ces esprits, regarde ici-bas quelle est notre tempête!

Si les barbares, venus de cette plage que chaque jour couvre Hélicé [1], en tournant avec son fils qu'elle suit avec amour,

En voyant Rome et ses hauts monuments, restaient tout stupéfaits, alors que Latran s'élevait au-dessus de toutes les choses mortelles [2],

Moi qui venais de passer de l'humain au divin, du temps à l'éternel, et de Florence chez un peuple juste et sage,

De quelle stupeur devais-je être saisi! Certes, entre cette stupeur et ma joie, je me plaisais à ne rien entendre et à me tenir muet.

Et tel un pèlerin qui se récrée en regardant bien le temple où son vœu vient de s'accomplir, et déjà espère redire comme ce temple était fait,

Tel, en contemplant la vive lumière, je promenais mes yeux par les degrés, tantôt en haut, tantôt en bas, tantôt en faisant le tour.

Et je voyais des visages qui engageaient à la charité,

---

[1] La Grande-Ourse.
[2] Saint Jean de Latran, la première des églises de Rome et du monde catholique : « Ecclesiarum urbis et orbis mater et caput. »

embellis de la lumière d'en haut et de leur sourire, et dans des poses ornées de toutes grâces.

La forme générale du Paradis, déjà mon regard l'avait embrassée tout entière, mais ne s'était encore fixé sur aucune partie ;

Alors je me tournai avec un désir renaissant pour questionner ma Dame sur des points qui tenaient mon esprit en suspens.

Je m'attendais à une chose, et une autre m'arriva ; je croyais voir Béatrice, et je vis un vieillard vêtu comme la famille glorieuse.

Dans ses yeux et sur ses joues était répandue une joie bénigne, et il avait l'attitude pleine de douceur qui convient à un tendre père.

« Et où est-elle ? » lui dis-je aussitôt. Lui alors : « Béatrice m'a envoyé de ma place pour mettre fin à ton désir ;

» Et si tu regardes là-haut, au troisième cercle [1] du suprême degré, tu la reverras sur le trône où l'ont placée ses mérites.

Sans répondre je levai les yeux, et je la vis qui se faisait une couronne en réfléchissant sur elle les éternels rayons.

De la région la plus élevée où gronde le tonnerre, l'œil mortel n'est pas si éloigné alors qu'il s'enfonce le plus bas dans la mer,

Que ma vue l'était de Béatrice ; mais rien ne me nuisait, car son image arrivait clairement jusqu'à moi.

« O femme, en qui vit mon espérance, et qui as daigné, pour mon salut, laisser tes traces dans l'Enfer,

» Si j'ai vu tant de choses, c'est à ta bonté et à ton pouvoir que j'en rapporte cette grâce et cette force.

» Tu m'as de l'esclavage mené à la liberté par toutes les voies, par tous les moyens qui, pour le faire, étaient en ta puissance.

» Conserve en moi ta largesse, afin que mon âme, que tu as rendue saine, te plaise quand elle se détachera du corps. »

---

[1] Les Trônes occupent le troisième cercle de la première hiérarchie.

Je priai ainsi ; et elle, qui semblait si lointaine, sourit et me regarda, puis elle se tourna vers l'éternelle fontaine.

Et le saint vieillard : « Afin, me dit-il, que tu accomplisses parfaitement ton voyage, pour lequel une prière et un amour saint m'ont mandé vers toi,

» Avec tes regards vole par ce jardin, car, en le voyant, ton regard t'inspirera plus de force pour monter vers le rayon divin.

» Et la reine du ciel, pour qui je brûle tout entier d'amour, nous accordera toute grâce, car je suis son fidèle Bernard [1]. »

Tel celui qui vient peut-être de la Croatie pour voir notre Véronique [2], et, à cause de son antique réputation, ne peut s'en rassasier,

Mais dit dans sa pensée, tant qu'on la lui montre : Mon Seigneur Jésus-Christ, roi véritable, ainsi donc était faite votre face !

Tel j'étais en admirant la vivante charité de celui qui, dans ses contemplations en ce monde, goûta par avance la paix céleste.

« Fils de la grâce, me dit-il, cette existence bienheureuse ne te sera pas connue, si tu tiens par continuité les yeux baissés ;

» Mais regarde les cercles jusqu'au plus éloigné, jusqu'à ce que tu voies le siége de la Reine à qui ce royaume est soumis et dévoué. »

Je levai les yeux, et de même que le matin la partie orientale de l'horizon surpasse en éclat celle où le soleil décline.

Ainsi, en allant avec mes yeux, comme quelqu'un qui va d'une vallée à une montagne, je vis à l'extrémité un point du cercle qui surpassait en clarté tous les autres ;

Et comme là où s'attend le char que guida mal Phaéton,

---

[1] Saint Bernard, modèle de la vie contemplative.
[2] La Croatie, pour tout pays lointain. — Le saint suaire dû à sainte Véronique.

le ciel s'enflamme davantage, tandis que deçà delà la lumière diminue ;

Ainsi cette oriflamme de paix [1] brillait au milieu, et de chaque côté amortissait l'éclat des autres flammes.

Et dans ce milieu je vis, les ailes ouvertes, plus de mille anges qui lui faisaient fête, chacun d'eux différant de splendeur et de pose.

Là je vis sourire à leurs jeux et à leurs chants une beauté qui était la joie des yeux de tous les autres saints.

Et quand j'aurais pour dire autant de ressources que pour imaginer, je n'oserais redire la moindre de ses délices.

Bernard, voyant mes yeux fixés avec attention sur l'objet de son ardeur, y tourna les siens avec une affection si grande,

Qu'il rendit les miens plus ardents à la contempler.

CHANT XXXII.

Saint Bernard fait connaître au poëte dans quel ordre sont rangés les Saints de l'Ancien et du Nouveau Testament. — Surtout, il lui fait contempler la haute gloire de la Vierge bienheureuse.

Tout plongé dans son bonheur, le contemplateur [2] prit de lui-même l'office de maître et commença par ces paroles saintes :

« La plaie que Marie referma et oignit fut ouverte et aigrie par cette femme si belle qui est à ses pieds [3].

» Dans le rang formé par les troisièmes siéges, siégent au-dessous d'elle Rachel avec Béatrice, comme tu le vois,

» Sara et Rébecca, Judith et la bisaïeule [4] du chantre qui, dans la douleur de sa faute, dit : *Miserere meî;*

» Tu peux les voir ensuite de trône en trône, en descen-

---

[1] La Vierge.
[2] Saint Bernard.
[3] Ève.
[4] Ruth.

Que tout ce que j'avais vu auparavant ne m'avait pas saisi d'une telle admiration, et ne m'avait montré de Dieu une telle ressemblance.

Et cet amour [1] qui le premier descendit en chantant *Ave, Maria gratiâ plena*, étendit ses ailes devant elle.

Et au divin cantique répondait de toutes parts la cour bienheureuse, si bien que chaque figure en devint plus sereine.

« O Saint Père [2], qui daignes pour moi te tenir ici-bas, laissant le doux lieu où tu siéges pour l'éternité,

» Quel est cet ange qui, avec tant de joie, regarde dans les yeux de notre reine, et si enamouré qu'il paraît de feu ? »

Ainsi je recourus encore aux instructions de celui qui s'embellissait de la splendeur de Marie, comme du soleil l'étoile du matin.

Et lui à moi : « La confiance et la grâce qui peuvent être dans un ange se trouvent en lui ; et nous voulons qu'il en soit ainsi.

» Car il est celui qui porta la palme à Marie quand le Fils de Dieu se voulut charger de notre fardeau.

» Mais viens maintenant, et, à mesure que je parlerai, remarque des yeux les grands patriciens de cet empire très-juste et très-pieux.

» Ces deux qui siégent là-haut plus heureux, parce qu'ils sont les plus près de l'auguste femme, sont quasi les deux racines de cette rose.

» Celui qui touche à sa gauche est le père qui, pour avoir goûté avidement du fruit, força l'espèce humaine à goûter de tant d'amertume.

» A sa droite tu vois l'antique père de la sainte Église, à qui le Christ confia les clefs de cette fleur de beauté [3].

» Et celui [4] qui vit, avant de mourir, tous les temps

---

[1] L'ange Gabriel.
[2] Saint Bernard.
[3] Saint Pierre.
[4] Saint Jean l'Évangéliste.

difficiles où devait passer la belle épouse[1] qui fut conquise par la lance et par les clous,

» Est assis non loin de lui ; et non loin de l'autre se tient ce chef sous lequel vécut de manne la nation ingrate, mobile et opiniâtre.

» Vis-à-vis Pierre tu vois Anne, si heureuse de contempler sa fille, qu'elle ne bouge pas les yeux en chantant *Hosanna*.

» Et vis-à-vis du grand-père de famille[2] est assise Lucie[3], celle qui t'envoya ta Dame, quand tu fermas tes paupières au bord de l'abîme.

» Mais comme le temps de ton rêve s'enfuit, ici nous ferons une pause, comme un bon tailleur qui, selon ce qu'il a de drap, fait le vêtement.

» Et nous élèverons les yeux vers le premier amour, afin qu'en regardant vers lui tu pénètres, autant qu'il est possible, dans sa splendeur.

» Cependant, de peur qu'en croyant avancer tu ne recules peut-être, tout en remuant tes ailes, il faut que tu en obtiennes la grâce par tes prières,

» La grâce de celle qui peut t'aider ; et tu me suivras d'âme et d'intention, si bien que de ma demande ton cœur ne se sépare en rien. »

Et il commença cette sainte oraison.

CHANT XXXIII.

Dans une fervente oraison, saint Bernard prie la Vierge Marie d'obtenir au poëte la grâce de s'élever jusqu'à la vision même de Dieu. — Après quoi, Dante, illuminé, pénètre du regard la lumière divine et l'auguste Trinité, où il entrevoit, dans la personne du Verbe, l'Humanité jointe à la Divinité.

« Vierge mère, fille de ton fils, humble et haute plus qu'aucune autre créature, terme fixe de la volonté éternelle,

---
[1] L'Église.
[2] Adam.
[3] Sainte Lucie, de Syracuse, symbole de la grâce illuminante.

dant, à mesure que dans la rose je vais te les nommant de feuille en feuille.

» Et du septième degré en bas, comme du haut à ce septième degré, se succèdent les Juives en partageant toutes les feuilles de la fleur ;

» Parce que, selon le regard que la foi fixa sur le Christ, ces femmes sont le mur par lequel sont séparés les échelons sacrés.

» De ce côté où la fleur est fournie de toutes ses feuilles, sont assis ceux qui crurent dans le Christ à venir ;

» De l'autre côté où les demi-cercles sont interrompus par des vides, se tiennent ceux qui tournèrent les yeux vers le Christ venu sur terre.

» Et comme de cette part le glorieux siége de la Dame du ciel, et les autres siéges inférieurs, forment une si grande séparation,

» Ainsi, à l'opposite, celui du grand Jean, qui, toujours saint, souffrit la solitude, le martyre et l'enfer durant deux ans[1] ;

» Et, au-dessous de lui, sont aussi, formant à dessein une séparation, François, Benoît, Augustin et les autres, descendant jusqu'ici de cercle en cercle.

» Or, admire la haute providence divine, car l'un et l'autre expert de la foi rempliront également ce jardin.

» Et sache que, de ce degré qui tranche par le milieu les deux divisions jusqu'au degré le plus bas, nul ne siége pour son propre mérite,

» Mais pour le mérite d'autrui sous de certaines conditions : car tous ceux-ci sont des esprits détachés de l'enveloppe terrestre, avant qu'ils pussent choisir la vraie foi.

» Tu peux bien t'en apercevoir à leur visage, et aussi à leurs voix enfantines, si tu les regardes bien et si tu les écoutes.

» A cette heure tu doutes, et doutant tu gardes le silence ; mais je te dégagerai des liens dans lesquels t'étreignent tes subtiles pensées.

[1] Dans les Limbes où il attendit deux ans la venue du Christ.

Dans cet immense royaume un cas fortuit ne peut avoir place, et non plus la tristesse, ou la soif, ou la faim ;

» Car, d'après une loi éternelle, s'est établi tout ce que tu vois, si bien que tout convient à sa place comme la bague au doigt ;

» Donc cet essaim, venu hâtivement à la vie véritable, n'est pas *sine causâ* plus ou moins haut placé.

» Le Roi par lequel ce royaume se maintient dans un si grand amour et une si grande félicité, que nul désir n'ose aller plus loin,

» En créant tous les esprits sous son regard joyeux, les dota diversement de la grâce, selon son plaisir ; et que l'effet produit te suffise.

» Ceci vous est expressément et clairement prouvé dans l'Écriture sainte, par les jumeaux qui, au ventre de leur mère, tressaillirent de colère [1].

» Or, c'est d'après la couleur des cheveux que la très-haute lumière doit accorder la couronne de la grâce.

» Donc, sans égard pour leurs œuvres, ils ont été placés sur des degrés différents ; et leur seule différence est dans l'infusion de la grâce première.

» Dans les premiers siècles, il suffisait, pour le salut, d'avoir avec l'innocence la foi des parents.

» Quand furent accomplis les premiers âges, les enfants mâles eurent besoin de la circoncision pour rendre la force à leurs ailes innocentes ;

» Mais, le temps de la grâce venu, tous ces innocents, s'ils n'avaient le baptême parfait du Christ, étaient retenus dans les limbes.

» Maintenant regarde dans la face qui ressemble le plus à celle du Christ ; seule, par sa clarté, elle peut te disposer à voir le Christ. »

Je vis sur elle pleuvoir tant d'allégresse portée par les esprits saints, créés pour voler cette sublimité,

---

[1] Ésaü, qui était roux, et Jacob, qui était brun.

» Tu es celle qui as ennobli tellement la nature humaine, que son auteur n'a pas dédaigné de devenir son propre ouvrage [1].

» Dans ton sein s'est rallumé l'amour dont la chaleur a fait ainsi germer cette fleur dans la paix éternelle.

» Ici tu es pour nous un soleil de charité dans son midi, et là-bas, parmi les mortels, tu es une source vive d'espérance.

» Femme, tu es si grande et tu as tant de puissance, que celui qui veut une grâce et ne recourt pas à toi veut que son désir vole sans ailes.

» Ta bonté ne secourt pas seulement celui qui demande, mais bien des fois elle va libéralement au-devant de la demande.

» En toi se réunit la miséricorde, en toi la pitié, en toi la magnificence, en toi tout ce qu'il y a de bon dans la créature.

» Or celui qui, du plus profond abîme de l'univers jusqu'ici, a vu les existences des esprits une à une,

» Te supplie en grâce de lui accorder assez de force pour qu'il puisse s'élever plus haut du regard vers la félicité suprême.

» Et moi qui n'ai jamais souhaité pour moi cette vue plus ardemment que je ne fais pour lui, je t'adresse toutes mes prières, et je prie qu'elles ne soient pas vaines,

» Afin que tu dissipes tous les nuages de sa mortalité avec tes prières, en sorte que la souveraine joie se montre à lui.

» Je te prie encore, ô reine qui peux ce que tu veux, que tu conserves entières ses affections après une telle vision.

» Que ta protection triomphe des impulsions humaines. Vois Béatrice avec tous les bienheureux qui joignent les mains pour s'unir à mes prières. »

Les yeux que Dieu chérit et vénère[2], fixés sur l'orateur,

---

[1] Tu ad liberandum suscepturus hominem non horruisti virginis uterum.
[2] Les yeux de la Vierge.

nous démontrèrent combien les prières dévotes lui sont agréables.

De là ils se levèrent sur l'éternelle lumière, dans laquelle on ne peut croire que l'œil d'une créature pénètre aussi perçant.

Et moi qui m'approchais du terme de tous mes vœux, ainsi que je le devais, je mis fin en moi à l'ardeur du désir.

Bernard me faisait signe et souriait pour que je regardasse en haut; mais j'étais déjà par moi-même tel qu'il me voulait,

Car ma vue, devenant plus pure, entrait de plus en plus dans le rayon de la haute lumière qui est vraie par elle-même.

Dès cet instant ma vue fut au-dessus de mes paroles, qui cèdent à une telle vision, et la mémoire cède à un tel excès.

Tel qu'est celui qui voit en rêvant, et qui, après son rêve, garde l'impression produite sans que le reste lui revienne à l'esprit,

Tel je suis, car presque toute ma vision a cessé; et si je me sens encore distiller dans ce cœur la douceur qui naquit d'elle,

Ainsi la neige fond au soleil, ainsi se dispersent au vent sur des feuilles légères les décrets de la sibylle.

O souveraine lumière! qui t'élèves tant au-dessus des pensées des mortels, prête à mon esprit un peu de ce que tu paraissais,

Et fais ma langue si puissante qu'elle puisse laisser une étincelle au moins de ta gloire aux races futures!

Car, en revenant un peu à ma mémoire et en résonnant un peu dans ces vers, ta victoire sera mieux comprise.

Je crois, d'après la blessure que je reçus au vif rayon, que j'aurais été aveuglé si mes yeux s'en étaient détournés;

Et je me souviens que j'en fus enhardi à persister jusqu'à ce que j'eusse uni mon regard à la puissance infinie.

O grâce abondante, par laquelle j'osais plonger mes

yeux si avant dans la lumière éternelle, que j'y consumai ma vue !

Dans sa profondeur je vis relié avec amour en un volume ce qui est dispersé en feuillets dans l'univers :

Les substances, et les accidents, et leurs qualités, comme pétris ensemble de telle manière que ce que je dis n'en est qu'une simple lueur.

Je crois que je vis la forme universelle de ce nœud, parce qu'en disant ceci je me sens ouvrir à une joie plus large.

Un seul instant m'apporte plus d'oubli que vingt-cinq siècles n'en ont apporté à l'entreprise qui fit admirer à Neptune l'ombre d'Argo.

Ainsi mon esprit tout en suspens admirait fixe, immobile et attentif, et devenait toujours plus ardent à admirer.

L'effet de cette lumière est tel, qu'il est impossible que jamais on consente à se détourner d'elle pour admirer autre chose :

Attendu que le bien qui est l'objet de la volonté se réunit tout entier en elle ; et hors d'elle est défectueux ce qui là est parfait.

Désormais ma parole sera plus impuissante à rendre ce dont je me souviens que l'enfant qui mouille encore sa langue à la mamelle.

Non qu'il y eût plus d'un simple aspect dans la vive lumière que je contemplais, et qui est toujours telle qu'elle était auparavant ;

Mais, à cause de ma vue qui en regardant se fortifiait en moi, cette unique apparence, moi changeant, s'altérait en moi.

Dans la profonde et claire substance de la haute lumière m'apparurent trois cercles, de trois couleurs et d'une seule dimension ;

Et l'un[1] paraissait reflété par l'autre comme Iris par Iris ;

---

[1] Le fils par le père : « lumen de lumine. »

et le troisième paraissait un feu qui s'exhalait également deçà et delà[1]

Oh! comme ma voix est impuissante et enrouée pour rendre une pensée! Elle est si éloignée de ce que j'ai vu, qu'il ne me suffit pas de dire peu.

O lumière éternelle qui résides seule en toi, qui seule te comprends, et, comprise de toi et te comprenant, t'aimes et te souris.

Ce cercle qui paraissait conçu en toi, comme une lumière reflétée, lorsque je l'eus un peu parcouru des yeux,

Me parut avoir en dedans de lui notre effigie peinte de sa propre couleur : c'est pourquoi ma vue plongeait tout entière en lui.

Tel que le géomètre qui s'applique tout entier à mesurer le cercle et ne retrouve pas dans sa pensée le principe dont il a besoin,

Tel j'étais à cette vue nouvelle. Je voulus voir comment l'image s'unissait au cercle et comment elle y était adaptée;

Mais mes propres ailes n'étaient pas de force à cela, si mon esprit n'avait été frappé d'une clarté dans laquelle son désir fut satisfait.

Ici la force manque à ma haute imagination; mais déjà mon désir et ma volonté, comme une roue qui est mue également, étaient tournés ailleurs,

Par l'amour qui meut le soleil et les autres étoiles.

---

[1] L'Esprit-Saint : « Qui ex patre filioque procedit. »

Le cantique du Paradis contient 4747 vers; le poëme entier 14,221.

FIN.

TABLE.

	Pag.
Préface	1
LA VIE NOUVELLE	7
Observations sur la Vie nouvelle	67
LA DIVINE COMÉDIE AVANT DANTE	85
Notice sur Dante	151
LA DIVINE COMÉDIE	155

www.ingramcontent.com/pod-product-compliance
Lightning Source LLC
Chambersburg PA
CBHW070328240426
43665CB00045B/1212